MARCUS FABIUS QUINTILIANUS
AUSBILDUNG DES REDNERS

Erster Teil

TEXTE ZUR FORSCHUNG

Band 2

M. FABII QUINTILIANI

INSTITUTIONIS ORATORIAE

LIBRI XII

Ad usum antiquitatis amantium edidit, transtulit, adnotationibus criticis atque exegeticis instruxit
Helmut Rahn

Pars prior
Libros I–VI continens

WISSENSCHAFTLICHE BUCHGESELLSCHAFT
DARMSTADT

MARCUS FABIUS QUINTILIANUS

AUSBILDUNG DES REDNERS

ZWÖLF BÜCHER

Herausgegeben und übersetzt von
Helmut Rahn

Erster Teil
Buch I–VI

WISSENSCHAFTLICHE BUCHGESELLSCHAFT

DARMSTADT

Einbandgestaltung: Neil McBeath, Stuttgart.

1. Auflage 1972.
2., durchgesehene Auflage 1988.

Die Deutsche Bibliothek – CIP-Einheitsaufnahme

Quintilianus, Marcus Fabius:
Ausbildung des Redners: zwölf Bücher / Marcus Fabius Quintilianus. Hrsg. und übers. von Helmut Rahn. – Darmstadt: Wiss. Buchges.
Einheitssacht.: Institutio oratoria
Parallelsacht.: M. Fabii Quintiliani Institutionis oratoriae libri XII
NE: Rahn, Helmut [Hrsg.]

Teil 1. Buch I–VI. – 3., gegenüber der 2. unveränd. Aufl. – 1995
(Texte zur Forschung; Bd. 2)
ISBN 3-534-04637-4
NE: GT

Bestellnummer 04637-4

3., gegenüber der 2. unveränderte Auflage 1995

Gedruckt auf säurefreiem und alterungsbeständigem Werkdruckpapier
Gesamtherstellung: Wissenschaftliche Buchgesellschaft, Darmstadt
Printed in Germany
Schrift: Monophoto Garamond, 10/11

ISSN 0174-0474
ISBN 3-534-04637-4

OTTONI HASSIAE PRINCIPI
PITHECUSANO

AMICITIAE HAUD IMMEMOR
VSLLM
QUINTILIANI PROPAGATOR

INHALT

VORWORT

Marcus Fabius Quintilianus aus Calagurris (Calahorra) in der römischen Provinz Hispania Tarraconensis, der berühmteste Professor der Rhetorik in Rom und der erste Mensch des Abendlandes, von dem wir wissen, daß er – im ersten nachchristlichen Jahrhundert unter dem Kaiser Domitian – einen öffentlich besoldeten Lehrstuhl innehatte, ist der gebildeten Öffentlichkeit unserer Gegenwart weithin unbekannt. Daran, daß sein Werk nur noch in philologischen Fachkreisen gelesen wird, ist er freilich nicht ganz unschuldig: denn warum mußte er auch sein Ziel so hoch stecken, in seiner Anleitung zur Ausbildung eines echten Redners (institutio oratoria) so gründlich und ausführlich zu Werke zu gehen, daß daraus zwölf stattliche Buchrollen wurden? Eine schwere Fracht für den Weg durch die Jahrhunderte!

Gewiß, wir begreifen, daß sein Unternehmen zeitgemäß war: er selbst versichert uns in seinem Vorwort an den Buchhändler Tryphon, daß starke Nachfrage nach seinem Werke bestand, und ein Epigramm seines spanischen Landsmannes Martial bezeugt uns unmittelbar im aktuellen Zeitbild, daß man im Rom Domitians in Quintilian den glänzendsten Repräsentanten römischer bürgerlicher Erziehung bewunderte, der einer ganzen Generation die Richtung zur Gesundung gewiesen hatte nach dem hektischen Taumel ‚entarteter Sprach- und Lebenskunst', der sich in der Regierung des Nero verkörperte. Die Zeitsatire des Juvenal bestätigt ergänzend, daß dieser zeitgemäßen Wirksamkeit auch der goldene Boden nicht gefehlt hat. Jedoch war Quintilian mit seinem Werk keineswegs nur eine zeitgemäße Tageszelebrität, die bewundert und vergessen wird. Sein Ruhm überdauerte die Antike, verbunden mit dem Glanz der ciceronischen Sprachkunst, aus der er seine eigene Leuchtkraft in bewundernder Hingabe und Rückwendung gewonnen hatte, und sein Werk erlebte, wie das des Sprachmeisters Cicero, nach jahrhundertelanger immanenter Wirkung im höheren Bildungswesen der mittelalterlichen Schule seine glänzende Wiederauferstehung im Humanismus der Renaissance.

Begegnete sich im Werke des Quintilian die Cicero-Begeisterung der Humanisten mit der des Verfassers selbst, so bewährte sich

die neue Zeitgemäßheit, die Befreier- und Erweckerrolle, die den Rede- und Bildungslehrer Quintilian gelegentlich gar noch über den Meister Cicero selbst erhob, namentlich insofern, als er – selbst ein Bewunderer Ciceros, der sich in der Bewunderung Ciceros nicht aufgab, sondern durch sie erst zu sich selbst und seinen eigenen ästhetischen und ethischen Grundsätzen fand – nun auch das Muster solcher Bewunderung in der Freiheit eines eigenen Wertgefühls werden konnte.

Hinzu kam, daß gerade das, was Quintilian mit Recht als seine eigene Leistung im Dienste der ciceronischen Bildungsbemühungen hervorhob, daß er nämlich die großen Linien, in denen Cicero die Ausbildung des echten Redners gezeichnet hatte, durch einen systematischen Lehrgang vom elementaren Anfang bis zur Bewährung im praktischen Leben auf Grund seiner mehr als zwanzigjährigen Lehrerfahrung ergänzt habe, den praktischen Lern- und Lehrbedürfnissen der Humanisten in idealer Weise entsprach.

So verstehen wir den mächtigen Strom der Lobeserhebungen, der den Namen und das Werk des Quintilian durch die Jahrhunderte trägt, bis er, das Schicksal der Rhetorik als Bildungsmacht teilend, durch das neue wissenschaftlich-romantische Verhältnis zur Sprache im 19. Jahrhundert langsam aus dem öffentlichen Bildungsbewußtsein verdrängt wird.

Die Lobeserhebungen beginnen mit dem Brief des Petrarca an die Manen des Quintilian. Petrarca hatte – bezeichnend für die Überlieferungsschicksale des großen Werkes – nur einen durch Blattverluste am Anfang und Schluß und durch große Lücken im Inneren des Werkes um ein Viertel verstümmelten Text in Händen. Seine inbrünstige Sehnsucht gilt einem vollständigen Exemplar; denn schon aus dem Verstümmelten war ihm der einzigartige Wert des Lehrmeisters Quintilian aufgegangen.

Im Herbst des Jahres 1416 ging dann das von Petrarca Ersehnte in Erfüllung: Poggio, im Gefolge der Kurie beim Konzil von Konstanz, fand auf einem seiner humanistischen Beutezüge im Kloster St. Gallen einen vollständigen Text, den er in 53 Tagen abschrieb und zum Jubel seiner humanistischen Freunde in Italien verbreitete. Einige der Buch-Handschriften der nächsten Humanistengeneration, die wir noch besitzen, bezeugen schon durch ihre prachtvolle Ausstattung, daß man sich bewußt war, einen Schatz in Händen zu haben. Diese Wertschätzung kommt auch in den Buchpreisen zum Ausdruck, von denen wir hören (über 400 Gulden werden genannt), und mit dem schon 1470 durch Campanus betreuten ersten gedruck-

ten Quintilian-Text, dem zahlreiche andere gedruckte Ausgaben in den nächsten Jahren folgen, kommt am unmißverständlichsten zum Ausdruck, wie sehr dieser Text dem Bedürfnis der Zeit entsprach.

Was man an Quintilian hatte, läßt sich auf dem Höhepunkt der humanistischen Bildungsbemühungen einerseits in den Worten Luthers zusammenfassen, in denen er in einem Brief an Spalatin Quintilian für die protestantische Bildung bereithält: ‚Quintilianus unus est, qui optimos reddit adolescentes, imo viros. Hunc unum rogo ante omnia, ne derelinquas . . . Ego prorsus Quintilianum fere omnibus auctoribus praefero, qui simul et instituit, simul quoque eloquentiam demonstrat, id est verbo et re docet quam felicissime.‘

Es gipfelt andererseits in der geistreichen Huldigung des Erasmus, in der er, was Quintilian[1] zur Huldigung für Cicero sagt, als Huldigung für den Huldigenden anklingen läßt: ‚Video . . . Fabium hisce de rebus diligentissime praecepisse adeo, ut, post hunc, de iisdem scribere prorsus impudentissimum esse videatur!‘

Die überragende Bedeutung, die das Lehrbuch des Quintilian für die humanistische Bemühung um gebildetes Latein seit der ersten Hälfte des 15. Jahrhunderts gewonnen hatte, kann kaum kürzer und treffender illustriert werden als durch die Tatsache, daß man etwa in Leipzig statt eines professor eloquentiae einen ‚Quintiliani professor‘ in der Artistenfakultät lehren läßt. Wie ein Kommentar hierzu klingt die Klage des Antonius Muretus am Ende des 16. Jahrhunderts (Fax artium 2, 1220): ‚Me puero magna cum cura exponebantur in scholis institutiones oratoriae M. Fabii Quintiliani, accurati admodum et exquisiti rhetoris; neque quisquam satis bonus dicendi magister habebatur, qui non illis vel praecipue auditores suos exercere solitus esset. Mutata postea ratio est . . . neque ullum lapsis prope rebus certius remedium est, quam ut vetus illa consuetudo revocetur, et expulsis istis noviciis indoctae arrogantiae magistris, vera et solida eruditio repetatur.‘

Noch ist die Beschäftigung mit dem vollständigen Text des Quintilian ein Prüfstein für die Leistungsfähigkeit humanistischer Lateinstudien. Wer geneigt ist, diese Bildungsrolle zu eng und schulmäßig zu fassen, erinnere sich, daß, wie schon in der Mitte des 19. Jahrhunderts ein Franzose (Janin) seinen Landsleuten ins Gedächtnis gerufen hat, Quintilian der geistige Vater der Université de France und der Académie Française geworden ist.

Es liegt deshalb zwar gewiß keine geringe Anerkennung der

[1] s. u. B. 3, 1, 20.

Wertschätzung des quintilianischen Werkes darin, daß schon in der Antike (Julius Victor in seinem Lehrbuch der Rhetorik aus dem 4. Jahrhundert ist gewiß nicht der erste Exzerptor, wenn sein Werk auch das erste erhaltene dieser Art ist) das sachlich für besonders wichtig Erachtete aus dem großen Werk herausgepflückt wird, ein Bestreben, das im Mittelalter z. B. zu der noch erhaltenen Exzerptensammlung des Stephanus von Rouen aus dem 12. Jahrhundert führt, und von der Auswahl des jungen Racine (1656), ferner der für die Beschäftigung mit Quintilian in der Kulturwelt des 18. Jahrhunderts autoritativen großen Auswahl-Ausgabe von Rollin (1715) ‚unter Auslassung alles dessen, was weniger nützlich ist', bis zu der in unseren Tagen in den Vereinigten Staaten von einem begeisterten Verehrer unter dem Titel ‚Quintilian, The Schoolmaster' veranstalteten Auswahl mit kommentierenden Hilfsmitteln und Studien und bis zu den Sonderausgaben des ersten, zehnten und zwölften Buches reicht.

Jedoch bedeutet es gerade, wenn man diese Tendenz zur Auswahl im Zusammenhang überblickt, ein Bekenntnis zu der bildungsgeschichtlichen Rolle des Quintilian im humanistischen Abendland, wenn jetzt, fast 550 Jahre nach Poggios Entdeckung des vollständigen Textes, eine vollständige Ausgabe des Lehrbuches des Quintilian mit Übersetzung vorgelegt wird, die sich an einen Kreis von Liebhabern der Antike wendet, um die Probe, ob die Begeisterung der Humanisten verständlich ist und Quintilian unserer Zeit etwas zu bieten hat, dem Urteil der Leser zu überlassen.

Deshalb bleibt die historisch-kritische Würdigung des rhetorischen Lehrbuches und der eigentlichen Leistung des Quintilian, seiner moralistischen Rhetorik, dem Nachwort vorbehalten. Jedoch darf schon hier der Hinweis nicht fehlen, daß wir kein Werk aus der Antike besitzen, das in solcher Unmittelbarkeit, Vollständigkeit und kulturgeschichtlicher Anschaulichkeit die Verwurzelung unseres Bildungslebens in der Kultur der römischen Kaiserzeit vor Augen zu führen vermag. Zugleich vermittelt uns die Anleitung zur Ausbildung eines echten Redners den Zugang zu dem, was uns fremd geworden ist: zu der geistigen Eigenart griechischer Persönlichkeitsbildung, die es ermöglicht hat, die in ihrer historisch-politischen Entfaltung so verschiedenen Erscheinungen des Griechischen und des Römischen zu der geistigen Einheit zu verschmelzen, die uns als ‚die Antike' vertraut ist.

Diese Einheit beruht auf der Bildungsmacht der Rhetorik. Während man – vor allem bestimmt durch Platons Kritik an der

sophistischen Rhetorik – seit unserer Romantik lange Zeit eher bereit war, diese Bildungsmacht zu verurteilen als sie kennenzulernen, hat die literarhistorische Forschung der jüngsten Zeit mehr und mehr zu der Erkenntnis geführt, daß geistesgeschichtliche und literaturgeschichtliche Analysen ohne die Kenntnis der Grundbegriffe des rhetorischen Unterrichts, wie sie jedem Gebildeten bis zum Anfang des 19. Jahrhunderts aus der Schule vertraut waren, schlechterdings unmöglich sind – ja, daß die Ratlosigkeit im Umgang mit der literarisch gestalteten Form der Sprache und Rede, die für unsere Gegenwart bezeichnend ist, nicht zuletzt in dieser Unkenntnis ihren Grund hat. Hier kann – scheint mir – Quintilians Anleitung eine wichtige und noch immer unersetzbare Mittlerrolle einnehmen: Sie bietet die rhetorischen Grundbegriffe im lebendigen kulturgeschichtlichen Rahmen und Zusammenhang und kann deshalb unmittelbare Anschauung vermitteln, die bildend wirkt, wo moderne wissenschaftliche Darstellungen und Nachschlagewerke nur systematisch geordnete Wissenstatsachen bieten.

Da Quintilians Werk einen beträchtlichen Wissens- und Bildungsschatz birgt, soll das Namen- und Sachregister am Ende des zweiten Bandes helfen, das Lehrbuch wieder zu einem praktischen Vermittler lebendiger antiker rhetorischer Bildung zu machen. Auch die Übersetzung hat nur die praktische Aufgabe, dieser sachlichen Vermittlerrolle zu dienen. Sie sucht, ohne eigenen literarischen Anspruch, die verschiedenen Höhenlagen des Originals, die Kreuzung zwischen Lehrbuch und Lehrvortrag, verdeutlichend nachzuzeichnen, und möchte, soweit es unsere Sprache und die Klarheit des Gedankens erlaubt, durch Nachbildung der lateinischen Satzgebärden die Erinnerung daran stets wach erhalten, daß der Text ‚eigentlich' lateinisch ist. Sie rechnet deshalb, wie der lateinische Text, mit einem Leser, der laut liest. Naturgemäß macht in einer solchen Fachschrift die Wiedergabe der rhetorischen Fachsprache, die auch für den Römer schon etwas aus dem Griechischen Übernommenes, aber doch noch etwas Lebendigeres und Anschaulicheres ist als für uns die ‚Fremdwörter-Terminologie', besondere Schwierigkeiten. So dürfen die Eindeutschungsversuche, die die Übersetzung bietet, mit Nachsicht rechnen. Die scheinbare größere Klarheit solcher Terminologie beruht größtenteils auf dem durch die Gewöhnung sanktionierten Verzicht auf Anschaulichkeit!

Der lateinische Text folgt mit einigen konservativen Vorbehalten der vortrefflichen Teubnerausgabe von Radermacher. Daß die Übersetzung sich nicht selten zu einer subjektiven Deutung des

Textes genötigt sieht, wird bei den Kennern der Überlieferungsschwierigkeiten Verständnis finden. Die Übersetzungen von Bauer (1863) und von Butler (1920) wurden, wenn auch nicht systematisch, verglichen.

CONSPECTUS SIGLORUM

Adnotationem ex editionis potissimum Teubnerianae copiis ad usum antiquitatis amantium ita digessi, ut quisque quoquo in loco bona fide accipiat, quid certae librorum manu scriptorum memoriae debeatur, quid lumini ingenii atque doctrinae posterorum. qua in adnotatione, quantum lucis prima post renatas litteras saecula nostro auctori attulerint, debitae gratiarum actionis instar apparebit. ceterum ne perverse ambitiosus videar, ingenue fateor me in textu edendo et vertendo id unum egisse, ut verba ac eruditio Quintiliani commode palam propagarentur. Deo volente secundo volumini fructus editionis Oxoniensis addi licebit. Sed iam potissima sigla librorum manu scriptorum vulgo recepta subicienda sunt:

A = codex Ambrosianus E 153 saeculi IX
a = Ambrosiani manus secunda
b = lectiones discrepantes saeculo X codici Bambergensi nondum suppleto additae
Bg = codex Bambergensis M 4, 14 saec. X
Bn = codex Bernensis 351 (Floriacensis) saec. IX
B = consensus codicum Bn Bg N
G = Bambergensis suppletus
J = codex Cantabrigiensis Joannensis saec. XII
M = codex Monacensis Lat. XX saec. XV
N = codex Parisinus Lat. 18527 Nostradamensis saec. X
P = codex Parisinus Lat. 7723 (Laurentii Vallae) saec. XV
S = codex Argentoratensis s. XV

M. FABII QUINTILIANI
INSTITUTIONIS ORATORIAE
LIBRI XII

Pars prior
Libros I–VI continens

—

MARCUS FABIUS QUINTILIANUS
AUSBILDUNG DES REDNERS
ZWÖLF BÜCHER

Erster Teil
Buch I–VI

1 M. Fabius Quintilianus Tryphoni suo salutem. Efflagitasti cotidiano convicio, ut libros, quos ad Marcellum meum de institutione oratoria scripseram, iam emittere inciperem. nam ipse eos nondum opinabar satis maturuisse, quibus componendis, ut scis, paulo plus quam biennium tot alioqui negotiis districtus impendi: quod tempus non tam stilo quam inquisitioni instituti operis prope infiniti et legendis auctoribus, qui sunt innumerabiles, datum est. 2 usus deinde Horati consilio, qui in arte poetica suadet, ne praecipitetur editio *nonumque prematur in annum*, dabam iis otium, ut refrigerato inventionis amore[a] diligentius repetitos tamquam lector perpenderem. 3 sed si tanto opere efflagitantur quam tu adfirmas, permittamus vela ventis et oram solventibus bene precemur. multum autem in tua quoque fide ac diligentia positum est, ut in manus hominum quam emendatissimi veniant.

a) ardore *Anonym.* (**Amst.** 1732)

ZUM GELEIT

An Tryphon

1 Kein Tag ist vergangen, lieber Tryphon, ohne daß du mich mit der Bitte gequält hast, endlich die Herausgabe der Bücher, die ich für meinen Freund Marcellus über die Unterweisung in der Beredsamkeit verfaßt hatte, zu beginnen; denn ich persönlich hielt sie noch nicht für hinreichend ausgereift; hatte ich doch, wie du weißt, nur wenig mehr als zwei Jahre auf ihre Abfassung verwenden können, da ich mit anderen Aufgaben so sehr überhäuft war. Und diese Zeit galt nicht so sehr der Ausfeilung der Darstellung als der Forschung für das schier unabsehbare Werk, das ich unternommen hatte, und der Lektüre der einschlägigen Schriften, deren Zahl kaum abzuschätzen ist. 2 Dem Rate des Horaz[1] folgend, der in seiner 'Ars poetica' empfiehlt, die Herausgabe nicht zu überstürzen – 'bis zum neunten Jahr währe die Probe' –, ließ ich sie dann ruhen, um sie, wenn die Schöpferfreude sich abgekühlt hätte, um so sorgfältiger wieder vorzunehmen und wie ein Leser abwägend zu prüfen. 3 Wenn sie jedoch so dringend gefordert werden, wie du es versicherst, so mögen die Segel sich den Winden stellen und unsere Segenswünsche den Stapellauf begleiten. Es hängt aber auch viel von deiner Zuverlässigkeit und Sorgfalt ab, daß sie so fehlerfrei wie möglich in die Hand der Leserschaft gelangen.

[1] a. p. 388.

LIBER PRIMUS

Prooemium

1 Post inpetratam studiis meis quietem, quae per viginti annos erudiendis iuvenibus inpenderam, cum a me quidam familiariter postularent, ut aliquid de ratione dicendi componerem, diu sum equidem reluctatus, quod auctores utriusque linguae clarissimos non ignorabam multa quae ad hoc opus pertinerent diligentissime scripta posteris reliquisse. 2 sed qua ego ex causa faciliorem mihi veniam meae deprecationis arbitrabar fore, hac accendebantur illi magis, quod inter diversas opiniones priorum et quasdam etiam inter se contrarias difficilis esset electio, ut mihi si non inveniendi nova, at certe iudicandi de veteribus iniungere laborem non iniuste viderentur. 3 quamvis autem non tam me vinceret praestandi quod exigebatur fiducia quam negandi verecundia, latius se tamen aperiente materia plus quam inponebatur oneris sponte suscepi, simul ut pleniore obsequio demererer amantissimos mei, simul ne vulgarem viam ingressus alienis demum vestigiis insisterem. 4 nam ceteri fere, qui artem orandi litteris tradiderunt, ita sunt exorsi, quasi perfectis omni alio genere doctrinae summam in eloquentia manum inponerent, sive contemnentes tamquam parva quae prius discimus studia, sive non ad suum pertinere officium opinati, quando divisae professionum vices essent, seu, quod proximum vero, nullam ingenii sperantes gratiam circa res etiamsi necessarias, procul tamen ab ostentatione positas, ut operum fastigia spectantur, latent fundamenta. 5 ego cum existimem nihil arti oratoriae alienum sine quo fieri non posse oratorem fatendum

ERSTES BUCH

Vorrede

1 Nach zwanzig Jahren, die ich der Erziehung der Jugend gewidmet hatte, hatte ich mich zur Ruhe gesetzt, als man mich von befreundeter Seite aufforderte, ich sollte etwas über die Grundlagen der Redekunst schreiben. Zwar widerstrebte ich lange Zeit, weil ich nur zu gut wußte, wieviel die bedeutendsten Sachkenner in beiden Sprachen auf diesem Gebiet in eingehenden Schriften der Nachwelt hinterlassen hatten. 2 Doch eben der Grund, weswegen ich für meine Weigerung um so leichter Verständnis zu finden glaubte, reizte nur noch mehr: es sei schwer, unter den verschiedenen und zum Teil einander widersprechenden Auffassungen der Früheren die rechte Wahl zu treffen, so daß man sich für durchaus berechtigt hielt, mir die Mühe zuzumuten, wenn auch nicht Neues zu erfinden, so doch jedenfalls meine Stellung zu dem Alten zu bezeichnen. 3 Sowenig mich aber nun die Zuversicht bewog, das leisten zu können, was man verlangte, als vielmehr die Scheu, nein zu sagen, nahm ich doch, als sich der ganze Stoff mir erschloß, aus freien Stücken noch mehr auf mich, als man mir auflud, teils, um mir durch größere Nachgiebigkeit die Menschen zu verpflichten, die mir am meisten nahestanden, teils, um nicht nur auf ausgetretenem Wege fremden Spuren zu folgen. 4 Denn fast alle, die über die Kunst der großen Rede geschrieben haben, gingen so vor, als schrieben sie für Menschen, die schon über eine abgeschlossene Allgemeinbildung verfügten, so daß der Lehrer in der Beredsamkeit nur die letzte Hand anzulegen brauchte, vielleicht, weil sie die Fächer, die wir vorher lernen, gering einschätzten, vielleicht auch, weil sie meinten, da einmal die Rollen der Fachlehrer verteilt seien, gehöre es nicht zu ihrer Aufgabe – oder aber, was der Wahrheit am nächsten kommt, weil sie sich kein dankbares Wirkungsfeld für ihr Talent von Dingen versprachen, die zwar notwendig, aber weit entfernt davon sind, zur Geltung zu kommen: wie die Giebel der Bauten ins Auge fallen, verborgen aber darunter die Fundamente ruhen. 5 Da nun meines Erachtens nichts außerhalb des Lehrstoffes der Redekunst

est, nec ad ullius rei summam nisi praecedentibus initiis perveniri, ad minora illa, sed quae si neglegas, non sit maioribus locus, demittere me non recusabo nec aliter quam si mihi tradatur educandus orator, studia eius formare ab infantia incipiam. 6 quod opus, Marcelle Vitori[a], tibi dicamus, quem cum amicissimum nobis tum eximio litterarum amore flagrantem non propter haec modo, quamquam sint magna, dignissimum hoc mutuae inter nos caritatis pignore iudicabamus, sed quod erudiendo Getae tuo, cuius prima aetas manifestum iam ingenii lumen ostendit, non inutiles fore libri videbantur, quos ab ipsis dicendi velut incunabulis per omnis quae modo aliquid oratori futuro conferant artis ad summam eius operis perducere destinabamus; 7 atque eo magis, quod duo iam sub nomine meo libri ferebantur artis rhetoricae neque editi a me neque in hoc comparati. namque alterum sermonem per biduum habitum pueri, quibus id praestabatur, exceperant, alterum pluribus sane diebus, quantum notando consequi potuerant, interceptum boni iuvenes, sed nimium amantes mei temerario editionis honore vulgaverant. 8 quare in his quoque libris erunt eadem aliqua, multa mutata, plurima adiecta, omnia vero compositiora et quantum nos poterimus elaborata[b].

9 Oratorem autem instituimus illum perfectum, qui esse nisi vir bonus non potest, ideoque non dicendi modo eximiam in eo facultatem, sed omnis animi virtutes exigimus. 10 neque enim hoc concesserim, rationem rectae honestaeque vitae, ut quidam putaverunt, ad philosophos relegandam, cum vir ille vere civilis et publicarum privatarumque rerum administrationi accommodatus, qui regere consiliis urbes, fundare legibus, emendare iudiciis possit,

a) Vitori *Mommsen:* victori (vitor ***A**)
b) elaboratiora *Francius*

liegt, ohne das man, ehrlich gesprochen, ein Redner nicht werden kann, und man auf keinem Gebiet zum Gipfel der Meisterschaft kommt, wenn man nicht von vorn und unten anfängt, werde ich auch zu den geringeren Dingen, deren Vernachlässigung doch den Weg zum Höheren versperrt, mich herabzulassen nicht verschmähen und nicht anders, als wenn mir jemand zur Ausbildung als Redner übergehen würde, seinen Studiengang von Kindesbeinen an zu gestalten beginnen. 6 Dieses Werk eignen wir dir zu, Marcellus Vitorius, und zwar nicht nur deshalb, weil wir dich als treuen Freund unserer Person und zudem als glühenden Verehrer literarischer Bildung für besonders würdig dieses Unterpfandes unserer gegenseitigen Liebe erachteten – soviel auch dieser Grund schon bedeutet! –, sondern auch deshalb, weil für die Erziehung deines Sohnes Geta, dessen frühe Jugend schon unverkennbar das Licht der Begabung zeigt, wie mir schien, die folgenden Bücher nicht unnütz sein werden, die gewissermaßen gleich von der Wiege des Redens an durch alle Gebiete, die nur irgend für einen künftigen Redner etwas bedeuten können, bis zum vollendeten Kunstwerk führen sollen. 7 Hierzu entschlossen wir uns um so eher, weil unter meinem Namen schon zwei Lehrbücher der Rhetorik verbreitet wurden, die ich weder herausgegeben noch hierfür vorgesehen hatte; denn das eine, einen zweitägigen Vortrag, hatten Sklaven mit Genehmigung mitgeschrieben, das andere, einen Vortrag von immerhin mehreren Tagen, hatten junge Leute in guter Absicht, aber verführt durch ihre Liebe zu mir, soweit sie beim Mitschreiben hatten folgen können, festgehalten und der voreiligen Ehre der Veröffentlichung gewürdigt. 8 Deshalb wird man auch in den folgenden Büchern manches davon wiederfinden, vieles in veränderter Form, sehr vieles hinzugefügt, alles aber in besserer Anordnung und nach besten Kräften ausgefeilt.

9 Dem vollkommenen Redner aber gilt unsere Unterweisung in dem Sinne jener Forderung, daß nur ein wirklich guter Mann ein Redner sein kann; und deshalb fordern wir nicht nur hervorragende Redegabe in ihm, sondern alle Mannestugenden. 10 Denn ich möchte nicht zugeben, die Rechenschaft über rechtes, ehrbares Leben sei, wie einige gemeint haben, der Zuständigkeit der Philosophen zuzuweisen, da jener Mann von echtem Bürgersinn und Eignung für die gemeinsamen und persönlichen Verwaltungsaufgaben, der die Städte durch sein Wort im Rat lenken, durch die Gesetzgebung begründen, durch seine Entscheidungen vor Gericht verbessern kann, wahrhaftig niemand sonst sein kann als der

non alius sit profecto quam orator. 11 quare, tametsi me fateor usurum quibusdam quae philosophorum libris continentur, tamen ea iure vereque contenderim esse operis nostri proprieque ad artem oratoriam pertinere. 12 an, si frequentissime de iustitia, fortitudine, temperantia ceterisque similibus disserendum est, adeo ut vix ulla possit causa reperiri, in quam non aliqua ex his incidat quaestio, eaque omnia inventione atque elocutione sunt explicanda, dubitabitur, ubicumque vis ingenii et copia dicendi postulatur, ibi partes oratoris esse praecipuas? 13 fueruntque haec, ut Cicero apertissime[c] colligit, quemadmodum iuncta natura, sic officio quoque copulata, ut idem sapientes atque eloquentes haberentur. scidit deinde se studium, atque inertia factum est ut artes esse plures viderentur. nam ut primum lingua esse coepit in quaestu institutumque eloquentiae bonis male uti, curam morum qui diserti habebantur reliquerunt: 14 ea vero destituta infirmioribus ingeniis velut praedae fuit. inde quidam contempto bene dicendi labore ad formandos animos statuendasque vitae leges regressi partem quidem potiorem, si dividi posset, retinuerunt, nomen tamen sibi insolentissimum adrogaverunt, ut soli studiosi sapientiae vocarentur. quod neque summi imperatores neque in consiliis rerum maximarum ac totius administratione rei publicae clarissime versati sibi umquam vindicare sunt ausi: facere enim optima quam promittere maluerunt. 15 ac veterum quidem sapientiae professorum multos et honesta praecepisse et, ut praeceperint, etiam vixisse facile concesserim: nostris vero temporibus sub hoc nomine maxima in plerisque vitia latuerunt.

c) aptissime *Aldus*

Redner. 11 Deshalb möchte ich, auch wenn ich zugebe, von manchen Gedanken Gebrauch zu machen, die in philosophischen Schriften sich finden, entschieden dafür eintreten, daß diese Dinge von Rechts wegen wirklich unsere Sache sind und ihrem eigentlichen Wesen nach zur Redekunst gehören. 12 Wenn doch immer wieder Erörterungen über Gerechtigkeit, Tapferkeit, Maßhalten und die anderen Fragen dieser Art nötig sind in solchem Umfang, daß sich kaum ein Prozeß finden läßt, der nicht eine dieser Fragen betrifft, und wenn doch alle diese Fragen mit rednerischer Erfindungs- und Darstellungskunst entwickelt werden müssen, wird da jemand zweifeln, daß überall da, wo es auf Kraft des Geistes und Fülle des Wortes ankommt, in ganz besonderem Maße des Redners Wirkungsfeld liegt? 13 Und es waren ja auch zuerst, wie Cicero aufs klarste beweist,[2] Philosophie und Redekunst wie ihrem Wesen nach verbunden so auch in ihrer praktischen Wirkung im Leben vereint, so daß weise und beredt für dasselbe galt. Dann aber spaltete sich dies einheitliche Streben, und durch Lässigkeit in ihrer Betätigung kam es, daß es so schien, als handelte es sich um mehrere verschiedene Tätigkeiten. Denn sobald erst einmal die Zunge eine Erwerbsquelle zu werden begonnen hatte und es zum festen Brauch wurde, die gute Gabe der Beredsamkeit zu Schlechtem zu gebrauchen, ließen die, die für geschickte Redner galten, die Sorge um die Sitten beiseite; so also im Stich gelassen, fiel diese Sittenlehre gleichsam als leichte Beute den weniger starken Talenten anheim. 14 So zogen sich denn manche voll Verachtung für die Mühe, die es macht, gut zu reden, darauf zurück, die Herzen zu bilden und Lebensregeln festzusetzen. Dabei hielten sie zwar den, wenn eine Teilung möglich wäre, wichtigeren Teil in ihrer Hand, maßten sich aber den höchst anspruchsvollen Namen an, allein nach Weisheit Strebende zu heißen. Diesen Namen haben weder die bedeutendsten Feldherrn noch Männer, die sich mit ihrem Rat in den entscheidendsten Situationen und in der Verwaltung des ganzen Staates am glänzendsten bewährt haben, für sich in Anspruch zu nehmen gewagt; leisten wollten sie nämlich lieber das Höchste als es versprechen. 15 Nun will ich zwar gern zugeben, daß von den alten Lehrern der Weisheit viele sowohl Gutes gelehrt als auch so, wie sie gelehrt, gelebt haben. In unserer Zeit aber haben sich unter diesem Namen bei sehr vielen die größten Laster versteckt; denn nicht durch Mannestugenden

[2] de orat. 3, 15, 50 f.

non enim virtute ac studiis ut haberentur philosophi laborabant, sed vultum et tristitiam et dissentientem a ceteris habitum pessimis moribus praetendebant. 16 haec autem quae velut propria philosophiae adseruntur, passim tractamus omnes. quis enim non de iusto, aequo ac bono, modo non et vir pessimus, loquitur? quis non etiam rusticorum aliqua de causis naturalibus quaerit? nam verborum proprietas ac differentia omnibus, qui sermonem curae habent, debet esse communis. 17 sed ea et sciet optime et eloquetur orator: qui si fuisset aliquando perfectus, non a philosophorum scholis virtutis praecepta peterentur. nunc necesse est ad eos aliquando auctores recurrere, qui desertam, ut dixi, partem oratoriae artis, meliorem praesertim, occupaverunt, et velut nostrum reposcere, non ut nos illorum utamur inventis, sed ut illos alienis usos esse doceamus. 18 sit igitur orator vir talis, qualis vere sapiens appellari possit, nec moribus modo perfectus (nam id mea quidem opinione, quamquam sunt qui dissentiant, satis non est), sed etiam scientia et omni facultate dicendi. 19 qualis fortasse nemo adhuc fuerit, sed non ideo minus nobis ad summa tendendum est: quod fecerunt plerique veterum, qui etsi nondum quemquam sapientem repertum putabant, praecepta tamen sapientiae tradiderunt. 20 nam est certe aliquid consummata eloquentia neque ad eam pervenire natura humani ingenii prohibet. quod si non contingat, altius tamen ibunt, qui ad summa nitentur, quam qui praesumpta desperatione quo velint evadendi protinus circa ima substiterint.

21 Quo magis impetranda erit venia, si ne minora quidem illa, verum operi quod instituimus necessaria praeteribo. nam liber primus ea, quae sunt ante officium rhetoris, continebit. secundo prima apud rhetorem elementa et quae de ipsa rhetorices substantia

und geistiges Streben arbeiteten sie daran, als Philosophen zu gelten, sondern mit ihrem Mienenspiel, düsterem Ernst und von den anderen abstechender Tracht verdeckten sie ihre schlimmsten Unsitten. 16 Die Fragen aber, die die Philosophie als ihr Eigentum in Anspruch nimmt, behandeln wir ja alle allerwege. Denn wer spricht nicht vom Gerechten, vom Billigen und Guten – und sei es selbst der schlechteste Mann? Welcher Bauer selbst in seiner Kate kommt nicht auf manche Grundfragen der Naturkunde? Denn der eigentliche Sinn der Worte und ihr Unterschied muß ja allen, die sich im Sprechen Mühe geben, gemeinsam sein. 17 Doch am besten kennen und formulieren wird diese Dinge der Redner: und hätte es schon einmal einen vollkommenen Redner gegeben, so würde man nicht aus den Schulen der Philosophen die Tugendlehren holen. Doch heutzutage steht es so, daß man sich gelegentlich an die Autorität derer wenden muß, die den Teil der Redekunst mit Beschlag belegt haben, der, wie ich sagte, im Stich gelassen worden ist, zumal es der wertvollere Teil ist, und gleichsam unser Eigentum zurückfordern muß, nicht um zu benützen, was sie erfunden haben, sondern um zu zeigen, daß sie fremdes Gut benutzt haben. 18 Es sei also der Redner der Mann, der den Namen des Weisen recht eigentlich verdient: nicht nur in seiner Lebensführung vollkommen – denn nach meiner Meinung genügt das noch nicht, wenn auch andere anderer Meinung sind –, sondern vollkommen auch durch sein Wissen und die Gabe, für alles das rechte Wort zu finden. 19 So jemanden hat es vielleicht bis jetzt noch nicht gegeben. Doch nichtsdestoweniger müssen wir nach dem Höchsten streben; so haben es ja auch in der Vergangenheit die meisten gehalten, die, obwohl sie glaubten, es habe sich noch kein Mann gefunden, der wirklich weise war, dennoch der Weisheit Lehren überliefert haben. 20 Denn es gibt sie gewiß, die Höhe rednerischer Vollkommenheit, und zu ihr zu gelangen ist die menschliche Naturanlage nicht hinderlich. Sollte es aber nicht gelingen, so wird doch höher hinauf gelangen, wer zum Höchsten strebt, als wer, weil er vorweg verzweifelt, zum gewünschten Ziel zu gelangen, gleich nach Beginn des Aufstiegs stehen bleibt.

21 Um so eher werde ich auf Verständnis rechnen dürfen, wenn ich auch jene zwar geringfügigeren, aber für das geplante Werk notwendigen Fragen nicht übergehe. Denn das erste Buch wird enthalten, was der Aufgabe des Lehrers der Rhetorik (des Rhetors) vorausgeht. Im zweiten werden wir die Anfangsgründe des Unterrichts beim Rhetor und was über das Wesen der Rhetorik selbst

quaeruntur tractabimus. 22 quinque deinceps inventioni (nam huic et dispositio subiungitur), quattuor elocutioni, in cuius partem memoria ac pronuntiatio veniunt, dabuntur. unus accedet, in quo nobis orator ipse informandus est: ubi[d], qui mores eius, quae in suscipiendis, discendis, agendis causis ratio, quod eloquentiae genus, quis agendi debeat esse finis, quae post finem studia, quantum nostra valebit infirmitas, disseremus. 23 his omnibus admiscebitur, ut quisque locus postulabit, docendi ratio, quae non eorum modo scientia, quibus solis quidam nomen artis dederunt, studiosos instruat et, ut sic dixerim, ius ipsum rhetorices interpretetur, sed alere facundiam, vires augere eloquentiae possit. 24 nam plerumque nudae illae artes nimiae subtilitatis adfectatione frangunt atque concidunt quidquid est in oratione generosius, et omnem sucum ingenii bibunt et ossa detegunt, quae ut esse et adstringi nervis suis debent, sic corpore operienda sunt. 25 ideoque nos non particulam illam, sicuti plerique, sed quidquid utile ad instituendum oratorem putabamus, in hos duodecim libros contulimus, breviter omnia demonstraturi: nam si quantum de quaque re dici potest persequamur, finis operis non reperietur. 26 illud tamen in primis testandum est, nihil praecepta atque artes valere nisi adiuvante natura. quapropter ei, cui deerit ingenium, non magis haec scripta sint, quam de agrorum cultu sterilibus terris. 27 sunt et alia ingenita cuique adiumenta, vox, latus patiens laboris, valetudo, constantia, decor. quae si modica obtigerunt, possunt ratione ampliari, sed nonnumquam ita desunt, ut bona etiam ingenii studiique corrumpant: sicut

d) ubi *Spalding*: ut

an Fragen besteht, behandeln. 22 Fünf weitere werden der Auffindung der Gedanken – hierzu wird auch die Lehre von ihrer Anordnung gestellt –, vier dann der sprachlichen Darstellung, wozu auch die Lehre vom Gedächtnis und dem Vortrag tritt, gewidmet werden. Eins wird hinzukommen, in dem wir das Bild des Redners selbst gestalten wollen: hier werden wir, soweit es unsere schwache Kraft erlaubt, erörtern, wie seine Lebensführung sein soll, welche Gesichtspunkte für die Übernahme, Vorbereitung und Durchführung der Prozesse gelten, welches die wirkungsvollste Stilart ist, wann man der Gerichtspraxis ein Ende setzen soll, und welche Studien sich anschließen. 23 Allen diesen Erörterungen werden, wie es jeweils der Gegenstand verlangt, Überlegungen über die Lehrmethode beigegeben, die die Studierenden nicht nur mit dem wissenschaftlichen Rüstzeug vertraut machen, dem manche ausschließlich den Namen 'Rede-Kunstlehre' gegeben haben, und die damit, um es so auszudrücken, die Rechtssätze der Rhetorik auslegen, sondern die auch die wirkliche Redegabe zu nähren, die eigentliche Kraft der Beredsamkeit zu mehren vermögen. 24 Denn meistens zerbrechen und töten die üblichen nackten Leitfäden der Redekunst in ihrem Haschen nach spitzfindiger Gründlichkeit alles ab, was in der Rede den edleren Schwung ausmacht, saugen allen Saft des Geistes auf und legen das Knochengerüst bloß, das doch so, wie es wirklich funktionieren und durch seine Muskeln angespannt werden soll, den Körper zur Bekleidung nötig hat. 25 Deshalb haben wir nicht den üblichen kurzen Grundriß, wie die meisten, sondern alles, was wir für nützlich zur Unterweisung des Redners hielten, in diesen zwölf Büchern zusammengetragen, um alles in Kürze darzulegen: denn wenn wir ausführlich allem, was man zu jedem einzelnen Punkt sagen kann, nachgehen wollen, dann ist ein Ende des Werkes nicht abzusehen. 26 Eines möchte ich indessen gleich zu Beginn nachdrücklich hervorheben: alle Vorschriften und Leitfäden haben keinen Wert, wenn die Natur nicht mithilft. Deshalb bedeutet die folgende Schrift für jemanden, dem die Begabung fehlt, nicht mehr als eine Schrift über den Ackerbau für unfruchtbare Ländereien. 27 Es gibt auch noch andere Hilfsmittel, die einem jeden angeboren sind: Stimme, Lungenkraft, beständige Gesundheit, Ausdauer und Anmut. Sind diese Voraussetzungen in bescheidenem Maße vorhanden, kann man sie systematisch entwickeln. Doch manchmal fehlen sie so völlig, daß sie auch die Vorzüge der Begabung und des Fleißes zunichte machen: sowie auch diese Naturanlagen selbst ohne einen erfahrenen Leh-

et haec ipsa sine doctore perito, studio pertinaci, scribendi legendi dicendi multa et continua exercitatione per se nihil prosunt.

I.

1 Igitur nato filio pater spem de illo primum quam optimam capiat: ita diligentior a principiis fiet. falsa enim est querella, paucissimis hominibus vim percipiendi quae tradantur esse concessam, plerosque vero laborem ac tempora tarditate ingenii perdere. nam contra plures reperias et faciles in excogitando et ad discendum promptos. quippe id est homini naturale, ac sicut aves ad volatum, equi ad cursum, ad saevitiam ferae gignuntur, ita nobis propria est mentis agitatio atque sollertia, unde origo animi caelestis creditur. 2 hebetes vero et indociles non magis secundum naturam hominis eduntur quam prodigiosa corpora et monstris insignia, sed hi pauci admodum fuerunt argumentum, quod in pueris elucet spes plurimorum: quae cum emoritur aetate, manifestum est non naturam defecisse, sed curam. 3 'praestat tamen ingenio alius alium.' concedo, sed plus efficiet aut minus: nemo reperitur, qui sit studio nihil consecutus. hoc qui perviderit, protinus ut erit parens factus, acrem, quam maxime datur, curam spei futuri oratoris impendat.

4 Ante omnia ne sit vitiosus sermo nutricibus: quas, si fieri posset, sapientes Chrysippus optavit, certe quantum res pateretur, optimas eligi voluit. et morum quidem in his haud dubie prior ratio est, recte

rer, zähes Studium, ununterbrochene gründliche Übung im Schreiben, Lesen und Reden für sich allein nichts nützen.

ERSTES KAPITEL

Die ersten Grundlagen

1 So soll denn ein Vater, wenn ihm ein Sohn geboren ist, gleich möglichst große Hoffnungen in ihn setzen; dann wird er von Anfang an größere Sorgfalt auf ihn verwenden. Denn zu Unrecht geht die Klage, nur ganz wenigen Menschen sei die Kraft verliehen, das wirklich aufzufassen, was man sie lehre, bei den meisten aber sei infolge ihrer geistigen Trägheit Mühe und Zeit verloren. Im Gegenteil nämlich lassen sich wohl viel mehr Menschen finden, denen ohne Mühe etwas einfällt, die schnell im Denken und rasch im Lernen sind. Denn das gehört ja zur menschlichen Natur. Und wie den Vögeln das Fliegen, den Pferden das Laufen und die Grausamkeit den Raubtieren angeboren ist, so ist uns die emsige Regsamkeit des Verstandes eigen; und daher stammt der Glaube, unser Geist sei himmlischen Ursprungs. 2 Geistig stumpfe und ungelehrige Menschen jedoch kommen natürlicherweise nicht häufiger zur Welt als durch unnatürliche Mißgestalt und Mißbildungen gezeichnete Körper. Vielmehr liegt in dieser ziemlich geringen Anzahl gerade der Beweis dafür, daß in den Kindern die höchsten Zukunftserwartungen schlummern. Ersterben diese mit den Jahren, so liegt es auf der Hand, daß nicht die Natur versagt hat, sondern die Fürsorge. 3 ‘Es übertrifft aber doch einer den andern an Begabung’. Zugegeben! Doch wird er dann nur mehr oder weniger leisten; keiner aber läßt sich finden, der durch eifriges Studieren nichts erreicht hätte. Wer die Dinge so betrachtet, wird gleich, wenn er Vater geworden ist, aufs angelegentlichste alle seine Fürsorge in der Erwartung eines künftigen Redners betätigen.

4 Vor allem darf die Sprache der Ammen nicht fehlerhaft sein, hat doch für diese Chrysipp[3], wenn möglich, philosophische Bildung gefordert, jedenfalls aber gewünscht, man sollte hierfür, soweit es die Verhältnisse erlaubten, die allerbesten Frauen auswählen. Und zweifellos hat auch hier die Rücksicht auf ihre guten Sitten den Vorrang; jedoch sollen sie auch einwandfrei sprechen!

[3] St. Vet. fr. 734 Arnim.

tamen etiam loquantur. 5 has primum audiet puer, harum verba effingere imitando conabitur. et natura tenacissimi sumus eorum, quae rudibus animis percepimus: ut sapor quo nova imbuas durat, nec lanarum colores, quibus simplex ille candor mutatus est, elui possunt. et haec ipsa magis pertinaciter haerent quae deteriora sunt. nam bona facile mutantur in peius: quando[e] in bonum verteris vitia? non adsuescat ergo, ne dum infans quidem est, sermoni qui dediscendus sit.

6 In parentibus vero quam plurimum esse eruditionis optaverim. nec de patribus tantum loquor: nam Gracchorum eloquentiae multum contulisse accepimus Corneliam matrem, cuius doctissimus sermo in posteros quoque est epistulis traditus. et Laelia C. filia reddidisse in loquendo paternam elegantiam dicitur, et Hortensiae Q. filiae oratio apud triumviros habita legitur non tantum in sexus honorem. 7 nec tamen ii, quibus discere ipsis non contigit, minorem curam docendi liberos habeant, sed sint propter hoc ipsum ad cetera magis diligentes.

De pueris, inter quos educabitur ille huic spei destinatus, idem quod de nutricibus dictum sit. 8 de paedagogis hoc amplius, ut aut sint eruditi plane, quam primam esse curam velim, aut se non esse eruditos sciant. nihil est peius iis, qui paulum aliquid ultra primas litteras progressi falsam sibi scientiae persuasionem induerunt. nam et cedere praecipiendi partibus indignantur et velut iure quodam potestatis, quo fere hoc hominum genus intumescit, imperiosi atque

e) num quando **S**

5 Ihr Sprechen wird ja der Knabe zuerst hören, ihre Worte nachzusprechen versuchen. Und von Natur halten wir am beharrlichsten fest, was unser Geist im frühsten Entwicklungsstadium in sich aufgenommen hat: wie ja auch die Gefäße dauernd nach dem schmecken, womit sie zuerst in Berührung gekommen sind, und man auch die Farben, mit denen man das ursprüngliche Weiß der Wolle gefärbt hat, nicht mehr herausspülen kann. Und je schlechter etwas ist, um so hartnäckiger haftet es fest. Denn Gutes läßt sich leicht verschlechtern: wann aber könnte man aus Fehlern etwas Gutes gewinnen? So soll sich das Kind, zumal es das Sprechen erst lernt, nicht erst an eine Sprache gewöhnen, die es wieder verlernen muß!

6 Die Eltern möchte ich mir so gebildet wie nur möglich wünschen. Dabei spreche ich nicht nur von den Vätern; denn zur Redegabe der Gracchen hat ja bekanntlich ihre Mutter Cornelia viel beigetragen, deren hochgebildete Sprache der Nachwelt auch in ihren Briefen erhalten ist; auch Laelia, des Gaius Tochter, soll in ihrer Sprache von dem erlesenen Geschmack ihres Vaters ein Bild bieten[4], und die Rede, die Hortensia, des Quintus Tochter, vor den Triumvirn gehalten hat[5], liest man nicht nur zur Ehre des weiblichen Geschlechtes. 7 Jedoch sollen auch die Eltern, die selbst nicht das Glück gehabt, etwas zu lernen, keine geringere Fürsorge für den Unterricht ihrer Kinder aufwenden, sondern sich gerade deshalb um die übrigen Erziehungsfragen um so sorgfältiger kümmern.

Von den Sklavenkindern, mit denen unser künftiger Redner zusammen erzogen wird, gelte das gleiche, was von den Ammen gesagt worden ist. 8 Für die Kinderwärter gelte darüber hinaus die Forderung, sie sollen entweder wirklich gebildet sein, was ich für das Erwünschteste hielte, oder aber wissen, daß sie keine Bildung haben. Nichts ist schädlicher, als wenn sie, selbst kaum über die Anfänge hinausgekommen, sich mit allerhand eingebildetem Wissen umgeben. Denn dann ärgern sie sich, die Lehraufgaben an den Fachlehrer abtreten zu müssen, und bleuen, als gäbe ihnen ihre Macht, mit der sich diese Art Menschen gern so wichtig

[4] Man vergleiche, was Cicero (im Brutus 210f.) im gleichen Sinn ausführt. Über Laelia auch De orat. 3, 45. Vgl. Colsons Kommentar (1924) 13.

[5] Die dramatische Szene, in der Hortensia als Sprecherin der Matronen vor den Triumvirn (nach Caesars Ermordung) gegen eine Vermögensabgabe protestiert, bei Appian (Bürgerkrieg 4, 32).

interim saevientes stultitiam suam perdocent. 9 nec minus error eorum nocet moribus, si quidem Leonides Alexandri paedagogus, ut a Babylonio Diogene traditur, quibusdam eum vitiis imbuit, quae robustum quoque et iam maximum regem ab illa institutione puerili sunt persecuta.

10 Si cui multa videor exigere, cogitet oratorem institui, rem arduam etiam cum ei formando nihil defuerit, praeterea plura ac difficiliora superesse: nam et studio perpetuo et praestantissimis praeceptoribus et plurimis disciplinis opus est. 11 quapropter praecipienda sunt optima, quae si quis gravabitur, non rationi defuerint, sed homini. si tamen non continget quales maxime velim nutrices, pueros, paedagogos habere, at unus certe sit adsiduus loquendi non inperitus, qui, si qua erunt ab his praesente alumno dicta vitiose, corrigat protinus nec insidere illi sinat, dum tamen intellegatur id, quod prius dixi, bonum esse, hoc remedium.

12 A sermone Graeco puerum incipere malo, quia Latinum, qui pluribus in usu est, vel nobis nolentibus perbibet, simul quia disciplinis quoque Graecis prius instituendus est, unde et nostrae fluxerunt. 13 non tamen hoc adeo superstitiose fieri velim, ut diu tantum Graece loquatur aut discat, sicut plerisque moris est. hoc enim accidunt et oris plurima vitia in peregrinum sonum corrupti et sermonis, cui cum Graecae figurae adsidua consuetudine haeserunt, in diversa quoque loquendi ratione pertinacissime durant. 14 non longe itaque Latina subsequi debent et cito pariter ire. ita fiet ut,

macht, das Recht dazu, voll Herrschsucht und manchmal in Tyrannenwut ihre eigene Dummheit immer weiter ein. 9 Nicht weniger schädlich ist ihr falsches Verhalten für die Charakterbildung. So hat etwa Leonides, der Pädagog (Kinderwärter) Alexanders, wie Diogenes von Babylon überliefert[6], seinem Zögling manche Unarten beigebracht, die Alexander noch, als er längst ausgewachsen und schon der mächtigste König war, von jenem Jugendunterricht her anhafteten.

10 Wenn jemand glaubt, es sei viel, was ich verlange, so möge er bedenken, daß es darum geht, einen Redner heranzubilden, eine schwere Aufgabe, auch wenn zu seiner Bildung nichts fehlen sollte; und daß außerdem noch viele andere schwierigere Aufgaben bevorstehen; denn ununterbrochener Fleiß ist nötig, die vorzüglichsten Lehrer und eine ganze Reihe von Wissensfächern. 11 Deshalb müssen die Vorschriften das Allerbeste fordern. Wenn dies jemandem lästig erscheint, so erweist das nicht einen Mangel der Vorschriften, sondern des Menschen. Wenn jemand jedoch nicht das Glück hat, so gute Ammen, Sklavenjungen und Kinderwärter zu besitzen, wie ich es am liebsten hätte, so sollte doch jedenfalls beständig einer da sein, der sich in der Sprache gut auskennt, damit er, wenn die anderen in Gegenwart des Zöglings fehlerhafte Wendungen gebrauchen, die Fehler sofort verbessern und dadurch verhindern kann, daß die Fehler sich festsetzen – wobei allerdings wohl zu bedenken ist, daß dies nur ein Behelf ist, bei dem das seine Gültigkeit behält, was ich zuerst empfohlen habe.

12 Mit der griechischen Sprache soll der Knabe am besten anfangen, weil er das Lateinische, dessen sich ja die meisten bedienen, sowieso auch gegen unseren Willen in sich aufsaugen wird; zugleich auch deshalb, weil die griechischen Unterrichtsfächer, von denen ja auch die unseren sich herleiten, den Anfang bilden müssen. 13 Doch möchte ich auch nicht, daß dies so übertrieben geschieht, daß der Knabe lange Zeit nur griechisch spricht oder lernt, wie das so weithin üblich ist. Denn hierdurch kommt es zu zahlreichen Fehlern in der Aussprache der Laute, die durch den fremden Klang verdorben werden, wie auch in der Ausdrucksweise, in der die griechischen Wendungen, wenn sie durch ständige Gewohnheit festsitzen, auch bei den so verschiedenen Ausdrucksformen der anderen Sprache aufs hartnäckigste weiterwirken. 14 Nicht viel später soll deshalb das Lateinische nachfolgen und schnell die

[6] St. Vet. fr. 51 Arnim.

cum aequali cura linguam utramque tueri coeperimus, neutra alteri officiat.

15 Quidam litteris instituendos, qui minores septem annis essent, non putaverunt, quod illa primum aetas et intellectum disciplinarum capere et laborem pati posset. in qua sententia Hesiodum esse plurimi tradunt, qui ante grammaticum Aristophanen fuerunt. nam is primum ὑποθήκας, in quo libro scriptum hoc invenitur, negavit esse huius poetae. 16 sed alii quoque auctores, inter quos Eratosthenes, idem praeceperunt. melius autem, qui nullum tempus vacare cura volunt, ut Chrysippus. nam is, quamvis nutricibus triennium dederit, tamen ab illis quoque iam formandam quam optimis institutis mentem infantium iudicat. 17 cur autem non pertineat ad litteras aetas, quae ad mores iam pertinet? neque ignoro toto illo, de quo loquor, tempore vix tantum effici, quantum conferre unus postea possit annus, sed tamen mihi, qui dissenserunt, videntur non tam discentibus in hac parte quam docentibus pepercisse. 18 quid melius alioqui facient, ex quo loqui poterunt (faciant enim aliquid necesse est)? aut cur hoc quantulumcumque est usque ad septem annos lucrum fastidiamus? nam certe quamlibet parvum sit, quod contulerit aetas prior, maiora tamen aliqua discet puer ipso illo anno, quo minora didicisset. 19 hoc per singulos prorogatum in summam proficit, et, quantum in infantia praesumptum est temporis, adulescentiae adquiritur. idem etiam de sequentibus annis praeceptum sit, ne, quod cuique discendum est, sero discere incipiat. non ergo perdamus primum statim tempus, atque eo minus, quod initia litterarum sola memoria constant, quae non modo iam est in parvis, sed tum etiam tenacissima est.

20 Nec sum adeo aetatium inprudens, ut instandum protinus teneris acerbe putem exigendamque plane operam. nam id in primis

gleiche Stellung erhalten. So wird es kommen, daß, wenn wir mit gleicher Sorgfalt beide Sprachen zu betreuen anfangen, keine der anderen entgegenwirkt.

15 Manche vertreten die Ansicht, Kinder unter sieben Jahren sollten noch nicht unterrichtet werden, weil erst dieses Alter die Auffassungsgabe für die Unterrichtsfächer besäße und der geistigen Anstrengung gewachsen sei. Daß auch Hesiod dieser Auffassung gewesen sei, haben viele überliefert, die vor der Zeit des Grammatikers Aristophanes gelebt haben; denn der hat zuerst geleugnet, daß die *Beherzigungen*, in denen dieser Satz sich findet, wirklich von diesem Dichter stammen. 16 Doch haben auch andere, darunter Eratosthenes, denselben Rat gegeben. Besser beraten scheinen mir die, die keinen Zeitpunkt ohne geistige Betreuung lassen möchten, wie etwa Chrysipp. Denn dieser läßt zwar drei Jahre lang die Kinder der Obhut der Ammen, ist aber dafür, daß auch diese schon den Geist der Kleinen so gut wie möglich durch Unterweisungen bilden sollen. 17 Warum aber sollte eine Altersstufe noch nicht literarischer Unterweisung zugänglich sein, die schon der sittlichen Unterweisung zugänglich ist? Dabei weiß ich natürlich sehr wohl, daß sich in der ganzen Zeit, von der ich spreche, kaum so viel erreichen läßt wie später in einem einzigen Jahr, und doch glaube ich, daß die Vertreter der anderen Auffassung in diesem Punkt nicht so sehr auf die Lernenden Rücksicht genommen haben wie auf die Lehrenden. 18 Was sollen die Kleinen denn sonst Besseres tun, wenn sie schon sprechen können – denn etwas müssen sie doch tun –, oder warum sollen wir den Gewinn bis zum siebten Jahr, so klein er auch sein wird, verschmähen? Denn sowenig es auch ist, was das frühere Lebensalter beisteuert, etwas mehr wird doch der Knabe in dem Jahr bestimmt lernen, in dem er sonst noch die Vorübungen betrieben hätte. 19 Dieses Guthaben, von Jahr zu Jahr übertragen, macht doch schon etwas aus, und die Zeit, die man den Kinderjahren abgespart hat, ist für die Jünglingszeit gewonnen. Ebenso gilt auch für die folgenden Jahre die Vorschrift, mit dem jeweiligen Lernstoff nicht zu spät zu beginnen. Wir wollen also die Anfangszeit nicht einfach vergeuden, und zwar um so weniger, als die Anfangsgründe des Lesens und Schreibens sich nur auf das Gedächtnis stützen, das bei den Kleinen nicht nur schon vorhanden, sondern in diesem Alter sogar am aufnahmefähigsten ist.

20 Doch bin ich im Umgang mit der Jugend nicht so unvernünftig, zu glauben, man dürfe dem zarten Alter schon hart zu-

cavere oportebit, ne studia qui amare nondum potest, oderit et amaritudinem semel perceptam etiam ultra rudes annos reformidet. lusus hic sit, et rogetur et laudetur et numquam non scisse se gaudeat, aliquando ipso nolente doceatur alius, cui invideat, contendat interim et saepius vincere se putet: praemiis etiam, quae capit illa aetas, evocetur.

21 Parva docemus oratorem instituendum professi, sed est sua etiam studiis infantia, et ut corporum mox fortissimorum educatio a lacte cunisque initium ducit, ita futurus eloquentissimus edidit aliquando vagitum et loqui primum incerta voce temptavit et haesit circa formas litterarum. nec si quid discere satis non est, ideo nec necesse est. 22 quodsi nemo reprehendit patrem, qui haec non neglegenda in suo filio putet, cur inprobetur, si quis ea, quae domi suae recte faceret, in publicum promit? atque eo magis, quod minora etiam facilius minores percipiunt, et ut corpora ad quosdam membrorum flexus formari nisi tenera non possunt, sic animos quoque ad pleraque duriores robur ipsum facit. 23 an Philippus Macedonum rex Alexandro filio suo prima litterarum elementa tradi ab Aristotele summo eius aetatis philosopho voluisset, aut ille suscepisset hoc officium, si non studiorum initia et a perfectissimo quoque optime tractari et pertinere ad summam credidisset? 24 fingamus igitur Alexandrum dari nobis, inpositum gremio, dignum tanta cura infantem (quamquam suus cuique dignus est): pudeatne me in ipsis statim elementis etiam brevia docendi monstrare compendia? neque enim mihi illud saltem placet, quod fieri in plurimis video,

setzen und schon richtige Arbeit verlangen. Denn man muß ja vor allem verhüten, daß ein Kind, das geistige Arbeit noch nicht lieben kann, sie statt dessen zu hassen lernt und die bitteren Erfahrungen der frühesten Jugend auch noch über die Kinderjahre hinaus voll Angst und Abscheu bewahrt. Ein Spiel soll das Ganze sein. Man muß fragen, loben; immer soll das Kind strahlen, wenn es etwas gekonnt hat; wenn es einmal selbst keine Lust hat, soll ein anderer drankommen, auf den es dann eifersüchtig ist; es soll immer einmal ein Wettkampf stattfinden, wobei es öfters das Gefühl haben soll, daß es gewinnt. Auch mit Belohnungen, wie sie für dieses Alter verlockend sind, soll man es anspornen.

21 Kleinigkeiten sind es, die wir da lehren – und wir haben doch verheißen, einen Redner zu unterweisen! Aber auch die geistige Entwicklung hat ihre Kinderzeit, und wie die körperliche Aufzucht auch bei den künftigen Helden mit der Milch in der Wiege ihren Anfang nimmt, so hat auch der künftige Redemeister einmal gequäkt, mit unsicherer Stimme seine ersten Sprechversuche gemacht und ist über die Formen der Buchstaben gestolpert. Was beim Lernen für sich noch nicht ausreichend ist, ist ja deshalb noch nicht überflüssig. 22 Wenn aber niemand einen Vater tadelt, der diese Dinge bei seinem eigenen Sohn nicht für unwichtig hält, warum sollte es dann Vorwürfe verdienen, das, was man im eigenen Hause zu Recht tut, auch in die Öffentlichkeit zu bringen? Zumal ja doch die Kleineren auch diese kleineren Aufgaben noch leichter auffassen; und wie die Glieder des Körpers zu bestimmten Beugungen nur in zarter Jugend geschmeidig sind, so führt auch gerade die voll entfaltete Kraft den Geist dazu, sich zu zahlreichen Verrichtungen zu verhärten. 23 Hätte etwa Philipp, der König von Makedonien, gewünscht, daß Aristoteles, der größte Philosoph seiner Zeit, seinem Sohn Alexander die Anfangsgründe literarischer Bildung beibringen solle, oder hätte jener diese Aufgabe übernommen, wenn er nicht geglaubt hätte, zur Einführung in geistige Bemühungen sei der vollkommenste Meister gerade gut genug und von größter Wichtigkeit für den Gesamterfolg? 24 So wollen auch wir annehmen, ein Alexander sei uns übergeben, uns in den Arm gelegt, ein Kind, das solcher Sorge wert – wie ja jedem Vater sein Sohn solcher Sorge wert ist: sollte ich mich da schämen, ihm gleich unmittelbar von den Anfangsgründen an auch die Wege zu zeigen, wie man den Unterricht verkürzen kann? So gefällt mir auch keineswegs, was doch, wie ich sehe, meistens geschieht, daß man nämlich die Kleinen die

ut litterarum nomina et contextum prius quam formas parvuli discant. 25 obstat hoc agnitioni earum, non intendentibus mox animum ad ipsos ductus, dum antecedentem memoriam secuntur. quae causa est praecipientibus, ut etiam, cum satis adfixisse eas pueris recto illo, quo primum scribi solent, contextu videntur, retro agant rursus et varia permutatione turbent, donec litteras qui instituuntur, facie norint, non ordine. quapropter optime sicut hominum pariter et habitus et nomina edocebuntur. 26 sed quod in litteris obest, in syllabis non nocebit. non excludo autem, id quod est motum[f] irritandae ad discendum infantiae gratia, eburneas etiam litterarum formas in lusum offerre, et si quid aliud, quo magis illa aetas gaudeat, inveniri potest, quod tractare, intueri, nominare iucundum sit.

27 Cum vero iam ductus sequi coeperit, non inutile erit eas tabellae quam optime insculpi, ut per illos velut sulcos ducatur stilus. nam neque errabit, quemadmodum in ceris (continebitur enim utrimque marginibus neque extra praescriptum egredi poterit), et celerius ac saepius sequendo certa vestigia firmabit articulos neque egebit adiutorio manum suam manu super inposita regentis. 28 non est aliena res, quae fere ab honestis neglegi solet, cura bene ac velociter scribendi. nam cum sit in studiis praecipuum, quoque solo verus ille protectus et altis radicibus nixus paretur, scribere ipsum, tardior stilus cogitationem moratur, rudis et confusus intellectu caret: unde sequitur alter dictandi quae transferenda sunt labor. 29 quare cum semper et ubique, tum praecipue in epistulis secretis et familiaribus delectabit ne hoc quidem neglectum reliquisse.

30 Syllabis nullum compendium est: perdiscendae omnes nec, ut fit plerumque, difficillima quaeque earum differenda, ut in nomini-

f) motum *Radermacher* inventum *Heindorf*: notum

[7] also: *ba, be, bi, bo, bu* usw.

Namen und Abfolge der Buchstaben eher lernen läßt als ihre Gestalt. 25 Das hindert sie nämlich, die Buchstaben zu erkennen, da sie nicht gleich auf die Schriftzüge der Buchstaben achten, während sie nach ihrem Gedächtnis der (alphabetischen) Reihenfolge der Buchstaben folgen. Das ist auch der Grund für die Lehrer, die Buchstaben, sobald sie bei den Knaben in der üblichen festen Reihenfolge des Alphabets festzusitzen scheinen, auch von rückwärts umgekehrt durchzugehen und sie so lange bunt durcheinanderzuwerfen, bis die Knaben sie der Gestalt nach kennen, nicht der Reihenfolge nach. Deshalb läßt man sie sich am besten, wie von Menschen, gleichmäßig Gestalt und Namen einprägen. 26 Doch was bei den Einzelbuchstaben hinderlich ist, wird bei den Silben keinen Schaden anrichten. Damit soll nichts gegen das Verfahren gesagt sein, das man aufgebracht hat, um die Kinder zum Lernen zu reizen, ihnen nämlich auch Buchstaben aus Elfenbein zum Spielen zu geben, oder wenn sich sonst etwas zur größeren Freude des Kindesalters finden läßt, das sie gern anfassen, anschauen und mit Namen nennen.

27 Wenn aber das Kind schon so weit ist, den Schriftzügen zu folgen, wird es nicht unnütz sein, diese so gut wie möglich auf einem Täfelchen eingraben zu lassen, damit der Griffel durch sie wie durch Furchen gezogen werden kann. Denn dann kann er nicht abrutschen wie bei den Wachstafeln – er wird nämlich auf beiden Seiten durch die Ränder festgehalten und kann nicht aus der Schriftbahn herauskommen –, kräftigt dadurch, daß er schnell und oft festen Spuren folgt, das Handgelenk und braucht keinen Helfer, der mit seiner Hand die des Schreibenden führt. 28 Es ist durchaus nicht abwegig, mag es auch in der Regel von Leuten besseren Standes gern vernachlässigt werden, sich um eine saubere, schnelle Handschrift zu bemühen, denn während bei der Arbeit eigenhändig zu schreiben so wichtig und der einzige Weg ist, wirkliche Fortschritte von Grund auf zu erzielen, hemmt ein allzu träger Griffel das Denken, ein ungewandter, wirrer Griffel läßt es an der Verständlichkeit fehlen: deshalb folgt die neue Mühe, zu diktieren, was abgeschrieben werden soll. 29 Deshalb wird es zwar immer und überall, ganz besonders aber in geheimen und vertrauten Briefen Freude machen, wenn man auch die Schrift nicht vernachlässigt hat.

30 Bei den Silben läßt sich nichts einsparen, alle müssen sie der Reihe nach[7] gelernt werden, und man darf nicht, wie es meist geschieht, gerade die schwersten von ihnen noch zurückstellen,

bus scribendis deprehendantur. 31 quin immo ne primae quidem memoriae temere credendum: repetere et diu inculcare fuerit utilius et in lectione quoque non properare ad continuandam eam vel adcelerandam, nisi cum inoffensa atque indubitata litterarum inter se coniunctio suppeditare sine ulla cogitandi saltem mora poterit. tunc ipsis syllabis verba conplecti et his sermonem conectere incipiat: 32 incredibile est, quantum morae lectioni festinatione adiciatur. hinc enim accidit dubitatio, intermissio, repetitio plus quam possunt audentibus, deinde cum errarunt, etiam iis quae iam sciunt diffidentibus. 33 certa sit ergo in primis lectio, deinde coniuncta, et diu lentior, donec exercitatione contingat emendata velocitas. 34 nam prospicere in dextrum, quod omnes praecipiunt, et providere non rationis modo, sed usus quoque est, quoniam sequentia intuenti priora dicenda sunt, et, quod difficillimum est, dividenda intentio animi, ut aliud voce, aliud oculis agatur. illud non paenitebit curasse, cum scribere nomina puer, quemadmodum moris est, coeperit, ne hanc operam in vocabulis vulgaribus et forte occurrentibus perdat. 35 protinus enim potest interpretationem linguae secretioris, quas Graeci γλώσσας vocant[g], dum aliud agitur, ediscere et inter prima elementa consequi rem postea proprium tempus desideraturam. et quoniam circa res adhuc tenues moramur, ii quoque versus, qui ad imitationem scribendi proponentur, non otiosas velim sententias habeant, sed honestum aliquid monentis. 36 prosequitur haec memoria in senectutem et inpressa animo rudi usque ad mores proficiet. etiam dicta clarorum virorum et electos ex poetis maxime (namque eorum cognitio parvis gratior est) locos ediscere inter lusum licet. nam et maxime necessaria est oratori, sicut suo loco dicam, memoria et ea praecipue firmatur atque alitur exercitatione

g) id est quas … vocant: (quas … vocant *glossema putat Radermacher Becherum secutus*)

[7a] s. B. XI Kap. 2.

um sie beim Schreiben der Hauptwörter zu erledigen. 31 Ja, auch auf das einmal Auswendiggelernte darf man nicht leichtfertig zuviel geben: Wiederholen und langes Eindrillen bringt wohl mehr Nutzen, wie auch beim Lesen nicht zu eilen, um zum zusammenhängenden Lesen zu kommen oder das Tempo zu beschleunigen, ehe nicht die Verbindung der Buchstaben ohne Anstoß und Zaudern, jedenfalls ohne das geringste Überlegen glatt vonstatten geht. Dann kann man anfangen, mit diesen Silben Wörter zu bilden und diese zur Rede zu vereinigen: 32 Es ist unglaublich, wieviel Zeitverlust beim Lesen die Eile bringt; denn daher kommt das Zaudern, Auslassen, das Wiederanfangen, wenn man sich zuviel zutraut, so daß man, wenn es danebengeht, auch in dem, was man schon kann, wieder unsicher wird. 33 Sicher sei also vor allem das Lesen, dann erst zusammenhängend und lange Zeit noch in langsamerem Tempo, bis es durch Übung gelingt, die Geschwindigkeit zu verbessern. 34 Denn nach rechts vorauszuschauen, was alle anraten, und im voraus das Folgende zu überschauen, ist nicht mit dem Verstand allein zu leisten, sondern auch eine Sache der praktischen Erfahrung; denn man muß ja schon auf das Folgende blicken, während man das Vorhergehende ausspricht und, was das Schwierigste ist, seinen Geist gleichzeitig auf zweierlei konzentrieren: die Betätigung der Stimme und die der Augen. Man wird es nicht bereuen, wenn der Knabe, wie es Brauch ist, damit angefangen hat, Wörter zu schreiben, gleich dafür gesorgt zu haben, daß er diese Mühe nicht mit gewöhnlichen und zufällig auftauchenden Wörtern vertut. 35 Denn dabei kann er gleich die Bedeutung der selteneren Wörter, die die Griechen *Glossen* nennen, nebenher sich aneignen und schon während der ersten Anfangsgründe eine Aufgabe anpacken, die später ihre eigene Zeit beanspruchen würde. Und da wir uns noch bei so schlichten Dingen aufhalten: auch die Verse, die man als Muster zum Abschreiben vorlegt, sollten meines Erachtens keine müßigen Gedanken enthalten, sondern solche, die zu etwas Gutem mahnen. 36 Die Erinnerung an solche Sprüche begleitet den Knaben bis zum Alter, und da sie sich in dem noch ungebildeten Geist einprägt, wird sich ihr Nutzen bis auf die Lebensführung auswirken. Auch Worte großer Männer und ausgewählte Stellen, vor allem aus Dichtern – denn diese kennenzulernen, ist den Kleinen lieber –, kann man im Spiel auswendig lernen lassen; denn ganz besonders wichtig ist ja für den Redner, wie ich seines Ortes zeigen werde[7a], das Gedächtnis, und dieses vor allem wird durch Übung

et in his, de quibus nunc loquimur, aetatibus, quae nihildum ipsae generare ex se queunt, prope sola est, quae iuvari cura docentium possit. 37 non alienum fuerit exigere ab his aetatibus, quo sit absolutius os et expressior sermo, ut nomina quaedam versusque adfectatae difficultatis ex pluribus et asperrime coeuntibus inter se syllabis catenatos et veluti confragosos quam citatissime volvant: χαλινοί Graece vocantur. res modica dictu, qua tamen omissa multa linguae vitia, nisi primis eximuntur annis, inemendabili in posterum pravitate durantur.

II.

1 Sed nobis iam paulatim adcrescere puer et exire de gremio et discere serio incipiat. hoc igitur potissimum loco tractanda quaestio est, utiliusne sit domi atque intra privatos parietes studentem continere, an frequentiae scholarum et velut publicis praeceptoribus tradere. 2 quod quidem cum iis, a quibus clarissimarum civitatium mores sunt instituti, tum eminentissimis auctoribus video placuisse. non est tamen dissimulandum, esse nonnullos, qui ab hoc prope publico more privata quadam persuasione dissentiant. hi duas praecipue rationes sequi videntur: unam, quod moribus magis consulant fugiendo turbam hominum eius aetatis, quae sit ad vitia maxime prona, unde causas turpium factorum saepe extitisse utinam falso iactaretur: alteram, quod, quisquis futurus est ille praeceptor, liberalius tempora sua inpensurus uni videtur quam si eadem in pluris partiatur. 3 prior causa prorsus gravis: nam si studiis quidem scholas prodesse, moribus autem nocere constaret,

gestärkt und entwickelt; in den Jahren, von denen wir eben sprechen, die ja aus sich selbst noch nichts Produktives leisten können, ist das Gedächtnis es fast allein, das sich durch die Bemühung des Lehrenden fördern läßt. 37 Naheliegend dürfte es auch sein, von diesem Alter zu verlangen, bestimmte Wörter und Verse von gesuchter Schwierigkeit, die aus mehreren besonders rauh aneinander anschließenden Silben zusammengekettet und gewissermaßen Zungenbrecher sind, so schnell wie möglich herzusagen, um die Artikulation freier und die Aussprache artikulierter zu machen. 'Kandaren' heißen diese Verse auf griechisch – eine anspruchslose Übung, deren Unterlassung doch dazu führt, daß viele Sprechfehler, wenn sie nicht in den ersten Jahren beseitigt werden, als unverbesserliche Mängel für die Folgezeit festsitzen.

ZWEITES KAPITEL

Einzelunterricht oder Schule

1 Doch allmählich soll uns unser Knabe heranzuwachsen, vom Schoß herunterzuklettern und ernsthaft zu lernen anfangen. An dieser Stelle wird deshalb am besten die Frage behandelt, ob es besser ist, ihn beim Lernen zu Hause und innerhalb der eigenen Wände zu behalten oder ihn dem Gedränge in den Schulen und gleichsam Lehrern für jedermann auszuliefern. 2 So hat es zwar, wie ich sehe, sowohl denen gefallen, die den berühmtesten Staaten ihre Lebensordnung gegeben haben, wie auch zumal den hervorragendsten Sachkennern, die darüber geschrieben haben. Trotzdem darf ich nicht verschweigen, daß es einige gibt, die von diesem fast allgemeinen Brauch aus ihrer persönlichen Überzeugung heraus abweichen. Zwei Gründe scheinen mir bei diesen vor allem bestimmend; erstens: für die Sitten lasse sich besser sorgen, wenn sie nicht in Berührung kämen mit einer Menge Menschen in einem Alter, das vor allem anfällig für sittliche Verfehlungen sei, worin ja auch leider, so gern ich es bestreiten würde, oft häßliche Vorfälle ihren Grund haben. Zweitens: ganz gleich, wer der Lehrer sein werde, er könne doch offenbar seine Zeit, wenn er sie nur einem Schüler zu widmen hätte, großzügiger einteilen, als wenn er sie unter mehreren teilen muß. 3 Der erstere Grund ist unbedingt schwerwiegend; denn wenn es feststände, daß die Schulen zwar dem Wissen nutzen, aber den Sitten schaden, so schienen mir

potior mihi ratio vivendi honeste quam vel optime dicendi videretur. sed mea quidem sententia iuncta ista atque indiscreta sunt: neque enim esse oratorem nisi bonum virum iudico et fieri, etiam si potest, nolo. de hac re igitur prius.

4 Corrumpi mores in scholis putant: nam et corrumpuntur interim, sed domi quoque, et sunt multa eius rei exempla, tam hercule, quam conservatae sanctissime utrobique opinionis. natura cuiusque totum curaque distat. da mentem ad peiora facilem, da neglegentiam formandi custodiendique in aetate prima pudoris, non minorem flagitiis occasionem secreta praebuerint. nam et potest turpis esse domesticus praeceptor, nec tutior inter servos malos quam ingenuos parum modestos conversatio est. 5 at si bona ipsius indoles, si non caeca ac sopita parentium socordia est, et praeceptorem eligere sanctissimum quemque, cuius rei praecipua prudentibus cura est, et disciplinam, quae maxime severa fuerit, licet et nihilo minus amicum gravem virum aut fidelem libertum lateri filii sui adiungere, cuius adsiduus comitatus etiam illos meliores faciat, qui timebantur.

6 Facile erat huius metus remedium. utinam liberorum nostrorum mores non ipsi perderemus! infantiam statim deliciis solvimus. mollis illa educatio, quam indulgentiam vocamus, nervos omnes mentis et corporis frangit. quid non adultus concupiscet, qui in purpuris repit? nondum prima verba exprimit, iam crocum[h] intellegit,

h) crocum **Bg** (i. marg.): coccum

[8] Die Varianten in unseren Handschriften gestatten auch die Deutung, daß der Zwei- bis Dreijährige schon den Koch ins Herz geschlossen hat, der ja bei den Eltern *persona gratissima* ist (daß das 'coquum intellegunt' nicht heißen könne, kann ich Colson nicht zugeben), und nicht auf mit dem Saft echter Purpurmuscheln gefärbte Kleider, sondern auf Delikateßmuscheln (beides sind *conchylia*) erpicht ist. Damit bei der Übersetzung, für die wir uns

die Rücksichten auf ein anständiges Leben wichtiger als selbst die trefflichste Redekunst. Aber – wenigstens meiner Meinung nach – ist beides so verbunden, daß es sich gar nicht trennen läßt; denn nach meinem Urteil kann nur ein wirklich guter Mann Redner sein, und selbst wenn es ein anderer werden könnte, möchte ich es nicht. Hierüber also zunächst.

4 Man meint, die Sitten würden in den Schulen verdorben; denn es kommt manchmal vor, daß sie verdorben werden, aber das kommt zu Hause ebenfalls vor, und es gibt viele Beispiele hierfür – genauso aber wahrhaftig doch auch dafür, daß in beiden Fällen der Ruf aufs peinlichste gewahrt wurde. In der natürlichen Veranlagung eines jeden und der Pflege, die sie findet, liegt der wesentliche Unterschied. Gesetzt den Fall, ein Hang zur Unsittlichkeit sei vorhanden, gesetzt den Fall, man ließe es in der frühen Jugend daran fehlen, das Schamgefühl zu entwickeln und zu behüten: auch die Abgeschiedenheit des eignen Hauses würde dann nicht weniger Gelegenheit zu Schändlichkeiten bieten. Denn auch der Hausherr kann sich unsittlich benehmen, der Umgang mit schlechten Sklaven ist kein besserer Schutz als der mit Freigeborenen ohne genügende Selbstzucht. 5 Ist dagegen die Veranlagung des Schülers selbst gut und sind die Eltern nur nicht blind und eingelullt in Gleichgültigkeit, so können sie zum Lehrer die lauterste Persönlichkeit ausfindig machen, was sich die Umsichtigen besonders angelegen sein lassen, und eine Schulzucht, bei der es recht streng zugehen kann, zudem können sie auch noch aus der Bekanntschaft einen würdigen Mann oder treuen Freigelassenen ihrem Sohn an die Seite stellen, dessen ständige Begleitung selbst die besser machen kann, bei denen man in Sorge war.

6 Leicht wäre es, dieser Furcht abzuhelfen: wenn wir doch nur nicht selbst die Sitten unserer Kinder verdürben! Schon in erster Kindheit verwöhnen wir sie durch Leckereien. Die weichliche Art der Erziehung, die wir Nachsicht nennen, löst alles Straffe an Geist und Körper auf. Was wird nicht als Erwachsener haben wollen, wer schon auf Purpur kriecht? Noch kann das Kind die ersten Worte nicht richtig herausbringen da kennt es schon Safran, will es schon Purpurkleider haben[8]. Früher schulen wir

entschieden haben, weil in ihr die Entartung des Wertgefühls stärker zum Ausdruck kommt, das kleine Leckermaul nicht zu kurz kommt, müssen wir uns erinnern, daß Safran besonders als kostbarer Duftstoff verwendet wurde.

iam conchylium poscit. 7 ante palatum eorum quam os instituimus. in lecticis crescunt: si terram attigerunt, e manibus utrimque sustinentium pendent. gaudemus, si quid licentius dixerint: verba ne Alexandrinis quidem permittenda deliciis risu et osculo excipimus. 8 nec mirum: nos docuimus, ex nobis audiunt, nostras amicas, nostros concubinos vident, omne convivium obscaenis canticis strepit, pudenda dictu spectantur. fit ex his consuetudo, inde natura. discunt haec miseri, antequam sciant vitia esse: inde soluti ac fluentes non accipiunt ex scholis mala ista, sed in scholas adferunt.

9 'Verum in studiis magis vacabit unus uni'. ante omnia nihil prohibet esse illum nescio quem unum etiam cum eo, qui in scholis eruditur. sed etiamsi iungi utrumque non posset, lumen tamen illud conventus honestissimi tenebris ac solitudini praetulissem: nam optimus quisque praeceptor frequentia gaudet ac maiore se theatro dignum putat. 10 at fere minores ex conscientia suae infirmitatis haerere singulis et officio fungi quodam modo paedagogorum non indignantur. 11 sed praestet alicui vel gratia vel pecunia vel amicitia, ut doctissimum atque incomparabilem magistrum domi habeat, non tamen ille totum in uno diem consumpturus est. aut potest esse ulla tam perpetua discentis intentio, quae non ut visus oculorum obtutu continuo fatigetur, cum praesertim multo plus secreti temporis studia desiderent? 12 neque enim scribenti, ediscenti, cogitanti praeceptor adsistit: quorum aliquid agentibus cuiuscumque interventus inpedimento est. lectio quoque non omnis nec semper praeeunte vel interpretante eget: quando enim tot auctorum notitia contingeret? modicum ergo tempus est, quo in

ihren Gaumen als ihren Mund. 7 In der Sänfte wachsen sie auf. Kommen sie einmal mit den Füßen auf den Boden, so stehen schon auf beiden Seiten Leute bereit, an deren Händen sie sich halten. Wir freuen uns, wenn sie etwas Loses sagen: Worte, die wir nicht einmal aus dem Mund alexandrinischer Zierbengel dulden dürfen, nehmen wir mit Lachen und einem Küßchen hin. 8 Kein Wunder: wir haben es ihnen beigebracht, von uns hören sie es, unsere Freundinnen und unsere Schlafzimmerfreunde sehen sie, jede Abendgesellschaft dröhnt von unanständigen Liedern, was man auch nur zu nennen sich scheut, ist da zu sehen. So wird dieses Leben zur Gewohnheit und damit zur zweiten Natur. Dies lernen die Bedauernswerten, ehe sie wissen, daß es Laster sind: hierdurch sind sie halt- und willenlos geworden: nicht aus den Schulen haben sie diese Schlechtigkeiten, sondern in die Schulen bringen sie sie mit.

9 Nun zu dem 'aber beim Lernen wird einer für einen allein mehr Zeit haben'. Vor allem: nichts hindert ja daran, daß dieser unbekannte Einzellehrer auch mit dem arbeitet, der die Schulerziehung mitmacht. Aber auch, wenn beides sich nicht verbinden ließe, zöge ich doch, wenn ich die Wahl hätte, die Helligkeit einer angesehenen Gemeinschaft dem Dunkel und der Einsamkeit vor; denn gerade die besten Lehrer freuen sich über guten Besuch ihrer Klasse und glauben, eines größeren Publikums wert zu sein. 10 Dagegen halten es in der Regel die Geringeren im Bewußtsein ihrer Schwäche nicht für unter ihrer Würde, sich an Einzelschüler zu hängen und gewissermaßen Pädagogendienste zu tun. 11 Aber sollte es jemandem auch sein Ansehen, Geld oder freundschaftliche Verbindung ermöglichen, einen hochgebildeten und unvergleichlichen Lehrer in seinem Hause zu halten, so wird doch auch der nicht den ganzen Tag nur auf den einen Schüler verwenden wollen. Oder kann die Aufmerksamkeit eines Schülers ununterbrochen angespannt sein, ohne wie der Blick der Augen beim ununterbrochenen Hinschauen zu ermatten, zumal das Lernen viel mehr Zeit zum ungestörten Arbeiten verlangt. 12 Denn beim Schreiben, Auswendiglernen und Nachdenken steht ja der Lehrer nicht dabei: während die Schüler mit einer dieser Arbeiten beschäftigt sind, ist jede Unterbrechung, gleichgültig durch wen, störend. Auch die Lektüre braucht nicht bei jedem Text und immer eine Anleitung oder Erklärung: denn wann sollte es denn dann zur Kenntnis der großen Zahl von Schriftstellern kommen? Beschränkt ist also die Zeit, in der für den ganzen Tag gleichsam der Arbeits-

totum diem velut opus ordinetur, ideoque per plures ire possunt etiam quae singulis tradenda sunt. 13 pleraque vero hanc condicionem habent, ut eadem voce ad omnis simul perferantur. taceo de partitionibus et declamationibus rhetorum, quibus certe quantuscumque adhibeatur numerus, tamen unusquisque totum feret. 14 non enim vox illa praeceptoris ut cena minus pluribus sufficit, sed ut sol universis idem lucis calorisque largitur. grammaticus quoque si de loquendi ratione disserat, si quaestiones explicet, historias exponat, poemata enarret, tot illa discent, quot audient. 15 'at enim emendationi praelectionique numerus obstat.' sit incommodum (nam quid fere undique placet?): mox illud comparabimus commodis.

'Nec ego tamen eo mitti puerum volo, ubi neglegatur.' sed neque praeceptor bonus maiore se turba, quam ut sustinere eam possit, oneraverit, et in primis ea habenda cura est, ut is omni modo fiat nobis familiariter amicus nec officium in docendo spectet, sed adfectum. ita numquam erimus in turba. 16 nec sane quisquam litteris saltem leviter imbutus eum, in quo studium ingeniumque perspexerit, non in suam quoque gloriam peculiariter fovebit. sed ut fugiendae sint magnae scholae (cui ne ipsi quidem rei adsentior, si ad aliquem merito concurritur), non tamen hoc eo valet, ut fugiendae sint omnino scholae. aliud est enim vitare eas, aliud eligere.

17 Et si refutavimus, quae contra dicuntur, iam explicemus quid ipsi sequamur. 18 ante omnia futurus orator, cui in maxima celebritate et in media rei publicae luce vivendum est, adsuescat iam a tenero non reformidare homines neque illa solitaria et velut umbratica vita pallescere. excitanda mens et attollenda semper est,

plan aufgestellt wird, und deshalb können mehrere der Reihe nach drankommen, auch bei dem, was an Einzelunterweisung nötig ist. 13 Das meiste aber ist so allgemeiner Art, daß es mit dem gleichen Vortrag gleichzeitig allen dargeboten werden kann. Ich rede gar nicht von den Gliederungsübungen und Deklamationsübungen der Rhetoren, bei denen ja gewiß, mag auch die Zahl der Kursteilnehmer noch so groß sein, doch jeder Einzelne das Ganze mitbekommt. 14 Denn die Stimme des Lehrers beim Vortrag reicht ja nicht wie eine Mahlzeit für mehrere weniger aus, sondern wie die Sonne spendet sie allen gemeinsam gleich viel Licht und Wärme. Auch wenn der Lektürelehrer (grammaticus) über die Voraussetzungen der Sprachlehre spricht, schwierige Einzelfragen erklärt, geschichtliche Erläuterungen gibt, Gedichte erklärt, werden das alle lernen, wenn sie nur zuhören. 15 'Aber beim Verbessern und Vorlesen ist doch die größere Schülerzahl hinderlich!' Mag das auch ein Nachteil sein – denn was kann denn schon nur gute Seiten haben? Bald werden wir diesen Nachteil mit den Vorteilen vergleichen.

'Aber dennoch will ich meinen Jungen nicht dorthin schicken, wo man sich nicht um ihn kümmern kann.' Jedoch wird sich ein guter Lehrer wohl nicht mit einer Schülerschar, die er nicht bewältigen kann, belasten, vor allen Dingen muß man dafür sorgen, daß er mit uns in jeder Weise sich freundschaftlich verbunden fühle und im Lehren nicht eine Dienstleistung sieht, sondern ein Zeichen seiner Zuneigung. 16 So werden wir niemals in der Masse verschwinden. Und es wird auch kaum jemand, der auch nur leicht vom Geist der Wissenschaft berührt ist, darauf verzichten, einen Knaben, in dem er Lust und Talent erkannt hat, schon zu seinem eigenen Ruhm besonders an sich zu ziehen. Aber wenn man auch große Schulen meiden soll – was ich dann nicht einmal richtig finde, wenn jemand verdientermaßen großen Zulauf hat –, so kann das doch nicht heißen, daß man die Schulen überhaupt meiden soll; denn etwas anderes ist es ja, sie zu meiden, etwas anderes, sie auszuwählen.

17 Wenn wir somit widerlegt haben, was man einwenden kann, so wollen wir nunmehr den Standpunkt darlegen, den wir selbst vertreten. 18 Vor allem soll sich der künftige Redner, der ja in aller Öffentlichkeit und mitten im Licht des Staatslebens stehen muß, daran gewöhnen, schon von zarter Jugend an keine Angst vor Menschen zu haben oder in einem Einsiedlerleben wie im Schatten dahinzudämmern. Angefeuert und erhoben muß ja der

quae in eius modi secretis aut languescit et quendam velut in opaco situm ducit, aut contra tumescit inani persuasione: necesse est enim nimium tribuat sibi, qui se nemini conparat. 19 deinde cum proferenda sunt studia, caligat in sole et omnia nova offendit, ut qui solus didicerit quod inter multos faciendum est. 20 mitto amicitias, quae ad senectutem usque firmissime durant religiosa quadam necessitudine imbutae: neque enim est sanctius sacris isdem quam studiis initiari. sensum ipsum, qui communis dicitur, ubi discet, cum se a congressu, qui non hominibus solum, sed mutis quoque animalibus naturalis est, segregarit? 21 adde quod domi ea sola discere potest, quae ipsi praecipientur, in schola etiam quae aliis. audiet multa cotidie probari, multa corrigi, proderit alicuius obiurgata desidia, proderit laudata industria, 22 excitabitur laude aemulatio, turpe ducet cedere pari, pulchrum superasse maiores. accendunt omnia haec animos, et licet ipsa vitium sit ambitio, frequenter tamen causa virtutum est. 23 non inutilem scio servatum esse a praeceptoribus meis morem, qui cum pueros in classis distribuerant, ordinem dicendi secundum vires ingenii dabant, et ita superiore loco quisque declamabat, ut praecedere profectu videbatur: 24 huius rei iudicia praebebantur. ea nobis ingens palma, ducere vero classem multo pulcherrimum. nec de hoc semel decretum erat: tricensimus dies reddebat victo certaminis potestatem. ita nec superior successu curam remittebat, et dolor victum ad depellendam ignominiam concitabat. 25 id nobis acriores ad studia dicendi faces subdidisse quam exhortationem docentium, paedagogorum custodiam, vota parentium, quantum animi mei coniectura colligere

Geist immer wieder werden, der in derartiger Abgeschiedenheit entweder erlahmt und wie im Schatten vermodert oder im Gegenteil sich in eitler Überschätzung aufbläht; denn es muß sich ja zuviel zuerkennen, wer sich mit niemandem vergleicht. 19 Gilt es dann, das Gelernte vorzuführen, so wird es ihm in der Sonne schwarz vor den Augen, und er stößt sich an dem vielen, was ihm neu ist, weil er ja einzeln gelernt hat, was unter vielen sich abspielen soll. 20 Ich sehe von den Schulfreundschaften ab, die bis ins Alter in unverminderter Kraft zu dauern pflegen,weil sie durch ein heiliges Band geknüpft sind: denn es ist nicht weihevoller, in denselben Opferkult eingeweiht zu werden, als in denselben Studienkreis einzutreten. Das Gefühl selbst, das man Gemeinschaftsgeist nennt, wie soll er das lernen, wenn er sich von der Gemeinschaft abgesondert hat, die nicht nur den Menschen, sondern auch den Tieren, denen die Sprache versagt ist, von Natur eigen ist? 21 Nimm hinzu, daß er zu Hause nur das lernen kann, was ihm selbst an Vorschriften erteilt wird, in der Schule auch das, was anderen gesagt wird. Er wird täglich vieles loben, vieles verbessern hören, es wird ihm nützlich sein, wenn die Nachlässigkeit des einen getadelt, die Sorgfalt eines anderen gelobt wird, 22 sein Ehrgeiz wird durch Lob angefeuert werden, er wird es für beschämend halten, einem Gleichaltrigen nachzustehen, für herrlich, selbst Ältere geschlagen zu haben. All das feuert den Geist an und, mag auch der Ehrgeiz selbst ein Laster sein, häufig ist er doch der Grund der Tugenden. 23 Als sehr nützlich habe ich die Sitte befunden, die meine Lehrer noch beibehalten hatten, innerhalb der Klassen, in die die Knaben eingeteilt waren, nach der Leistung eine Rangordnung für den Vortrag zu bestimmen; so kam man um so früher beim Deklamieren daran, je größere Fortschritte man zeigte. 24 Hierfür gab es Ausscheidungskämpfe. Diese waren uns eine gewaltige Auszeichnung, Klassenerster zu sein aber das Allerschönste. Doch war dies ja keine einmalige Entscheidung: der dreißigste Tag bot dem Unterlegenen wieder die Gelegenheit zum Wettkampf. So ließ einerseits der Überlegene nach seinem Erfolg nicht in der Sorgfalt nach, andererseits aber stachelte der Schmerz den Unterlegenen auf, die Schmach wiedergutzumachen. 25 Daß dieses Verfahren unseren Eifer zur Beschäftigung mit den Reden mächtiger geschürt hat als alle Ermahnung der Lehrer, die Überwachung der Pädagogen und die Versprechungen der Eltern, möchte ich, soweit ich meinem Schluß meine eigenen Erinnerungen zugrunde legen kann, entschieden be-

possum, contenderim. 26 sed sicut firmiores in litteris profectus alit aemulatio, ita incipientibus atque adhuc teneris condiscipulorum quam praeceptoris iucundior hoc ipso, quod facilior imitatio est. vix enim se prima elementa ad spem tollere effingendae, quam summam putant, eloquentiae audebunt: proxima amplectentur magis, ut vites arboribus adplicitae inferiores prius adprendendo ramos in cacumina evadunt. 27 quod adeo verum est, ut ipsius etiam magistri, si tamen ambitiosis utilia praeferet, hoc opus sit, cum adhuc rudia tractabit ingenia, non statim onerare infirmitatem discentium, sed temperare vires suas et ad intellectum audientis descendere. 28 nam ut vascula oris angusti superfusam umoris copiam respuunt, sensim autem influentibus vel etiam instillatis conplentur, sic animi puerorum quantum excipere possint videndum est: nam maiora intellectu velut parum apertos ad percipiendum animos non subibunt. 29 utile igitur habere, quos imitari primum, mox vincere velit: ita paulatim et superiorum spes erit. his adicio praeceptores ipsos non idem mentis ac spiritus in dicendo posse concipere singulis tantum praesentibus, quod illa celebritate audientium instinctos: 30 maxima enim pars eloquentiae constat animo. hunc adfici, hunc concipere imagines rerum et transformari quodam modo ad naturam eorum, de quibus loquitur, necesse est. is porro quo generosior celsiorque est, hoc maioribus velut organis commovetur, ideoque et laude crescit et impetu augetur et aliquid magnum agere gaudet. 31 est quaedam tacita dedignatio, vim dicendi tantis comparatam laboribus ad unum auditorem demittere: pudet supra modum sermonis attolli. et sane concipiat quis mente vel declamantis habitum vel orantis vocem incessum pronuntia-

jahen. 26 So, wie die bereits in der Wissenschaft Fortgeschrittenen der Wetteifer fördert, ist auch für die Anfänger und das zartere Alter der Wetteifer mit den Mitschülern beliebter als der mit dem Lehrer – eben deshalb, weil es den Schülern untereinander leichter ist, sich gleichzukommen. Denn schwerlich werden die Anfänger sich zutrauen, sie könnten es von ihren Anfangsgründen aus so weit bringen, die eigentliche Redekunst, die ihnen als hohes Ziel vorschwebt, zu meistern: an das Nächststehende werden sie sich eher anklammern, wie die Reben, die sich um die Bäume schlingen, dadurch, daß sie zunächst noch niedrigere Zweige erklimmen, bis zum Gipfel empordringen. 27 Das gilt in dem Maße, daß sogar auch der Lehrer, falls er denn wirklich das Nützliche über sein Geltungsbedürfnis stellen will, darauf achten muß, wenn er es mit noch unerfahrenen Begabungen zu tun hat, nicht gleich die Schwäche der Schüler mit voller Last zu befrachten, sondern seine Kräfte zu zügeln und sich zu der Fassungskraft des Hörers herabzulassen. 28 Denn wie kleine Krüge mit engem Hals, wenn man die Flüssigkeit zu reichlich darauf gießt, das meiste vorbeilaufen lassen, wenn man dagegen langsam gießt oder gar träufelt, sich ganz füllen, so gilt es auch, zuzuschauen, wieviel der Geist der Knaben fassen kann: denn was über ihre Fassungskraft geht, kommt nicht an den zum Aufnehmen gewissermaßen nicht genug geöffneten Geist heran. 29 Es ist also nützlich, noch Mitschüler zu haben, die der Knabe erst erreichen, dann auch übertreffen will: so wird sich allmählich auch die Hoffnung auf höhere Ziele einstellen. Ich möchte noch hinzufügen, daß auch die Lehrer selbst nicht so viel Geist und Feuer für ihren Vortrag gewinnen können, wenn immer nur ein Schüler da ist, wie wenn der reichliche Hörerkreis sie begeistert. 30 Denn die Redekunst hängt zum größten Teil von der Verfassung unseres Geistes ab. Er muß sich ergreifen lassen, die Bilder der Dinge in sich aufnehmen und sich gewissermaßen verwandeln in das Wesen dessen, wovon er spricht. Ja, je edler und hochstrebender er ist, desto mächtiger sind gleichsam die Werkzeuge, die ihn packen, und deshalb wächst er durch Beifall, steigert sich durch den Schwung und freut sich, etwas Großes zu leisten. 31 Es ist, als wehrte sich etwas in uns dagegen, die ganze Redekraft, die uns so viel Mühe gekostet hat, für einen einzigen Hörer aufzubieten: wir scheuen uns dann, uns über den Gesprächston zu erheben. Es stelle sich doch jemand nur die Haltung beim Deklamieren vor oder die Stimme, das Auftreten und den Ton eines Redners, überhaupt die

tionem, illum denique animi et corporis motum, sudorem, ut alia praeteream, et fatigationem audiente uno: nonne quiddam pati furori simile videatur? non esset in rebus humanis eloquentia, si tantum cum singulis loqueremur.

III.

1 Tradito sibi puero docendi peritus ingenium eius in primis naturamque perspiciet. ingenii signum in parvis praecipuum memoria est: eius duplex virtus, facile percipere et fideliter continere. proximum imitatio: nam id quoque est docilis naturae, sic tamen, ut ea, quae discit, effingat, non habitum forte et ingressum et si quid in peius notabile est. 2 non dabit mihi spem bonae indolis, qui hoc imitandi studio petet, ut rideatur. nam probus quoque in primis erit ille vere ingeniosus, alioqui non peius duxerim tardi esse ingenii quam mali. probus autem ab illo segni et iacente plurimum aberit. 3 hic meus quae tradentur non difficulter accipiet, quaedam etiam interrogabit: sequetur tamen magis quam praecurret. illud ingeniorum velut praecox genus non temere umquam pervenit ad frugem. 4 hi sunt qui parva facile faciunt et audacia provecti quidquid illud possunt statim ostendunt, possunt autem id demum, quod in proximo est: verba continuant, haec vultu interrito, nulla tardati verecundia proferunt: 5 non multum praestant, sed cito; non subest vera vis nec penitus inmissis radicibus nititur, ut quae summo solo sparsa sunt semina celerius se effundunt et imitatae spicas herbulae inanibus aristis ante messem flavescunt. placent haec annis comparata; deinde stat profectus, admiratio decrescit.

6 Haec cum animadverterit, perspiciat deinceps, quonam modo

geistige und körperliche Erregung, sein Schwitzen, von anderem nicht zu reden, und sein Ermatten – und das alles vor einem Zuhörer: sähe das nicht fast so aus, als wäre er verrückt geworden? Es gäbe im menschlichen Dasein überhaupt keine Redekunst, wenn wir nur zu einzelnen redeten.

DRITTES KAPITEL

Begabungsunterschiede und Behandlung der Kinder

1 Ein erfahrener Lehrer wird, wenn ihm ein Knabe anvertraut wird, vor allem seine Begabung und Wesensart genau betrachten. Das Hauptkennzeichen für die Begabung ist bei den Kleinen das Gedächtnis, das zweierlei zu leisten hat: leicht aufzunehmen und getreulich zu behalten. Das nächste sodann ist der Nachahmungstrieb; denn auch er ist Kennzeichen einer guten Lernveranlagung, allerdings in der Form, daß er das nachbilden möchte, was er lernt – nicht etwa die äußere Haltung oder den Gang und was etwa als mangelhaft auffällt. 2 Bei einem Jungen, der seinen Nachahmungseifer nur darauf richtet, andere zum Lachen zu bringen, habe ich keine Hoffnung, daß etwas aus ihm wird. Denn ein wirklich zum Redner begabter Junge wird vor allem auch von gutartigem Wesen sein – andernfalls hielte ich es für weniger schlimm, wenn der Geist träge wäre als schlecht. Der gutartige Junge aber wird bei weitem kein müßiger Kopfhänger sein. 3 Der Knabe, wie ich ihn mir wünsche, nimmt mühelos auf, was man ihm beibringt, fragt auch manchmal zwischendurch, läßt sich aber mehr leiten, als daß er vorauseilt. Jene gleichsam übereilte Art von Begabungen kommt kaum je zur wirklichen Reife. 4 Das sind die, denen die kleinen Aufgaben leichtfallen, die durch ihre Dreistigkeit vorankommen, indem sie alles, was sie können, sogleich vorführen. Sie können aber nur das Nächstliegende: sie hängen Wort an Wort und tragen es dann mit unerschrockener Miene, von keiner Scheu gehemmt, vor: 5 nicht viel leisten sie, aber schnell; eigentliche Kraft steckt nicht dahinter, nirgends reichen die Wurzeln bis zum gediegenen Grund, so wie Samen, die ganz oben auf den Boden gestreut werden, schneller aufgehen, wie richtiges Gras aussehen, aber vor der Ernte mit leeren Rispen gilben. Für ihr Alter findet man gut, was sie leisten; dann aber kommt ihr Fortschritt zum Stehen, die Bewunderung nimmt ab.

6 Hat der Lehrer darauf sein Augenmerk gerichtet, so hat er

tractandus sit discentis animus. sunt quidam, nisi institeris, remissi, quidam imperia indignantur, quosdam continet metus, quosdam debilitat, alios continuatio extundit, in aliis plus impetus facit. mihi ille detur puer, quem laus excitet, quem gloria iuvet, qui victus fleat. 7 hic erit alendus ambitu, hunc mordebit obiurgatio, hunc honor excitabit, in hoc desidiam numquam verebor.

8 Danda est tamen omnibus aliqua remissio, non solum, quia nulla res est, quae perferre possit continuum laborem, atque ea quoque, quae sensu et anima carent, ut servare vim suam possint, velut quiete alterna retenduntur, sed quod studium discendi voluntate, quae cogi non potest, constat. 9 itaque et virium plus adferunt ad discendum renovati ac recentes et acriorem animum, qui fere necessitatibus repugnat. 10 nec me offenderit lusus in pueris (est et hoc signum alacritatis), neque illum tristem semperque demissum sperare possim erectae circa studia mentis fore, cum in hoc quoque maxime naturali aetatibus illis impetu iaceat. 11 modus tamen sit remissionibus, ne aut odium studiorum faciant negatae aut otii consuetudinem nimiae. sunt etiam nonnulli acuendis puerorum ingeniis non inutiles lusus, cum positis invicem cuiusque generis quaestiunculis aemulantur. 12 mores quoque se inter ludendum simplicius detegunt, modo nulla videatur aetas tam infirma, quae non protinus quid rectum pravumque sit discat, tum vel maxime formanda, cum simulandi nescia est et praecipientibus facillime cedit: frangas enim citius quam corrigas quae in pravum induruerunt. 13 protinus ergo, ne quid cupide, ne quid inprobe, ne quid inpotenter faciat, monendus est puer, habendumque in animo semper illud Vergilianum: 'adeo in teneris consuescere multum est.' 14 Caedi

[9] Georg. 2, 272.

als Nächstes zu betrachten, wie der Schüler anzupacken ist. Manche sind, wenn man sie nicht antreibt, nachlässig, manche lassen sich nicht gern befehlen, einige hält die Angst in Zucht, einige macht sie unsicher, bei den einen stumpft die Regelmäßigkeit ab, bei den anderen verstärkt sie den Schwung. Den Knaben, den ich mir wünsche, soll Lob anspornen, Ruhm erfreuen, eine Niederlage zum Weinen bringen. 7 Ihn wird man bei seinem Ehrgeiz packen können, ihn wird ein Vorwurf treffen, Ehre anspornen, Trägheit werde ich bei ihm nie zu befürchten haben.

8 Doch soll man auch allen Schülern einige Zeit zur Entspannung gönnen, nicht nur, weil es nichts gibt, was dauernde Arbeitslast ertragen könnte, und selbst Gegenstände, die kein Gefühl und Leben haben, damit ihre Leistungsfähigkeit erhalten bleibt, durch regelmäßige Ruhepausen gleichsam entspannt werden, 9 sondern weil der Lerneifer auf dem freien Willen beruht, den man nicht erzwingen kann. Deshalb bringen die Schüler dann zum Lernen sowohl mehr Kraft mit, weil sie sich neu gestärkt haben und frisch sind, wie auch mehr eigene geistige Initiative, die ja gewöhnlich jedem Zwang widerstrebt. 10 Auch würde mich das Spielen bei Knaben nicht stören – denn auch dies ist ein Zeichen von aufgewecktem Geist –, und bei einem Jungen, der trübe und immer mit hängendem Kopf dasitzt, könnte ich nicht erwarten, daß er seinen Geist aufrafft, wenn es ans Studieren geht, falls ihm selbst zum Spiel, das doch in diesem Alter das Natürlichste ist, der Schwung fehlt. 11 Maßzuhalten heißt es allerdings auch mit der Freizeit, damit sie keine Abneigung gegen das Studium weckt, wenn man sie verweigert, oder aber Gewöhnung an Müßiggang, wenn man sie übertreibt. Es gibt indessen sogar einige Spiele, die keineswegs unnütz sind, den Geist der Knaben zu schärfen, wenn sie sich etwa gegenseitig um die Wette kleine Fragen aller Art aufgeben. 12 Auch enthüllen sich beim Spielen in harmloserer Form die einzelnen sittlichen Veranlagungen – nur halte man keine Altersstufe für so schwach, daß sie nicht gleich lernen könnte, welches Verhalten richtig und verkehrt ist; vielmehr ist das Kind gerade dann am bildsamsten, wenn es sich noch nicht zu verstellen weiß und den Vorschriften der Erzieher am leichtesten folgt: denn es läßt sich schneller brechen als wieder einrenken, was sich erst zur Unart verhärtet hat. 13 So soll der Knabe also gleich die Mahnung hören, nichts gierig, nichts unartig, nichts unbeherrscht zu tun, und immer beherzige man das Wort des Vergil[9]: 'Soviel bedeutet im zarten Alter Gewöhnung.'

vero discentis, quamlibet[i] et receptum sit et Chrysippus non inprobet, minime velim, primum quia deforme atque servile est et certe, quod convenit, si aetatem mutes, iniuriae: deinde quod, si cui tam est mens inliberalis, ut obiurgatione non corrigatur, is etiam ad plagas ut pessima quaeque mancipia durabitur: postremo quod ne opus erit quidem hac castigatione, si adsiduus studiorum exactor adstiterit. 15 nunc fere neglegentia paedagogorum sic emendari videtur, ut pueri non facere quae recta sunt cogantur, sed cur non fecerint puniantur. denique cum parvulum verberibus coegeris, quid iuveni facias, cui nec adhiberi potest hic metus et maiora discenda sunt? 16 adde quod multa vapulantibus dictu deformia et mox verecundiae futura saepe dolore vel metu acciderunt, qui pudor frangit animum et abicit atque ipsius lucis fugam et taedium dictat. 17 iam si minor in eligendis custodum et praeceptorum moribus fuit cura, pudet dicere, in quae probra nefandi homines isto caedendi iure abutantur, quam det aliis quoque nonnumquam occasionem hic miserorum metus. non morabor in parte hac: nimium est quod intellegitur. quare hoc dixisse satis est: in aetatem infirmam et iniuriae obnoxiam nemini debet nimium licere. 18 nunc quibus instituendus sit artibus qui sic formabitur, ut fieri possit orator, et quae in quaque aetate incohanda, dicere ingrediar.

IV.

1 Primus in eo, qui scribendi legendique adeptus erit facultatem, grammaticis est locus. nec refert de Graeco an de Latino loquar,

i) quamlibet *Zumpt:* quamlibet id (illud)

14 Daß aber die Schüler beim Lernen geprügelt werden, wie sehr es auch üblich ist und auch die Billigung des Chrysipp[10] hat, möchte ich keineswegs, erstens, weil es häßlich und sklavenmäßig ist und jedenfalls ein Unrecht – was sich ja, wenn man ein anderes Alter einsetzt, von selbst versteht; zweitens, weil jemand, der so niedriger Gesinnung ist, daß Vorwürfe ihn nicht bessern, sich auch gegen Schläge verhärten wird wie die allerschlechtesten Sklaven; schließlich, weil diese Züchtigung gar nicht nötig sein wird, wenn eine ständige Aufsicht die Studien überwacht. 15 Heutzutage scheint man gewöhnlich die Nachlässigkeit des Pädagogenpersonals dadurch zu verbessern, daß man die Knaben nicht zwingt, zu tun, was recht ist, sondern sie straft, weil sie es nicht getan haben. Und endlich – wenn man den Kleinen mit Schlägen zwingt, was soll man mit dem Großen machen, dem man damit nicht mehr Angst machen darf und der doch viel mehr lernen muß? 16 Hinzu kommt, daß aus Schmerz oder Angst den Geprügelten oft häßliche Dinge passieren, die man nicht aussprechen mag und über die sie sich dann schämen; diese Scham bricht und lähmt den Mut und treibt sogar dazu, aus Verdruß das Licht des Tages zu scheuen. 17 Wenn gar bei der Auswahl der Aufseher und Lehrer auf deren Moral zu wenig geachtet wurde, schäme ich mich fast zu sagen, zu welchen Schandtaten solche Verbrecher ihr Prügelrecht mißbrauchen und wozu manchmal auch andern die Angst unserer armen Kinder Gelegenheit bietet. Ich will mich hierbei nicht aufhalten: was ich andeute, ist schon zu viel. Deshalb mag es genügen, so viel gesagt zu haben: gegen die schwache und schutzlos dem Unrecht ausgelieferte Jugend darf niemandem zu große Freiheit eingeräumt werden. 18 Nun will ich daran gehen klarzulegen, auf welchen Gebieten der Knabe zu unterweisen ist, der so gebildet werden soll, daß aus ihm ein Redner werden kann, und womit in jeder Altersstufe zu beginnen ist.

VIERTES KAPITEL

Grammatik

1 Zunächst gehört der Knabe, wenn er geläufig schreiben und lesen gelernt hat, den Grammatikern. Dabei macht es keinen Unter-

[10] St. Vet. fr. 736.

quamquam Graecum esse priorem placet: 2 utrique eadem via est. haec igitur professio, cum brevissime in duas partis dividatur, recte loquendi scientiam et poetarum enarrationem, plus habet in recessu quam fronte promittit. 3 nam et scribendi ratio coniuncta cum loquendo est, et narrationem praecedit emendata lectio, et mixtum his omnibus indicium est: quo quidem ita severe sunt usi veteres grammatici, ut non versus modo censoria quadam virgula notare et libros, qui falso viderentur inscripti, tamquam subditos submovere familia permiserint sibi, sed auctores alios in ordinem redegerint, alios omnino exemerint numero. 4 nec poetas legisse satis est: excutiendum omne scriptorum genus non propter historias modo, sed verba, quae frequenter ius ab auctoribus sumunt. tum neque citra musicen grammatice potest esse perfecta, cum ei de metris rhythmisque dicendum sit, nec si rationem siderum ignoret, poetas intellegat, qui, ut alia omittam, totiens ortu occasuque signorum in declarandis temporibus utuntur, nec ignara philosophiae, cum propter plurimos in omnibus fere carminibus locos ex intima naturalium quaestionum subtilitate repetitos, tum vel propter Empedoclea in Graecis, Varronem ac Lucretium in Latinis, qui praecepta sapientiae versibus tradiderunt: 5 eloquentia quoque non mediocri est opus, ut de unaquaque earum, quas demonstravimus, rerum dicat proprie et copiose. quo minus sunt ferendi, qui hanc artem ut tenuem atque ieiunam cavillantur. quae nisi oratoris futuri fundamenta fideliter iecit, quidquid superstruxeris, corruet: necessaria pueris, iucunda senibus, dulcis secretorum comes, et quae vel sola omni studiorum in genere plus habeat operis quam ostentationis.

6 Ne quis igitur tamquam parva fastidiat grammatices elementa, non quia magnae sit operae, consonantes a vocalibus discernere ipsasque eas in semivocalium numerum mutarumque partiri, sed

schied, ob ich von griechischen oder lateinischen spreche, obwohl ich dafür bin, mit dem griechischen anzufangen: beide schlagen denselben Weg ein. 2 Das Gebiet nun, das diese vertreten, birgt, obwohl es, kurz gesagt, nur in zwei Teile sich gliedert, Sprachlehre und Dichtererklärung, mehr in sich, als es von außen verspricht. 3 Denn einmal ist die Rechtschreibung mit der Sprachlehre verbunden, sodann setzt die Dichtererklärung fehlerfreies Lesen voraus, und zu alldem gesellt sich die kritische Urteilskraft. Und gerade hierin verfuhren die alten Grammatiker so streng, daß sie es sich nicht nur gestatteten, einzelne Verse mit einer Art Zensorstrich zu brandmarken und Bücher, die falsche Titel zu tragen schienen, wie unterschobene Kinder aus der Familie auszustoßen, sondern daß sie auch manche Schriftsteller in die Reihe der Musterautoren aufnahmen, andere völlig ausschlossen. 4 Auch ist es nicht genug, die Dichter gelesen zu haben: jede Art von Schriftstellern muß man durcharbeiten, nicht nur wegen ihrer Wissensschätze, sondern auch wegen der Wörter, die häufig ihre Rechtfertigung von den anerkannten Schriftstellern gewinnen. Dann kann auch ohne die Musik die Grammatik nicht vollkommen sein, da sie über Metren und Rhythmen sprechen muß; auch kann sie, wenn sie nichts von Sternkunde weiß, die Dichter nicht verstehen, die, um von anderem zu schweigen, so oft Auf- und Untergang der Sternzeichen verwenden, um ihre Zeitangaben zu machen; auch nicht ohne Kenntnis der Philosophie, schon weil fast in allen Gedichten so viele Stellen vorkommen, die aus engster Vertrautheit mit den Feinheiten naturwissenschaftlicher Probleme stammen, vor allem aber, weil Empedokles bei den Griechen, Varro und Lukrez bei den Römern ihre philosophischen Lehren in Versen überliefert haben. 5 Auch ist eine keineswegs durchschnittliche Redegabe nötig, um über jedes der Gebiete, die wir bezeichnet haben, treffend und ausreichend zu reden. Um so weniger also kann man es hinnehmen, wenn manche diese Kunst als dürftig und nüchtern hänseln: hat sie nicht getreulich die Grundlagen des künftigen Redners geschaffen, so wird alles, was man darauf aufbaut, zusammenfallen: unentbehrlich für die Jugend, erfreulich für das Alter, ist sie ein lieber Begleiter in stillen Stunden und ist wohl die einzige unter allen Arten von Studien, die mehr leistet als vorstellt.

6 So möge niemand die Grundlagen der Grammatik als Kleinigkeiten verschmähen – nicht weil es eine große Sache wäre, Konsonanten von Vokalen zu unterscheiden und sie wieder in Halbvokale und stumme zu gliedern, sondern weil, wenn man gleichsam

quia interiora velut sacri huius adeuntibus apparebit multa rerum subtilitas, quae non modo acuere ingenia puerilia, sed exercere altissimam quoque eruditionem ac scientiam possit. 7 an cuiuslibet auris est exigere litterarum sonos? non hercule magis quam nervorum: at grammatici saltem omnes in hanc descendent rerum tenuitatem, desintne aliquae nobis necessariae litterae, non cum Graeca scribimus (tum enim ab isdem duas mutuamur), sed proprie in Latinis: 8 ut in his 'servus' et 'vulgus' Aeolicum digammon desideratur, et medius est quidam *u* et *i* litterae sonus (non enim sic 'optumum' dicimus ut 'opimum'[j] et ⟨in⟩[k] 'here' neque *e* plane neque *i* auditur: 9 an rursus aliae redundent, praeter illam ⟨notam⟩[l] adspirationis, quae si necessaria est, etiam contrariam sibi poscit, et *k*, quae et ipsa quorundam nominum nota est, et *q*, cuius similis effectu specieque, nisi quod paulum a nostris obliquatur, coppa[m] apud Graecos nunc tantum in numero manet, et nostrarum ultima, qua tam carere

j) ut (aut) optimum **AbP** opimum **B**
k) *add. Philander*
l) *add. Halm*
m) coppa *Bouhier:* cappa

in das Innere dieses Tempels eintritt, die ganze Fülle und Feinheit ihrer Gegenstände erst in Erscheinung tritt, die nicht nur den Geist der Jungen zu schärfen, sondern auch den, der schon auf der Höhe der Bildung und des Wissens steht, zu üben vermag. 7 Oder hat etwa jeder das Ohr dazu, die Laute der Buchstaben zu prüfen? Nein, beim Herkules, nicht mehr als die Töne der Saiten! Aber alle wenigstens, die Grammatiker sind, werden sich zu derart subtilen Dingen herablassen müssen, ob etwa uns etliche nötige Buchstaben fehlen, nicht, wenn wir griechisch schreiben – denn dann leihen wir uns zwei (das *y* und *z*) –, sondern recht eigentlich im Lateinischen: 8 wie in den Wörtern 'servus' (Sklave) und 'vulgus' (Volk) man das äolische Digamma[11] vermißt und zwischen den Buchstaben *u* und *i* ein bestimmter Laut liegt – denn wir sprechen ja 'optimus' nicht so wie 'opimus'[12] –, und bei 'here' (gestern) hört man weder ein richtiges *e* noch *i*, 9 oder ob wiederum andere Buchstaben überflüssig sind, so außer dem Aspirationszeichen, das doch, wenn es nötig ist, auch das entgegengesetzte Zeichen für sich beanspruchen darf[13], sowohl das *k*, das auch für sich allein das Zeichen für bestimmte Wörter ist, wie auch das *q*, dem an Bedeutung und Gestalt das Koppa bei den Griechen ähnlich ist – abgesehen davon, daß wir es ein wenig mehr schräg schreiben –, das bei den Griechen jetzt aber nur noch als Zahlzeichen besteht, und auch unser Endbuchstabe (im Alphabet)[14], den wir genauso

[11] Das Ϝ (Doppelgamma, ein Zeichen für den W-Laut, das sich im Äolischen am längsten erhalten hat) konnte, da es im klassischen griechischen Alphabet bedeutungslos geworden war, im lateinischen Alphabet zur Bezeichnung des italischen F-Lautes verwendet werden.

[12] *opīmus* (fett) läßt den reinen langen I-Laut deutlich erkennen, während *optimus* einen I-Laut zeigt, der offenbar dem Umlaut ('optümus') ähnlich klang. Damit kehren wir zu Halms Deutung der Überlieferung zurück, wie es auch Niedermann in seiner Sonderausgabe der grammatischen Abschnitte (1947) getan hat, auf die der grammatisch Interessierte besonders hingewiesen sei: ihr reicher und gründlicher textkritischer Apparat gibt das beste Bild von den Erklärungsschwierigkeiten, auf die der Übersetzer nicht in jedem einzelnen Fall eingehen kann. Quintilian kann bei seinen Lesern den lebendigen Umgang mit ihrer Muttersprache voraussetzen. Diese Voraussetzung mußten schon seine Leser, auf die unsere Überlieferung des Quintiliantextes im Mittelalter zurückgeht, durch gelehrte Bemühungen ersetzen. So muß vieles kontrovers bleiben.

[13] Dem 'spiritus asper' entspricht ja im Griechischen (das für Quint. durchaus das grammatische Modell bildet) der 'spiritus lenis'.

[14] (das X) der Buchstabe X.

potuimus, quam *psi* non quaerimus. 10 atque etiam in ipsis vocalibus grammatici est videre, an aliquas pro consonantibus usus acceperit, quia 'iam' sicut 'tam' scribitur et 'quos' ut 'cos'. at quae ut vocales iunguntur, aut unam longam faciunt, ut veteres scripserunt, qui geminatione earum velut apice utebantur, aut duas: nisi quis putat etiam ex tribus vocalibus syllabam fieri, si non aliqua officio consonantium fungatur[n]. quaeret hoc etiam, quo modo duabus demum vocalibus in se ipsas coeundi natura sit, cum consonantium nulla[o] nisi alteram frangat. atqui littera *i* sibi insidit (coniicit enim est ab illo iacit) et *u*, quo modo nunc scribitur 'uulgus' et 'seruus'. sciat etiam Ciceroni placuisse 'aiio Maiiamque' geminata *i* scribere: quod si est, etiam ⟨i⟩[p] iungetur ut consonans. 12 quare discat puer, quid in litteris proprium, quid commune, quae cum quibus cognatio: nec miretur, cur ex 'scamno' fiat 'scabillum' aut a 'pinno', quod est acutum, securis utrimque habens aciem 'bipennis', ne illorum sequatur errorem, qui, quia a pennis duabus hoc esse nomen existimant, pennas avium dici volunt.

13 Neque has modo noverit mutationes, quas adferunt declinatio aut praepositio, ut 'secat secuit, cadit excidit[q], caedit excidit, calcat exculcat' (et fit a 'lavando' 'lautus' et inde rursus 'inlotus' et mille alia), sed et quae rectis quoque casibus aetate transierunt. nam ut 'Valesii Fusii' in 'Valerios Furiosque' venerunt, ita 'arbos, labos, vapos' etiam et 'clamos' ac 'lases', 'asa'[r] fuerunt: 14 atque haec ipsa *s* littera ab his nominibus exclusa in quibusdam ipsa alteri

n) si non aliqua...fungatur *Bergk:* aliquae...fungantur. si vocales quae... fungantur *Stroux*

o) *distinxit Stroux*

p) *suppl. Colson*

q) cecidit *Gibson (Niedermann)*

r) *Niedermann (Sarpe):* lases as **B** aetatis **A**

[15] Die Buchstaben *i* und *u* haben in 'iam' (schon) und 'quos' (welche) konsonantischen Lautwert, was durch die ähnlichen, eindeutig konsonantisch beginnenden Silbenwörter 'tam' (so) und 'cos' (Wetzstein) demonstriert wird.

hätten entbehren können, wie wir kein *psi* in Anspruch nehmen. 10 Auch innerhalb der Gruppe der Vokale hat der Grammatiker zu beobachten, ob die praktische Verwendung manche für Konsonanten genommen hat; denn man schreibt ja 'iam' wie 'tam' und 'quos' wie 'cos'[15]. Andererseits bilden diejenigen, die sich als Vokale verbinden, entweder einen langen Vokal, wie man früher geschrieben hat, indem man ihre Verdopplung als Dehnungszeichen verwandte[16], oder deren zwei, es sei denn, jemand glaubt, sogar drei Vokale könnten eine Silbe bilden, ohne daß einer die Rolle von Konsonanten übernimmt. 11 Er wird auch fragen, wie auch nur zwei Vokale in einer Silbe geartet sind, die ineinander übergehen, während kein Konsonant es vermag, ohne den andern zu beeinträchtigen (das heißt in seiner Selbständigkeit zu brechen). So gesellt sich 'i' zu *i* – denn 'coniicit' kommt von 'iacit' – und 'ŭ' zu *ŭ*, wie man jetzt schreibt 'uulgus' und 'seruus'. Er soll wissen, daß es auch Cicero recht fand 'aiio Maiiamque' mit doppeltem *i* zu schreiben: wenn das so ist, wird es sich eben auch wie ein Konsonant verbinden. 12 Deshalb soll der Knabe lernen, was es bei den Buchstaben an Eigentümlichem, was an Gemeinsamem gibt und welcher zu welchem in verwandtschaftlicher Verbindung steht: er soll sich nicht wundern, warum aus 'scamnum' (Schemel) 'scabillum' wird oder von 'pinnus' – soviel wie 'scharf' – 'bipennis', die Doppelaxt, damit er nicht den Irrtum derer mitmacht, die deshalb, weil sie meinen, das Wort habe seinen Namen von zwei 'pennae' (Flügeln), die Bezeichnung von Vogelflügeln darin sehen wollen.

13 Er soll nicht nur die Veränderungen kennen, die die Flexion oder eine Präposition verursachen, z. B. 'secat secuit, cadit excidit, caedit excīdit, calcat exculcat' – auch wird aus 'lavando' 'lautus' und daraus wieder 'inlotus' und so in tausend anderen Fällen –, sondern auch die, die schon in den Grundformen ('Nominativen') im Lauf der Zeit eingetreten sind, denn wie 'Valesii Fusii' in 'Valerii Furii' übergegangen sind, so hat es 'arbos, labos, vapos', sogar ch 'clamos' und 'lases' sowie auch 'asa'[17] gegeben. 14 Und eben der Buchstabe *s*, der von diesen Wörtern ausgeschieden

[16] als 'apex' ('spitzer Hut'), der lange Vokale kennzeichnete wie unser Dehnungsstrich.

[17] statt *arbor* (Baum), *labor* (Mühe), *vapor* (Hitze), *clamor* (Geschrei), *lares* (die Laren) und *ara* (Altar).

successit: nam 'mertare' atque 'pultare' dicebant, quin 'fordeum faedosque'[s] pro aspiratione *f* ut[t] simili littera utentes: nam contra Graeci adspirare *f*[u] solent, ut pro Fundanio Cicero testem, qui primam eius litteram dicere non possit, inridet. 15 sed *b* quoque in locum aliarum dedimus aliquando, unde 'Burrus' et 'Bruges' et 'Balaenae'[v]. nec non eadem fecit ex 'duello bellum', unde 'Duelios' quidam dicere 'Belios'[w] ausi: 16 quid 'stlocum stlitesque'? quid *t* litterae cum *d* quaedam cognatio? quare minus mirum, si ⟨in⟩ vetustis operibus urbis nostrae et celebribus templis legantur 'Alexanter' et 'Cassantra'. quid *o* atque *u* permutata invicem? ut 'Hecoba' et 'nutrix Culcidis'[x] et 'Pulixena' scriberentur, ac ne in Graecis id tantum notetur, 'dederont' et 'probaveront'. sic 'Οδυσσεύς, quem 'Ολυσσέα fecerant Aeolis, ad 'Ulixem' deductus est. 17 quid? non *e* quoque *i* loco fuit: 'Menerva' et 'leber' et 'magester' et 'Deiove Victore', non 'Diovi Victori'? sed mihi locum signare satis est: non enim doceo, sed admoneo docturos. inde in syllabas cura transibit, de quibus in orthographia pauca adnotabo.

Tum videbit, ad quem hoc pertinet, quot et quae partes orationis,

s) faedosque *Halm:* fredosque **A** foedusque **B**
t) f ut *Christ:* velut (vel)
u) f *Kiderlin:* φ
v) balaenae *Usener:* belena
w) Duelios . . . Belios *A. Mai:* duellos . . . bellos
x) Culcidis (Κολχίδος) *Seyffert:* culcides

worden ist, ist auch wieder bei manchen Wörtern an die Stelle eines anderen Buchstabens getreten; denn man sagte 'mertare' und 'pultare' – ja auch 'fordeum' und 'faedos', indem man statt der Aspiration *f* als einen ähnlichen Buchstaben verwendete[18]; denn ihrerseits pflegen die Griechen *f* zu aspirieren[19], wie Cicero in der Rede für Fundanius[20] einen Zeugen verspottet, weil er den ersten Buchstaben dieses Namens nicht aussprechen kann. 15 Doch auch *b* haben wir manchmal an die Stelle von anderen Buchstaben gesetzt, daher 'Burrus, Bruges, Balaenae'. Ebenso hat dieser Buchstabe aus 'duellum' 'bellum' gemacht, weshalb manche den Mut nahmen, die 'Duelii' 'Belii' zu nennen[21]. 16 Wie erst steht es mit 'stlocus stlitesque'[22]? In welcher Art von Verwandtschaft steht *t* mit *d*? Deshalb ist es gar nicht so verwunderlich, wenn an alten Bauten und berühmten Tempeln unserer Stadt 'Alexanter' und 'Cassantra' zu lesen steht. Wie steht es mit der Vertauschung von *o* und *u*? So daß man schrieb 'Hecoba, nutrix Culcidis' und 'Pulixena', und damit dies nicht nur im Griechischen gezeigt werde, 'dederont' und 'probaveront'. So kam 'Odysseus', den die Äoler zum 'Olysseus' gemacht hatten, zu der Namensform 'Ulixes'[23]. 17 Weiter! Hatte nicht *e* den Platz von *i*? 'Menerva', 'leber', 'magester' und 'Diove victore', nicht 'Diovi victori'[24]? Doch ich begnüge mich, das Gebiet zu kennzeichnen; denn ich lehre ja nicht, sondern gebe nur Hinweise für künftige Lehrer. Von hier wird man seine Aufmerksamkeit auf die Silben richten, worüber ich bei der Behandlung der Orthographie einiges sagen will.

Sodann wird der betreffende Grammatiklehrer betrachten, wie viele

[18] statt *mersare* (untertauchen), *pulsare* (stoßen), *hordeum* (Gerste) und *haedus* (Böcklein).

[19] ihr φ (ph).

[20] Die Rede ist nicht erhalten.

[21] statt *Pyrrhus*, *Phryger* und *phalaena* ('Walfisch'). Das überlieferte *Belene* (Helena) scheint der gelehrten Bemühung um einen dritten Eigennamen sein Dasein an unserer Textstelle zu verdanken. Die Zeugnisse für die Deutungskontroverse bei Colson S. 44. Zu der schmeichelhaften Herleitung der Duilier von bellum ('Kriegsmänner') vgl. Cic. Or. 153.

[22] archaische Formen für *locus* und *lites* (Rechtshändel).

[23] statt *Hecuba* (der Gemahlin des Priamus), *nutrix Colchidis* (der Amme der Kolcherin Medea), *Polyxena* (der troischen Prinzessin, die am Grab des Achill geopfert wurde) – alle drei den Römern durch die ältere römische Tragödie nahegebracht. *Dederont* und *probaveront* altlateinisch für *dederunt* und *probaverunt*.

[24] also statt *Minerva*, *liber*, *magister* und 'dem siegreichen Iupiter'.

quamquam de numero parum convenit. 18 veteres enim, quorum fuerunt Aristoteles quoque atque Theodectes, *verba* modo et *nomina* et *convinctiones* tradiderunt, videlicet quod in verbis vim sermonis, in nominibus materiam (quia alterum est quod loquimur, alterum de quo loquimur), in convinctionibus autem complexus eorum esse iudicaverunt: quas *coniunctiones* a plerisque dici scio, sed haec videtur ex συνδέσμῳ magis propria translatio. 19 paulatim a philosophis ac maxime Stoicis auctus est numerus, ac primum convinctionibus *articuli* adiecti, post *praepositiones*: nominibus *appellatio*, deinde *pronomen*, deinde mixtum verbo *participium*, ipsis verbis *adverbia*. noster sermo articulos non desiderat ideoque in alias partes orationis sparguntur, sed accedit superioribus *interiectio*. 20 alii tamen ex idoneis dumtaxat auctoribus octo partes secuti sunt, ut Aristarchus et aetate nostra Palaemon, qui *vocabulum* sive *appellationem* nomini subiecerunt tamquam speciem[y] eius, at ii, qui aliud *nomen*, aliud *vocabulum* faciunt, novem. nihilominus fuerunt, qui ipsum adhuc *vocabulum* ab *appellatione* diducerent, ut esset vocabulum corpus visu tactuque manifestum 'domus lectus', appellatio, cui vel alterum deesset vel utrumque 'ventus caelum deus virtus'. adiciebant et *adseverationem*, ut 'eheu'[z], et *tractionem* ut 'fasciatim': quae mihi non adprobantur. 21 *vocabulum* an *appellatio* dicenda sit προσηγορία et subicienda nomini necne, quia parvi refert, liberum opinaturis relinquo.

22 Nomina declinare et verba in primis pueri sciant: neque enim aliter pervenire ad intellectum sequentium possunt. quod etiam monere supervacuum erat, nisi ambitiosa festinatione plerique a

y) speciem *Spalding:* species
z) eu' *Niedermann* euhoe *Colson*

und welche Redeteile es gibt, wenn auch über ihre Anzahl noch wenig Einhelligkeit besteht. 18 Denn die Alten, darunter auch Aristoteles und Theodektes, nennen nur *Verben*, *Nomina* und *Verbindungswörter* (convinctiones) – gewiß doch, weil sie in den Verben die Kraft der Rede, in den Nomina den Stoff – ist es doch zweierlei, was wir sprechen und worüber wir sprechen –, in den convinctiones aber deren Verbindung erkannten. Daß diese von den meisten *coniunctiones* genannt werden, weiß ich, doch scheint mir convinctio die treffendere Übersetzung von σύνδεσμος (Bindewort). 19 Allmählich wurde die Zahl der Redeteile von den Philosophen, vor allem den Stoikern, vermehrt; zunächst fügten sie zu den Convinctiones die *Artikel*, dann die *Präpositionen*: zu den Nomina die *Appellativa*, sodann das *Pronomen*, dann das mit dem Verbum vermischte *Partizip*, zu den Verben selbst die *Adverbien*. Unsere Sprache braucht ja keinen Artikel, und deshalb wird er auf andere Redeteile verteilt[25], jedoch kommt zu den oben genannten noch die *Interjektion* hinzu. 20 Manche folgten immerhin namhaften Autoritäten, wenn sie acht Redeteile annahmen, z. B. Aristarch und in unserer Zeit Palaemon, die die *Vokabel* bzw. *appellatio* dem Nomen unterordneten als eine ihrer Erscheinungsformen; dagegen erhalten diejenigen, die *nomen* und *vocabulum* als zweierlei behandeln, neun Teile. Nichtsdestoweniger gab es auch Lehrer, die noch weiter *vocabulum* von *appellatio* trennten, indem sie vocabulum einen Körper nannten, den man mit Augen und Hand erfassen kann, z. B. 'domus' und 'lectus', appellatio ein Wort, dem eine dieser Eigenschaften oder beide fehlten, z. B. 'Wind, Himmel, Gott, Tugend', Sie fügten auch die Beteuerungsform (adseveratio) wie 'eheu'[26] und die Behandlungsform (tractio) z. B. fasciatim (bündelweise) hinzu; doch findet dies nicht meinen Beifall. 21 Ob man προσηγορία (Nennwort) mit *vocabulum* oder *appellatio* wiedergibt und es dem Nomen unterordnet oder nicht, überlasse ich, weil wenig darauf ankommt, dem freien Gutdünken eines jeden.

22 Die Nomina und Verben zu flektieren, müssen die Knaben vor allem verstehen; denn anders können sie zum Verständnis des Folgenden nicht kommen. Dies wäre eine überflüssige Mahnung, begännen nicht viele aus ehrgeiziger Übereilung mit dem Späteren

[25] vor allem die Pronomina demonstrativa (in Verbindung mit Nomina, Partizipien und Infinitiven).

[26] 'ach!' oder besser (mit Niedermann) *eu* 'recht so!'.

posterioribus inciperent, et dum ostentare discipulos circa speciosiora malunt, conpendio morarentur. 23 atqui si quis et didicerit satis et (quod non minus deesse interim solet) voluerit docere quae didicit, non erit contentus tradere in nominibus tria genera et ea quae sunt duobus omnibusve communia. 24 nec statim diligentem putabo, qui promiscua, quae ἐπίκοινα dicuntur, ostenderit, in quibus sexus uterque per alterum apparet, aut quae feminina positione mares aut neutrali feminas significant, qualia sunt 'Murena' et 'Glycerim'. 25 scrutabitur ille praeceptor acer atque subtilis origines nominum: quae ex habitu corporis 'Rufos' 'Longosque' fecerunt (ubi erit aliud[a] secretius 'Sullae Burri Galbae Plauti Pansae Scauri' talia): quae[b] et ex casu nascentium (hic Agrippa et Opiter et Cordus et Postumus erunt) et ex iis, quae post natos eveniunt, unde 'Vopiscus'. iam 'Cottae Scipiones Laenates Serani' sunt ex variis causis. 26 gentes quoque ac loca et alia multa reperias inter nominum causas. in servis iam intercidit illud genus, quod ducebatur a domino, unde 'Marcipores Publiporesque'. quaerat etiam, sitne apud Graecos vis quaedam sexti casus et apud nos quoque septimi.

a) aliquid *Luenemann*
b) talia quae *Radermacher:* taliaque

und brächten mit diesem abgekürzten Verfahren Verzögerung zustande, während sie ihre Schüler lieber mit eindrucksvolleren Leistungen glänzen lassen wollen. 23 Wenn jedoch ein Lehrer hinreichend unterrichtet ist und – woran es bisweilen nicht weniger zu fehlen pflegt – auch seinerseits lehren will, was er gelernt hat, wird er nicht damit zufrieden sein, die Schulweisheit weiterzugeben, die Nomina hätten drei Geschlechter, und weiter die Nomina bringen, die zweien oder allen drei Geschlechtern gemeinsam sind[27]. 24 Auch werde ich einen Lehrer nicht gleich für gewissenhaft halten, der auf die Mischfälle, die ἐπίκοινα heißen, hinweist, in denen beide Geschlechter durch eins von ihnen in Erscheinung treten[28] oder welche durch Femininbildungen Männer oder durch Neutrumbildung Frauen bezeichnen, etwa 'Murena' und 'Glycerium'. 25 Der tatkräftige und ins einzelne gehende Lehrer wird der Herkunft der Namen nachgehen: welche nach der körperlichen Beschaffenheit einen zum 'Rufus' und 'Longus' gemacht haben – wohin dann auch etwas versteckter Namen wie 'Sulla, Burrus, Galba, Plautus, Pansa, Scaurus' und dergleichen gehören werden; welche nach den Geburtsumständen gewählt sind – hierhin gehört dann Agrippa, Opiter, Cordus und Posthumus – oder nach Umständen, die nach der Geburt eintreten, so bei 'Vopiscus'. Ferner sind die Namen 'Cotta, Scipio, Laenas, Seranus' aus verschiedenen Gründen entstanden[29]. 26 Auch Volkszugehörigkeit, Ortsangaben und vieles andere dürfte man als Gründe für die Namen finden. Bei den Sklaven ist jetzt die Art von Namen, die vom Herrn abgeleitet wurden, woher z. B. 'Marcipores' und 'Publipores'[30] sich erklärt, weggefallen. Der Grammatiklehrer soll auch fragen, ob bei den Griechen so etwas wie ein sechster Fall und bei uns sogar ein siebenter anzunehmen ist. Denn wenn ich sage 'ich habe mit der Lanze durchbohrt', gebrauche ich keinen eigent-

[27] z. B. *sacerdos* (Priester und Priesterin) und die Adjektive 'einer Endung' (z. B. audax).

[28] wie auch bei uns in den Tiernamen.

[29] *Rufus* (der Rote), *Longus* (der Lange). Versteckter und deshalb in der Deutung zweifelhafter: *Sulla* ('Wädling'), *Burrus* ('Rotkopf'), *Galba* (Schmerbauch vgl. die Deutungen bei Sueton, Galb. 3), *Plautus* ('Plattfuß'), *Pansa* ('Breitfuß'), *Scaurus* ('Dickknöchel'), *Agrippa* ('Füße voran geboren'), *Opiter* ('mit Opa an Vaterstelle'), *Cordus* ('Spätgeburt'), *Postumus* ('verwaist geboren'), *Vopiscus* ('der überlebende Zwilling'), *Cotta* ('Grollmann'), *Scipio* ('Stecken'), *Laenas* ('bemäntelt') und *Seranus* ('Sämann').

[30] d. h. Burschen des Marcus, des Publius.

nam cum dico 'hasta percussi', non utor ablativi natura, nec si idem Graece dicam, dativi. 27 sed in verbis quoque quis est adeo imperitus ut ignoret genera et qualitates et personas et numeros? litterarii paene ista sunt ludi et trivialis scientiae. iam quosdam illa turbabunt, quae declinationibus non teruntur. nam et quaedam participia an verba an appellationes sint dubitari potest, quia aliud alio loco valent, ut 'tectum'[c] et 'sapiens'. 28 quaedam verba appellationibus similia, ut 'fraudator nutritor'. iam 'itur in antiquam silvam' nonne propriae cuiusdam rationis est? nam quod initium eius invenias? cui simile 'fletur'. ⟨tur⟩[d] accipimus aliter, ut 'panditur interea domus omnipotentis Olympi', aliter, 'ut totis usque adeo turbatur agris'. est etiam quidam tertius modus, ut 'urbs habitatur', unde et 'campus curritur' et 'mare navigatur'. 29 'pransus' quoque ac 'potus' diversum valet quam indicat. quid quod multa verba non totum declinationis ordinem ferunt? quaedam etiam mutantur, ut 'fero' in praeterito, quaedam tertiae demum personae figura dicuntur, ut 'licet piget', quaedam simile quiddam patiuntur vocabulis in adverbium transeuntibus? nam ut 'noctu' et 'diu', ita 'dictu', 'factu'; sunt enim haec quoque verba participalia quidem, non tamen qualia 'dicto factoque'.

c) tectum *Lane:* lectum
d) *supp. Colson*

lichen Ablativ, ebensowenig, wenn ich es griechisch sage, einen Dativ. 27 Doch wer ist auch im Umgang mit den Verben so unerfahren, daß er nicht Geschlechter und Aussageweisen (*genera* und *qualitates*) Personen und Zahl kennt? Das sind beinahe Gegenstände des Schreibunterrichts und elementarsten Wissens. Nun stiften aber dann manche Wörter Verwirrung, die sich nicht von der Flexion fassen lassen; denn manche können es zweifelhaft lassen, ob sie Partizipien, Verben oder Appelativa sind, weil sie an der einen Stelle dies, an anderer Stelle aber etwas anderes bedeuten, z. B. 'tectum, sapiens'[31]. 28 Manche Verben sind den Appellativa ähnlich, z. B. 'fraudator, nutritor'[32]. Ferner, hat es mit 'itur in antiquam silvam'[33] (Hin geht's zum uralt-heil'gen Wald) nicht seine eigene Bewandtnis? Denn welche Person könnte man dafür finden, von der die Bewegung ausgeht? Ähnlich ist es mit 'fletur' (man weint), anders z. B. ist das Passiv in 'panditur interea domus omnipotentis Olympi'[34] (Weit wird indessen geöffnet der Palast des allmächtigen Olymp),wieder anders in[35] 'totis usque adeo turbatur agris' (Rings in den Gemarkungen wird Unruhe bereitet). Es gibt auch noch eine dritte Art, z. B. 'urbs habitatur' (die Stadt wird bewohnt) – hierzu auch 'Campus curritur' (das Feld wird durchlaufen) und 'mare navigatur' (das Meer wird durchfahren). 29 Auch 'pransus' und 'potus' bedeutet etwas anderes, als die Form anzeigt[36]. Weiter die Tatsache, daß viele Verben nicht die vollständige Flexionsreihe auf sich nehmen! Ändern sich doch manche wie 'fero' (ich trage) in der Vergangenheit, manche werden nur in der Form der dritten Person gebraucht, z. B. 'licet, piget' (es ist erlaubt, es ärgert mich). Manche machen etwas Ähnliches durch wie die Nomina, die in Adverbien übergehen; denn wie es 'noctu' und 'diu' heißt, so auch 'dictu', 'factu'; es sind nämlich auch diese Verben zwar partizipienartig und doch nicht wie 'dicto factoque'[37].

[31] 'Dach' und 'gedeckt'; 'weise' und 'schmeckend'.

[32] 'der Betrüger' und 'er soll betrogen werden'; 'der Nährer' und 'er soll ernährt werden'.

[33] Verg. Aen. 6, 179.

[34] Verg. Aen. 10, 1.

[35] Verg. ecl. 1, 11.

[36] nämlich: nachdem ich gespeist und getrunken *habe* – trotz der Passiv-Formen.

[37] *noctu* (nachts) und *diu* (tags); *dictu, factu* (zu sagen, zu tun). Diese Supinformen sind starr gegenüber den deklinierbaren Partizipialformen, von denen sie 'stammen' ('dem Gesagten und dem Getanen').

V.

1 Iam cum oratio tris habeat virtutes, ut emendata, ut dilucida, ut ornata sit (quia dicere apte, quod est praecipuum, plerique ornatui subiciunt), totidem vitia, quae sunt supra dictis contraria: emendate loquendi regulam, quae grammatices prior pars est, examinet. 2 haec exigitur verbis aut singulis aut pluribus. verba nunc generaliter accipi volo: nam duplex eorum intellectus est, alter, qui omnia, per quae sermo nectitur, significat, ut apud Horatium: 'verbaque provisam rem non invita sequentur'; alter, in quo est una pars orationis 'lego scribo': quam vitantes ambiguitatem quidam dicere maluerunt voces, locutiones, dictiones. 3 singula sunt aut nostra aut peregrina, aut simplicia aut composita, aut propria aut translata, aut usitata aut ficta.

Uni verbo vitium saepius quam virtus inest. licet enim dicamus aliquod proprium, speciosum, sublime, nihil tamen horum nisi in complexu loquendi serieque contingit: laudamus enim verba rebus bene accommodata. 4 sola est quae notari possit velut *vocalitas*, quae εὐφωνία dicitur: cuius in eo dilectus est, ut inter duo, quae idem significant ac tantundem valent, quod melius sonet malis.

5 Prima *barbarismi* ac *soloecismi* foeditas absit. sed quia interim excusantur haec vitia aut consuetudine aut auctoritate aut vetustate aut denique vicinitate virtutum (nam saepe a figuris ea separare difficile est): ne qua tam lubrica observatio fallat, acriter se in illud tenue discrimen grammaticus intendat, de quo nos latius ibi loquemur, ubi de figuris orationis tractandum erit. 6 interim vitium,

FÜNFTES KAPITEL

1 Nun hat ja die Rede drei Vorzüge, sie soll fehlerlos, klar und schmuckvoll sein – daß sie auch passend sei, was ja die Hauptsache ist, ordnen sehr viele dem Schmuckvollen unter –, und ebenso viele Fehler, die Kehrseite der genannten Vorzüge. Deshalb gilt es nun zunächst, den Teil zu mustern, der den Anfang der Grammatik bildet: die Regel, fehlerlos zu sprechen. 2 Diese Forderung richtet sich an die Worte, und zwar an Einzelwörter oder an Wortgruppen. Worte möchte ich aber jetzt im weiteren Sinn verstanden wissen: denn 'verbum' hat ja zwei Bedeutungen, die eine, die alles bezeichnet, womit man die Sprache zusammenfügt wie in dem Horaz-Vers[38]: 'Gern wird folgen das Wort, hat Umsicht die Wege bereitet', die andere, in der es ein Redeteil ist: 'Ich lese, schreibe'. Um diese Doppeldeutigkeit zu vermeiden, haben ja manche (in der allgemeinen Bedeutung) lieber von *voces*, *locutiones dictiones* gesprochen. 3 Die Einzelwörter sind entweder aus unserer Sprache oder Fremdwörter, entweder einfach oder zusammengesetzt, entweder eigentlich oder übertragen gebraucht, entweder gebräuchlich oder Neubildungen.

Beim Einzelwort kommt öfter der Fehler als der Vorzug zum Vorschein; denn mögen wir auch ein Wort treffend, schön oder erhaben nennen, so gilt das doch nur im Sprechzusammenhang und beim Aneinanderreihen; denn wir loben die Worte, die gut den Sachen entsprechen. 4 Das einzige, was hervorgehoben werden kann, ist der *Wohlklang*, die εὐφωνία: dieser Vorzug wirkt sich bei der Auswahl aus, so daß man unter zwei Wörtern, die dieselbe Bedeutung und Ausdruckskraft haben, lieber das nimmt, das besser klingt.

5 Zuvörderst soll der häßliche Eindruck des *Barbarismus* und *Solözismus* fernbleiben. Weil aber bisweilen diese Fehler entschuldigt werden durch den Sprachgebrauch, eine Autorität, Alter oder schließlich gar durch die nachbarschaftliche Verbindung mit Vorzügen – denn oft ist es schwer, sie von den Figuren zu trennen –, muß der Grammatiker, damit ihn nicht eine so heikle Beobachtung täusche, seinen Scharfsinn auf den feinen Unterschied richten, von dem wir ausführlicher dort sprechen werden, wo die Redefiguren zu behandeln sind[39]. 6 Einstweilen gelte ein Fehler, der in ein-

[38] a. p. 311.
[39] s. u. § 40.

quod fit in singulis verbis, sit barbarismus. occurrat mihi forsan aliquis: quid hic promisso tanti operis dignum? aut quis hoc nescit, alios barbarismos scribendo fieri, alios loquendo (quia quod male scribitur, male etiam dici necesse est, quae vitiose dixeris, non utique et scripto peccant)? illud prius adiectione detractione inmutatione transmutatione, hoc secundum divisione complexione spatio[e] sono contineri? 7 sed ut parva sint haec, pueri docentur adhuc et grammaticos officii sui commonemus. ex quibus si quis erit plane inpolitus et vestibulum modo artis huius ingressus, intra haec, quae profitentium commentariolis vulgata sunt, consistet, doctiores multa adicient; vel hoc primum, quod barbarismum pluribus modis accipimus. 8 unum gente, quale sit, si quis Afrum vel Hispanum Latinae orationi nomen inserat: ut ferrum, quo rotae vinciuntur, dici solet 'cantus', quamquam eo tamquam recepto utitur Persius, sicut Catullus 'ploxenum' circa Padum invenit, et in oratione Labieni (sive illa Corneli Galli est) in Pollionem 'casamo' adsectator e Gallia ductum est: nam 'mastrucam', quod est Sardum, inridens Cicero ex industria dixit. 9 alterum genus barbarismi accipimus, quod fit animi natura, ut is, a quo insolenter quid aut minaciter aut crudeliter dictum sit, barbare locutus existimatur. 10 tertium est illud vitium barbarismi, cuius exempla vulgo sunt plurima, sibi etiam quisque fingere potest, ut verbo, cui libebit, adiciat litteram syllabamve vel detrahat aut aliam pro alia aut eandem alio quam rectum est loco ponat. 11 sed quidam fere in iactationem eruditionis sumere illa ex poetis solent et auctores, quos praelegunt, criminantur. scire autem debet puer, haec apud scriptores carminum

e) spatio *Claussen: om.* **A**[1] aspiratione

zelnen Wörtern auftritt, als Barbarismus. Nun könnte mir vielleicht jemand entgegnen: Ist das denn hier des verheißenen großen Werkes würdig? Oder weiß denn jemand nicht, daß die Barbarismen teils beim Schreiben, teils beim Sprechen auftreten – weil ja, was schlecht geschrieben wird, zwangsläufig auch schlecht gesprochen wird, man aber, was man fehlerhaft ausspricht, nicht unbedingt auch falsch schreibt? Und weiter, daß der erstere Fehler in Erweiterung, Auslassung, Vertauschung und Verwechslung, der zweite in der falschen Abteilung, Zusammenfassung, Aspiration und Betonung zum Ausdruck kommt? 7 Doch mögen das auch Kleinigkeiten sein, noch gilt der Unterricht den Knaben, und wir mahnen die Grammatiklehrer an ihre Pflicht. Wenn einer von diesen ganz ungebildet ist und nur den Vorraum seiner Kunst betreten hat, so daß er bei dem haltmacht, was in den kleinen Unterrichts-Leitfäden steht, so werden Gelehrtere noch vieles hinzufügen – vor allem dies, daß wir mehrere Arten von Barbarismus kennen: 8 eine Art, die darin besteht, daß jemand der lateinischen Rede ein afrikanisches oder spanisches Wort einfügt, z. B. heißt das Eisen, das man um die Räder legt, gewöhnlich 'cantus', obwohl Persius das Wort gebraucht[40], als hätte es in unserer Sprache Heimatrecht, so wie Catull[41] in der Po-Ebene 'ploxenum' (Kutschenkasten) fand, und in der Rede des Labienus – wenn sie nicht von Cornelius Gallus stammt – gegen Pollio das Wort 'casamo' (Anhänger) aus Gallien genommen ist: denn 'mastruca' (Schafpelz), ein sardisches Wort, hat Cicero[42] zum Spott absichtlich gebraucht. 9 Die zweite Art von Barbarismus sehen wir in einer Geistesverfassung, wenn man z. B. von jemandem, der etwas ungezügelt, drohend oder grausam gesagt hat, meint, er habe barbarisch gesprochen. 10 Der dritte Fehler ist der bekannte Barbarismus, wofür Beispiele in großer Zahl verbreitet sind, die sich aber auch jeder dadurch bilden kann, daß er bei einem beliebigen Wort einen Buchstaben oder eine Silbe hinzufügt oder entfernt, einen statt eines anderen oder denselben Buchstaben am falschen Platz setzt. 11 Nun gibt es Grammatiklehrer, die wohl, um mit ihrer Bildung großzutun, gern diese Beispiele aus Dichtern nehmen und die Autoren, die sie vorlesen, zurechtweisen. Der Knabe aber muß wissen, daß dies bei den Verfassern von Gedichten entweder Nach-

[40] Pers. 5, 71.
[41] Cat. 97, 6.
[42] pro Scauro 20.

aut venia digna aut etiam laude duci, potiusque illa docendi erunt minus vulgata. 12 nam duos in uno nomine faciebat barbarismos Tinga Placentinus, si reprehendenti Hortensio credimus, 'preculam' pro 'pergula' dicens, et inmutatione, cum *c* pro *g* uteretur, et transmutatione, cum *r* praeponeret antecedenti. at in eadem vitii geminatione 'Mettioeo Fufetioeo'[f] dicens Ennius poetico iure defenditur. 13 sed in prosa quoque est quaedam iam recepta inmutatio. nam Cicero 'Canopitarum exercitum' dicit, ipsi Canobon vocant, et 'Trasumennum' pro Tarsumenno multi auctores, etiamsi est in eo transmutatio, vindicaverunt. similiter alia: nam sive est 'adsentior', Sisenna dixit 'adsentio' multique et hunc et analogian secuti, sive illud verum est, haec quoque pars consensu defenditur: 14 at ille pexus pinguisque doctor aut illic detractionem aut hic adiectionem putabit. quid quod quaedam, quae singula procul dubio vitiosa sunt, iuncta sine reprehensione dicuntur? 15 nam et dua et 'tre' [pondo][g] diversorum generum sunt barbarismi, at 'duapondo' et 'trepondo' usque ad nostram aetatem ab omnibus dictum est, et recte dici Messala confirmat. 16 absurdum forsitan videatur dicere barbarismum, quod est unius verbi vitium, fieri per numeros aut genera sicut soloecismum: 'scala' tamen et 'scopa' contraque 'hordea' et 'mulsa', licet litterarum mutationem detractionem, adiectionem habeant, non alio vitiosa sunt, quam quod pluralia singulariter et singularia pluraliter efferuntur: et 'gladia' qui dixerunt, genere exciderunt. 17 sed hoc quoque notare contentus sum, ne

f) Mettoeoque Fufetioeo *Skutsch*
g) *del. Spalding*

[43] Ann. 126. Der Verstoß gegen die lateinische Genetivbildung wird durch den epischen Klang der griechischen Endungen zur besonderen Kunstwirkung erhoben.

sicht verdient oder sogar zum Lobe angerechnet wird, und man muß ihn vielmehr über die weniger verbreiteten Formen unterrichten. 12 Denn gleich zwei Barbarismen leistete sich Tinga Placentinus, wenn wir seinem Tadler Hortensius glauben dürfen, als er 'precula' statt 'pergula' (Bude) sagte: die Verwechslung, wenn er *c* statt *g* gebrauchte, und die Vertauschung, wenn er das *r* vor das vorausgehende *e* stellte. Dagegen wird Ennius[43] bei der doppelten Verwendung des gleichen Fehlers 'Mettioeo Fufetioeo' durch sein Recht als Dichter in Schutz genommen. 13 Doch auch in der Prosa gibt es schon eine Art von Vertauschung, die sich eingebürgert hat; denn Cicero[44] sagt 'das Heer der Canopiten', die Einwohner aber nennen ihren Ort Canobos; 'Trasumennus' ferner statt 'Tarsumennus' haben schon viele Autoren, obwohl darin eine Vertauschung steckt, zur Geltung gebracht. Ähnlich steht es mit anderen Beispielen; denn mag es auch 'adsentior' heißen, so hat Sisenna 'adsentio' gesagt, und viele sind ihm und der Analogie gefolgt. Mag andererseits 'adsentio' richtig sein, so läßt sich doch auch die Gegenseite durch die Übereinstimmung im Sprachgebrauch verteidigen. 14 Dagegen wird jener fix und fertige Gelehrte entweder dort eine Unterdrückung sehen oder hier eine Erweiterung. Wie steht es weiter damit, daß manches, was einzeln ohne jeden Zweifel falsch ist, in Verbindung ohne Anstoß gesagt werden kann? 15 Denn sowohl 'dua' wie 'tre' sind Barbarismen verschiedener Art, und doch hat man allgemein bis in unsere Zeit 'duapondo' und 'trepondo' (zwei- und drei Pfund schwer) gesagt, und mit Recht, wie Messala[45] versichert. 16 Absurd könnte es vielleicht scheinen, daß ein Barbarismus, der doch der Fehler eines Einzelwortes ist, durch Numerus oder Genus entstehen kann wie ein Solözismus; dennoch ist 'scala' (Stufe pl. Treppe) und 'scopa' (pl. Reiserbesen) und andererseits 'hordea' ('Gersten') und 'mulsa' ('Mete'), mögen sie auch Buchstabenänderung, -unterdrückung und -erweiterung haben, doch nur dadurch falsch, daß Pluralwörter im Singular und Singularwörter im Plural dekliniert werden: auch wer 'gladia' gebrauchte, ist aus dem Genus geraten[46]. 17 Doch ich bin auch hier zufrieden, beispielshalber darauf hinzuweisen; denn ich möchte nicht in den Verdacht geraten, als

[44] Die Rede ist nicht erhalten.

[45] Messala Corvinus: Gramm. Rom. fragm. p. 506 Fun.

[46] Gladius (Schwert) wurde, wie Varro (L. L. 9, 81) sagt, von vielen teils als maskulin, teils als neutrum gebraucht.

arti culpa quorundam pervicacium perplexae videar et ipse quaestionem addidisse.

Plus exigunt suptilitatis quae accidunt in dicendo vitia, quia exempla eorum tradi scripto non possunt, nisi cum in versus inciderunt, ut divisio 'Europai Asiai'[h], et ei contrarium vitium, quod συναίρεσιν et ἐπισυναλιφήν Graeci vocant, nos complexionem dicimus, qualis est apud P. Varronem 'tum te flagranti deiectum fulmine Phaethon.' 18 nam si esset prosa oratio, easdem litteras enuntiare veris syllabis licebat. praeterea quae fiunt spatio, sive cum syllaba correpta producitur, ut 'Italiam fato profugus' seu longa corripitur, ut 'unius ob noxam et furias', extra carmen non deprendas, sed nec in carmine vitia ducenda sunt. 19 illa vero non nisi aure exiguntur, quae fiunt per sonos: quamquam per aspirationem, sive adicitur vitiose sive detrahitur, apud nos potest quaeri, an in scripto sit vitium, si *h* littera est, non nota. cuius quidem ratio mutata cum temporibus est saepius. 20 parcissime ea veteres usi etiam in vocalibus, cum 'aedos ircosque' dicebant. diu deinde reservatum, ne consonantibus adspirarent, ut in 'Graccis' et 'triumpis'. erupit brevi tempore nimius usus, ut 'choronae' chenturiones praechones adhuc quibusdam inscriptionibus maneant, qua de re Catulli nobile epigramma est. 21 inde durat ad nos usque 'vehementer' et

h) Europai et Asiai *Osann:* Europae Asiae

[47] in den archaischen Genetiv-Formen auf *i*.
[48] Verschmelzung.

hätte ich auch meinerseits einer Kunst, die durch die Schuld gewisser unverwüstlicher Haarspalter verwickelt genug ist, noch eine Frage hinzugefügt.

Mehr Feingefühl verlangen die Fehler, die man beim Sprechen macht, weil man Beispiele von ihnen nicht schriftlich geben kann, es sei denn, sie fallen in Verse, z. B. die Abteilung 'Europaï', 'Asiaï'[47], und den umgekehrten Fehler, der griechisch συναίρεσις und συναλοιφή heißt, bei uns *complexio*[48], so wie es etwa bei P. Varro heißt: 'tum te flagranti deiectum fulmine Phaethon' (Dann dich, Phaethon, der vom lodernden Blitze niedergeschmettert)[49]. 18 Denn wäre dies Prosa, so dürfte man dieselben Buchstaben (das *a* und *e* in Phaethon) voll als Silben sprechen. Außerdem gehören hier die Verstöße gegen die Zeitdauer hin, wenn entweder eine kurze Silbe gelängt wird wie 'Italiam fato profugus'[50] oder eine lange gekürzt wie 'unius ob noxam et furias'[51]. Außerhalb der Dichtung findet man so etwas wohl nicht, doch in der Dichtung darf man es nicht zu den Fehlern rechnen. 19 Nur mit dem Ohr indessen läßt sich prüfen, welche Fehler im Bereich der Laute auftreten – wiewohl man bei der Aspiration, wenn sie fälschlich erfolgt oder unterbleibt, bei uns[52] sich fragen kann, ob es ein Fehler in der Schreibung ist, wenn *h* ein Buchstabe ist und kein Lesezeichen. 20 Hierfür haben sich allerdingst die Grundsätze im Laufe der Zeit öfters geändert. Sehr sparsam gebrauchten es die Alten auch bei Vokalen, wenn sie 'aedi ircique'[53] sagten. Dann hielt man noch lang daran fest, keine Konsonanten zu aspirieren wie in 'Gracci' und triumpi'[54]. In kurzer Zeit breitete sich sodann ein übertriebener Gebrauch aus, wie 'choronae', 'chenturiones', 'praechones' noch jetzt auf manchen Inschriften erhalten sind, worüber es von Catull ein berühmtes Epigramm gibt[55]. 21 Von daher

[49] Varro Atacinus (dem neoterischen Dichter) in seinem Argonautenepos (Fr. 10 S. 96 Mor.).

[50] Verg. Aen. 1, 6 (durch das Schicksal als Flüchtling nach Italien geschrieben). *Italiam* sogenannte metrische Dehnung.

[51] Verg. Aen. 1, 41 (wegen des einen Schuld und Rasen): *Unĭus*.

[52] Bezeichnend wieder, wie stark die Grammatik des Griechischen als 'die normale' anerkannt wird!

[53] statt *haedi hircique* (Böckchen und Böcke).

[54] statt *Gracchi* (die Brüder Gracchus) und *triumphi*.

[55] Cat. 81 verspottet die Bildungsambitionen, die in der Aussprache statt *coronae* (Kränze), *centuriones* (Zenturionen), *praecones* (Ausrufer) zur Schau getragen werden.

'comprehendere' et 'mihi': nam 'mehe' quoque pro 'me' apud antiquos tragoediarum praecipue scriptores in veteribus libris invenimus.

22 Adhuc difficilior observatio est per *tenores* (quos quidem ab antiquis dictos *tonores* comperi, videlicet declinato a Graecis verbo, qui τόνους dicunt) vel *accentus*, quas Graeci προσῳδίας vocant, cum acuta et gravis alia pro alia ponuntur, 23 ut in hoc 'Cámillus', si acuitur prima, aut gravis pro flexa, ut 'Céthegus' (et hic prima acuta; nam sic media mutatur), aut flexa pro gravi, † ut apice[i] circumducta sequenti, quam ex duabus syllabis in unam cogentes et deinde flectentes dupliciter peccant. 24 sed id saepius in Graecis nominibus accidit, ut 'Atreus', quem nobis iuvenibus doctissimi senes acuta prima dicere solebant, ut necessario secunda gravis esset, item 'Nerei Tereique'. 25 haec de accentibus tradita.

Ceterum scio iam quosdam eruditos, nonnullos etiam grammaticos sic docere ac loqui, ut propter vocum quaedam discrimina verbum interim acuto sono finiant, ut in illis 'quae circum litora, circum

i) ut appî *Spalding:* aut apice **AbPS** ut **BJM**

[56] Man sprach also längst 'vementer, comprendere, mi'. *mehe* wohl als Ablativ = *me*.

hält sich noch bis in unsere Zeit 'vehementer', 'comprehendere' und 'mihi'; ja auch 'mehe' statt 'me' finden wir vor allem bei den alten Tragödiendichtern in alten Texten[56].

22 Noch schwieriger ist die Beobachtung auf dem Gebiet der *Tonsilben*, der *tenores* – die, wie ich mir habe sagen lassen, von den Alten *tonores* genannt wurden, offenbar mit dem aus dem Griechischen abgeleiteten Wort, das τόνοι lautet – oder *Akzente*, der προσῳδίαι der Griechen, wenn Akut und Gravis füreinander eintreten, 23 wie bei 'Cámillus', wenn die erste Silbe den Akut erhält, oder Gravis für Zirkumflex wie bei 'Céthẹgus' – auch hier hat die erste Silbe den Akut[57]; denn dadurch ändert sich die mittlere – oder Zirkumflex statt Gravis auf der zweiten Silbe von Appi, wobei sie, wenn sie sie aus zwei Silben in eine zusammenziehen und dann Zirkumflex setzen, gleich zwei Fehler machen[58]. 24 Doch das geschieht öfter bei griechischen Namen, wie 'Atreus'; hier sprachen in unserer Jugend die gebildetsten alten Leute gewöhnlich mit dem Akut auf der ersten Silbe, so daß notgedrungen die zweite den Gravis bekam, ebenso bei 'Nerei' und 'Terei'[59]. Soviel aus der Akzentlehre.

25 Im übrigen weiß ich wohl, daß eine Anzahl Gelehrter, ja auch einige Grammatiklehrer die Lehre geben und bei ihrem Vortrag auch beachten, wegen gewisser Bedeutungsunterschiede bisweilen ein Wort mit einem Akut auf der Endsilbe zu sprechen, z. B. in den Versen: 'quae circum litora, circum piscosos scopulos'[60],

[57] Am besten geht man wohl von der griechischen Betonung aus: Κέθηγος müßte bei Anwendung der normalen lateinischen Betonungsregel, nach der die lange vorletzte Silbe den Ton erhält, griechisch akzentuiert, einen Zirkumflex auf dem η erhalten, hat aber, nach der griechischen Betonungsregel, bei kurzer Endsilbe den Akut auf der drittletzten (Gravis statt Zirkumflex bzw. statt Akut), also Κέθὴγος (statt *Κεθῆγος), Κάμὶλλος (statt *Καμίλλος). Nach den Gründen der im Lateinischen unnormalen Betonung *céthēgus*, *Cámillus* fragt Quint. nicht.

[58] Die beiden Verstöße (gegen den lateinischen Normalgebrauch im Schulparadigma) sind also die Kontraktion von *Appii* zu *Appī* und die griechische Betonung mit dem Zirkumflex auf der letzten Silbe (Ἄππῖ). Da diese Erklärung auf der Konjektur *Appi* beruht und der lateinische Text noch nicht befriedigend hergestellt ist, muß die Übersetzung auf Glättung des Wortlautes verzichten.

[59] also *Nérëi*, *Térëi*.

[60] Verg. Aen. 4, 254 '(einem Vogel gleich), der rings ums Gestade, rings um die fischreichen Klippen . . .'.

piscosos scopulos', 26 ne, si gravem posuerint secundam, 'circus' dici videatur, non 'circuitus'. itemque cum 'quale' interrogantes gravi, conparantes acuto tenore concludunt, quod tamen in adverbiis fere solis ac pronominibus vindicant, in ceteris veterem legem secuntur. 27 mihi videtur condicionem mutare, quod his locis verba coniungimus. nam cum dico 'circum litora', tamquam unum enuntio dissimulata distinctione, itaque tamquam in una voce una est acuta, quod idem accidit in illo 'Troiae qui primus ab óris.' 28 evenit, ut metri quoque condicio mutet accentum: 'pecudes pictaeque volúcres.' nam 'volucres' media acuta legam, quia, etsi natura brevis, tamen positione longa est, ne faciat iambum, quem non recipit versus herous. 29 separata vero haec a praecepto nostro non recedent, aut si consuetudo vicerit, vetus lex sermonis abolebitur. cuius difficilior apud Graecos observatio est, quia plura illis loquendi genera, quas διαλέκτους vocant, et quod alias vitiosum, interim alias rectum est. apud nos vero brevissima ratio. 30 namque in omni voce acuta intra numerum trium syllabarum continetur, sive eae sunt in verbo solae sive ultimae, et in iis aut proxima extremae aut ab ea tertia. trium porro, de quibus loquor, media longa aut acuta aut flexa erit, eodem loco brevis utique gravem habebit sonum, ideoque positam ante se, id est ab ultima tertiam, acuet. 31 est autem in omni voce utique acuta, sed numquam plus una nec umquam ultima, ideoque in disyllabis prior. praeterea numquam in eadem flexa et acuta: itaque neutra cludet vocem Latinam. ea vero, quae sunt syllabae unius, erunt acuta aut flexa, ne sit aliqua vox sine acuta. 32 et illa per sonos accidunt, quae demonstrari

26 damit es nicht, wenn sie den Gravis auf die zweite Silbe setzten, so klänge, als hieße es 'Zirkus' statt 'im Bezirk'. Ebenso betonen sie die Schlußsilbe von 'quale', wenn es fragend gebraucht ist, mit einem Gravis, wenn vergleichend, mit einem Akut; dies nehmen sie indessen fast nur für Adverbien und Pronomina in Anspruch, im übrigen folgen sie dem alten Betonungsgesetz. 27 Mir scheint es die Lage zu ändern, daß wir an diesen Stellen Wortverbindungen vor uns haben; denn wenn ich sage 'circum litora', so verschleiere ich die Worttrennung und spreche es wie ein Wort; deshalb ist hier wie bei einem Einzelwort eine Silbe mit dem Akut gesprochen, was auch im folgenden Vers genauso geschieht: 'Troiae qui primus ab óris'[61]. 28 Es kommt vor, daß auch metrische Gründe den Akzent ändern: zum Beispiel bei 'pecudes pictaeque volucres'[62]; denn hier muß ich die Mittelsilbe von 'volucres' mit einem Akut lesen, weil sie, wenn auch von Natur kurz, doch durch Position lang ist, damit sie keinen Iambus bildet, den der epische Vers nicht verträgt. 29 Stehen die Wörter jedoch getrennt, so werden sie nicht von unserer Regel abweichen, oder es wird, wenn sich der Sprachgebrauch durchsetzen sollte, das alte Betonungsgesetz zunichte. Die Beachtung dieses Gesetzes ist bei den Griechen schwerer, weil sie mehrere Arten von Sprachen haben, die sie Dialekte nennen, und weil das, was in dem einen falsch ist, bisweilen in dem andern richtig ist. 30 Bei uns indessen ist die Betonungsregel äußerst kurz. In jedem Wort steht nämlich innerhalb von drei Silben die Silbe, die den Akut erhält, gleichgültig, ob das Wort nur drei Silben hat oder es sich um die drei letzten Silben handelt, und innerhalb dieser ist es entweder die vorletzte oder drittletzte. Ist nun von den besagten drei Silben die mittlere lang, so erhält sie Akut oder Zirkumflex, ist sie kurz, immer den Gravis und gibt dann den Akut an die vorherstehende, also drittletzte Silbe. 31 In jedem Wort trägt eine Silbe den Akut, aber nie mehr als eine und nie die letzte, deshalb in zweisilbigen Wörtern die vorletzte. Außerdem steht nie auf der gleichen Silbe Zirkumflex und Akut; deshalb endet kein lateinisches Wort mit einem dieser beiden Akzente. Die einsilbigen indessen können Akut oder Zirkumflex tragen, damit kein Wort ohne eine Silbe sei, die den Akut trägt. 32 Zu dem Lautbereich gehören auch die Artikulations-

[61] Verg. Aen. 1, 1 (der als erster vor Troias Küste . . .): *ab* bildet mit *oris* gleichsam einen Betonungskomplex (ist 'proklitisch').

[62] Verg. Georg. 3, 243; Aen. 4, 525 (Vieh und bunte Vögel).

scripto non possunt, vitia oris et linguae: ἰωτακισμούς[j] et λαβδακισμούς et ἰσχνότητας et πλατειασμούς feliciores fingendis nominibus Graeci vocant, sicut κοιλοστομίαν, cum vox quasi in recessu oris auditur. 33 sunt etiam proprii quidam et inenarrabiles soni, quibus nonnumquam nationes reprendimus. remotis igitur omnibus, de quibus supra diximus, vitiis erit illa quae vocatur ὀρθοέπεια, id est emendata cum suavitate vocum explanatio: nam sic accipi potest recta.

34 Cetera vitia omnia ex pluribus vocibus sunt, quorum est *soloecismus*. quamquam circa hoc quoque disputatum est; nam etiam qui conplexu orationis accidere eum confitentur, quia tamen unius emendatione verbi corrigi possit, in verbo esse vitium, non in sermone contendunt, 35 cum, sive 'amarae corticis' seu 'medio cortice' per genus facit soloecismum (quorum neutrum quidem reprehendo, cum sit utriusque Vergilius auctor, sed fingamus utrumlibet non recte dictum), mutatio vocis alterius, in qua vitium erat, rectam loquendi rationem sit redditura, ut 'amari corticis' fiat vel 'media cortice'. quod manifestae calumniae est: neutrum enim vitiosum est separatum, sed conpositione peccatur, quae iam sermonis est. 36 illud eruditius quaeritur, an in singulis quoque verbis possit fieri soloecismus, ut si unum quis ad se vocans dicat 'venite', aut si pluris a se dimittens ita loquatur 'abi' aut 'discede'. nec non cum responsum ab interrogante dissentit, ut si dicenti 'quem video?' ita occurras 'ego'. in gestu etiam nonnulli putant idem vitium inesse, cum aliud voce, aliud nutu vel manu demonstratur; 37 huic opinioni neque omnino accedo neque plane

j) <et μυτακισμούς> *add. Claussen et Gertz*

und Zungenfehler, die sich schriftlich nicht darstellen lassen: ἰωτακισμός und λαβδακισμός, ἰσχνότης und πλατεασμός nennen sie die Griechen, die bei der Bildung von Namen glücklicher sind, so auch κοιλοστομία, wenn das Wort gleichsam im Hinterraum des Mundes erklingt[63]. 33 Es gibt auch bestimmte eigentümliche und nicht zu beschreibende Laute, woran wir manchmal die einzelnen Völker fassen können. Sind nun alle Fehler, von denen wir oben gesprochen haben, entfernt, so tritt die sogenannte ὀρθοέπεια ein, das heißt die fehlerlose und zugleich schöne Sprachgestaltung; denn so kann das 'Richtig'-Reden (in diesem griechischen Wort) verstanden werden.

34 Die übrigen Fehler, darunter auch der *Solözismus*, setzen alle mehrere Wörter voraus. Freilich hat man auch hierüber gestritten; denn auch solche, die zugeben, es geschehe in zusammenhängender Rede, behaupten doch, der Fehler steckte im Wort, nicht in der Rede; denn, ob nun 'amarae corticis' oder 'medio cortice' im Genus den Solözismus verursacht – wobei ich freilich beide nicht tadele, da sie beide Vergil[64] als Autor haben, aber wir wollen einmal annehmen, eins von ihnen sei nicht richtig –, so würde die Änderung eines Wortes, in dem der Fehler steckte, die Sprachlehre wieder in Ordnung bringen, 35 so daß daraus 'amari corticis' oder 'media cortice' wird. Das ist nun handgreifliche Entstellung der Tatsachen: denn keins der fehlerhaften Worte erscheint getrennt, sondern der Fehler geschieht bei der Zusammenstellung, die ja schon zur Rede gehört. 36 Etwas mehr wissenschaftlichen Sinn zeigt die Frage, ob auch in einzelnen Worten ein Solözismus eintreten kann, wenn etwa jemand eine Person zu sich ruft und dabei sagt: 'kommt!' oder wenn er mehrere Personen entläßt und dabei spricht: 'geh weg!' oder 'entferne dich!'. Ebenso, wenn die Antwort den Sinn der Frage verfehlt, etwa wenn man jemandem, der sagt: 'wen sehe ich?' entgegnet: 'ich'. Auch in der Gebärde sogar, meinen einige, könne derselbe Fehler stecken, wenn man etwas mit der Stimme, etwas anderes aber mit Kopfnicken oder Handgebärde bezeichnet. 37 Dieser Meinung trete

[63] Da sich diese Besonderheiten in der Aussprache der Buchstaben *i* und *l* (wenn wir Claussens Ergänzung μυτακισμός annehmen wollen, auch des *m*), ferner das Eng-, Breit- und Rundsprechen nicht schriftlich darstellen lassen, haben wir keine anschauliche Vorstellung dieser griechischen 'Sprecherziehung'.

[64] ecl. 6, 62 (bitterer Rinde); Georg. 2, 74 (mitten in der Rinde).

dissentio. nam id fateor accidere voce una, non tamen aliter quam si sit aliquid, quod vim alterius vocis optineat, ad quod vox illa referatur: ut soloecismus ex complexu fiat eorum, quibus res significantur et voluntas ostenditur. 38 atque ut omnem effugiam cavillationem, sit aliquando in uno verbo, numquam in solo verbo. per quot autem et quas accidat species, non satis convenit. qui plenissime, quadripertitam volunt esse rationem nec aliam quam barbarismi, ut fiat adiectione 'nam enim, de susum[k] in Alexandriam', detractione 'ambulo viam, Aegypto venio, ne hoc fecit', 39 transmutatione, qua ordo turbatur, 'quoque ego, enim hoc voluit, autem non habuit': ex quo genere an sit 'igitur' initio sermonis positum dubitari potest, quia maximos auctores in diversa fuisse opinione video, cum apud alios sit etiam frequens, apud alios numquam reperiatur. 40 haec tria genera quidam diducunt a soloecismo, et adiectionis vitium πλεονασμόν, detractionis ἔλλειψιν, inversionis ἀναστροφήν vocant: quae si in speciem soloecismi cadat, ὑπερβατόν quoque eodem appellari modo posse. 41 *inmutatio* sine controversia est, cum aliud pro alio ponitur. id per omnes orationis partis deprendimus, frequentissime in verbo, quia plurima huic accidunt, ideoque in eo fiunt soloecismi per genera, tempora, personas, modos, sive cui 'status' eos dici seu 'qualitates' placet, vel sex vel ut alii volunt octo (nam totidem vitiorum erunt formae,

k) *distinxit Toernebladh:* nam enim desusum **AB** veni de susis **P**

ich weder völlig bei, noch lehne ich sie rundweg ab. Denn ich gebe zu, daß dieser Fehler in einem Wort eintritt, und doch nicht anders, als wenn etwas da wäre, was wie ein zweites Wort wirkt, worauf sich jedes Wort bezieht: so daß der Solözismus aus der Verknüpfung der beiden Äußerungen entsteht, wodurch man die Sache bezeichnet und der Wille sich kundtut. 38 Doch um aller Wortklauberei aus dem Wege zu gehen: mag der Solözismus auch einmal in einem Wort bestehen, so doch nie in einem Wort allein. In wie vielen und in welchen Arten aber er eintreten kann, darüber ist man nicht hinreichend einig. Am weitesten gehen die, die eine Vierteilung zugrunde legen wollen so wie beim Barbarismus: danach entstände er durch Erweiterung, z. B. 'nam enim, de susum, in Alexandriam', durch Unterdrückung, z. B. 'ambulo viam, Aegypto venio, ne hoc fecit'[65], 39 und durch Vertauschung, wodurch die Reihenfolge verwirrt wird, z. B. 'quoque ego, enim hoc voluit, autem non habuit'[66]: ob 'igitur', an den Anfang der Rede gestellt, zu dieser Art hinzugehöre, kann man zweifeln, weil ich sehe, daß die wichtigsten Autoren verschiedener Meinung gewesen sind, da es sich bei den einen sogar oftmals so findet, bei anderen aber nie. 40 Manche trennen diese drei Arten vom Solözismus und nennen den Fehler der Erweiterung πλεονασμός, der Unterdrückung ἔλλειψις, der Umstellung ἀναστροφή: wenn diese eine Art des Solözismus bildet, dann könnte man auch das ὑπερβατόν so nennen[67]. 41 Bei der *Vertauschung* gibt es keinen Widerspruch, wenn das eine für ein anderes gesetzt wird. Dies können wir bei allen Redeteilen fassen, am häufigsten beim Verbum, weil zu diesem die meisten Ergänzungen hinzutreten, und deshalb entstehen bei ihm Solözismen im Genus, Tempus, Person und Modus – ob man die Modi nun 'status' nennt oder lieber 'qualitates'[68] – entweder sechs oder, wie andere wollen, acht – denn der fehlerhaften Formen werden es ja ebenso viele sein, wie die

[65] *nam enim* (denn nämlich), *de susum* (oben von droben), *in Alexandriam* (nach gegen Alexandria hin); *ambulo viam* (ich gehe dem Weg spazieren) *venio Aegypto* (ich komme Ägypten), *ne hoc fecit* (er hat nicht [statt nicht einmal] das getan): Es wird also eine Präposition oder Partikel unterdrückt.

[66] statt: *ego quoque* (ich auch), *hoc enim voluit* (das nämlich hat er gewollt), *non autem habuit* (er hat es aber nicht gehabt); *igitur* (also) steht nach der Schulregel an zweiter Stelle, und so verwendet es auch überwiegend Quint. (16 Beispiele für Anfangsstellung).

[67] Pleonasmus, Ellipse, Anastrophe und Hyperbaton.

[68] *status* (Zustandsformen), *qualitates* (Beschaffenheitsformen).

in quot species eorum quidque, de quibus supra dictum est, diviseris): 42 praeterea numeros, in quibus nos singularem ac pluralem habemus, Graeci et δυϊκόν. quamquam fuerunt qui nobis quoque adicerent dualem 'scripsere legere': quod evitandae asperitatis gratia mollitum est, ut apud veteres pro 'male mereris' 'male merere', ideoque quod vocant duale in illo solo genere consistit, cum apud Graecos et verbi tota fere ratione et in nominibus deprendatur et sic quoque rarissimus sit eius usus, 43 apud nostrorum vero neminem haec observatio reperiatur, quin e contrario 'devenere locos' et 'conticuere omnes' et 'consedere duces' aperte nos doceant nihil horum ad duos pertinere, 'dixere' quoque, quamquam id Antonius Rufus ex diverso ponit exemplum, de pluribus patronis praeco pronuntiet. 44 quid? non Livius circa initia statim primi libri 'tenuere, inquit, arcem Sabini' et mox 'in adversum Romani subiere'? sed quem potius ego quam M. Tullium sequar? qui in Oratore 'non reprendo', inquit, '*scripsere:* scripserunt esse verius sentio'. 45 similiter in vocabulis et nominibus fit soloecismus genere, numero, proprie autem casibus, quidquid horum alteri succedet. huic parti subiungantur licet per comparationes et superlationes, itemque in quibus patrium pro possessivo dicitur vel contra. 46 nam vitium quod fit per quantitatem, ut 'magnum peculiolum', erunt qui soloecismum putent, quia pro nomine integro positum sit deminutum: ego dubito an id inproprium potius appellem; significatione

Anzahl der Arten, in die man die oben aufgezählten Ergänzungen einteilt. 42 Außerdem die Numeri, von denen wir Singular und Plural haben, die Griechen noch den Dualis. Zwar hat es Gelehrte gegeben, die auch uns den Dual hinzufügten 'scripsēre', 'legēre'[69] Diese Form ist aber nur eine weichere Bildung, um rauhen Klang zu vermeiden, wie bei den Alten statt 'male mereris' 'male merere' steht, und deshalb besteht das, was sie Dual nennen, nur aus dieser Art, während es bei den Griechen sowohl fast im ganzen Verbalsystem als auch bei den Nomina zu finden ist, wenn er so auch sehr selten gebraucht wird, 43 bei keinem unserer Schriftsteller aber sich dieser Sachverhalt wiederfindet, ganz im Gegenteil: 'devenēre locos'[70], 'conticuere omnes'[71] und 'consedere duces'[72] lehren uns vielmehr ganz offenbar, daß keine dieser Formen sich auf zwei bezieht, auch 'dixere'[73], wenngleich dieses Antonius Rufus als Gegenbeispiel bringt, verkündet der Ausrufer auch von mehreren Fürsprechern (die in einem Prozeß gesprochen haben). 44 Wie? Sagt nicht Livius gleich am Anfang des ersten Buches[74] 'tenuēre arcem Sabini' und bald darauf 'in adversum Romani subiēre'[75]? Doch wem könnte ich besser mich anschließen als dem Cicero, der im Orator[76] sagt: ich tadele *scripsēre* nicht, doch ist 'scripserunt' nach meinem Gefühl echter'? 45 In gleicher Weise tritt auch bei Substantiven und Eigennamen der Solözismus in Genus und Numerus ein, recht eigentlich aber im Casus, sooft eine der genannten Formen für eine andere eintritt. Diesem Abschnitt lassen sich auch die Solözismen bei der Steigerung im Komparativ und Superlativ anfügen, ebenso die Fälle, in denen ein Patronymikon statt des Possessivpronomens gebraucht wird und umgekehrt. 46 Nun wird ja auch von manchen der Fehler für einen Solözismus gehalten, der in Maßangaben vorkommt, z. B. 'magnum peculiolum'[77], weil an Stelle des Grundwortes das Deminutivum gesetzt ist: da bin ich im Zweifel, ob ich diese Erscheinung nicht eher als unei-

[69] statt *scripserunt* (sie haben geschrieben), *legerunt* (sie haben gelesen).

[70] Verg. Aen. 1, 365 (sie kamen herab zur Stätte).

[71] Verg. Aen. 2, 1 (alle schwiegen).

[72] Ovid met. 13, 1 (die Führer ließen sich nieder).

[73] statt *dixerunt* (sie haben zu Ende gesprochen).

[74] Liv. 1, 12, 1 (es hielten die Sabiner die Burg in Besitz).

[75] Liv. 1, 12, 1 (ihnen entgegen rückten die Römer heran).

[76] 47, 157.

[77] 'ein großes Sümmchen Geld'.

enim deerrat: soloecismi porro vitium non est in sensu, sed in conplexu. 47 in participio per genus et casum ut in vocabulo, per tempora ut in verbo, per numerum ut in utroque peccatur. pronomen quoque genus, numerum, casus habet, quae omnia recipiunt huius modi errorem. 48 fiunt soloecismi et quidem plurimi per partis orationis: sed id tradere satis non est, ne ita demum vitium esse credat puer, si pro alia ponatur alia, ut verbum, ubi nomen esse debuerit, vel adverbium, ubi pronomen ac similia. 49 nam sunt quaedam cognata, ut dicunt, id est eiusdem generis, in quibus qui alia specie quam oportet utetur, non minus quam ipso genere permutato deliquerit. 50 nam et 'an' et 'aut' coniunctiones sunt, male tamen interroges 'hic aut ille sit'. et 'ne' ac 'non' adverbia: qui tamen dicat pro illo 'ne feceris' 'non feceris', in idem incidat vitium, quia alterum negandi est, alterum vetandi. hoc amplius 'intro' et 'intus' loci adverbia, 'eo' tamen 'intus' et 'intro sum' soloecismi sunt. 51 eadem in diversitate pronominum, interiectionum, praepositionum accident. est etiam[1] soloecismus in oratione conprensionis unius sequentium ac priorum inter se inconveniens positio. 52 quaedam tamen et faciem soloecismi habent et dici vitiosa non possunt, ut 'tragoedia Thyestes', ut 'ludi Floralia ac Megalensia': quamquam haec sequenti tempore interciderunt numquam aliter a veteribus dicta. *schemata* igitur nominabuntur, frequentiora quidem apud poetas, sed oratoribus quoque permissa. 53 verum schema fere habebit aliquam rationem, ut docebimus eo, quem paulo ante promisimus, loco, sed hic quoque quod schema

1) enim **A**: etiam **BP**

gentlichen Gebrauch ansprechen soll; denn der Fehler liegt ja in der Bedeutung; der Fehler des Solözismus aber beruht durchweg nicht auf dem Sinn, sondern auf der Verknüpfung. 47 Beim Partizip findet sich der Fehler auf dem Gebiet des Genus und Casus wie beim Substantiv, dem des Tempus wie beim Verbum und dem des Numerus wie bei beiden. Auch das Pronomen hat Genus, Numerus und Casus, die alle dieser Art Fehlern ausgesetzt sind. 48 Es treten auch Solözismen auf – und zwar oft genug – im Gebiet der Redeteile: doch genügt es nicht, diese Feststellung so allgemein zu vermitteln, damit der Knabe nicht glaube, es trete ein Fehler erst dann ein, wenn ein Redeteil statt des anderen gesetzt werde, etwa ein Verbum, wo ein Nomen stehen müßte, oder ein Adverb statt eines Pronomens und dergleichen. 49 Denn es gibt gewisse sogenannte verwandte Wörter, das heißt Wörter der gleichen Gattung, bei deren Verwendung in einer anderen als ihrer zulässigen Erscheinungsform man keinen geringeren Fehler begeht, als hätte man die Gattung selbst vertauscht. 50 Denn sowohl 'an' als auch 'aut' sind Konjunktionen, und doch wäre es schlecht zu fragen: 'hic aut ille sit'[78]. Und 'ne' und 'non' sind Adverbien; wer jedoch statt 'ne feceris' 'non feceris'[79] sagte, würde wieder einen Solözismus begehen, weil das eine Wort zur Verneinung dient, das andere zum Verbot. Weiter sind 'intro' und 'intus' Ortsadverbien, und doch sind 'eo intus' und 'intro sum'[80] Solözismen. 51 Dieselben Fehler können bei der Verschiedenartigkeit der Pronomina, Interjektionen und Präpositionen auftreten. Es handelt sich nämlich auch um einen Solözismus, wenn ein Stück in der Rede so gesetzt wird, daß es sich dem Folgenden und Vorausgehenden nicht passend einfügt. 52 Doch manche Verbindungen haben das Ansehen eines Solözismus, können aber doch nicht als fehlerhaft bezeichnet werden, z. B. 'tragoedia Thyestes', 'ludi Floralia ac Megalensia': obwohl diese Verbindungen in der folgenden Zeit abgekommen sind, haben die Alten nie anders gesagt. *Figuren* wird man sie also nennen, häufiger zwar bei den Dichtern, doch auch den Rednern gestattet. 53 Eine echte Figur hat in der Regel einen vernünftigen Grund, wie wir an der kurz vorher angekündigten Stelle zeigen werden[81]. Doch auch was hier eben als Figur bezeichnet wird, wird, wenn

[78] ob er dieser oder ('aut' statt des richtigen 'an') jener sei.

[79] also statt 'du sollst es nicht tun': 'du wirst es nicht getan haben'.

[80] statt *eo intro* (ich gehe hinein) und *sum intus* (ich bin drinnen).

[81] s. o. § 5, wo auf B. 9 hingewiesen wird.

vocatur, si ab aliquo per inprudentiam factum erit, soloecismi vitio non carebit. 54 in eadem specie sunt, sed schemate carent, ut supra dixi, nomina feminina quibus mares utuntur, et neutralia quibus feminae. hactenus de soloecismo: neque enim artem grammaticam componere adgressi sumus, sed cum in ordinem incurreret, inhonoratam transire noluimus.

55 Hoc amplius, ut institutum ordinem sequar, verba aut Latina aut peregrina sunt. peregrina porro ex omnibus prope dixerim gentibus ut homines, ut instituta etiam multa venerunt. 56 taceo de Tuscis et Sabinis et Praenestinis quoque (nam ut eorum sermone utentem Vettium Lucilius insectatur, quem ad modum Pollio reprendit in Livio Patavinitatem)[m] : licet omnia Italica pro Romanis habeam. 57 plurima Gallica evaluerunt ut 'raeda' ac 'petorritum', quorum altero tamen Cicero, altero Horatius utitur. et 'mappam' circo quoque usitatum nomen Poeni sibi vindicant, et 'gurdos', quos pro stolidis accipit vulgus, ex Hispania duxisse originem audivi. 58 sed haec divisio mea ad Graecum sermonem praecipue pertinet; nam et maxima ex parte Romanus inde conversus est, et confessis quoque Graecis utimur verbis, ubi nostra desunt, sicut illi a nobis nonnumquam mutuantur. inde illa quaestio exoritur, an eadem ratione per casus duci externa qua nostra conveniat. 59 ac si reperias grammaticum veterum amatorem, neget quidquam ex Latina ratione mutandum, quia, cum sit apud nos casus ablativus, quem illi non habent, parum conveniat uno casu nostro, quinque Graecis uti.

m) *parenthesin significavit Radermacher*

es von jemandem aus Unüberlegtheit gebildet wird, nicht frei vom Fehler des Solözismus sein. 54 Dieselbe Erscheinungsform zeigen – jedoch ohne Figur zu sein – die oben[82] genannten Namen mit Femininendungen, die Männer tragen, und die mit Neutrumendungen für Frauen. Soviel über den Solözismus; denn wir haben uns ja nicht darangemacht, eine Grammatik zu verfassen, sondern wollten nur nicht an dieser Erscheinung vorübergehen, als sie unsere Bahn kreuzte, ohne ihr die gebührende Ehre zu erweisen.

55 Weiterhin sind nun – um der eingeschlagenen Bahn zu folgen – die Wörter entweder lateinische oder fremde. Fremdwörter sind ja nun, möchte ich sagen, wie die Menschen und wie so viele Bräuche fast von allen Völkern zu uns gekommen. 56 Ich will nicht von den Etruskern, Sabinern und sogar Praenestinern sprechen – denn Lucilius setzt dem Vettius damit zu, er spreche wie die Leute dort, wie auch Pollio an Livius seine 'patavinitas'[83] tadelt: alles Italische möchte ich für römisch halten. 57 Gallisches hat sich sehr viel durchgesetzt, z. B. 'raeda' und 'petorritum', wovon das eine immerhin Cicero[84] gebraucht, das andere Horaz[85]. Ferner 'mappa', das auch im Zirkus übliche Wort, nehmen die Punier für sich in Anspruch, und 'gurdus', was man im Volk für 'stolidus' nimmt, stammt, wie ich gehört habe, aus Spanien[86]. 58 Doch hauptsächlich gilt meine Zweiteilung für die griechische Sprache; denn die römische ist von da zum größten Teil übertragen, und wir gebrauchen auch zugegebenermaßen griechische Wörter, wo uns eigene fehlen, so wie jene manchmal von uns entleihen. Daher entsteht die Frage, ob es angeht, Fremdwörter in derselben Weise zu deklinieren wie unsere einheimischen. 59 Und findest du einen Grammatiklehrer, der seine Alten liebt, so wird er es ablehnen, etwas an der lateinischen Weise zu ändern; denn da wir den Ablativ besitzen, den sie nicht haben, so ginge es nicht an, einen eigenen Casus und fünf griechische zu gebrauchen.

[82] Kap. 4, 24.

[83] das Idiom seiner Heimat Padua.

[84] p. Mil. 10, 28 *raeda*, der Reisewagen.

[85] Sat. 1, 6, 104 und ep. 2, 1, 192 *petorritum* (vierrädriger gallischer Wagen).

[86] *mappa* (ein Mittelding zwischen Taschentuch und Serviette; im Zirkus als Startfahne verwandt); *gurdus* (albern, tölpelhaft) bot gewiß als vulgärer Provinzialimport dem Quint. keinen besonderen Anlaß, gerade ein Bekenntnis zu seiner Heimatprovinz Spanien anzuschließen: in seinen Kreisen sagte man nirgends 'gurdus'. So ist die Stelle für Quint.s Biographie unergiebig.

60 quin etiam laudet virtutem eorum, qui potentiorem facere linguam Latinam studebant nec alienis egere institutis fatebantur: inde 'Castorem' media syllaba producta pronuntiarunt, quia hoc omnibus nostris nominibus accidebat, quorum prima positio in easdem quas 'Castor' litteras exit, et ut 'Palaemo' ac 'Telamo' et 'Plato' (nam sic eum Cicero quoque appellat) dicerentur retinuerunt, quia Latinum, quod *o* et *n* litteris finiretur, non reperiebant. 61 ne in *a* quidem atque *s* litteras exire temere masculina Graeca nomina recto casu patiebantur, ideoque et apud Caelium legimus 'Pelia cincinnatus' et apud Messalam 'bene fecit Euthia', et apud Ciceronem 'Hermagora', ne miremur, quod ab antiquorum plerisque 'Aenea' ut 'Anchisa' sit dictus. 62 nam si ut 'Maecenas Sufenas Asprenas' dicerentur, genetivo casu non *e* littera, sed *tis* syllaba terminarentur. inde Olympo et tyranno acutam syllabam mediam dederunt, quia duabus longis sequentibus primam brevem acui noster sermo non patitur. 63 sic genetivus 'Ulixi' et 'Achilli' fecit, sic alia plurima. nunc recentiores instituerunt Graecis nominibus Graecas declinationes potius dare, quod tamen ipsum non semper fieri potest. mihi autem placet rationem Latinam sequi, quousque patitur decor. neque enim iam 'Calypsonem' dixerim ut 'Iunonem', quamquam secutus antiquos C. Caesar utitur hac ratione declinandi; sed auctoritatem consuetudo superavit. 64 in ceteris quae poterunt utroque modo non indecenter efferri, qui Graecam figuram sequi malet, non Latine quidem, sed citra reprehensionem loquetur.

65 Simplices voces prima positione, id est natura sua constant, compositae aut praepositionibus subiunguntur, ut 'innocens' (dum ne pugnantibus inter se duabus, quale est 'inperterritus': alioqui possunt aliquando continuari duae, ut 'incompositus reconditus' et

60 Ja, er lobt wohl die Tüchtigkeit derer, die sich bestrebten, die lateinische Sprache mächtiger zu machen, und nicht zugaben, daß sie auf fremde Einrichtungen angewiesen seien: daher sprachen sie 'Castorem' mit langer Mittelsilbe aus, weil das bei allen unseren Namen der Fall ist, deren Nominativ wie 'Castor' endet, und hielten daran fest, 'Palaemo', 'Telamo', 'Plato' zu sagen – auch Cicero nennt ihn so! –, weil sie einen lateinischen Namen mit den Endbuchstaben *on* nicht fanden. 61 Nicht einmal griechische Männernamen ließen sie unbedenklich im Nominativ mit den Buchstaben *a* und *s* enden, und deshalb lesen wir bei Caelius 'Pelia cincinnatus', bei Messala 'bene fecit Euthia' und bei Cicero 'Hermagora'[87] – kein Wunder, daß von den meisten Alten 'Aenea' und 'Anchisa' gesagt worden ist. 62 Denn wenn sie wie 'Maecenas, Sufenas, Asprenas' genannt würden, bildete Endung im Genitiv nicht der Buchstabe *e*, sondern die Silbe *tis*! Daher gaben sie dem Olymp und Tyrannen einen Akut auf die Mittelsilbe, weil es unsere Sprache nicht erlaubt, wenn zwei lange folgen, die kurze Anfangssilbe mit Akut zu sprechen. 63 So bildete sich der Genitiv 'Ulixi', 'Achilli', so anderes in großer Zahl. Heute haben es Neuere eingeführt, den griechischen Namen lieber die griechische Deklination zu geben, was indessen nicht immer geschehen kann. Ich meinerseits aber bin dafür, der lateinischen Weise zu folgen, soweit es der Geschmack erlaubt. Denn 'Calypsonem' wie 'Iunonem' möchte ich nicht mehr sagen, obwohl Gaius Caesar[88] den Alten folgt und diese Deklinationsweise gebraucht. Aber über die Autorität siegte der Sprachgebrauch. 64 In dem übrigen, was man auf beide Weise ohne Geschmacklosigkeit behandeln kann, wird auch der, der die griechische Form lieber gebraucht, zwar nicht lateinisch, wohl aber ohne Anstoß sprechen.

65 Einfache Wörter bestehen aus ihrer Ausgangsstellung, das heißt ihrer natürlichen Form; zusammengesetzte werden entweder mit Präpositionen verbunden wie 'innocens' – nur sollen sich nicht zwei untereinander widersprechen, wie es bei 'imperterritus' ist; sonst können auch einmal zwei hintereinander stehen wie

[87] Caelius Rufus fr. 30, Orat. Rom. frgm. 3, 158 Malc. sprach also vom 'lanzengeschmückten Pelias' als Pelia wie Messala (Fr. 27: 3, 194 Malc.) von Euthias (vielleicht, wie Spald. vermutet, in einer Hypereidesübersetzung) als Euthia. In ›de inv.‹ des Cicero findet sich die Namensform Hermagora in unserer Handschrift an keiner Stelle, wo Hermagoras vorkommt.

[88] Gramm. Rom. frgm. 20 p. 154 Fun.

quo Cicero utitur 'subabsurdum'), aut e duobus quasi corporibus coalescunt, ut 'maleficus'. 66 nam ex tribus nostrae utique linguae non concesserim, quamvis 'capsis' Cicero dicat compositum esse ex 'cape si vis', et inveniantur, qui 'Lupercalia' aeque tris partes orationis esse contendant quasi 'luere per caprum': 67 nam 'Solitaurilia' iam persuasum est esse 'Suovetaurilia', et sane ita se habet sacrum, quale apud Homerum quoque est. sed haec non tam ex tribus quam ex particulis trium coeunt. ceterum etiam ex praepositione et duobus vocabulis dure videtur struxisse Pacuvius: 'Nérei repándirostrum incúrvicervicúm pecus.' 68 iunguntur autem aut ex duobus Latinis integris ut 'superfui subterfugi', quamquam ex integris an conposita sint quaeritur, aut integro et corrupto, ut 'malevolus', aut ex corrupto et integro, ut 'noctivagus', aut ⟨ex⟩[n] duobus corruptis, ut 'pedisecus', aut ex nostro et peregrino, ut 'biclinium', aut contra, ut 'epitogium' et 'Anticato', aliqua[o] et ex duobus peregrinis, ut 'epiraedium'; nam cum sit 'epi' praepositio Graeca, 'raeda' Gallicum (neque Graecus tamen neque Gallus utitur conposito), Romani suum ex alieno utroque fecerunt. 69 frequenter autem praepositiones quoque copulatio ista corrumpit: inde 'abstulit aufugit amisit', cum praepositio sit 'ab' sola, et 'coit', cum

n) *suppl. Stoer*

o) aliqua et *Halm;* aliquot et *Staender;* aliquando et *H. Meyer:* aliquit et **B** aliquid **A** aliquid et **N** aut **P**

'incompositus', 'reconditus' und das von Cicero gebrauchte 'subabsurdum' –, oder sie wachsen gleichsam aus zwei Körpern zusammen wie 'maleficus'[89]. 66 Denn die Zusammensetzung aus drei Wörtern möchte ich grundsätzlich unserer Sprache nicht zugestehen, wenn auch Cicero sagt, 'capsis' sei zusammengesetzt aus 'cape si vis', und sich Erklärer finden, die behaupten, 'Lupercalia' entspreche den drei Redeteilen 'luere per caprum'[90]; 67 denn bei 'Solitaurilia' ist man schon davon überzeugt, daß es 'Suovetaurilia' heißt – und so geht das Opfer ja auch vonstatten, wie es auch Homer zeigt. Aber diese Wörter fügen sich nicht so sehr aus drei Wörtern zusammen als vielmehr aus Teilen von dreien. Übrigens wirkt es doch hart, wenn Pacuvius sogar aus einer Präposition und zwei Substantiven Komposita gebildet hat: 'Nerei repandirostrum incurvicervicum pecus'[91]. 68 Komposita bestehen aber entweder aus zwei vollständigen lateinischen Wörtern, z. B. 'superfui, subterfugi', obwohl man da fragen kann, ob sie aus vollständigen Wörtern zusammengesetzt sind, oder aus einem vollständigen und einem verstümmelten, z. B. 'malevolus', oder aus einem verstümmelten und einem vollständigen, z. B. 'noctivagus', oder aus zwei verstümmelten, z. B. 'pedisecus', oder aus einem unserer Sprache und einem Fremdwort, z. B. 'biclinium', oder umgekehrt, z. B. 'epitogium' und 'anticato', manchmal auch aus zwei Fremdwörtern, z. B. 'epiraedium'[92]; denn während 'epi' eine griechische Präposition ist und 'raeda' gallisch – weder der Grieche noch der Gallier gebraucht aber das Kompositum –, haben die Römer aus beiden fremden Bestandteilen ihren eigenen Besitz gemacht. 69 Häufiger aber verstümmelt diese Verbindung auch die Präpositionen: daher 'abstulit, aufugit, amisit', während die Prä-

[89] *innocens* (unschuldig), *imperterritus* (unerschrocken), *incompositus* (nicht zusammengesetzt), *reconditus* (geborgen); *subabsurdum* (etwas abgeschmackt) z. B. De orat. 2, 67, 274; *maleficus* (übel-tätig).

[90] *cape si vis* (nimm, wenn du willst); *luere per caprum* (sühnen durch einen geschlachteten Ziegenbock).

[91] *suovetaurilia* (Opfer, das aus Schwein, Schaf und Stier besteht). Die Homerstelle: Odyssee 11, 131. Der Tragödienton des Pacuvius (fr. 408 Trag. Rom. fr. Ribbeck³): des Nereus schnauzenrückwärtsdehnend-nackenkrummgeducktes Vieh.

[92] *superfui* (ich bin übrig geblieben), *subterfugi* (ich bin dabei entkommen), *malevolus* (übelwollend), *noctivagus* (nachtschweifend), *pedisecus* (im Gefolge), *biclinium* (Doppelcouch), *epitogium* (Überwurf), *anticato* (Gegen-Cato, Kampfschrift gegen Cato), *epiraedium* (Wagenzügelriemen).

sit praepositio ‘con’. sic ‘ignavi et ‘erepublica’ et similia. 70 sed res tota magis Graecos decet, nobis minus succedit: nec id fieri natura puto, sed alienis favemus, ideoque cum κυρταύχενα mirati simus, ‘incurvicervicum’ vix a risu defendimus.

71 *Propria* sunt verba, cum id significant, in quod primo denominata sunt, *translata*, cum alium natura intellectum, alium loco praebent. *usitatis* tutius utimur, *nova* non sine quodam periculo fingimus. nam si recepta sunt, modicam laudem adferunt orationi, repudiata etiam in iocos exeunt. 72 audendum tamen: namque, ut Cicero ait, etiam quae primo dura visa sunt, usu molliuntur. sed minime nobis concessa est ὀνοματοποιία. quis enim ferat, si quid simile illis merito laudatis λίγξε βιός et σίζεν ὀφθαλμός fingere audeamus? iam ne ‘balare’ quidem aut ‘hinnire’ fortiter diceremus, nisi iudicio vetustatis niterentur.

VI.

1 Est etiam sua *loquentibus* observatio, sua *scribentibus*. sermo constat ratione, vetustate, auctoritate, consuetudine. rationem praestat praecipue analogia, nonnumquam et etymologia. vetera maiestas

position nur ‘ab’ heißt; und ‘coit’, während die Präposition ‘con’ lautet. So auch ‘ignavi’ und ‘erepublica’ und ähnliches[93]. 70 Doch die ganze Erscheinung paßt mehr ins Griechische, uns gelingt sie weniger, und ich glaube, es entspricht auch nicht der Natur unserer Sprache, sondern wir bemühen uns um etwas, was uns fremd ist, und deshalb können, während wir κυρταύχενα[94] mit Staunen hören, wir uns bei ‘incurvicervicum’ kaum des Lachens erwehren.

71 *Eigentlich* gebraucht sind Wörter, wenn sie das bezeichnen, wozu sie ursprünglich bestimmt sind, *übertragen*, wenn sie eine Bedeutung von Natur, eine andere an der betreffenden Stelle besitzen. *Gebräuchliche Wörter* gebrauchen wir mit größerer Sicherheit, *neue* bilden wir nicht ohne ein gewisses Risiko. Denn wenn sie Anklang finden, bringen sie der Rede nur mäßige Anerkennung, zurückgewiesen aber führen sie sogar zu spöttischen Bemerkungen. 72 Dennoch soll man etwas riskieren; denn wie Cicero[95] sagt, wird auch das, was zuerst hart wirkte, durch den Gebrauch weicher. Doch keineswegs erlaubt ist uns die ὀνοματοποιία; denn wer könnte es ertragen, wenn wir es wagen wollten, etwas zu bilden, das jenem mit Recht gelobten λίγξε βιός und σίζεν ὀφθαλμός[95] ähnlich ist. Schon ‘balare’ oder ‘hinnire’[95] zu sagen, hätten wir nicht einmal den Mut, könnten wir uns dabei nicht auf das Urteil der älteren Zeit stützen.

SECHSTES KAPITEL

1 Nun gibt es einen gesonderten Kreis von Beobachtungen, die man beim *Sprechen*, einen anderen von solchen, die man beim *Schreiben* zu beherzigen hat. Die gesprochene Rede wird bestimmt durch Vernunftsgründe, Alter, Gewicht der Autorität und Üblichkeit der Ausdrucksmittel. Die Vernunftsgründe liefert hauptsächlich die Analogie, manchmal auch die Etymologie. Das Alter der

[93] *abstulit* (er trug weg), *aufugit* (er machte sich davon), *amisit* (er verlor); *coit* (er kommt mit jemand zusammen), *ignavi* (*in* und *gnavi*, die Untüchtigen) *erepublica* (im allgemeinen Interesse).

[94] krummnackig = *incurvicervicum*.

[95] Cicero, nat. deor. 1, 34, 95. Die berühmten Beispiele der Onomatopoiie (Lautmalerei): Il. 4, 125 ‘es klirrte singend der Bogen’ und in der Odyssee (9, 394) es zischte das Auge (des geblendeten Kyklopen); *balare* (blöken), *hinnire* (wiehern).

quaedam et, ut sic dixerim, religio commendat. 2 auctoritas ab oratoribus vel historicis peti solet. nam poetas metri necessitas excusat, nisi si quando nihil impediente in utroque modulatione pedum alterum malunt, qualia sunt 'imo de stirpe recisum' et 'aëriae quo congessere palumbes' et 'silice in nuda' et similia: cum summorum in eloquentia virorum iudicium pro ratione, et vel error honestus sit[p] magnos duces sequentibus. 3 consuetudo vero certissima loquendi magistra, utendumque plane sermone ut nummo, cui publica forma est. omnia tamen haec exigunt acre iudicium, *analogia* praecipue, quam proxime ex Graeco transferentes in Latinum *proportionem* vocaverunt. 4 eius haec vis est, ut id, quod dubium est, ad aliquid simile, de quo non quaeritur, referat et incerta certis probet. quod efficitur duplici via: comparatione similium in extremis maxime syllabis, propter quod ea, quae sunt e singulis, negantur habere[q] rationem, et deminutione. 5 comparatio in nominibus aut genus deprendit aut declinationem: genus, ut, si quaeratur, 'funis' masculinum sit an femininum, simile illi sit 'panis': declinationem, ut, si veniat in dubium, 'hac domu' dicendum sit an 'hac domo', et 'domuum' an 'domorum', similia sint '[domus][r] anus manus'. 6 deminutio genus modo detegit, ut[s], ne ab eodem exemplo recedam, 'funem' masculinum esse 'funiculus' ostendit. 7 eadem in verbis quoque ratio conparationis, ut si quis antiquos secutus 'fervere' brevi media syllaba dicat, deprendatur vitiose loqui, quod omnia, quae *e* et *o* litteris fatendi modo terminantur, eadem, si in infinitis *e* litteram

p) sit *Halm:* est
q) habere *Capperonnier:* debere
r) domus *secl. H. Meyer*
s) ut *Usener:* et

Ausdrucksmittel empfiehlt sich durch seine besondere Würde und seine, ich möchte sagen, religiöse Weihe. 2 Die Autorität sucht man gewöhnlich bei Rednern oder Historikern. Denn die Dichter entschuldigt der Verszwang, es sei denn, sie träfen die Wahl zwischen zwei Wörtern, ohne daß die Fügung der Versfüße ein Hindernis bildete. Von solcher Art sind die Stellen bei Vergil[96]: 'imo de stirpe recisum' 'aëriae quo congessere palumbes'[97] und 'silice in nuda'[98]. Dagegen tritt in der Redekunst das Urteil der größten Meister als Richtschnur an die Stelle der Verstandesregeln, und selbst ein Fehler kann einem Ehre machen, wenn man darin bedeutenden Vorgängern folgt. 3 Die Üblichkeit der Ausdrucksmittel indessen ist die zuverlässigste Sprachmeisterin, und man soll mit der Sprache ganz so umgehen wie mit einer Münze, die Wert und Geltung für alle empfiehlt. Dennoch verlangt dies alles scharfes Urteilsvermögen, zumal die *Analogie*, die man in genauer Übertragung aus dem griechischen *proportio* genannt hat. 4 Ihre Bedeutung ist die, etwas Zweifelhaftes auf etwas Ähnliches zu beziehen, an dem kein Zweifel besteht, und Ungewisses durch Gewisses zu beweisen. Dies geschieht auf zweierlei Wegen: durch das Vergleichen von ähnlichen Wörtern, vor allem in den End silben, weshalb man sagt, Wörter mit nur einer Silbe seien dieser Methode nicht zu unterziehen, und zweitens durch die Verkleinerungsformen. 5 Die Vergleichung richtet sich bei den Nomina darauf, entweder das Genus oder die Deklination zu bestimmen: das Genus, wenn es fraglich ist, ob 'funis' masculinum oder femininum ist, durch das ihm ähnliche 'panis'; die Deklination, wenn es zum Zweifel kommt, ob es 'hac domu' heißen muß oder 'hac domo' und 'domuum' oder 'domorum', durch die Ähnlichkeit von 'domus, anus, manus'[99]. 6 Die Verkleinerungsform verrät nur das Genus, so daß, um bei demselben Beispiel zu bleiben, 'funiculus' zeigt, daß 'funis' masculinum ist. 7 Ebenso ist auch bei den Verben die Methode des Vergleichens, so daß man jemanden, der den Alten folgt und 'fervere' mit kurzer Mittelsilbe spricht, überführen kann, er habe einen Fehler beim Sprechen gemacht, weil alle Verben, die in der ersten Person des Indikativs mit den Buchstaben *e*

[96] Aen. 12, 208 'ganz dicht am Stamm abgeschnitten'.

[97] ecl. 3, 69 'wo die Tauben, die leichten, flinken, ihr Nest erbaut'.

[98] ecl. 1, 15 'auf nacktem Felsgestein'. Die Adjektive in den drei Beispielen hätten auch als Feminin- bzw. Maskulinformen in den Vers gepaßt.

[99] *funis* (Tau), *panis* (Brot), *domus* (Haus), *anus* (Greisin), *manus* (Hand).

media syllaba acceperunt, utique productam habent: 'prandeo pendeo spondeo prandere pendere spondere'. 8 at quae *o* solam habent, dummodo per eandem litteram in infinito exeant, brevia fiunt: 'lego dico curro legere dicere currere', etiamsi est apud Lucilium: 'fervit aqua et fervet: fervit nunc, fervet ad annum' 9 sed pace dicere hominis eruditissimi liceat: si 'fervit' putat illi simile 'currit' et 'legit', 'fervo' dicet ut 'lego' et 'curro', quod nobis inauditum est. 'sed non est haec vera comparatio: nam 'fervit' est illi simile 'servit'.' quam proportionem sequenti dicere necesse est 'fervire' ut 'servire'. 10 prima quoque aliquando positio ex obliquis invenitur, ut memoria repeto convictos a me, qui reprenderant, quod hoc verbo usus essem 'pepigi': nam id quidem dixisse summos auctores confitebantur, rationem tamen negabant permittere, quia prima positio 'paciscor', cum haberet naturam patiendi, faceret tempore praeterito 'pactus sum'. 11 nos praeter auctoritatem oratorum atque historicorum analogia quoque dictum tuebamur. nam cum legeremus in XII tabulis *ni ita pagunt*, inveniebamus simile huic 'cadunt': inde prima positio, etiamsi vetustate exoleverat, apparebat 'pago' ut 'cado', unde non erat dubium sic 'pepigi' nos dicere ut 'cecidi'. 12 sed meminerimus non per omnia duci analogiae posse rationem, cum et sibi ipsa plurimis in locis repugnet. quaedam sine dubio conantur eruditi defendere, ut, cum deprensum est, 'lepus' et 'lupus' similia positione quantum casibus numerisque dissentiant, ita respondent non esse paria, quia 'lepus' epicoenon sit, 'lupus' masculinum, quamquam Varro in eo libro, quo initia urbis [Romanae][t] enarrat, *lupum feminam* dicit Ennium Pictoremque

t) *del.* *Claussen*

[100] 357 (Marx) 'Wasser wallt und wird wallen; heut' wallt es und wird's übers Jahr auch'.

und *o* enden, wenn sie im Infinitiv in der Mittelsilbe ein *e* annehmen, durchweg ein langes *e* haben: 'prandeo, pendeo, spondeo: prandēre, pendēre, spondēre', 8 wogegen die, die nur *o* haben, sobald sie im Infinitiv auf den gleichen Buchstaben ausgehen, ein kurzes *e* erhalten: 'lego, dico, curro: legĕre, dicĕre, currĕre', auch wenn es bei Lucilius heißt: 'fervit aqua et fervet: fervit nunc, fervet ad annum'[100]. 9 Aber ohne der Gelehrsamkeit des Mannes zu nahe zu treten, darf man doch sagen: wenn er glaubt, 'fervit' sei 'currit' und 'legit' ähnlich, so wird er auch sagen 'fervo' wie 'lego' und 'curro' – was wir nie gehört haben. Aber das ist nicht die echte Vergleichung: Denn 'fervit' ist 'servit' ähnlich! Wenn man dieser Analogie folgt, muß man sagen 'fervire' wie 'servire'! 10 Manchmal findet sich auch die Grundform aus den abgeleiteten Formen. So kommt mir ein Fall ins Gedächtnis, wie ich Tadler, die an der Form 'pepigi'[101], die ich gebraucht hatte, Anstoß genommen hatten, widerlegte: denn sie gaben zwar zu, daß bedeutende Autoren so gesagt hätten, sagten aber, die Methode verbiete es, weil die Grundform 'paciscor', da sie passive Form habe, das Perfekt 'pactus sum' bilde. 11 Wir führten zur Verteidigung der Form außer der Autorität von Rednern und Historikern auch die Analogie ins Feld; denn da wir in den Zwölf Tafeln lasen *ni ita pagunt*, fanden wir das diesem ähnliche 'cadunt': so zeigte sich die Grundform, auch wenn sie durch das Alter ungebräuchlich geworden war: 'pago' wie 'cado', und es war kein Zweifel, daß wir so 'pepigi' sagten wie 'cecidi'. 12 Doch wir sollten daran denken, daß nicht auf alle Wörter die Methode der Analogie angewendet werden kann, weil sie an zahlreichen Stellen mit sich selbst in Widerspruch steht. Manche Fälle versuchen die Gelehrten zu verteidigen, z. B. wenn man festgestellt hat, wie verschieden 'lepus' und 'lupus', so ähnlich sie in der Grundform sind, ihre Casus und Numeri bilden, so antworten sie, die beiden seien nicht gleich, weil 'lepus' für beide Geschlechter stehe, 'lupus' aber masculinum sei, obwohl doch Varro in seinem Buch über die Anfänge der Stadt eine *lupus femina* nennt, wobei er Ennius und Fabius Pictor[102]

[101] Die alte Form *pāgo* (ich lege fest) steckt in *pango* (Perf. *pepigi*) wie in *paciscor* (Perf. *pactus sum*). In den Zwölf Tafeln (1, 7) 'wenn sie es nicht so festlegen'; so weist *pagunt* auf *cadunt* (sie fallen). Der Gebrauch der Analogie, den Quint. so anschaulich vorführt, bedarf keines Kommentars.

[102] Enn. Ann. 68 und 70 Vahl.[2]; Fabius Pictor, Histor. Rom. fragm. 2 Peter. *lepus*, *leporis*, der Hase und *lupus*, *lupi* der Wolf.

Fabium secutus. 13 illi autem idem, cum interrogantur, cur 'aper apri' et 'pater patris' faciat, illud nomen positum, hoc ad aliquid esse contendunt. praeterea quoniam utrumque a Graeco ductum sit, ad eam rationem recurrunt, ut 'πατρός patris, κάπρου apri' faciat. 14 illa tamen quomodo effugient, ut non, quamvis[u] feminina singulari nominativo *-us* litteris finita numquam genetivo casu *-ris* syllaba terminentur, faciat tamen 'Venus Veneris'? item, cum *-es* litteris finita per varios exeant genetivos, numquam tamen eadem *-ris* syllaba terminatos, 'Ceres' cogat dici 'Cereris'? 15 quid vero? quae tota positionis eiusdem in diversos flexus eunt? cum 'Alba' faciat 'Albanos' et 'Albensis', 'volo' 'volui' et 'volavi'. nam praeterito quidem tempore varie formari verba prima persona *o* littera terminata ipsa analogia confitetur, si quidem facit 'cado cecidi, spondeo spopondi, pingo pinxi, lego legi, pono posui, frango fregi, laudo laudavi'. 16 non enim, cum primum fingerentur homines, Analogia demissa caelo formam loquendi dedit, sed inventa est, postquam loquebantur, et notatum in sermone, quid quoque[v] modo caderet. itaque non ratione nititur, sed exemplo, nec lex est loquendi, sed observatio, ut ipsam analogiam nulla res alia fecerit quam consuetudo. 17 inhaerent tamen ei quidam molestissima diligentiae perversitate, ut 'audaciter' potius dicant quam 'audacter', licet omnes oratores aliud sequantur, et 'emicavit', non 'emicuit', et 'conire', non 'coire'. his permittamus et 'audivisse' et 'scivisse' et 'tribunale' et 'faciliter' dicere: 'frugalis' quoque sit apud illos, non 'frugi': nam quo alio modo fiet 'frugalitas'? 18 idem 'centum milia nummum' et 'fidem deum' ostendant duplicis quoque soloecismos esse, quando et

u) ut non quamvis **ABn**[1] ut nomina quamvis rell.: ut quamvis *Halm*, *Niedermann*

v) quo quidque *Spalding*, *Halm*

gefolgt ist. 13 Fragt man dieselben Gelehrten, warum 'aper apri' und 'pater patris' bildet, so behaupten sie, das eine sei ein selbständiges Wort, das andere aber stehe in Beziehung zu etwas. Da außerdem beides aus dem Griechischen hergeleitet sei, nehmen sie wieder zu dieser Methode ihre Zuflucht, so daß πατρός 'patris', κάπρου 'apri' bildet[103]. 14 Wie werden sie jedoch aus der Schwierigkeit herauskommen, daß obwohl feminina mit der Endung *-us* im Nominativ Singular niemals im Genitiv mit der Silbe *-ris* endigen, dennoch 'Venus' 'Veneris' bildet? Ebenso, obwohl die Nomina auf *-es* verschiedene Nominativausgänge haben, niemals jedoch mit der Silbe *-ris* enden, 'Ceres' dazu zwingt, 'Cereris' zu sagen? 15 Und nun gar, daß Nomina, die völlig gleiche Grundform haben, in verschiedener Flexion weitergehen? Da 'Alba' 'Albanos' und 'Albensis' bildet, 'volo' 'volui' und 'volavi'; denn daß Verben, die in der ersten Person auf *o* enden, ihr Perfekt verschieden bilden, gibt selbst die Analogie zu, wenn ja 'cado cecidi, spondeo spopondi, pingo pinxi, lego legi, pono posui, frango fregi, laudo laudavi' bildet![104] 16 Denn als zuerst Menschen gebildet wurden, schenkte ihnen ja nicht die Analogie, vom Himmel herabgekommen, das Sprachmuster (fertig), sondern sie wurde erfunden, als sie schon sprachen, und es wurde in der Sprache festgehalten, wie jeweils die Endung lauten sollte. Deshalb gründet sie sich nicht auf Verstandeserwägungen, sondern auf das Beispiel, und es gibt kein Sprachgesetz, sondern Sprachbeobachtung, so daß nichts anderes die Analogie selbst geschaffen hat als der Sprachgebrauch. 17 Dennoch hängen gewisse Leute an ihr mit einer äußerst lästigen verkehrten Gewissenhaftigkeit, so daß sie lieber 'audaciter' sagen statt 'audacter', mögen es auch alle Redner anders halten, und 'emicavit', nicht 'emicuit', 'conire', nicht 'coire'. Diesen Leuten wollen wir es auch gestatten, 'audivisse, scivisse, tribunale' und 'faciliter' zu sagen: auch 'frugalis' mag es bei ihnen heißen, nicht 'frugi': denn wie sonst soll die 'frugalitas'[105] entstehen? 18 Eben diese mögen auch zeigen, daß in 'centum milia nummum' und 'fidem deum' doppelte Solözismen stecken, wenn sie den Casus ändern und den

[103] *aper* (der Eber wie κάπρος); πατρός wie *patris* (des Vaters).

[104] *volui* (ich habe gewollt), *volavi* (ich bin geflogen), *cado* (ich falle), *spondeo* (ich gelobe), *pingo* (ich zeichne), *lego* (ich lese), *pono* (ich stelle), *frango* (ich breche), *laudo* (ich lobe).

[105] *frugi* (sparsam); *audivisse* statt *audisse* (gehört haben), *scivisse* statt *scisse* (gewußt haben), *tribunale* statt *tribunal* (Tribunal), *faciliter* statt *facile* (leicht).

casum mutant et numerum: nesciebamus enim ac non consuetudini et decori serviebamus, sicut in plurimis, quae M. Tullius in Oratore divine ut omnia exequitur. 19 sed Augustus quoque in epistulis ad C. Caesarem scriptis emendat, quod is 'calidum' dicere quam 'caldum' malit, non quia id non sit Latinum, sed quia sit odiosum[w] et, ut ipse Graeco verbo significavit, περίεργον. 20 atqui hanc quidam ὀρθοέπειαν solam putant, quam ego minime excludo. quid enim tam necessarium quam recta locutio? immo inhaerendum ei iudico, quoad licet, diu etiam mutantibus repugnandum: sed abolita atque abrogata retinere insolentiae cuiusdam est et frivolae in parvis iactantiae. 21 multum enim litteratus, qui sine aspiratione et producta secunda syllaba salutarit ('avēre' est enim), et 'calefacere' dixerit potius quam quod dicimus et 'conservavisse', his adiciat 'face' et 'dice' et similia. recta est haec via: quis negat? 22 sed adiacet et mollior et magis trita. ego tamen non alio magis angor, quam quod obliquis casibus ducti etiam primas sibi positiones non invenire, sed mutare permittunt, ut cum 'ebur' et 'robur', ita dicta ac scripta summis auctoribus, in *o* litteram secundae syllabae transferunt, quia sit 'roboris' et 'eboris', 'sulpur' autem et 'guttur' *u* litteram in genetivo servent: ideoque 'iecur' etiam et 'femur' controversiam fecerunt. 23 quod non minus est licentiosum, quam si 'sulpuri' et 'gutturi' subicerent in genetivo litteram *o* mediam, quia

w) otiosum *Burman*

Numerus: wir nämlich wußten das nicht und unterwarfen uns nicht dem Sprachgebrauch und dem Angemessenen, so wie in den zahlreichen Fällen, die Marcus Tullius in seinem Orator[106] – herrlich wie immer! – behandelt. 19 Doch auch Augustus in seinen Briefen an Gaius Caesar verbessert diesen, weil er lieber 'calidum' sagen will als 'caldum'[107], nicht weil es kein Latein sei, sondern weil es anstößig und, wie er selbst es mit einem griechischen Wort bezeichnet hat, περίεργον (gesucht) sei. 20 Und doch glauben manche, darin allein bestände die Orthoepie[108], die ich doch zuallerletzt beiseite schieben möchte! Denn was ist so nötig wie das richtige Sprechen? Vielmehr geht mein Urteil dahin, man solle daran hängen, solange es möglich ist, und solle auch denen Widerstand leisten, die etwas ändern wollen: aber aus dem Gebrauch gekommene und abgeschaffte Wörter festzuhalten ist die reine Anmaßung und leichtfertige Wichtigtuerei in Kleinigkeiten. 21 Denn das ist ja ein Mann von hoher Bildung, der ohne Aspiration und mit Dehnung der zweiten Silbe grüßt (es heißt ja 'avēre'!) und eher 'calefacere' sagt, als was wir sagen, und 'conservavisse', wozu er noch 'face' und 'dice' und dergleichen gesellen mag[109]. 22 Sein Weg ist richtig, wer bestreitet es? Aber dabei liegt noch einer, der bequemer ist und mehr begangen wird. Jedoch macht mir nichts mehr Beklemmung, als daß sie, durch die abgeleiteten Casus veranlaßt, sich erlauben, auch die Grundformen nicht zu nehmen, wie sie sie finden, sondern zu ändern, wenn sie z. B. 'ebur' und 'robur', wie es von den bedeutendsten Autoren gesprochen und geschrieben wurde, in der zweiten Silbe in den Buchstaben *o* umändern, weil es 'roboris' und 'eboris' heißt, 'sulpur' aber und 'guttur' den Buchstaben *u* im Genitiv behalten; deshalb haben auch 'iecur' und sogar 'femur' zu Streitigkeiten geführt[110]. 23 Das ist nicht weniger willkürlich, als wenn sie 'sulpur' und 'guttur' im

[106] Or. 46, 155. *Centum milia nummum* (100000 Sestertien) und *fidem deum* (die Verläßlichkeit der Götter) enthält den Anstoß in Casus und Numerus, wenn man die alten Genetivformen *deum* und *nummum* als Akkusativ Singular auffaßt.

[107] 'warm'.

[108] s. o. Kap. 5 § 33.

[109] statt nach der Gewohnheit der Zeit *have* (sei gegrüßt), *calfacere* (einheizen) und *conservasse* (bewahrt haben) zu sagen, und soll auch noch die 'unregelmäßigen' Imperative *fac* (mache) und *duc* (führe) ausrotten!

[110] *robur* (Kernholz), *ebur* (Elfenbein), *sulpur* (Schwefel), *guttur* (Kehle), *iecur* (Leber), *femur* (Hüfte).

esset 'eboris' et 'roboris': sicut Antonius Gnipho, qui 'robur' quidem et 'ebur' atque etiam 'marmur' fatetur esse, verum fieri vult ex his 'ebura robura marmura'. 24 quodsi animadverterent litterarum adfinitatem, scirent sic ab eo, quod est 'robur', 'roboris' fieri, quo modo ab eo, quod est 'miles limes, militis limitis, iudex vindex, iudicis vindicis' et quae supra iam attigi. 25 quid vero quod, ut dicebam, similes positiones in longe diversas figuras per obliquos casus exeunt? ut 'virgo Iuno, fusus lusus, cuspis puppis' et mille alia: cum illud etiam accidat, ut quaedam pluraliter non dicantur, quaedam contra singulari numero, quaedam casibus careant, quaedam a primis statim positionibus tota mutentur, ut 'Iuppiter'. 26 quod verbis etiam accidit, ut illi 'fero', cuius praeteritum perfectum et ulterius non invenitur. nec plurimum refert, nulla haec an praedura sint. nam quid 'progenies' genetivo singulari, quid plurali 'spes' faciet? quo modo autem 'quire' et 'urgere' vel in praeterita patiendi modo vel in participia transibunt? 27 quid de aliis dicam, cum senatus 'senati' an 'senatus'[x] faciat incertum sit? quare mihi non invenuste dici videtur, aliud esse Latine, aliud grammatice loqui. ac de analogia nimium.

28 *Etymologia*, quae verborum originem inquirit, a Cicerone dicta est *notatio*, quia nomen eius apud Aristotelen invenitur σύμβολον, quod est 'nota'. nam verbum ex verbo ductum, id est *veriloquium*, ipse Cicero, qui finxit, reformidat. sunt qui vim potius intuiti *originationem* vocent. 29 haec habet aliquando usum necessarium, quotiens interpretatione res, de qua quaeritur, eget, ut cum M. Caelius se esse hominem frugi vult probare, non quia abstinens sit (nam

x) senatus senati an senatus *Spalding:* cum senatus faciat **A** senatus senatui senati an senatus **B**

Genitiv in der Mittelsilbe ein *o* unterschöben, weil es heiße 'eboris' und 'roboris' – so Antonius Gnipho[111], der zwar zugibt, es heiße 'robur' und 'ebur', ja sogar 'marmur', aber daraus 'ebura, robura, marmura' bilden will. 24 Wenn sie aber auf die Verwandtschaft der Buchstaben achteten, dann wüßten sie, daß aus 'robur' 'roboris' wird wie aus 'miles limes militis limitis, index vindex indicis vindicis'[112] und was ich oben schon[113] angeführt habe. 25 Was fangen sie gar damit an, daß, wie ich sagte, ähnliche Grundformen in den abgeleiteten Casus zu weit verschiedenen Ausgängen kommen, z. B. 'virgo, Iuno, fusus, lusus; cuspis, puppis' und tausend andere, während es sogar geschieht, daß manche keinen Plural bilden, umgekehrt manche keinen Singular, manche nicht alle Casus haben, manche sich gleich vom Nominativ an völlig verändern wie 'Iuppiter', was ja auch bei Verben geschieht, z. B. bei 'fero', wo sich kein Perfekt und keine der darauffolgenden Formen findet. 26 Und es macht nicht sehr viel aus, ob es gar keine oder überaus hart klingende Formen gibt. Denn wie wird 'progenies' im Genitivus Singular, wie im Plural 'spes' klingen? Auf welche Weise aber werden 'quire' und 'urgere' sich ins Perfekt Passiv oder in Partizipien verwandeln[114]? 27 Was soll ich von anderen sprechen, wenn es unsicher ist, ob 'senatus' 'senati' oder 'senatus' bildet? Deshalb scheint mir die Bemerkung sehr hübsch, es sei etwas anderes, ob man lateinisch oder ob man grammatisch spreche. Doch schon zuviel von der Analogie.

28 Die *Etymologie*, die nach dem Ursprung der Wörter forscht, nennt Cicero *notatio* ('Kennzeichnung'), weil sich bei Aristoteles als Name hierfür *Kennzeichen* findet, das heißt 'nota'. Denn vor der wortwörtlichen Übersetzung *veriloquium* graust es Cicero selbst[115], der sie gebildet hat. Manche, die mehr die Bedeutung der Etymologie im Auge haben, nennen sie *originatio*. 29 Diese findet immer dann ihre nötige Verwendung, wenn etwas, wonach gefragt wird, erklärt werden muß, z. B. als Marcus Caelius nachweisen will, er sei ein 'homo frugi', nicht weil er ein Asket sei

[111] Gramm. Rom. fr. 4 p. 100 Fun.

[112] *miles* (Soldat), *limes* (Schneise), *index* (Anzeiger), *vindex* (Rächer).

[113] K. 4, 16–17.

[114] *quire* (können), *urgere* (drängen) sind 'defektiv' wie *spes*, das keinen Plural bildet; *cuspis* (§ 25) der Spieß, bildet den Genetiv *cuspidis*, *puppis* (das Heck) dagegen *puppis* usw.

[115] Top. 8, 35; Arist., de interpret. c. 2. Cic. Ac. 1, 32 'explicatio verborum'.

id ne mentiri quidem poterat), sed quia utilis multis, id est fructuosus, unde sit ducta frugalitas. ideoque in definitionibus adsignatur etymologiae locus. 30 nonnumquam etiam barbara ab emendatis conatur discernere, ut cum 'Triquetram' dici Siciliam an 'Triquedram', 'meridiem' an 'medidiem' oporteat, quaeritur, aliaque quae consuetudini serviunt[y]. 31 continet autem in se multam eruditionem, sive ex Graecis orta tractemus, quae sunt plurima, praecipueque Aeolica ratione, cui est sermo noster simillimus, declinata, sive ex historiarum veterum notitia nomina hominum locorum gentium urbium requiramus: unde Bruti, Publicolae, Pythici? cur Latium, Italia, Beneventum? quae Capitolium et collem Quirinalem et Argiletum appellandi ratio?

32 Iam illa minora, in quibus maxime studiosi eius rei fatigantur, qui[z] verba paulum declinata varie et multipliciter ad veritatem reducunt aut correptis aut porrectis, aut adiectis aut detractis, aut permutatis litteris syllabisve. inde pravis ingeniis ad foedissima usque ludibria labuntur. sit enim 'consul' a consulendo vel a iudicando: nam et hoc 'consulere' veteres vocaverunt, unde adhuc remanet illud 'rogat boni consulas', id est 'bonum iudices': 33 'senatui'

y) aliaque quae . . . serviunt **B** aliquando servit **AP**

z) qui *Regius:* quae

– denn das konnte er nicht einmal als Lüge vorbringen –, sondern weil er vielen nützlich sei, das heiße fruchtbringend, und davon sei doch 'frugalitas' abgeleitet. Deshalb ist der Etymologie ihr Platz bei Definitionen zuzuweisen. 30 Manchmal versucht sie auch, Barbarismen von fehlerlosen Formen zu unterscheiden, wenn z. B. gefragt wird, ob man 'Triquetra' oder 'Triquedra' für Sizilien, oder ob man 'meridies' oder 'medidies' sagen müsse; so auch bei anderen Formen, die dem Sprachgebrauch sich fügen[116]. 31 Sie enthält viel gelehrtes Wissen, ob wir nun aus dem Griechischen Stammendes behandeln, was ja der größte Teil ist, zumal die äolische Sprachform, der unsere Sprache am ähnlichsten ist[117], oder ob wir aus der Kenntnis der Geschichte früherer Zeiten nach den Namen von Menschen, Orten, Völkern und Städten forschen: Woher die Bruti, Publicolae, Pythici stammten? Warum es Latium, Italien, Benevent heiße? Was der Grund für die Benennung des Capitols, des Quirinals und des Argiletum[118] sei?

32 Dann die weniger wichtigen Fragen, bei denen vor allem sich die Forscher auf diesem Gebiet abmühen, wenn sie Wörter, die geringe Veränderungen erfahren haben, auf mannigfache und vielfältige Weise auf ihre eigentliche Bedeutung zurückführen, indem sie entweder Buchstaben oder Silben kürzen oder dehnen, hinzufügen oder entfernen oder vertauschen. Dabei geraten sie mit ihrem unglücklichen Talent bis zu den abstoßendsten Albernheiten. So mag denn 'consul' von 'consulere' oder 'richten' kommen; denn auch das letztere nennen die Alten 'consulere', woher noch die Formel erhalten ist 'rogat boni consulas', das heißt 'mögest du zum Guten richten!' 33 So mag ferner dem Senat sein Alter

[116] Da die Etymologie nach dem durch Barbarei und Abnutzungserscheinungen verdeckten eigentlichen Anschauungsgehalt der Lautgebilde forscht, ist ihr die Entdeckung, daß man durch so kleine Veränderungen wie Vertauschung von *r* mit *d* in *meridies* (Mittag) = *medius dies* eine völlig sinnvolle Benennung erhält, ein gefährlicher Ansporn. Die Dreiecksform Siziliens kommt in der Schreibung von *triquetra* mit *d* durch die Assoziation mit den geometrischen Polyedern ebenfalls 'echter' zum Vorschein.

[117] Das Lateinische schien zumal deshalb dem Äolischen verwandt, weil es als einziger griechischer Dialekt keine Betonung von Endsilben hat.

[118] Dieses Gelände am Aventin wurde u. a. als die Todesstätte des hundertäugigen Argus (Argi-letum) gedeutet. Colson verzeichnet in seinem Kommentar die Entsprechungen zu den Etymologien in Varros ›De lingua Latina‹ (S. 84 ff.).

dederit nomen aetas, nam idem patres sunt: et 'rex rector' et alia plurima indubitata: nec abnuerim tegulae regulaeque et similium his rationem: iam sit et 'classis' a calando et 'lepus levipes' et 'vulpes volipes': 34 etiamne[a] a contrariis aliqua sinemus trahi, ut 'lucus', quia umbra opacus parum luceat, et 'ludus', quia sit longissime a lusu, et 'Ditis', quia minime dives? etiamne 'hominem' appellari, quia sit humo natus, quasi vero non omnibus animalibus eadem origo, aut illi primi mortales ante nomen inposuerint terrae quam sibi, et 'verba' ab aëre verberato? 35 pergamus: sic perveniemus eo usque, ut 'stella' luminis stilla credatur, cuius etymologiae auctorem clarum sane in litteris nominari in ea parte, qua a me reprenditur, inhumanum est. 36 qui vero talia libris complexi sunt, nomina sua ipsi inscripserunt, ingenioseque visus est Gavius 'caelibes' dicere veluti 'caelites', quod onere gravissimo vacent, idque Graeco argumento iuvit: ἠϊθέους enim eadem de causa dici adfirmat. nec ei

a) etiam ea interpretationem rectam sequendam improbandam contrariam a contrariis **A** (interpol.)

119 *tegula* von *tegere* (decken) und *regula* von *regere* (lenken); *classis* (Flotte) von *calare* (rufen), der Hase ist der Leichtfuß (levipes), der Fuchs der 'fliegende Fuß' (volipes).

den Namen gegeben haben; denn die Senatoren sind ja auch die 'Väter'; auch 'rex rector' und zahlreiches andere sind unzweifelhaft; ich will auch bei 'tegula' und 'regula' und anderen von der gleichen Bildung die Erklärung nicht abstreiten; mag weiter gar 'classis' von 'calare' und 'lepus' von 'levipes' und 'vulpes' von 'volipes' kommen[119] – 34 werden wir auch manche Wörter vom Gegenteil ihre Bedeutung beziehen lassen, wie 'lucus' (der Hain), weil er im dunklen Schatten zu wenig Licht hat (luceat) und 'ludus' (die Schule), weil sie vom Spiel (lusus) am weitesten entfernt ist, und 'Ditis'[120], weil alles andere als reich (dives)? Auch daß der Mensch 'homo' heiße, weil er von der Erde (humo) geboren sei – als hätten nicht alle Lebewesen denselben Ursprung oder als hätten die ersten Sterblichen damals eher der Erde einen Namen gegeben als sich selbst! – und 'verba' nach der geschlagenen Luft (aëre verberato)? 35 Doch nur weiter so! Dann werden wir dahin kommen, zu glauben, 'stella' sei 'luminis stilla' (Lichttropfen), eine Etymologie, deren in der Wissenschaft rühmlich bekannten Urheber an einer Stelle zu nennen, wo ich tadeln muß, mir unmenschlich vorkommt. 36 Menschen, die so etwas in Büchern festgehalten haben, haben gar selbst ihren Namen dazugesetzt, und genial hat Gavius 'caelibes' (Junggesellen) als 'caelites' (Himmelswesen) zu erklären für gut befunden, weil auch sie von der schwersten Last frei seien, und dies durch ein Argument aus dem Griechischen gestützt: er versichert nämlich, die ἠίϑεοι[121] hießen aus ebendem Grunde so. Und Modestus gab ihm an Einfallsreichtum nichts nach; denn, sagt er, weil dem

[120] *Ditis* oder *Dis* (Serv. 2 Aen. 6, 273) Nominativ: Gott der Unterwelt; wie Pluto (von πλοῦτος vgl. Plat. Kratyl. 403, auch Cic. Nat. deor. 2, 66); der 'Reiche', dessen Daseinsform vom Reichtum dieser Welt am weitesten entfernt ist.

[121] Junggeselle klingt im Griechischen wie 'göttergleich'. Auch diese Etymologie liegt im Griechischen soviel näher als im Lateinischen, daß sie wohl aus dem 'sokratischen Erbe' der Stoa stammt. Gavius Bassus (de origine verborum et vocabulorum), uns nur aus Gellius bekannt, der ihn einen schwachen Geist nennt, ist uns mit seiner Entdeckung dieser 'römischen Parallele' nur als typischer Vertreter dieser etymologischen Denkform willkommen: Schon der vorvarronischen Philologie in Rom war die grundsätzliche Einheit des griechischen und lateinischen Sprachmaterials selbstverständlich. Auf dieser Grundlage hat jeder solche Parallelismus der Sinn-Elemente tatsächlich das Gewicht eines schlüssigen Arguments. Gegenüber dem Spott, mit dem Quint. diese 'Wissenschaft' bedenkt, ist es gut, sich der gewaltigen Suggestiv-

cedit Modestus inventione: nam, quia Caelo Saturnus genitalia absciderit, hoc nomine appellatos, qui uxore careant, ait; Aelius 'pituitam', quia petat vitam. 37 sed cui non post Varronem sit venia? qui 'agrum', quia in eo agatur aliquid, et 'gragulos', quia gregatim volent, dictos Ciceroni persuadere voluit (ad eum enim scribit), cum alterum ex Graeco sit manifestum duci, alterum ex vocibus avium. 38 sed hoc tanti fuit vertere, ut 'merula', quia sola volat, quasi mera volans nominaretur. quidam non dubitarunt etymologiae subicere omnem nominis causam, ut ex habitu, quem ad modum dixi, 'Longos' et 'Rufos', ex sono 'stertere murmurare', etiam derivata, ut a 'velocitate' dicitur 'velox', et composita pluraque his similia, quae sine dubio aliunde originem ducunt, sed arte non egent, cuius in hoc opere non est usus nisi in dubiis.

39 Verba a *vetustate* repetita non solum magnos adsertores habent, sed etiam adferunt orationi maiestatem aliquam non sine delectatione: nam et auctoritatem antiquitatis habent et, quia intermissa sunt, gratiam novitati similem parant. 40 sed opus est modo, ut neque crebra sint haec nec manifesta, quia nihil est odiosius adfectatione, nec utique ab ultimis et iam oblitteratis repetita temporibus, qualia sunt 'topper' et 'antegerio' et 'exanclare' et 'prosapia' et Saliorum

Caelus Saturn die Zeugungsteile abgeschnitten hat, tragen solche Männer diesen Namen, die keine Frau haben; nach Aelius heißt es 'pituita' (Schleim), weil der Schleim 'petit vitam'[122]. 37 Aber wer sollte nicht nach Varro Nachsicht verdienen? Hat dieser doch Cicero überzeugen wollen – an ihn schreibt er nämlich, man sage 'ager', weil auf ihm etwas betrieben würde[123], und 'graguli', weil sie in Schwärmen (gregatim) fliegen, während es doch auf der Hand liegt, daß das eine aus dem Griechischen abzuleiten ist, das andere vom Vogelruf. 38 Aber es lag ihm so viel daran, es so zu drehen, damit 'merula' (die Amsel), weil sie allein fliegt, gleichsam 'mera volans' (allein fliegend) genannt werden könnte. Manche haben keine Bedenken, jeden Grund einer Benennung unter die Etymologie zu zwingen, etwa nach dem Aussehen, wie schon erwähnt[124] 'Longus' und 'Rufus'; nach dem Ton 'stertere' (schnarchen), 'murmurare' (murmeln), sogar abgeleitete Wörter – wie man von 'velocitas' (Schnelligkeit) 'velox' sagt –, und die meisten Zusammensetzungen dieser Art, Wörter, die ohne Zweifel ihren Ursprung anderswo herleiten, aber der Kunst der Etymologie nicht bedürfen, weil diese bei diesem Geschäft[125] nur für Zweifelsfälle Nutzen hat.

39 Wörter aus *früheren Zeiten* haben, wenn man sie wieder aufgreift, nicht nur bedeutende Befürworter hinter sich, sondern verleihen auch der Rede einen Eindruck von Würde und einen besonderen Reiz; denn hinter ihnen steht die Autorität des Altertums, und weil ihr Gebrauch geruht hat, wirken sie wieder wie neu. 40 Aber es gilt, maßzuhalten, damit sie sich nicht häufen und auffallen, weil nichts mehr verstimmt als das Gesuchte, und man nehme sie nicht gerade aus den frühesten, schon vergessenen Zeiten wie etwa 'topper' (vielleicht) und 'antegerio' (vor allem), 'exanclare' (ausschöpfen), 'prosapia' (Sippe) und die Salierlieder, die kaum

kraft des etymologischen Denkens zu erinnern, die in der christlichen Wertung des 'Coelibats' als einer dem Himmel näheren Lebensform zum Ausdruck kommt.

[122] 'ans Leben geht'.

[123] also 'ager' (der Acker) mit 'agere' (betreiben) und Dohlen (graculi) lautlich und sinngemäß verbunden mit *grex* (Schwarm). Der uns so sympathische Hinweis des Quint. auf die Verwandtschaft von *ager* und ἀγρός löst natürlich die Sinnfrage nicht; denn neben ἀγρός steht ja auch ἄγειν (betreiben).

[124] s. o. K. 4, 25.

[125] d. h. grammatischer Sprachbetrachtung.

carmina vix sacerdotibus suis satis intellecta. 41 sed illa mutari vetat religio et consecratis utendum est: oratio vero, cuius summa virtus est perspicuitas, quam sit vitiosa, si egeat interprete? ergo ut novorum optima erunt maxime vetera, ita veterum maxime nova.

42 Similis circa *auctoritatem* ratio. nam etiamsi potest videri nihil peccare, qui utitur his verbis, quae summi auctores tradiderunt, multum tamen refert non solum, quid dixerint, sed etiam quid persuaserint. neque enim 'tuburchinabundum' et 'lurchinabundum' iam in nobis quisquam ferat, licet Cato sit auctor, nec 'hos lodices', quamquam id Pollioni placet, nec 'gladiola', atqui Messala dixit, nec 'parricidatum', quod in Caelio vix tolerabile videtur, nec 'collos' mihi Calvus persuaserit: quae nec ipsi iam dicerent.

43 Superest igitur *consuetudo*: nam fuerit paene ridiculum malle sermonem, quo locuti sint homines, quam quo loquantur. et sane quid est aliud vetus sermo quam vetus loquendi consuetudo? sed huic ipsi necessarium est iudicium, constituendumque in primis, id ipsum quid sit, quod consuetudinem vocemus. 44 quae si ex eo, quod plures faciunt, nomen accipiat, periculosissimum dabit praeceptum non orationi modo, sed, quod maius est, vitae: unde enim tantum boni, ut pluribus quae recta sunt placeant? igitur ut velli et comam in gradus frangere et in balneis perpotare, quamlibet haec invaserint civitatem, non erit consuetudo, quia nihil horum caret reprensione (at lavamur et tondemur et convivimus ex consuetudine), sic in loquendo, non si quid vitiose multis insederit, pro regula sermonis accipiendum erit. 45 nam ut transeam, quem ad modum vulgo imperiti loquantur, tota saepe theatra et omnem circi turbam exclamasse barbare scimus. ergo consuetudinem sermonis vocabo consensum eruditorum, sicut vivendi consensum bonorum.

noch die eigenen Priester genügend verstehen. 41 Aber sie zu ändern, verbietet die Religion, und man muß sie in ihrer Heiligkeit verwenden; die Rede, deren höchster Vorzug die Klarheit ist, wie fehlerhaft wäre sie, wenn sie einen Dolmetscher brauchte! Wie also unter den neuen Wörtern die besten die ältesten sind, so unter den alten die neusten.

42 Ähnlich ist die Überlegung, die dem Gewicht der *Autorität* gilt. Denn auch wenn es scheint, als könne keinen Fehler machen, wer die Worte gebraucht, die die bedeutendsten Autoren überliefert haben, macht es doch viel aus, nicht nur, was sie gesagt haben, sondern auch, wie sie damit gewirkt haben; denn 'tuburchinabundus' (gefräßig) und 'lurchinabundus' (schlemmerhaft) könnte heute wohl niemand ertragen, mag auch Cato der Autor sein; auch nicht 'hos lodices' (diese Decken), obwohl es Pollio gefällt, noch auch 'gladiola' (Schwertchen), wenn es auch Messala gesagt hat, noch 'parricidatus' (Vatermord), was bei Caelius kaum erträglich scheint, noch könnte mir Calvus mit 'colli' (Hälse) Eindruck machen: würden sie doch selbst es heute nicht sagen.

43 So bleibt also der *Sprachgebrauch* noch (zur Betrachtung) übrig; denn es wäre ja fast lächerlich, die Redeweise, wie die Menschen (früher) gesprochen haben, der Redeweise, wie man jetzt spricht, vorzuziehen. Und was ist denn die alte Sprache anderes als der alte Sprachgebrauch? Aber gerade hierfür braucht man Urteilskraft und muß vor allem festsetzen, was wir denn eigentlich Sprachgebrauch nennen. 44 Wenn er seinen Namen nach dem hat, was die Mehrzahl tut, wird er eine höchst gefährliche Vorschrift geben, nicht nur für die Rede, sondern, was mehr bedeutet, für das Leben: Woher nämlich käme das Gute in solcher Fülle, daß der Mehrzahl gefiele, was recht ist? Wie also das Auszupfen der Haare, das Auftürmen von Haarflechten und die Gelage in den Bädern, wieweit sie auch im Staat eingedrungen sind, nicht Brauch sein werden, weil nichts von diesen Dingen ohne Tadel bleibt – während wir dagegen nach Brauch baden, das Haar scheren und unsere Festmähler halten –, so wird man auch beim Sprechen nichts als Sprachregel nehmen, wenn es sich in fehlerhafter Weise bei vielen festgesetzt hat. 45 Denn, um zu übergehen, wie im Volk die Ungebildeten sprechen, so wissen wir doch, wie oft schon ein ganzes Theaterpublikum und die ganze Menge im Zirkus barbarisch gebrüllt hat. Also werde ich das Gebräuchliche in der Sprache die Übereinstimmung der Gebildeten nennen, so wie im Leben die Übereinstimmung der Guten.

VII.

1 Nunc, quoniam diximus, quae sit loquendi regula, dicendum, quae scribentibus custodienda, quod Graeci ὀρθογραφίαν vocant, nos *recte scribendi scientiam* nominemus. cuius ars non in hoc posita est, ut noverimus, quibus quaeque syllaba litteris constet (nam id quidem infra grammatici officium est), sed totam, ut mea fert opinio, suptilitatem in dubiis habet: 2 ut longis syllabis omnibus adponere apicem ineptissimum est, quia plurimae natura ipsa verbi, quod scribitur, patent, sed interim necessarium, cum eadem littera alium atque alium intellectum, prout correpta vel producta est, facit: 3 ut 'malus' arborem significet an hominem non bonum apice distinguitur, 'palus' aliud priore syllaba longa, aliud sequenti significat, et cum eadem littera nominativo casu brevis, ablativo longa est, utrum sequamur, plerumque hac nota monendi sumus. 4 similiter putaverunt illa quoque servanda discrimina, ut 'ex' praepositionem si verbum sequeretur 'specto', adiecta secundae syllabae *s* littera, si 'pecto', remota scriberemus. 5 illa quoque servata est a multis differentia, ut 'ad', cum esset praepositio, *d* litteram, cum autem coniunctio, *t* acciperet, itemque 'cum', si tempus significaret, per *qu*[b], si comitem, per *c* ac duas sequentis scriberetur. 6 frigidiora his alia, ut 'quidquid' *c* quartam haberet, ne interrogare bis videremur, et 'quotidie' non 'cotidie', ut sit quot diebus: verum haec iam etiam inter ipsas ineptias evanuerunt.

7 Quaeri solet, in scribendo praepositiones sonum, quem iunctae

b) per qu *Becher;* per qu et um *Keil:* per quom **Bn^{2}N** per c *(secunda manu superscripta* q) **A**

SIEBTES KAPITEL

Die Rechtschreibung

1 Da wir besprochen haben, welche Regel für das Sprechen gilt, haben wir jetzt davon zu reden, was beim Schreiben zu beachten ist, was also die Griechen ὀρθογραφία nennen, wir mit *Rechtschreibungslehre* bezeichnen wollen. Deren Kunst beruht nicht darauf, zu wissen, aus welchen Buchstaben jede Silbe besteht – denn das ist ja noch unter der Aufgabe des Grammatiklehrers –, sondern hat ihre ganze Feinheit meiner Meinung nach in den Zweifelsfällen: 2 zum Beispiel auf lange Silben immer den Dehnungsstrich zu setzen, ist ganz unnütz, weil es ja meistens durch die Natur des Wortes selbst, das man schreibt, schon klar ist; manchmal aber ist es notwendig, wenn derselbe Buchstabe jeweils einen anderen Sinn bewirkt, je nachdem er kurz oder lang ist. 3 Zum Beispiel wird durch den Strich unterschieden, ob 'mālus' einen Baum bezeichnet oder einen Menschen, der nicht gut ist, 'palus' bezeichnet etwas anderes, wenn die erste Silbe lang ist, und etwas anderes, wenn die folgende lang ist (Pfahl oder Sumpf), und wenn derselbe Buchstabe im Nominativ kurz, im Ablativ lang ist, müssen wir meistens durch dieses Zeichen erinnert werden, welcher der beiden Formen wir folgen sollen[126]. 4 Entsprechend hat man geglaubt, auch darin eine Unterscheidung zu treffen, daß man die Präposition 'ex', wenn das Verbum 'specto' (ich schaue) folgt, mit einem der zweiten Silbe hinzugefügten *s*, wenn 'pecto' (ich Kämme aus) folgt, ohne dies *s* schreibt. 5 Auch jener Unterschied ist von vielen beachtet worden, daß 'ad' als Präposition ein *d*, als Konjunktion aber ein *t* erhält und ebenso 'cum' als Zeitangabe mit *qu*, zur Bezeichnung der Begleitung mit *c* und den beiden folgenden Buchstaben geschrieben wird. 6 Frostiger als dieses erscheint mir anderes, z. B. soll 'quidquid' (alles, was) als vierten Buchstaben ein *c* haben, damit wir nicht zweimal zu fragen scheinen, und 'quotidie' (täglich), nicht 'cotidie' geschrieben werden, damit es soviel ist wie 'quot dies' (wieviel Tage?). Aber diese Unterscheidungen sind heute schon unter den geradezu albernen Dingen verschwunden.

7 Man pflegt zu fragen, ob in der Schrift Präpositionen den Klang, den sie in der Verbindung hervorbringen, oder den Laut-

[126] z. B. *hastă* und *hastā* (mit der Lanze).

efficiunt, an quem separatae, observare conveniat, ut cum dico 'optinuit' (secundam enim *b* litteram ratio poscit, aures magis audiunt *p*) et 'immunis': 8 illud enim[c], quod veritas exigit, sequentis syllabae sono victum *m* gemina commutatur. 9 est et in dividendis verbis observatio, mediam litteram consonantem priori an sequenti syllabae adiungas. 'haruspex' enim, quia pars eius posterior a spectando est, *s* litteram tertiae dabit, 'abstemius', quia ex abstinentia temeti composita vox est, primae relinquet. 10 nam *k* quidem in nullis verbis utendum puto nisi quae significat etiam[d] ut sola ponatur. hoc eo non omisi, quod quidam eam, quotiens *a* sequatur, necessariam credunt, cum sit *c* littera, quae ad omnis vocalis vim suam perferat.

11 Verum orthographia quoque consuetudini servit ideoque saepe mutata est nam illa vetustissima transeo tempora, quibus et pauciores litterae nec similes his nostris earum formae fuerunt et vis quoque diversa, sicut apud Graecos *o* litterae, quae interim longa ac brevis, ut apud nos, interim pro syllaba, quam nomine suo exprimit, posita est: 12 ut a Latinis veteribus *d* plurimis in verbis ultimam adiectam, quod manifestum est etiam ex columna rostrata, quae est Duilio[e] in foro posita, interim *g* quoque, ut in pulvinari Solis, qui colitur iuxta aedem Quirini, 'vesperug', quod 'vesperuginem' accipimus. 13 de mutatione etiam litterarum, de qua supra dixi, nihil repetere hic necesse est: fortasse enim sicut scribebant, etiam loquebantur. 14 semivocalis geminare diu non fuit usitatissimi moris, atque e contrario usque ad Accium et ultra porrectas syllabas geminis,

c) illud nm *Niedermann Colsonum secutus*
d) ita ut sola *Radermacher*
e) Duilio *Halm:* dullio **B** iulio **A**

wert des Einzelbuchstabens bewahren sollen, wie wenn ich sage 'optinuit' – denn den zweiten Buchstaben *b* verlangt die Überlegung; das Ohr hört eher ein *p* –[127] und 'immunis' (in-munis, unversehrt); 8 denn das *nm*, das eigentlich die Wortbedeutung verlangt, verwandelt sich unter dem Einfluß des Lautes der folgenden Silbe in Doppel-*m*. 9 Beim Trennen der Wörter ist es auch eine Sache der Beobachtung, ob man den Mittelkonsonanten zur vorausgehenden oder zur folgenden Silbe ziehen soll. Denn 'haruspex' (der Opferbeschauer) zieht, weil sein zweiter Bestandteil von 'spectare' (schauen) kommt, das *s* zur dritten, 'abstemius' (abstinent) läßt es, weil das Wort aus 'abstinentia temeti' (Enthaltsamkeit vom Alkohol) zusammengesetzt ist, der ersten Silbe. 10 Das *k* wird allerdings bei keinem Wort gebraucht, es sei denn, es habe eine Bedeutung, auch wenn es allein steht (als Abkürzung). Ich habe das deshalb nicht übergangen, weil manche es, sooft ein *a* folgt, für notwendig halten, während doch das *c* der Buchstabe ist, der den *k*-Laut zu allen Vokalen hinzufügt.

11 Indessen dient die Orthographie auch der Sprachgewohnheit und hat sich deshalb oft geändert; denn ich übergehe die ältesten Zeiten, in denen es einmal eine geringere Anzahl von Buchstaben gab und diese in ihrer Gestalt und auch in ihrer Bedeutung ganz verschieden von den unseren waren, so wie im Griechischen das *o*, das wie bei uns bisweilen lang oder kurz ist, manchmal auch statt der Silbe steht, die es in seinem Namen ausdrückt, (als *ū*)[128]. 12 So wurde im alten Latein sehr vielen Wörtern als letzter Buchstabe ein *d* angefügt, was auch die Säule mit den Schiffsschnäbeln zeigt, die Duilius auf dem Forum errichtet hat, manchmal auch ein *g*, wie auf dem Thron des Sol, der neben dem Quirinustempel verehrt wird, 'vesperug', was wir als 'vesperuginem' (Abendstern) deuten. 13 Über die Veränderung, die auch die Buchstaben erfahren, von der ich oben[129] gesprochen habe, brauche ich hier nichts zu wiederholen; denn vielleicht sprachen sie auch so, wie sie schrieben. 14 Halbvokale zu verdoppeln, war lange nicht sehr gebräuchlich; umgekehrt schrieb man bis auf Accius und noch

[127] *ob-tinere* (innehaben) wird *optinere* gesprochen, da die Media *b* vor der Tenuis *t* zur Tenuis wird; das grammatische Wissen aber, daß die Präposition ob mit *b* geschrieben wird, bestimmte die Orthographie.

[128] Im alten attischen Alphabet diente der Buchstabe *o* für die Lautwerte *ŏ*, *ō* und *u* trug im Alphabet den Namen *u*.

[129] K. 4, 13.

ut dixi, vocalibus scripserunt. 15 diutius duravit, ut *e* et *i* iungendis eadem ratione qua Graeci ει uterentur: ea casibus numerisque discreta est, ut Lucilius praecipit: 'iam 'puerei venere' *e* postremum facito atque *i*, ut pueri plures fiant' ac deinceps idem: 'mendaci furique addes '*e*', cum dare furi iusseris'. 16 quod quidem cum supervacuum est, quia *i* tam longae quam brevis naturam habet, tum incommodum aliquando; nam in iis, quae proximam ab ultima litteram *e* habebunt et *i* longa terminabuntur, illam rationem sequentes utemur *e* gemina, qualia sunt haec 'aurei argentei' et his similia: 17 idque iis praecipue, qui ad lectionem instituentur, etiam inpedimento erit, sicut in Graecis accidit adiectione *i* litterae, quam non solum dativis casibus in parte ultima adscribunt, sed quibusdam etiam interponunt ut in ΛΗΙΣΤΗΙ[f] quia etymologia ex divisione in tris syllabas facta desideret eam litteram. 18 *ae* syllabam, cuius secundam nunc *e* litteram ponimus, varie per *a* et *i* efferebant, quidam semper ut Graeci, quidam singulariter tantum, cum in dativum vel genetivum casum incidissent, unde 'pictai vestis' et 'aquai' Vergilius amantissimus vetustatis carminibus inseruit. 19 in eisdem plurali numero *e* utebantur 'hi Syllae Galbae' est in hac quoque parte Lucilii praeceptum, quod quia pluribus explicatur versibus, si quis parum credet, apud ipsum in nono requirat. 20 quid quod Ciceronis temporibus paulumque infra, fere quotiens *s* littera media vocalium longarum vel subiecta longis esset, geminaba-

f) ut illi ληιστής *Andresen, Niedermann* (ληιστής *ci Halm)*

später die langen Silben, wie ich gesagt habe, mit Doppelvokalen. 15 Länger hielt es sich noch, die Verbindung von *e* und *i* so wie im Griechischen das ει zu gebrauchen. Dieser Gebrauch kommt in der Unterscheidung von Casus und Numerus zum Vorschein, wie es Lucilius vorschreibt: 'iam 'puerei venere' *e* postremum facito atque *i*, ut puerei plures fiant' und weiter: 'mendaci furique addes *e*, cum dare furi iusseris' (Nun 'die Knaben sind gekommen': so füge am Ende dem *i* ein *e* bei, damit mehrere Knaben daraus werden. Sollst du einem Dieb etwas geben, so wirst du dem Lügner und Dieb noch ein *e* dazugeben)[130]. 16 Dies ist allerdings erstens überflüssig, weil *i* von Natur lang oder kurz sein kann, zweitens auch manchmal störend; denn bei den Wörtern, die in der vorletzten Silbe ein *e* haben und mit einem langen *i* enden, müssen wir nach dieser Methode ein doppeltes *e* verwenden, z. B. in 'aurei argentei' (aus Gold und Silber) und ähnlichen. 17 Das wird besonders denen, die lesen lernen sollen, hinderlich sein, wie es im Griechischen bei der Zufügung des Buchstabens *i* geht, den man nicht nur im Dativ zur Endung hinzuschreibt, sondern manchmal auch einschiebt, etwa bei ληιστής, weil die Etymologie, die auf der Teilung in drei Silben beruht, diesen Buchstaben fordert[131]. 18 Die Silbe *ae*, bei der wir heutzutage als zweiten Buchstaben ein *e* setzen, gaben sie früher verschiedentlich durch *a* und *i* wieder, manche immer, wie die Griechen, manche nur im Singular, wenn es einen Dativ oder Genitiv betraf, weshalb Vergil bei seiner großen Vorliebe für das Altertümliche seinen Gedichten 'pictai vestis' und 'aquai'[132] eingefügt hat. 19 Bei denselben Wörtern gebraucht man im Plural *e*, z. B. 'hi Sullae Galbae'. Auch hierfür gibt es eine Vorschrift des Lucilius, die man, weil sie in mehreren Versen gegeben wird, wenn man es nicht glaubt, bei Lucilius selbst im neunten Buch suchen mag[133]. 20 Wird ferner nicht zu Ciceros Zeiten und noch kurz danach das *s* fast immer, wenn es zwischen langen Vokalen steht oder auf diese folgt, verdoppelt, z. B. in 'caussae,

[130] Lucilius 364f. und 367 Marx: das *i* im Nom. pluralis und im Dativ singularis (also bei der konsonantischen Deklination) soll durch *ei* von dem andern I-Laut unterschieden werden (Colson 96).

[131] ληιζω fordert das 'iota subscriptum' für das Substantiv, obwohl hier der I-Laut sowenig gesprochen wird wie in der Endung des Dativ singularis.

[132] z. B. Aen. 9, 26 '(reich an) bunter Kleidung' und Aen. 7, 464 'des Wassers' am Versschluß.

[133] s. 371 Marx.

tur, ut 'caussae, cassus, divissiones'? quomodo et ipsum et Vergilium quoque scripsisse manus eorum docent. 21 atqui paulum superiores etiam illud, quod nos gemina dicimus 'iussi', una dixerunt. iam 'optimus maximus', ut mediam *i* litteram, quae veteribus *u* fuerat, acciperent, Gai primum Caesaris in scriptione[g] traditur factum. 22 'here' nunc *e* littera terminamus: at veterum comicorum adhuc libris invenio 'heri ad me venit', quod idem in epistulis Augusti, quas sua manu scripsit aut emendavit, deprenditur. 23 quid? non Cato Censorius 'dicam' et 'faciam' 'DICAΣ' et 'FACIAΣ[h]' scripsit eundemque in ceteris, quae similiter cadunt, modum tenuit? quod et ex veteribus eius libris manifestum est et a Messala in libro de *s* littera positum. 24 'sibe' et 'quase' scriptum in multorum libris est, sed an hoc voluerint auctores nescio: T. Livium ita his usum ex Pediano comperi, qui et ipse eum sequebatur. haec nos *i* littera finimus. 25 quid dicam 'vortices' et 'vorsus' ceteraque ad eundem modum, quae primus Scipio Africanus in *e* litteram secundam vertisse dicitur? 26 nostri praeceptores 'seruum ceruumque' *u* et *o* litteris scripserunt, quia subiecta sibi vocalis in unum sonum coalescere et confundi nequiret, nunc *u* gemina scribuntur ea ratione,

g) *distinxit Maehly:* inscriptione **BP** instructione **A**

h) *Niedermann, Clifford H. Moore secutus:* dicae et faciae **B** dice et face **AP** dice et facie **N**

cassus, divissiones'[134]? Daß Cicero selbst und auch Vergil so geschrieben haben, lehren die Schriftstücke von ihrer eigenen Hand. 21 Andererseits hat man kurz vor ihrer Zeit noch 'iussi', was wir mit Doppel-*s* schreiben, mit einem *s* gesprochen[135]. Daß man ferner bei 'optimus maximus' den mittleren Laut, der bei den Alten ein *u* gewesen war, als *i* nahm, ist nach der Überlieferung zuerst im Schreibgebrauch des C. Caesar geschehen[136]. 22 'Here' hat heutzutage am Ende ein *e*: jedoch in den Texten der alten Komödie finde ich noch 'heri ad me venit' (gestern ist er zu mir gekommen), was sich auch in Briefen des Augustus, die er eigenhändig schrieb oder verbesserte, findet. 23 Ja! Hat nicht der Zensor Cato 'dicam' und 'faciam', 'dicAΣ' und 'faciAΣ' geschrieben und es bei den anderen entsprechenden Formen genauso gehalten? Das geht aus alten Exemplaren seiner Werke hervor und auch aus dem, was Messala in seinem Buch über den Buchstaben *s* darlegt[137]. 24 'sibe' und 'quase' findet sich in vielen Büchern, jedoch weiß ich nicht, ob es die Verfasser selbst so gewollt haben. Daß T. Livius die Formen so gebraucht hat, habe ich von Pedianus erfahren, der ihm auch selbst darin folgte. Wir gebrauchen den Endbuchstaben *i*[138]. 25 Warum soll ich 'vortices' (Wirbel) und 'vorsus' (Vers) nennen und anderes dieser Art, wobei als erster Scipio Africanus den zweiten Buchstaben in *e* verwandelt haben soll? 26 Meine Lehrer schrieben 'servum arvumque' (Sklave und Flur) mit *u* und *o*, weil der *u*-Laut, wenn er dem *u*-Laut hinzugefügt werde, sich nicht zu einem (neuen) Laut verschmelzen und vermischen könne, heute schreiben wir es mit Doppel-*u* aus dem Grunde, den ich schon angegeben habe[139]: auf keine der beiden Arten wird freilich der

[134] statt *causae* (Fälle), *casus* (Zufälle), *divisiones* (Einteilungen).

[135] also *iusi* (ich habe befohlen), wohl – mit Colson 98 – mit *ū* gesprochen.

[136] Aus den von Colson z. St. angeführten Zeugnissen (des Longus, GL 7, 67 und Cornutus ib. 150) geht hervor, daß Varro von der durch Caesar eingeführten I-Schreibung berichtet hat. Es paßt zu der politischen Richtung des Augustus, daß er, wie Longus weiß, wieder zur älteren Schreibweise zurückgekehrt ist.

[137] Die von Niedermann vertretene Lösung des heillosen Überlieferungsproblems, die Moore geboten hat, verbindet als einzige die Schreibung des *S*, für die Messalas Schrift angeführt wird, mit der Schreibung des *M* bei Cato in Endsilben: Σ.

[138] Der große Wert dieser unmittelbaren mündlichen Tradition von Livius über Asconius Pedianus zu Quint. bedarf keiner Erläuterung.

[139] Weil ein *u* als konsonantisch anerkannt worden ist, s. o. K. 4, 10–11.

quam reddidi: neutro sane modo vox, quam sentimus, efficitur, nec inutiliter Claudius Aeolicam illam ad hos usus litteram adiecerat. 27 illud nunc melius, quod 'cui' tribus quas praeposui litteris enotamus, in quo pueris nobis ad pinguem sane sonum *qu* et *oi* utebantur, tantum ut ab illo 'qui' distingueretur.

28 Quid? quae scribuntur aliter quam enuntiantur? nam et 'Gaius' *C* littera significatur, quae inversa mulierem declarat, quia tam Gaias esse vocitatas quam Gaios etiam ex nuptialibus sacris apparet: 29 nec 'Gnaeus' eam litteram in praenominis nota accipit, qua sonat, et 'columnam' et 'consules' exempta *n* littera legimus, et 'Subura', cum tribus litteris notatur, *C* tertiam ostendit. multa sunt generis huius, sed haec quoque vereor ne modum tam parvae quaestionis excesserint.

30 Iudicium autem suum grammaticus interponat his omnibus: nam hoc valere plurimum debet. ego, nisi quod consuetudo optinuerit, sic scribendum quidque iudico, quomodo sonat. 31 hic enim est usus litterarum, ut custodiant voces et velut depositum reddant legentibus. itaque id exprimere debent, quod dicturi sumus. 32 hae fere sunt emendate loquendi scribendique partes: duas reliquas significanter ornateque dicendi non equidem grammaticis aufero, sed, cum mihi officia rhetoris supersint, maiori operi reservo.

33 Redit autem illa cogitatio, quosdam fore, qui haec, quae diximus, parva nimium et inpedimenta quoque maius aliquid agentibus putent: nec ipse ad extremam usque anxietatem et ineptas cavillationes descendendum atque his ingenia concidi et comminui credo. 34 sed nihil ex grammatice nocuerit, nisi quod supervacuum est. an ideo minor est M. Tullius orator, quod idem artis

Ton so wiedergegeben, wie wir ihn empfinden, und es war durchaus zweckmäßig, daß Claudius den äolischen Buchstaben (das Digamma)[140] für solche Fälle eingeführt hatte. 27 Ein Fortschritt liegt heute darin, daß wir 'cui' mit den drei Buchstaben bezeichnen, die ich verwendet habe, wofür man in meiner Jugend den doch breiten Laut *qu* und *oi* gebrauchte – nur um es von 'qui' zu unterscheiden.

28 Weiter! Wird nicht manches anders geschrieben als gesprochen? Denn 'Gaius' wird mit *C* bezeichnet, das umgekehrt die weibliche Form bedeutet, weil ja aus den Hochzeitsformeln erhellt, daß man ebenso die Gaiae wie die Gaii zu bezeichnen pflegte. 29 Auch 'Gnaeus' erhält als Abkürzung des Vornamens nicht den Buchstaben, der dem Laut entspricht; 'columna' (Säule) und 'consules' lesen wir ohne das *n*, und wenn 'Subura' mit drei Buchstaben abgekürzt wird, zeigt der dritte ein *C*[141]. Vieles dieser Art gibt es, doch fürchte ich, daß schon die genannten Beispiele über das einer so unwichtigen Frage Angemessene hinausgegangen sind.

30 Allen diesen Erscheinungen aber soll der Grammatiklehrer mit eigenem Urteil beikommen; denn das muß am meisten gelten. Mein Urteil geht dahin, wenn es die Gewohnheit nicht anders fordert, alles so zu schreiben, wie es klingt. 31 Denn das ist der Zweck der Buchstaben, die Laute zu bewahren und den Lesenden wie zur Aufbewahrung anvertrautes Gut wieder zurückzugeben. Deshalb müssen sie ausdrücken, was wir sagen wollen. 32 Dies etwa ist es, was zum Bereich des richtigen Sprechens und Schreibens gehört. Die beiden übrigen Punkte, die Behandlung des treffenden und des schönen Ausdrucks, will ich zwar dem Grammatiklehrer nicht entziehen; da mir aber auch die Aufgaben des Rhetors noch bevorstehen, stelle ich sie für dies größere Unternehmen zurück.

33 Wieder aber kommt mir der Gedanke, es könnte Leute geben, die das, was wir besprochen haben, für allzu unbedeutend und gar für Ballast auf dem Wege zu höheren Aufgaben halten; auch glaube ich selbst nicht, man solle sich bis zur äußersten Kleinigkeitskrämerei und unnütz Haarspalterei herablassen, ich halte vielmehr dafür, daß dadurch der Geist abgestumpft und abgetötet wird. 34 Doch dürfte von der Grammatik nur das Schaden stiften, was überflüssig ist. Oder ist etwa deshalb M. Tullius

[140] s. o. K. 4, 8 mit Anmerkung.

[141] Nach dem pagus Succusanus (Festus 444) vgl. Varro, de L.L. 5, 48.

huius diligentissimus fuit et in filio, ut epistulis apparet, recte loquendi asper quoque exactor? aut vim C. Caesaris fregerunt editi de analogia libri? 35 aut ideo minus Messala nitidus, quia quosdam totos libellos non verbis modo singulis, sed etiam litteris dedit? non opstant hae disciplinae per illas euntibus, sed circa illas haerentibus.

VIII.

1 Superest lectio: in qua puer ut sciat, ubi suspendere spiritum debeat, quo loco versum distinguere, ubi claudatur sensus, unde incipiat, quando attollenda vel submittenda sit vox, quid quoque flexu[i], quid lentius celerius, concitatius lenius dicendum, demonstrari nisi in opere ipso non potest. 2 unum est igitur, quod in hac parte praecipiam, ut omnia ista facere possit: intellegat. sit autem in primis lectio uirilis et cum suavitate[j] quadam gravis, et non quidem prosae similis, quia et carmen est et se poetae canere testantur, non tamen in canticum dissoluta nec plasmate, ut nunc a plerisque fit, effeminata, de quo genere optime C. Caesarem praetextatum adhuc accepimus dixisse: 'si cantas, male cantas, si legis, cantas'. 3 nec prosopopoeias, ut quibusdam placet, ad comicum morem pronuntiari velim, esse tamen flexum quendam, quo distinguantur ab iis, in quibus poeta persona sua utetur. 4 cetera admonitione magna egent, in primis, ut tenerae mentes tracturaeque altius quidquid rudibus et omnium ignaris insederit, non modo quae diserta, sed vel magis quae honesta

i) quo quidque flexu *Spalding*
j) sanctitate **A**

ein geringerer Redner, weil er zugleich in der Grammatik höchst gewissenhaft war und auch gegenüber seinem Sohn, wie die Briefe zeigen, mit unerbittlicher Strenge die Forderung sprachlicher Richtigkeit geltend machte? Haben etwa die Bücher, die C. Caesar über die Analogie verfaßte, der Kraft seiner Rede Abbruch getan? 35 Oder ist etwa Messala deshalb weniger elegant, weil er manchmal ganze Abhandlungen nicht nur einzelnen Wörtern, sondern sogar einzelnen Buchstaben[142] widmete? Keineswegs bildet die Beschäftigung mit der Grammatik ein Hemmnis für die, die durch sie hindurchschreiten, sondern für die, die in ihr hängenbleiben.

ACHTES KAPITEL

Die Lektüre

1 Nun noch das Lesen. Hierbei läßt sich die Kenntnis, zu wissen, wo der Knabe den Atem anzuhalten, wo er den Vers abzusetzen hat, wo ein Gedankengang zu Ende geht, wo er anhebt, wann die Stimme zu heben oder zu senken ist, wie sich jeweils der Ton zu schmiegen hat, was langsamer, was schneller, was erregter, was sanfter vorzutragen ist, nur am Werk selbst in der Praxis vermitteln. 2 So habe ich denn für diesen Abschnitt nur eine Vorschrift zu geben: um alles dies ausführen zu können, muß der Knabe verstehen, was er liest. Vor allem aber soll das Lesen männlich klingen, würdig, wenn auch nicht ohne Anmut; zwar nicht wie Prosa – denn es ist Dichtung, und die Dichter bezeugen es ja selbst, daß sie singen –, jedoch nicht in Gesang aufgelöst und nicht, wie es heutzutage so oft geschieht, durch süßliches Modulieren verzärtelt, eine Vortragsart, von der C. Caesar (Caligula) als noch ganz junger Mann, wie es heißt, gesagt hat: wenn das gesungen sein soll, so ist es schlecht gesungen, wenn gelesen, ist's gesungen! 3 Auch möchte ich nicht, daß man die redenden Personen, wie es manchen gefällt, nach Komödienart mimisch übersteigert liest, jedoch ist ein anderer Tonfall nötig, damit es sich von dem unterscheidet, was der Dichter in eigener Person spricht. 4 Im übrigen muß vor allem eins eingeschärft werden: die zarten Gemüter, die alles tiefer packt, was sich in ihrem noch ungeformten und noch mit allem unbekannten Geist festsetzt, sollen nicht nur lernen, was sprachlich gut,

[142] Messala: Gramm. Rom. fr. p. 505 Fun. Orat. Rom. fr. III p. 190 Malc.

sunt, discant. 5 ideoque optime institutum est, ut ab Homero atque Vergilio lectio inciperet, quamquam ad intellegendas eorum virtutes firmiore iudicio opus est: sed huic rei superest tempus, neque enim semel legentur. interim et sublimitate heroi carminis animus adsurgat et ex magnitudine rerum spiritum ducat et optimis inbuatur. 6 utiles tragoediae: alunt er lyrici, si tamen in his non auctores modo, sed etiam partes operis elegeris: nam et Graeci licenter multa et Horatium in quibusdam nolim interpretari. elegia vero, utique qua amat⟨ur⟩[k], et hendecasyllabi, qui sunt commata sotadeorum (nam de sotadeis ne praecipiendum quidem est) amoveantur, si fieri potest, si minus, certe ad firmius aetatis robur reserventur. 7 comoediae, quae plurimum conferre ad eloquentiam potest, cum per omnis et personas et adfectus eat, quem usum in pueris putem, paulo post suo loco dicam: nam cum mores in tuto fuerint, inter praecipua legenda erit. de Menandro loquor, nec tamen excluserim alios. 8 nam Latini quoque auctores adferent utilitatis aliquid, sed pueris, quae maxime ingenium alant atque animum augeant, praelegenda: ceteris, quae ad eruditionem modo pertinent, longa aetas spatium dabit. multum autem veteres etiam Latini conferunt, quamquam plerique plus ingenio quam arte valuerunt, in primis copiam verborum, quorum in tragoediis gravitas, in comoediis elegantia et quidam velut ἀττικισμός inveniri potest. 9 oeconomia quoque in iis diligentior quam in plerisque novorum

k) qua amatur *Colson:* qua amat **AB** quae amant **P**

sondern noch viel mehr, was sittlich gut ist. 5 Deshalb ist es aufs beste eingerichtet, daß die Lektüre mit Homer und Vergil beginne, wenn auch zum Verständnis ihrer Vorzüge reifere Urteilskraft nötig ist. Doch dafür bleibt noch Zeit genug; denn diese Dichter werden ja nicht nur einmal gelesen. Einstweilen soll der Geist sich durch die Erhabenheit des Heldenliedes erheben, den Hauch der Größe, der sein Geschehen durchweht, in sich aufnehmen und sich vom Edelsten durchdringen lassen. 6 Nützlich ist auch die Tragödie; förderlich auch die Lyrik, falls man in ihr eine Auswahl nicht nur der Dichter, sondern auch innerhalb ihres Werkes vornimmt; denn in der griechischen gibt es viel Lockeres, und auch den Horaz möchte ich an manchen Stellen nicht erklären. Die Elegie indessen, in der ja alles um die Liebe geht, und die Elfsilbler, die ja nur Stücke von Sotadeen sind –[143] denn für die Sotadeen selbst bedarf es nicht erst der Vorschrift –, sollten, wenn möglich, beiseite bleiben, jedenfalls jedoch der reiferen Jugend vorbehalten bleiben. 7 Welche Rolle ich bei dem Knabenunterricht der Komödie zuweise, die ja für die Beredsamkeit soviel bieten kann, da sie alle menschlichen Typen und Gefühlsregungen durchläuft, werde ich bald am geeigneten Ort sagen[144]: sind nämlich erst die Sitten nicht mehr gefährdet, so wird sie zur wichtigsten Lektüre gehören. 8 Ich denke an Menander, möchte aber die anderen damit nicht ausschließen; denn auch die lateinische Komödie kann Nützliches bieten. Doch müssen die Knaben in der gemeinsamen Lektüre lesen, was vor allem den Geist nährt und das Gemüt kräftigt; für alles andere, was nur der Wissensbildung dient, findet sich später noch Zeit genug. Viel bietet aber auch die ältere lateinische Dichtung, wenn auch die meisten Dichter ihre Stärke mehr im natürlichen Talent als in der Kunst der Form haben, vor allem für die Wortwahl, wofür man in den Tragödien den würdigen, in den Komödien den geschmackvollen Ausdruck und so etwas wie ἀττικισμός finden kann[145]. 9 Auch ist der Gesamtplan bei ihnen

[143] Anschaulich bei Mar. Vict. (6, 153 K.): der Hendecasyllabus 'carmen Pierides dabunt sorores' wird durch das anapästische 'lepidae' zum wegen seiner Haltlosigkeit verrufenen sotadeischen Maß: 'Carmen lepidae Pierides dabunt sorores'.

[144] s. u. K. 11, 12–14.

[145] Attizismus: die feine Geisteskultur Athens, diese Zauberkraft, von der man in den römischen Komödien wenigstens einen Hauch in der römischen Übersetzung verspüren kann.

erit, qui omnium operum solam virtutem sententias putaverunt. sanctitas certe et, ut sic dicam, virilitas ab iis petenda est, quando nos in omnia deliciarum vitia dicendi quoque ratione defluximus. 10 denique credamus summis oratoribus, qui veterum poemata vel ad fidem causarum vel ad ornamentum eloquentiae adsumunt. 11 nam praecipue quidem apud Ciceronem, frequenter tamen apud Asinium etiam et ceteros, qui sunt proximi, videmus Enni, Acci, Pacuvi, Lucili, Terenti, Caecili et aliorum inseri versus summa non eruditionis modo gratia, sed etiam iucunditatis, cum poeticis voluptatibus aures a forensi asperitate respirant. 12 quibus accedit non mediocris utilitas, cum sententiis eorum velut quibusdam testimoniis quae proposuere confirment. verum priora illa ad pueros magis, haec sequentia ad robustiores pertinebunt, cum grammatices amor et usus lectionis non scholarum temporibus, sed vitae spatio terminentur.

13 In praelegendo grammaticus et illa quidem minora praestare debebit, ut partes orationis reddi sibi soluto versu desideret et pedum proprietates, quae adeo debent esse notae in carminibus, ut etiam in oratoria compositione desiderentur. 14 deprendat quae barbara, quae inpropria, quae contra legem loquendi sint posita, non ut ex his utique inprobentur poetae (quibus, quia plerumque servire metro coguntur, adeo ignoscitur, ut vitia ipsa aliis in carmine appellationibus nominentur: μεταπλασμούς enim et σχηματισμούς·[1] et σχήματα, ut dixi, vocamus et laudem virtutis necessitati damus),

1) et σχηματισμούς *del. Faber*

sorgfältiger als bei den meisten Modernen, die den einzigen Vorzug aller ihrer Werke in den Pointen gesehen haben. Feierlichkeit jedenfalls und Männlichkeit – um diesen Ausdruck zu gebrauchen – hat man bei ihnen zu suchen, da wir ja nun auch in unserem Verhältnis zur Sprache allen Unarten des Genußlebens freien Lauf gelassen haben. 10 Schließlich sollten wir den bedeutendsten Rednern Glauben schenken, die die Dichtungen der Alten heranziehen, um für ihre Sache Vertrauen und für ihre Beredsamkeit Schmuck zu gewinnen. 11 Denn vor allem bei Cicero, häufig aber auch bei Asinius und anderen, die ihnen am nächsten stehen, finden wir Verse des Ennius, Pacuvius, Lucilius, Terentius, Caecilius und anderer eingeflochten, die nicht nur ihren hohen Bildungsstand bezeugen, sondern auch den Genuß der Rede steigern, wenn das Ohr durch die Schönheiten des Dichterwortes sich von der spröden Gerichtssprache entspannt. 12 Hinzu kommt ein nicht unerheblicher praktischer Nutzen, da die Gedanken der Dichter wie Zeugenaussagen die Thesen des Redners bekräftigen. Jedoch wird das zuerst Genannte mehr für die Knaben in Frage kommen, das anschließend (über die Zitate) Bemerkte mehr für das reifere Alter, da ja der Liebe zur Grammatik und dem Gewinn der Lektüre nicht die Schulzeit, sondern nur die Lebensdauer ein Ende setzt.

13 Beim gemeinsamen Vorlesen wird der Grammatiklehrer auch die bescheideneren Aufgaben erfüllen (die nun einmal dazu gehören): er wird sich die verschiedenen Arten von Worten aus dem Vers lösen und bestimmen lassen sowie auch die Eigentümlichkeiten der Versfüße, die in den Gedichten so sicher beherrscht werden müssen, daß man sie dann auch bei der Wortstellung in der Rede voraussetzen kann[146]. 14 Der Lehrer greife heraus, was unlateinisch, was nicht im eigentlichen Sinn und was gegen die grammatischen Regeln[147] gebraucht ist – nicht, um daraus den Dichtern gerade einen Vorwurf zu machen –, finden diese doch vielmehr, weil sie meist unter Verszwang stehen, so viel Nachsicht, daß sogar die eigentlichen Fehler in einem Gedicht andere Namen erhalten: wir nennen sie nämlich *Metaplasmen*, *Schematismen* und, wie ich schon erwähnt, *Schemata* und machen bei ihnen aus der Not sogar eine Tugend –, sondern um sie auf diese Kunst-

[146] s. o. K. 4, 18. Die grammatische Analyse jedes einzelnen Wortes im Vers gilt der grammatischen und metrischen Formenlehre, nicht den 'Satzteilen'.

[147] um den Prosa-Rhythmus zu erzielen.

sed ut commoneat artificialium et memoriam agitet. 15 id quoque inter prima rudimenta non inutile demonstrare, quot quaeque verba modis intellegenda sint. circa *glossemata* etiam, id est voces minus usitatas, non ultima eius professionis diligentia est. 16 enimvero iam maiore cura doceat *tropos* omnes, quibus praecipue non poema modo sed etiam oratio ornatur, *schemata* utraque, id est *figuras*, quaeque λέξεως quaeque διανοίας vocantur: quorum ego sicut troporum tractatum in eum locum differo, quo mihi de ornatu orationis dicendum erit. 17 praecipue vero illa infigat animis, quae in oeconomia virtus, quae in decore rerum, quid personae cuique convenerit, quid in sensibus laudandum, quid in verbis, ubi copia probabilis, ubi modus.

18 His accedet enarratio historiarum, diligens quidem illa, non tamen usque ad supervacuum laborem occupata: nam receptas aut certe claris auctoribus memoratas exposuisse satis est. persequi quidem, quid quis umquam vel contemptissimorum hominum dixerit, aut nimiae miseriae aut inanis iactantiae est et detinet atque obruit ingenia melius aliis vacatura. 19 nam qui omnis etiam indignas lectione scidas excutit, anilibus quoque fabulis accommodare operam potest: atqui pleni sunt eius modi impedimentis grammaticorum commentarii vix ipsis, qui composuerunt, satis

mittel aufmerksam zu machen und das Gedächtnis anzuregen[148]. 15 Auch dies ist unter den ersten Bemühungen nicht unnütz: zu zeigen, wie viele Bedeutungen die Worte jeweils haben können. Auch den *Glossemen*, das heißt seltener gebrauchten Worten, gilt nicht zuletzt die Sorgfalt, die zum Grammatikerberuf gehört. 16 Mehr noch freilich muß ihm daran liegen, alle *Tropen*, die nicht nur das Gedicht, sondern auch die Rede schmücken, und die zwei Arten von σχήματα, das heißt *Figuren*, die der λέξις wie auch die der διάνοια, zu lehren. Ihre wie auch der Tropen Behandlung schiebe ich bis zu der Stelle auf, an der ich über den Schmuck der Rede sprechen werde[149]. 17 Besonders aber muß er im Geist (der Hörer) einen festen Eindruck davon erwecken, worin der Vorzug im Gesamtplan des Gedichtes besteht, worin das Passende bei der Stoffwahl, was zum Charakter jeder Rolle sich schickte, was bei den Gedanken, was bei den Worten Lob verdient, wo Fülle am Platz scheint, wo maßvolle Beschränkung.

18 Hinzu kommt dann die historische Sacherklärung, auch sie gewissenhaft, jedoch nicht mit überflüssiger Anstrengung belastet; denn es genügt, gebracht zu haben, was allgemein anerkannt ist oder jedenfalls von berühmten Erklärern erwähnt ist. All dem aber nachzugehen, was jemals irgendein Mann, sei er auch noch so unbekannt, gesagt hat, ist ein Zeichen von gar zu armseliger Geistesart oder hohler Wichtigtuerei und beengt und überlastet den Geist, der besser für andere Dinge frei bleibt. 19 Denn wer alle Blätter, auch solche, die das Lesen nicht erst verdienen, durchstöbert, der kann seine Mühe auch auf Altweibergeschichten verwenden. Doch sind mit derartigem Ballast die Kommentare der Grammatiker vollgestopft, so daß ihn kaum die Verfasser selbst noch richtig kennen.

[148] Metaplasmen, also poetische Abweichungen im Einzelwort, den Barbarismen, Schemata in Wortverbindungen, den Solözismen entsprechend. Für die Schemata verweist Quint. auf K. 5 § 52 zurück. Logisch ist also das σχηματισμοί entbehrlich. Stilistisch aber ist es vortrefflich. Was sagt man nicht alles zur Beschönigung solcher Fehler?! 'Bewußt gewählte Gestaltungen'. Das Subjektive liegt in -σμοί, während σχήματα die einzelnen Figuren bezeichnet, in denen das σχηματίζειν faßbar ist (vgl. auch Dionysos Hal., de compos. 8).

[149] Über diese Schmuckmittel, den tropischen Ausdruck (z. B. in Metaphern) und die Klang- und Sinnfiguren (z. B. Wirkungen durch Wortwiederholungen oder -entsprechungen, Anapher usw. und die rhetorische Frage oder die Apostrophierung eines Abwesenden in direkter Anrede (als Beispiele für Sinnfiguren) wird im 8. Buch (K. 6) und 9. Buch (K. 2 und 3) ausführlich gehandelt.

noti. 20 nam Didymo, quo nemo plura scripsit, accidisse compertum est, ut, cum historiae cuidam tamquam vanae repugnaret, ipsius proferretur liber, qui eam continebat. 21 quod evenit praecipue in fabulosis usque ad deridicula quaedam, quaedam etiam pudenda, unde inprobissimo cuique pleraque fingendi licentia est, adeo ut de libris totis et auctoribus, ut succurrit, mentiantur tuto, quia inveniri qui numquam fuere non possunt: nam in notioribus frequentissime deprenduntur a curiosis. ex quo mihi inter virtutes grammatici habebitur aliqua nescire.

IX.

1 Et finitae quidem sunt partes duae, quas haec protessio pollicetur, id est ratio loquendi et enarratio auctorum, quarum illam *methodicen*, hanc *historicen* vocant, adiciamus tamen eorum curae quaedam dicendi primordia, quibus aetates nondum rhetorem capientis instituant. 2 igitur *Aesopi fabellas*, quae fabulis nutricularum proxime succedunt, narrare sermone puro et nihil se supra modum extollente, deinde eandem gracilitatem stilo exigere condiscant: versus primo solvere, mox mutatis verbis interpretari, tum paraphrasi audacius vertere, qua et breviare quaedam et exornare salvo modo poetae sensu permittitur. 3 quod opus, etiam consummatis professoribus difficile, qui commode tractaverit, cuicumque discendo sufficiet. *sententiae* quoque et *chriae* et *ethologiae* subiectis dictorum rationibus apud grammaticos scribantur, quia initium ex lectione ducunt: quorum omnium similis est ratio, forma diversa, quia sententia universalis est vox, ethologia personis continetur.

[150] die γνῶμαι, χρεῖαι und ἠθολογίαι (schulaufsatzartige Übungen, die sich mit der Darstellung beherzigenswerter Aussprüche und Taten beschäftigen und mit diesen auseinandersetzen) wirken noch in den Anekdoten und Sentenzen weiter, die unsere griechischen und lateinischen Schulbücher enthalten (ἠθολογία = Darstellung der sittlichen Wesensart).

20 Dem Didymus nämlich, der mehr geschrieben hat als sonst jemand, ist es bekanntlich passiert, daß man, als er eine Erzählung als leere Erfindung bekämpfte, ihm eins seiner Werke vorlegte, das diese Erzählung enthielt. 21 Das geht bis zur Lächerlichkeit, ja manchmal bis zur Schamlosigkeit, besonders bei mythologischen Dingen; denn hier kann ja jeder, je gewissenloser er ist, desto mehr frei erfinden; es geht so weit, daß sie über ganze Schriften und ihre Verfasser ganz unbekümmert, wie es ihnen gerade einfällt, draufloslügen, weil sich ja doch niemand finden lassen kann, der überhaupt nie existiert hat. Bei besser Bekanntem gelingt es ja wissensdurstigen Seelen nur zu oft, sie zu überführen. Deshalb wird es bei mir zu den Vorzügen eines Grammatiklehrers zählen, manche Dinge nicht zu wissen.

NEUNTES KAPITEL

Rhetorische Vorstudien (Progymnasmata) beim Grammatiklehrer

1 Damit sind zwar die beiden Gebiete behandelt, denen die Lehrankündigung des Grammatiklehrers gilt: nämlich die Sprachlehre und die Erklärung der Autoren; denn gewöhnlich nennt man ja als ihre erste Aufgabe die *Sprachlehre*, als zweite die *Historik*. Jedoch wollen wir ihre Betreuung noch bestimmten Grundlagen des Redeunterrichtes hinzufügen, in denen sie die Altersstufe unterrichten sollen, die dem Rhetoriklehrer noch nicht gewachsen ist: 2 so sollen die Knaben es lernen, kleine *äsopische Fabeln*, die den Märchen der Ammen am nächsten stehen, in reiner Sprache, die sich nirgends über das gewöhnliche Maß erhebt, zu erzählen, sodann dieselbe Leichtigkeit auch mit dem Griffel zu erreichen: zuerst die Verse aufzulösen, dann mit anderen Worten wiederzugeben, dann freier zu paraphrasieren, wobei es gestattet ist, manches zu kürzen und auszuschmücken, wenn nur der Sinn der Dichtung gewahrt bleibt. 3 Wer diese Aufgabe, die auch für erfahrene Lehrer noch schwierig ist, gewandt bewältigt, wird jeder Anforderung des Unterrichtes gewachsen sein. Auch *Sentenzen*, *Chrien* und *Ethologien*[150] sollen mit Angabe der Gründe, die zu dem Dictum führten, bei den Grammatiklehrern schriftlich behandelt werden, weil sie ihren Ansatz in der Lektüre haben: alle drei sind im Prinzip gleich, nur in der Form verschieden; denn die Sentenz ist ein allgemeiner Ausspruch, die Ethologie ist an Personen gebunden.

4 chriarum plura genera traduntur: unum simile sententiae, quod est positum in voce simplici 'dixit ille' aut 'dicere solebat': alterum, quod est in respondendo 'interrogatus ille', vel 'cum hoc ei dictum esset, respondit': tertium huic non dissimile 'cum quis dixisset aliquid vel fecisset'. 5 etiam in ipsorum factis esse chrian putant ut 'Crates, cum indoctum puerum vidisset, paedagogum eius percussit', et aliud paene par ei, quod tamen eodem nomine appellare non audent, sed dicunt χρειῶδες, ut 'Milo, quem vitulum adsueverat ferre, taurum ferebat'. in his omnibus et declinatio per eosdem ducitur casus, et tam factorum quam dictorum ratio est. 6 narratiunculas a poetis celebratas notitiae causa, non eloquentiae tractandas puto. cetera maioris operis ac spiritus Latini rhetores relinquendo necessaria grammaticis fecerunt: Graeci magis operum suorum et onera et modum norunt.

X.

Haec de grammatice, quam brevissime potui, non ut omnia dicerem sectatus, quod infinitum erat, sed ut maxime necessaria. nunc de ceteris artibus, quibus instituendos, priusquam rhetori tradantur, pueros existimo, strictim subiungam, ut efficiatur orbis ille doctrinae, quem Graeci ἐγκύκλιον παιδείαν vocant. 2 nam isdem fere annis aliarum quoque disciplinarum studia ingredienda sunt: quae quia et ipsae artes sunt et esse perfectae sine orandi scientia possunt nec rursus ad efficiendum oratorem satis valent solae, an sint huic operi necessariae, quaeritur. 3 nam quid, inquiunt, ad agendam causam dicendamve sententiam pertinet, scire, quem ad modum data

4 Von den Chrien kennt man mehrere Arten: eine ist der Sentenz ähnlich. Sie beruht auf einem einfachen Ausspruch 'er sagte' oder 'er pflegte zu sagen'. Eine zweite Art besteht in einer Antwort 'auf die Frage...' oder 'als man zu ihm das sagte, antwortete er'. Die dritte ist von der zweiten nicht sehr verschieden: 'als jemand etwas gesagt oder getan hatte'. 5 Auch auf Handlungen kann, wie man glaubt, eine Chrie beruhen, z. B. 'Als Crates einen ungebildeten Knaben sah, schlug er dessen Pädagogen'. Diesem fast gleich ist auch folgendes Beispiel, das man jedoch nicht mit demselben Namen zu bezeichnen wagt, sondern 'chrienartig' nennt: 'Milo trug den Stier, den er schon als Kalb zu tragen sich gewöhnt hatte.' Bei allen diesen Arten findet die Abwandlung in denselben Deklamationsformen statt, und es wird ebenso für Handlungen wie für Aussprüche eine Begründung gegeben. 6 Die kleinen Erzählungen, wie sie bei den Dichtern sich oft finden, soll man lesen, um sie kennenzulernen, nicht aber zur Redeübung verwenden. Die übrigen Aufgaben der Dichterlektüre von größerem Umfang und geistigem Anspruch haben die lateinischen Redelehrer aufgegeben und deshalb der Tätigkeit des Grammatiklehrers überantwortet. Die griechischen Rhetoriklehrer kennen Bürde und Ausmaß ihrer Aufgabe besser.

ZEHNTES KAPITEL

Soll der angehende Redner andere Fächer kennen?

1 Soviel, so kurz es sich machen ließ, über die Grammatik – nicht in dem Bestreben, alles zu behandeln, einem Bemühen, das ohne Ende wäre, sondern das Notwendigste. Nun will ich knappe Bemerkungen über die übrigen Fächer hinzufügen, in denen meines Erachtens die Knaben, ehe sie zum Redelehrer gegeben werden, unterwiesen werden sollen, damit der Kreis des Wissens sich schließe, den die Griechen ἐγκύκλιος παιδεία nennen. 2 Denn in etwa denselben Lebensjahren muß auch noch mit dem Studium anderer Fächer begonnen werden. Da diese nun auch eigene Wissenschaften sind und auch ohne das wissenschaftliche Studium der Beredsamkeit beherrscht werden können, sie andererseits auch allein nicht die ausreichende Kraft haben, jemanden zum Redner zu machen, ergibt sich die Frage, ob sie für unser Vorhaben notwendig sind. 3 Denn inwiefern, sagt man, gehört es zur Führung eines Prozesses oder zur Darlegung einer Stellungnahme im Rat, zu wis-

linea constitui triangula aequis lateribus possint? aut quo melius vel defendet reum vel reget consilia, qui citharae sonos nominibus et spatiis distinxerit? 4 enumerent etiam fortasse multos quamlibet utiles foro, qui neque geometren audierint nec musicos nisi hac communi voluptate aurium intellegant. quibus ego primum hoc respondeo, quod M. Cicero scripto ad Brutum libro frequentius testatur: non eum a nobis institui oratorem, qui sit aut fuerit, sed imaginem quandam concepisse nos animo perfecti illius et nulla parte cessantis. 5 nam et sapientem formantes eum, qui sit futurus consummatus undique et, ut dicunt, mortalis quidam deus, non modo cognitione caelestium vel mortalium putant instruendum, sed per quaedam parva sane, si ipsa demum aestimes, ducunt sicut exquisitas interim ambiguitates: non quia ceratinae aut crocodillinae possint facere sapientem, sed quia illum ne in minimis quidem oporteat falli. 6 similiter oratorem, qui debet esse sapiens, non geometres faciet aut musicus, quaeque his alia subiungam, sed hae quoque artes, ut sit consummatus, iuvabunt. nisi forte ἀντιδότους quidem atque alia, quae oculis aut vulneribus medentur, ex multis atque interim contrariis quoque inter se effectibus componi videmus, quorum ex diversis fit una illa mixtura, quae nulli earum similis est,

sen, wie man auf einer gegebenen Linie ein gleichseitiges Dreieck errichten kann? Oder inwiefern wird jemand einen Angeklagten besser verteidigen oder seine Ansicht in der politischen Beratung durchsetzen, der die Töne der Kithara nach Namen und Intervallen unterscheiden kann? 4 Vielleicht könnte man auch viele Anwälte aufzählen, die sich vor Gericht äußerst brauchbar zeigten, ohne je eine Lehre der Geometrie gehört zu haben oder von Musik mehr zu verstehen, als man im allgemeinen mit seinen Ohren davon zu genießen hat. Diesen Zweiflern antworte ich zunächst, was M. Cicero[151] in seinem dem Brutus gewidmeten Buch (dem ›Redner‹) immer wieder bezeugt: daß wir nämlich nicht einen Redner unterweisen, wie es ihn gibt oder gegeben hat, sondern wir im Geist eine Art Bild empfangen haben, das ihn vollkommen und auf keinem Gebiet weniger meisterhaft zeigt. 5 Denn auch wenn sie einen Weisen heranbilden, glauben die Lehrer, ihren Schüler, der allseitig vollkommen und, wie sie sagen, eine Art sterblicher Gott werden soll, nicht nur in der Kenntnis der Erscheinungen am Himmel und der vergänglichen Menschenwelt unterrichten zu müssen, sondern führen ihn durch bestimmte, an und für sich betrachtet eigentlich recht geringfügige Stoffe sowie bisweilen durch ausgeklügelte Zweifelsfragen: nicht, weil die Hörner- oder Krokodilschlüsse[152] zum Philosophen machen könnten, sondern weil er selbst nicht in den geringsten Kleinigkeiten sich täuschen lassen darf. 6 Entsprechend wird den Redner, der ein Weiser sein muß, nicht der Geometrielehrer oder Musiklehrer und was ich zu diesen Fächern sonst noch hinzufügen will, zuwege bringen, aber auch diese Künste werden mithelfen, ihn vollkommen zu machen. Es sei denn, wir sehen nicht auch, daß die ἀντίδοτα (Gegengifte) und andere Mittel, die Augen oder Wunden zu heilen, sich aus vielen, bisweilen sogar untereinander entgegengesetzten Wirkungen zusammensetzen, aus deren verschiedener Art die eine bekannte Mischung wird, die keinem einzelnen der Mittel ähnlich ist, aus denen

[151] Orat. 1, 1 und 3; 2, 7; 28, 100–29, 101.

[152] ‘was du nicht verloren hast, besitzest du. Hörner hast du nicht verloren: also besitzest du Hörner’ (z. B. Gell. 18, 2). So diente auch der Krokodilschluß zur dialektischen Einführung. Er heißt nach dem philosophischen Krokodil, das einer Mutter ihr Kind wieder herauszugeben versprach, falls die Mutter erriete, wozu das Krokodil in Wahrheit entschlossen sei. Die Mutter errät: ‚Du wirst es mir nicht herausgeben.‘ Da kommen dem Krokodil vermutlich die Krokodilstränen.

ex quibus constat, sed proprias vires ex omnibus sumit, 7 et muta animalia mellis illum inimitabilem humanae rationi saporem vario florum ac sucorum genere perficiunt: nos mirabimur, si oratio, qua nihil praestentius homini dedit providentia, pluribus artibus egeat, quae, etiam cum se non ostendunt in dicendo nec proferunt, vim tamen occultam suggerunt et tacitae quoque sentiuntur? 8 ‘fuit aliquis sine iis disertus’. sed ego oratorem volo. ‘non multum adiciunt’. sed aeque[m] non erit totum, cui vel parva deerunt; et optimum quidem hoc esse conveniet, cuius etiamsi in arduo spes est, nos tamen praecipiamus omnia, ut saltem plura fiant. sed cur deficiat animus? natura enim perfectum oratorem esse non prohibet, turpiterque desperatur quidquid fieri potest.

9 Atque ego vel iudicio veterum poteram esse contentus. nam quis ignorat *musicen*, ut de hac primum loquar, tantum iam illis antiquis temporibus non studii modo, verum etiam venerationis habuisse, ut idem musici et vates et sapientes iudicarentur, mittam alios, Orpheus et Linus: quorum utrumque dis genitum, alterum vero, quia rudes quoque atque agrestes animos admiratione mulceret, non feras modo, sed saxa etiam silvasque duxisse posteritatis memoriae traditum est. 10 itaque et Timagenes auctor est omnium in litteris studiorum antiquissimam musicen extitisse, et testimonio sunt clarissimi poetae, apud quos inter regalia convivia laudes heroum ac deorum ad citharam canebantur. Iopas vero ille Vergilii nonne canit ‘errantem lunam solisque labores’ et cetera? quibus certe palam

m) utique ẹqụẹ **SabP** aeque **BM** *lectio* **A** *ignoratur*

sie besteht, sondern ihre eigentümlichen Kräfte aus allen zieht. 7 Bringen doch gar stumme Lebewesen den Honiggeschmack, den die Menschen mit all ihrem Verstand nicht nachahmen können, durch die mannigfache Art der Blüten und Säfte hervor: können wir uns da wundern, wenn die Rede, die die Vorsehung dem Menschen als das Vortrefflichste geschenkt hat, einer Vielzahl von Künsten bedarf, die, auch wenn sie sich nicht beim Reden zur Schau stellen und vordrängen, doch eine verborgene Kraft einflößen und auch schweigend ihre Wirkung verspüren lassen? 8 'Es hat aber doch schon einen Mann gegeben, der ohne sie zu reden verstand!' Aber ich suche den Redner. 'Der Zuwachs, den solche Fächer bringen, ist nicht groß!' Aber jedenfalls werden wir kein Ganzes erhalten, wenn auch nur kleine Teile fehlen – und man wird sich doch einig darüber sein, daß das Ganze das Beste ist; mag denn auch der Blick auf dieses Ganze eine harte Aufgabe zeigen, so wollen wir doch alle nötigen Vorschriften geben, damit wenigstens mehr daraus wird. Jedoch warum sollte denn der Mut verzagen? Die Natur hindert ja nicht daran, ein vollkommener Redner zu werden, und es ist kläglich, da zu verzweifeln, wo ein Gelingen möglich ist.

Die Musik

9 Eigentlich hätte ich ja schon mit dem Urteil der Alten mich begnügen können. Denn wer weiß nicht, daß die *Musik* – um von ihr zuerst zu sprechen – schon in jenen alten Zeiten nicht nur Pflege, sondern gar solche Verehrung genoß, daß man – um andere beiseite zu lassen – in einem Orpheus und Linus zugleich den Musiker, Seher und Weisen erkannte: beide, heißt es, seien von göttlicher Abkunft; von dem einen indessen hat sich, weil er selbst rohe, unkultivierte Gemüter packte und besänftigte, die Kunde der Nachwelt erhalten, er habe nicht nur wilde Tiere, sondern auch Steine und Wälder hinter sich hergezogen. 10 Deshalb ist nach dem Bericht des Timagenes unter allen geistigen Bemühungen die Musik die älteste gewesen, und auch die berühmtesten Dichter bezeugen es, bei denen während der Gastmähler am Königshofe das Lob der Heroen und Götter zur Kithara gesungen wurde. Singt nicht auch der Iopas des Vergil[153] 'des Mondes irrenden Lauf und der Sonne mühsame Bahnen'

[153] Verg. Aen. 1, 742.

confirmat auctor eminentissimus musicen cum divinarum etiam rerum cognitione esse coniunctam. 11 quod si datur, erit etiam oratori necessaria, si quidem, ut diximus, haec quoque pars, quae ab oratoribus relicta a philosophis est occupata, nostri operis fuit ac sine omnium talium scientia non potest esse perfecta eloquentia. 12 atqui claros nomine sapientiae viros nemo dubitaverit studiosos musices fuisse, cum Pythagoras atque eum secuti acceptam sine dubio antiquitus opinionem vulgaverint mundum ipsum ratione esse conpositum, quam postea sit lyra imitata, nec illa modo contenti dissimilium concordia, quam vocant ἁρμονίαν, sonum quoque his motibus dederint. 13 nam Plato cum in aliis quibusdam tum praecipue in Timaeo ne intellegi quidem nisi ab iis, qui hanc quoque partem disciplinae diligenter perceperint, potest. de philosophis loquor, quorum fons ipse Socrates iam senex institui lyra non erubescebat: 14 duces maximos et fidibus et tibiis cecinisse traditum, exercitus Lacedaemoniorum musicis accensos modis. quid autem aliud in nostris legionibus cornua ac tubae faciunt? quorum concentus quanto est vehementior, tantum Romana in bellis gloria ceteris praestat. 15 non igitur frustra Plato civili viro, quem πολιτικόν vocat, necessariam musicen credidit. et eius sectae, quae aliis severissima, aliis asperrima videtur, principes in hac fuere sententia, ut existimarent sapientium aliquos nonnullam operam his studiis accommodaturos, et Lycurgus, durissimarum Lacedaemoniis legum auctor, musices disciplinam probavit. 16 atque eam natura ipsa videtur ad tolerandos facilius labores velut muneri nobis dedisse, si quidem et remigem cantus hortatur; nec solum in iis operibus,

usw.? Damit bestätigt jedenfalls der hervorragendste Gewährsmann es in aller Öffentlichkeit, daß die Musik auch mit der Kenntnis der göttlichen Dinge in Verbindung stehe. 11 Gibt man dies zu, so wird ihre Kenntnis auch für den Redner notwendig sein, wenn denn wirklich, wie wir gesagt haben, auch dies Gebiet, das von den Redelehrern aufgegeben und deshalb von den Philosophen besetzt worden ist, zu unserer Aufgabe gehört hat und ohne Kenntnis aller solcher Dinge die Beredsamkeit nicht vollkommen sein kann. 12 Nun wird ja wohl niemand bezweifeln, daß die Männer, die durch den Namen ihrer Weisheit berühmt waren, die Musik eifrig gepflegt haben. Haben doch Pythagoras und seine Nachfolger die zweifellos schon aus uralter Lehre übernommene Meinung verbreitet, die Welt selbst sei in dem Verhältnis geordnet, das dann die Lyra nachgeahmt habe, und nicht zufrieden mit der Eintracht des so Verschiedenen, die sie *Harmonia* nennen, haben sie diesen ewigen Bewegungen auch noch den Klang der Sphärenharmonie verliehen. 13 Kann ja doch Plato wie in vielen seiner Dialoge so vor allem im ›Timaeus‹ überhaupt nur von Lesern verstanden werden, die auch diese Seite der Wissenschaft sorgfältig studiert haben. Doch ich spreche (nur) von Philosophen, deren Quell selbst, Sokrates, noch als alter Mann, ohne zu erröten, Lyrastunde nahm. 14 Aber auch die größten Heerführer, heißt es, hätten Saiten- und Blasinstrumente gespielt, die Heere der Lakedämonier seien durch die Weisen der Musik begeistert worden! Was aber tun in unseren Legionen die Hörner und Tuben anderes? Wie deren schmetternder Gleichklang ungestümer über das Schlachtfeld schallt, so übertrifft der römische Kriegsruhm die anderen Völker. 15 Nicht vergebens hat also Plato[154] für den tätigen Bürger, den er πολιτικός nennt, die Musik für notwendig erachtet. Auch die Gründer der Philosophenschule, die einige für die strengste, andere für die rauheste halten, waren der Meinung, daß einige ihrer Weisen einige Mühe auf die Musikstudien verwenden könnten[155], und selbst Lykurg, der Urheber der härtesten spartanischen Gesetze, hat die musikalische Betätigung gebilligt. 16 Scheint ja doch die Natur selbst sie uns gleichsam als Geschenk gegeben zu haben, um Anstrengungen leichter zu ertragen, wie ja auch den Ruderer sein Gesang anfeuert – und nicht nur bei den Arbeiten wirkt die Musik, wenn das gemeinsame Be-

[154] z. B. in seinem ›Staat‹ (B. 3 und 4).
[155] die Stoa vgl. Chrysipp. fr. 740 St. Vet. Arnim.

in quibus plurium conatus praeeunte aliqua iucunda voce conspirat, sed etiam singulorum fatigatio quamlibet se rudi modulatione solatur. 17 laudem adhuc dicere artis pulcherrimae videor, nondum eam tamen oratori coniungere. transeamus igitur id quoque, quod grammatice quondam ac musice iunctae fuerunt: si quidem Archytas atque Euenus[n] etiam subiectam grammaticen musicae putaverunt, et eosdem utriusque rei praeceptores fuisse cum Sophron ostendit, mimorum quidem scriptor, sed quem Plato adeo probavit, ut suppositos capiti libros eius, cum moreretur, habuisse credatur, 18 tum Eupolis, apud quem Prodamus et musicen et litteras docet et Maricas, qui est Hyperbolus, nihil se ex musice scire nisi litteras confitetur. Aristophanes quoque non uno libro sic institui pueros antiquitus solitos esse demonstrat, et apud Menandrum in Hypobolimaeo senex, qui reposcenti filium patri velut rationem impendiorum, quae in educationem contulerit, exponens psaltis se et geometris multa dicit dedisse. 19 unde etiam ille mos, ut in conviviis post cenam circumferretur lyra, cuius cum se imperitum Themistocles confessus esset, ut verbis Ciceronis utar, 'est habitus indoctior'. 20 sed veterum quoque Romanorum epulis fides ac tibias adhibere moris fuit: versus quoque Saliorum habent carmen. quae cum omnia sint a Numa rege instituta, faciunt manifestum ne illis quidem, qui rudes ac bellicosi videntur, curam musices, quantam illa recipiebat aetas, defuisse. 21 denique in proverbium usque Graecorum celebratum est, 'indoctos a Musis atque a Gratiis

n) Euenus **B***nus A** Aristoxenus **MSabP**

mühen sich zusammenfindet, sobald eine frische Stimme den Anfang macht, sondern einzeln tröstet man sich in der Ermüdung mit einer wenn auch noch so kunstlosen Weise. 17 Soweit scheint es, als sänge ich zwar ein Loblied auf diese so herrliche Kunst, brächte sie jedoch noch nicht in Verbindung mit dem Redner. Wir wollen also auch die Tatsache streifen, daß einstmals Grammatik und Musik verbunden waren: wie denn Archytas und Euenus glaubten, die Grammatik sei sogar der Musik untertan, und sowohl Sophron[156] es zeigt, daß es für beides die gleichen Lehrer gegeben hat – Sophron, zwar ein Mimendichter, doch immerhin ein Schriftsteller, den Plato so sehr schätzte, daß er seine Werke auf dem Totenbett noch unter seinem Haupte gehabt haben soll –, 18 vor allem aber Eupolis, bei dem Prodamus sowohl Musik als auch Literatur lehrt, und Maricas, das heißt Hyperbolus[157] bekennt, er kenne in der Musik nichts als die Buchstaben. Auch Aristophanes zeigt in mehreren Werken, in der alten Zeit seien die Knaben gewöhnlich so unterrichtet worden, und bei Menander[158] im ›Hypobolimaios‹ sagt der Alte, der dem Vater, der seinen Sohn zurückverlangt, gleichsam eine Rechnung der Erziehungsaufwendungen aufstellt: er habe den Musikern und Geometern viel gegeben. 19 Daher stammt auch die Sitte, beim Symposion nach der Mahlzeit die Lyra herumgehen zu lassen, weshalb Themistokles, als er gestand, er könne nicht Lyra spielen, mit Ciceros Worten[159] 'für ziemlich ungebildet galt'. 20 Aber auch im alten Rom gehörte es bei den Mählern zur Sitte, Saiteninstrumente und Holzblasinstrumente hinzuzunehmen. Auch die Verse der Salier haben Liedform. Da dies alles von König Numa eingeführt ist, beweist es, daß nicht einmal in jenen – anscheinend so rohen, kriegerischen – Zeiten die Musikpflege, soweit jene Zeit sie fassen konnte, gefehlt hat. 21 Schließlich ist die griechische Wendung fast zum Sprichwort geworden: 'die Ungebildeten seien den Musen und Grazien fern'. – 22 Doch nun wollen wir

[156] fr. 155 Kaib.

[157] der radikal-demokratische athenische Politiker, der also in der verlorenen Komödie des Eupolis als ungebildeter Demagoge so verhöhnt wurde, wie wir es in den erhaltenen aristophanischen Stücken noch miterleben können. Die musische Bildung der guten alten Zeit: Aristophanes Ritter 188f.; Wolken 193f.: Frösche 728f.

[158] fr. 430a Körte.

[159] Tusc. 1, 2, 4.

abesse'. 22 verum quid ex ea proprie petat futurus orator, disseramus.

Numeros musice duplices habet, in vocibus et in corpore: utriusque enim rei aptus quidam modus desideratur. vocis rationem Aristoxenus musicus dividit in ῥυθμόν et μέλος, quorum alterum modulatione, alterum canore ac sonis constat. num igitur non haec omnia oratori necessaria? quorum unum ad gestum, alterum ad conlocationem verborum, tertium ad flexus vocis, qui sunt in agendo quoque plurimi, pertinet: 23 nisi forte in carminibus tantum et in canticis exigitur structura quaedam et inoffensa copulatio vocum, in agendo supervacua est, aut non conpositio et sonus in oratione quoque varie pro rerum modo adhibetur sicut in musice. 24 namque et voce et modulatione grandia elate, iucunda dulciter, moderata leniter canit totaque arte consentit cum eorum, quae dicuntur, adfectibus. 25 atqui in orando quoque intentio vocis, remissio, flexus pertinet ad movendos audientium adfectus, aliaque et conlocationis et vocis, ut eodem utar verbo, modulatione concitationem iudicis, alia misericordiam petimus, cum etiam organis, quibus sermo exprimi non potest, adfici animos in diversum habitum sentiamus. 26 corporis quoque aptus et decens motus, qui dicitur εὐρυθμία, et est necessarius nec aliunde peti potest: in quo pars actionis non minima consistit, qua de re sepositus nobis est locus. 27 age, non habebit in primis curam vocis orator? quid tam musices proprium? sed ne haec quidem praesumenda pars est: uno interim contenti simus exemplo C. Gracchi, praecipui suorum temporum oratoris, cui contionanti consistens post eum musicus fistula, quam τονάριον vocant, modos, quibus deberet intendi, ministrabat; 28 haec ei cura inter turbidissimas actiones vel terrenti optimates vel iam timenti

erörtern, was der künftige Redner eigentlich in der Musik suchen soll.

Eine auf Zählen gegründete Ordnung hat die Musik in zwei Formen: in der Stimme und der Körperbewegung; denn bei beiden Erscheinungen sucht man etwas, was als Maß regeln kann. Die Wirkungsgrundlage der Stimme gliedert der Musiker Aristoxenus in ῥυθμός und μέλος, von denen das erstere in der Veränderung der Maße, das zweite im Klangstrom der Töne besteht. Ist etwa dies alles nicht wichtig für den Redner? Das erste (die Körperbewegung) gehört doch zur Gebärdensprache, das zweite zur Behandlung der Wortstellung, das dritte zur Tongebung, die beim Vortrag so mannigfaltig ist: 23 es sei denn, man verlange nur in Gedichten und Gesangsstücken eine gewisse Gesetzmäßigkeit und Wortverbindung ohne Mißklang, hielte diese aber beim Vortrag der Rede für überflüssig, während doch tatsächlich Wortfügung und Ton auch in der Rede so mannigfach je nach dem Gegenstand verwendet wird wie bei der Musik. 24 Denn mit der Stimmfärbung und Veränderung der Maße läßt sie das Großartige erhaben, das Liebliche süß, das Gemessene getragen erklingen und stimmt in ihrer ganzen Kunst mit der sogenannten Affektlehre der Musik überein. 25 Dient ja doch auch beim Reden die Hebung, Senkung und Modulation der Stimme dazu, die Gefühle der Hörer zu erregen, und mit einer anderen Veränderung der Stellung und der Tonmodulation – um dieses Wort auch hier zu gebrauchen – zielen wir auf die Erregung des Richters, mit wieder anderer auf das Mitleid – da ja sogar Musikinstrumente, die doch nicht eigentlich sprechen können, uns in verschiedene Stimmung versetzen. 26 Auch die passende und geschmackvolle Körperbewegung, die εὐρυθμία, ist unentbehrlich und kann sonst nirgends gewonnen werden. Auf ihr beruht nicht zuletzt der Vortrag, worüber wir an anderer Stelle[160] handeln werden. 27 Ja, wird denn aber nicht eine Hauptsorge des Redners der Stimme gelten? Und was ist so ganz die Sache der Musik? Doch auch hier will ich nicht vorgreifen. Begnügen wir uns einstweilen lediglich mit dem Beispiel des C. Gracchus, des vorzüglichsten Redners seiner Zeit, hinter dem, wenn er in der Volksversammlung sprach, ein Musiker mit einem Pfeifchen, dem τονάριον, stand, um ihm die Grundtöne anzugeben, auf die er sich einstellen sollte; 28 das war seine Sorge auch in den wildesten Redeschlachten, ob er nun die Optimaten in Schrecken

[160] s. o. B. 11 im 3. Kap.

fuit. libet propter quosdam imperitiores etiam 'crassiore', ut vocant, 'Musa' dubitationem huius utilitatis eximere. 29 nam poetas certe legendos oratori futuro concesserint: num igitur hi sine musice? ac si quis tam caecus animi est, ut de aliis dubitet, illos certe, qui carmina ad lyram composuerunt. haec diutius forent dicenda, si hoc studium velut novum praeciperem. 30 cum vero antiquitus usque a Chirone atque Achille ad nostra tempora apud omnis, qui modo legitimam disciplinam non sint perosi, duraverit, non est committendum, ut illa dubia faciam defensionis sollicitudine. 31 quamvis autem satis iam ex ipsis, quibus sum modo usus, exemplis credam esse manifestum, quae mihi et quatenus musice placeat, apertius tamen profitendum puto, non hanc a me praecipi, quae nunc in scaenis effeminata et inpudicis modis fracta non ex parte minima, si quid in nobis virilis roboris manebat, excidit, sed qua laudes fortium canebantur quaque ipsi fortes canebant: nec psalteria et spadicas etiam virginibus probis recusanda, sed cognitionem rationis, quae ad movendos leniendosque adfectus plurimum valet. 32 nam et Pythagoran accepimus concitatos ad vim pudicae domui adferendam iuvenes iussa mutare in spondium modos tibicina conposuisse, et Chrysippus etiam nutricum illi quae adhibetur infantibus adlectationi suum quoddam carmen adsignat. 33 est etiam non inerudite ad declamandum ficta materia, in qua ponitur tibicen, qui sacri-

setzte oder schon für sich selbst zu fürchten hatte! Da für die Musik bei manchen das Verständnis schwächer ist, sei es gestattet, auch noch 'mit derberer Muse', wie man sagt, den Zweifel an dem Nutzen dieser Kunst zu beheben. 29 Denn daß der künftige Redner Dichter lesen müsse, wird man doch jedenfalls zugeben – diese aber dann etwa ohne Musik? Und wenn jemand so verblendet ist, das bei anderer Dichtung zu bezweifeln, so jedenfalls doch bei denen, die ihre Lieder zur Lyra verfaßt haben. Darüber wäre länger zu sprechen, wenn ich diese Beschäftigung als etwas Neues vorschriebe. 30 Da sie aber seit alters von Chiron und Achill an bis auf unsere Zeiten bei allen, die nicht gerade aus Bildungshaß die gehörigen Studien ablehnten, in dauernder Geltung stand, möchte ich es nicht darauf ankommen lassen, dadurch Zweifel zu wecken, daß ich mit einer Verteidigung erst Unruhe stifte. 31 Obwohl aber, denke ich, schon aus den Beispielen, die ich eben gebracht habe, deutlich geworden ist, in welcher Art und welchem Ausmaß mir die Musik gefällt, möchte ich doch noch unverhohlener erklären, daß ich nicht die Musik empfehle, die heutzutage verweichlicht und durch schamlose Weisen halt- und kraftlos die Bühne beherrscht und nicht zuletzt das ausmerzt, was uns etwa noch an männlicher Kraft übriggeblieben ist, sondern diejenige, in der die Heldentaten erklangen und wie sie die Helden selbst sangen – also nicht Psalterium und Spadix[161], wie sie Mädchen, wenn sie Anstand besitzen, ablehnen müssen, sondern die Kenntnis der musikalischen Gesetzmäßigkeit und Ordnung, die zur Erregung und Besänftigung der Gefühlsregungen von größter Wichtigkeit ist. 32 Hören wir doch von Pythagoras, sein Geheiß, die Flötenspielerin solle ihre Weise auf Spondeen umstellen, habe junge Leute, die sich hatten aufreizen lassen, einem ehrbaren Haus Gewalt anzutun, wieder zur Ordnung gebracht[162], und Chrysipp weist sogar derjenigen Amme, die man den Kindern zum Einwiegen gibt, ein eigenes Lied zu. 33 Es gibt auch einen nicht ohne Geist für Deklamationen erfundenen Stoff, der davon

[161] Psalterium eine Harfenart, Spadix (nach Poll. 4, 59 eine Art kleiner Lyra) in der gebildeten Literatur ignoriert, was gut zu der Erwähnung an unserer Stelle paßt.

[162] Colson zeigt aus der Erwähnung dieser Geschichte bei Boeth. (de Mus. 1, 1), daß sie Quint. wohl aus Ciceros verlorener Schrift ›De consiliis suis‹ hat. Die Spondeen geben der Gesangsweise, wie es an der genannten Stelle heißt, getragene Würde.

ficanti Phrygium cecinerat, acto illo in insaniam et per praecipitia delato accusari, quod causa mortis extiterit: quae si dici debet ab oratore nec dici citra scientiam musices potest, quomodo non hanc quoque artem necessariam esse operi nostro vel iniqui consentient?

34 In *geometria* partem fatentur esse utilem teneris aetatibus: agitari namque animos et acui ingenia et celeritatem percipiendi venire inde concedunt, sed prodesse eam non ut ceteras artis, cum perceptae sint, sed cum discatur, existimant; ea° vulgaris opinio est. 35 nec sine causa summi viri etiam inpensam huic scientiae operam dederunt. nam cum sit geometria divisa in numeros atque formas, numerorum quidem notitia non oratori modo, sed cuicumque [saltem] primis litteris erudito necessaria est. in causis vero vel frequentissime versari solet: in quibus actor, non dico, si circa summas trepidat, set si digitorum saltem incerto aut indecoro gestu a computatione dissensit, iudicatur indoctus. illa vero linearis ratio et ipsa quidem cadit frequenter in causas (nam de terminis mensurisque sunt lites), sed habet maiorem quandam aliam cum arte oratoria cognationem. 37 iam primum ordo est geometriae necessarius: nonne et eloquentiae? ex prioribus geometria probat insequentia et certis incerta: nonne id in dicendo facimus? quid? illa propositarum quaestionem conclusio non fere tota constat syllogismus? propter quod plures invenias, qui dialecticae similem quam qui rhetoricae fateantur hanc artem. verum et orator, etiamsi raro, non tamen numquam probabit dialectice. 38 nam et syllogismis, si res poscet, utetur et certe enthymemate, qui rhetoricus est syllogismus. denique

o) ea *Valla in* **P**: id. id . . . est *del. Radermacher*

ausgeht, ein Flötenspieler habe einem Mann beim Opfer eine phrygische Melodie gespielt. Dadurch sei der Mann um seinen Verstand gebracht worden und habe sich in den Tod gestürzt. Nun wird der Flötenspieler angeklagt, weil er den Tod verursacht habe. Wenn ein Redner dieses Thema behandeln soll, er hierzu aber ohne Kenntnis der Musik außerstande ist, wie können dann selbst übelwollende Kritiker sich noch dem Zugeständnis entziehen, auch diese Kunst sei für unser Vorhaben notwendig?

Die Geometrie

34 Die *Geometrie* bildet zugestandenermaßen eine nützliche Aufgabe für das zarte Jugendalter: denn daß sie den Geist in Bewegung setzt, den Scharfsinn entfaltet und dadurch zur schnelleren Auffassung führt, gibt man zu, jedoch glaubt man, sie nütze nicht, wie die anderen Fächer, wenn man sie beherrscht, sondern nur, während sie erlernt wird. 35 Aber nicht ohne Grund haben die bedeutendsten Männer dieser auch ihre volle Kraft gewidmet. Denn von den zwei Bereichen, in die die Geometrie sich gliedert, den Zahlen und den Figuren, ist ja die Kenntnis der Zahlen nicht nur für den Redner, sondern für jeden, der die Anfangsgründe der Bildung besitzt, notwendig. In Prozessen indessen tritt sie gewöhnlich am allerhäufigsten in Erscheinung; denn wenn in ihnen ein Sachwalter – gar nicht zu reden davon, daß er bei den Gesamtzahlen Unsicherheit zeigt – auch nur mit einer ungenauen oder einer unschönen Fingergebärde der Rechnung widerspricht, gilt er als ungebildet. 36 Die Lehre von den Linien indessen kommt zwar auch oft in Prozessen in Betracht – denn es gibt ja die Streitfragen über Grenzen und Vermessungen –, jedoch besitzt sie noch ein andere Art höherer Verwandtschft mit der Redekunst. 37 Da ist gleich das Ordnungsprinzip, das für die Geometrie notwendig ist. Ist es das nicht auch für die Beredsamkeit? Aus dem Vorausgehenden beweist die Geometrie das Folgende und aus dem Gewissen das Ungewisse. Tun wir das nicht auch beim Reden? Ja, besteht die Folgerung aus vorausgesetzten Sätzen nicht fast ganz aus Syllogismen? Deshalb kann man ja häufiger die Ansicht finden, die Geometrie sei der Dialektik ähnlich, als die, sie ähnele der Rhetorik. Indes auch der Redner macht zwar selten, aber doch gelegentlich vom dialektischen Beweis Gebrauch. 38 Denn wenn es die Sache erfordert, wird er Syllogismen verwenden und

probationum quae sunt potentissimae γραμμικαί[p] ἀποδείξεις vulgo dicuntur: quid autem magis oratio quam probationem petit? 39 falsa quoque veris similia geometrica[q] ratione deprendit. fit hoc et in numeris per quasdam, quas ψευδογραφίας vocant, quibus pueri ludere solebamus. sed alia maiora sunt. nam quis non ita proponenti credat: 'quorum locorum extremae lineae eandem mensuram colligunt, eorum spatium quoque, quod iis lineis continetur, par sit necesse est?' 40 at id falsum est: nam plurimum refert, cuius sit formae ille circuitus, reprehensique a geometris sunt historici, qui magnitudinem insularum satis significari navigationis ambitu crediderunt. nam ut quaeque forma perfectissima, ita capacissima est. 41 ideoque illa circumcurrens linea, si efficiet orbem, quae forma est in planis maxime perfecta, amplius spatium complectetur, quam si quadratum paribus oris efficiat, rursus quadrata triangulis, triangula ipsa plus aequis lateribus quam inaequalibus. sed alia forsitan obscuriora: 42 nos facillimum etiam imperitis sequamur experimentum. iugeri mensuram ducentos et quadraginta longitudinis pedes esse dimidioque in latitudinem patere, non fere quisquam est qui ignoret, et qui sit circuitus et quantum campi claudat, colligere expeditum. 43 at centeni et octogeni in quamque partem pedes idem spatium extremitatis, sed multo amplius clusae quattuor lineis areae faciunt. id si computare quem piget, brevioribus numeris idem discat. nam deni in quadram pedes quadraginta per oram, intra centum erunt. at si quini deni per latera, quini in fronte sınt, ex illo

p) γραμμικαί *Regius* (grammice *Valla in* **P**): grammaticae
q) geometrica *Christ:* geometria

jedenfalls das Enthymem, das ja ein rhetorischer Syllogismus ist[163]. Schließlich heißen die stärksten Beweise allgemein die γραμμικαὶ ἀποδείξεις (Beweisführung mittels Zeichnung). Was aber sucht die Rede eher als den Beweis? 39 Auch Falsches, das den Anschein von Wahrheit hat, weiß die Geometrie durch methodische Überlegung zu enthüllen. Auch bei den Zahlen geschieht das, und zwar durch die sogenannten ψευδογραφίαι, mit denen wir als Kinder zu spielen pflegten[164]. Doch anderes ist wichtiger. Denn wer würde nicht dem folgenden Satz Glauben schenken: 'Haben die Flächen umgrenzenden Linien gleiche Länge, so ist die Größe der Flächen, die die Linien einschließen, gleich'. 40 Und doch ist er falsch: denn es kommt sehr darauf an, welche Form die Begrenzungslinien umschließen, und die Historiker, die glaubten, die Größe von Inseln sei hinreichend durch die Länge der Umfahrt bestimmt, haben sich den Tadel der Geometer zugezogen. Denn je vollkommener eine Form ist, desto mehr faßt sie. 41 Deshalb wird die Umgrenzungslinie, wenn sie einen Kreis bildet, die Form, die in der Ebene die vollkommenste ist, eine größere Fläche umschließen, als wenn sie ein gleichseitiges Viereck bildet, das Viereck wieder eine größere als das Dreieck, unter den Dreiecken das gleichseitige eine größere als das ungleichseitige. 42 Doch da mag manches etwas dunkel bleiben. Wir wollen deshalb ein Beispiel nehmen, das auch den Unerfahrenen ganz leicht verständlich ist. Daß ein Joch 240 Fuß in der Länge und halb soviel in der Breite mißt, wird wohl kaum jemandem unbekannt sein, und es ist leicht zu errechnen, wie groß der Umfang und der Flächeninhalt ist. 43 Nun bilden 180 Fuß nach jeder Seite denselben Umfang, jedoch einen viel größeren Flächeninhalt, der von den vier Linien umschlossen wird. Wenn es jemanden verdrießt, das auszurechnen, kann er auch an kleineren Zahlen dasselbe lernen. Denn zehn Fuß im Geviert haben einen Umfang von vierzig Fuß, einen Inhalt von hundert Quadratfuß. Sind es dagegen an den Seiten je fünfzehn, an den Fronten je fünf Fuß,

[163] Das Enthymem unterscheidet sich vom logischen Syllogismus vor allem dadurch, daß es die Prämissen nur auf Wahrscheinlichkeit gründet und sich nicht an die drei Gedankenschritte des logischen Schlusses bindet. Quint. bespricht es im 5. Buch Kap. 14 ausführlich.

[164] Der Beschäftigung mit den dialektischen Trugschlüssen entspricht die mit mathematischen 'Scheinbeweisen'. Wie diese im mathematischen Anfangsunterricht aussahen, läßt sich aus der knappen Andeutung an unserer Stelle nicht entnehmen.

quod amplectuntur quartam deducent eodem circumductu. 44 si vero porrecti utrimque undeviceni singulis distent, non plures intus quadratos habebunt, quam per quot longitudo ducetur: quae circumibit autem linea, eiusdem spatii erit, cuius ea, quae centum continet. ita quidquid formae quadrati detraxeris, amplitudini quoque peribit. 45 ergo etiam id fieri potest, ut maiore circuitu minor loci amplitudo cludatur. haec in planis; nam in collibus vallibusque etiam imperito patet plus soli esse quam caeli. 46 quid quod se eadem geometria tollit ad rationem usque mundi? in qua, cum siderum certos constitutosque cursus numeris docet, discimus nihil esse inordinatum atque fortuitum: quod ipsum nonnumquam pertinere ad oratorem potest. 47 an vero, cum Pericles Athenienses solis obscuratione territos redditis eius rei causis metu liberavit, aut cum Sulpicius ille Gallus in exercitu L. Pauli de lunae defectione disseruit, ne velut prodigio divinitus facta militum animi terrerentur, non videtur esse usus oratoris officio? 48 quod si Nicias in Sicilia scisset, non eodem confusus metu pulcherrimum Atheniensium exercitum perdidisset: sicut Dion, cum ad destruendam Dionysii tyrannidem venit, non est tali casu deterritus. sint extra licet usus bellici, transeamusque, quod Archimedes unus obsidionem Syracusarum in longius traxit: 49 illud utique iam proprium ad efficiendum quod intendimus, plurimas quaestiones, quibus difficilior alia ratione explicatio est, ut de ratione dividendi[r], de sectione in infinitum, de celeritate augenda, linearibus illis probationibus solvi solere, ut, si est oratori, quod proximus demonstrabit liber, de omnibus rebus dicendum, nullo modo sine geometria esse possit orator.

r) dividendi **P**: videndi **B** vivendi **A**

so umschließen sie bei gleichem Umfang ein Viertel weniger Flächeninhalt (als das Zehn-Fuß-Quadrat). 44 Wenn aber die Seiten in der Länge zu je neunzehn Fuß bei einem Fuß Zwischenraum gedehnt werden, so werden sie nur so viel Quadratfuß haben, wie die Seitenlänge beträgt: die Umfangsstrecke aber wird genauso lang sein wie die, die hundert Quadratfuß enthält. Was man so der Quadratform wegnimmt, wird auch dem Flächeninhalt verlorengehen. 45 Also kann es auch geschehen, daß von einem größeren Umfang ein kleinerer Flächeninhalt umschlossen wird. Das gilt in der Ebene. Denn bei Hügeln und Tälern ist es auch dem Unkundigen klar, daß die Bodenfläche größer ist als die Himmelsfläche. 46 Nun erhebt sich dieselbe Geometrie gar bis zur Berechnung der Weite des Kosmos! Hierbei lernen wir, wenn sie mit Zahlen die sicher und fest stehenden Umlaufbahnen der Gestirne lehrt, daß es nichts gibt, was ohne Ordnung und nur zufällig ist: das kann manchmal auch dem Redner zustatten kommen. 47 Oder hat etwa nicht Perikles, als er die Athener, die durch eine Sonnenfinsternis erschreckt waren, dadurch, daß er ihnen deren Ursache angab, von der Furcht befreit, hat etwa nicht der bekannte Sulpicius Gallus damals, als er im Heere des L. Paulus über die Mondfinsternis sprach[165], damit sich die Soldaten nicht wie durch ein göttliches Vorzeichen schrecken ließen, dabei offenbar die Aufgabe eines Redners erfüllt? 48 Hätte das Nikias in Sizilien gewußt, hätte er nicht, von derselben Furcht verwirrt, ein herrliches Heer der Athener verloren[166]: so wie Dion, als er heranzog, um die Tyrannis des Dionys zu stürzen, sich nicht durch ein solches Ereignis abschrecken ließ. Mag man solche Verwendungen im Krieg für außerhalb unserer Zuständigkeit halten, und übergehen wir auch die Tatsache, daß der eine Archimedes die Belagerung von Syrakus so lange hingehalten hat, 49 so ist die Feststellung jedenfalls unmittelbar geeignet, unsere Absicht zu erreichen, daß sehr viele Fragen, die sich auf andere Weise nur schwer erklären lassen, etwa die über das Prinzip der Teilung, die Zerlegung ins Unendliche, die Beschleunigung, mit Hilfe der geometrischen Beweise sich in der Regel lösen lassen, so daß, wenn der Redner, wie im nächsten Buch gezeigt werden wird, über alle Dinge reden muß, keinesfalls ohne Geometrie ein Redner möglich ist.

[165] vgl. Liv. 44, 37 und Val. Max. 8, 11, 1.
[166] Thuk. 7, 50f.

XI.

1 Dandum aliquid comoedo quoque, dum eatenus, qua pronuntiandi scientiam futurus orator desiderat. non enim puerum, quem in hoc instituimus, aut femineae vocis exilitate frangi volo aut seniliter tremere. 2 nec vitia ebrietatis effingat nec servili vernilitate imbuatur nec amoris, avaritiae, metus discat adfectum: quae neque oratori sunt necessaria et mentem praecipue in aetate prima teneram adhuc et rudem inficiunt; nam frequens imitatio transit in mores. 3 ne gestus quidem omnis ac motus a comoedis petendus est. quamquam enim utrumque eorum ad quendam modum praestare debet orator, plurimum tamen aberit a scaenico, nec vultu nec manu nec excursionibus nimius. nam si qua in his ars est dicentium, ea prima est, ne ars esse videatur.

4 Quod est igitur huius doctoris officium? in primis vitia si qua sunt oris emendet, ut expressa sint verba, ut suis quaeque litterae sonis enuntientur. quarundam enim vel exilitate vel pinguitudine nimia laboramus, quasdam velut acriores parum efficimus et aliis non dissimilibus, sed quasi hebetioribus permutamus. 5 quippe et rho litterae, qua Demosthenes quoque laboravit, labda succedit, quarum vis est apud nos quoque, et cum *c* ac similiter *g* non evaluerunt, in *t* ac *d* molliuntur[s]. 6 ne illas quidem circa *s* litteram delicias hic magister feret, nec verba in faucibus patietur audiri nec oris inanitate resonare nec, quod minime sermoni puro conveniat, simplicem vocis naturam pleniore quodam sono circumliniri[t], quod Graeci καταπεπλασμένον dicunt: 7 sic appellatur cantus tibiarum, quae praeclusis, quibus

s) c ac similiter t . . . in g ac d molliuntur *Baiter*
t) circumliniri *Julius Victor:* circumlinire

ELFTES KAPITEL

Die erste Bekanntschaft mit Vortrag und Gebärdenspiel

1 Auch dem Komödienschauspieler muß man an der Knabenerziehung etwas Anteil geben, jedoch nur so weit, wie es die Vortragstechnik für den künftigen Redner verlangt. Denn keineswegs soll der Knabe, mit dessen Unterweisung wir beschäftigt sind, je mit dünner Weiberstimme unmännlich säuseln oder wie ein Greis zittern. 2 Auch ahme er nicht die Sprachfehler nach, die die Trunkenheit zeigt, noch lasse er seine Sprache vom Ton des Sklavengesindes beeinflussen oder lerne, den Gefühlston des Verliebten, Habgierigen und Angsthasen zu treffen: das ist für einen Redner nicht nötig und birgt gerade in dem frühen, noch unerfahrenen Jugendalter die Gefahr der Ansteckung in sich; denn häufige Nachahmung färbt auf die Sitten ab. 3 Auch Gebärdenspiel und Bewegung ist nicht in allem der Komödie abzulernen. Wenn nämlich auch der Redner beides in gewissem Umfang beherrschen muß, so bleibt er doch weit entfernt von der Art der Bühne, bleibt ohne die Übertreibungen im Mienenspiel, die Gestikulationen und Veränderungen des Standortes; denn wenn es hierfür bei den Redenden einer Kunst bedarf, so vor allem der, nicht als Kunst zu erscheinen!

4 Was hat also hier der Lehrer zu leisten? Vor allem hat er gegebenenfalls Fehler in der Aussprache zu verbessern, daß die Worte deutlich geformt und jeder Buchstabe mit seinem richtigen Klang ausgesprochen werde. Denn einige von ihnen machen uns zu schaffen, weil sie zu schwach oder zu breit herauskommen, manche bilden wir gleichsam nicht scharf genug und vertauschen sie mit anderen Lauten, die ganz ähnlich, aber gleichsam dumpfer klingen. 5 So tritt ja auch an die Stelle des Rho, das auch dem Demosthenes zu schaffen machte, das Lambda – beide lauten auch im Lateinischen so –, und wenn das *c* und ähnlich das *g* nicht kräftig artikuliert werden, verschwimmen sie zu *t* und *d*. 6 Selbst die gezierte Art, mit dem *s* umzugehen, wird unser Lehrer nicht durchgehen lassen, auch nicht dulden, daß Worte in der Kehle erklingen oder im hohlen Mund widerhallen, auch nicht, was sich in reiner Sprache am wenigsten schickt, daß ein von Natur einfacher Laut eine Art vollerer Tönung erhält und dadurch so geschmiert wirkt, was im Griechischen καταπεπλασμένον heißt: 7 so nennt man ja die Flötenmelodie, wenn alle Öffnungen, die helle

clarescunt, foraminibus, recto modo exitu graviorem spiritum reddunt. 8 curabit etiam, ne extremae syllabae intercidant, ut par sibi sermo sit, ut, quotiens exclamandum erit, lateris conatus sit ille, non capitis, ut gestus ad vocem, vultus ad gestum adcommodetur. 9 observandum erit etiam, ut recta sit facies dicentis, ne labra detorqueantur, ne inmodicus hiatus rictum distendat, ne supinus vultus, ne deiecti in terram oculi, ne inclinata utrolibet cervix. 10 nam frons pluribus generibus peccat. vidi multos, quorum supercilia ad singulos vocis conatus adlevarentur, aliorum constricta, aliorum etiam dissidentia, cum altero in verticem tenderent, altero paene oculus ipse premeretur. 11 infinitum autem, ut mox dicemus, in his quoque rebus momentum est, et nihil potest placere quod non decet.

12 Debet etiam docere comoedus, quomodo narrandum, qua sit auctoritate suadendum, qua concitatione consurgat ira, qui flexus deceat miserationem. quod ita optime faciet, si certos ex comoediis elegerit locos et ad hoc maxime idoneos, id est actionibus similes. 13 idem autem non ad pronuntiandum modo utilissimi, verum ad augendam quoque eloquentiam maxime accommodati erunt. 14 et haec, dum infirma aetas maiora non capiet: ceterum cum legere orationes oportebit, cum virtutes earum iam sentiet, tum mihi diligens aliquis ac peritus adsistat neque solum lectionem formet, verum ediscere etiam electa ex iis cogat et ea dicere stantem clare et quem ad modum agere oportebit, ut protinus pronuntiationem, vocem, memoriam exerceat.

15 Ne illos quidem reprehendendos puto, qui paulum etiam palaestricis vacaverunt. non de iis loquor, quibus pars vitae in oleo, pars in

Töne geben, verschlossen werden und das Instrument nur aus dem direkten Ausgang tiefer angeblasen wird. 8 Der Lehrer wird auch dafür sorgen, daß die Endsilben nicht wegfallen, ferner, daß die Sprache gleichmäßig klingt, daß, wenn ein Ausruf erklingen soll, dies mit Bruststimme, nicht mit Kopfstimme geschieht sowie daß die Gebärde zur Stimme und das Mienenspiel zur Gebärde paßt. 9 Es gilt auch darauf zu achten, daß das Gesicht des Sprechenden natürlich wirkt, die Lippen sich nicht verzerren, keine unmäßige Mundöffnung aufklafft, weder das Gesicht nach oben, noch die Augen zur Erde gerichtet werden und sich der Nacken nicht beliebig nach einer Seite biegt. 10 Denn mit der Stirnpartie werden verschiedene Arten von Fehlern begangen: ich habe viele Redner gesehen, die die Brauen bei jeder Artikulation hochzogen, andere, die sie zusammenzogen, wieder andere, die sie sogar getrennt behandelten, die eine zum Scheitel hoch, die andere fast über das Auge herabgezogen. 11 Wie wir später zeigen werden[167], liegt auch in diesen Dingen eine kaum recht abschätzbare Wichtigkeit, und nichts kann gefallen, was sich nicht in den Grenzen des Schicklichen hält.

12 Auch muß der Schauspieler lehren, wie man erzählen, wie man der Überredung das Gewicht persönlicher Überzeugung geben soll, wie in der Erregung der Zorn ausbrechen, wie der Ton sich beim Klagen schmiegen soll. Das wird am besten geschehen, wenn der Lehrer aus den Komödien bestimmte, hierfür besonders geeignete Stellen auswählt, Stellen also, die Prozeßreden ähnlich sind. 13 Diese Stellen werden nicht nur für den Vortrag sehr nützlich sein, sondern auch sehr geeignet, die Beredsamkeit zu steigern – 14 und das schon dann, wenn das Jugendalter die höheren rhetorischen Gesichtspunkte noch nicht erfassen kann. Wenn der Schüler aber erst Reden lesen kann, wenn er schon ein Gefühl für ihre Qualität hat, dann wünsche ich mir für ihn einen sorgfältigen, erfahrenen Helfer, der nicht nur das Lesen überwacht, sondern ihn auch zwingt, ausgewählte Stellen auswendig zu lernen und sie stehend klar und deutlich wie beim wirklichen Vortrag zu sprechen, so daß er gleich Vortrag, Stimme und Gedächtnis übt.

15 Ich habe auch durchaus nichts daran auszusetzen, wenn man ein wenig Zeit für die Lehrer in der Ringschule frei gehalten hat. Ich meine freilich nicht Leute, deren Leben sich zur

[167] s. o. B. 11 Kap. 3.

vino consumitur, qui corporum cura mentem obruerunt (hos enim abesse ab eo, quem instituimus, quam longissime velim): 16 sed nomen est idem iis, a quibus gestus motusque formantur, ut recta sint bracchia, ne indoctae, rusticae manus, ne status indecorus, ne qua in proferendis pedibus inscitia, ne caput oculique ab alia corporis inclinatione dissideant. 17 nam neque haec esse in parte pronuntiationis negaverit quisquam neque ipsam pronuntiationem ab oratore secernet: et certe, quod facere oporteat, non indignandum est discere, cum praesertim haec *chironomia*, quae est (in nomine ipso declaratur) lex gestus, et ab illis temporibus heroicis orta sit et a summis Graeciae viris atque ipso etiam Socrate probata, a Platone quoque in parte civilium posita virtutum, et Chrysippo in praeceptis de liberorum educatione compositis non omissa. 18 nam Lacedaemonios quidem etiam saltationem quandam tamquam ad bella quoque utilem habuisse inter exercitationes accepimus. neque id veteribus Romanis dedecori fuit: argumentum est sacerdotum nomine ac religione durans ad hoc tempus saltatio et illa in tertio Ciceronis de Oratore libro verba Crassi, quibus praecipit, ut orator utatur 'laterum inclinatione forti ac virili non a scaena et histrionibus, sed ab armis aut etiam a palaestra'. cuius disciplinae usus in nostram usque aetatem sine reprehensione descendit. 19 a me tamen nec ultra pueriles annos retinebitur nec in his ipsis diu. neque enim gestum oratoris componi ad similitudinem saltationis volo, sed subesse aliquid ex hac exercitatione puerili, unde nos non id agentis furtim decor ille discentibus traditus prosequatur[u].

u) prosequatur *edd. vett.:* persequatur

Hälfte in Öl (beim Sport), zur Hälfte in Wein verzehrt, die durch die Sorge um den Leib den Geist erstickt haben – denn solche Leute sollten dem Knaben, den wir heranbilden, so fern wie möglich bleiben. 16 Jedoch heißen so ja auch die Lehrer, die die Gebärden und Bewegungen des Körpers ausbilden, daß man die Arme richtig hält, die Hände nicht plump und bäuerisch bewegt, sich in schöner Haltung hinstellt, wohl weiß, wie man die Füße vorzusetzen hat und wie Kopf und Augen von der Neigung des übrigen Körpers nicht abweichen. 17 Denn niemand könnte bestreiten, daß dies zum Gebiet des Vortrags gehört, der Vortrag selbst läßt sich vom Redner nicht trennen; jedenfalls darf man es sich nicht verdrießen lassen zu lernen, was hierzu gehört, zumal diese *Chironomie* als Gebärdenregelung, wie es das Wort besagt, schon seit der Heroenzeit besteht, den Beifall der bedeutendsten Männer Griechenlands und selbst eines Sokrates gefunden hat, auch von Plato zum Bereich der Tugenden des rechten Bürgers gerechnet und von Chrysipp in seine Anweisungen zur Kindererziehung nicht übergangen worden ist. 18 Haben doch, wie wir hören, die Spartaner sogar eine Form des Tanzes als eine auch zur kriegerischen Ertüchtigung nützliche Betätigung in ihre Übungen einbezogen. Auch den alten Römern galt es nicht als Schande. Beweis hierfür ist der bis zu unserer Zeit erhaltene Tanz, nach dem die betreffende Priesterschaft mit ihrem Kult heißt[168], sowie auch die Worte des Crassus im dritten Buch von Ciceros ›De oratore‹, wo er die Vorschrift gibt[169], der Redner solle ‘seinen Rumpf kräftig und männlich vorwärts beugen – nicht wie es auf der Bühne und bei den Schauspielern, sondern wie es beim Fechten und auch in der Ringschule sich findet’. Die Übung in dieser Zucht geht, ohne je Anstoß zu erregen, bis in unsere Zeit. 19 Dennoch möchte ich den Knaben dabei nicht über die Kinderjahre hinaus festhalten, und auch in diesen nicht lang. Denn ich will ja nicht, daß die Gebärde des Redners sich zu einer Art Tanz gestaltet, sondern nur, daß aus dieser Kinderübung noch etwas erhalten bleibt, was uns, auch wenn wir es nicht bewußt betreiben, unvermerkt als Spur jener damals erworbenen tänzerischen Anmut begleitet.

[168] die Salier (‘Tänzer’).

[169] De orat. 3, 59, 220.

XII.

1 Quaeri solet, an, etiamsi discenda sint haec, eodem tempore tamen tradi omnia et percipi possint. negant enim quidam, quia confundatur animus ac fatigetur tot disciplinis in diversum tendentibus, ad quas nec mens nec corpus nec dies ipse sufficiat, et, si maxime patiatur hoc aetas robustior, pueriles annos onerari non oporteat. 2 sed non satis perspiciunt, quantum natura humani ingenii valeat, quae ita est agilis ac velox, sic in omnem partem, ut ita dixerim, spectat, ut ne possit quidem aliquid agere tantum unum, in plura vero non eodem die modo, sed eodem temporis momento vim suam intendat. 3 an vero citharoedi non simul et memoriae et sono vocis et plurimis flexibus serviunt, cum interim alios nervos dextra percurrunt, alios laeva trahunt, continent, praebent, ne pes quidem otiosus certam legem temporum servat, et haec pariter omnia? 4 quid? nos agendi subita necessitate deprensi nonne alia dicimus, alia providemus, cum pariter inventio rerum, electio verborum, compositio, gestus, pronuntiatio, vultus, motus desiderentur? quae si velut sub uno conatu tam diversa parent simul, cur non pluribus curis horas partiamur? cum praesertim reficiat animos ac reparet varietas ipsa, contraque sit aliquanto difficilius in labore uno perseverare. ideo et stilus lectione requiescit, et ipsius lectionis taedium vicibus levatur. 5 quamlibet multa egerimus, quodam tamen modo recentes sumus ad id, quod incipimus. quis non optundi possit, si

ZWÖLFTES KAPITEL

Soll man in der frühen Jugend mehrere Fächer gleichzeitig lernen?

1 Gewöhnlich erhebt sich hier die Frage, ob denn, auch wenn man alles dies lernen müsse, alles zur gleichen Zeit gelehrt und aufgenommen werden könne. Manche nämlich leugnen es: der Geist werde verwirrt und ermüdet durch die vielen Fächer mit ihren verschiedenen Zielen, deren weder der Geist noch der Körper, ja selbst die Zeit des Tages nicht Herr werden könne und mit denen man, selbst wenn eine kräftigere Altersstufe es aushielte, doch die Kinderjahre nicht belasten dürfe. 2 Doch dieser Einwand rechnet nicht genügend mit der Kraft, die das Wesen des menschlichen Geistes ausmacht, der so rege und behende ist, so wendig – möchte ich sagen – in jeder Richtung, daß er es gar nicht vermöchte, nur eine einzige Tätigkeit gesondert zu verrichten, vielmehr auf mehrere nicht nur am gleichen Tag, sondern im gleichen Augenblick seine Kraft richtet. 3 Haben nicht die Sänger, die sich auf der Kithara begleiten, mit ihrem Gedächtnis zu tun und dem Klang ihrer Stimme und den zahlreichen Modulationen, während sie dabei mit der Rechten über eine Anzahl Saiten hinfahren, andere Saiten mit der Linken spannen, lockern und klingen lassen und dabei auch den Fuß nicht untätig lassen, der den Takt im Gleichmaß behält – und das alles im gleichen Vorgang? 4 Ja, auch wenn wir plötzlich vor der Notwendigkeit stehen, einen Fall zu vertreten, sprechen wir dann nicht auch einen Gedanken aus, während wir schon den nächsten vorbereiten, wobei uns gleichzeitig stoffliche Erfindung, Wortwahl, Wortfügung, Gebärde, Vortrag, Mienenspiel und Körperbewegung in Anspruch nehmen? Wenn das alles gleichsam in einem Ansatz, trotz seiner Verschiedenheit zugleich uns zu Gebote steht, warum sollen wir dann nicht unsere Stunden zwischen mehreren Gegenständen teilen, die uns wichtig sind? Zumal gerade die Abwechslung unseren Geist erfrischt und entspannt, während es umgekehrt manchmal schwer ist, bei einer Arbeit auszuhalten. Deshalb kommt auch der Griffel während des Lesens zum Ausruhen, und der Überdruß, der sich auch beim Lesen einstellt, legt sich, wenn wir wieder abwechseln. 5 Mögen wir noch so vielerlei betreiben, wir sind doch in gewisser Weise immer wieder frisch bei dem, was wir gerade anfangen. Wer aber muß nicht abgestumpft werden, wenn er einen ganzen Tag hindurch in ir-

per totum diem cuiuscumque artis unum magistrum ferat? mutatione recreabitur sicut in cibis, quorum diversitate reficitur stomachus et pluribus minore fastidio alitur. 6 aut dicant isti mihi, quae sit alia ratio discendi. grammatico soli deserviamus, deinde geometrae[v] tantum, omittamus interim quod didicimus? mox transeamus ad musicum, excidant priora? et cum Latinis studebimus litteris, non respiciamus ad Graecas? ut semel finiam, nihil faciamus nisi novissimum? 7 cur non idem suademus agricolis, ne arva simul et vineta et oleas et arbustum colant? ne pratis et pecoribus et hortis et alvearibus avibusque accommodent curam? cur ipsi aliquid forensibus negotiis, aliquid desideriis amicorum, aliquid rationibus domesticis, aliquid curae corporis, nonnihil voluptatibus cotidie damus? quarum nos una res quaelibet nihil intermittentis fatigaret: adeo facilius est multa facere quam diu.

8 Illud quidem minime verendum est, ne laborem studiorum pueri difficilius tolerent; neque enim ulla aetas minus fatigatur. mirum sit forsitan, sed experimentis deprendas; nam et dociliora sunt ingenia, priusquam obduruerunt. 9 id vel hoc argumento patet, quod intra biennium, quam verba recte formare potuerunt, quamvis nullo instante omnia fere loquuntur: at noviciis nostris per quot annos sermo Latinus repugnat! magis scias, si quem iam robustum instituere litteris coeperis, non sine causa dici παιδομαθεῖς eos, qui in sua quidque arte optime faciant. 10 et patientior est laboris natura pueris quam iuvenibus. videlicet ut corpora infantium nec casus, quo in terram totiens deferuntur, tam graviter adfligit nec illa per manus et genua reptatio nec post breve tempus continui lusus

v) geometre **P**: geometri **AB** (geomet’)

gendeinem Fach einen einzigen Lehrer aushalten soll? Die Abwechslung belebt dann wieder neu, wie bei dem Essen die verschiedenen Speisen den Magen neu anregen und die Ernährung bei einer Mehrzahl von Gerichten weniger leicht Widerwillen weckt. 6 Oder aber mögen die Gegner mir sagen, wie denn sonst das Lernen vor sich gehen soll. Sollen wir uns nur dem Grammatiklehrer widmen, dann nur dem Geometrielehrer und in der Zwischenzeit vergessen, was wir gelernt haben? Dann zum Musiklehrer übergehen und wieder das Vorhergehende auslöschen? Und wenn wir uns mit lateinischer Literatur beschäftigen, auf die griechische nicht mehr achten? Mit einem Wort: sollen wir immer nur das Letzte tun? 7 Warum geben wir dann nicht auch den Bauern diesen Rat, ihre Felder und Weinberge, Olivenhaine und Baumstücke nicht zu gleicher Zeit zu bestellen? Nicht ihre Fürsorge den Wiesen und dem Vieh, den Gärten, Immenstöcken und dem Geflügel angedeihen zu lassen, warum lassen wir von unserer Zeit etwas der Tätigkeit auf dem Forum, etwas den Bedürfnissen der Freunde, einen Teil der Verwaltung des Vermögens, etwas der Körperpflege, ein gut Teil täglich auch äußerem Vergnügen zukommen? Hierbei würde uns jede einzelne Tätigkeit, wenn wir sie ununterbrochen betrieben, erschöpfen: soviel leichter ist es, vielerlei zu verrichten als auf die Dauer einerlei!

8 Die Sorge jedenfalls ist am allerwenigsten begründet, die Knaben wären der Anstrengung der Studien nicht gewachsen; denn keine Altersstufe kennt weniger Erschöpfung. Das mag erstaunen, aber die Erfahrung kann es lehren; denn der Geist ist dann noch empfänglicher, bevor er seine volle Stärke erreicht. 9 Beweis hierfür ist schon, daß binnen zweier Jahre die Kinder, sobald sie die Wortbildung richtig beherrschen, ohne äußeren Zwang fast alles sprechen; wie viele Jahre widersetzt sich dagegen den Bemühungen unserer frisch aus dem Ausland kommenden Sklaven die lateinische Sprache! Noch eindringlicher kann man, wenn man einem schon erwachsenen Menschen literarische Bildung beizubringen versucht hat, die Erfahrung machen, daß nicht ohne Grund diejenigen παιδομαθεῖς (jung gelernt) heißen, die es in ihrer Kunst am weitesten gebracht haben. 10 Ferner halten Knaben von Natur leichter Anstrengungen aus als junge Leute: nimmt ja doch auch kindliche Körper weder das Hinfallen, wodurch sie so oft mit dem Boden Bekanntschaft machen, so schwer mit noch das Kriechen auf Händen und Knien noch das bald folgende andauernde Spielen und das Herumlaufen den ganzen Tag hindurch,

et totius diei discursus, quia pondus illis abest nec se ipsi gravant: sic animi quoque, credo, quia minore conatu moventur nec suo nisu studiis insistunt, sed formandos se tantummodo praestant, non similiter fatigantur. 11 praeterea secundum aliam aetatis illius facilitatem velut simplicius docentis sequuntur nec quae iam egerint metiuntur: abest illis adhuc etiam laboris iudicium. porro ut frequenter experti sumus, minus adficit sensus fatigatio quam cogitatio.

12 Sed ne temporis quidem umquam plus erit, quia his aetatibus omnis in audiendo profectus est. cum ad stilum secedet, cum generabit ipse aliquid atque componet, tum incohare haec studia vel non vacabit vel non libebit. 13 ergo cum grammaticus totum occupare diem non possit nec debeat, ne discentis animum taedio avertat, quibus potius studiis haec temporum velut subsiciva donabimus? 14 nam nec ego consumi studentem in his artibus volo: nec moduletur aut musicis notis cantica excipiat, nec utique ad minutissima usque geometriae opera descendat. non comoedum in pronuntiando nec saltatorem in gestu facio: quae si omnia exigerem, suppeditabat tamen tempus; longa est enim, quae discit, aetas, et ego non de tardis ingeniis loquor. 15 denique cur in his omnibus, quae discenda oratori futuro puto, eminuit Plato? qui non contentus disciplinis, quas praestare poterant Athenae, non Pythagoreorum, ad quos in Italiam navigaverat, Aegypti quoque sacerdotes adiit atque eorum arcana perdidicit.

16 Difficultatis patrocinia praeteximus segnitiae; neque enim nobis operis amor est, nec, quia sit honesta ac rerum pulcherrima eloquentia, petitur ipsa, sed ad vilem[w] usum et sordidum lucrum accingimur. 17 dicant sine his in foro multi et adquirant, dum sit locupletior aliquis sordidae mercis negotiator et plus voci suae

w) vilem **BP**: venalem **A**

weil sie noch nicht so schwer sind und ihr Gewicht ihnen noch keine Last bedeutet; so kennt, glaube ich, auch ihr Geist, weil er sich noch weniger aus eigenem Bemühen regt und noch nicht mit eigenem Nachdruck auf die Studien konzentriert, sondern sich lediglich zur Bildung bereithält, keine gleichartige Erschöpfung wie das spätere Alter. 11 Außerdem folgen die Kinder entsprechend der ihrem Alter gemäßen Behendigkeit in aller Harmlosigkeit dem Lehrer, ohne schon nachzumessen, was sie schon geleistet haben; denn es fehlt ihnen auch noch der Maßstab für Anstrengung. Zudem nimmt gewiß, wie wir immer wieder feststellen konnten, körperliche Ermüdung die Frische unserer sinnlichen Wahrnehmung weniger mit als das eigene Denken.

12 Ja, nicht einmal Zeit wird der Knabe jemals reichlicher haben, weil in seinem Alter aller Fortschritt auf Zuhören beruht. Wenn er erst zum Schreiben sich zurückzieht, wenn er selbst etwas schafft und gestaltet, dann diese Studien zu beginnen, wird er weder Zeit noch Lust haben. 13 Da also der Grammatiklehrer den ganzen Tag nicht in Anspruch nehmen kann noch darf, um nicht den Geist des Schülers durch Überdruß zu übersättigen, welchen Studien werden wir die Zeit, die so als Rest bleibt, am besten widmen? 14 Denn auch ich möchte ja nicht, daß der Schüler in den genannten Künsten aufgehe: weder soll er eigene Weisen modulieren oder Lieder nach Noten wiedergeben noch gar sich bis zu den feinsten Aufgaben der Geometrie versteigen. Ich mache ihn nicht zum Schauspieler im Vortrag und auch nicht zum Tänzer im Gebärdenspiel – wiewohl, selbst wenn ich das alles verlangte, die Zeit hinreichend wäre; denn lang ist die Schulzeit, und ich spreche nicht von trägen Geistern. 15 Warum hat denn schließlich Plato in allen Fächern, die ich den künftigen Redner lernen lassen will, Hervorragendes geleistet? Nicht zufrieden mit dem Wissen, das Athen bieten konnte, nicht mit dem der Pythagoreer, zu denen er nach Italien gefahren war, suchte er auch die Priester Ägyptens auf und machte sich ihre Geheimlehren zu eigen.

16 Die Schwierigkeit schützen wir zur Verteidigung der eigenen Bequemlichkeit vor; denn uns treibt nicht die Liebe zu unserer Aufgabe; nicht weil sie Ehren bringt und das herrlichste Ziel ist, sucht man die Beredsamkeit, sondern zu feilem Gebrauch und schmutzigem Gewinn nehmen wir sie in Beschlag. 17 Mögen viele ohne diese Bildungsgüter auf dem Forum reden und vorankommen, da ja auch reicher wird, wer mit schmutziger Ware seine Geschäfte macht, und der Ausrufer mehr von seiner Stimme

debeat praeco. ne velim quidem lectorem dari mihi, quid studia referant, computaturum. 18 qui vero imaginem ipsam eloquentiae divinam quandam[x] mente conceperit quique illam, ut ait non ignobilis tragicus, 'reginam rerum orationem' ponet ante oculos fructumque non ex stipe advocationum, sed ex animo suo et contemplatione ac scientia petet perpetuum illum nec fortunae subiectum, facile persuadebit sibi, ut tempora, quae spectaculis, campo, tesseris, otiosis denique sermonibus, ne dicam somno et conviviorum mora conteruntur, geometrae potius ac musico inpendat, quanto plus delectationis habiturus quam ex illis ineruditis[y] voluptatibus. dedit enim hoc providentia hominibus munus, ut honesta magis iuvarent. 19 sed nos haec ipsa dulcedo longius duxit. hactenus ergo de studiis, quibus, antequam maiora capiat, puer instituendus est: proximus liber velut novum sumet exordium et ad rhetoris officia transibit.

x) divinam quandam *Stroux:* divina quadam
y) ineruditi *Radermacher*

profitiert. Nicht einmal als Leser wünsche ich mir einen Menschen, der nachrechnet, was ihm seine Studien einbringen werden. 18 Wer aber das eigentliche Bild der Beredsamkeit gleichsam in seiner ganzen Göttlichkeit im Geiste erfaßt hat und es, wie ein bekannter Dichter[170] in einer Tragödie es ausgesprochen, 'als Rede, Königin der Welt' vor Augen stellen und nicht in dem Advokatenlohn, sondern in seinem Geist, seiner Einsicht und Weisheit den dauernden und vom Glück unabhängigen Gewinn suchen will, der wird sich leicht überzeugen, daß er seine Zeit, die er mit Schauspielen, Sport, Spielwürfeln und müßigen Unterhaltungen – nicht zu gedenken des Schlafes und der zeitraubenden Gastmähler – vergeudet, eher dem Geometrie- und Musiklehrer widmet und dabei einen weit höheren Genuß haben wird als bei jenen ungebildeten Vergnügungen. Denn die Vorsehung hat es den Menschen zum Geschenk gemacht, daß edles Tun auch größere Freude in sich trägt. 19 Doch das Thema ist so verlockend, daß es mich zu weit geführt hat. Soviel also nur von den Studien, die der Knabe betreiben soll, ehe er die eigentliche Lehre fassen kann. Das nächste Buch wird gleichsam neu beginnen und zu den Aufgaben des Rhetors übergehen.

[170] Pacuvius vgl. Cic. De orat. 2, 187.

LIBER SECUNDUS

I.

1 Tenuit consuetudo, quae cotidie magis invalescit, ut praeceptoribus eloquentiae, Latinis quidem semper, sed etiam Graecis interim, discipuli serius quam ratio postulat traderentur. eius rei duplex causa est, quod et rhetores utique nostri suas partis omiserunt et grammatici alienas occupaverunt. 2 nam et illi declamare modo et scientiam declamandi ac facultatem tradere officii sui ducunt idque intra deliberativas iudicialisque materias (nam cetera ut professione sua minora despiciunt), et hi non satis credunt excepisse, quae relicta erant (quo nomine gratia quoque iis habenda est), sed ad prosopopoeïas usque et ad suasorias, in quibus onus dicendi vel maximum est, inrumpunt. 3 hinc ergo accidit, ut, quae alterius artis prima erant opera, facta sint alterius novissima, et aetas iam altioribus disciplinis debita in schola minore subsidat ac rhetoricen apud grammaticos exerceat. ita, quod est maxime ridiculum, non ante ad declamandi magistrum mittendus videtur puer quam declamare sciat.

ZWEITES BUCH

ERSTES KAPITEL

Wann soll der Rhetorikunterricht beginnen?

1 Fest hat sich die Gewohnheit eingenistet, die täglich mehr Anklang findet, den Lehrern der Beredsamkeit – den lateinischen wenigstens durchaus, bisweilen aber auch den griechischen – die Schüler später zu übergeben, als es die Sache bei vernünftiger Überlegung verlangt. Hierfür gibt es zwei Gründe: einmal haben die Lehrer der Rhetorik, jedenfalls unsere lateinischen, ihr eigenes Gebiet preisgegeben; sodann haben die Lehrer der Grammatik fremdes Gebiet mit Beschlag belegt. 2 Denn einerseits halten es die Lehrer der Rhetorik nur für ihre Pflicht, Deklamationsübungen zu halten und dabei das Wissen und die Fähigkeit zu deklamieren zu vermitteln, und auch das nur innerhalb der beratenden und gerichtlichen Themen – das übrige verachten sie nämlich als unter der Würde ihres Berufes –; andererseits halten die Grammatiklehrer es nicht für hinreichend, das aufgegriffen zu haben, was die Rhetoriklehrer aufgegeben haben – wofür man ihnen ja dankbar sein muß –, sondern dringen in das Nachbargebiet bis zu den Prosopopoiien und gar bis zu den Suasorien[1] vor, Übungen, die für den Redelehrer schon von größtem Gewicht sind. 3 So kommt es denn, daß aus dem, was in dem einen Fach die Anfangsübungen waren, die Schlußübungen des anderen geworden sind, die Schüler eine Lebenszeit, die schon den höheren Unterrichtsgegenständen zukäme, in der Elementarschule verbringen und Rhetorik bei Grammatiklehrern üben. Es ergibt sich so das ganz lächerliche Bild, daß es so aussieht, als dürfe man einen Jungen nicht zum Deklamationslehrer schicken, ehe er nicht deklamieren kann.

[1] Die Prosopopoiien sind Personifikationen, die als redend einführen, was eigentlich nicht reden kann. Noch weiter in der selbständigen Gestaltungskraft gehen die Suasorien, vollständige Übungsreden in Beratungssituationen. Bemächtigt sich auch dieser Übung der Grammatiklehrer, so bleiben dem Lehrer der Rhetorik nur noch die Übungsvorträge in Prozeßreden (die Kontroversien).

4 Nos suum cuique professioni modum demus: et grammatice, quam in Latinum transferentes *litteraturam* vocaverunt, fines suos norit, praesertim tantum ab hac appellationis suae paupertate, intra quam primi illi constitere, provecta; nam tenuis a fonte adsumptis poetarum historicorumque viribus pleno iam satis alveo fluit, cum praeter rationem recte loquendi non parum alioqui copiosam prope omnium maximarum artium scientiam amplexa sit: 5 et rhetorice, cui nomen vis eloquendi dedit, officia sua non detrectet nec occupari gaudeat pertinentem ad se laborem: quae, dum opere cedit, iam paene possessione depulsa est. 6 neque infitiabor aliquem ex his qui grammaticen profiteantur eo usque scientiae progredi posse, ut ad haec quoque tradenda sufficiat. sed cum id aget, rhetoris officio fungetur, non suo.

7 Nos porro quaerimus, quando iis, quae rhetorice praecipit, percipiendis puer maturus esse videatur. in quo quidem non id est aestimandum, cuius quisque sit aetatis, sed quantum in studiis iam effecerit. et ne diutius disseram, quando sit rhetori tradendus, sic optime finiri credo: cum poterit. sed hoc ipsum ex superiore pendet quaestione. 8 nam si grammatices munus usque ad suasorias[a] prorogatur, tardius rhetore opus est: si rhetor prima officia operis sui non recusat, a narrationibus statim et laudandi vituperandique opusculis cura eius desideratur. 9 an ignoramus antiquis hoc fuisse ad augendam eloquentiam genus exercitationis, ut thesis dicerent et communes locos et cetera[b] citra complexum rerum personarumque, quibus verae fictaeque controversiae continentur?

a) quae sunt apud rhetorem materiae inter rudimenta dicendi: *add.* **A**
b) et cetera *del. Halm*

4 Wir nun wollen jedem Beruf seine angemessene Grenze geben: einerseits soll die Grammatik, die man ins Lateinische als 'litteratura' übertragen hat, ihre Grenzen kennen, zumal sie über die Armut, die sich noch in ihrem Namen ('Buchstabierkunst') zeigt, und über den engen Rahmen, innerhalb dessen sich ihre ersten Vertreter noch gehalten haben, so weit hinausgewachsen ist; denn, von ihrer Quelle her nur ein dünnes Rinnsal, fließt sie, durch die Dichter und Historiker, die sie in sich aufgenommen hat, kraftvoll angewachsen, nunmehr in einem hinreichend angefüllten Flußbett dahin, da sie außer der Kunst, richtig zu sprechen, die ja schon hinreichend Stoff enthält, ein Wissen auf fast allen wichtigen Gebieten der Wissenschaft einschließt. 5 Andererseits soll die Rhetorik, der die Kraft der Rede ihren Namen gegeben hat, ihre Aufgaben nicht verkleinern und sich nicht freuen, daß eine Anstrengung, die zu ihr gehört, ihr von anderer Seite abgenommen wird. Ist sie ja doch, während sie der Mühe ausweicht, schon fast aus ihrem Besitzstand vertrieben worden. 6 Ich will keineswegs leugnen, daß unter den Lehrern, die Grammatik als Fach vertreten, einer so weit in der Wissenschaft kommen kann, daß er imstande ist, auch Gegenstände unseres Faches zu übermitteln. Doch wenn er das tut, wirkt er im Gebiet des Rhetors, nicht im eigenen.

7 Wir fragen weiter, wann denn ein Knabe für die Aufnahme dessen, was die Rhetorik verlangt, reif erscheint. Hierbei kann freilich nicht die Frage als Richtlinie gelten, in welchem Lebensjahr er steht, sondern nur die: was er in seinen Studien schon erreicht hat. Und ohne daß man auf eine längere Erörterung darüber, wann der Knabe in die Hand des Rhetors kommen soll, einzugehen braucht, läßt sich der Zeitpunkt, glaube ich, am besten so bestimmen: 'sobald er es vermag!' Aber gerade dies hängt von der vorhergehenden Frage ab. 8 Denn wenn die Aufgabe der Grammatik bis zu den Suasorien erweitert wird, ist der Rhetor erst später nötig. Wenn aber der Rhetor sich den ersten Aufgaben seines Berufes nicht versagt, wird seine Betreuung schon gleich von den Erzählübungen und kleinen Übungsaufgaben im Loben und Tadeln an verlangt. 9 Wissen wir etwa nicht, daß bei den Alten dies die Art der Übung war zur Steigerung der Beredsamkeit: über allgemeine Themen, Gemeinplätze und all das zu reden, was außerhalb des bestimmten Sach- und Personenzusammenhangs liegt, worauf ja die wirklichen und auch die erfundenen Kontroversien beruhen? Hiernach liegt es doch auf der Hand, welche

ex quo palam est, quam turpiter deserat eam partem rhetorices institutio, quam et primam habuit et diu solam. 10 quid autem est ex his, de quibus supra dixi, quod non cum in alia, quae sunt propria rhetorum, tum certe in illud iudiciale causae genus incidat? an non in foro narrandum est? qua in parte nescio an sit vel plurimum. 11 non laus ac vituperatio certaminibus illis frequenter inseritur? non communes loci, sive qui sunt in vitia derecti, quales legimus a Cicerone compositos, seu quibus quaestiones generaliter tractantur, quales sunt editi a Quinto quoque Hortensio, ut 'sitne parvis argumentis credendum' et 'pro testibus' et 'in testes' in mediis litium medullis versantur? 12 arma sunt haec quodam modo praeparanda semper, ut iis, cum res poscet, utare. quae qui pertinere ad orationem non putabit, is ne statuam quidem incohari credet, cum eius membra fundentur. neque hanc, ut aliqui putabunt, festinationem meam sic quisquam calumnietur, tamquam eum, qui sit rhetori traditus, abducendum protinus a grammaticis putem. 13 dabuntur illis tum quoque tempora sua, neque erit verendum, ne binis praeceptoribus oneretur puer. non enim crescet, sed dividetur qui sub uno miscebatur labor, et erit sui quisque operis magister utilior: quod adhuc optinent Graeci, a Latinis omissum est, et fieri videtur excusate, quia sunt qui labori isti successerint.

II.

1 Ergo cum ad eas in studiis vires pervenerit puer, ut, quae prima esse praecepta rhetorum diximus, mente consequi possit, tradendus eius artis magistris erit. quorum in primis inspici mores oportebit: 2 quod ego non idcirco potissimum in hac parte tractare sum adgres-

Schande es für eine Anleitung zur Rhetorik ist, den Teil preiszugeben, der ihr erster und lange Zeit ihr einziger war. 10 Welche Übung aber unter den oben genannten betrifft nicht andere Bereiche, die der Rhetorik angehören, zumal aber doch gewiß die Gattung der Gerichtsreden? Oder gibt es vor Gericht nichts zu erzählen? Hierauf kommt es doch wohl sogar vor allem an. 11 Wird nicht häufig Lob und Tadel in solche Kämpfe vor Gericht eingeflochten? Gehören nicht Gemeinplätze, solche, die sich gegen Laster richten, wie wir sie bei Cicero lesen, oder solche, in denen Fragen allgemein behandelt werden, wie sie auch Quintus Hortensius veröffentlicht hat, etwa 'ob schwache Argumente Glauben verdienen' oder 'für die Zeugen' sowie 'gegen die Zeugen' mitten ins eigentliche Mark der Prozesse? 12 Waffen sind dies in gewisser Weise, die immer bereit sein müssen, damit man sie, wenn es die Sachlage erfordert, gebrauchen kann. Wenn jemand nicht glaubt, daß dies zur Rede gehört, dann wird er es wohl auch nicht einmal dann glauben, daß mit dem Guß eines Standbildes begonnen wird, wenn seine Glieder schon gegossen werden. Auch möge niemand die von mir empfohlene Hast – wofür es manche halten werden – absichtlich so mißdeuten, als glaubte ich, wer in die Hand des Rhetors komme, solle damit gleich den Lehrern der Grammatik entzogen werden. 13 Auch diese werden dann noch ihre Stunden zum Unterrichten erhalten, und es wird nicht zu befürchten sein, daß der Knabe durch zwei Lehrmeister überlastet würde. Denn nicht wachsen wird die Arbeit, die unter einem Lehrer durcheinanderging, sondern geteilt werden, und jeder Lehrer wird so in seinem Fach mehr nützen können. So halten es noch heutzutage die Griechen. Von den lateinischen Rhetoren ist es aufgegeben worden, und eine Entschuldigung hierfür liegt offenbar darin, daß es andere Lehrer gibt, die in dieser Arbeit an ihre Stelle getreten sind.

ZWEITES KAPITEL

Über Lebensgrundsätze und Aufgaben des Lehrers

1 Wenn also der Knabe mit seinen Kräften in den Studien soweit ist, daß er geistig dem folgen kann, was, wie wir gesagt haben, die ersten Lehren der Rhetorik bildet, soll er den Lehrern dieser Kunst übergeben werden. Bei diesen wird man vor allem auf ihre Lebensführung schauen müssen. 2 Diesen Punkt habe ich nicht

sus, quia non in ceteris quoque doctoribus idem hoc examinandum quam diligentissime putem, sicut testatus sum libro priore, sed quod magis necessariam eius rei mentionem facit aetas ipsa discentium. 3 nam et adulti fere pueri ad hos praeceptores transferuntur et apud eos iuvenes etiam facti perseverant, ideoque maior adhibenda tum cura est, ut et teneriores annos ab iniuria sanctitas docentis custodiat et ferociores a licentia gravitas deterreat. 4 neque vero sat est summam praestare abstinentiam, nisi disciplinae severitate convenientium quoque ad se mores adstrinxerit.

Sumat igitur ante omnia parentis erga discipulos suos animum ac succedere se in eorum locum, a quibus sibi liberi tradantur, existimet. 5 ipse nec habeat vitia nec ferat. non austeritas eius tristis, non dissoluta sit comitas, ne inde odium, hinc contemptus oriatur. plurimus ei de honesto ac bono sermo sit; nam quo saepius monuerit, hoc rarius castigabit, minime iracundus, nec tamen eorum quae emendanda erunt dissimulator, simplex in docendo, patiens laboris, adsiduus potius quam inmodicus. 6 interrogantibus libenter respondeat, non interrogantes percontetur ultro. in laudandis discipulorum dictionibus nec malignus nec effusus, quia res altera taedium laboris, altera securitatem parit. 7 in emendando quae corrigenda erunt non acerbus minimeque contumeliosus; nam id quidem multos a proposito studendi fugat, quod quidam sic obiurgant, quasi oderint. 8 ipse aliquid, immo multa cotidie dicat, quae secum auditores referant. licet enim satis exemplorum ad imitandum ex lectione suppeditet, tamen viva illa, ut dicitur, vox alit plenius praecipueque praeceptoris, quem discipuli, si modo

deshalb gerade an dieser Stelle zu behandeln angesetzt, weil ich etwa glaubte, dieselbe Prüfung sei nicht auch bei den andern Lehrern so gewissenhaft wie möglich vorzunehmen, wie ich es ja im vorigen Buch selbst bezeugt habe[2], sondern weil gerade das Alter der Lernenden die Erwähnung dieses Gegenstandes jetzt noch nötiger macht. 3 Denn fast erwachsen übergibt man die Knaben diesen neuen Lehrern, und bei ihnen bleiben sie auch noch, wenn sie zu Jünglingen geworden sind. Deshalb ist dann noch größere Sorgfalt angebracht, damit die Makellosigkeit des Lehrenden das zartere Alter vor Unbill bewahre und auch die Würde seiner Erscheinung die Ungestümeren von mutwilligen Streichen abschrecke. 4 Indes genügt es nicht, selbst die größte Selbstbeherrschung zu zeigen, wenn man nicht durch die Strenge seiner Zucht auch die Sitten derer, die zum Unterricht kommen, zu zügeln versteht.

So nehme der Lehrer vor allen Dingen gegen seine Schüler die Gesinnung eines Vaters an und fühle sich so, als trete er an die Stelle derer, die ihm die Kinder anvertrauen. 5 Selbst darf er weder Laster haben noch dulden. Seine Strenge soll nicht grämlich, seine Freundlichkeit nicht formlos sein, damit nicht aus der einen Haltung Haß, aus der anderen Verachtung erwächst. Immer wieder gelte seine Rede dem Anstand und der Rechtschaffenheit, denn je öfter er warnt, desto seltener wird er strafen; auf keinen Fall sei er jähzornig, jedoch mache er kein Hehl, wo etwas zu verbessern ist; schlicht sei er beim Lehren, gegen Anstrengung abgehärtet, eher beharrlich als ohne Maß in seinen Anforderungen. 6 Auf Fragen soll er bereitwillig Auskunft geben, Frageunlustige seinerseits ausforschen. Mit dem Lob der Vorträge sei er den Schülern gegenüber weder geizig noch verschwenderisch, weil Mißgunst Arbeitsunlust, Verschwendung Selbstzufriedenheit erzeugt. 7 Beim Verbessern dessen, was zu berichtigen ist, meide er beißende Schärfe und vor allem alles Schimpfen; denn das Zanken hat schon viele von ihrem Vorhaben zu studieren abgebracht, weil manche Lehrer so schimpfen, als hätten sie einen Haß auf den Schüler. 8 Auch selbst soll der Lehrer jeden Tag etwas oder besser recht viel darbieten, was die Hörer mit sich heimnehmen können. Denn mag er auch genügend nachahmenswerte Stellen aus der Lektüre bringen, so hat doch das 'lebendige Wort', wie man es nennt, reichere Nährkraft für den Geist – und vor allem das des Lehrers, den die Schüler, wenn sie nur richtig angeleitet wor-

[2] s. o. B. 1, 1, 5.

recte sunt instituti, et amant et verentur. vix autem dici potest, quanto libentius imitemur eos, quibus favemus.

9 Minime vero permittenda pueris, ut fit apud plerosque, adsurgendi exultandique in laudando licentia: quin etiam iuvenum modicum esse, cum audient, testimonium debet. ita fiet ut ex iudicio praeceptoris discipulus pendeat atque id se dixisse recte, quod ab eo probabitur, credat. 10 illa vero vitiosissima, quae iam humanitas vocatur, invicem qualiacumque laudandi cum est indecora et theatralis et severe institutis scholis aliena, tum studiorum perniciosissima hostis: supervacua enim videntur cura ac labor, parata quidquid effuderint laude. 11 vultum igitur praeceptoris intueri tam qui audiunt debent quam ipse qui dicit: ita enim probanda atque inprobanda discernet, sic[c] stilo facultas continget, auditione iudicium. 12 at nunc proni atque succincti ad omnem clausulam non exsurgunt modo, verum etiam excurrunt et cum indecora exsultatione conclamant. id mutuum est et ibi declamationis fortuna. hinc tumor et vana de se persuasio usque adeo, ut illo condiscipulorum tumultu inflati, si parum a praeceptore laudentur, ipsi de illo male sentiant. 13 sed se quoque praeceptores intente ac modeste audiri velint: non enim iudicio discipulorum dicere debet magister, sed discipulus magistri. quin, si fieri potest, intendendus animus in hoc quoque, ut perspiciat quae quisque et quo modo laudet, et placere, quae bene dicet, non suo magis quam eorum nomine delectetur, qui recte iudicabunt.

14 Pueros adulescentibus permixtos sedere non placet mihi. nam etiamsi vir talis, qualem esse oportet studiis moribusque praepositum, modestam habere potest etiam iuventutem, tamen vel infirmitas a robustioribus separanda est et carendum non solum crimine turpitudinis, verum etiam suspicione. haec notanda breviter

c) sic **P** *edd. vett.*: si

den sind, lieben und verehren. Ja, es läßt sich kaum ausdrücken, wieviel lieber wir dem Vorbild derer folgen, denen wir gut sind.

9 Am allerwenigsten ist es den Knaben zu gestatten – was bei sehr vielen geschieht –, beim Beifallspenden unbeherrscht aufzuspringen und zu jubeln. Selbst bei den jungen Leuten soll ja, wenn sie zuhören, die Anerkennung maßvoll bleiben. So wird die Folge sein, daß vom Urteil des Lehrers der Schüler abhängt und vertraut, das richtig vorgetragen zu haben, was die Anerkennung des Lehrers findet. 10 Die ganz verkehrte Form gar, gegenseitig zu loben, was es auch sei, die sich auch noch 'menschliche Nettigkeit' (humanitas) nennt, ist einmal unpassend, ins Theater gehörig und streng geleiteten Schulen fremd, vor allem aber der verderblichste Feind der Studien. Denn überflüssig erscheinen ja Sorgfalt und Anstrengung, wenn für alles, was jemand von sich gibt, das Lob schon im voraus bereit ist. 11 Nach der Miene des Lehrers müssen also ebenso die Zuhörer wie auch der gerade Vortragende selbst blicken; denn so wird er Lobens- und Tadelnswertes unterscheiden; so wird bei der Stilübung (für den Vortragenden) die rechte Fähigkeit sich einstellen, beim Zuhören (für die Zuhörer) das rechte Urteil. 12 Heutzutage dagegen springen sie schon bei jeder Schlußkadenz nicht nur gleich spornstreichs auf, sondern kommen sogar angelaufen und brechen in unpassendes Beifallsgeschrei aus. Und das beruht auf Gegenseitigkeit und macht das Glück des Deklamierenden. Daher die Aufgeblasenheit und die eitle Selbstgefälligkeit, die so weit geht, daß sie, aufgebläht durch das Lärmen der Mitschüler, wenn der Lehrer sie zu wenig loben sollte, auf ihn schlecht zu sprechen sind. 13 Aber auch die Lehrer sollten den Wunsch haben, mit gespannter Aufmerksamkeit und Zurückhaltung gehört zu werden. Denn nicht der Lehrer hat nach dem Urteil seiner Schüler vorzutragen, sondern der Schüler nach dem des Lehrers. Ja, wenn es sich machen läßt, muß der Lehrer auch sein Augenmerk darauf richten, zu durchschauen, was jeweils und wie es gelobt wird; und er soll sich darüber, daß Beifall findet, was er gut vorträgt, nicht so sehr im eigenen Interesse freuen als im Interesse derer, die ein richtiges Urteil haben.

14 Daß die Knaben mit den Jünglingen durcheinandersitzen, gefällt mir nicht. Denn selbst wenn ein Mann von dem Format, wie es für die Leitung der Studien und gesitteten Haltung erforderlich ist, auch die jungen Männer bescheiden und maßvoll halten kann, so soll man doch die noch schwachen Kinder vom kräftigeren Alter trennen, und es soll nicht nur keine Klage wegen Un-

existimavi. 15 nam ut absit ab ultimis vitiis ipse ac schola, ne praecipiendum quidem credo. ac si qui est, qui flagitia manifesta in eligendo filii praeceptore non vitet, iam hinc sciat, cetera quoque, quae ad utilitatem iuventutis conponere conamur, esse sibi hac parte omissa supervacua.

III.

1 Ne illorum quidem persuasio silentio transeunda est, qui, etiam cum idoneos rhetori pueros putaverunt, non tamen continuo tradendos eminentissimo credunt, sed apud minores aliquamdiu detinent, tamquam instituendis artibus magis sit apta mediocritas praeceptoris cum ad intellectum atque imitationem facilior, tum ad suscipiendas elementorum molestias minus superba. 2 qua in re mihi non arbitror diu laborandum, ut ostendam, quanto sit melius optimis imbui, quanta in eluendis quae semel insederint vitiis difficultas consequatur, cum geminatum onus succedentis premat, et quidem dedocendi gravius ac prius quam docendi: 3 propter quod Timotheum clarum in arte tibiarum ferunt duplices ab iis, quos alius instituisset, solitum exigere mercedes, quam si rudes traderentur. error tamen est in re duplex: unus, quod interim sufficere illos minores existimant et bono sane stomacho contenti sunt: 4 quae quamquam est ipsa reprensione digna securitas, tamen esset utcumque tolerabilis, si eius modi praeceptores minus docerent, non peius: alter ille etiam frequentior, quod eos, qui ampliorem dicendi facultatem sint consecuti,

sittlichkeit aufkommen, sondern auch kein Verdacht. 15 Diesen Punkt habe ich nur kurz anzudeuten für gut erachtet. Denn dafür, daß dem Lehrer und seiner Schule die ärgsten Laster fernliegen, bedarf es meines Erachtens nicht erst der Vorschrift. Sollte aber jemand bei der Auswahl des Lehrers für seinen Sohn auf handgreifliche Verstöße gegen die Sittlichkeit nicht achten, so mag er schon hier wissen, daß alles andere, was wir zum Nutzen der Jugend einzurichten versuchen, wenn diese Seite der Erziehung außer acht gelassen wird, für ihn überflüssig ist.

DRITTES KAPITEL

Soll gleich der beste Lehrer genommen werden?

1 Nun darf auch die Überzeugung derer nicht stillschweigend übergangen werden, die, auch wenn sie der Meinung sind, die Knaben seien schon für die Rhetorik reif, doch glauben, man brauche sie nicht gleich dem hervorragendsten Lehrer zu übergeben, sondern könne sie noch eine Weile bei weniger bedeutenden lassen, als ob für die Einführung in die Künste ein mittelmäßiger Lehrmeister eher geeignet sei, einmal weil er leichter zu verstehen und nachzuahmen sei, vor allem aber, weil er sich nicht für zu gut hielte, die Last des Anfangsunterrichtes auf sich zu nehmen. 2 In dieser Frage macht es mir, glaube ich, nicht viel Mühe zu zeigen, wieviel besser es sei, gleich mit dem Besten vertraut zu werden, und wie groß die Schwierigkeit ist, die sich ergibt, wenn Fehler, die sich einmal festgesetzt haben, erst wieder ausgemerzt werden müssen, da auf den späteren Lehrern die doppelte Bürde lastet, wobei die des Umschulens noch lästiger und dringender ist als die des Lehrens. 3 Deshalb soll Timotheus, der im Spiel auf dem Aulos (etwa Oboe) ein berühmter Meister war, gewöhnlich von Schülern, die schon anderen Unterricht genossen hatten, doppelt soviel Honorar verlangt haben wie von richtigen Anfängern. In der (erwähnten) Auffassung liegt indessen ein doppelter Irrtum: zunächst der, daß man glaubt, einstweilen genügten die weniger Bedeutenden, und sich dabei freilich auf einen guten Magen verläßt (der auch weniger Verdauliches bewältigt). 4 Wenn auch diese Zuversicht schon eigentlich Tadel verdient, so wäre sie immerhin erträglich, wenn Lehrer dieser Art nur weniger Bedeutendes lehrten, nicht aber Schlechteres. Der zweite Irrtum, und zwar der häufi-

non putant ad minora descendere, idque interim fieri, quia fastidiant praestare hanc inferioribus curam, interim, quia omnino non possint.
5 ego porro eum, qui nolit, in numero praecipientium non habeo, posse autem maxime, si velit, optimum quemque contendo: primum, quod eum, qui eloquentia ceteris praestet, illa quoque, per quae ad eloquentiam pervenitur, diligentissime, percepisse credibile est,
6 deinde, quia plurimum in praecipiendo valet ratio, quae doctissimo cuique plenissima est, postremo, quia nemo sic in maioribus eminet, ut eum minora deficiant. nisi forte Iovem quidem Phidias optime fecit, illa autem quae in ornamentum operis eius accedunt, alius melius elaborasset, aut orator loqui nesciet aut leviores morbos curare non poterit praestantissimus medicus.

7 Quid ergo? non est quaedam eloquentia maior, quam ut eam intellectu consequi puerilis infirmitas possit? ego vero confiteor: sed hunc disertum praeceptorem prudentem quoque et non ignarum docendi esse oportebit summittentem se ad mensuram discentis, ut velocissimus quoque, si forte iter cum parvulo faciat, det manum et gradum suum minuat, nec procedat ultra quam comes possit.
8 quid? si plerumque accidit, ut faciliora sint ad intellegendum et lucidiora multo, quae a doctissimo quoque dicuntur? nam et prima est eloquentiae virtus perspicuitas, et, quo quis ingenio minus valet, hoc se magis attollere et dilatare conatur, ut statura breves in digitos eriguntur et plura infirmi minantur. 9 nam tumidos et corruptos et tinnulos et quocumque alio cacozeliae genere peccantes certum habeo non virium, sed infirmitatis vitio laborare, ut corpora non robore, sed valetudine inflantur, et recto itinere lassi plerumque devertunt. erit ergo etiam obscurior, quo quisque deterior.

gere, ist der zu glauben, Lehrer, die eine höhere Stufe ihrer Fähigkeiten erreicht hätten, ließen sich nicht zum Elementareren herab, dies bisweilen deshalb, weil sie es verschmähten, ihre Sorgfalt auf das Niedere zu verwenden, bisweilen auch, weil sie das Niedere gar nicht könnten. 5 Ich betrachte nun jemanden, der den Wunsch, die Grundlagen zu lehren, nicht haben sollte, gar nicht als Lehrer, behaupte indessen, daß gerade die besten Meister, wenn sie wollen, es am besten können: erstens, weil es naheliegt zu glauben, daß einer, der an Beredsamkeit die anderen überragt, auch jene Dinge, die zur Beredsamkeit führen, am sorgfältigsten in sich aufgenommen hat; 6 sodann, weil beim Lehren das Grundsätzliche der Lehre entscheidende Bedeutung hat, das dem am besten Ausgebildeten am geläufigsten ist; schließlich, weil niemand auf der höheren Stufe so hervorragend ist, daß ihm die niederen Kenntnisse fehlen können. Es sei denn, Phidias hätte zwar seinen Zeus am besten zustande gebracht, das aber, was ihm zum Schmuck beigegeben sei, hätte ein anderer besser ausgearbeitet, oder ein Redner werde nicht auch sprechen können, oder der berühmteste Arzt werde nicht imstande sein, leichtere Krankheiten zu heilen.

7 Ja, aber gibt es denn nicht eine Stufe der Beredsamkeit, die über das hinausgeht, was das schwache Knabenalter geistig fassen kann? Das gebe ich gern zu – aber unser Meister wird auch ein umsichtiger Lehrer mit großer Unterrichtserfahrung sein müssen, der sich auf die Stufe des Schülers begibt, so wie ein besonders schneller Läufer, wenn er einmal mit einem kleinen Mann unterwegs ist, ihm die Hand gibt, seine Schritte verkürzt und nicht schneller vorwärts geht, als sein Gefährte folgen kann. 8 Wie aber nun gar, wenn es sich – wie meistens – herausstellt, daß das weit leichter verständlich und viel klarer ist, was gerade die geschultesten Meister vortragen? Denn die Haupttugend der Beredsamkeit ist die durchsichtige Klarheit, und je schwächer ein Geist ist, desto mehr sucht er sich zu recken und breitzumachen, wie Leute von kleiner Statur sich auf die Zehen stellen und Schwächlinge am meisten drohen. 9 Bei denen nämlich, die den Fehler des Schwülstigen, Entarteten, des hohlen Geklingels und anderer Arten von Geschmacklosigkeit begehen, bin ich sicher, daß sie nicht an Kraftüberschuß, sondern an Schwäche leiden, wie Körper nicht durch gesunde Kraft, sondern durch Krankheit aufgeschwemmt werden, und wie meist die Erschöpfung zur Abkehr vom rechten Weg führt. So wird also jemand auch um so dunkler, je schwächer er ist.

10 Non excidit mihi, scripsisse me in libro priore, cum potiorem in scholis eruditionem esse quam domi dicerem, libentius se prima studia tenerosque profectus ad imitationem condiscipulorum, quae facilior esset, erigere: quod a quibusdam sic accipi potest, tamquam haec, quam nunc tueor, sententia priori diversa sit. id a me procul aberit; 11 namque ea causa vel maxima est, cur optimo cuique praeceptori sit tradendus puer, quod apud eum discipuli quoque melius instituti aut dicent, quod inutile non sit imitari, aut si quid erraverint, statim corrigentur: at indoctus ille etiam probabit fortasse vitiosa et placere audientibus iudicio suo coget. 12 sit ergo tam eloquentia quam moribus praestantissimus, qui ad Phoenicis Homerici exemplum dicere ac facere doceat.

IV.

1 Hinc iam, quas primas in docendo partis rhetorum putem, tradere incipiam dilata parumper illa, quae sola vulgo vocatur, arte rhetorica: ac mihi opportunus maxime videtur ingressus ab eo, cuius aliquid simile apud grammaticos puer didicerit.

2 Et quia narrationum, excepta qua in causis utimur, tris accipimus[d] species, *fabulam*, quae versatur in tragoediis atque carminibus non a veritate modo, sed etiam a forma veritatis remota, *argumentum*, quod falsum, sed vero simile comoediae fingunt, *historiam*, in qua est gestae rei expositio, grammaticis autem poeticas dedimus: apud

d) accepimus **A**

[3] s. o. B. 1, 2, 26.

10 Mir entgeht es nicht, daß ich im vorigen Buche, als die Rede davon war, die Ausbildung sei in der Schule besser als zu Hause, geschrieben habe[3], die Anfangsstudien und zaghaften Fortschritte nähmen sich lieber die Mitschüler zum Vorbild, das sich leichter nachahmen lasse. Das kann von manchen so aufgefaßt werden, als wiche die Meinung, die ich jetzt vertrete, davon ab. Das liegt mir ganz fern. 11 Denn das ist ja gerade der Hauptgrund, warum der Knabe den besten Lehrer erhalten soll, daß bei ihm auch die Mitschüler infolge des besseren Unterrichtes entweder vortragen, was der Nachahmung durchaus wert ist, oder sogleich, wenn sie einen Irrtum begangen haben, verbessert werden. Der ungebildete Lehrer dagegen wird vielleicht sogar Fehlerhaftes loben und durch sein Urteil auch die Zuhörenden zwingen, es gut zu finden. 12 Es sei also der Vortrefflichste in der Beredsamkeit wie auch in der Lebensführung, der nach dem Beispiel des homerischen Phoenix reden und handeln lehren soll[4].

VIERTES KAPITEL

Die ersten Übungen beim Rhetor

1 Von hier an nun beginne ich mit der Darlegung dessen, was meiner Meinung nach die ersten Abschnitte im Unterricht der Rhetoren bilden soll, und stelle das, was gewöhnlich allein 'Redekunst' heißt, noch ein wenig zurück. Und zwar scheint mir der Zugang am passendsten da, wo der Knabe im Grammatikunterricht schon Ähnliches gelernt hat.

2 Da es nun – abgesehen von der Verwendung vor Gericht – nach der gewöhnlichen Einteilung drei Arten von Erzählung gibt: den *Mythos*, der in Tragödien und Gedichten erscheint – nicht nur im Inhalt, sondern auch in der Form der historischen Wirklichkeit fern –, die *Handlung*, die die Komödien bieten – zwar erfunden, aber wirklichkeitsnah –, die *Geschichtserzählung*, in der geschichtliche Ereignisse dargestellt werden, wir aber die poetischen Erzählungen dem Grammatikunterricht gegeben haben[5], so mache

[4] Den Achill zu einem Meister des Wortes und der Tat zu machen, hatte Peleus dem Phoinix, dem väterlichen Freund seines Sohnes, als Erziehungsaufgabe gestellt: Il. 9, 442f.

[5] s. o. B. 1, 9.

rhetorem initium sit historia[e], tanto robustior, quanto verior. 3 sed narrandi quidem quae nobis optima ratio videatur, tum demonstrabimus, cum de iudiciali parte dicemus: interim admonere illud sat est, ut sit ea neque arida prorsus atque ieiuna (nam quid opus erat tantum studiis laboris inpendere, si res nudas atque inornatas indicare satis videretur?), neque rursus sinuosa [et][f] arcessitis descriptionibus, in quas plerique imitatione poeticae licentiae ducuntur, lasciviat. 4 vitium utrumque, peius tamen illud, quod ex inopia quam quod ex copia venit. nam in pueris oratio perfecta nec exigi nec sperari potest: melior autem indoles laeta generosique conatus et vel plura iusto concipiens interim spiritus. 5 nec umquam me in his discentis annis offendat, si quid superfuerit. quin ipsis doctoribus hoc esse curae velim, ut teneras adhuc mentes more nutricum mollius alant et satiari velut quodam iucundioris disciplinae lacte patiantur. erit illud plenius interim corpus, quod mox adulta aetas adstringat. 6 hinc spes roboris: maciem namque et infirmitatem in posterum minari solet protinus omnibus membris expressus infans. audeat haec aetas plura et inveniat et inventis gaudeat, sint licet illa non satis sicca interim ac severa. facile remedium est ubertati[g], sterilia nullo labore vincuntur. 7 illa mihi in pueris natura minimum spei dederit, in qua ingenium iudicio praesumitur. materiam esse primum volo vel abundantiorem atque ultra quam oporteat fusam. multum inde decoquent anni, multum ratio limabit, aliquid velut usu ipso deteretur, sit modo unde excidi possit et quod exsculpi, erit autem, si non ab initio tenuem nimium laminam duxerimus et quam caelatura altior rumpat. 8 quod me de his aetatibus sentire minus mirabitur,

e) historia **P**[1]: historica
f) *del. Vollmer*
g) ubertati *Jul. Vict.:* ubertatis

im rhetorischen Unterricht den Anfang die Geschichtserzählung, die um so kräftiger wirkt, je wahrheitsgetreuer sie ist. 3 Doch was uns als die beste Methode bei der Erzählung erscheint, werden wir dann darlegen, wenn wir über die Erzählung vor Gericht sprechen[6]. Einstweilen mag die Mahnung genügen, sie solle zwar nicht völlig trocken und nüchtern sein – denn warum sollte man so viel Studienarbeit aufwenden, wenn es genügend schiene, die Ereignisse nackt und schmucklos anzuzeigen –, andererseits aber auch nicht in vielen Windungen wuchern mit gesuchten Beschreibungen, zu denen sich viele durch die Nachahmung dichterischer Freiheit verführen lassen. 4 Beides ist fehlerhaft, schlimmer aber doch der Fehler, der aus der Armut als der, der aus dem Reichtum entspringt; denn bei Knaben kann man eine vollkommene Rede weder fordern noch erwarten. Besser aber ist eine reiche Natur, ein großzügiger Ansatz und ein geistiger Schwung, der zuweilen auch mehr als das ausreichende Maß zu bieten hat. 5 In dieser Altersstufe soll es mich an dem Schüler nie stören, wenn Überflüssiges erscheint. Ja, ich möchte, daß auch die Lehrer es sich angelegen sein lassen, den noch zarten Geist nach Ammenart schön prall zu nähren und ihn sich gleichsam an der süßen Muttermilch unseres Faches satt trinken zu lassen. So kommt bisweilen ein etwas fülliger Körper zustande, den dann das Wachstum straffen mag. 6 Hier liegt die Aussicht auf kräftigen Wuchs; denn Magerkeit und Schwächlichkeit für die Zukunft pflegen zu drohen, wenn schon an dem kleinen Kind gleich alle Glieder voll ausgeprägt sind. Dieses Alter soll ruhig etwas über seine Kraft wagen, sich etwas ausdenken und seine Freude daran haben, auch wenn es manchmal nicht trocken und streng genug ist. 7 Denn leicht ist das üppige Wachstum zu beschneiden, Unfruchtbarkeit aber läßt sich durch keine Mühe überwinden. Bei Knaben würde mir eine Naturanlage nur wenig Hoffnung erwecken, in der das Urteilen dem Gestaltungstalent vorauseilt. Der Rohstoff soll zunächst noch reichlicher vorhanden sein und sich weiter als nötig ergießen. Vieles werden davon die Jahre verarbeiten, vieles der Verstand abfeilen, manches sich gleichsam durch den Gebrauch selbst abscheuern, nur muß etwas da sein, aus dem sich etwas herausschlagen und herausmeißeln läßt; das wird aber der Fall sein, wenn wir von Anfang an die Metallplatte nicht so dünn genommen haben, daß der Ziseleur durch sie hindurchbricht, wenn er etwas tiefer geht. 8 Was ich über diese Knabenjahre denke, wird den

[6] s. u. B. 4, 2.

qui apud Ciceronem legerit: 'volo enim se efferat in adulescente fecunditas'.

Quapropter in primis evitandus et in pueris praecipue magister aridus, non minus quam teneris adhuc plantis siccum et sine umore ullo solum. 9 inde fiunt humiles statim et velut terram spectantes, qui nihil supra cotidianum sermonem attollere audeant. macies illis pro sanitate et iudicii loco infirmitas est, et dum satis putant vitio carere, in id ipsum incidunt vitium, quod virtutibus carent. quare mihi ne maturitas quidem ipsa festinet nec musta in lacu statim austera sint: sic et annos ferent et vetustate proficient.

10 Ne illud quidem quod admoneamus indignum est, ingenia puerorum nimia interim emendationis severitate deficere; nam et desperant et dolent et novissime oderunt et, quod maxime nocet, dum omnia timent, nihil conantur. 11 quod etiam rusticis notum est, qui frondibus teneris non putant adhibendam esse falcem, quia reformidare ferrum videntur et nondum cicatricem pati posse. 12 iucundus ergo tum maxime debet esse praeceptor, ut remedia, quae alioqui natura sunt aspera, molli manu leniantur: laudare aliqua, ferre quaedam, mutare etiam reddita cur id fiat ratione, inluminare interponendo aliquid sui. nonnumquam hoc quoque erit utile, totas ipsum dictare materias, quas et imitetur puer et interim tamquam suas amet: 13 at si tam neglegens ei stilus fuerit, ut emendationem non recipiat, expertus sum prodesse, quotiens eandem materiam rursus a me retractatam scribere de integro iuberem: posse enim eum adhuc melius: quatenus nullo magis studia quam spe gaudent. 14 aliter autem alia aetas emendanda est et pro modo virium et exigendum et corrigendum opus. solebam ego dicere

weniger verwundern, der bei Cicero[7] gelesen hat: 'Ich möchte nämlich, daß in dem Jüngling die Fruchtbarkeit überschäume.'

Deshalb muß man es vor allem – und zumal im Knabenalter – vermeiden, daß der Lehrer trocken ist – nicht weniger, als man bei noch zarten Pflanzen dürren, völlig saftlosen Boden meidet. 9 Dann kommt es, daß der Zögling gleich eine verkümmerte Gesinnung erhält, die gleichsam nur die Erde sieht, und daß er sich in der Rede nie über den Alltagston zu erheben wagt. Magerkeit gilt solchen Zöglingen als Gesundheit, und ihre Schwäche nimmt die Stelle des Urteils ein, und indem sie es für ausreichend halten, keine Fehler zu haben, liegt der Fehler, in den sie verfallen, gerade darin, keine Vorzüge zu haben. Deshalb soll sich nur die Reife auch nicht übereilen und der Most nicht in der Bütte gleich herb und streng sein: so wird er zu Jahren kommen und im Alter Reife gewinnen.

10 Auch ist es der Erwähnung nicht unwert, daß manchmal der Geist der Knaben durch allzu strenges Verbessern seine Spannkraft verliert, die Kinder verzweifeln, quälen sich, kennen zuletzt nur noch Ablehnung, und – was am meisten schadet – indem sie bei allem zagen, versuchen sie sich an gar nichts. 11 Das kennen auch die Bauern, die glauben, an das zarte Laub dürfe man noch nicht die Sichel legen, weil es das Eisen offenbar scheue[8] und noch keine Narbe ertragen könne. 12 Liebevoll und freundlich muß also dann vor allem der Lehrer sein, damit die Heilmittel, die sowieso von Natur rauh sind, durch eine weiche Hand gelindert werden: er lobe manches, lasse gewisse Dinge durchgehen, verändere auch, gebe aber den Grund hierfür an oder mache es klarer, indem er etwas Eigenes dazusetzt. Manchmal wird es auch nützlich sein, selbst ganze Musteraufsätze zu diktieren, die der Knabe nachahmen und einstweilen liebgewinnen soll, als wären es seine eigenen. 13 Wenn dagegen seine Ausarbeitung so nachlässig ist, daß die Arbeit sich nicht verbessern läßt, habe ich die Erfahrung gemacht, daß es half, dieselbe Aufgabe, nachdem ich sie noch einmal behandelt hatte, erneut schriftlich zu machen; denn er könne es jetzt besser machen. In dieser Hinsicht wirkt nämlich nichts auf den Lerneifer so ermutigend wie die Hoffnung auf eine gute Leistung. 14 Doch muß das Verbessern bei jeder Altersstufe anders vor sich gehen. Nach dem Maß der vorhandenen Kräfte ist die

[7] de orat. 2, 21, 88.
[8] Verg. Georg. 2, 369.

pueris aliquid ausis licentius aut laetius, laudare illud me adhuc: venturum tempus, quo idem non permitterem: ita et ingenio gaudebant et iudicio non fallebantur.

15 Sed ut eo revertar, unde sum digressus: narrationes stilo componi quanta maxima possit adhibita diligentia volo. nam ut primo, cum sermo instituitur, dicere quae audierint utile est pueris ad loquendi facultatem, ideoque et retro agere expositionem et a media in utramque partem discurrere sane merito cogantur, sed ad gremium praeceptoris et dum ⟨aliud⟩[h] non possunt et dum res ac verba conectere incipiunt, ut protinus memoriam firment: ita cum iam formam rectae atque emendatae orationis accipient, extemporalis garrulitas nec expectata cogitatio et vix surgendi mora circulatoriae vere iactationis est. 16 hinc parentium imperitorum inane gaudium, ipsis vero contemptus operis et inverecunda frons et consuetudo pessime dicendi et malorum exercitatio et quae magnos quoque profectus frequenter perdidit, adrogans de se persuasio innascitur. 17 erit suum parandae facilitati tempus, nec a nobis neglegenter locus iste transibitur. interim satis est, si puer omni cura et summo, quantum illa aetas capit, labore aliquid probabile scripserit: in hoc adsuescat, huius rei sibi naturam faciat. ille demum in id, quod quaerimus, aut ei proximum poterit evadere, qui ante discet recte dicere quam cito.

18 Narrationibus non inutiliter subiungitur opus destruendi confirmandique eas, quod ἀνασκευή et κατασκευή vocatur. id porro non tantum in fabulosis et carmine traditis fieri potest, verum etiam in ipsis annalium monumentis: ut, si quaeratur 'an sit credibile super caput Valeri pugnantis sedisse corvum, qui os oculosque hostis

h) aliud *add. ed. Gryph.*

Arbeit zu stellen und zu berichtigen. Ich pflegte zu den Knaben zu sagen, wenn sie etwas allzu Mutwilliges, Überladenes gewagt hatten: für jetzt zwar fände ich es löblich, doch werde die Zeit kommen, da ich das gleiche nicht mehr gestatten könne. So freuten sie sich über ihr Talent, ohne doch in ihrem Urteil irregeführt zu werden.

15 Doch um zum Ausgangspunkt dieser Abschweifung zurückzukehren: Die Erzählungen möchte ich schriftlich mit aller nur möglichen Sorgfalt ausgearbeitet haben. Denn wie es zuerst, wenn die Sprache gelernt wird, für die Knaben zum geläufigen Sprechen nützlich ist, nachzuerzählen, was sie gehört haben, und wie man sie deshalb freilich mit Recht zwingt, ihre Darstellung auch von rückwärts zu entwickeln und von der Mitte nach beiden Seiten durchzugehen, dies jedoch auf des Lehrers Schoß, solange sie sonst nichts können und solange sie nur Sachen und Worte zu verbinden beginnen, damit sie gleich das Gedächtnis stärken, so ist, wenn die Knaben schon im Besitz richtiger, fehlerfreier Sprache sind, die Geschwätzigkeit aus dem Stegreif ohne reifliches Nachdenken und das fast unverzügliche Aufspringen zum Vortrag so recht eine marktschreierische Schaustellung. 16 Daraus gewinnen ungebildete Eltern eine eitle Freude, die Kinder selbst aber Geringschätzung gegenüber der Aufgabe. Anmaßendes Auftreten, die Gewöhnung an ganz schlechte Sprache, die Übung in schlechten Wendungen und, was häufig auch große Fortschritte zunichte macht, ein arrogantes Selbstbewußtsein. 17 Die passende Zeit, die Geläufigkeit zu erzielen, wird kommen, und wir werden diesen Punkt nicht aus Nachlässigkeit übergehen. Einstweilen aber ist es genug, wenn der Knabe mit aller Sorgfalt und der höchsten Kraftanstrengung, deren dieses Alter fähig ist, etwas Lobenswertes schriftlich ausgearbeitet hat: daran soll er sich gewöhnen, es soll ihm zur zweiten Natur werden. Erst der Schüler wird zu dem Ziel, das wir im Auge haben, gelangen oder ihm am nächsten kommen können, der es eher lernt, richtig zu reden als schnell.

18 Mit den Erzählungen verbindet man sehr nützlicherweise die Aufgabe, etwas zu entkräften oder zu bekräftigen, die sogenannte ἀνασκευή und κατασκευή. Das kann durchaus nicht nur bei mythischen Erzählungen und durch die Dichtung Überliefertem geschehen, sondern auch in den Denkwürdigkeiten unserer römischen Annalen, wie etwa die Frage, ‘ob es glaublich sei, daß auf dem Haupt des Valerius beim Kampf ein Rabe gesessen habe, der Gesicht und Augen seines gallischen Feindes mit Schnabel und

Galli rostro atque alis everberaret', sit in utramque partem ingens ad dicendum materia: 19 aut de serpente, quo Scipio traditur genitus, et lupa Romuli et Egeria Numae; nam Graecis historiis plerumque poeticae similis licentia est. saepe etiam quaeri solet de tempore, de loco, quo gesta res dicitur, nonnumquam de persona quoque, sicut Livius frequentissime dubitat et alii ab aliis historici dissentiunt.

20 Inde paulatim ad maiora tendere incipiet, *laudare* claros viros et *vituperare* inprobos: quod non simplicis utilitatis opus est. namque et ingenium exercetur multiplici variaque materia et animus contemplatione recti pravique formatur, et multa inde cognitio rerum venit exemplisque, quae sunt in omni genere causarum potentissima, iam tum instruit, cum res poscet, usurum. 21 hinc illa quoque exercitatio subit *comparationis*, uter melior uterve deterior: quae quamquam versatur in ratione simili, tamen et duplicat materiam et virtutum vitiorumque non tantum naturam, sed etiam modum tractat. verum de ordine laudis contraque, quoniam tertia haec rhetorices pars est, praecipiemus suo tempore.

22 *Communes loci* (de iis loquor, quibus citra personas in ipsa vitia moris est perorare, ut in adulterum, aleatorem, petulantem) ex mediis sunt iudiciis et, si reum adicias, accusationes: quamquam hi quoque ab illo generali tractatu ad quasdam deduci species solent, ut si ponatur adulter caecus. aleator pauper, petulans senex. habent autem nonnumquam etiam defensionem; 23 nam et pro luxuria et pro amore dicimus, et leno interim parasitusque defenditur sic, ut non homini patrocinemur, sed crimini.

24 *Thesis* autem, quae sumuntur ex rerum comparatione, ut 'rusticane vita an urbana potior?' 'iuris periti an militaris viri laus

Flügeln bearbeitet habe', eine mächtige Fülle von Stoff zum Dafür- und Dagegenreden bildet, 19 oder die Erzählung von der Schlange, von der Scipio erzeugt sein soll, von der Wölfin des Romulus oder von der Egeria des Numa; denn in den griechischen Geschichtserzählungen herrscht meist eine Freiheit, die der der Dichtung ähnlich ist. Oft pflegt man auch Fragen nach der Zeit oder dem Ort, wo ein Ereignis stattgefunden haben soll, zu stellen, manchmal auch nach einer Person, so wie Livius sehr oft Zweifel äußert und die einen Geschichtsschreiber von den andern abweichen.

20 Von da wird der Lehrer allmählich zu größeren Aufgaben vordringen, zum *Lob* berühmter und zum *Tadel* schlechter Männer, eine Arbeit, die ihren Nutzen vielfältig bewährt; denn es wird nicht nur der Geist geübt durch die bunte Fülle des Stoffes und die Gesinnung gebildet durch die Betrachtung des Richtigen und Verkehrten. Auch eine reiche Sachkenntnis kommt von da und rüstet schon jetzt durch die Beispiele, die in jeder Art von Prozessen so ausschlaggebend wichtig sind, zum Gebrauch, wenn die Sache es erfordert. 21 Hier schließt sich auch gleich die Übung im *Vergleichen* an (σύγκρισις), wer der Bessere, wer der Schlechtere gewesen sei. Wenn diese auch auf ähnlichen Voraussetzungen beruht, so verdoppelt sie doch den Stoff und behandelt nicht nur das Wesen der Tugenden und Laster, sondern auch das Ausmaß. Jedoch werden wir über die Ordnung, die dem Lob und seinem Gegenteil zugrunde liegt, da sie ja den dritten Teil der Rhetorik bilden, zur angemessenen Zeit[9] unsere Vorschriften geben.

22 Die *Gemeinplätze* – dabei spreche ich von solchen, in denen es Sitte ist, ohne bestimmte Personen gegen die Laster selbst zu reden, z. B. gegen den Ehebrecher, den Spieler oder den Zudringlichen – stammen mitten aus dem Gerichtsleben und werden, wenn man einen Angeklagten hinzufügt, zu Anklagen. Gleichwohl wird auch bei ihnen gewöhnlich die allgemeine Behandlung auf bestimmte Spezialformen eingeengt, z. B. wenn man einen blinden Ehebrecher, armen Spieler oder zudringlichen Greis annimmt. Manchmal kommt auch die Form der Verteidigung in Frage; 23 denn wir sprechen ja auch für das Wohlleben und für die Liebe, und zuweilen wird auch ein Kuppler und ein Parasit so verteidigt, daß wir nicht den Menschen in Schutz nehmen, sondern das Vergehen.

24 *Thesen* aber (allgemeine Themen), die aus der Vergleichung von gegebenen Verhältnissen gewonnen werden, etwa 'ob das Leben

[9] s. u. B. 3, 7.

maior?' mire sunt ad exercitationes dicendi speciosae atque uberes, quae vel ad suadendi officium vel etiam ad iudicium disceptationemque iuvant plurimum: nam posterior ex praedictis locus in causa Murenae copiosissime a Cicerone tractatur. 25 sunt et illae paene totae ad deliberativum pertinentes genus 'ducendane uxor, petendine sint magistratus'; namque hae personis modo adiectis suasoriae erunt.

26 Solebant praeceptores mei neque inutili et nobis etiam iucundo genere exercitationis praeparare nos *coniecturalibus* causis, cum quaerere atque exsequi iuberent 'cur armata apud Lacedaemonios Venus?' et 'quid ita crederetur Cupido puer atque volucer et sagittis ac face armatus', et similia, in quibus scrutabamur voluntatem, cuius in controversiis frequens quaestio est, quod genus chriae videri potest[i].

27 Nam locos quidem, quales sunt de *testibus* 'semperne his credendum' et de *argumentis* 'an habenda etiam parvis fides', adeo manifestum est ad forensis actiones pertinere, ut quidam neque ignobiles in officiis civilibus scriptos eos memoriaeque diligentissime mandatos in promptu habuerint, ut quotiens esset occasio, extemporales eorum dictiones his velut emblematis exornarentur: 28 quo quidem (neque enim eius rei iudicium differre sustineo) summam videbantur mihi infirmitatem de se confiteri. nam quid hi possint in causis, quarum varia et nova semper est facies, proprium invenire?

i) quod genus . . . potest *del. Radermacher*

auf dem Lande oder in der Stadt besser sei', 'ob der Ruhm des Rechtsgelehrten oder des Offiziers größer sei', sind ganz erstaunlich schön und ergiebig für Redeübungen, die für die Aufgabe der Beratung, ja auch für Streitfragen vor Gericht große Hilfe bieten; denn das zweite der genannten Themen wird von Cicero im Prozeß des Murena[10] in aller Breite behandelt. 25 Es gibt auch bekannte Themen, die fast ganz zur Gattung der Beratungsrede gehören: 'ob man eine Frau nehmen', 'ob man sich um Ämter bewerben soll'. Fügt man diesen nur Personen hinzu, so erhält man Suasorien[11].

26 Meine Lehrer pflegten uns mit einer keineswegs unnützen, bei uns sogar sehr beliebten Art von Übung auf die *Gerichtsfälle* vorzubereiten, in denen es auf Vermutungen wegen der Motive ankommt, wenn sie uns fragen und erörtern ließen, 'warum bei den Spartanern die Venus Waffen trägt' und 'was es bedeute, daß Cupido ein Knabe, geflügelt und mit Pfeilen und Fackel ausgerüstet ist', und ähnliches, wobei wir nach der Absicht forschten, einer Frage, die in Kontroversien häufig ist; dies kann als eine Art Chrie erscheinen[12].

27 Dann Themen, die von *Zeugen* handeln, 'ob man ihnen immer glauben dürfe', und von *Beweisen*, 'ob auch geringfügige Vertrauen verdienen', gehören ja so offenkundig zu den Gerichtsverhandlungen, daß manche gar nicht unbekannte Redner sie bei ihrem Auftreten in der Öffentlichkeit ausgearbeitet und höchst sorgfältig einstudiert in Bereitschaft hielten, um bei passender Gelegenheit mit ihnen wie mit kunstvollen Einlagen ihre unvorbereiteten Ausführungen auszuschmücken. 28 Dadurch schienen sie mir – denn ich kann es nicht über mich bringen, mein Urteil hierüber für später zurückzustellen – allerdings ihrer Kunst das schlimmste Armutszeugnis auszustellen. Denn was könnten sie dann in Prozessen, deren Erscheinungsbild doch vielfältig und immer neu ist, Eigenes

[10] 9, 21 ff.

[11] Beratungsreden vgl. Anm. 1.

[12] Es ist keine eigentliche Chrie; denn es fehlt ja die Bindung an die bestimmte Situation, in der Personen reden oder handeln, die den Unterschied zwischen Chrie und Sentenz ausmacht. Aber der Besinnungsaufsatz, warum Venus *in Sparta* Waffen trägt, ist doch durch die Bindung an Person und Ort eher eine Chrie als eine Sentenz. Sie kommt durch die Bindung der Begründung an bestimmte Personen und Orte der Art der Chrie am nächsten, die Quint. B. 1, 9, 5 als chrienartig bezeichnet hat. Dies gegen die Bedenken von Volkmann, die Radermacher zur Tilgung des Satzes bewogen haben. Gegen die Tilgung auch Winterbottom, Philol. 108 (1964) 119–122.

quo modo propositis ex parte adversa respondere? altercationibus velociter occurrere? testem rogare? qui etiam in iis, quae sunt communia et in plurimis causis tractantur, vulgatissimos sensus verbis nisi tanto ante praeparatis prosequi nequeant. 29 necesse vero[j] his, cum eadem iudiciis pluribus dicunt, aut fastidium moveant velut frigidi et repositi cibi aut pudorem deprensa totiens audientium memoria infelix supellex, quae sicut apud pauperes ambitiosos pluribus et diversis officiis conteratur: 30 cum eo quidem, quod vix ullus est tam communis locus, qui possit cohaerere cum causa nisi aliquo propriae quaestionis vinculo copulatus[k] appareatque eum non tam insertum quam adplicitum, 31 vel quod dissimilis est ceteris, vel quod plerumque adsumi etiam parum apte solet, non quia desideratur, sed quia paratus est, ut quidam sententiarum gratia verbosissimos locos arcessunt, cum ex locis debeat nasci sententia: 32 ita sunt autem speciosa haec et utilia, si oriuntur ex causa; ceterum quamlibet pulchra elocutio, nisi ad victoriam tendit, utique supervacua, sed interim etiam contraria est. verum hactenus evagari satis fuerit.

33 *Legum laus ac vituperatio* iam maiores ac prope summis operibus suffecturas vires desiderant: quae quidem suasoriis an controversiis magis accommodata sit exercitatio, consuetudine et iure civitatium differt. apud Graecos enim lator earum ad iudicem vocabatur, Romanis pro contione suadere ac dissuadere moris fuit: utroque autem modo pauca de his et fere certa dicuntur. 34 nam et genera sunt tria sacri, publici, privati iuris: quae divisio ad laudem magis spectat, si quis eam per gradus augeat, quod lex, quod publica, quod ad religionem deum conparata sit. ea quidem, de quibus quaeri solet, communia omnibus. 35 aut enim de iure dubitari potest eius, qui rogat, ut de P. Clodi, qui non rite creatus tribunus argue-

j) necesse vero *Zumpt* (necesse est *Valla in* **P**): nec vero

k) *post* copulatus *lac. stat. Radermacher*

erfinden? Wie dem antworten, was die Gegenseite vorbringt? Persönlichen Angriffen im Rededuell schnell begegnen? Einen Zeugen befragen? Sie, die selbst bei dem, was allgemein gilt und in den meisten Prozessen behandelt wird, die allergeläufigsten Gedanken nur mit Worten darlegen können, die sie so lange vorher vorbereitet haben? 29 Notwendig müssen diese doch, wenn sie dasselbe in mehreren Prozessen sagen, entweder Überdruß erregen wie kalte Reste von der Mahlzeit oder Scham, wenn das Gedächtnis der Hörer so oft denselben armen Hausrat wiederfindet, der wie das Geschirr bei geltungsbedürftigen armen Leuten für mehrere verschiedene Zwecke beansprucht wird – 30 zumal ja doch deshalb, weil kaum ein Satz so allgemein ist, daß er mit der Sache zusammenhängen kann, ohne durch irgendein Band der speziellen Frage mit ihr verknüpft zu sein, es sich deutlich zeigt, daß er nicht so sehr eingefügt als vielmehr angestückt ist – 31 entweder, weil er zum übrigen nicht paßt oder weil er meist auch wenig geschickt eingeführt zu werden pflegt – nicht weil er gebraucht wird, sondern weil er bereit ist, wie ja manche den treffend formulierten Gedanken zuliebe mit großem Wortaufwand die Themen herbeiholen, während doch aus den Themen der treffend formulierte Gedanke hervorgehen muß. 32 So nur aber ist es schön und nützlich, wenn es aus der Sache hervorgeht. Im übrigen ist eine noch so schöne Formulierung, wenn sie nichts für den Sieg ausmacht, jedenfalls überflüssig, bisweilen ja sogar hinderlich. Doch es dürfte genügen, so weit abgeschweift zu sein.

33 *Lob und Tadel der Gesetze* verlangen schon stärkere und fast für höchste Aufgaben ausreichende Kräfte: ob diese Übung allerdings mehr den Suasorien oder Kontroversien angepaßt ist, ist nach Brauch und Recht der Staaten verschieden. Bei den Griechen nämlich wurde, wer Gesetze einbrachte, vor den Richter gerufen, bei den Römern galt die Sitte, vor der Volksversammlung sie zu empfehlen oder abzulehnen. In beiden Fällen aber läßt sich über sie nur wenig und gewöhnlich nur ganz fest Umrissenes vorbringen. 34 Denn es gibt ja die drei Arten von Recht: heiliges, öffentliches und privates. Diese Einteilung kommt mehr für das Empfehlen in Betracht, wenn jemand sein Lob in mehreren Stufen steigert. Es sei ein Gesetz, ein öffentliches und gar ein für die Verehrung der Götter geschaffenes. Das allerdings, worüber gewöhnlich Fragen entstehen, ist allen drei Arten gemeinsam. 35 Entweder nämlich kann Zweifel entstehen über das Recht dessen, der den Antrag stellt, z. B. das des P. Clodius, der beschuldigt wurde, nicht dem

batur: aut de ipsius rogationis, quod est varium, sive non trino forte nundino promulgata sive non idoneo die sive contra intercessionem vel auspicia aliudve quid, quod legitimis obstet, dicitur lata esse vel ferri, sive alicui manentium legum repugnare. 36 sed haec ad illas primas exercitationes non pertinent: nam sunt eae citra conplexum personarum, temporum, causarum. reliqua eadem fere vero fictoque certamine huius modi tractantur: 37 nam vitium aut in verbis aut in rebus est. in verbis quaeritur, satis significent an sit in iis aliquid ambiguum: in rebus, an lex sibi ipsa consentiat, an in praeteritum ferri debeat, an in singulos homines. maxime vero commune est quaerere, an sit honesta, an utilis. 38 nec ignoro plures fieri a plerisque partes, sed nos iustum, pium, religiosum ceteraque his similia honesto complectimur. iusti tamen species non simpliciter excuti solent. aut enim de re ipsa quaeritur, ut dignane poena vel praemio sit, aut de modo praemii poenaeve, qui tam maior quam minor culpari potest. 39 utilitas quoque interim natura discernitur, interim tempore. quaedam an optineri possint, ambigi solet. ne illud quidem ignorare oportet, leges aliquando totas, aliquando ex parte reprendi solere, cum exemplum rei utriusque nobis claris orationibus praebeatur. 40 nec me fallit eas quoque leges esse, quae non in

Brauch gemäß gewählt zu sein, oder Zweifel über den Antrag selbst, und das wieder aus verschiedenen Gründen: sei es nämlich, daß es nicht richtig am dritten Markttag vor die Öffentlichkeit gebracht wurde, oder nicht an einem nach dem Staatskalender passenden Tag, oder gegen Interzession, Auspizien oder sonst etwas, was den Satzungen im Wege steht, erlassen sei oder werde; oder sei es, daß es einem noch geltenden Gesetz widerspricht[13]. 36 Doch das gehört nicht zu den ersten Übungen; denn diese sind noch ohne festen Zusammenhang von Personen, Zeitereignissen und sachlichen Umständen. Das übrige ist fast gleich im wirklichen wie im fingierten Verfahren und wird wie folgt behandelt: 37 Ein Fehler liegt nämlich entweder im Wortlaut oder im Sachverhalt. Bei dem Wortlaut ergibt sich die Frage, ob er genügend deutlich sei oder etwas Zweideutiges enthalte. Im Sachverhalt, ob das Gesetz in sich widerspruchsfrei sei, ob es für die Vergangenheit gelten solle, ob gegen einzelne Menschen. 38 Am allgemeinsten aber ist die Frage, ob es gut, ob es nützlich sei. Ich sehe wohl, daß viele noch mehr Gesichtspunkte abteilen, doch wir fassen das Gerechte, Fromme, Kultgemäße und diesem Ähnliches mit dem Guten zusammen. Die Formen des Gerechten indessen lassen sich gewöhnlich nicht in einfacher Weise erledigen. Entweder nämlich geht die Frage auf den Sachverhalt selbst, etwa, ob er Strafe oder Lohn verdiene, oder auf das Maß von Lohn oder Strafe, das ebenso als zu groß wie als zu klein angeprangert werden kann. 39 Auch die Nützlichkeit wird manchmal vom Wesen des Gesetzes, manchmal von den Zeitverhältnissen her bestimmt. Bei manchen Gesetzen pflegt man zu streiten, ob sie sich halten können. Auch das darf man nicht vergessen, daß sich der Tadel manchmal gegen die Gesetze im Ganzen, manchmal gegen einzelne Teile richtet, da uns für beide Fälle berühmte Reden Beispiele liefern. 40 Ich weiß ferner sehr

[13] Die Frage nach der Rechtmäßigkeit der Adoption des Patriziers Clodius, die es ihm ermöglichen sollte, sich zum Volkstribun wählen zu lassen, wird von Cicero in seiner Rede über die Zerstörung seines Hauses (de domo 13ff.) erörtert. Die umfassende Rolle des Staatskults für die römische Rechtsgemeinschaft kommt in unserer Stelle schön zum Ausdruck. Gerade die religiösen Bedenken (Beachtung des Götterwillens durch die Beobachtung bestimmter Vögel mittels der Auspizien, Beachtung der von den Göttern zu Geschäftsverhandlungen freigegebenen Tage, Beachtung des Einspruchs [der Interzession] der sakralrechtlich geschützten Volkstribunen) boten dem opponierenden politischen Redner reichliche Ansatzpunkte. Die Gesetzesvorlage mußte 17 Tage vor der Beschlußfassung bekanntgemacht werden.

perpetuum rogentur, sed de honoribus aut imperiis, qualis Manilia fuit, de qua Ciceronis oratio est. sed de his nihil hoc loco praecipi potest: constant enim propria rerum, de quibus agitur, non communi qualitate.

41 His fere veteres facultatem dicendi exercuerunt, adsumpta tamen a dialecticis argumentandi ratione. nam fictas ad imitationem fori consiliorumque materias apud Graecos dicere circa Demetrium Phalerea institutum fere constat. 42 an ab ipso id genus exercitationis sit inventum, ut alio quoque libro sum confessus, parum comperi: sed ne ii quidem, qui hoc fortissime adfirmant, ullo satis idoneo auctore nituntur. Latinos vero dicendi praeceptores extremis L. Crassi temporibus coepisse Cicero auctor est, quorum insignis maxime Plotius fuit.

V.

1 Sed de ratione declamandi post paulo: interim, quia prima rhetorices rudimenta tractamus, non omittendum videtur id quoque ut moneam, quantum sit conlaturus ad profectum discentium rhetor, si, quem ad modum a grammaticis exigitur poetarum enarratio, ita ipse quoque historiae atque etiam magis orationum lectione susceptos a se discipulos instruxerit. quod nos in paucis, quorum id aetas exigebat et parentes utile esse crediderant, servavimus:

14 ›De lege Manilia‹ über die Sondervollmachten für Pompeius gegen Mithridates im Jahr 66.

wohl, daß auch Gesetze bestehen, die nicht für Dauer eingebracht werden, sondern für Ehrungen oder für Kommandovollmachten wie bei der Lex Manilia, von der die Rede Ciceros handelt[14]. Doch hierüber kann ich an dieser Stelle keine Vorschriften geben, da ihr Fall auf besonderen, nicht allgemeinen Verhältnissen beruht.

41 In diesem Rahmen etwa haben die Alten ihre Redegabe geübt, wobei sie freilich von den Dialektiklehrern die Beweismethode hinzunahmen. Denn es steht wohl fest, daß zur Nachahmung von Gerichts- und Ratsreden erfundene Stoffe bei den Griechen erst zur Zeit des Demetrius Phalereus eingeführt wurden. Ob er selbst diese Art der Übung erfunden hat, kann ich – wie ich es auch schon in einem anderen Werk[15] bekannt habe – mit Sicherheit nicht sagen; 42 aber auch die, die es am nachdrücklichsten versichern, können sich dabei auf keinen hinreichend zuverlässigen Gewährsmann stützen. Dafür aber, daß die lateinischen Redelehrer, deren bei weitem bekanntester Plotius war, gegen Ende der Zeit des L. Crassus ihre Tätigkeit begonnen haben, haben wir das Zeugnis Ciceros[16].

FÜNFTES KAPITEL

Die Redner- und Historikerlektüre beim Rhetor

1 Doch über die Methode des Deklamierens sogleich[17]. Einstweilen, weil wir die ersten Anfangsgründe der Rhetorik behandeln, glaube ich es nicht unterlassen zu dürfen, aufmerksam zu machen, wieviel der Rhetor zum Weiterkommen seiner Schüler beitragen kann, wenn er, so wie von den Grammatiklehrern die Erklärung der Dichter verlangt wird, auch selbst in der Lektüre von Geschichtswerken und noch mehr in der von Reden die Schüler, die er übernommen hat, unterweist. Wir haben dies bei einer kleinen Anzahl von Schülern, deren Alter es erforderlich machte und deren Eltern

[15] wohl seiner Schrift über die Gründe des Verfalls der Redekunst (de causis corruptae eloquentiae).

[16] De orat. 3, 24, 93. Der Ton liegt auf 'lateinisch': Plotius Gallus und die anderen *praeceptores Latini* wollten sich in der rhetorischen Berufsvorbildung für künftige römische Politiker von der die römische Jugendbildung beherrschenden griechischen Sprache und Bildungstradition lösen. Was sie durch Verdrängen des Griechischen erreichen wollten, hat Cicero durch das Einschmelzen der griechischen Bildung in seine Latinität erreicht.

[17] s. u. Kap. 10.

2 ceterum sentientibus iam tum optima duae res inpedimento fuerunt, quod et longa consuetudo aliter docendi fecerat legem, et robusti fere iuvenes nec hunc laborem desiderantes exemplum nostrum sequebantur. 3 nec tamen, etiam si quid novi vel sero invenissem, praecipere in posterum puderet. nunc vero scio id fieri apud Graecos, sed magis per adiutores, quia non videntur tempora suffectura, si legentibus singulis praeire semper ipsi velint. 4 et hercule praelectio, quae in hoc adhibetur, ut facile atque distincte pueri scripta oculis sequantur, etiam illa, quae vim cuiusque verbi, si quod minus usitatum incidat, docet, multum infra rhetoris officium existimanda est. 5 at demonstrare virtutes vel, si quando ita incidat, vitia, id professionis eius atque promissi, quo se magistrum eloquentiae pollicetur, maxime propium est, eo quidem validius, quod non utique hunc laborem docentium postulo, ut ad gremium revocatis cuius quisque eorum velit libri lectione deserviant. 6 nam mihi cum facilius, tum etiam multo videtur magis utile, facto silentio unum aliquem (quod ipsum imperari per vices optimum est) constituere lectorem, ut protinus pronuntiationi quoque adsuescant: 7 tum exposita causa, in quam scripta legetur oratio (nam sic clarius quae dicentur intellegi poterunt), nihil otiosum pati, quodque in inventione quodque in elocutione adnotandum erit, quae in prooemio conciliandi iudicis ratio, quae narrandi lux, brevitas, fides, quod aliquando consilium et quam occulta calliditas: 8 namque ea sola in hoc ars est, quae intellegi nisi ab artifice non possit; quanta deinceps in dividendo prudentia, quam subtilis et crebra argumentatio, quibus viribus inspiret, qua iucunditate permulceat, quanta in maledictis asperitas, in iocis urbanitas, ut denique dominetur in adfectibus atque in pectora inrumpat animumque iudicum similem

es für nützlich befunden hatten, eingehalten. 2 Wenn wir es jedoch auch damals schon als sehr gut empfanden, standen doch zwei Umstände im Wege: erstens hatte die lange Gewöhnung, anders zu lehren, schon eine feste Regel gebildet, und zweitens waren es fast immer fertige Jünglinge, die keine Lust mehr zu dieser Übung hatten, sondern gleich meinem Beispiel folgen wollten. 3 Dennoch würde ich mich nicht scheuen, auch wenn ich erst spät auf etwas Neues gestoßen wäre, es für die Zukunft zu empfehlen. Nun weiß ich aber, daß es bei den Griechen schon so gemacht wird, jedoch eher durch Hilfskräfte, weil offenbar die Zeit nicht ausreichen würde, wenn sie selbst jedem einzelnen immer beim Lesen ihre Anleitung gäben. 4 Und tatsächlich muß man das Vorlesen, das deshalb stattfindet, damit die Knaben mit ihren Augen leicht und deutlich dem Geschriebenen folgen können, und auch noch die Stufe, die jede weniger geläufige Wortbedeutung, auf die man beim Lesen stößt, erklärt, für weit unter der Würde des Rhetorikunterrichtes halten. 5 Dagegen auf die Schönheiten oder auch, falls sie auftreten, auf die Fehler aufmerksam zu machen, das ist der Berufsankündigung, mit der sich ein Lehrer der Beredsamkeit empfiehlt, vor allem angemessen, und zwar gilt es um so mehr, weil ich ja nicht durchaus die Bemühung von dem Lehrer verlange, er solle die Schüler wieder auf seinen Schoß zurückrufen und sich ihnen bei der Lektüre jedes beliebigen Buches widmen. 6 Denn mir scheint es leichter, zudem viel nützlicher, jeweils, wenn es still geworden ist, einen Schüler – den man am besten der Reihe nach auswählt – als Vorleser zu bestimmen, damit die Schüler sich gleich auch an den Vortrag gewöhnen. 7 Sobald wir dann den Fall, für den die Rede, die wir lesen, verfaßt ist, dargelegt haben – denn so wird man deutlicher verstehen können, was gesagt werden wird –, gebe es keinen müßigen Augenblick, ohne daß verzeichnet wird, was zur Erfindung, was zu der Darstellung anzumerken ist, welche Methode im Prooemium verwandt wird, um den Richter zu gewinnen, wie lichtvoll erzählt wird, mit welcher Kürze und welcher Überzeugungskraft, welche besondere Absicht manchmal zugrunde liegt und wie schlau sie sich verbirgt – denn hierin liegt allein die Kunst, die nur ein Fachmann bemerken kann. 8 Sodann welche Umsicht bei der Stoffgliederung waltet, wie genau und dicht die Beweisführung verläuft, mit welcher Kraft sie begeistert, wie wohltuend sie besänftigt, wie hart im Schelten, wie elegant im Scherzen der Redner sich zeigt, wie er schließlich über die Gemütsbewegungen herrscht, zu Herzen dringt und die Richter für das, was er sagt,

his, quae dicit, efficiat. 9 tum in ratione eloquendi, quod verbum proprium, ornatum, sublime, ubi amplificatio laudanda, quae virtus ei contraria, quid speciose translatum, quae figura verborum, quae levis et quadrata, virilis tamen compositio.

10 Ne id quidem inutile, etiam corruptas aliquando et vitiosas orationes, quas tamen plerique iudiciorum pravitate mirentur, legi palam ostendique in his, quam multa inpropria, obscura, tumida, humilia, sordida, lasciva, effeminata sint: quae non laudantur modo a plerisque, sed, quod est peius, propter hoc ipsum, quod sunt prava, laudantur. 11 nam sermo rectus et secundum naturam enuntiatus nihil habere ex ingenio videtur: illa vero, quae utcumque deflexa sunt, tamquam exquisitiora miramur, non aliter quam distortis et quocumque modo prodigiosis corporibus apud quosdam maius est pretium quam iis, quae nihil ex communis habitus bonis perdiderunt, 12 atque etiam qui specie capiuntur, vulsis levatisque et inustas comas acu comentibus et non suo colore nitidis plus esse formae putant, quam possit tribuere incorrupta natura, ut pulchritudo corporis venire videatur ex malis morum.

13 Neque solum haec ipse debebit docere praeceptor, sed frequenter interrogare et iudicium discipulorum experiri. sic audientibus securitas aberit nec quae dicentur superfluent aures: simul ad id perducentur, quod ex hoc quaeritur, ut inveniant ipsi et intellegant. nam quid aliud agimus docendo eos, quam ne semper docendi sint? 14 hoc diligentiae genus ausim dicere plus conlaturum discentibus quam omnes omnium artes, quae iuvant sine dubio multum, sed latiore quadam comprensione per omnes quidem species rerum cotidie paene nascentium ire qui possunt? 15 sicut de re militari quamquam sunt tradita quaedam praecepta communia, magis tamen proderit scire, qua ducum quisque ratione in quali re, tempore, loco

empfänglich macht. 9 Dann auf dem Gebiet des Ausdrucks: wie ein Wort in seinem eigentlichen Sinn, wie es schmückend, wie es gehoben wirkt, wo eine Steigerung gut ist, wie ihr Gegenteil zur Wirkung kommt, was als Metapher besonders ins Auge fällt, welche Redefigur vorliegt und wie glatt und rund, aber doch männlich eine Wortverbindung klingt.

10 Ja, es ist auch keineswegs ohne Nutzen, ab und zu auch Proben entarteter, fehlerhafter Redekunst, die doch bei der herrschenden Geschmacksverirrung so viele Bewunderer findet, ganz offen zu lesen und daran zu zeigen, wieviel unscharfe Wortbedeutungen, dunkle, schwülstige, niedrige, schmutzige, schlüpfrige und männlicher Haltung widersprechende Wendungen in ihnen zu finden sind. So etwas wird ja nicht nur von den meisten gelobt, sondern – schlimmer als das – gerade deshalb, weil es verkehrt ist, gelobt! 11 Denn die richtige, natürlich gebrauchte Sprache scheint ja nichts Geniales zu besitzen. Jene Erscheinungen jedoch, wie verrenkt sie auch immer sind, bestaunen wir als erlesener, nicht anders als bei manchen Herren verkrüppelte und irgendwie entstellte Körper höher im Preise stehen als solche, die von den Vorzügen ihres gewöhnlichen Aussehens nichts eingebüßt haben. 12 Glauben doch auch Leute, die sich vom Schein blenden lassen, die Schönheit bei Menschen, die ihre Haare am Körper glatt ausrupfen, sich Locken brennen und in Farbe erstrahlen, die nicht ihr eigen ist, sei größer, als sie die unverdorbene Natur verleihen kann, so daß es scheint, als käme Schönheit des Körpers von der sittlichen Mißgestalt des Geistes!

13. Aber nicht nur selbst lehren wird der Lehrer dies müssen, sondern auch immer wieder Fragen stellen und so das Urteil der Schüler auf die Probe stellen. So werden sie sich nicht als Hörer in Sicherheit wiegen, und ihre Ohren werden nicht, mit dem, was vorgetragen wird, überladen. Zugleich werden sie dahin gebracht, etwas selbst zu erfinden und herauszufinden, was ja in Zukunft als Aufgabe von ihnen verlangt wird. 14 Diese Art sorgfältigen Studiums wird, wie ich behaupten möchte, den Lernenden mehr bieten als alle allgemeinen Lehren sämtlicher Lehrer, die zweifellos auch viel helfen – aber bei dem gleichsam breiteren Umfang des Stoffes, der ja durch alle Arten von Gegenständen führt und fast von Tag zu Tag wächst, wer könnte da noch durchkommen? 15 Wie es ja auch in der Schulung im Kriegshandwerk, obwohl es eine Anzahl allgemeiner Regeln gibt, dennoch mehr nützt zu wissen, welche Maßnahme sich jeweils bei einem Oberbefehlshaber in wel-

sit sapienter usus aut contra: nam in omnibus fere minus valent praecepta quam experimenta. 16 an vero declamabit quidem praeceptor, ut sit exemplo suis auditoribus: non plus contulerint lecti Cicero aut Demosthenes? corrigetur palam, si quid in declamando discipulus erraverit: non potentius erit emendare orationem, quin immo etiam iucundius? aliena enim vitia quisque reprendi mavult quam sua. nec deerant plura quae dicerem: 17 sed neminem haec utilitas fugit, atque utinam tam non pigeat facere istud quam non[l] displicebit.

18 Quod si potuerit optineri, non ita difficilis supererit quaestio, qui legendi sint incipientibus. nam quidam illos minores, quia facilior eorum intellectus videbatur, probaverunt, alii floridius genus, ut ad alenda primarum aetatium ingenia magis accommodatum. 19 ego optimos quidem et statim et semper, sed tamen eorum candidissimum quemque et maxime expositum velim, ut Livium a pueris magis quam Sallustium, etsi[m] hic historiae maior est auctor, ad quem tamen intellegendum iam profectu opus sit. 20 Cicero, ut mihi quidem videtur, et iucundus incipientibus quoque et apertus est satis, nec prodesse tantum, sed etiam amari potest: tum, quem ad modum Livius praecipit, ut quisque erit Ciceroni simillimus.

21 Duo autem genera maxime cavenda pueris puto: unum, ne quis eos antiquitatis nimius admirator in Gracchorum Catonisque et aliorum similium lectione durescere velit; fient enim horridi atque ieiuni: nam neque vim eorum adhuc intellectu consequentur et elocutione, quae tum sine dubio erat optima, sed nostris temporibus aliena est, contenti, quod est pessimum, similes sibi magnis viris videbuntur. 22 alterum, quod huic diversum est, ne recentis huius lasciviae flosculis capti voluptate prava deleniantur, ut praedulce

l) fecisse displicebit *Gesner*
m) etsi *Zumpt:* et

cher Lage, zu welcher Stunde und in welchem Gelände bewährt oder nicht bewährt hat. Denn fast allgemein taugen Regeln weniger als Erfahrungen. 16 Nun kann ja zwar der Lehrer einen eigenen Vortrag halten, um den Hörern ein Beispiel zu geben: sollten aber nicht Cicero und Demosthenes, wenn man sie liest, noch mehr bieten? In der Öffentlichkeit wird es verbessert, wenn ein Schüler beim Vortrag etwas falsch gemacht hat: wird es da nicht wirkungsvoller sein, eine ganze Rede zu verbessern – und zudem auch noch angenehmer? Denn jeder will ja lieber anderer Leute Fehler verbessern als seine eigenen. 17 Ich könnte noch viel mehr hierüber sagen. Aber die Nützlichkeit dieser Übung entgeht ja auch so niemandem – und möchte er es sich nur so wenig verdrießen lassen, sie auszuführen, wie er dabei seine Freude an ihr haben wird!

18 Hat man sich zur Lektüre entschließen können, so bleibt noch die freilich nicht so schwierige Frage, welche Schriftsteller mit den Anfängern gelesen werden sollen. Manche Lehrer sind ja mehr für die sogenannten 'kleineren Autoren', weil ihr Verständnis leicht erscheint, andere für die lieblichere Stilart, weil sie als Nahrung für den jugendlichen Geist besser geeignet sei. 19 Ich möchte für die Jugend zwar gleich und dann ein für allemal die Besten, jedoch unter diesen wieder die Harmlosesten und am einfachsten Zugänglichen – also eher den Livius als den Sallust, wenn dieser auch der größere Geschichtsschreiber ist; zu seinem Verständnis gehört aber doch schon ein reiferer Verstand. 20 Cicero ist, wenigstens nach meiner Ansicht, auch schon für Anfänger fesselnd und hinreichend verständlich. Sie können nicht nur von ihm lernen, sondern ihn auch liebgewinnen. Die anderen Schriftsteller folgen, wie es Livius vorschreibt, so, wie sie dem Cicero ähnlich sind.

21 Bei zwei Arten von Schriften muß die Lektüre meines Dafürhaltens mit den Knaben ganz besonders behutsam betrieben werden. Einmal sollte niemand aus allzu großer Bewunderung für die alte Zeit sie bei der Lektüre der Gracchen, des Cato und anderer dieser Art sich verhärten lassen; denn rauh und trocken werden sie dabei werden; können sie doch mit ihrem Verständnis die Kraft, die in den Alten steckt, noch nicht nachfühlen; sie geben sich dann also mit deren Art zu sprechen zufrieden, die zu ihrer Zeit zweifellos die beste war, unserer Zeit aber fremd ist, und werden sich dabei, was das Schlimmste ist, schon selbst wie bedeutende Männer vorkommen. 22 Zweitens, gerade umgekehrt, sollen die Knaben sich auch nicht durch den Kitzel, in den sie durch die Zierereien unserer modernen

illud genus et puerilibus ingeniis hoc gratius, quo propius est, adament. 23 firmis autem iudiciis iamque extra periculum positis suaserim et antiquos legere (ex quibus si adsumatur solida ac virilis ingenii vis deterso rudis saeculi squalore, tum noster hic cultus clarius enitescet) et novos, quibus et ipsis multa virtus adest: 24 neque enim nos tarditatis natura damnavit. sed dicendi mutavimus genus et ultra nobis quam oportebat indulsimus: ita non tam ingenio illi nos superarunt quam proposito. multa ergo licebit eligere, sed curandum erit, ne iis, quibus permixta sunt, inquinentur. 25 quosdam vero etiam, quos totos imitari oporteat, et fuisse nuper et nunc esse, quidni libenter non concesserim modo, verum etiam contenderim? 26 sed hi qui sint non cuiuscumque est pronuntiare. tutius circa priores vel erratur, ideoque hanc novorum distuli lectionem, ne imitatio iudicium antecederet.

VI.

1 Fuit etiam in hoc diversum praecipientium propositum, quod eorum quidam materias, quas discipulis ad dicendum dabant, non contenti divisione derigere[n] latius dicendo prosequebantur, nec solum probationibus implebant, sed etiam affectibus. 2 alii, cum primas modo lineas duxissent, post declamationes, quid omisisset quisque, tractabant, quosdam vero locos non minore cura, quam cum ad dicendum ipsi surgerent, excolebant. utile utrumque et ideo neutrum ab altero separo: sed si facere tantum alterum necesse sit,

n) derigere *Vollmer:* dirigere

lockeren Lebensart geraten können, verweichlichen lassen, so daß sie sich in diese übersüßte Art zu reden verlieben, die dem Geist von Kindern um so mehr behagt, je näher sie ihm steht. 23 Bei gefestigtem und schon nicht mehr gefährdetem Geschmacksurteil aber möchte ich raten, sowohl die Alten zu lesen – wenn aus ihnen die gediegene Kraft männlichen Geistes, vom Staub und Schmutz einer harten Vergangenheit gereinigt, gewonnen wird, dann wird unsere heutige kultivierte Lebensart um so heller erstrahlen – 24 als auch die Modernen, die auch wieder viele Vorzüge besitzen; denn die Natur hat uns ja nicht zum trägen Beharren verurteilt. Jedoch haben wir unsere Art zu reden gewandelt und uns dabei mehr gehen lassen, als es sein durfte: so haben uns die Früheren nicht durch ihr rednerisches Talent übertroffen, sondern durch ihre Zielsetzung. Vieles also wird man auswählen dürfen, aber dabei vorsorgen müssen, daß es nicht durch das, womit es vermischt ist, verunreinigt wird. 25 Warum sollte ich indessen nicht nur zugestehen, sondern geradezu behaupten, daß es Schriftsteller jüngst gegeben hat und heute noch gibt, die man im ganzen nachahmen soll? Aber es ist nicht jedermanns Sache zu bestimmen, wer diese Schriftsteller sind. 26 Weniger gefährlich ist es, unter Autoren vergangener Zeit auszuwählen, selbst wenn man sich irren sollte, deshalb habe ich die Lektüre der modernen Schriftsteller zurückgestellt, damit nicht die Nachahmung vor der Festigung des Urteils einsetze.

SECHSTES KAPITEL

Disposition und Vorbereitung der Übungsthemen

1 Es hat sich auch darin eine Verschiedenheit der Gesichtspunkte der Redelehrer ergeben, daß einige von ihnen sich bei den Stoffen, die sie ihren Schülern zum Vortrag gaben, nicht mit der Disposition begnügten, sondern sie mit ausführlicheren Angaben zur Durchführung begleiteten, und zwar nicht nur Beweisstücke hinzulieferten, sondern sogar auch die Gesichtspunkte der Gefühlswirkungen. 2 Andere behandelten, wenn sie nur die Umrißlinien gezogen hatten, nach den Deklamationen das, was jeder versäumt hatte, manche Stellen aber führten sie mit nicht geringerer Sorgfalt aus, als wollten sie selbst den Vortrag halten. Beides ist nützlich, und deshalb trenne ich beide Verfahren nicht. Sollte man aber gezwungen sein, nur ein Verfahren zu benützen, so wird es mehr von Nutzen sein, gleich den

plus proderit demonstrasse rectam protinus viam quam revocare ab errore iam lapsos: 3 primum, quia emendationem auribus modo accipiunt, divisionem vero ad cogitationem etiam et stilum perferunt: deinde, quod libentius praecipientem audiunt quam reprendentem. si qui vero paulo sunt vivaciores, in his praesertim moribus, etiam irascuntur admonitioni et taciti repugnant. 4 neque ideo tamen minus vitia aperte coarguenda sunt: habenda enim ratio ceterorum, qui recta esse, quae praeceptor non emendaverit, credent. utraque autem ratio miscenda est et ita tractanda, ut ipsae res postulabunt. 5 namque incipientibus danda erit velut praeformata materia secundum cuiusque vires. at cum satis composuisse se ad exemplum videbuntur, brevia quaedam demonstranda vestigia, quae persecuti iam suis viribus sine adminiculo progredi possint. 6 nonnumquam credi sibi ipsos oportebit, ne mala consuetudine semper alienum laborem sequendi nihil per se conari et quaerere sciant. quodsi satis prudenter dicenda viderint, iam prope consummata fuerit praecipientis opera: si quid erraverint adhuc, erunt ad ducem reducendi. 7 cui rei simile quiddam facientes aves cernimus, quae teneris infirmisque fetibus cibos ore conlatos partiuntur: at cum visi sunt adulti, paulum egredi nidis et circumvolare sedem illam praecedentes ipsae docent: tum expertas[o] vires libero caelo suaeque ipsorum fiduciae permittunt.

VII.

1 Illud ex consuetudine mutandum prorsus existimo in his, de quibus nunc disserimus, aetatibus, ne omnia, quae scripserint,

o) expertos *Spalding*

rechten Weg gezeigt zu haben, als Schüler vor einem Irrtum zu bewahren, wenn sie ihn schon begangen haben: 3 erstens, weil sie die Verbesserung nur durch das Ohr aufnehmen, die Disposition aber auch für ihr Durchdenken der Aufgabe und die stilistische Ausarbeitung festhalten. Zweitens, weil Schüler lieber Vorschriften hören als Tadel. Ja, wenn sie etwas temperamentvoller sind, zumal bei den heutzutage herrschenden Sitten, werden sie zornig bei der Ermahnung und sind innerlich voller Widerspruch. 4 Nichtsdestoweniger aber müssen die Fehler offen kritisiert werden; das ist man der Rücksicht auf die anderen schuldig, die sonst glauben, was der Lehrer nicht verbessert habe, sei richtig. Beide Verfahren aber lassen sich verbinden und so behandeln, wie es die Umstände selbst verlangen. 5 Denn den Anfängern wird man einen Stoff geben müssen, der gleichsam schon entsprechend den Kräften eines jeden vorgeformt ist. Wenn es dagegen schon den Anschein hat, daß die Schüler sich nach dem Beispiel genügend gerichtet haben, soll man nur noch einige Spuren andeuten, denen folgend sie nun mit eigener Kraft ohne Stütze vorwärtskommen können. 6 Manchmal werden sie sich auf sich selbst verlassen müssen, damit sie nicht durch die schlechte Angewohnheit, immer fremder Arbeit zu folgen, unfähig werden, etwas von sich aus zu versuchen und zu erproben. Wenn sie aber mit hinreichender Umsicht den Blick dafür haben, was zu sagen ist, ist wohl die Arbeit des Lehrers schon fast vollendet. Machen sie dann noch Fehler, wird man sie wieder der Führung unterstellen. 7 Etwas Ähnliches sehen wir ja auch die Vögel machen, die ihren zarten, schwachen Jungen das Futter, das sie im eigenen Schnabel herbeigeschleppt haben, austeilen. Sind die Jungen dagegen offenbar herangewachsen, lehren sie sie, indem sie selbst vorangehen, etwas aus dem Nest herauszugehen, um ihr Lager herumzufliegen. Dann, wenn die Kräfte erprobt sind, überlassen sie sie dem freien Himmel und ihrem eigenen Selbstvertrauen.

SIEBTES KAPITEL

Das Auswendiglernen

1 Völlig zu ändern ist meines Erachtens in der Stufe der Entwicklung, die wir eben behandeln, die Gewohnheit, daß die Schüler alles, was sie schriftlich ausgearbeitet haben, auswendig lernen und, wie es üblich ist, an einem bestimmten Tag vortragen. Darauf sind

ediscant et certa, ut moris est, die dicant: quod quidem maxime patres exigunt, atque ita demum studere liberos suos, si quam frequentissime declamaverint, credunt, cum profectus praecipue diligentia constet. 2 nam ut scribere pueros plurimumque esse in hoc opere plane velim, sic ediscere electos ex orationibus vel historiis aliove quo genere dignorum ea cura voluminum locos multo magis suadeam. 3 nam et excercebitur acrius memoria aliena complectendo quam sua, et qui erunt in difficiliore huius laboris genere versati, sine molestia, quae ipsi composuerint, iam familiaria animo suo adfigent et adsuescent optimis semperque habebunt intra se, quod imitentur, et iam non sentientes formam orationis illam, quam mente penitus acceperint, expriment. 4 abundabunt autem copia verborum optimorum et compositione ac figuris iam non quaesitis, sed sponte et ex reposito velut thensauro se offerentibus. accedit his et iucunda in sermone bene a quoque dictorum relatio et in causis utilis. nam et plus auctoritatis adferunt ea, quae non praesentis gratia litis sunt conparata, et laudem saepe maiorem, quam si nostra sint, conciliant. 5 aliquando tamen permittendum quae ipsi scripserint dicere, ut laboris sui fructum etiam ex illa, quae maxime petitur, laude plurium capiant. verum id quoque tum fieri oportebit, cum aliquid commodius elimaverint, ut eo velut praemio studii sui donentur ac se meruisse ut dicerent gaudeant.

VIII.

1 Virtus praeceptoris haberi solet, nec inmerito, diligenter in iis, quos erudiendos susceperit, notare discrimina ingeniorum, et quo quemque natura maxime ferat, scire. nam est in hoc incredibilis

zwar vor allem die Väter aus und glauben, erst dann studierten ihre Kinder richtig, wenn sie recht häufig deklamierten, während doch die Fortschritte hauptsächlich auf der sorgfältigen Arbeit beruhen. 2 Denn wie ich durchaus möchte, daß die Knaben schriftliche Arbeiten machen und das Hauptgewicht hierauf legen, so möchte ich noch weit mehr raten, sie aus Reden und Geschichtswerken oder anderen Literaturwerken, die dieser Bemühung wert sind, ausgewählte Stellen auswendig lernen zu lassen. 3 Einmal nämlich ist es eine bessere Übung zur Schärfung des Gedächtnisses, Fremdes zu behalten als Eigenes, und wer sich an der schwierigeren Art dieses Trainings erprobt hat, wird sich ohne Mühe das, was er selbst gestaltet hat, da es ihm ja schon vertraut ist, einprägen, sodann wird er mit Meisterleistungen vertraut werden, sie immer als Besitz zur Nachahmung in sich tragen und ohne es selbst zu merken, den Ausdruck einer solchen Rede, die er ganz in seinen Geist aufgenommen hat, nachformen. 4 An mustergültigen Worten, Wortverbindungen und Figuren aber wird er dadurch so überreich, daß er sie gar nicht mehr zu suchen braucht, sondern sie ihm von selbst aus seinem Vorrat wie aus einer Schatzkammer zufließen. Hierzu kommt, daß es schön ist, in der Unterhaltung etwas anzubringen, was jemand treffend gesagt hat, und auch von Nutzen vor Gericht; denn es gibt der Rede mehr Gewicht, Ansichten anzuführen, die nicht durch die Interessen des gegenwärtigen Streitfalles bestimmt sind, und das bringt oft mehr Beifall, als wenn es von uns wäre. 5 Bisweilen allerdings sollte man auch gestatten, daß die Schüler vortragen, was sie selbst ausgearbeitet haben, damit sie auch in dem so über alles ersehnten Beifall der Menge den Lohn für ihre Arbeit erhalten. Aber auch das darf nur dann geschehen, wenn einer etwas besonders ansprechend ausgefeilt hat, damit er es als ein Geschenk empfindet, das er als Belohnung für seinen Eifer erhalten hat, und sich freut, es verdient zu haben, vortragen zu dürfen.

ACHTES KAPITEL

Soll jeder nach seinen Naturanlagen unterrichtet werden?

1 Man pflegt eine Tugend des Lehrers darin zu sehen – und das ganz mit Recht –, daß er bei den Schülern, deren Erziehung er übernommen hat, sorgfältig auf die Begabungsunterschiede achte, um zu wissen, wohin jeden seine Wesensart vor allem führt. Denn

quaedam varietas, nec pauciores animorum paene quam corporum formae. 2 quod intellegi etiam ex ipsis oratoribus potest, qui tantum inter se distant genere dicendi, ut nemo sit alteri similis, quamvis plurimi se ad eorum, quos probabant, imitationem composuerint. 3 utile deinde plerisque visum est ita quemque instituere, ut propria naturae bona doctrina foverent et in id potissimum ingenia, quo tenderent, adiuvarentur: ut si quis palaestrae peritus, cum in aliquod plenum pueris gymnasium venerit, expertus eorum omni modo corpus animumque discernat, cui quisque certamini praeparandus sit, 4 ita praeceptorem eloquentiae, cum sagaciter fuerit intuitus, cuius ingenium presso limatoque genere dicendi, cuius acri, gravi, dulci, aspero, nitido, urbano maxime gaudeat, 5 ita se commodaturum singulis, ut in eo, quo quisque eminet, provehatur, quod et adiuta cura natura magis evalescat et, qui in diversa ducatur, neque in iis, quibus minus aptus est, satis possit efficere et ea, in quae natus videtur, deserendo faciat infirmiora. 6 quod mihi (libera enim vel contra receptas persuasiones rationem sequenti sententia est) in parte verum videtur: nam proprietates ingeniorum dispicere prorsus necessarium est. 7 in his quoque certum studiorum facere dilectum nemo dissuaserit. namque erit alius historiae magis idoneus, alius compositus ad carmen, alius utilis studio iuris, ut nonnulli rus fortasse mittendi. sic discernet haec dicendi magister, quomodo palaestricus ille cursorem faciet aut pugilem aut luctatorem aliudve quid ex iis, quae sunt sacrorum certaminum. 8 verum ei, qui foro destinabitur, non in unam partem aliquam, sed in omnia, quae sunt eius operis, ertiam si qua difficiliora discenti videbuntur, elaborandum est; nam et omnino supervacua erat doctrina, si natura sufficeret. 9 an si quis ingenio corruptus ac tumidus, ut plerique sunt, inciderit, in hoc eum ire patiemur? aridum atque ieiunum non alemus et quasi

auch dabei gibt es eine schier unglaubliche Vielfalt, und die geistigen Typen sind kaum weniger zahlreich als die körperlichen. 2 Schon an den Rednern selbst läßt sich dies feststellen, die in ihrer Art zu reden so verschieden sind, daß keiner dem anderen gleicht, obwohl die meisten sich nach den anerkannten Vorbildern richten. 3 So hielten es die meisten für nützlich, jeden so zu unterrichten, daß der Unterricht das Gute, das ihm von Natur eigen war, förderte und die Begabung vor allem in der Richtung, die ihr besonders lag, entwickelte: wie wenn ein erfahrener Sportlehrer, wenn er in ein Gymnasium komme, das mit Knaben voll besetzt sei, nach allseitiger Prüfung ihres Körpers und Geistes entscheide, wer für jede Kampfart trainiert werden solle, 4 so werde auch der Redner, wenn er mit Kennerblick gesehen habe, wessen Begabung mehr die knappe und gefeilte Art zu reden, wem dagegen mehr die energische, würdevolle, liebliche, rauhe, strahlende und elegante Art liege, sich auf die einzelnen einstellen, 5 daß er ihn darin, worin er am meisten leistet, voranbringt, weil einmal die natürliche Anlage, wenn sie gepflegt werde, noch mehr zur Geltung komme, andererseits jemand, der gegen seine Natur gelenkt werde, nicht nur in dem, wofür er weniger geeignet ist, nichts Befriedigendes zustande bringe, sondern auch durch den Verrat an seiner natürlichen Bestimmung die guten Anlagen verkümmere. 6 Dies scheint mir – um freimütig auch dann die eigene Meinung zu sagen, wenn die wissenschaftliche Einsicht sich gegen allgemein anerkannte Überzeugungen richtet – zum Teil richtig; denn die Eigentümlichkeiten der Begabungen zu unterscheiden, ist unbedingt nötig. 7 Auch könnte niemand es widerraten, bei den einzelnen Begabungen eine bestimmte Auswahl der Studien zu treffen; denn einer ist mehr für Geschichtsschreibung geeignet, ein anderer für Dichtung begabt, ein dritter brauchbar für das Rechtsstudium so wie mancher vielleicht in die Landwirtschaft gehört. Das wird der Redelehrer so entscheiden, wie der Sportlehrer einen zum Wettlauf bestimmt oder zum Faustkampf, zum Ringkampf oder einer anderen Kampfart, die zu den heiligen Wettkämpfen (in Olympia) gehört. 8 Jedoch wer für das Forum bestimmt ist, darf nicht nur auf einem Teilgebiet, sondern muß in allem, was zu seiner Aufgabe gehört, auch wenn ihm etwas beim Lernen schwerfallen sollte, gründlich gearbeitet haben; denn der Unterricht wäre ja überhaupt überflüssig, wenn die Naturbegabung genügte. 9 Oder werden wir einen Menschen mit einem formlosen schwülstigen Redefluß, wie er heute so oft sich findet, wenn er uns unter die Finger kommt, so lassen, wie er ist? Werden wir nicht einen dürren,

vestiemus? nam si quaedam detrahere necessarium est, cur non sit adicere concessum? 10 neque ego contra naturam pugno: non enim deserendum id bonum, si quod ingenitum est, existimo, sed augendum addendumque quod cessat. 11 an vero clarissimus ille praeceptor Isocrates, quem non magis libri bene dixisse quam discipuli bene docuisse testantur, cum de Ephoro atque Theopompo sic iudicaret, ut alteri frenis, alteri calcaribus opus esse diceret, aut in illo lentiore tarditatem aut in illo paene praecipiti concitationem adiuvandam docendo existimavit, cum alterum alterius natura miscendum arbitraretur? 12 inbecillis tamen ingeniis sane sic obsequendum sit, ut tantum in id, quo vocat natura, ducantur; ita enim, quod solum possunt, melius efficient. si vero liberalior materia contigerit et in qua merito ad spem oratoris simus adgressi, nulla dicendi virtus omittenda est. 13 nam licet sit aliquam in partem pronior, ut necesse est, ceteris tamen non repugnabit, atque ea cura paria faciet iis, in quibus eminebat, sicut ille, ne ab eodem exemplo recedamus, exercendi corpora peritus non, si docendum pancratiasten susceperit, pugno ferire vel calce tantum aut nexus modo atque in iis certos aliquos docebit, sed omnia, quae sunt eius certaminis. erit qui ex iis aliqua non possit: in id maxime, quod poterit, incumbet. nam sunt haec duo vitanda prorsus: 14 unum, ne temptes quod effici non possit, alterum, ne ab eo, quod quis optime facit, in aliud, cui minus est idoneus, transferas. at si fuerit, qui docebitur, ille, quem adulescentes senem vidimus, Nicostratus, omnibus in eo docendi partibus similiter utetur efficietque illum, qualis hic fuit, luctando pugnandoque, quorum utroque certamine isdem diebus coronabatur, invictum. 15 et quanto id magis oratoris

nüchternen Stil auffüttern und sozusagen seine Blöße decken; denn wenn es nötig ist, manches zu entfernen, warum sollte es nicht erlaubt sein, auch etwas hinzuzutun? 10 Auch kämpfe ich ja nicht gegen die Natur; denn ich meine ja nicht, man solle an dem angeborenen Talent Verrat üben, sondern da steigern und hinzutun, wo es fehlt. 11 Hat etwa nicht der berühmteste aller Lehrer, Isokrates, von dem nicht besser seine Werke es bezeugen, wie gut er gesprochen, als seine Schüler, wie gut er gelehrt habe, als er über Ephoros und Theopomp urteilte, dem einen täte der Zügel not, dem anderen der Sporn, damit seiner Anschauung Ausdruck gegeben, das Lehren müsse in dem Langsameren die Trägheit, in dem sich geradezu Überstürzenden aber die Hast mildern, indem er glaubte, zwischen der Wesensart der beiden eine Vermischung erzielen zu müssen? 12 Schwachen Begabungen freilich wird man indessen entgegenkommen müssen, damit sie nur in die Richtung, wohin ihre Natur sie weist, geleitet werden; denn so werden sie das, was sie lediglich können, besser zustande bringen. Wenn man aber auf edleren Rohstoff gestoßen ist und seine Formung zum Redner mit berechtigter Erfolgsaussicht angepackt hat, dann darf keine Aufgabe, die der Redner zu meistern hat, übergangen werden. 13 Denn mag auch eine natürliche Begabung für ein Gebiet stärker sein, wie es notwendigerweise der Fall ist, so wird der Begabte doch den übrigen Aufgaben sich nicht widersetzen und sie durch Arbeit dem gleichmachen, worin seine Stärke lag, sowie – um noch bei demselben Beispiel zu bleiben – der in der Körperertüchtigung Erfahrene, wenn er einen Mehrkämpfer (Pankratiasten) zur Ausbildung erhalten hat, ihm nicht nur den Faustschlag oder Fersenschlag oder die Ringergriffe und unter diesen wieder nur bestimmte beibringen wird, sondern alles, was zu diesem Wettkampf gehört. Auch da wird es manchen geben, der das eine oder andere nicht kann: der wird sich vor allem bei dem ins Zeug legen, was er kann. Denn zwei Gefahren sind durchaus zu vermeiden: 14 erstens darf man nicht versuchen, was man nicht erreichen kann. Sodann darf man niemanden von dem, was er aufs beste beherrscht, zu etwas anderem versetzen, für das er weniger geeignet ist. Handelt es sich dagegen bei dem künftigen Schüler um einen Nikostratus von der Art, wie wir als junge Leute ihn im hohen Alter noch gesehen haben, so wird er alle Teile der Lehre in gleicher Weise anpacken und wird aus ihm einen Mann von der Art machen, wie er selber war: im Ringen und Kämpfen, worin er an denselben Tagen die beiden Siegerkränze erwarb, unbesiegbar! 15 Und wieviel mehr wird der

futuri magistro providendum erit! non enim satis est dicere presse tantum aut subtiliter aut aspere, non magis quam phonasco acutis tantum aut mediis aut gravibus sonis aut horum etiam particulis excellere. nam sicut cithara, ita oratio perfecta non est, nisi ab imo ad summum omnibus intenta nervis consentiat.

IX.

1 Plura de officiis docentium locutus discipulos id unum interim moneo, ut praeceptores suos non minus quam ipsa studia ament et parentes esse non quidem corporum, sed mentium credant. 2 multum haec pietas conferet studio; nam ita et libenter audient et dictis credent et esse similes concupiscent, in ipsos denique coetus scholarum laeti alacres convenient, emendati non irascentur, laudati gaudebunt, ut sint carissimi studio merebuntur. 3 nam ut illorum officium est docere, sic horum praebere se dociles: alioqui neutrum sine altero sufficit. et sicut hominis ortus ex utroque gignentium confertur et frusta sparseris semina, nisi illa praemollitus foverit sulcus: ita eloquentia coalescere nequit nisi sociata tradentis accipientisque concordia.

X.

1 In his primis operibus, quae non ipsa parva sunt, sed maiorum quasi membra atque partes, bene instituto ac satis exercitato iam fere tempus adpetet adgrediendi suasorias iudicialesque materias: quarum antequam viam ingredior, pauca mihi de ipsa declamandi ratione di-

Lehrer eines künftigen Redners dafür vorsorgen müssen: denn es genügt nicht, nur knapp oder genau oder rauh zu reden – so wenig wie für einen Stimmbildner nur in der hohen, mittleren oder tiefen Stimmlage oder gar Teilen von diesen sich auszuzeichnen. Denn wie die Kithara ist keine Rede vollkommen, wenn sie nicht vom tiefsten bis zum höchsten Ton auf allen Saiten zusammenstimmt.

NEUNTES KAPITEL

Die Aufgabe der Schüler

1 Nachdem ich ausführlicher von den Aufgaben der Lehrer gesprochen habe, möchte ich einstweilen an die Schüler nur die eine Mahnung richten, sie sollen ihre Lehrer nicht weniger lieben als ihre Studien selbst und in ihnen, wenn auch nicht ihre leiblichen, wohl aber ihre geistigen Eltern erblicken. 2 Diese Hingabe wird dem Studium sehr zugute kommen; denn so werden sie gern auf sie hören, dem Gesagten Vertrauen schenken und es wünschen, ihnen ähnlich zu werden; schließlich werden sie frisch und froh in die Klasse kommen, bei Verbesserungen nicht zornig werden, sich über Anerkennung freuen und es durch Eifer verdienen, daß der Lehrer sie ganz in sein Herz schließt. 3 Denn wie es die Aufgabe der Lehrer ist zu lehren, so die der Schüler, sich gelehrig zu zeigen. Andernfalls ist keines ohne das andere ausreichend. Wie die Geburt eines Menschen auf zwei Erzeugern beruht und wie man vergebens den Samen in die Erde ausstreut, wenn die Saatfurche nicht aufgelockert ist und ihn in sich birgt, so kann die Beredsamkeit nicht erwachsen, wenn sich nicht der Gebende und Empfangende in Eintracht verbinden.

ZEHNTES KAPITEL

Nutzen und Methode des Deklamierens

1 Ist der Schüler in diesen ersten Aufgaben, die als solche nicht klein, aber doch sozusagen nur Glieder und Teile von größeren sind, gut unterrichtet und hinreichend geübt, so ist es wohl an der Zeit, mit den Stoffen der Beratungs- und Gerichtsrede zu beginnen. Doch möchte ich, bevor ich mich auf diesen Weg begebe, einige Bemerkungen über die Methode des Deklamierens machen, die ja,

cenda sunt, quae quidem ut ex omnibus novissime inventa, ita multo est utilissima. 2 nam et cuncta illa, de quibus diximus, in se fere continet et veritati proximam imaginem reddit, ideoque ita est celebrata, ut plerisque videretur ad formandam eloquentiam vel sola sufficere. neque enim virtus ulla perpetuae dumtaxat orationis reperiri potest, quae non sit cum hac dicendi meditatione communis. 3 eo quidem res ista culpa docentium reccidit, ut inter praecipuas, quae corrumperent eloquentiam, causas licentia atque inscitia declamantium fuerit. sed eo, quod natura bonum est, bene uti licet. 4 sint ergo et ipsae materiae, quae fingentur, quam simillimae veritati, et declamatio, in quantum maxime potest, imitetur eas actiones, in quarum exercitationem reperta est. 5 nam magos et magis adhuc fabulosa frusta inter sponsiones et interdicta quaeremus. quid ergo? numquam haec supra fidem et poetica, ut vere dixerim, themata iuvenibus tractare permittamus, ut exspatientur et gaudeant materia et quasi in corpus eant? 6 erit optimum, sed certe sint grandia et tumida, non stulta etiam et acrioribus oculis intuenti ridicula, ut, si iam cedendum est, impleat se declamator aliquando, dum sciat, ut quadrupedes, cum viridi pabulo distentae sunt, sanguinis detractione curantur et sic ad cibos viribus conservandis idoneos redeunt, ita sibi quoque tenuandas adipes, et quidquid umoris corrupti contraxerit; emittendum, si esse sanus ac robustus volet. 7 alioqui tumor ille inanis primo cuiusque veri operis conatu deprehendetur. totum autem declamandi opus qui diversum omni modo a forensibus causis existimant, hi profecto ne rationem quidem, qua ista exercitatio inventa sit, pervident; 8 nam si foro non

wie sie als letzte von allen Formen des rhetorischen Unterrichts erfunden ist, weitaus den größten Nutzen bietet. 2 Denn sie birgt fast all das, worüber wir gesprochen haben, in sich und bietet ein Bild, das der Wirklichkeit am nächsten kommt; deshalb ist sie so verbreitet, daß sie den meisten zur Ausbildung der Beredsamkeit schon allein zu genügen scheint. Denn es läßt sich – wenigstens in zusammenhängender Rede – kein Vorzug ausfindig machen, der nicht in Beziehung zu dieser geistigen Übung des Redners stünde. 3 Zwar ist diese Betätigung durch die Schuld der Lehrer so tief gesunken, daß unter den Gründen, die zur Entartung der Beredsamkeit führten, vor allem das maßlose und unwissende Drauflosdeklamieren erscheint; aber, was von Natur gut ist, läßt sich auch zum Guten verwenden. 4 Es sollen also einmal die Stoffe, die man sich zur Behandlung ausdenkt, möglichst wirklichkeitsgetreu sein, und ferner soll die Form, in der deklamiert wird, soweit es nur geht, den öffentlichen Reden ähnlich sein, zu deren Übung sie erfunden ist. 5 Denn die Zauberer, Pestilenzen, Orakelworte, Stiefmütter, deren Bosheit noch über die auf der Bühne geht, und anderes, was noch fabelhafter ist, wird man ja zwischen Sponsionen (Prozeßwetten) und Interdikten[18] vergebens suchen. Wie nun? Sollen wir überhaupt nicht solche unechte und, um es mit dem rechten Namen zu nennen, poetische Themen der Jugend zur Behandlung gönnen, wo sie sich tummeln, im Stoff schwelgen und gleichsam so recht aufgehen kann? 6 Am besten wäre das schon. Jedenfalls, mögen solche Themen immerhin großartig und schwülstig sein, so sollten sie doch nicht töricht und, wenn man schärfer zusieht, sogar lächerlich sein: so mag sich, wenn man überhaupt dieses Zugeständnis machen muß, ein solcher Deklamator einmal recht volladen, bis er weiß, daß auch er, wie die Vierbeiner, wenn sie sich auf der Weide mit Grünfutter aufgeschwemmt haben, durch einen Aderlaß kuriert werden und so zu dem Futter zurückfinden müssen, das ihnen die rechte Kraft gibt, sein Fett wieder loswerden und, was er an schlechtem Saft in sich aufgespeichert hat, ausstoßen muß, wenn er gesund und kräftig sein will. 7 Andernfalls wird sich der hohle Schwulst gleich, wenn sich jemand zum erstenmal an einer richtigen Aufgabe versucht, verraten. Diejenigen, die die ganze Deklamationsaufgabe als etwas von der Gerichtspraxis völlig Verschiedenes betrachten, haben nicht einmal den Grund, der zur Erfindung dieser Übung geführt hat, verstanden. 8 Denn wenn die Deklamation nicht für

[18] einstweilige Verfügungen, die der Praetor erläßt.

praeparat, aut scaenicae ostentationi aut furiosae vociferationi simillimum est. quid enim attinet iudicem praeparare, qui nullus est? narrare, quod omnes sciant falsum? probationes adhibere causae, de qua nemo sit pronuntiaturus? et haec quidem otiosa tantum: adfici vero et ira vel luctu permoveri cuius est ludibrii, nisi quibusdam pugnae simulacris ad verum discrimen aciemque iustam consuescimus? 9 nihil ergo inter forense genus dicendi atque hoc declamatorium intererit? si profectus gratia dicimus, nihil. utinamque adici ad consuetudinem posset, ut nominibus uteremur et perplexae magis et longioris aliquando actus controversiae fingerentur et verba in usu cotidiano posita minus timeremus et iocos inserere moris esset: quae nos, quamlibet per alia in scholis exercitati simus, tirones in foro inveniunt. 10 si vero in ostentationem comparetur declamatio, sane paulum aliquid inclinare ad voluptatem audientium debemus. 11 nam et in iis actionibus, quae in aliqua sine dubio veritate versantur, sed sunt ad popularem aptatae delectationem, quales legimus panegyricos totumque hoc demonstrativum genus, permittitur adhibere plus cultus omnemque artem, quae latere plerumque in iudiciis debet, non confiteri modo, sed ostentare etiam hominibus in hoc advocatis. 12 quare declamatio, quoniam est iudiciorum consiliorumque imago, similis esse debet veritati, quoniam autem aliquid in se habet ἐπιδεικτικόν, nonnihil sibi nitoris adsumere. 13 quod faciunt actores comici, qui neque ita prorsus, ut nos vulgo loquimur, pronuntiant, quod esset sine arte, neque procul tamen a natura recedunt, quo vitio periret imitatio, sed morem communis huius sermonis decore quodam scaenico exornant. 14 sic quoque aliqua nos incommoda ex his, quas finxerimus,

das Forum vorbereitet, ist sie entweder ganz wie eine Schaustellung auf der Bühne oder wie der Erguß eines in Wahnsinn Rasenden. Denn was soll das: einen Richter vorzubereiten, wo gar keiner ist? Etwas zu erzählen, wovon alle wissen, daß es nicht stimmt? Beweise auf eine Sache zu verwenden, über die niemand reden würde? Doch das ist noch müßige Spielerei. Sich aber ergreifen und vor Zorn oder Trauer packen zu lassen, wie fordert das Spott und Hohn heraus, wenn wir uns nicht in den Schein-Kämpfen an echtes Draufgehen und richtigen scharfen Kampf gewöhnen? 9 Soll also kein Unterschied zwischen der Art der Gerichtsrede und unserer Deklamationsform bestehen? Wenn wir reden, um Fortschritte zu erzielen, keiner! Ja, könnten wir doch nur auch darin die Schulgewohnheit bereichern, daß wir richtige Namen verwenden, verwickeltere und manchmal länger dauernde Streitfälle erfinden, weniger Angst vor Worten aus der Umgangssprache haben und auch, wie es doch üblich ist, zwischendurch einmal Witze machen. All das findet uns ja, so geübt wir in anderer Beziehung in den Schulen sind, vor Gericht als Anfänger. 10 Soll aber die Deklamation zu einer Vorführung dienen, so müssen wir freilich ein wenig dem Vergnügen der Hörer nachgeben. 11 Denn auch bei den öffentlichen Reden, die zwar zweifellos in ihrer Weise der Wirklichkeit entsprechen, jedoch für die Unterhaltung des Volkes berechnet sind, wie wir es in den Ansprachen vor festlichen Versammlungen finden und in der ganzen Gattung der Fest- und Unterhaltungsreden[19], ist es statthaft, mehr Schmuck zu verwenden und die ganze Kunst, die meistens vor Gericht verborgen bleiben muß, nicht nur spielen zu lassen, sondern sie vor den zu diesem Zweck eingeladenen Gästen sogar vorzuführen. 12 Deshalb soll die Deklamation, da sie ein Abbild der Gerichts- und Beratungsrede ist, der Wirklichkeit getreu sein, da sie aber auch etwas Epideiktisches[20] an sich hat, für sich etwas mehr äußeren Glanz in Anspruch nehmen. 13 So machen es ja auch die Komödienschauspieler, die in ihrem Vortrag zwar nicht gerade so sprechen, wie wir es gewöhnlich tun, weil das kunstlos wäre, sich aber auch nicht weit von der Natur entfernen, weil durch einen solchen Fehler die Nachahmung des wirklichen Lebens verlorenginge, sondern die Art unserer üblichen Sprechweise mit etwas Bühnenglanz ausschmücken. 14 Auch so haben wir bei erfundenen Stoffen mit einigen Nachteilen zu rechnen vor

[19] der sogenannten epideiktischen Redegattung.
[20] vgl. die vorhergehende Anmerkung.

materiis consequentur, in eo praecipue, quod multa in iis relinquuntur incerta, quae sumimus, ut videtur, aetates, facultates, liberi, parentes, urbium ipsarum vires, iura, mores, alia his similia: 15 quin aliquando etiam argumenta ex ipsis positionum vitiis ducimus. sed haec suo quoque loco. quamvis enim omne propositum operis a nobis destinati eo spectet, ut orator instituatur, tamen, ne quid studiosi requirant, etiam si quid erit, quod ad scholas proprie pertineat, in transitu non omittemus.

XI.

1 Iam hinc ergo nobis incohanda est ea pars artis, ex qua capere initium solent qui priora omiserunt: quamquam video quosdam in ipso statim limine obstaturos mihi, qui nihil egere eius modi praeceptis eloquentiam putent, sed natura sua et vulgari modo et scholarum exercitatione contenti rideant etiam diligentiam nostram exemplo magni quoque nominis professorum, quorum aliquis, ut opinor, interrogatus, quid esset σχῆμα et νόημα[p], nescire se quidem, sed si ad rem pertineret, esse in sua declamatione respondit. alius percontanti Theodoreus an Apollodoreus esset, ‘ego’ inquit ‘parmularius sum’. 2 nec sane potuit urbanius ex confessione inscitiae suae elabi. porro hi, quia et beneficio ingenii praestantes sunt habiti et multa etiam memoria digna exclamaverunt, plurimos habent similes neglegentiae suae, paucissimos naturae. 3 igitur impetu dicere se et viribus uti gloriantur: neque enim opus esse probatione aut dispositione in

p) enigma **A**

[21] Die Anhänger des Redelehrers des Augustus, Apollodor von Pergamon, und des Lehrers, bei dem Tiberius gehört hatte, Theodor von Gadara, hatten etwas von dem dogmatischen Eifer, der in den Philosophenschulen im Wetteifer um die Jugendbildung entfaltet wurde, auch auf die rhetorische Jugendbildung und Literarästhetik übertragen. s. u. 2, 1, 17.

allem dadurch, daß vieles bei ihnen im ungewissen gelassen wird, das wir so annehmen, wie es uns gutdünkt: Alter, Vermögen, Kinder, Eltern, ja auch Städte mit ihrer ganzen Macht, ihren Rechtsbestimmungen und Bräuchen und anderes von ähnlicher Art. 15 Ja, manchmal bauen wir sogar unsere Beweise auf Falschem auf, das schon im Stoff steckt. Doch darüber jeweils an seiner Stelle. Denn wenn auch das Ziel, das wir uns für unser ganzes Werk gesteckt haben, die Unterweisung des Redners ist, so werden wir doch, damit solche, die sich dafür interessieren, nichts vermissen, auch Fragen, die eigentlich nur die Schulübungen betreffen, im Vorbeigehen nicht unberührt lassen.

ELFTES KAPITEL

Ist Rhetorikunterricht nötig?

1 Hier nun haben wir mit dem Teil der Lehre zu beginnen, mit dem diejenigen anzufangen pflegen, die auf das im vorhergehenden Gebrachte verzichten. Jedoch sehe ich, daß einige mir gleich an der Schwelle entgegentreten, die der Meinung sind, die Beredsamkeit bedürfe derartiger Regeln nicht, sich vielmehr mit dem zufriedengeben, was ihnen ihre eigene Natur, die allgemeine Routine und die Übung in den Schuldeklamationen bietet, und sogar unsere gewissenhafte Art verspotten mit dem Hinweis, auch selbst namhafte Redelehrer, deren einer, wenn ich mich recht entsinne, auf die Frage, was ein σχῆμα (eine Figur) und ein νόημα (eine Pointe) sei, geantwortet hat: das wisse er zwar nicht, wenn es aber zur Sache gehöre, so sei es in seiner Deklamation enthalten. 2 Ein anderer sagte, als man ihn ausfragte, ob er auf der Seite des Theodoros oder Apollodoros[21] stehe: ‘Ich bin auf der Seite der Schildkämpfer’ (innerhalb der Zirkusparteien). Und freilich, feiner hätte er um das Eingeständnis seiner Unwissenheit gar nicht herumkommen können! Weiter haben dann solche Leute, weil sie durch die Gunst ihres Talentes als hervorragend galten und auch vieles zum besten gaben, was der Überlieferung wert ist, zwar sehr viele, die es ihnen in ihrer Nachlässigkeit gegenüber den Regeln, aber nur ganz wenige, die es ihnen im Naturtalent gleichtun. 3 So prahlen sie denn damit, sie folgten dem eigenen Schwung und überließen sich ihrer eigenen Kraft; denn nicht auf Beweisführung und saubere Gliederung komme es an bei den erfundenen Themen, sondern auf das, um dessentwillen der

rebus fictis, sed, cuius rei gratia plenum sit auditorium, sententiis grandibus, quarum optima quaeque a periculo petatur. 4 quin etiam in cogitando nulla ratione adhibita aut tectum intuentes magnum aliquid, quod ultro se offerat, pluribus saepe diebus expectant, aut murmure incerto velut classico instincti concitatissimum corporis motum non enuntiandis, sed quaerendis verbis accommodant. 5 nonnulli certa sibi initia, priusquam sensum invenerint, destinant, quibus aliquid diserti subiungendum sit: eaque diu secum ipsi clareque meditati desperata conectendi facultate deserunt et ad alia deinceps atque inde alia non minus communia ac nota devertunt. 6 qui plurimum videntur habere rationis, non in causas tamen laborem suum, sed in locos intendunt, atque in iis non corpori prospiciunt, sed abrupta quaedam, ut forte ad manum venere, iaculantur. 7 unde fit ut dissoluta et ex diversis congesta oratio cohaerere non possit similisque sit commentariis puerorum, in quos ea, quae aliis declamantibus laudata sunt, regerunt. magnas tamen sententias et res bonas (ita enim gloriari solent) elidunt: nam et barbari et servi, et, si hoc sat est, nulla est ratio dicendi.

XII.

1 Ne hoc quidem negaverim, sequi plerumque hanc opinionem, ut fortius dicere videantur indocti, primum vitio male iudicantium, qui maiorem habere vim credunt ea, quae non habent artem, ut effringere quam aperire, rumpere quam solvere, trahere quam ducere putant robustius. 2 nam et gladiator, qui armorum inscius in

Hörsaal voll sei: großartige Gedanken, Zuspitzungen, von denen die besten sich gerade im kritischen Augenblick einstellten. 4 Ja, selbst beim Vorbereiten der Gedanken starren sie plan- und ziellos zum Dach hinauf und warten oft mehrere Tage auf eine große Eingebung, die sich ihnen von selbst offenbart, oder sie lassen sich von undeutlichem Gemurmel wie von einem Sturmsignal anregen und bringen dann ihren Körper in den heftigsten Schwung – nicht um die Worte herauszubringen, sondern um sie zu suchen. 5 Einige nehmen sich feste Einleitungswendungen, ehe sie noch den Gedanken gefunden haben, woran sich dann allerhand gewandte Reden anschließen sollen; haben sie dies dann lang und deutlich bei sich überdacht, ohne die Aussicht, daß eine weitere Verbindung möglich sei, so geben sie es auf und schweifen zu anderem und dann wieder zu anderem nicht minder vertrauten und bekannten Gedankengut ab. 6 Auch die am meisten Verstand zu besitzen scheinen, richten doch ihre Bemühungen nicht auf die Fälle im ganzen, sondern auf einzelne Stellen und achten nicht darauf, diese organisch zu verbinden, sondern schleudern in abgerissenen Stücken heraus, was ihnen gerade unter die Hände kommt. 7 So kommt es, daß eine so zerhackte und aus Verschiedenartigem zusammengestückte Rede keinen Zusammenhang haben kann und so ähnlich wird wie die Schulhefte der Knaben, in denen sie sich eintragen, was bei den Deklamationen anderer gelobt worden ist. Dennoch lassen sie große Gedankenblitze in ihren Pointen aufleuchten und erzielen gute Treffer – damit brüsten sie sich nämlich gewöhnlich. Nun denn! Auch Barbaren und Sklaven bringen solche Reden zustande, und wenn man sich damit zufriedengibt, gibt es eben keine lehrbare Redekunst.

ZWÖLFTES KAPITEL

Warum gelten gemeinhin die Unstudierten für begabter?

1 Ich möchte dabei auch gar nicht bestreiten, daß sich gewöhnlich daraus die Vorstellung ergibt, unausgebildete Redner wirkten beim Reden weniger gehemmt. Diese Vorstellung beruht zunächst auf einem Fehlurteil: als sei da die Kraft größer, wo die Kunst fehle, wie man etwa glaubt, Aufbrechen sei gegenüber dem Öffnen, Zerreißen gegenüber dem Loslösen, Wegziehen gegenüber dem Führen das Zeichen größerer Stärke. 2 Denn auch ein Gladiator, der ohne Waffenkenntnis sich auf seinen Gegner stürzt, und ein

rixam ruit, et luctator, qui totius corporis nisu in id, quod semel invasit, incumbit, fortior ab his vocatur, cum interim et hic frequenter suis viribus ipse prosternitur et illum vehementis impetus excipit adversarii mollis articulus. 3 sed sunt in hac parte, quae imperitos etiam naturaliter fallant; nam et divisio, cum plurimum valeat in causis, speciem virium minuit, et rudia politis maiora et sparsa compositis numerosiora creduntur. 4 est praeterea quaedam virtutum vitiorumque vicinia, qua maledicus pro libero, temerarius pro forti, effusus pro copioso accipitur. maledicit autem ineruditus apertius et saepius vel cum periculo suscepti litigatoris, frequenter etiam suo. 5 adfert et ista res opinionem, quia libentissime homines audiunt ea, quae dicere ipsi noluissent. illud quoque alterum, quod est in elocutione ipsa periculum, minus vitat conaturque perdite, unde evenit nonnumquam, ut aliquid grande inveniat qui semper quaerit quod nimium est: verum id et raro provenit et cetera vitia non pensat.

6 Propter hoc quoque interdum videntur indocti copiam habere maiorem, quod dicunt omnia, doctis est et electio et modus. his accedit, quod a cura docendi quod intenderint recedunt. itaque illud quaestionum et argumentorum apud corrupta iudicia frigus evitant nihilque aliud, quam quo vel pravis voluptatibus aures adsistentium permulceant, quaerunt. 7 sententiae quoque ipsae, quas solas petunt, magis eminent, cum omnia circa illas sordida et abiecta sunt, ut lumina non 'inter umbras', quem ad modum Cicero dicit, sed plane inter tenebras clariora sunt. itaque ingeniosi vocentur, ut libet, dum tamen constet contumeliose sic laudari disertum. 8 nihilo minus confitendum est etiam detrahere doctrinam aliquid, ut limam rudibus et cotes hebetibus et vino vetustatem, sed vitia

Ringer, der sich mit seinem ganzen Körpergewicht auf die Stelle wirft, an die er einmal herangekommen ist, heißt bei diesen Leuten der stärkere Mann, während es doch oft so kommt, daß der letztere durch seine eigenen Kräfte zu Boden geht, den heftigen Anprall des ersteren aber schon eine leichte Wendung des Gegners abfängt. 3 Jedoch liegt es hierbei sogar in der Natur unserer Sache, daß sich Unerfahrene täuschen lassen; denn die klare Gliederung, so entscheidend sie auch für die Prozeßrede ist, mindert doch den Anschein der aufgewendeten Kraft, das Ungehobelte wirkt größer als das Geglättete, das Ausgestreute reicher an Zahl als das Wohlgeordnete. 4 Außerdem liegen die Vorzüge und Fehler ganz nahe beieinander, weshalb Geschimpfe mit Freimut, Unbesonnenheit mit Tapferkeit, Verschwendung mit Reichtum verwechselt wird. Ins Schimpfen verfällt aber der Ungebildete rückhaltloser und häufiger, selbst wenn es für die Sache, die er vertritt, ja oft auch für ihn selbst riskant ist. 5 Auch diese Ungeniertheit trägt zu dem Ruf von ihrer Redekraft bei, weil die Menschen am liebsten solche Dinge hören, die sie selbst nicht hätten sagen wollen. Auch das andere Risiko, das in der passenden Darstellungsform liegt, scheut er weniger und probiert auf Gedeih und Verderb drauflos. So kommt es manchmal, daß er, der immer auf der Suche nach dem Übersteigerten ist, auch einmal etwas Großes findet. Aber das kommt selten vor und wiegt die übrigen Fehler nicht auf.

6 Auch deshalb scheinen bisweilen die Ungebildeten den größeren Reichtum zu besitzen, weil sie alles in den Mund nehmen, während die Gebildeten auswählen und maßhalten. Hierzu kommt, daß sie die Aufgabe, zu zeigen, was sie beweisen wollen, vernachlässigen. So vermeiden sie die Fragen und Beweise, die dem verdorbenen Geschmacksurteil frostig vorkommen, und suchen nichts anderes als Mittel, um selbst mit widrigem Kitzel die Ohren der Anwesenden zu unterhalten. 7 Auch die Sentenzen selbst, auf die es ihnen allein ankommt, leuchten stärker hervor, wenn alles um sie her Schmutz und Unrat ist, wie ja die Lichter nicht 'unter Schatten' (als Kontrast), wie Cicero[22] sagt, sondern in völliger Finsternis heller scheinen. Mögen sie deshalb nach Belieben 'genial' genannt werden, wenn nur feststeht, daß es für einen gewandten Redner ein Schimpf ist, so gelobt zu werden. 8 Nichtsdestoweniger muß man zugeben, daß die Bildung auch etwas nimmt, wie die Feile dem Rauhen, der Schleifstein dem Stumpfen und dem

[22] de orat. 3, 26, 101.

detrahit, atque eo solo minus est quod litterae perpolierunt, quo melius.

9 Verum hi pronuntiatione quoque famam dicendi fortius quaerunt; nam et clamant ubique et omnia levata, ut ipsi vocant, manu emugiunt, multo discursu, anhelitu, iactatione gestus, motu capitis furentes. 10 iam conlidere manus, terrae pedem incutere, femur, pectus, frontem caedere, mire ad pullatum circulum facit: cum ille eruditus, ut in oratione multa summittere, variare, disponere, ita etiam in pronuntiando suum cuique eorum, quae dicet, colori adcommodare actum sciat, et si quid sit perpetua observatione dignum, modestus et esse et videri malit. 11 at illi hanc vim appellant, quae est potius violentia: cum interim non actores modo aliquos invenias, sed, quod est turpius, praeceptores etiam, qui brevem dicendi exercitationem consecuti omissa ratione, ut tulit impetus, passim tumultuentur eosque, qui plus honoris litteris tribuerunt, ineptos et ieiunos et tepidos et infirmos, ut quodque verbum contumeliosissimum occurrit, appellent. 12 verum illis quidem gratulemur sine labore, sine ratione, sine disciplina disertis: nos, quando et praecipiendi munus iam pridem deprecati sumus et in foro quoque dicendi, quia honestissimum finem putabamus desinere dum desideraremur, inquirendo scribendoque talia consolemur otium nostrum, quae futura usui bonae mentis iuvenibus arbitramur, nobis certe sunt voluptati.

XIII.

1 Nemo autem a me exigat id praeceptorum genus, quod est a plerisque scriptoribus artium traditum, ut quasi quasdam leges inmutabili necessitate constrictas studiosis dicendi feram: utique prooemium et id quale, proxima huic narratio, quae lex deinde

Wein das Alter, aber es sind Fehler, die sie nimmt, und nur um soviel ist das geringer, was die literarische Bildung geglättet hat, als es besser ist.

9 Jedoch auch im Vortrag suchen diese Praktiker den Ruhm der kräftigeren Rede. Sie schreien nämlich überall und brüllen alles mit gehobener Hand, wie sie es selbst nennen, heraus, wild laufend, schnaufend, gestikulierend, wahnsinnig mit dem Kopf schlenkernd. 10 Schon die Hände zusammenzuschlagen, mit dem Fuß aufzustampfen, sich auf den Schenkel, die Brust oder die Stirn zu schlagen, hat bei dem gemeinen Volk erstaunliche Wirkung, während der Gebildete, wie er in der Rede vieles abzustufen, abzuwechseln und zu verteilen versteht, so auch im Vortrag jede seiner Handlungen der jeweiligen Färbung dessen, was er sagen will, anzupassen, und wenn etwas dauernder Beachtung wert ist, lieber bescheiden sein und auch scheinen möchte. 11 Dagegen nennen jene das Redegewalt, was eher Gewalttätigkeit ist: während man bisweilen nicht nur Prozeßanwälte, sondern, was viel blamabler ist, sogar Lehrer findet, die nach einer kurzen Übungszeit alle wissenschaftliche Methode aufgeben, wie sie die Laune treibt, einfach drauflos wirtschaften und dabei diejenigen, die der Wissenschaft mehr Ehre erwiesen haben, als unnütz und nüchtern, lau und schwach betiteln, wie ihnen die kränkendsten Worte nur so einfallen. 12 Doch können wir solchen Rednern nur Glück wünschen, die ohne Arbeit, ohne vernünftige Überlegung, ohne Zucht redegewandt sind. Ich meinerseits will mich, da ich ja dem Lehramt wie auch der forensischen Wirksamkeit schon lange entsagt habe, weil ich es für den ehrenvollsten Abschluß hielt, aufzuhören, solange ich noch vermißt wurde, in meiner Muße damit trösten, Dinge zu untersuchen und aufzuzeichnen, die künftig gutgearteten jungen Menschen, wie ich glaube, Nutzen, mir jedenfalls Freude bringen.

DREIZEHNTES KAPITEL

Das Ausmaß der wissenschaftlichen Rhetorik

1 Niemand aber verlange von mir die Art von Vorschriften, wie sie die meisten Verfasser rhetorischer Lehrbücher vermittelt haben, als sollte ich gleichsam für die, die sich der Redekunst widmen, eine Reihe von unveränderlichen zwangsläufig verbindlichen Gesetzen erlassen: auf jeden Fall ein Prooemium, das dann so und so

narrandi, propositio post hanc vel, ut quibusdam placuit, excursio, tum certus ordo quaestionum ceteraque, quae, velut si aliter facere fas non sit, quidam tamquam iussi sequuntur. 2 erat enim rhetorice res prorsus facilis ac parva, si uno et brevi praescripto contineretur: sed mutantur pleraque causis, temporibus, occasione, necessitate. atque ideo res in oratore praecipua consilium est, quia varie et ad rerum momenta convertitur. 3 quid si enim praecipias imperatori, quotiens aciem instruet, derigat frontem, cornua utrimque promoveat, equites pro cornibus locet? erit haec quidem rectissima fortasse ratio, quotiens licebit, sed mutabitur natura loci, si mons occurret, si flumen obstabit, collibus, silvis, asperitate alia prohibebitur. 4 mutabit hostium genus, mutabit praesentis condicio discriminis: nunc acie derecta, nunc cuneis, nunc auxiliis, nunc legione pugnabitur, nonnumquam terga etiam dedisse simulata fuga proderit. 5 ita prooemium necessarium an supervacuum, breve an longius, ad iudicem omni sermone derecto an aliquando averso per aliquam figuram dicendum sit, constricta an latius fusa narratio, continua an divisa, recta an ordine permutato, causae docebunt, 6 itemque de quaestionum ordine, cum in eadem controversia aliud alii parti prius quaeri frequenter expediat. neque enim rogationibus plebisve scitis sancta sunt ista praecepta, sed hoc, quidquid est, utilitas excogitavit. 7 non negabo autem sic utile esse plerumque, alioqui nec scriberem. verum si eadem illa nobis aliud suadebit utilitas, hanc relictis magistrorum auctoritatibus sequemur. 8 equidem id maxime 'praecipiam ac repetens iterumque iterumque monebo': res duas in omni actu spectet orator, quid deceat, quid expediat.

[23] Verg. Aen. 3, 436.

aussehen soll, ihm folgend die Erzählung und sodann, was für sie die Regel ist, nach ihr die Ankündigung des Gegenstandes oder, wie es andere für gut halten, ein weiterer Ausblick (Exkurs), sodann die festgelegte Reihenfolge der Streitpunkte (Fragen) und so weiter, wie es manche, als wäre es ein Vergehen, es anders zu machen, wie willenlose Befehlsempfänger befolgen. 2 Denn die Rhetorik würde eine recht leichte, unbedeutende Angelegenheit, ließe sie sich so in einer einzigen, kurzen Anweisung zusammenfassen. Vielmehr ändert sich fast alles je nach dem Fall, den Zeitumständen, der Gelegenheit und dem Zwang der Verhältnisse. Deshalb ist die Hauptsache beim Redner die Überlegung, weil sie Spielraum läßt und sich dem jeweiligen Schwerpunkt der Lage anpaßt. 3 Was hat es denn für einen Sinn, einem Feldherrn vorzuschreiben, jedesmal, wenn er eine Kampflinie bildet, solle er die Front geraderichten, auf beiden Seiten die Flügel vorziehen und vor den Flügeln die Reiterei aufstellen? Das wird zwar vielleicht die beste Methode sein, wenn es sich durchführen läßt, aber es wird sich verändern nach der Geländebeschaffenheit, wenn ein Berg im Wege steht, ein Fluß den Weg versperrt, Hügel, Wälder und andere Geländeschwierigkeit es verbieten. 4 Zur Änderung wird der Feind zwingen, mit dem man es gerade zu tun hat, zur Änderung auch die kritische Lage des Augenblicks: bald wird man frontal, bald in Keilform, bald mit Hilfstruppen, bald mit dem römischen Aufgebot den Kampf führen, manchmal wird es sich bewähren, sogar kehrtzumachen und Flucht vorzutäuschen. 5 So wird auch der jeweilige Fall lehren, ob ein Prooemium notwendig oder überflüssig, kurz oder länger, in der ganzen Rede an den Richter direkt oder manchmal indirekt in einer Figur gerichtet sein soll, ob die Erzählung straff oder in breiterem Erguß, hintereinander oder in verschiedenen Abschnitten, der Reihe nach oder in umgekehrter Reihenfolge verlaufen soll, und ebenso bei der Anordnung der Streitpunkte, 6 da es ja in demselben Streitfall oft möglich ist, der einen Seite mit einer anderen Frage zuvorzukommen. Denn diese Vorschriften sind ja nicht durch Gesetzesantrag oder Volksbeschluß geheiligt, sondern alles, was sie bieten, hat der Nützlichkeitsgedanke ersonnen. 7 Ich will damit aber nicht sagen, es sei so nicht meistens nützlich; sonst könnte ich mir das Schreiben darüber sparen. Jedoch wenn eben diese Nützlichkeit uns etwas anderes anrät, werden wir die gewichtigsten Ratschläge der Lehrer hintansetzen und ihr folgen. 8 Ja, dies will ich ganz besonders 'zum Gebot hier erheben und wieder und wieder euch mahnen'[23]: zwei Gesichtspunkte soll der Redner bei jeder

expedit autem saepe mutare ex illo constituto traditoque ordine aliqua, et interim decet, ut in statuis atque picturis videmus variari habitus, vultus, status; 9 nam recti quidem corporis vel minima gratia est. nempe enim adversa sit facies et demissa bracchia et iuncti pedes: erit a summis ad ima rigens opus. flexus ille et, ut sic dixerim, motus dat actum quendam et affectum[q]: ideo nec ad unum modum formatae manus et in vultu mille species; 10 cursum habent quaedam et impetum, sedent alia vel incumbunt, nuda haec, illa velata sunt, quaedam mixta ex utroque. quid tam distortum et elaboratum quam est ille discobolos Myronis? si quis tamen ut parum rectum improbet opus, nonne ab intellectu artis afuerit, in qua vel praecipue laudabilis est ipsa illa novitas ac difficultas? 11 quam quidem gratiam et delectationem adferunt figurae, quaeque in sensibus quaeque in verbis sunt. mutant enim aliquid a recto atque hanc prae se virtutem ferunt, quod a consuetudine vulgari recesserunt. 12 habet in pictura speciem tota facies: Apelles tamen imaginem Antigoni latere tantum altero ostendit, ut amissi oculi deformitas lateret. quid? non in oratione operienda sunt quaedam, sive ostendi non debent sive exprimi pro dignitate non possunt? 13 ut fecit Timanthes, opinor, Cythnius in ea tabula, qua Coloten Teium vicit. nam cum in Iphigeniae immolatione pinxisset tristem Calchantem, tristiorem Ulixen, addidisset Menelao quem summum poterat ars efficere maerorem: consumptis adfectibus non reperiens, quo digne modo patris vultum posset exprimere, velavit eius caput et suo cuique animo dedit aestimandum. 14 nonne huic simile est illud Sallustianum: 'nam de Carthagine tacere satius puto[r] quam

q) affectum **A** factum **BP**
r) silere melius puto *Sall. codd.*

[24] Jug. 19, 2.

seiner Handlungen berücksichtigen: was sich schickt und was sich bewährt. Es bewährt sich aber oft, von der überkommenen festen Ordnung etwas zu ändern, und bisweilen ist es auch schicklich so, wie wir bei Statuen und Bildern sehen, daß auf ihnen Haltung, Miene und Stellung abwechseln. 9 Denn der gerade stehende Körper zeigt wohl am wenigsten Anmut: lasse man doch nur das Gesicht geradeaus blicken, die Arme herabhängen, die Füße glatt nebeneinander gestellt: ein starres Werk wird es sein von oben bis unten. Die Schmiegsamkeit der Linien, die ein solcher Körper zeigt, und – ich möchte sagen – ihre Bewegung ergibt den Eindruck von Handlung und Gefühlsbewegung. Deshalb sind die Hände nicht nach einer Weise gestaltet, und im Mienenspiel liegen tausend Arten des Ausdrucks. 10 Manche zeigen eine Laufhaltung und ungestüme Bewegung, andere sitzen oder sind gelagert. Nackt sind die einen, bekleidet andere, manche zeigen Mischungen zwischen beiden Möglichkeiten. Gibt es etwas so Verrenktes und Angespanntes wie den berühmten Diskuswerfer des Myron? Wenn indessen jemand dies Werk als nicht aufrecht genug tadeln wollte, zeigte er da nicht nur, wie fern er ist von dem Verständnis für diese Kunst, in der doch gerade darin das Neue und Schwierige liegt, das besonders zu loben ist? 11 Solche Anmut und solchen Genuß bieten die Redefiguren, ob sie nun im Sinne oder im Klang der Worte erscheinen. Denn sie bieten eine Abwechslung gegenüber dem geraden Weg und haben ihren Vorzug darin, daß sie von dem in der Sprache Gewöhnlichen abgewichen sind. 12 Im Gemälde kommt am besten das ganze Gesicht zur Erscheinung. Apelles indessen zeigt das Bild des Antigonos nur von einer Seite, um den häßlichen Verlust des einen Auges zu verbergen. Müssen nun nicht auch in der Rede manche Dinge verdeckt werden, sei es, daß man sie nicht zeigen darf oder daß man sie mit Rücksicht auf den Rang der Person nicht ausdrücken kann? 13 Sowie es Timanthes, glaube ich, aus Kythnos in seinem Bild gemacht hat, mit dem er Colotes von Teos besiegte. Als er nämlich beim Opfer der Iphigenie den Calchas traurig, den Odysseus noch trauriger gemalt hatte, hatte er dem Menelaus einen so großen Ausdruck des Schmerzes gegeben, wie es seine Kunst nur vermochte. Da aber die Gefühlsäußerungen bereits alle verwendet waren, konnte er nichts finden, womit er den Gesichtsausdruck des Vaters würdig darstellen konnte. Er verhüllte deshalb dessen Haupt und überließ dem Geist eines jeden, den Schmerz hinreichend einzuschätzen. 14. Ist es nicht ähnlich mit den Worten des Sallust[24]: 'Denn über Karthago zu

parum dicere'? propter quae mihi semper moris fuit quam minime alligare me ad praecepta, quae καθολικά vocitant, id est, ut dicamus quo modo possumus, *universalia* vel *perpetualia*; raro enim reperitur hoc genus, ut non labefactari parte aliqua et subrui possit. 15 sed de his plenius suo quidque loco tractabimus: interim nolo se iuvenes satis instructos, si quem ex his, qui breves plerumque circumferuntur, artis libellum edidicerint, et velut decretis technicorum tutos putent. multo labore, adsiduo studio, varia exercitatione, plurimis experimentis, altissima prudentia, praesentissimo consilio constat ars dicendi. 16 sed adiuvatur his quoque, si tamen rectam viam, non unam orbitam monstrent, qua declinare qui crediderit nefas, patiatur necesse est illam per funes ingredientium tarditatem. itaque et stratum militari labore iter saepe deserimus conpendio ducti, et si rectum limitem rupti torrentibus pontes inciderint, circumire cogemur, et si ianua tenebitur incendio, per parietem exibimus. 17 late fusum opus est et multiplex et prope cotidie novum, et de quo numquam dicta erunt omnia. quae sint tamen tradita, quid ex his optimum, et si qua mutari, adici, detrahi melius videbitur, dicere experiar.

XIV.

1 *Rhetoricen* in Latinum transferentes tum *oratoriam*, tum *oratricem* nominaverunt. quos equidem non fraudaverim debita laude, quod copiam Romani sermonis augere temptarint: sed non omnia nos ducentes e Graeco sequuntur, sicut ne illos quidem, quotiens utique

schweigen, halte ich für besser, als zu kurz darüber zu sprechen.'? Deshalb habe ich es mir immer zur Gewohnheit gemacht, mich möglichst wenig an die Vorschriften zu binden, die man καθολικά (allgemein) nennt, das heißt – in unserer Sprache, so gut wir können, ausgedrückt – *universalia* oder *perpetualia*; denn selten findet sich etwas von dieser allgemeinen Art, ohne daß es an einer Stelle erschüttert oder umgestürzt werden könnte. 15 Doch hierüber werden wir ausführlicher alles an seinem Orte behandeln: einstweilen will ich nur verhindern, daß junge Leute sich hinreichend unterrichtet fühlen, wenn sie ein Lehrbüchlein von der Art, wie sie meist in kurzen Abrissen umlaufen, auswendig gelernt haben und nun sich gleichsam durch die Beschlüsse der Fachkenner geborgen fühlen. Aus reicher Arbeit, beständigem Studium, mannigfacher Übung, zahlreichen Versuchen, höchster Umsicht und stets gegenwärtiger Überlegung besteht die Redekunst. 16 Jedoch kann sie auch durch solche Schriften gefördert werden, aber nur, wenn sie eine gerade Straße, nicht nur eine einzige Wagenspur zeigen, bei der jeder, der es für ein Vergehen hält, von ihr abzuweichen, es hinnehmen muß, sich mit dem langsamen Tempo solcher Seiltänzer, die hintereinander schreiten, abzufinden. Deshalb verlassen wir oft die breite Heerstraße, um abzukürzen; auch werden wir, wenn auf den geraden Weg durch Sturzbäche zerbrochene Brücken gestürzt sind, die Stelle umgehen müssen; und wenn die Tür schon in Brand steht, werden wir durch die Wand brechen, um herauszukommen. 17 Weit ausgedehnt ist die Aufgabe und vielfältig und fast täglich neu, niemals mit Worten ganz zu erschöpfen. Indessen will ich versuchen anzugeben, wo in den überkommenen Lehren das Beste zu finden ist und wo ich es für besser halte, zu ändern, zu ergänzen oder zu streichen.

VIERZEHNTES KAPITEL

Begriffsbestimmung der Rhetorik

1 Die *Rhetorik* hat man bei der Übertragung ins Lateinische bald als *oratoria*, bald als *oratrix* bezeichnet. Die Erfinder dieser Bezeichnungen möchte ich des gebührenden Lobes dafür, daß sie versucht haben, den Reichtum der lateinischen Sprache zu vermehren, gewiß nicht berauben. Jedoch will sich uns nicht alles, was wir vom Griechischen herleiten, fügen – sowenig wie umgekehrt den Griechen, wenn sie durchaus Dinge aus unserer Welt mit ihren eigenen Worten

suis verbis signare nostra voluerunt. 2 et haec interpretatio non minus dura est quam illa Plauti 'essentia' atque 'entia'[s], sed ne propria quidem; nam *oratoria* sic efferetur ut *elocutoria*, *oratrix ut elocutrix*, illa autem, de qua loquimur, rhetorice talis est qualis eloquentia. nec dubie apud Graecos quoque duplicem intellectum habet; 3 namque uno modo fit adpositum (ars rhetorica: ut navis piratica)[t], altero nomen rei, qualis est philosophia, amicitia. nos ipsam nunc volumus significare substantiam, ut grammatice litteratura est, non litteratrix quem ad modum oratrix, nec litteratoria quem ad modum oratoria: verum id in rhetorice non fit. 4 ne pugnemus igitur, cum praesertim plurimis alioqui Graecis sit utendum; nam certe et philosophos et musicos et geometras dicam nec vim adferam nominibus his indecora in Latinum sermonem mutatione: denique cum M. Tullius etiam ipsis librorum quos hac de re primum scripserat titulis Graeco nomine utatur, profecto non est verendum ne temere videamur oratori maximo de nomine artis suae credidisse.

5 Igitur rhetorice (iam enim sine metu cavillationis utemur hac appellatione) sic, ut opinor, optime dividetur, ut de *arte*, de *artifice*, de *opere* dicamus. *ars* erit, quae disciplina percipi debet: ea est bene dicendi scientia. *artifex* est, qui percepit hanc artem: id est orator, cuius est summa bene dicere. *opus*, quod efficitur ab artifice: id est bona oratio. haec omnia rursus diducuntur in species: sed illa sequentia suo loco, nunc quae de prima parte tractanda sunt ordiar.

s) atque entia **b** *(Barwick)*: queentia
t) ut navis **AP**: ars rhetorica, navis piratica *del. Radermacher*

bezeichnen wollten. 2 Nun ist diese Wiedergabe nicht weniger hart als die 'essentia' und 'entia' des Plautus[25], zudem aber nicht einmal treffend; denn *oratoria* wird so klingen wie *elocutoria*, *oratrix* wie *elocutrix*, die 'rhetorice' aber, die wir meinen, ist das, was 'eloquentia' besagt. 3 Zweifellos hat die 'rhetorice' ja auch im Griechischen eine doppelte Bedeutung: denn in der einen ist sie ein Adjektiv – z. B. wie 'ars rhetorica', so 'navis piratica' –, in der anderen ein Substantiv, eine Gegenstandsbezeichnung, wie 'philosophia', 'amicitia'. Wir wollen nun gerade die substantivische Verwendung wiedergeben, wie z. B. 'grammatice' die 'litteratura' ist, nicht 'litteratrix' wie 'oratrix' und auch nicht 'litteratoria' wie 'oratoria', 4 sondern in unserem 'rhetorice' findet ja kein adjektivischer Gebrauch statt. So wollen wir es auf keinen Kampf ankommen lassen, zumal wir ja auch sonst soviel Griechisches gebrauchen müssen; denn jedenfalls werde ich doch von 'philosophi', 'musici', 'geometrae' sprechen, ohne diesen Nomina durch unschöne Verwandlung ins Latein Gewalt anzutun. Da schließlich auch .M. Tullius gerade in den Büchern. die er zuerst über unseren Gegenstand geschrieben hatte[26], den griechischen Namen gebraucht, brauchen wir uns wirklich nicht zu scheuen, als handelten wir leichtfertig, wenn wir uns dem größten Redner in der Benennung seiner Kunst anvertrauen.

5 Die Rhetorik also – denn so wollen wir ohne Angst vor dem Streit um Worte unsere Kunst nennen – läßt sich, glaube ich, am besten gliedern, wenn man von der *Kunst*, dem *Künstler* sowie dem *Kunstwerk* handelt. *Kunst* soll dabei soviel heißen wie *Lehrfach*, das heißt also: sie ist die Lehre von der guten Rede. Der Künstler ist der Mann, der diese Lehre empfangen hat, das heißt also der Redner, dessen Ziel es ist, gut zu reden. Das *Werk* ist das, was von dem Künstler hervorgebracht wird, das heißt also die gute Rede. All das gliedert sich wieder in verschiedene Arten. Doch was hierzu gehört, an seiner Stelle. Hier will ich jetzt mit dem beginnen, was zum ersten Teil abzuhandeln ist.

[25] Natürlich nicht des Komödiendichters, sondern eines römischen (stoischen) Philosophen, der die lateinische Sprache durch diese Lehnübersetzungen, 'Wesenheit' und 'Seiendes' bereichert hat – ohne freilich damit das empfindliche Ohr der Gebildeten zu befriedigen. Vgl. Barwick, Philol. 91 (1936) 90f.

[26] seiner Rhetorik (›De inventione‹).

XV.

1 Ante omnia, *quid sit rhetorice.* quae finitur quidem varie, sed quaestionem habet duplicem: aut enim de qualitate ipsius rei aut de comprensione verborum dissensio est. prima atque praecipua opinionum circa hoc differentia, quod alii malos quoque viros posse oratores dici putant, alii, quorum nos sententiae accedimus, nomen hoc artemque, de qua loquimur, bonis demum tribui volunt. 2 eorum autem, qui dicendi facultatem a maiore ac magis expetenda vitae laude secernunt, quidam rhetoricen vim tantum, quidam scientiam, sed non virtutem, quidam usum, quidam artem quidem, sed a scientia et virtute diiunctam, quidam etiam pravitatem quandam artis id est κακοτεχνίαν nominaverunt. 3 hi fere aut in persuadendo aut in dicendo apte ad persuadendum positum orandi munus sunt arbitrati: id enim fieri potest ab eo quoque, qui vir bonus non sit. est igitur frequentissimus finis 'rhetoricen esse vim persuadendi'. quod ego vim appello, plerique potestatem, nonnulli facultatem vocant: quae res ne quid adferat ambiguitatis, vim dico δύναμιν. 4 haec opinio originem ab Isocrate, si tamen re vera ars quae circumfertur eius est, duxit. qui cum longe sit a voluntate infamantium oratoris officia, finem artis temere comprendit dicens esse rhetoricen 'persuadendi opificem', id est πειθοῦς δημιουργόν: neque enim mihi permiserim eadem uti declinatione, qua Ennius M. Cethegum 'suadae medullam' vocat. 5 apud Platonem quoque Gorgias in libro, qui nomine eius inscriptus est, idem fere dicit, sed hanc Plato illius opinionem vult accipi, non suam. Cicero pluribus locis scripsit

[27] Ann. 308 Vahl. 'Mark des Einredens'.

FÜNFZEHNTES KAPITEL

Wesen und Ziel der Rhetorik

1 Allem voran die Frage: *Was ist die Rhetorik?* Sie wird zwar auf verschiedene Weise definiert, jedoch liegt allen Definitionen eine doppelte Frage zugrunde: entweder nämlich besteht Meinungsverschiedenheit über das Wesen der Sache selbst oder über die Formulierung. Die erste und hauptsächlichste Meinungsverschiedenheit besteht darin, daß die einen glauben, auch schlechte Menschen könne man als Redner bezeichnen, während die anderen, denen auch wir uns anschließen, diesen Namen und die Kunst, von der wir sprechen, nur Guten zuerkennen wollen. 2 Unter denen aber, die die Redegabe trennen von der Leistung einer untadeligen Lebensführung, die doch mehr bedeutet und weit erstrebenswerter ist, haben einige die Rhetorik nur als eine Fähigkeit (facultas), andere als Wissenschaft (scientia), nicht aber als Tugend, andere wieder als Erfahrung, wieder andere zwar als Kunst, aber verschieden von Wissenschaft und Tugend, einige sogar als eine 'entartete Kunst', das heißt κακοτεχνία bezeichnet. 3 Diese Kritiker haben durchweg entweder im Überreden oder im Reden, das zum Überreden geeignet sei, die Aufgabe der Rede gesehen; denn das kann auch von jemandem geleistet werden, der kein 'guter Mann' ist. Es ist also die häufigste Definition, 'die Rhetorik sei die Fähigkeit zu überreden'. Was ich 'vis' (Fähigkeit) nenne, bezeichnen sehr viele mit 'potestas' (Möglichkeit), einige mit 'facultas' (Gabe). Damit dies keine Unklarheit bringe, sage ich, 'vis' meine soviel wie δύναμις (Kraft, Möglichkeit). 4 Diese Auffassung hat ihren Ursprung bei Isokrates, wenn denn wirklich das Lehrbuch, das unter seinem Namen umläuft, von ihm stammt. Er hat, obwohl er vom Wunsche derer, die die Aufgaben des Redners beschimpfen, weit entfernt ist, das Ziel dieser Kunst doch leichtfertig formuliert, indem er sagte, die Rhetorik sei 'die Meisterin der Überredung', das heißt πειθοῦς δημιουργός. Denn ich kann mir nicht gestatten, dieselbe Form zu bilden, mit der Ennius den M. Cethegus 'suadae medulla'[27] nennt. 5 Auch bei Plato sagt Gorgias in dem Buch dieses Titels[28] fast das gleiche, aber das möchte Plato als dessen Auffassung verstanden wissen, nicht als seine. Cicero hat an mehreren Stellen[29] geschrieben,

[28] Gorg. 453a.
[29] de inv. 1, 5, 6; de orat. 1, 31, 138.

officium oratoris esse 'dicere adposite ad persuadendum', 6 in rhetoricis etiam, quos sine dubio ipse non probat, finem facit *persuadere*, verum et pecunia persuadet et gratia et auctoritas dicentis et dignitas. postremo aspectus etiam ipse sine voce, quo vel recordatio meritorum cuiusque vel facies aliqua miserabilis vel formae pulchritudo sententiam dictat. 7 nam et Manium Aquilium defendens Antonius, cum scissa veste cicatrices, quas is pro patria pectore adverso suscepisset, ostendit, non orationis habuit fiduciam, sed oculis populi Romani vim attulit: quem illo ipso aspectu maxime motum in hoc, ut absolveret reum, creditum est. 8 Servium quidem Galbam miseratione sola, qua non suos modo liberos parvulos in contione produxerat, sed Galli etiam Sulpici filium suis ipse manibus circumtulerat, elapsum esse cum aliorum monumentis, tum Catonis oratione testatum est. 9 et Phrynen non Hyperidis actione quamquam admirabili, sed conspectu corporis, quod illa speciosissimum alioqui diducta nudaverit tunica, putant periculo liberatam. quae si omnia persuadent, non est hic, de quo locuti sumus, idoneus finis. 10 ideoque diligentiores sunt visi sibi, qui, cum de rhetorice idem sentirent, existimarunt eam 'vim dicendo persuadendi'. quem finem Gorgias in eodem, de quo supra diximus, libro velut coactus a Socrate facit, a quo non dissentit Theodectes, sive ipsius id opus est, quod de rhetorice nomine eius inscribitur, sive, ut creditum est, Aristotelis: in quo est finem esse rhetorices 'ducere homines dicendo in id quod auctor velit'. 11 sed ne hoc quidem satis est comprehensum: persuadent enim dicendo vel ducunt in id quod volunt alii quoque, ut meretrices, adulatores, corruptores. at contra non persuadet semper orator, ut interim non sit proprius hic finis eius, interim sit communis cum iis, qui ab oratore procul absunt.

Aufgabe des Redners sei es, 'zur Überredung geeignet zu reden', 6 in seinen 'rhetorischen Büchern', die er zweifellos selbst nicht richtig findet, macht er zum Ziel *das Überreden*; indessen auch Geld überredet sowie Einfluß und Ansehen des Redenden und sein Rang – schließlich auch schon der Anblick selbst ohne Worte, durch den die Erinnerung an eines Menschen Verdienste oder ein Mitleid erregendes Angesicht oder eine schöne Gestalt die Meinung bestimmt. 7 Denn als bei der Verteidigung des Manius Aquilius Antonius ihm das Gewand zerriß und die Wunden, die Aquilius fürs Vaterland vorn auf der Brust empfangen hatte, zeigte, setzte er kein Vertrauen in seine Rede, sondern tat den Augen des römischen Volkes Gewalt an, das durch den Anblick schon in solche Bewegung geriet, daß es, wie man geglaubt hat, den Angeklagten deshalb freigesprochen habe[30]. 8 Daß Servius Galba nur durch die Erregung des Mitleides am Schluß der Rede, wo er nicht nur seine eigenen noch ganz kleinen Kinder in der Volksversammlung vorführte, sondern auch sogar den Sohn des Sulpicius Gallus eigenhändig ringsum getragen hatte, freigekommen sei, ist sowohl durch andere Zeugnisse, besonders aber durch eine Rede des Cato bezeugt. 9 Auch Phryne wurde, wie man glaubt, nicht durch die Rede des Hypereides, so bewundernswert sie auch war, sondern durch den Anblick ihres Körpers, den sie in seiner ganzen Schönheit, dadurch, daß sie die Tunica zur Seite schob, entblößt hatte, aus ihrem gefährlichen Prozeß befreit. Wenn all das überredet, so ist die Definition, von der wir gesprochen haben, nicht ausreichend. 10 Deshalb glaubten es diejenigen sorgfältiger zu machen, die, wenn sie auch über die Rhetorik die gleiche Meinung hatten, sie als 'die Kraft, durch Reden zu überreden', erklärten. Zu dieser Definition läßt sich Gorgias[31] in dem schon genannten Werk gewissermaßen von Sokrates zwingen. Auch Theodektes stimmt damit überein – ob nun das Werk über Rhetorik, das seinen Namen trägt, von ihm selbst stammt oder, wie man geglaubt hat, von Aristoteles. In diesem heißt es, der Zweck der Rhetorik sei es, 'die Menschen durch Reden zu dem zu führen, was der Verfasser will'. 11 Doch auch das ist noch nicht umfassend genug: denn durch Reden überreden auch andere oder führen zu dem, was sie wollen, z. B. Dirnen, Schmeichler, Verführer. Dagegen aber überredet der Redner nicht immer, so daß bisweilen diese Bestimmung nicht ihm eigentümlich, bisweilen aber ihm mit Leuten gemeinsam

[30] Vgl. Cic. de orat. 2, 45, 188.
[31] Plato, Gorg. 452e.

12 atqui non multum ab hoc fine abest Apollodorus dicens iudicialis orationis primum et super omnia esse 'persuadere iudici et sententiam eius ducere in id quod velit'. nam et ipse oratorem fortunae subicit, ut, si non persuaserit, nomen suum retinere non possit. 13 quidam recesserunt ab eventu, sicut Aristoteles dicit: rhetorice est vis inveniendi omnia in oratione persuasibilia.' qui finis et illud vitium, de quo supra diximus, habet, et insuper, quod nihil nisi inventionem conplectitur, quae sine elocutione non est oratio. 14 Hermagorae, qui finem eius esse ait 'persuasibiliter dicere', et aliis, qui eandem sententiam, non isdem tantum verbis explicant ac finem esse demonstrant, 'dicere quae oporteat omnia ad persuadendum', satis responsum est, cum persuadere non tantum oratoris esse convicimus. addita sunt his alia varie. 15 quidam enim circa res omnes, quidam circa civiles modo versari rhetoricen putaverunt: quorum verius utrum sit, in eo loco, qui huius quaestionis proprius est, dicam. 16 omnia subiecisse oratori videtur Aristoteles, cum dixit 'vim esse videndi, quid in quaque re possit esse persuasibile', et Iatrocles[u], qui non quidem adicit 'in quaque re', sed nihil excipiendo idem ostendit. 'vim' enim vocat 'inveniendi quod sit in oratione persuasibile': qui fines et ipsi solam conplectuntur inventionem. quod vitium fugiens Eudorus[v] 'vim' putat 'inveniendi et eloquendi cum ornatu credibilia in omni oratione'. 17 sed cum eodem modo credibilia, quo persuasibilia, etiam non orator inveniat, adiciendo 'in omni oratione' magis quam superiores concedit scelera quoque suadentibus pulcherrimae rei nomen. 18 Gorgias apud Platonem suadendi se artificem in iudiciis et aliis coetibus esse ait, de iustis quoque et iniustis tractare: cui Socrates persuadendi, non docendi

u) Iatrocles *Radermacher (coll. 3, 6, 44):* Patrocles **AP** latrocles **B**
v) Eudorus *Radermacher:* Theodorus **AN** Diodorus *Spengel*

ist, die weit vom Redner entfernt sind. 12 Doch auch Apollodoros entfernt sich von dieser Bestimmung nicht weit, wenn er sagt, bei der Gerichtsrede sei es das erste und ginge über alles, 'den Richter zu überreden und seine Meinung zu dem zu führen, was man will'. Denn auch er liefert den Redner der Laune des Zufalls aus, so daß er, wenn seine Überredung nicht gelingt, auch seinen Namen nicht behalten kann. 13 Einige sahen von dem Erfolg des Redners ab, so Aristoteles[32], wenn er sagt: 'Die Rhetorik ist die Kraft, alles ausfindig zu machen, was in der Rede überreden kann.' Diese Definition hat einmal den Fehler, von dem wir oben gesprochen haben, und obendrein noch den, daß sie nur die Erfindung umfaßt, die ohne die Darstellung keine Rede ist. 14 Dem Hermagoras, der sagt, ihr Zweck sei, 'überzeugend zu reden', und anderen, die denselben Gedanken nur mit anderen Worten entwickeln und als Definition betrachten, ist schon hinreichend geantwortet worden, als wir den Beweis lieferten, daß Überreden nicht nur Sache des Redners ist. Hierzu sind Zusätze verschiedenster Art gemacht worden. 15 Manche nämlich waren des Glaubens, die Rhetorik habe mit allen Dingen zu tun, manche, nur mit öffentlichen Angelegenheiten. Welche von beiden Auffassungen der Wahrheit näherkommt, will ich an der Stelle, die dieser Frage eigens gilt, sagen; 16 alles scheint Aristoteles dem Redner unterstellt zu haben, wenn er gesagt hat[33]: 'sie sei die Kraft zu sehen, was in jeder Sache überzeugend sein könne' – wie auch Iatrokles, der freilich nicht hinzufügt 'in jeder Sache', sondern ohne eine Ausnahme zu machen, dasselbe bezeichnet. Er nennt sie nämlich 'die Kraft, ausfindig zu machen, was in der Rede überzeugend sei': auch diese Definitionen umfassen nur die Erfindung. Um diesem Fehler zu entgehen, sieht Eudoros in ihr 'die Kraft, zu erfinden und in geschmückter Rede die Dinge darzustellen, die in jeder glaublich sind'. 17 Aber da in derselben Weise Glaubliches und Überzeugendes auch jemand erfinden kann, ohne Redner zu sein, gesteht er durch den Zusatz 'in jeder Rede' noch deutlicher als die Vorhergehenden auch denen, die zu Verbrechen raten, den Namen für die schönste Tätigkeit zu. 18 Gorgias sagt bei Plato[34], er sei vor Gericht und in anderen Versammlungen der Künstler der Überredung und handle über das Gerechte und über das Ungerechte. Die Fähigkeit, zu überreden, gesteht ihm

[32] Rhet. 1, 2.
[33] Rhet. 1, 2.
[34] 454 b.

concedit facultatem. 19 qui vero non omnia subiciebant oratori, sollicitius ac verbosius, ut necesse erat, adhibuerunt discrimina, quorum fuit Ariston, Critolai Peripatetici discipulus, cuius hic finis est: 'scientia videndi et agendi in quaestionibus civilibus per orationem popularis persuasionis.' 20 hic scientiam, quia Peripateticus est, non ut Stoici virtutis loco ponit: popularem autem conprendendo persuasionem etiam contumeliosus est adversus artem orandi, quam nihil putat doctis persuasuram. illud de omnibus, qui circa civiles demum quaestiones oratorem iudicant versari, dictum sit, excludi ab iis plurima oratoris officia, illam certe laudativam totam, quae est rhetorices pars tertia. 21 cautius Theodorus Gadareus, ut iam ad eos veniamus, qui artem quidem esse eam, sed non virtutem putaverunt. ita enim dicit, ut ipsis eorum verbis utar, qui haec ex Graeco transtulerunt: 'ars inventrix et iudicatrix et enuntiatrix decente ornatu secundum mensionem eius, quod in quoque potest sumi persuasibile, in materia civili.' 22 itemque Cornelius Celsus, qui finem rhetorices ait 'dicere persuasibiliter in dubia civili materia'. quibus sunt non dissimiles, qui ab aliis traduntur, qualis est ille: 'vis videndi et eloquendi de rebus civilibus subiectis sibi cum quadam persuasione et quodam corporis habitu et eorum quae dicet pronuntiatione.' 23 mille alia, sed aut eadem aut ex isdem conposita, quibus item, cum de materia rhetorices dicendum erit, respondebimus. quidam eam neque vim neque scientiam neque artem putaverunt, sed Critolaus 'usum dicendi' (nam hoc τριβή significat), Athenaeus 'fallendi artem'. 24 plerique autem, dum pauca ex Gorgia Platonis a prioribus inperite excerpta legere contenti neque hoc totum neque alia eius volumina evolvunt, in maximum errorem in-

Sokrates zu, nicht aber die, zu belehren. 19 Die Gelehrten aber, die nicht alles der Zuständigkeit des Redners unterwerfen wollten, machten mit ängstlicher Sorgfalt und stärkerem Wortaufwand, wie es unvermeidlich war, ihre feinen Unterscheidungen, so Ariston, der Schüler des Peripatetikers Critolaus, dessen Definition lautet: 'Die Wissenschaft theoretischer Besinnung und praktischer Behandlung öffentlicher Fragen mittels der Rede, die das Volk überredet.' 20 Er nennt sie, weil er Peripatetiker ist, eine Wissenschaft und gibt ihr nicht, wie die Stoiker, die Stellung einer Tugend. Dadurch aber, daß er die Überredung auf das Volk bezieht, bringt er auch noch eine verächtliche Wendung gegen die Redekunst an, die nach seiner Auffassung gebildete Leute nicht überreden wird. Von allen, die den Redner nur für öffentliche Fragen als zuständig erachten, soll die Feststellung gelten, daß sie sehr viele Aufgaben des Redners ausschließen, jedenfalls die ganze Gattung der Lob- und Festreden, die den dritten Teil der Rhetorik bildet. 21 Vorsichtiger war Theodorus von Gadara – um nun zu denen zu kommen, die in der Rhetorik zwar eine Kunst, aber keine Tugend gesehen haben; denn er sagt folgendes – ich bediene mich dabei der Worte derer, die es aus dem Griechischen übersetzt haben –: 'Eine Kunst, die auf Erfindung, Urteil und in angemessenem Schmuck erfolgender Darstellung beruht nach Maßgebung dessen, was jeweils als zur Überredung dienlich genommen werden kann, und zwar in Gegenständen des öffentlichen Lebens.' 22 Und ebenso Cornelius Celsus, der sagt, das Ziel der Rhetorik sei, 'in einer zweifelhaften Sache des öffentlichen Lebens auf überredende Weise zu sprechen'. Diesen Definitionen ist nicht unähnlich, was von anderen überliefert wird, z. B. 'die Kraft, sich ein Bild zu machen und zu sprechen über Fragen aus dem öffentlichen Leben, die einem vorgelegt werden, und zwar mit einer gewissen Überzeugungsgabe, einer gewissen Körperhaltung und der Vortragsgabe für das, was man sagen will'. 23 Es gibt noch tausend andere Definitionen, doch sind sie entweder ganz diesen gleich oder aus diesen zusammengesetzt. Auf sie werde ich eingehen, wenn vom Gegenstand der Rhetorik zu handeln ist. Manche haben die Rhetorik weder für eine Kraft noch für eine Wissenschaft noch für eine Kunst gehalten, sondern, z. B. Critolaus, für 'Rederoutine' – denn das heißt τριβή – oder, z. B. Athenaeus, 'Täuschungskunst'. 24 Die meisten von diesen aber haben sich mit ein paar Brocken begnügt, die schon andere vor ihnen voll Unverstand aus Platos ›Gorgias‹ herausgepickt hatten, ohne diesen selbst oder andere Schriften Platos ganz zu lesen, und sind dadurch

ciderunt creduntque eum in hac esse opinione, ut rhetoricen non artem, sed 'peritiam quandam gratiae ac voluptatis' existimet, 25 et alio loco 'civilitatis particulae simulacrum et quartam partem adulationis', quod duas partes civilitatis corpori adsignet, medicinam et quam interpretantur exercitatricem, duas animo, legalem atque iustitiam, adulationem autem medicinae vocet cocorum artificium, exercitatricis mangonum, qui colorem fuco et verum robur inani sagina mentiantur, legalis cavillatricem, iustitiae rhetoricen. 26 quae omnia sunt quidem scripta in hoc libro dictaque a Socrate, cuius persona videtur Plato significare quid sentiat: sed alii sunt eius sermones ad coarguendos, qui contra disputant, compositi, quos ἐλεγκτικούς vocant, alii ad praecipiendum, qui δογματικοί appellantur. 27 Socrates autem seu Plato eam quidem, quae tum exercebatur, rhetoricen talem putat (nam et dicit his verbis τοῦτον τὸν τρόπον, ὃν ὑμεῖς πολιτεύεσθε), veram autem et honestam intellegit, itaque disputatio illa contra Gorgian ita cluditur: οὐκοῦν ἀνάγκη τὸν ῥητορικὸν δίκαιον εἶναι, τὸν δὲ δίκαιον βούλεσθαι δίκαια πράττειν. 28 ad quod ille quidem conticescit, sed sermonem suscipit Polus iuvenili calore inconsideratior, contra quem illa de simulacro et adulatione dicuntur. tum Callicles adhuc concitatior, qui tamen ad hanc perducitur clausulam: τὸν μέλλοντα ὀρθῶς ῥητορικὸν ἔσεσθαι δίκαιον ἄρα δεῖ εἶναι καὶ ἐπιστήμονα τῶν δικαίων, ut appareat Platoni non rhetoricen videri malum, sed eam veram nisi iusto ac bono non contingere. 29 adhuc autem in Phaedro manifestius facit, hanc artem consummari citra iustitiae quoque scientiam non posse, cui opinioni nos quoque acce-

in den Irrtum geraten, zu glauben, er vertrete die Auffassung, die Rhetorik sei keine Kunst, sondern ein 'erfahrungsmäßiges Wissen auf dem Gebiet des Reiz- und Lustvollen'[35] und, an anderer Stelle[36], 25 'das Scheinbild eines Teiles der Staatskunst und ein Viertel der Schmeichelkunst', weil er nämlich zwei Teile der Staatskunst dem Körper zuweise, die Medizin und die, die man als Ertüchtigungskunst übersetzt, zwei dem Geist, die Gesetzeskunst und die Gerechtigkeit, während er die Kochmeisterschaft Schmeichelkunst der Medizin, die Kunst der Sklavenhändler aber Schmeichelkunst der Ertüchtigungskunst nennt, da sie echte Farbe mit Schminke und echte Kraft mit Mastfutter vortäusche, und entsprechend zur Gesetzeskunst die Rabulistik und zur Gerechtigkeit die Rhetorik stellt. 26 Das alles steht zwar im ›Gorgias‹ geschrieben und wird von Sokrates gesagt, unter dessen Maske offenbar Plato seine eigene Meinung ausdrückt. Jedoch sind einige seiner Gespräche verfaßt, um die Gesprächspartner zu widerlegen – die sogenannten ἐλεγκτικοί –, andere, um zu lehren – die sogenannten δογματικοί –; 27 Sokrates oder vielmehr Plato schätzt zwar die Rhetorik seiner Zeit so niedrig ein – denn das sagt er auch mit den Worten 'Auf die Art, wie ihr euch als Bürger betätigt'[37] –, er kennt aber auch die wahre, ehrenhafte, und deshalb schließt die Polemik gegen Gorgias so[38]: 'So muß also der rhetorisch Gebildete gerecht sein, der Gerechte aber das Rechte tun wollen.' 28 Darauf verstummt jener zwar, jedoch übernimmt Polos in jugendlicher Hitzigkeit allzu unbesonnen seine Rolle, gegen den dann die Worte über das Scheinbild und die Schmeichelkunst gebraucht werden. Darauf Kallikles noch erregter, der indessen zu dem Schluß gebracht wird[39]: 'wer ein recht rhetorisch gebildeter Mann sein soll, der muß gerecht sein und sich im Gerechten auskennen', so daß es klar ist, daß dem Plato nicht die Rhetorik als etwas Schlechtes erscheint, sondern so, daß nur ein gerechter und guter Mensch die echte Rhetorik erreichen kann. 29 Das macht er aber im ›Phaedrus‹ noch deutlicher, daß unsere Kunst ohne die Kenntnis der Gerechtigkeit nicht vollkommen werden könne, eine Auffassung, der auch ich mich anschließe: oder hätte Plato andernfalls etwa die Apologie des Sokrates und die

[35] 462c.
[36] 463d.
[37] 500c.
[38] 460c.
[39] 508c.

dimus. an aliter defensionem Socratis et eorum, qui pro patria ceciderant, laudem scripsisset? quae certe sunt oratoris opera. 30 sed in illud hominum genus, quod facilitate dicendi male utebatur, invectus est. nam et Socrates inhonestam sibi credidit orationem, quam ei Lysias reo composuerat, et tum maxime scribere litigatoribus, quae illi pro se ipsi dicerent, erat moris, atque ita iuri, quo non licebat pro altero agere, fraus adhibebatur. 31 doctores quoque eius artis parum idonei Platoni videbantur, qui rhetoricen a iustitia separarent et veris credibilia praeferrent; nam id quoque dicit in Phaedro. 32 consensisse autem illis superioribus videri potest etiam Cornelius Celsus, cuius haec verba sunt: 'orator simile tantum veri petit' deinde paulo post: 'non enim bona conscientia, sed victoria litigantis est praemium', quae si vera essent, pessimorum hominum foret haec tam perniciosa nocentissimis moribus dare instrumenta et nequitiam praeceptis adiuvare. sed illi rationem opinionis suae viderint.

33 Nos autem ingressi formare perfectum oratorem, quem in primis esse virum bonum volumus, ad eos, qui de hoc opere melius sentiunt, revertamur. rhetoricen autem quidam eandem 'civilitatem' esse iudicaverunt, Cicero 'scientiae civilis' partem vocat (civilis autem scientia idem quod sapientia est), quidam eandem 'philosophiam', quorum est Isocrates. 34 huic eius substantiae ⟨Cleanthis⟩[w] maxime conveniet finitio 'rhetoricen esse bene dicendi scientiam'. nam et orationis omnes virtutes semel conplectitur et protinus etiam mores oratoris, cum bene dicere non possit nisi bonus. idem valet Chrysippi finis ille ductus a Cleanthe 'scientia recte dicendi'. 35 sunt plures eiusdem, sed ad alias quaestiones magis pertinent. idem sentit et[x] finis hoc modo conprensus, 'persuadere quod opor-

w) *suppl. Kiderlin*
x) sentit et *Spalding:* sentiret

Lobrede auf die, die fürs Vaterland gefallen waren, geschrieben? 30 Das jedenfalls sind doch Aufgaben eines Redners. Gegen jenen Menschenschlag aber, der die Gabe der Rede zum Schlechten gebrauchte, wandte sich sein Ingrimm. Denn auch Sokrates hielt die Rede, die Lysias für ihn während seines Prozesses verfaßt hatte, seiner Ehre nicht für würdig; war es doch damals besonders eingerissen, Reden für die Prozessierenden zu schreiben, die sie dann selbst als eigene vortrugen – und so wurde betrügerisch mit dem Gesetz verfahren, das verbot, für einen anderen als Anwalt aufzutreten. 31 Auch die Lehrer der Redekunst hielt Plato für unzureichend, da sie die Rhetorik von der Gerechtigkeit trennten und der Wahrheit das Glaubhafte vorzogen; denn auch das sagt er[40] im ›Phaedrus‹. 32 Mit diesen Früheren aber stimmt, wie sich erkennen läßt, sogar auch Cornelius Celsus überein, wenn er sagt: 'Der Redner sucht nur, was der Wahrheit ähnlich ist', und kurz darauf: 'Denn nicht das gute Gewissen, sondern der Sieg ist der Lohn des Prozessierenden'. Wäre das wahr, so könnten nur die schlechtesten Menschen fertigbringen, für diese verbrecherischen Grundsätze so gefährliche Werkzeuge zu liefern und die Nichtswürdigkeit mit guten Lehren zu unterstützen. Doch jene mögen sehen, wie sie mit der Begründung ihrer Auffassung zurechtkommen!

33 Wir aber wollen, da wir begonnen haben, den vollkommenen Redner auszubilden, der vor allem ein guter Mensch sein soll, zu denen zurückkehren, die über diese Aufgabe besser denken. Von der Rhetorik haben manche geurteilt, sie sei zugleich 'Staatskunst', Cicero[41] nennt sie einen Teil der 'Staatswissenschaft' – Staatswissenschaft aber ist dasselbe wie Weisheit –, manche – darunter Isokrates – zugleich 'Philosophie'. 34 Diesem Wesen der Rhetorik wird am meisten die Definition gerecht: 'Die Rhetorik sei die Wissenschaft, gut zu reden'; denn sie umfaßt mit einem Wort alle Vorzüge der Rede und zugleich auch die sittlichen Lebensgrundsätze des Redners; denn gut reden kann nur ein guter Mensch. Ebenso gut ist die bekannte Definition des Chrysipp, die von Cleanthes abgeleitet ist: 'Die Wissenschaft, richtig zu reden.' 35 Es gibt von ihm noch mehrere andere, doch beziehen sie sich mehr auf andere Fragen. Dasselbe meint auch die Definition, die so formuliert ist, 'zu dem zu überreden, was sich gehört', nur daß sie die Kunst an ihren Erfolg

[40] Phaidr. 267a.
[41] de inv. 1, 5, 6.

teat', nisi quod artem ad exitum alligat. 36 bene Areus: 'dicere secundum virtutem orationis'. excludunt a rhetorice malos et illi, qui 'scientiam civilium officiorum' eam putaverunt, si scientiam virtutem iudicant, sed anguste intraque civiles quaestiones coercent. Albutius non obscurus professor atque auctor 'scientiam bene dicendi' esse consentit, sed exceptionibus peccat adiciendo 'circa civiles quaestiones et credibiliter' quarum utrique iam responsum est. 37 probabilis et illi voluntatis qui 'recte sentire et dicere' rhetorices putaverunt.

Hi sunt fere fines maxime inlustres et de quibus praecipue disputatur. nam omnis quidem persequi neque attinet neque possum, cum pravum quoddam, ut arbitror, studium circa scriptores artium extiterit, nihil isdem verbis, quae prior aliquis occupasset, finiendi, quae ambitio procul aberit a me. 38 dicam enim non utique quae invenero, sed quae placebunt, sicut hoc: *rhetoricen esse bene dicendi scientiam*, cum reperto quod est optimum, qui quaerit aliud, peius velit. his adprobatis simul manifestum est illud quoque, quem finem vel quid summum et ultimum habeat rhetorice, quod τέλος dicitur, ad quod omnis ars tendit: nam si est ipsa bene dicendi scientia, finis eius et summum est bene dicere.

XVI.

1 Sequitur quaestio, *an utilis rhetorice.* nam quidam vehementer in eam invehi solent et quod sit indignissimum, in accusationem orationis utuntur orandi viribus: 2 eloquentiam esse, quae poenis eripiat scelestos, cuius fraude damnentur interim boni, consilia ducantur in peius, nec seditiones modo turbaeque populares, sed

bindet. 36 Gut Areus: 'Sprechen gemäß den Vorzügen der Rede.' Auch diejenigen schließen von der Rhetorik die Schlechten aus, die sie für die 'Wissenschaft von den bürgerlichen Pflichten' gehalten haben, wenn sie Wissenschaft für sittliche Vortrefflichkeit halten, doch ist die Einschränkung auf die öffentlichen Fragen eine Einengung. Albutius, ein nicht unbekannter Lehrer und Schriftsteller, bestimmt sie im selben Sinn als 'Wissenschaft, gut zu reden', macht aber darin einen Fehler, daß er die Einschränkungen 'in öffentlichen Fragen und glaubwürdig' hinzufügt. Zu beiden haben wir schon Stellung genommen. 37 Löblichen Willen zeigen auch diejenigen, die 'richtig zu empfinden und zu reden' für die Sache der Rhetorik gehalten haben.

Dies etwa sind die berühmtesten und am meisten umstrittenen Definitionen. Denn alle durchzugehen, ist mir nicht wichtig und auch nicht möglich, da unter den rhetorischen Fachschriftstellern ein, wie mir scheint, verkehrtes Streben besteht, nichts mit denselben Worten zu definieren, die vorher schon jemand in Anspruch genommen hat, ein Ehrgeiz, der mir gänzlich fernliegt. 38 Denn ich will nicht unbedingt sagen, was ich erfunden habe, sondern was ich für richtig halte, so auch dies: *Die Rhetorik sei die Wissenschaft, gut zu reden.* Denn wer dann, wenn das schon gefunden ist, was das Beste ist, noch etwas anderes sucht, will wohl etwas Schlechteres; finden diese Feststellungen Beifall, so ist auch die Frage zugleich geklärt, welchen Zweck die Rhetorik habe oder was sie als Höchstes und Letztes besitze, das sogenannte τέλος, das, worauf sich jede Kunst richtet: denn wenn die Rhetorik die Wissenschaft ist, gut zu reden, so ist es ihr Zweck und höchstes Ziel, gut zu reden.

SECHZEHNTES KAPITEL

Die Frage der Nützlichkeit der Rhetorik

1 Es folgt die Frage, *ob die Rhetorik nützlich sei.* Denn manche pflegen heftig über sie herzufallen und benützen – was sie doch am stärksten kompromittieren dürfte – zu ihrer Anklage gegen das Reden selbst die Kraft der Rede: 2 die Beredsamkeit sei es, die die Verbrecher der strafenden Gerechtigkeit entreiße; ihr Lug und Trug bringe manchmal aufrechte Männer zur Verurteilung, lenke die Pläne zum Schlechten, entfache nicht nur Aufstände und Unruhen im Volk, sondern sogar unsühnbare Kriegsgreuel; kurz: dann gerade

bella etiam inexpiabilia excitentur, cuius denique tum maximus sit usus, cum pro falsis contra veritatem valet. 3 nam et Socrati obiciunt comici docere eum, quo modo peiorem causam meliorem faciat, et contra Tisian et Gorgian similia dicit polliceri Plato. 4 et his adiciunt exempla Graecorum Romanorumque et enumerant, qui perniciosa non singulis tantum, sed rebus etiam publicis usi eloquentia turbaverint civitatium status vel everterint, eoque et Lacedaemoniorum civitate expulsam, et Athenis quoque, ubi actor movere adfectus vetabatur, velut recisam orandi potestatem. 5 quo quidem modo nec duces erunt utiles nec magistratus nec medicina nec denique ipsa sapientia. nam et dux Flaminius et Gracchi, Saturnini, Glauciae magistratus, et in medicis venena, et in his, qui philosophorum nomine male utuntur, gravissima nonnumquam flagitia deprehensa sunt. 6 cibos aspernemur: attulerunt saepe valetudinis causas; numquam tecta subeamus: super habitantes aliquando procumbunt; non fabricetur militi gladius: potest uti eodem ferro latro. quis nescit ignes aquas, sine quibus nulla sit vita, et, ne terrenis inmorer, solem lunamque praecipua siderum aliquando et nocere?

7 Num igitur negabitur deformem Pyrrhi pacem caecus ille Appius dicendi viribus diremisse? aut non divina M. Tulli eloquentia et contra leges agrarias popularis fuit et Catilinae fregit audaciam et supplicationes, qui maximus honor victoribus bello ducibus datur, in toga meruit? 8 non perterritos militum animos frequenter a metu revocat oratio et tot pugnandi pericula ineuntibus laudem vita potiorem esse persuadet? neque vero me Lacedaemonii atque

sei ihr Nutzen am größten, wenn ihre Kraft für die Lüge gegen die Wahrheit zur Geltung kommt. 3 Denn einmal macht die Komödie[42] dem Sokrates zum Vorwurf, er lehre die Mittel, die schlechtere Sache zur besseren zu machen, und andererseits sagt Plato[43], Teisias und Gorgias machten dergleichen Versprechungen. 4 Hierzu fügen sie Beispiele aus Griechenland und Rom und zählen Männer auf, die durch ihre nicht nur für Einzelpersonen, sondern für ganze Staaten verhängnisvolle Redegabe die Verfassungen in Verwirrung gebracht oder umgestürzt hätten, weshalb die Spartaner die Macht der Rede aus ihrem Staat verbannt und auch Athen, wo es dem Prozeßredner verboten wurde, die Gemütsbewegungen auszunutzen, gleichsam ihre Macht beschnitten habe. 5 So betrachtet freilich, werden auch Feldherrn und Staatsbeamte, Medizin und schließlich die Philosophie sogar als unnütz erscheinen; denn auch Flaminius war ein Feldherr, die Gracchen ebenso wie ein Saturninus und Glaucia Staatsbeamte, unter den Ärzten gibt es Giftmischer, und auch bei denen, die den Namen eines Philosophen zum Schlechten gebrauchen, sind manchmal die schwersten Schändlichkeiten aufgedeckt worden. 6 So wollen wir auch die Nahrung ablehnen; denn oft schon ist sie an einer Krankheit schuld gewesen; wollen auch unseren Fuß nicht unter ein Dach setzen; denn bisweilen stürzen die Dächer über den Bewohnern zusammen. Auch sollte man den Soldaten kein Schwert verfertigen; denn auch ein Räuber kann sich desselben Stahls bedienen. Wer weiß nicht, daß auch die Kräfte des Feuers und Wassers, ohne die doch das Leben nicht möglich ist, und, um nicht in irdischen Bereichen stehenzubleiben, daß selbst Sonne und Mond, die wichtigsten Gestirne, bisweilen auch Schaden verursachen?

7 Wird man nun aber leugnen, daß den Schandfrieden mit Pyrrhus ein blinder Mann, Appius, durch die Kraft seiner Rede aus der Welt schaffte? Oder daß die göttliche Beredsamkeit des M. Tullius sowohl gegen die Landreformgesetze das Ohr des Volkes fand als auch die Verwegenheit des Catilina zerschmetterte und ihm in seiner Toga Dankprozessionen eintrug, die höchste Ehrung, die man sonst den siegreichen Feldherrn im Feld verleiht? 8 Befreit nicht häufig eine Rede die verstörten Soldaten von ihrer Furcht und führt sie zu der Überzeugung, daß in all den Gefahren, die sie im Krieg auf sich nehmen, der Ruhm mehr ist als das Leben? Auch können auf mich die

[42] Aristophanes in den ›Wolken‹ 98 u. ö.

[43] Phaidr. 267a.

Athenienses magis moverint quam populus Romanus, apud quem summa semper oratoribus dignitas fuit. 9 equidem nec urbium conditores reor aliter effecturos fuisse, ut vaga illa multitudo coiret in populos, nisi docta voce commota: nec legum repertores sine summa vi orandi consecutos, ut se ipsi homines ad servitutem iuris adstringerent. 10 quin ipsa vitae praecepta, etiam si natura sunt honesta, plus tamen ad formandas mentes valent, quotiens pulchritudinem rerum claritas orationis inluminat, quare, etiam si in utramque partem valent arma facundiae, non est tamen aequum id haberi malum, quo bene uti licet.

11 Verum haec apud eos forsitan quaerantur, qui summam rhetorices ad persuadendi vim rettulerunt. si vero est bene dicendi scientia, quem nos finem sequimur, ut sit orator in primis vir bonus, utilem certe esse eam confitendum est. 12 et hercule deus ille princeps parens rerum fabricatorque mundi nullo magis hominem separavit a ceteris, quae quidem mortalia essent, animalibus quam dicendi facultate. 13 nam corpora quidem magnitudine, viribus, firmitate, patientia, velocitate praestantiora in illis mutis videmus, eadem minus egere adquisitae extrinsecus opis; nam et ingredi citius et pasci et tranare aquas citra docentem natura ipsa sciunt, 14 et pleraque contra frigus ex suo corpore vestiuntur et arma his ingenita quaedam et ex obvio fere victus, circa quae omnia multus hominibus labor est. rationem igitur nobis praecipuam dedit eiusque nos socios esse cum dis immortalibus voluit. 15 sed ipsa ratio neque tam nos iuvaret neque tam esset in nobis manifesta, nisi quae concepissemus mente promere etiam loquendo possemus, quod magis deesse ceteris animalibus quam intellectum et cogitationem quandam videmus. 16 nam et mollire cubilia et nidos texere et educare fetus et excludere, quin etiam reponere in hiemem alimenta, opera quaedam nobis inimitabilia, qualia sunt cerarum ac mellis, efficere non-

Spartaner und Athener wirklich nicht mehr Eindruck machen als das römische Volk, bei dem die Redner immer den höchsten Rang einnahmen. 9 Auch würden es ja, glaube ich, weder die Städtegründer zuwege gebracht haben, daß sich eine ziellose Masse zu Völkern zusammenscharte, hätten sie sich nicht durch die Kunst der Rede packen lassen, noch hätten die Gesetzesfinder es ohne die äußerste Kraft ihrer Rede erreicht, daß sich die Menschen selbst dem Dienst am Recht unterwarfen. 10 Ja, sogar die sittlichen Grundsätze der Lebensführung, mögen sie auch von Natur schon Achtung verdienen, haben doch eine stärkere Wirkung auf die Formung des Geistes, wenn die Schönheit ihres Gehaltes der helle Glanz der Rede überstrahlt: weshalb es, auch wenn die Waffen der Redefertigkeit zweischneidig sind, doch nicht billig ist, etwas für schlecht zu halten, das auch zum Guten zu gebrauchen ist.

11 Jedoch könnte vielleicht die Frage nach dem Nutzen bei denen etwas bedeuten, die den Inbegriff der Rhetorik in der Kunst der Überredung gesehen haben. Wenn er aber die Wissenschaft, gut zu reden, ist, was wir als ihr Ziel betrachten, so daß der Redner vor allem ein guter Mensch ist, so wird man gewiß auch zugeben müssen, sie sei nützlich. 12 Und – wahrhaftig – der Gott, der zuerst als Schöpfer aller Dinge und Erbauer des Alls am Werke war, hat durch nichts den Menschen stärker von den anderen Lebewesen, sofern sie auch Sterbliche sind, geschieden als durch die Gabe der Rede. 13 Denn wir sehen bei jenen stummen Wesen zwar Körper, die uns an Größe, Kraft, Festigkeit, Ausdauer und Schnelligkeit überlegen sind und weniger der Hilfe von außen bedürfen: verstehen sie doch ohne Lehrer von Natur aus schneller zu laufen, zu weiden und die Ströme zu überqueren – 14 die meisten erhalten gegen die Kälte die Kleidung aus dem eigenen Leibe, auch bestimmte Waffen sind ihnen angeboren, und der Lebensunterhalt stellt sich fast von selbst ein, alles Dinge, worum die Menschen sich hart mühen. Die Vernunft also hat der Schöpfer uns vorzüglich verliehen und gewollt, daß sie uns verbinde mit den unsterblichen Göttern. 15 Doch würde uns die Vernunft allein weder eine solche Hilfe, noch täte sie sich uns so deutlich kund, könnten wir nicht, was wir im Geiste erfaßt haben, auch im Reden von uns geben, woran es, wie wir sehen, den übrigen Lebewesen mehr fehlt als an einer Art von Verstandes- und Denkbegabung. 16 Denn sich ein weiches Lager zu bereiten, Nester zu flechten, Junge aufzuziehen und auszustoßen, ja selbst Nahrung für den Winter zu sammeln und manche Arbeit, mit der wir nicht wetteifern können, etwa die Herstellung von Honig, Waben und Wachs,

nullius fortasse rationis est, sed quia carent sermone quae id faciunt, muta atque inrationalia vocantur. 17 denique homines, quibus negata vox est, quantulum adiuvat animus ille caelestis? quare si nihil a diis oratione melius accepimus, quid tam dignum cultu ac labore ducamus aut in quo malimus praestare hominibus, quam quo ipsi homines ceteris animalibus praestant, 18 eo quidem magis, quod nulla in arte plenius labor gratiam refert? id adeo manifestum erit, si cogitaverimus, unde et quo usque iam provecta sit orandi facultas: et adhuc potest. 19 nam ut omittam, defendere amicos, regere consiliis senatum populum, exercitum in quae velit ducere, quam sit utile conveniatque bono viro: nonne pulcrum vel hoc ipsum est ex communi intellectu verbisque, quibus utuntur [y] omnes, tantum adsequi laudis et gloriae, ut non loqui et orare, sed, quod Pericli contigit, fulgere ac tonare videaris?

XVII.

1 Finis non erit, si exspatiari in parte hac et indulgere voluptati velim. transeamus igitur ad eam quaestionem, quae sequitur, *an rhetorice ars sit.* 2 quod quidem adeo ex iis, qui praecepta dicendi tradiderunt, nemo dubitavit, ut etiam ipsis librorum titulis, testatum sit, scriptos eos de arte rhetorica, Cicero vero etiam, quae rhetorice vocetur, 'esse artificiosam eloquentiam' dicat. quod non oratores tantum vindicarunt, ut studiis aliquid suis praestitisse videantur, sed cum iis philosophi et Stoici et Peripatetici plerique consentiunt. 3 ac me dubitasse confiteor, an hanc partem quaestionis tractandam

y) utantur **BP**

zeugt vielleicht von einigem Verstand, aber weil die Wesen, die das tun, der Sprache ermangeln, heißen sie stumm und unvernünftig. 17 Wie wenig hilft schließlich den Menschen, denen die Stimme versagt ist, jene Himmelskraft des Geistes? Was wollen wir deshalb, wenn wir von den Göttern nichts Besseres als die Rede erhalten haben, so sehr der Pflege und der Mühe wert erachten, oder worin sollten wir uns lieber vor den Mitmenschen hervortun als darin, worin die Menschen selbst es den übrigen Wesen zuvortun, und das um so eher, weil in keiner Kunst die Mühe reichlicher sich lohnt? 18 Das wird erst ganz deutlich, wenn wir bedenken, aus welchen Anfängen die Redegabe stammt und wie weit sie es schon gebracht hat. Und noch kann sie gesteigert werden. 19 Denn, um nicht zu erwähnen, wie nützlich und passend es für einen rechtschaffenen Mann ist, seine Freunde zu verteidigen, Senat und Volk durch seinen Rat zu lenken, ein Heer dahin zu führen, wohin man es haben möchte: ist nicht schon dies schön, mit den allen gemeinsamen Gedanken und mit Worten, die alle gebrauchen, es zu solchem Ruhm und Glanz zu bringen, daß man nicht zu sprechen oder zu reden, sondern, wie es Perikles gelang, zu blitzen und zu donnern scheint[44]?

SIEBZEHNTES KAPITEL

Die Rhetorik eine Kunst?

1 Es wird sich kein Ende finden lassen, wenn ich in diesem Punkte mich gehen lassen und meinem Vergnügen folgen wollte. So wollen wir zu der Frage übergehen, die sich nun anschließt, *ob die Rhetorik eine Kunst sei.* 2 Darüber hat es zwar unter denen, die Anleitungen zum Reden überliefert haben, durchweg so wenig Zweifel gegeben, daß vielmehr schon die Titel ihrer Bücher dafür Zeugnis ablegen, daß sie 'über die Kunst der Rhetorik' geschrieben haben, Cicero sagt sogar[45], was Rhetorik heiße, sei 'die künstliche Beredsamkeit'. Nicht nur die Redner haben das behauptet, um ihren eigenen Bemühungen den Anschein von etwas Bedeutsamerem zu geben, sondern mit ihnen stimmen auch die Philosophen, sowohl die Stoiker als auch die meisten Peripatetiker überein. 3 Ich gestehe, auch selbst im Zweifel gewesen zu sein, ob ich es für nötig erachten

[44] Aristoph. Acharn. 530–31.
[45] de inv. 1, 5, 6.

putarem; nam quis est adeo non ab eruditione modo, sed a sensu remotus hominis, ut fabricandi quidem et texendi et e luto vasa ducendi artem putet, rhetoricen autem maximum ac pulcherrimum, ut supra diximus, opus in tam sublime fastigium existimet sine arte venisse? 4 equidem illos, qui contra disputaverunt, non tam id sensisse, quod dicerent, quam exercere ingenia materiae difficultate credo voluisse, sicut Polycraten, cum Busirim laudaret et Clytaemestram: quamquam is, quod his dissimile non est, composuisse orationem, quae esset habita contra Socraten, dicitur.

5 Quidam naturalem esse rhetoricen volunt, et tamen adiuvari exercitatione non diffitentur, ut in libris Ciceronis de Oratore dicit Antonius, 'observationem quandam esse, non artem'. 6 quod non ideo, ut pro vero accipiamus, est positum, sed ut Antonii persona servetur, qui dissimulator artis fuit: hanc autem opinionem habuisse Lysias videtur. cuius sententiae talis defensio est, quod indocti et barbari et servi, pro se cum loquuntur, aliquid dicant simile principio, narrent, probent, refutent et, quod vim habeat epilogi, deprecentur. 7 deinde adiciunt illas verborum cavillationes, nihil, quod ex arte fiat, ante artem fuisse: atqui dixisse homines pro se et in alios semper: doctores artis sero et circa Tisian et Coraca primum repertos: orationem igitur ante artem fuisse eoque artem non esse. 8 nos porro, quando coeperit huius rei doctrina, non laboramus, quamquam apud Homerum et praeceptorem Phoenicem cum agendi tum etiam loquendi et oratores plures et omne in tribus ducibus orationis genus et certamina quoque proposita eloquentiae inter iuvenes invenimus, quin in caelatura clipei Achillis et lites sunt

sollte, diesen Teil der Untersuchung zu behandeln; denn wer ist so weit nicht nur von der Bildung, sondern vom elementarsten menschlichen Empfinden entfernt, daß er es zwar für eine Kunst hält, zu bauen, zu weben und aus Lehm Gefäße zu machen, es aber glauben könnte, die Rhetorik, die größte und schönste Leistung des Menschen, wie wir oben sagten, sei ohne Kunst zu so erhabener Höhe gelangt? 4 Ja, diejenigen, die das Gegenteil behauptet haben, haben, glaube ich, nicht wirklich so gefühlt, wie sie gesprochen haben, sondern vielmehr nur ihr Talent an einem schwierigen Gegenstand üben wollen, so wie Polykrates, wenn er eine Lobrede auf Busiris und auf Klytaimnestra verfaßte, obwohl der gleiche Mann auch, was hierzu durchaus paßt, eine Rede verfaßt haben soll, die gegen den Sokrates gehalten worden ist.

5 Manche wollen in der Rhetorik eine Naturbegabung sehen, leugnen jedoch nicht, daß sie durch Übung gefördert werde, wie in Ciceros Büchern vom ›Redner‹[46] Antonius sagt, sie sei 'eine Sache der Beobachtung, nicht eine Kunst', 6 was ja nicht deshalb dort steht, damit wir es für wahr hinnehmen, sondern damit die Rolle des Antonius gewahrt werde, der ein Mann war, der seine Kunst zu verbergen suchte. Jedoch scheint es, daß Lysias diese Auffassung besessen hat. Er verteidigt seine Meinung damit, daß auch Ungebildete, Barbaren und Sklaven, wenn sie für sich zu sprechen haben, etwas wie ein Prooemium bringen, dann erzählen, beweisen und widerlegen und mit Bitten schließen, die die Bedeutung eines Epiloges haben. 7 Hierzu bringen sie dann ihre bekannten eristischen Wortkünste an[47]: nichts, was aus einer Kunst stamme, existiere schon vor der Kunst. Nun hätten aber die Menschen für sich und andere schon immer Reden gehalten. Lehrer der Kunst aber finde man erst spät, und zwar zuerst unter Teisias und Korax. Also habe die Redegabe schon vor der Kunst existiert und sei deshalb keine Kunst. 8 Wir nun mühen uns mit der Frage, wann es mit der wissenschaftlichen Redelehre begonnen habe, keineswegs ab, wenn wir auch schon bei Homer im Phoinix[48] einen Lehrer für die Taten wie auch für die Reden, eine Anzahl Redner und bei den drei Heerführern alle Redegattungen und auch schon Wettkämpfe in der Beredsamkeit finden, die zwischen den Jüngeren veranstaltet werden, ja sogar der Reliefschmuck auf dem Schild des

[46] de orat. 2, 57, 232.
[47] die von Plato verspottete sophistische Scheindialektik.
[48] s. o. 2, 3, 12 Anm. 4.

et actores. 9 illud enim admonere satis est, omnia quae ars consummaverit a natura initia duxisse: aut tollatur medicina, quae ex observatione salubrium atque his contrariorum reperta est et, ut quibusdam placet, tota constat experimentis; nam et vulnus deligavit aliquis, antequam haec ars esset, et febrem quiete et abstinentia, non quia rationem videbat, sed quia id valetudo ipsa coegerat, mitigavit. 10 nec fabrica sit ars: casas enim primi illi sine arte fecerunt; nec musica: cantatur ac saltatur per omnis gentes aliquo modo. ita, si rhetorice vocari debet sermo quicumque, fuisse eam, antequam esset ars, confitebor: 11 si vero non quisquis loquitur orator est, et tum non tamquam oratores loquebantur, necesse est oratorem factum arte nec ante artem fuisse fateantur. quo illud quoque excluditur, quod dicunt, non esse artis id, quod faciat, qui non didicerit: dicere autem homines et qui non didicerint. 12 ad cuius rei confirmationem adferunt Demaden remigem et Aeschinen hypocriten oratores fuisse. falso: nam neque orator esse qui non didicit potest, et hos sero potius quam numquam didicisse quis dixerit, quamquam Aeschines ab initio sit versatus in litteris, quas pater eius etiam docebat, Demaden neque non didicisse certum sit et continua dicendi exercitatio potuerit tantum, quantuscumque postea fuit, fecisse; nam id potentissimum discendi genus est. 13 sed et praestantiorem, si didicisset, futurum fuisse dicere licet[z] neque enim orationes scribere est ausus, ut eum multum valuisse in dicendo sciamus.

14 Aristoteles, ut solet, quaerendi gratia quaedam suptilitatis suae argumenta excogitavit in Gryllo: sed idem et de arte rhetorica tris libros scripsit, et in eorum primo non artem solum eam fatetur,

z) *post* licet *lac. stat. Radermacher*

Achill Prozesse kennt und auch Prozeßredner. 9 Denn wir begnügen uns mit dem Hinweis, daß alles, was durch die Kunst zur Vollendung gebracht ist, seine Ansätze in der Natur genommen hat: sonst sollte man auch auf die Heilkunst verzichten, die bei der Beobachtung dessen erfunden worden ist, was gesund und dem Gesunden entgegengesetzt ist und, wie manche wollen, ganz auf Einzelversuchen beruht; denn es hat auch schon jemand eine Wunde verbunden, bevor es diese Kunst gab, und hat Fieber durch Ruhe und Diät gelindert, nicht weil er den Grund dafür sah, sondern weil der Gesundheitszustand selbst dazu gezwungen hatte. 10 Auch das Bauen soll dann nicht als Kunst gelten; denn ihre Hütten haben die ersten Menschen ohne Kunst gebaut. Auch die Musik nicht; man singt und tanzt ja irgendwie bei allen Völkern. So will ich, wenn jede Art von Reden Rhetorik heißen darf, zugeben, daß es sie schon gegeben hat, bevor die Kunst existierte. 11 Wenn aber nicht jeder, der redet, ein Redner ist und sie in der Frühzeit nicht wie Redner redeten, so müssen die Kritiker doch zugeben, daß der Redner durch die Kunst entstanden ist und nicht vor der Kunst existiert hat. Dadurch wird auch der Beweis ausgeschaltet, der lautet: wenn jemand etwas tut, was er nicht gelernt hat, so sei es keine Kunst. Die Menschen sprächen aber, auch wenn sie es nicht studiert hätten. 12 Zur Bekräftigung dieser Behauptung führen sie an, der Ruderer Demades und der Schauspieler Aischines seien Redner gewesen – ganz falsch: denn es kann niemand ein Redner sein, der es nicht gelernt hat, und man könnte vielmehr eher sagen, sie hätten spät, als, sie hätten nie Unterricht gehabt, obwohl Aischines von Anfang an mit den grammatischen Dingen vertraut war, die sein Vater ja gelehrt hat, es von Demades aber gar nicht gewiß ist, daß er keinen Unterricht gehabt hat, ihn aber gewiß nur die beständige Übung im Reden zu der Bedeutung hat bringen können, die er offenbar später gehabt hat; denn Übung ist beim Unterricht das Wichtigste. 13 Jedoch darf man behaupten, hätte er richtigen Unterricht genossen, so hätte er noch größere Bedeutung gewonnen; denn seine Reden schriftlich festzuhalten, hat er ja nicht gewagt, wodurch wir es sicher wissen könnten, daß er im Reden viel geleistet hat.

14 Aristoteles hat nach seiner Art theoretischer Forschung im ›Gryllos‹ [49] sich einige seiner gründlichen Beweise ausgedacht. Jedoch hat er auch drei Bücher über die Kunst der Rhetorik geschrie-

[49] dem verlorenen Dialog, der den Namen von Xenophons im Kampfe gefallenem Sohn trägt.

sed ei particulam civilitatis sicut dialectices[a] adsignat. 15 multa Critolaus contra, multa Rhodius Athenodorus. Agnon quidem detraxit sibi inscriptione ipsa fidem, qua rhetorices accusationem professus est. nam de Epicuro, qui disciplinas omnes fugit, nihil miror. 16 hi complura dicunt, sed ex paucis locis ducta: itaque potentissimis eorum breviter occurram, ne in infinitum quaestio evadat. 17 prima iis argumentatio ex materia est. omnes enim artes aiunt habere materiam, quod est verum: rhetorices nullam esse propriam, quod esse falsum in sequentibus probabo. 18 altera est calumnia nullam artem falsis adsentiri opinionibus, quia constitui sine perceptione non possit, quae semper vera sit: rhetoricen adsentiri falsis, non esse igitur artem. 19 ego rhetoricen nonnumquam dicere falsa pro veris confitebor, sed non ideo in falsa quoque esse opinione concedam, quia longe diversum est, ipsi quid videri et ut alii videatur efficere. nam et imperator falsis utitur saepe: ut Hannibal, cum inclusus a Fabio sarmentis circum cornua bovum deligatis incensisque per noctem in adversos montes agens armenta speciem hosti abeuntis exercitus dedit: sed illum fefellit, ipse quid verum esset non ignoravit. 20 nec vero Theopompus Lacedaemonius, cum permutato cum uxore habitu e custodia ut mulier evasit, falsam de se opinionem habuit, sed custodibus praebuit. item orator, cum falso utitur pro vero, scit esse falsum eoque se pro vero uti: non ergo falsam habet ipse opinionem, sed fallit alium. 21 nec Cicero, cum se tenebras offudisse iudicibus in causa Cluentii gloriatus est, nihil ipse vidit. et pictor, cum vi artis suae efficit, ut quaedam eminere

a) dialectices *Pseudo-Turnebus:* dialecticis

ben und erkennt sie im ersten Buch[50] nicht nur als eine Kunst an, sondern weist ihr auch ihren Anteil an der Politik wie an der Dialektik zu. 15 Viel steht hingegen bei Kritolaos, viel auch bei Athenodoros von Rhodos. Agnon hat sich ja schon durch den Titel seiner Schrift, in der er eine ›Anklagerede gegen die Rhetorik‹ angekündigt hat, selbst in Mißkredit gebracht. Denn bei Epikur, der ja allen Bildungsfächern aus dem Wege geht, wundere ich mich nicht über seine Ablehnung. 16 Diese Kritiker machen vielerlei geltend, doch gewinnen sie ihre Argumente aus wenigen Gesichtspunkten. Deshalb will ich nur den stärksten dieser Argumente in Kürze begegnen, damit die Frage nicht ins Uferlose führt. 17 Der erste Beweisgang geht vom Stoff aus. Denn alle Kunst, sagen sie, habe ein Stoffgebiet, was ja richtig ist; die Rhetorik aber habe kein eigenes Stoffgebiet, und das ist falsch, wie ich im folgenden beweisen will. 18 Der zweite beleidigende Vorwurf geht davon aus, keine Kunst gebe zu falschen Vorstellungen ihre Zustimmung, weil sie ohne Wahrnehmung nicht bestehen könne, und diese sei immer wahr. Die Rhetorik aber gebe Falschem ihre Zustimmung, also sei sie keine Kunst. 19 Ich will zugeben, daß die Rhetorik manchmal Falsches statt des Wahren sagt, jedoch kann ich nicht darin zustimmen, daß sie sich deshalb auch in einer falschen Vorstellung befinde, weil es doch etwas Grundverschiedenes ist, sich selbst durch einen Anschein täuschen zu lassen, als zu bewirken, daß einem anderen etwas so scheine; denn auch ein Feldherr bedient sich oft des falschen Scheins: etwa Hannibal, als er, von Fabius eingeschlossen, den Rindern Reisig um die Hörner binden und anzünden ließ; indem er dann das Vieh in der Nacht den Bergen zutreiben ließ, erweckte er beim Feind den Anschein, als zöge sein Heer ab. Aber er täuschte den Feind, während er selbst sehr wohl wußte, wie es wirklich war. 20 Auch der Spartaner Theopomp hatte doch wirklich keine falsche Vorstellung von sich, als er mit seiner Gattin die Kleidung tauschte und als Frau aus dem Gefängnis entrann, sondern erweckte sie bei den Wachposten. Ebenso weiß der Redner, wenn er sich der Täuschung statt der Wahrheit bedient, daß es Täuschung ist und daß er sich ihrer statt der Wahrheit bedient. Also hat er nicht selbst eine falsche Vorstellung von sich, sondern täuscht einen anderen. 21 Auch Cicero war keineswegs selbst blind, als er sich rühmte, die Richter in der Sache des Cluentius in Dunkel gehüllt zu haben. Auch wenn es ein Maler durch die Kraft seiner Kunst zuwege bringt, daß uns

[50] 1356 a.

in opere, quaedam recessisse credamus, ipse ea plana esse non nescit. 22 aiunt etiam omnes artes habere finem aliquem propositum, ad quem tendant: hunc modo nullum esse in rhetorice, modo non praestari eum, qui promittatur. mentiuntur: nos enim esse finem iam ostendimus et quis esset diximus. 23 et praestabit hunc semper orator; semper enim bene dicet. firmum autem hoc, quod opponitur, adversus eos fortasse sit, qui persuadere finem putaverunt: noster orator arsque a nobis finita non sunt posita in eventu; tendit quidem ad victoriam qui dicit, sed cum bene dixit, etiam si non vincat, id, quod arte continetur, effecit. 24 nam et gubernator vult salva nave in portum pervenire: si tamen tempestate fuerit abreptus, non ideo minus erit gubernator dicetque notum illud: 'dum clavum rectum teneam'. 25 et medicus sanitatem aegri petit: si tamen aut valetudinis vi aut intemperantia aegri aliove quo casu summa non contingit, dum ipse omnia secundum rationem fecerit, medicinae fine non excidet. ita oratori bene dixisse finis est. nam est ars ea, ut post paulum clarius ostendemus, in actu posita, non in effectu. 26 ita falsum erit illud quoque, quod dicitur, artes scire, quando sint finem consecutae, rhetoricen nescire: nam se quisque bene dicere intelleget. uti etiam vitiis rhetoricen, quod ars nulla faciat, criminantur, quia et falsum dicat et adfectus moveat. 27 quorum neutrum est turpe, cum ex bona ratione proficiscitur, ideoque nec vitium. nam et mendacium dicere etiam sapienti aliquando concessum est, et adfectus, si aliter ad aequitatem perduci iudex non poterit, necessario movebit orator: imperiti enim iudicant et qui frequenter in hoc ipsum fallendi sint, ne errent. 28 nam si mihi sapientes iudices dentur, sapientium contiones atque omne consilium, nihil invidia valeat, nihil gratia, nihil opinio praesumpta falsique testes: perquam

[51] des Ennius Ann. 483 Vahl.

manche Stellen in seinem Werk erhöht, andere vertieft vorkommen, so weiß er selbst doch sehr wohl, daß alles eben ist. 22 Sie behaupten auch, alle Künste hätten ein festes Ziel, nach dem sie strebten; in der Rhetorik aber gebe es bald überhaupt keines, bald werde nicht das erreicht, was sie verheiße. Das ist gelogen: denn wir haben ja schon gezeigt, daß ein Ziel vorhanden ist, und haben gesagt, welches es sei. 23 Dieses wird der Redner immer erreichen; denn immer wird er gut reden. Doch konnte dieser Einwand vielleicht gegen diejenigen Bestand haben, die das Überreden als Ziel betrachtet haben. Unser Redner aber und seine Kunst, wie wir sie definiert haben, ist nicht vom Erfolg abhängig: zwar strebt nach dem Sieg, wer redet, doch wenn er gut geredet hat, hat er, auch wenn ihm der Sieg nicht vergönnt ist, geleistet, was die Kunst ausmacht. 24 Denn auch der Steuermann will mit heilem Schiff bis zum Hafen kommen. Wenn er indessen durch Sturm verschlagen wird, wird er deswegen nicht minder ein Steuermann sein, und das Wort zitieren[51]: 'solange ich das Ruder geradehalte'. 25 Auch der Arzt sucht für den Kranken die Gesundheit. Wenn sie indessen infolge der Schwere der Krankheit oder der Haltlosigkeit des Kranken oder sonstiger Zufälligkeiten nicht völlig eintritt, während er selbst alles nach den Regeln der Kunst getan hat, so wird er das Ziel der Heilkunst nicht verfehlen. So ist es auch für den Redner das Ziel, gut gesprochen zu haben. Denn diese Kunst beruht, wie wir gleich deutlicher zeigen werden, auf der Betätigung, nicht auf dem Erfolg. 26 So ist es auch falsch, wenn wir sagen: die Künste wüßten, wann sie ihr Ziel erreicht hätten, die Rhetorik wisse es nicht. Denn jeder kann erkennen, daß er gut spricht. Sie erheben auch den Vorwurf, die Rhetorik bediene sich auch der Laster, was keine Kunst tue, weil sie sowohl Falsches sage als auch die Leidenschaften errege. 27 Doch beides ist keine Schande, wenn es aus gutem Grunde geschieht, und deshalb auch kein Laster. Denn auch sich einer Lüge zu bedienen ist selbst dem Weisen zuweilen gestattet, die Leidenschaften wird der Redner notwendigerweise erregen müssen, wenn der Richter auf andere Weise nicht zur Billigkeit gebracht werden kann; denn es sind ja unerfahrene Schöffen, die zu Gericht sitzen, und häufig muß man sie deshalb täuschen, damit sie nicht irrtümlich richten. 28 Denn gäbe man mir Philosophen als Richter, beständen die Volksversammlungen und alle Sitzungen aus Philosophen, hätte der Neid, hätte der Einfluß keine Macht, auch die vorgefaßte Meinung nicht und die falsche Zeugenaussage, so wäre der Raum für die Rhetorik recht schmal und könnte fast ein-

sit exiguus eloquentiae locus et prope in sola delectatione ponatur. 29 sin et audientium mobiles animi et tot malis obnoxia veritas, arte pugnandum est et adhibenda quae prosunt: neque enim qui recta via depulsus est, reduci ad eam nisi alio flexu potest.

30 Plurima vero ex hoc contra rhetoricen cavillatio est, quod ex utraque causae parte dicatur. inde haec: nullam esse artem contrariam sibi, rhetoricen esse contrariam sibi; nullam artem destruere quod effecerit, accidere hoc rhetorices operi. item aut dicenda eam docere aut non dicenda: ita vel per hoc non esse artem, quod non dicenda praecipiat, vel per hoc, quod, cum dicenda praeceperit, etiam contraria his doceat. 31 quae omnia apparet de ea rhetorice dici, quae sit a bono viro atque ab ipsa virtute seiuncta: alioqui ubi iniusta causa est, ibi rhetorice non est, adeo ut vix admirabili quodam casu possit accidere, ut ex utraque parte orator, id est vir bonus dicat. 32 tamen quoniam hoc quoque in rerum naturam cadit, ut duos sapientes aliquando iustae causae in diversum trahant, quando etiam pugnaturos eos inter se, si ratio ita duxerit, credunt, respondebo propositis atque ita quidem, ut appareat haec adversus eos quoque frustra excogitata, qui malis moribus nomen oratoris indulgent[b]. 33 nam rhetorice non est contraria sibi: causa enim cum causa, non illa secum ipsa componitur. nec si pugnent inter se qui idem didicerunt, idcirco ars, quae utrique tradita est, non erit: alioqui nec armorum, quia saepe gladiatores sub eodem magistro eruditi inter se componuntur, 34 nec gubernandi, quia navalibus proeliis gubernator est gubernatori adversus, nec imperatoria, quia imperator cum imperatore contendit. item non evertit opus rhetorice, quod efficit, neque enim positum a se argumentum solvit orator, sed ne rhetorice

b) indulgeant **A**

zig im genußreichen Vortrag bestehen. 29 Wenn aber die Zuhörer so schwankenden Sinnes sind und auch die Wahrheit so vieler Bosheit ausgesetzt ist – so heißt es, mit Kunstkniffen zu kämpfen und einzusetzen, was nützen kann. Denn wer vom geraden Weg abgedrängt worden ist, kann nur durch eine andere Biegung auf ihn zurückgeführt werden.

30 Am meisten aber wird deswegen gegen die Rhetorik gehetzt, weil man für beide Seiten eines Falles spreche. Daher denn der Beweisgang: keine Kunst steht im Widerspruch zu sich selbst, die Rhetorik steht im Widerspruch zu sich selbst. Keine Kunst zerstöre ihre eigene Leistung, das geschehe aber bei der Leistung der Rhetorik. Ebenso lehre sie entweder, was man sagen solle oder was man nicht sagen dürfe: so sei sie entweder deswegen keine Kunst, weil sie vorschreibe, was man nicht sagen dürfe, oder deshalb, weil sie, obwohl sie vorschreibe, was man sagen dürfe, auch das dem Entgegengesetzte lehre. 31 All das wird offensichtlich von derjenigen Rhetorik gesagt, die einem guten Menschen und der Tugend selbst fernliegt; denn sonst kann es ja da, wo eine ungerechte Sache vorliegt, Rhetorik gar nicht geben, so wenig, daß es kaum durch einen erstaunlichen Zufall geschehen könnte, daß auf beiden Seiten ein Redner, das heißt ein rechtschaffener Mann spricht. 32 Da indessen auch das zum Wesen der Sache gehört, daß bisweilen gerechte Streitfälle zwei weise Männer in Gegensatz bringen, will ich, wenn man annimmt, daß sie sich auch im Kampf entgegentreten werden, wenn vernünftige Überlegung es so fügt, auf die vorgebrachten Beweise eingehen, und zwar so, daß es deutlich wird, daß diese Beweise selbst gegen diejenigen vergebens ausgeklügelt sind, die auch schlechten Charakteren den Namen eines Redners zugestehen. 33 Denn die Rhetorik steht nicht mit sich selbst im Widerspruch; die Sache nämlich steht gegen die Sache, nicht die Rhetorik gegen sich selbst. Doch wenn Männer gegeneinander kämpfen, die den gleichen Unterricht genossen haben, so ist deshalb die Kunst, die beiden beigebracht wurde, doch sehr wohl vorhanden – sonst gäbe es ja auch keine Fechtkunst, weil oft Gladiatoren, die vom gleichen Meister geschult sind, sich gegenübertreten; 34 und auch keine Steuerkunst, weil in der Seeschlacht der Steuermann dem Steuermann gegenübersteht, auch keine Feldherrnkunst, weil der Feldherr mit dem Feldherrn sich mißt. Ebenso zerstört die Rhetorik nicht die Leistung, die sie zustande bringt; denn der Redner hebt ja das Argument, das er gebracht hat, nicht auf, ja nicht einmal die Rhetorik tut dies, weil ja bei denen, die das Ziel im Überreden

quidem, quia apud eos, qui in persuadendo finem putant, aut si quis, ut dixi, casus duos inter se bonos viros composuerit, veri similia quaerentur: non autem, si quid est altero credibilius, id ei contrarium est, quod fuit credibile. 35 nam ut candido candidius et dulci dulcius non est adversum, ita nec probabili probabilius. neque praecipit umquam non dicenda nec dicendis contraria, sed quae in quaque causa dicenda sunt. 36 non semper autem ei, estiamsi frequentissime, tuenda veritas erit, sed aliquando exigit communis utilitas, ut etiam falsa defendat.

Ponuntur hae quoque in secundo Ciceronis de Oratore libro contradictiones: 'artem earum rerum esse, quae sciantur: oratoris omnem actionem opinione, non scientia contineri, quia et apud eos dicat, qui nesciant, et ipse dicat aliquando quod nesciat'. 37 ex his alterum, id est an sciat iudex de quo dicatur, nihil ad oratoris artem; alteri respondendum. 'ars earum rerum est, quae sciuntur'. rhetorice ars est bene dicendi, bene autem dicere scit orator. 38 'sed nescit, an verum sit quod dicit'. ne ii quidem, qui ignem aut aquam aut quattuor elementa aut corpora insecabilia esse, ex quibus res omnes initium duxerint, tradunt, nec qui intervalla siderum et mensuras solis ac terrae colligunt: disciplinam tamen suam artem vocant. quodsi ratio efficit, ut haec non opinari, sed propter vim probationum scire videantur, eadem ratio idem praestare oratori potest. 39 'sed an causa vera sit nescit.' ne medicus quidem, an dolorem capitis habeat qui hoc se pati dicet: curabit tamen, tamquam id verum sit, et erit ars medicina. quid quod rhetorice non utique propositum habet semper vera dicendi, sed semper veri similia? scit autem esse veri similia quae dicit. 40 adiciunt his qui contra sentiunt, quod

[52] de orat. 2, 7, 30.

sehen, oder auch, wenn, wie gesagt, der Zufall zwei rechtschaffene Männer gegeneinanderstellt, Wahrscheinlichkeiten gesucht werden. Es ist aber nicht, wenn das eine eher glaublich ist als das andere, das Glaubliche dem Glaublicheren entgegengesetzt. 35 Denn wie dem Weißen das Weißere und dem Süßen das Süßere nicht entgegensteht, so auch nicht dem Einleuchtenden das Einleuchtendere. Auch gibt die Rhetorik niemals Vorschriften für das, was man nicht sagen soll, und das, was dem, was man nicht sagen soll, entgegengesetzt ist, sondern für das, was im einzelnen Fall gesagt werden soll. 36 Nicht immer aber, wenngleich in den meisten Fällen, wird man bei der Wahrheit bleiben dürfen, sondern manchmal verlangt es auch das allgemeine Interesse, auch das Erlogene zu verteidigen.

Im zweiten Buch von Ciceros Schrift über den ›Redner‹ finden sich auch noch die folgenden Gegenargumente[52]: ‘Kunst gebe es bei solchen Dingen, von denen es ein Wissen gebe; die ganze Tätigkeit des Redners aber bewege sich auf dem Gebiet des Meinens, nicht des Wissens, weil er vor Leuten rede, die nichts wüßten, und er selbst bisweilen spräche, was er gar nicht wisse.’ 37 Hiervon hat die eine Frage, nämlich ob der Richter von dem, worüber geredet wird, ein Wissen habe, nichts mit der Kunst des Redners zu tun. Auf die andere Frage muß ich antworten: ‘Kunst gibt es bei solchen Dingen, von denen es ein Wissen gibt.’ Die Rhetorik ist die Kunst, gut zu reden, gut zu reden aber weiß der Redner. 38 ‘Nicht aber weiß er, ob es wahr ist, was er sagt.’ Das wissen nicht einmal die Gelehrten, die lehren, Feuer, Wasser oder die vier Elemente oder Körper seien unteilbar, aus denen alle Dinge ihren Anfang nähmen, und auch die Astronomen nicht, die die Abstände der Gestirne und die Ausmaße von Sonne und Erde berechnen – und doch nennen sie ihr Fach eine Kunst. Wenn es aber die vernünftige Überlegung zustande bringt, daß es sich hier offenbar nicht um Meinen, sondern aufgrund zwingender Beweise um ein Wissen handelt, so kann die vernünftige Überlegung ebendies auch dem Redner bieten. 39 ‘Aber er weiß nicht, ob der Rechtsfall auf Wahrheit beruht.’ Auch der Arzt weiß ja nicht, ob sein Patient die Kopfschmerzen wirklich hat, an denen er zu leiden behauptet. Und doch wird er ihn behandeln, als ob es wirklich so sei, und seine Heilkunst wird so eine Kunst sein. Ist es denn nicht so, daß die Rhetorik gar nicht durchaus den Anspruch erhebt, immer die Wahrheit zu sagen, wohl aber immer das Wahrscheinliche? 40 Der Redner weiß aber, daß wahrscheinlich ist, was er sagt. Diejenigen, die anders darüber denken, fügen

saepe, quae in aliis litibus inpugnarunt actores causarum, eadem in aliis defendant. quod non artis, sed hominis est vitium. haec sunt praecipua, quae contra rhetoricen dicantur, alia et minora et tamen ex his fontibus derivata.

41 Confirmatur autem esse artem eam breviter. nam sive, ut Cleanthes voluit, 'ars est potestas via, id est ordine, efficiens', esse certe viam atque ordinem in bene dicendo nemo dubitaverit, sive ille ab omnibus fere probatus finis observatur, 'artem constare ex perceptionibus consentientibus et coexercitatis ad finem utilem vitae', iam ostendemus nihil non horum in rhetorice inesse. 42 quid quod et inspectione et exercitatione, ut artes ceterae, constat? nec potest ars non esse, si est ars dialectice, quod fere constat, cum ab ea specie magis quam genere differat. sed nec illa omittenda sunt: qua in re alius se inartificialiter, alius artificialiter gerat, in ea esse artem, et in eo, quod qui didicerit melius faciat, quam qui non didicerit, esse artem. 43 atqui non solum doctus indoctum, sed etiam doctior doctum in rhetorices opere superabit, neque essent eius aliter tam multa praecepta tamque magni qui docerent. idque cum omnibus confitendum est, tum nobis praecipue, qui rationem dicendi a bono viro non separamus.

XVIII.

1 Cum sint autem artium aliae positae in inspectione, id est cognitione et aestimatione rerum, qualis est astrologia nullum exigens actum, sed ipso rei cuius studium habet intellectu contenta,

noch hinzu, die Sachwalter bekämpften oft in einem Prozeß genau das, was sie in einem anderen verteidigten. Aber das ist kein Fehler der Kunst, sondern des Menschen. Das sind die wichtigsten Einwände, die man gegen die Rhetorik erhebt, die anderen sind unwesentlicher und sind zudem aus diesen Hauptquellen abgeleitet.

41 Es gibt aber auch den kurzen und bündigen positiven Beweis, daß die Rhetorik eine Kunst ist. Denn sei es nun, daß, wie Cleanthes gewollt hat[53], 'die Kunst die Fähigkeit ist, etwas methodisch, das heißt in einer bestimmten Ordnung zustande zu bringen', so dürfte gewiß die Methode und feste Ordnung beim gut Reden niemand bezweifeln; sei es, daß die von fast allen gebilligte Defition beachtet wird, 'die Kunst bestände aus sich nicht widersprechenden und gemeinsam auf ein nützliches Lebensziel gerichteten Wahrnehmungen', so werden wir es schon zeigen, daß hiervon nichts der Rhetorik fehlt. 42 Besteht sie denn nicht auch, wie die andern Künste, aus Theorie und Praxis? Auch kann sie unmöglich keine Kunst sein, wenn die Dialektik eine ist, was doch wohl feststeht, unterscheidet sie sich von der Dialektik doch eher wie eine Art von der Gattung. Aber auch diese Beweise sind nicht zu übergehen: eine Sache, in der der eine ohne, ein anderer mit Kunst verfährt, enthält Kunst; ferner ist auch in dem, was jemand, der es gelernt hat, besser macht, als jemand, der es nicht gelernt hat, Kunst. 43 Wird ja doch in der Leistung der Rhetorik nicht nur der Geschulte den Ungeschulten, sondern auch der gründlicher Geschulte den Geschulten übertreffen, und es gäbe sonst auch in ihr nicht so viele Vorschriften und so bedeutende Lehrer. Das müssen alle zugeben, ganz besonders aber wir, die wir die wissenschaftlichen Grundsätze der Redekunst nicht trennen von der sittlichen Persönlichkeit, die sie allein ermöglicht.

ACHTZEHNTES KAPITEL

Stellung der Rhetorik innerhalb der Künste

1 Da nun aber einige Künste auf der Betrachtung, das heißt der Erkenntnis und Bewertung der Dinge beruhen, etwa die Astronomie, die nicht zum Handeln aufruft, sondern schon mit dem Verständnis des Gegenstandes zufrieden ist, dem sie sich widmet,

[53] St. Vet. fr. 790 Arn.

quae θεωρητική vocatur, aliae in agendo, quarum in hoc finis est et ipso actu perficitur nihilque post actum operis relinquit, quae πρακτική dicitur, qualis saltatio est, 2 aliae in effectu, quae operis, quod oculis subicitur, consummatione finem accipiunt, quam ποιητικήν appellamus, qualis est pictura: fere iudicandum est rhetoricen in actu consistere, hoc enim, quod est officii sui, perficit: atque ita ab omnibus dictum est. 3 mihi autem videtur etiam ex illis ceteris artibus multum adsumere; nam et potest aliquando ipsa rei[c] per se inspectione esse contenta. erit enim rhetorice in oratore etiam tacente, et si desierit agere vel proposito vel aliquo casu impeditus, non magis desinet esse orator quam medicus, qui curandi fecerit finem. 4 nam est aliquis ac nescio an maximus etiam ex secretis studiis fructus ac tum pura voluptas litterarum, cum ab actu, id est opera recesserunt et contemplatione sui fruuntur. 5 sed effectivae quoque aliquid simile scriptis orationibus vel historiis, quod ipsum opus in parte oratoria merito ponimus, consequetur. si tamen una ex tribus artibus habenda sit, quia maxime eius usus actu continetur atque est in eo frequentissima, dicatur activa vel administrativa; nam et hoc eiusdem rei nomen est.

XIX.

1 Scio quaeri etiam, naturane plus ad eloquentiam conferat an doctrina. quod ad propositum quidem operis nostri nihil pertinet (neque enim consummatus orator nisi ex utroque fieri potest),

c) rei *Gertz*: res

weshalb sie θεωρητική (betrachtend) heißt, andere im Handeln, deren Ziel darin besteht, sich in der Handlung selbst erfüllt und nach der Handlung nichts von ihrer Aufgabe übrigläßt, weshalb sie πρακτική (handelnd) heißt, z. B. die Tanzkunst, 2 andere wieder im Ergebnis, die in der Vollendung des Werkes, das sich den Augen darbietet, ihr Ziel erreichen, weshalb wir sie ποιητικαί (bildend, erschaffend) nennen, etwa die Malerei: so kann man wohl zu dem Urteil kommen, die Rhetorik bestehe im Handeln; denn sie vollzieht das, was zu ihrer Aufgabe gehört, und so ist es denn auch von allen gesagt worden. 3 Doch scheint es mir, daß sie auch von den beiden anderen Kunstgattungen viel dazunimmt; denn sie kann manchmal mit der Betrachtung um ihrer selbst willen sich zufriedengeben. Auch wenn der Redner schweigt, wird nämlich die Rhetorik bestehen, und wenn er seine Tätigkeit aufgegeben hat, entweder vorsätzlich oder verhindert durch irgendeinen Zufall, so wird er genausowenig aufhören, ein Redner zu sein, wie ein Arzt, der seine Praxis aufgegeben hat. 4 Denn es gibt ja auch einen Gewinn – und ich könnte mir denken, sogar den größten Gewinn – bei den Studien in der Abgeschiedenheit und dann die reine Freude an der Wissenschaft, wenn man sich aus der Praxis, das heißt der Arbeit, zurückgezogen hat und die Muße eigener Betrachtungen auskostet. 5 Aber auch etwas, was der auf ein Erzeugnis gerichteten Kunst entspricht, wird der Redner durch die schriftliche Veröffentlichung seiner Reden oder seiner Geschichtsdarstellung, eine Leistung, die wir ebenfalls mit Recht zum Bereich des Redners rechnen, erreichen. Wenn indessen nur eine von den drei Kunstarten gelten soll, so soll sie, weil ihre Verwendung vor allem im Handeln sich abspielt und hierin am häufigsten zur Geltung kommt, als Kunst der praktischen Betätigung oder politischen Lenkung bezeichnet werden; denn auch das ist ein anderer Name für dieselbe Sache.

NEUNZEHNTES KAPITEL

Bedeutet die Naturanlage oder die Lehre mehr für die Rhetorik?

1 Ich weiß, daß man auch die Frage aufwirft, ob die Natur mehr zur Beredsamkeit beisteuert oder die wissenschaftliche Ausbildung. Diese Frage hat zwar für das Ziel, das sich unser Werk gesetzt hat, keine Bedeutung – denn ein vollkommener Redner kann nur aus beiden Voraussetzungen zustande kommen. Ich glaube indessen,

plurimum tamen referre arbitror, quam esse in hoc loco quaestionem velimus. 2 nam si parti utrilibet omnino alteram detrahas, natura etiam sine doctrina multum valebit, doctrina nulla esse sine natura poterit. sin ex pari coeant, in mediocribus quidem utique[d] maius adhuc naturae credam esse momentum, consummatos autem plus doctrinae debere quam naturae putabo, sicut terrae nullam fertilitatem habenti nihil optimus agricola profuerit, e terra uberi utile aliquid etiam nullo colente nascetur: at in solo fecundo plus cultor quam ipsa per se bonitas soli efficiet. 3 et si Praxiteles signum aliquod ex molari lapide conatus esset exculpere, Parium marmor mallem rude: at si illud idem artifex expolisset, plus in manibus fuisset quam in marmore. denique natura materia doctrinae est: haec fingit, illa fingitur. nihil ars sine materia, materiae etiam sine arte pretium est, ars summa materia optima melior.

XX.

1 Illa quaestio est maior, ex mediis artibus, quae neque laudari per se nec vituperari possunt, sed utiles aut secus secundum mores utentium fiunt, habenda sit rhetorice, an sit, ut compluribus etiam philosophorum placet, *virtus*. 2 equidem illud, quod in studiis dicendi plerique exercuerunt et exercent, aut nullam artem, quae ἀτεχνία nominatur, puto (multos enim video sine ratione, sine litteris, qua vel impudentia vel fames duxit, ruentes), aut malam quasi artem, quam κακοτεχνίαν dicimus. nam et fuisse multos et esse nonnullos existimo, qui facultatem dicendi ad hominum perniciem converterint. 3 ματαιοτεχνίαν quoque est quaedam, id est super-

d) utique *Radermacher:* utrisque

daß sehr viel darauf ankommt, wie wir uns hier zu dieser Frage stellen wollen. 2 Denn wenn man von einem der beiden Faktoren den andern völlig entfernte, so wird die Naturanlage auch ohne wissenschaftliche Ausbildung sehr viel leisten, wissenschaftliche Ausbildung aber ohne die Hilfe der Natur nichts vermögen. Sollten sie aber in gleicher Stärke zusammenwirken, so wird zwar bei mittlerer Begabung, möchte ich glauben, auch noch die Naturanlage das größere Gewicht haben, die vollkommenen Redner aber werden meines Erachtens mehr der wissenschaftlichen Schulung verdanken als der Natur, so wie auf einem Boden, der keinerlei Fruchtbarkeit besitzt, auch der beste Bauer nichts erzielen könnte, während auf einem fruchtbaren Boden etwas Nützliches auch wachsen wird, ohne daß jemand ihn pflegt. Dagegen wird auf fruchtbarem Gelände der Bebauer mehr erzielen, als die Güte des Bodens für sich allein hervorbringt. 3 Hätte Praxiteles es versucht, aus einem Mühlstein eine Statue zu meißeln, so wäre mir ein unbehauener Block aus parischem Marmor lieber; wenn aber ebendiesen Marmor derselbe Künstler bearbeitet hätte, so hätten seine Hände dabei mehr bedeutet als der Marmor. Schließlich ist ja die Natur der Stoff für die Ausbildung: sie gestaltet, der Stoff wird gestaltet. Nichts ist die Kunst ohne Stoff, Stoff ohne Kunst hat auch so noch einen Wert: die höchste Kunst aber ist besser als der beste Stoff.

ZWANZIGSTES KAPITEL

Die Rhetorik eine Tugend

1 Wichtiger ist die Frage, ob man zu den mittleren, das heißt wertfreien Künsten, die als solche weder lobens- noch tadelnswert sind, sondern sich zum Nutzen oder zum Gegenteil auswirken je nach den sittlichen Qualitäten ihrer Benützer, auch die Rhetorik zu zählen habe oder ob sie, wie es auch mehrere Philosophen auffassen, eine *Tugend* sei. 2 Nun halte ich das, was man im allgemeinen im Redeunterricht betrieben hat und noch betreibt, entweder gar nicht für eine Kunst, also für ἀτεχνία – sehe ich doch, wie viele sich ohne vernünftige Überlegung, ohne Bildung einfach treiben lassen, wie ihre Unverschämtheit oder der knurrende Magen sie lenkt! – ,oder gleichsam für eine Unglückskunst, also κακοτεχνία; denn es hat viele gegeben und gibt noch etliche, die die Redegabe zum Verderben der Menschen gemacht haben. 3 Auch ματαιοτεχνία findet sich,

vacua artis imitatio, quae nihil sane neque boni neque mali habeat, sed vanum laborem, qualis illius fuit, qui grana ciceris ex spatio distante missa in acum[e] continuo et sine frustratione inserebat; quem cum spectasset Alexander, donasse dicitur eiusdem leguminis modio, quod quidem praemium fuit illo opere dignissimum. 4 his ego comparandos existimo, qui in declamationibus, quas esse veritati dissimillimas volunt, aetatem multo studio ac labore consumunt. verum haec, quam instituere conamur et cuius imaginem animo concepimus, quae bono viro convenit quaeque est vere rhetorice, virtus erit. 5 quod philosophi quidem multis et acutis conclusionibus colligunt, mihi vero etiam planiore hac proprieque nostra probatione videtur esse perspicuum.

Ab illis haec dicuntur. si consonare sibi in faciendis ac non faciendis virtus est (quae pars eius prudentia vocatur), eadem in dicendis ac non dicendis erit. 6 et si virtutes sunt, ad quas nobis, etiam ante quam doceremur, initia quaedam ac semina sunt concessa natura, ut ad iustitiam, cuius rusticis quoque ac barbaris apparet aliqua imago, nos certe sic esse ab initio formatos, ut possemus orare pro bonis etiamsi non perfecte, tamen ut inessent quaedam, ut dixi, semina eius facultatis, manifestum est. 7 non eadem autem his natura artibus est, quae a virtute sunt remotae. itaque cum duo sint genera orationis, altera *perpetua*, quae *rhetorice* dicitur, altera *concisa*, quae *dialectice*, quas quidem Zeno adeo coniunxit, ut hanc conpressae in pugnum manus, illam explicatae diceret similem, etiam disputatrix virtus erit: adeo de hac, quae speciosior atque apertior tanto est, nihil dubitabitur.

8 Sed plenius hoc item atque apertius intueri ex ipsis operibus volo. nam quid orator in laudando faciet nisi honestorum et turpium peritus? aut in suadendo nisi utilitate perspecta? aut in iudiciis, si

e) orcam *Winterbottom Badium* secutus

[54] Winterbottom (Philol. 108 [1964] 119f.) bringt die Konjektur von Badius zu Ehren: *orcam*, eine Amphore mit engem Hals, und erinnert an das Kinderspiel, Nüsse in die *orca* zu schleudern. Das leuchtet ein, wenn es auch nicht so unnütz ist wie das ‘Ziel-Rieseln’, was man aus dem Überlieferten herauslesen müßte.

das heißt überflüssiges Kunstgebaren, das freilich weder etwas Gutes noch Übles stiftet, aber Zeit und Mühe verschwendet, so etwa bei dem Künstler, der Kichererbsen-Körner in einem bestimmten Abstand durch ein Nadelöhr fallen ließ und sie in einem Zug und, ohne daß etwas danebenfiel, einfädelte[54]. Als das Alexander sah, soll er ihm einen Scheffel von dieser Frucht geschenkt haben, eine Belohnung, die dieser Mühe doch wirklich allein wert war. 4 Hiermit möchte ich die Lehrer vergleichen, die bei ihren Deklamationen, die sie sich so wirklichkeitsfremd wünschen, ihr Leben mit viel Eifer und Mühe vertun. Jedoch diejenige, die wir zu lehren versuchen und deren Bild wir in unserem Geist empfangen haben, die dem rechtschaffenen Mann ziemt und in Wahrheit Rhetorik ist, sie wird eine Tugend sein. 5 Dies folgern die Philosophen zwar mit vielen scharfsinnigen Schlüssen, mir aber scheint es auch aus der folgenden schlichteren und uns selbst gehörigen Argumentation deutlich zu sein.

Jene sagen folgendes: Wenn das Tugend heißt, bei dem, was man tun und nicht tun darf, mit sich selbst in Einklang zu stehen – und zwar heißt dieser Teil der Tugend die Klugheit –, so wird sie ebendies auch bei dem sein, was man sagen und nicht sagen darf. 6 Und wenn es Tugenden sind, zu denen uns, auch bevor sie uns durch Unterricht vertraut werden, schon gewisse Ansätze und Keime von Natur verliehen sind, z. B. zur Gerechtigkeit, von der auch den Bauern und Barbaren schon ein gewisses Bild vor Augen steht, so liegt es jedenfalls auf der Hand, daß wir von Anfang an so gebildet sind, daß wir für Rechtschaffene mit unserer Rede eintreten können – wenn auch nicht in vollendeter Weise, wohl jedoch so, daß uns schon, wie ich gesagt habe, gewisse Keime dieser Fähigkeit innewohnen. 7 Nicht aber ist die gleiche natürliche Grundlage den Künsten eigen, die von der Tugend getrennt sind. Nun gibt es ja zwei Arten der Rede, einmal die fortlaufende, die man *rhetorisch* nennt, sodann die *zerspaltene*, die *dialektisch* heißt. Beide Arten hat Zeno in so enge Verbindung gebracht, daß er die letztere mit einer geballten Faust, die erstere mit der entfalteten Hand veranschaulicht. Da man nun auch die dialektisch disputierende als Tugend gelten lassen wird, wird es bei der anderen, die ja soviel anschaulicher und deutlicher ist, erst recht keinen Zweifel darüber geben.

8 Jedoch will ich dieselbe Einsicht noch vollständiger und deutlicher aus den Leistungen der Rhetorik selbst gewinnen. Denn was wird der Redner bei einer Lobrede machen, ohne sich auszukennen in dem, was ehrenhaft und schimpflich ist? Oder bei einer Beratungs-

iustitiae sit ignarus? quid? non fortitudinem postulat res eadem, cum saepe contra turbulentas populi minas, saepe cum periculosa potentium offensa, nonnumquam, ut iudicio Miloniano, inter circumfusa militum arma dicendum sit: ut, si virtus non est, ne perfecta quidem esse possit oratio. 9 quod si ea in quoque animalium est virtus, qua praestat cetera vel pleraque, ut in leone impetus, in equo velocitas, hominem porro ratione atque oratione excellere ceteris certum est: cur non tam in eloquentia quam in ratione virtutem eius esse credamus, recteque hoc apud Ciceronem dixerit Crassus: 'est enim eloquentia una quaedam de summis virtutibus', et ipse Cicero a sua persona cum ad Brutum in epistulis tum aliis etiam locis virtutem eam appellet? 10 at prooemium aliquando ac narrationem dicet malus homo et argumenta, sic ut nihil sit in iis requirendum. nam et latro pugnabit acriter, virtus tamen erit fortitudo, et tormenta sine gemitu feret malus servus, tolerantia tamen doloris laude sua non carebit. multa fiunt eadem, sed aliter. sufficiant igitur haec, quia de utilitate supra tractavimus.

XXI.

1 *Materiam* rhetorices quidam dixerunt esse orationem, qua in sententia ponitur apud Platonem Gorgias. quae si ita accipitur, ut sermo quacumque de re compositus dicatur oratio, non materia, sed opus est, ut statuarii statua; nam et oratio efficitur arte sicut statua.

rede ohne den klaren Blick für das Nützliche? Oder vor Gericht, wenn er von Gerechtigkeit nichts weiß? Ja, verlangt nicht seine Lage auch Tapferkeit, wenn er oft gegen die wilden Drohungen der Menge, oft mit der Gefahr, bei den Mächtigen Anstoß zu erregen, manchmal, wie im Prozeß des Milo, mitten unter den Waffen der Soldaten, die ihn umringen, sprechen muß, so daß, wenn keine Tugend vorhanden wäre, es eine vollkommene Rede gar nicht geben könnte. 9 Wenn aber bei jedem Lebewesen das die Tugend ist, wodurch es den übrigen oder den meisten andern überlegen ist, wie beim Löwen das Ungestüm, beim Pferd die Schnelligkeit, so ist es beim Menschen ganz gewiß, daß er durch seine Vernunft und Redegabe vor den andern sich auszeichnet. Warum sollten wir nicht glauben, daß seine Tugend nicht ebenso in der Beredsamkeit wie in seiner Vernunft bestehe und Crassus recht hat, wenn er bei Cicero[55] sagt, 'die Beredsamkeit hat ihren festen Platz unter den höchsten Tugenden', und Cicero selbst in eigener Person sie sowohl in den Briefen an Brutus[56] wie auch an anderen Stellen eine Tugend nennt? 10 Nun wird aber sein Prooemium und seine Erzählung manchmal auch ein schlechter Mensch so sprechen und auch seine Beweise so führen, daß dabei nichts zu wünschen übrigbleibt. Denn auch ein Räuber wird einen scharfen Kampf liefern, und doch wird die Tapferkeit eine Tugend bleiben, und auch ein elender Sklave wird die Foltern ohne Jammern aushalten, und doch wird die Kraft, den Schmerz zu ertragen, ihre Anerkennung nicht verlieren. Vieles, was geschieht, ist gleich, und doch nicht das gleiche. Das möge also hierzu genügen; denn über die Nützlichkeit haben wir ja schon oben gehandelt.

EINUNDZWANZIGSTES KAPITEL

Der Stoff der Rhetorik

1 Der *Stoff* der Rhetorik, haben manche gesagt, sei die Rede, wie es ja bei Platon[57] als die Meinung des Gorgias erscheint. Wenn dies so gemeint ist, daß eine zusammenhängende Darstellung, die sich über irgendeinen Sachverhalt äußert, 'Rede' heiße, so ist sie nicht der Stoff, sondern das Werk der Rhetorik, wie das Standbild das Werk eines Bildhauers; denn auch die Rede wird durch die

[55] de orat. 3, 14, 55. [56] fr. ep. 8, 14 M. [57] Gorg. 449e.

sin hac appellatione verba ipsa significari putamus, nihil haec sine rerum substantia faciunt. quidam argumenta persuasibilia: quae et ipsa in parte sunt operis et arte fiunt et materia egent. 2 quidam civiles quaestiones: quorum opinio non qualitate, sed modo erravit; est enim haec materia rhetorices, sed non sola. quidam, quia virtus sit rhetorice, materiam eius totam vitam vocant. 3 alii, quia non omnium virtutum materia sit tota vita, sed pleraeque earum versentur in partibus, sicut iustitia, fortitudo, continentia propriis officiis et suo fine intelleguntur, rhetoricen quoque dicunt in una aliqua parte ponendam, eique locum in ethice negotialem adsignant, id est πραγματικόν.

4 Ego (neque id sine auctoribus) materiam esse rhetorices iudico omnes res, quaecumque ei ad dicendum subiectae erunt. nam Socrates apud Platonem dicere Gorgiae videtur, non in verbis esse materiam, sed in rebus: et in Phaedro palam non in iudiciis modo et contionibus, sed in rebus etiam privatis ac domesticis rhetoricen esse demonstrat: quo manifestum est hanc opinionem ipsius Platonis fuisse. 5 et Cicero quodam loco materiam rhetorices vocat res, quae subiectae sint ei, sed certas demum putat esse subiectas. alio vero de omnibus rebus oratori dicendum arbitratur his quidem verbis: 'quamquam vis oratoris professioque ipsa bene dicendi hoc suscipere ac polliceri videntur, ut omni de re, quaecumque sit proposita, ornate ab eo copioseque dicatur'. 6 atque adhuc alibi: 'vero enim oratori quae sunt in hominum vita, quandoquidem in ea versatur orator atque ea est ei subiecta materies, omnia quaesita, audita, lecta, disputata, tractata, agitata esse debent'.

Kunst zustande gebracht wie das Standbild. Wenn wir aber annehmen, die Benennung bezeichne nur die Worte, so bedeuten diese nichts ohne ihren sachlichen Gegenstand. Manche bezeichnen als Stoff die Beweise, die zur Überredung führen; diese bilden aber wieder nur einen Teil des Werkes, entstehen durch die Kunst und brauchen einen Stoff. 2 Manche nennen die Fragen des Gemeinschaftslebens: der Fehler bei dieser Annahme liegt nicht in der Beschaffenheit, sondern in dem Umfang des Begriffes; denn sie sind ein Stoff der Rhetorik, aber nicht der einzige. 3 Manche nennen deshalb, weil die Rhetorik eine Tugend sei, als ihren Stoff das ganze Leben. Andere sagen, weil der Stoff nicht aller Tugenden das ganze Leben sei, sondern die meisten von ihnen ihre Teilgebiete haben, wie Gerechtigkeit, Tapferkeit, Mäßigkeit, durch ihren eigenen Wirkungskreis und ihre eigene Zweckbestimmung verständlich sind, so müsse auch die Rhetorik einen festen Bereich erhalten, und weisen ihr als Platz in der Ethik das praktische Wirken, das heißt das πραγματικόν zu.

4 Ich entscheide mich – und das nicht ohne gute Gewährsmänner – dafür, daß Stoff der Rhetorik alle Gegenstände sind, die sich ihr zum Reden darbieten. Denn offenbar entgegnet Sokrates bei Platon dem Gorgias[58], nicht in Worten bestehe der Stoff, sondern in Sachen, und im ›Phaidros‹ [59] zeigt er ganz offen, nicht in Prozessen nur und in Volksversammlungen, sondern auch in privaten und im häuslichen Leben gebe es die Rhetorik. Dadurch ist es deutlich, daß dies Platos eigene Meinung gewesen ist. 5 Auch Cicero nennt an einer Stelle[60] als Stoff der Rhetorik die Gegenstände, die sich ihr darbieten, doch glaubt er, es böten sich ihr nur bestimmte Gegenstände dar. An anderer Stelle[61] aber spricht er seine Überzeugung aus, der Redner müsse über alle Gegenstände sprechen, und zwar mit folgenden Worten: ‘Obwohl die Bedeutung des Redners und gerade seine Verheißung, ‘gut zu reden’, es zu unternehmen und zu versprechen scheine, daß der Redner über jeden Gegenstand, der ihm nur vorgelegt werde, in schöner Form und ausreichender Fülle spreche’, 6 und dazu noch an anderer Stelle[62] ‘Denn wahrhaftig muß von dem Redner alles, was es im Menschenleben gibt, wenn er einmal damit zu tun hat und es sich ihm als Stoff darbietet, durchforscht, gehört, gelesen, erörtert, behandelt und gründlich betrieben sein.’

[58] Gorg. 449 e f. [59] Phaidr. 261 a. [60] de inv. 1, 5 f.
[61] de orat. 1, 6, 21. [62] de orat. 3, 14, 54.

7 Hanc autem, quam nos materiam vocamus, id est res subiectas, quidam modo infinitam, modo non propriam rhetorices esse dixerunt, eamque artem *circumcurrentem* vocaverunt, quod in omni materia diceret. 8 cum quibus mihi minima pugna est; nam de omni materia dicere eam fatentur, propriam habere materiam, quia multiplicem habeat, negant. sed neque infinita est, etiamsi est multiplex, et aliae quoque artes minores habent multiplicem materiam, velut architectonice (namque ea in omnibus, quae sunt aedificio utilia, versatur) 9 et caelatura, quae auro, argento, aere, ferro opera efficit. nam scalptura etiam ligna, ebur,· marmor, vitrum, gemmas praeter ea quae supra dixi complectitur. 10 neque protinus non est materia rhetorices, si in eadem versatur et alius. nam si quaeram, quae sit materia statuarii, dicetur aes: si quaeram, quae sit excusoris, id est fabricae eius, quam Graeci χαλκευτικήν vocant, similiter aes esse respondeant: 11 atqui plurimum statuis differunt vasa. nec medicina ideo non erit ars, quia unctio et exercitatio cum palaestrica, ciborum vero qualitas etiam cum cocorum ei sit arte communis.

12 Quod vero de bono, utili, iusto disserere philosophiae officium esse dicunt, non obstat; nam cum philosophum dicunt, hoc accipi volunt virum bonum. quare igitur oratorem, quem a bono viro non separo, in eadem materia versari mirer? 13 cum praesertim primo libro iam ostenderim, philosophos omissam hanc ab oratoribus partem occupasse, quae rhetorices propria semper fuisset, ut illi potius in nostra materia versentur. denique cum sit dialectices materia de rebus subiectis disputare, sit autem dialectice oratio concisa, cur non eadem perpetuae quoque materia videatur?

14 Solet a quibusdam et illud opponi: omnium igitur artium peritus erit orator, si de omnibus ei dicendum est. possem hic

7 Von dem aber, was wir Stoff, das heißt die sich darbietenden Gegenstände nennen, haben manche bald gesagt, es sei grenzenlos, bald, es sei der Rhetorik nicht eigen, und haben sie eine *Herumtreiberkunst* genannt, weil sie zu jedem Stoff zu reden hätte. 8 Mit diesen kann ich kurzes Federlesen machen; denn sie geben zu, daß die Rhetorik über jeden Stoff spreche, leugnen aber, daß sie einen eigenen Stoff habe, weil sie einen vielfältigen habe. Aber einmal ist er nicht grenzenlos, auch wenn er vielfältig ist, und dann haben auch andere, weniger umfangreiche Künste einen vielfältigen Stoff, z. B. die Baukunst – denn sie hat es mit allem zu tun, was zum Hausbau nötig ist – 9 und die Ziselierkunst (Toreutik), die aus Gold, Silber, Erz und Eisen ihre Arbeiten herstellt. Ja, die Graveurkunst umfaßt außer den genannten Stoffen auch noch die Hölzer, Elfenbein, Marmor, Glas und Edelstein. 10 Auch scheidet ein Stoff nicht gleich für die Rhetorik aus, wenn auch ein anderer Künstler mit ihm zu tun; denn wenn ich frage, was der Stoff des Bildgießers sei, wird man das Erz nennen. Wenn ich frage, was der Stoff des Kupferschmiedes, das heißt seiner Produktion, die die Griechen χαλκευτική nennen, würden sie wohl ganz so antworten, es sei das Erz. 11 Und doch sind die Statuen von den Gefäßen ganz verschieden. Auch wird die Heilkunst nicht deshalb nicht als Kunst bezeichnet, weil ihr das Salben und Turnen mit der Ringkunst, ja die Art der Speisen gar mit der Kunst der Köche gemeinsam ist.

12 Daß man aber sagt, über das Gute, Nützliche und Gerechte zu handeln, sei Sache der Philosophie, steht dem nicht entgegen; denn wenn sie 'Philosoph' sagen, so soll das in dem Sinn verstanden werden wie 'rechtschaffener Mann'. Weshalb also sollte ich mich wundern, daß der Redner, den ich ja vom rechtschaffenen Mann nicht trenne, es mit demselben Stoff zu tun hat? 13 Zumal ich schon im ersten Buch dargelegt habe[63], daß die Philosophen dieses Gebiet, das die Redner aufgegeben haben, das aber immer Eigentum der Rhetorik war, mit Beschlag belegt hätten, so daß jene eher mit unserem Stoff zu tun haben. Da es schließlich der Stoff der Dialektik ist, über die Gegenstände, die sich ihr darbieten, Erörterungen anzustellen, die Dialektik aber eine zerspaltene Rede ist, warum sollte nicht auch die fortlaufende Rede offenbar denselben Stoff besitzen?

14 Es pflegt von manchen auch folgendes entgegengehalten zu werden: in allen Künsten wird also der Redner erfahren sein, wenn

[63] s. o. B. 1 Vorrede § 10ff.

Ciceronis respondere verbis, apud quem hoc invenio: 'mea quidem sententia nemo esse poterit omni laude cumulatus orator, nisi erit omnium rerum magnarum atque artium scientiam consecutus': sed mihi satis est eius esse oratorem rei, de qua dicet, non inscium. 15 neque enim omnis causas novit, et debet posse de omnibus dicere. de quibus ergo dicet? de quibus didicit. similiter de artibus quoque, de quibus dicendum erit, interim discet, et de quibus didicerit dicet.

16 Quid ergo? non faber de fabrica melius aut de musice musicus? si nesciat orator, quid sit, de quo quaeratur, plane melius; nam et litigator rusticus inlitteratusque de causa sua melius quam orator, qui nesciet quid in lite sit: sed accepta a musico, a fabro, sicut a litigatore, melius orator quam ipse qui docuerit. 17 verum et faber, cum de fabrica, et musicus, cum de musica, si quid confirmationem desideraverit, dicet: non erit quidem orator, sed faciet illud quasi orator, sicut cum vulnus imperitus deligabit, non erit medicus, sed faciet ut medicus. 18 an huius modi res neque in laudem neque in deliberationem neque in iudicium veniunt? ergo cum de faciendo portu Ostiensi deliberatum est, non debuit dicere sententiam orator? atqui opus e ratione[f] architectorum. 19 livores et tumores in corpore cruditatis an veneni signa sint, non tractat orator? at est id ex ratione medicinae. circa mensuras et numeros non versabitur? dicamus has geometriae esse partes. equidem omnia fere posse credo casu aliquo venire in officium oratoris: quod si non accidet, non erunt ei subiecta.

20 Ita sic quoque recte diximus, materiam rhetorices esse omnis res ad dicendum ei subiectas, quod quidem probat etiam sermo

f) e ratione *Radermacher:* erat ratione

er über alles sprechen muß. Darauf könnte ich mit Ciceros Worten[64] antworten, bei dem ich das Folgende finde: 'Meiner Ansicht nach wird keiner ein Redner sein können, der mit voller Anerkennung überhäuft wird, wenn er nicht die Kenntnis aller großen Dinge und Künste errungen hat.' Aber es genügt mir, daß der Redner auf dem Gebiet, worüber er spricht, sich gut auskenne. 15 Denn er kennt ja nicht alle Fälle, muß aber die Fähigkeit haben, über alles reden zu können. Worüber wird er also reden? Über diejenigen Gegenstände, bei denen er es gelernt hat. Entsprechend wird er auch zunächst über die Künste, von denen er reden muß, sich unterrichten und wird über diejenigen reden, über die er sich unterrichtet hat.

16 Wie nun? Wird nicht der Handwerker über sein Erzeugnis oder der Musiker über die Musik besser reden? Wenn der Redner nicht weiß, worum es sich bei dem handelt, was zur Erörterung steht, gewiß besser; denn auch ein prozessierender Bauer oder Ungebildeter wird über seinen Fall besser reden als ein Redner, der nicht weiß, worum es in dem Streit geht. Jedoch das, was der Redner von dem Musiker, von dem Handwerker sowie von dem Prozessierenden empfangen hat, wird er besser vertreten als der sogar, der ihn unterrichtet hat. 17 Indessen auch der Handwerker wird, wenn er von seinem Erzeugnis, der Musiker, wenn er von der Musik spricht, sprechen, wenn etwas die Bestätigung verlangt; er wird dann zwar kein Redner, aber er wird es tun wie ein Redner, so wie jemand, wenn er ohne Facherfahrung eine Wunde verbindet, kein Arzt sein wird, sondern wie ein Arzt handeln wird. 18 Oder kommen etwa Gegenstände dieser Art nicht in eine Lob-, Beratungs- oder Gerichtsrede? Sollte also ein Redner, wenn über die Schaffung eines Hafens in Ostia beraten wird, nicht seine Meinung sagen? Hängt doch das Werk von der methodischen Sachkenntnis der Architekten ab. 19 Handelt der Redner nicht über die Frage, ob Verfärbungen oder Schwellungen am Körper Zeichen von Grausamkeit oder Gift sind? Doch gehört das zur Sachkenntnis der Heilkunst. Wird er sich nicht mit Maßen und Zahlen beschäftigen? Wir sollten aber doch sagen, das seien Bestandteile der Geometrie. Ja, fast alles, glaube ich, kann ein Zufall zur Aufgabe des Redners machen. Wenn der Fall aber nicht eintritt, gehört es auch nicht zu seinem Gegenstand.

20 Auch so haben wir also mit Recht gesagt, der Stoff der Rhetorik seien alle Dinge, die sich zum Reden darbieten. Und das bestätigt

[64] de orat. 1, 6, 20.

communis; nam cum aliquid, de quo dicamus, accepimus, positam nobis esse materiam frequenter etiam praefatione testamur. 21 Gorgias quidem adeo rhetori de omnibus putavit esse dicendum, ut se in auditoriis interrogari pateretur, qua quisque de re vellet. Hermagoras quoque dicendo materiam esse in causa et in quaestionibus omnes res subiectas erat complexus. 22 sed quaestiones si negat ad rhetoricen pertinere, dissentit a nobis: si autem ad rhetoricen pertinent, ab hoc quoque adiuvamur; nihil est enim, quod non in causam aut quaestionem cadat. 23 Aristoteles tris faciendo partes orationis, iudicialem, deliberativam, demonstrativam paene et ipse oratori subiecit omnia; nihil enim non in haec cadit.

24 Quaesitum a paucissimis et de instrumento est. *instrumentum* voco, sine quo formari materia in id quod velimus effici opus non possit. verum hoc ego non artem credo egere, sed artificem. neque enim scientia desiderat instrumentum, quae potest esse consummata, etiam si nihil faciat, sed ille opifex, ut caelator caelum et pictor penicilla. itaque haec in eum locum, quo de oratore dicturi sumus, differamus.

auch der gewöhnliche Sprachgebrauch; denn wenn wir etwas, worüber wir sprechen sollen, erhalten haben, dann weisen wir häufig auch in der Vorrede darauf hin, der Stoff sei uns angegeben worden. 21 Gorgias war ja so sehr des Glaubens, der Rhetor müsse über alles reden, daß er sich bei seinen Vorträgen Fragen stellen ließ aus allen Gebieten, wie es der Hörer wünschte. Auch Hermagoras hatte in der Feststellung, den Stoff bildeten die Rechtsfälle und die Untersuchungen, alle Gegenstände, die sich darbieten, umfaßt. 22 Wenn er aber sagt, die allgemeinen Untersuchungen gehörten nicht zur Rhetorik, so weicht er von unserer Auffassung ab. Wenn sie aber zur Rhetorik gehören, so bietet auch das uns eine Stütze; denn es gibt nichts, das nicht in den Bereich eines Rechtsfalles oder einer Untersuchung fiele. 23 Wenn Aristoteles die Rede in drei Gebiete einteilt, das gerichtliche, beratende und zur Unterhaltung dienende, so hat auch er fast alles dem Redner zugewiesen; denn nichts fällt aus diesen drei Bereichen heraus.

24 Nur ganz wenige haben die Frage nach dem *Werkzeug* der Rhetorik gestellt. Werkzeug nenne ich das Mittel, ohne das der Stoff nicht zu dem Werk, das wir zustande bringen wollen, gestaltet werden kann. Indessen glaube ich, daß dessen nicht die Kunst bedarf, sondern der Künstler. Denn nicht die wissenschaftliche Kenntnis verlangt ein Werkzeug – sie kann vollkommen sein, auch wenn sie nichts gestaltet –, sondern der Meister, wie der Stecher seinen Stichel und der Maler seinen Pinsel. Deshalb wollen wir diese Frage bis zu der Stelle aufschieben, wo wir über den Redner sprechen wollen[65].

[65] s. u. B. 12, 5, 1 ff.

LIBER TERTIUS

I.

1 Quoniam in libro secundo quaesitum est, quid esset rhetorice et quis finis eius, artem quoque esse eam et utilem et virtutem, ut vires nostrae tulerunt, ostendimus, materiamque ei res omnes, de quibus dicere oporteret, subiecimus: iam hinc, unde coeperit, quibus constet, quo quaeque in ea modo invenienda atque tractanda sint, exsequar, intra quem modum plerique scriptores artium constiterunt, adeo ut Apollodorus contentus solis iudicialibus fuerit. 2 nec sum ignarus, hoc a me praecipue, quod hic liber incohat, opus studiosos eius desiderasse, ut inquisitione opinionum, quae diversissimae fuerunt, longe difficillimum, ita nescio an minimae legentibus futurum voluptati, quippe quod prope nudam praeceptorum traditionem desideret. 3 in ceteris enim admiscere temptavimus aliquid nitoris, non iactandi ingenii gratia (namque in id eligi materia poterat uberior), sed ut hoc ipso adliceremus magis iuventutem ad cognitionem eorum, quae necessaria studiis arbitrabamur, si ducti iucunditate aliqua lectionis libentius discerent ea, quorum ne ieiuna atque arida traditio averteret animos et aures praesertim tam delicatas raderet verebamur. 4 qua ratione se Lucretius dicit praecepta philosophiae carmine esse complexum; namque hac, ut est notum, similitudine utitur: 'ac veluti pueris absinthia taetra medentes / cum dare conantur, prius

DRITTES BUCH

ERSTES KAPITEL

Die Fachschriftsteller der Rhetorik

1 Im zweiten Buch sind wir von den Fragen ausgegangen, was die Rhetorik sei und worin ihr Ziel bestehe; wir haben auch, soweit es unsere Kraft erlaubte, schon dargetan, sie sei eine Kunst, sei nützlich und sei eine Tugend, und haben ihr dann als Stoff alle Dinge zugewiesen, die das gesprochene Wort nötig haben. Hier will ich nun den Fragen nachgehen, woher die Rhetorik stammt, aus welchen Teilen sie besteht und wie das, was der Redner zu sagen hat, gefunden und behandelt werden soll. Innerhalb dieses Rahmens haben sich die Verfasser rhetorischer Lehrbücher meistens gehalten, ja, Apollodorus hat sich schon damit zufriedengegeben, nur die Gerichtsreden zu behandeln. 2 Auch weiß ich sehr wohl, daß die Studierenden besonderes die Arbeit, mit der dieses Buch beginnt, dringend verlangt haben, wiewohl sie durch die kritische Prüfung der Auffassungen, die weit auseinandergehen, bei weitem die schwerste, wahrscheinlich auch für die Leser die am wenigsten genußreiche Partie bilden wird, weil sie fast nichts als die nackten Tatsachen der rhetorischen Lehrmeinungen zu übermitteln verlangt. 3 Denn in den übrigen Abschnitten haben wir versucht, die Darstellung mit etwas Schwung zu verbrämen, nicht um mit unserem Talent zu prahlen – denn dafür hätte sich ein dankbarerer Stoff finden lassen –, sondern um hierdurch die Jugend leichter zur Kenntnis dessen, was wir für das Studium notwendig erachten, zu verlocken, wenn sie dadurch, daß ihr die Lektüre etwas Freude macht, lieber lernte, was ihr, wie ich befürchtete, im nüchternen und trockenen Lehrbuchstil widerstände und zumal bei den heutigen Ansprüchen ihren Ohren wehetäte. 4 Aus diesem Grund, sagt auch Lukrez, habe er die Lehren der Philosophie in ein Gedicht gefaßt; denn bekanntlich verwendet er folgendes Gleichnis[1]: 'Und wie die Ärzte, sooft sie den Kindern bitteren Wermut / darzureichen ver-

[1] Lucr. 1, 936–38.

oras pocula circum / aspirant mellis dulci flavoque liquore' et quae sequuntur. 5 sed nos veremur, ne parum hic liber mellis et absinthii multum habere videatur, sitque salubrior studiis quam dulcior. quin etiam hoc timeo, ne ex eo minorem gratiam ineat, quod pleraque non inventa per me, sed ab aliis tradita continebit, habeat etiam quosdam, qui contra sentiant et adversentur, propterea quod plurimi auctores, quamvis eodem tenderent, diversas tamen vias munierunt atque in suam quisque induxit sequentes. 6 illi autem probant qualecumque ingressi sunt iter, nec facile inculcatas pueris persuasiones mutaveris, quia nemo non didicisse mavult quam discere. 7 est autem, ut procedente libro patebit, infinita dissensio auctorum, primo ad ea, quae rudia atque inperfecta adhuc erant, adicientibus quod invenissent scriptoribus, mox ut aliquid sui viderentur adferre, etiam recta mutantibus.

8 Nam primus post eos, quos poetae tradiderunt, movisse aliqua circa rhetoricen Empedocles dicitur. artium autem scriptores antiquissimi Corax et Tisias Siculi, quos insecutus est vir eiusdem insulae Gorgias Leontinus, Empedoclis, ut traditur, discipulus. 9 is beneficio longissimae aetatis (nam centum et novem vixit annos) cum multis simul floruit, ideoque et illorum, de quibus supra dixi, fuit aemulus et ultra Socraten usque duravit. 10 Thrasymachus Chalcedonius cum hoc et Prodicus Cius[a] et Abderites Protagoras, a quo decem milibus denariorum didicisse artem, quam edidit, Euathlus dicitur, et Hippias Elius, et, quem Palameden Plato appellat, Alcidamas Elaites. 11 Antiphon quoque, ⟨qui⟩[b] et orationem

a) Cius *Spalding:* Chius
b) *add. Claussen*

suchen, zuvor die Ränder der Becher / rings bestreichen mit süßem Seime goldenen Honigs' und so weiter. 5 Doch fürchten wir, dieses Buch könne an Honig zu wenig, Wermut aber reichlich zu enthalten scheinen und für die Studien mehr bekömmlich als wohlschmeckend sein. Ja, auch das muß ich befürchten, daß es deshalb weniger Anklang findet, weil es sehr vieles enthält, das nicht von mir stammt, sondern von andern überliefert ist, daß es aber auch Leser finden werde, die anderer Meinung sind und ablehnend dazu stehen, weil die meisten Schriftsteller, auch wenn sie zum gleichen Ziel strebten, doch verschiedene Wege sich gebahnt haben und jeder seine Anhänger auf seinen Weg verwiesen hat. 6 Diese erkennen dann aber nur den Weg an, den sie selbst eingeschlagen haben, und nur schwer dürfte sich von den Überzeugungen, die den Knaben eingehämmert worden sind, etwas ändern lassen, weil jedermann, statt zu lernen, lieber bei dem bleibt, was er gelernt hat. 7 Unter den Verfassern von Lehrbüchern besteht aber, wie im Verlauf des Buches deutlich werden wird, eine schier grenzenlose Verschiedenheit der Meinungen; zunächst nämlich ergänzten die Verfasser, was noch roh und unfertig war, durch neue Erkenntnisse, änderten dann aber auch am Richtigen, um nur den Anschein zu erwecken, sie böten etwas Originelles.

8 Als erster nun nach den beredten Helden, die uns in der Dichtung begegnen, soll Empedokles in der Rhetorik gewisse Anregungen gegeben haben. Die ältesten Fachschriftsteller aber waren die Sizilier Corax und Tisias[2], denen ein Mann von derselben Insel folgte, Gorgias von Leontini, wie es heißt, ein Schüler des Empedokles. 9 Dieser hatte dank seiner langen Lebenszeit – hat er doch 109 Jahre gelebt – die Glanzzeit vieler anderer miterlebt. So war er zwar ein Schüler derer, die ich eben genannt habe, überlebte aber auch noch den Sokrates. 10 Seine Zeitgenossen waren Thrasymachus von Chalkedon, Prodikus von Keos, Protagoras von Abdera – der Mann, von dem Euathlus für zehntausend Denare die Kunst gelernt haben soll, die er (als Lehrbuch) herausgegeben hat –, Hippias von Elis und Alkidamas von Elaia, den Plato[3] den Palamedes nennt. 11 Ferner Antiphon, der als erster für andere schrift-

[2] Die zur ersten Unterrichtung nötigen Hinweise bietet das Eigennamen-Verzeichnis am Ende des Werkes. Die Reste der voraristotelischen Rhetorik hat Ludwig Radermacher gesammelt: Artium scriptores Wien 1951 (SB Ak. Wiss. 227/3). Dort zur Quellenfrage S. 14.

[3] Phaidr. 261 d.

primus omnium scripsit et nihilo minus artem et ipse composuit et pro se dixisse optime est creditus. etiam Polycrates, a quo scriptam in Socraten diximus orationem, et Theodorus Byzantius, ex iis et ipse, quos Plato appellat λογοδαιδάλους. 12 horum primi communis locos tractasse dicuntur Protagoras, Gorgias, adfectus Prodicus, Hippias et idem Protagoras et Thrasymachus. Cicero in Bruto negat ante Periclea scriptum quidquam, quod ornatum oratorium habeat: eius aliqua ferri. equidem non reperio quidquam tanta eloquentiae fama dignum, ideoque minus miror esse, qui nihil ab eo scriptum putent, haec autem, quae feruntur, ab aliis esse composita. 13 his successere multi, sed clarissimus Gorgiae auditor[c] Isocrates; quamquam de praeceptore eius inter auctores non convenit: nos tamen Aristoteli credimus. 14 hinc velut diversae secari coeperunt viae. nam et Isocratis praestantissimi discipuli fuerunt in omni studiorum genere, eoque iam seniore (octavum enim et nonagensimum implevit annum) postmeridianis scholis Aristoteles praecipere artem oratoriam coepit noto quidem illo, ut traditur, versu ex Philocteta frequenter usus 'turpe esse tacere et Isocraten pati dicere'. ars est utriusque, sed pluribus eam libris Aristoteles complexus est. eodem tempore Theodectes fuit, de cuius opere supra dictum est. 15 Theophrastus quoque, Aristotelis discipulus, de rhetorice diligenter scripsit, atque hinc vel studiosius philosophi quam rhetores praecipueque Stoicorum ac Peripateticorum principes. 16 fecit deinde velut propriam Hermagoras viam, quam plurimi sunt secuti. cui maxime par atque aemulus videtur Athenaeus fuisse. multa post Apollonius Molon, multa Areus, multa Caecilius et Halicarnaseus Dionysius. 17 praecipue tamen in se converterunt studia Apollo-

c) auditor *edd. vett.*: auditorum

lich Reden ausgearbeitet hat. Desungeachtet hat er aber auch selbst ein Lehrbuch verfaßt und galt auch in eigener Sache als vorzüglicher Redner. Auch Polykrates, von dem wir die Rede schon erwähnt haben[4], die er gegen Sokrates verfaßt hat, und Theodorus von Byzanz, auch er einer von denen, die Plato[5] λογοδαίδαλοι (Wortakrobaten) nennt. 12 Von diesen haben, wie es heißt, Protagoras und Gorgias zuerst die Gemeinplätze, die Affekte Prodikus, Hippias, ebenfalls Protagoras und Thrasymachus behandelt. Cicero sagt im ›Brutus‹[6], vor Perikles sei nichts geschrieben worden, das schon Redeschmuck besaß; von Perikles selbst gebe es einiges der Art. Nun finde ich aber nichts, was des großen Ruhmes seiner Beredsamkeit würdig ist, und wundere mich deshalb nicht so sehr, daß die Meinung vertreten wird, er habe nichts Schriftliches hinterlassen, das aber, was unter seinem Namen umläuft, sei von anderen verfaßt worden. 13 Die genannten Redelehrer hatten viele Nachfolger, jedoch der berühmteste war ein Hörer des Gorgias, Isokrates. Freilich besteht in der Frage seines Lehrers unter den Gewährsleuten keine Einstimmigkeit; wir jedoch folgen dem Aristoteles. 14 Hier nun begannen die Wege gleichsam auseinanderzugehen. Denn einerseits hatte Isokrates vortreffliche Schüler in jeder Gattung der Kunst, andererseits aber begann Aristoteles, als Isokrates schon betagt war – brachte er es doch auf volle 98 Jahre –, in seinen Nachmittagsvorträgen, Rhetorik zu lehren, wobei er, wie es heißt, häufig den bekannten Philoktet-Vers[7] verwandte: ‘es sei schmählich, selbst zu schweigen und einen Isokrates reden zu lassen’. Von beiden gibt es Lehrschriften, jedoch hat Aristoteles seine Lehre in mehreren Büchern niedergelegt. In dieselbe Zeit gehört Theodektes, von dessen Werk oben die Rede war[8]. 15 Auch Theophrast, der Schüler des Aristoteles, hat gründlich über die Rhetorik geschrieben, und von nun an betätigten sich hierin die Philosophen mit noch größerem Eifer als die Rhetoren, und zwar vor allem die Führer der Stoa und des Peripatos. 16 Eine Art eigenen Weg hat dann Hermagoras eingeschlagen, der sehr viele Nachfolger gefunden hat. Ihm scheint Athenaeus am meisten in Richtung und Talent gewachsen gewesen zu sein. Bedeutendes leisteten dann Apollonius Molon, Bedeutendes auch Areus, Bedeutendes Caecilius und Dionys von Halikarnass. 17 Jedoch vor

[4] s. o. B. 2, 17, 4. [5] Phaidr. 266 e. [6] 7, 27.
[7] Eurip. fr. Adesp. 8 Nauck: ‘wenn Barbaren reden!’
[8] s. o. B. 2, 15, 10.

dorus Pergamenus, qui praeceptor Apolloniae Caesaris Augusti fuit, et Theodorus Gadareus, qui se dici maluit Rhodium: quem studiose audisse, cum in eam insulam secessisset, dicitur Tiberius Caesar. 18 hi diversas opiniones tradiderunt appellatique inde sequendi. sed Apollodori praecepta magis ex discipulis cognoscas, quorum diligentissimus in tradendo fuit Latine C. Valgius, Graece Atticus. nam ipsius sola videtur ars edita ad Matium, quia ceteras missa ad Domitium epistula non agnoscit. plura scripsit Theodorus, cuius auditorem Hermagoran sunt qui viderint.

19 Romanorum primus, quantum ego quidem sciam, condidit aliqua in hanc materiam M. Cato, post M. Antonius [ille censorius] [d] incohavit: nam hoc solum opus eius atque id ipsum inperfectum manet. secuti minus celebres, quorum memoriam, si quo loco res poscet, non omittam. 20 praecipuum vero lumen sicut eloquentiae, ita praeceptis quoque eius dedit unicum apud nos specimen orandi docendique oratorias artes M. Tullius, post quem tacere modestissimum foret, nisi et rhetoricos suos ipse adulescenti sibi elapsos diceret, et in oratoriis haec minora, quae plerumque desiderantur, sciens omisisset. 21 scripsit de eadem materia non pauca Cornificius, aliqua Stertinius, non nihil pater Gallio, adcuratius vero priores Gallione Celsus et Laenas et aetatis nostrae Verginius, Plinius, Tutilius. sunt et hodie clari eiusdem operis auctores, qui si omnia complexi forent, consuluissent labori meo, sed parco nominibus viventium: veniet eorum laudi suum tempus; ad posteros enim virtus durabit, non perveniet invidia.

d) *del. Radermacher;* M. Cato ille censorius *Regius*

allem wirkten anregend einmal Apollodorus von Pergamon, der in Apollonia der Lehrer des Caesar Augustus war, und andererseits Theodorus von Gadara, der sich lieber den Rhodier nennen ließ. Ihn soll Tiberius Caesar, als er sich auf die Insel Rhodos zurückgezogen hatte, eifrig gehört haben. 18 Diese vertraten verschiedene Schulmeinungen, und so spricht man von *Apollodoreern* und *Theodoreern* so wie bei den Anhängern der verschiedenen Philosophenschulen. Doch kann man die Lehren des Apollodorus eher von seinen Schülern kennenlernen, unter denen in lateinischer Sprache am sorgfältigsten C. Valgius, in griechischer Atticus seine Lehre überliefert haben. Denn von ihm selbst scheint nur das Lehrbuch für Matius zu stammen, da er die übrigen Lehrschriften in seinem Brief an Domitius nicht anerkennt. Zahlreicher sind die Schriften des Theodorus, dessen Hörer Hermagoras[9] noch manche von uns selbst erlebt haben.

19 Als erster Römer hat, wenigstens soviel ich weiß, M. Cato etwas zu unserem Thema beigesteuert, dann M. Antonius[10] damit angefangen; denn wir haben von ihm nur das eine Werk, und auch dieses ist unvollständig. Die Namen, die folgen, sind weniger bekannt. Doch werde ich es nicht unterlassen, sie zu erwähnen, wenn es bei Gelegenheit die Sache erfordert. 20 Alles überstrahlendes Licht indessen hat wie der Beredsamkeit, so auch ihrer Lehre als unser einzigartiges Muster, zu reden und die Redekunst zu lehren, M. Tullius verliehen, nach dem zu schweigen ein Gebot der Bescheidenheit wäre, hätte er nicht selbst gesagt[11], seine Bücher über die Rhetorik seien ihm in seiner Jugend nur so herausgerutscht, und hätte er nicht wissentlich in seinen Werken über den Redner die alltäglicheren Dinge, die aber doch am meisten gebraucht werden, beiseite gelassen. 21 Über denselben Gegenstand hat nicht wenig Cornificius, einiges Stertinius, etwas auch der Vater Gallio, indessen mit größerer Gründlichkeit in der Zeit noch vor Gallio Celsus und Laenas, in unserer Zeit Verginius, Plinius und Tutilius geschrieben. Es gibt auch heutzutage auf diesem Gebiet glänzende Schriftsteller, die meiner Arbeit zustatten gekommen wären, wenn sie das Gesamtgebiet behandelt hätten. Doch ich erspare es mir, die Namen von Lebenden zu nennen. Auch für ihren Ruhm wird die Zeit kommen. Denn ihre Leistung wird für die Nachwelt dauern, die Mißgunst

[9] nicht zu verwechseln mit dem Begründer der Status-Lehre (aus Temnos), der im 2. vorchristl. Jh. lebte.

[10] Cic. de orat. 1, 48, 208. [11] de orat. 1, 2, 5.

22 Non tamen post tot ac tantos auctores pigebit meam quibusdam locis posuisse sententiam. neque enim me cuiusquam sectae velut quadam superstitione imbutus addixi, et electuris quae volent facienda copia fuit, sicut ipse plurium in unum confero inventa, ubicumque ingenio non erit locus, curae testimonium meruisse contentus.

II.

1 Nec diu nos moretur quaestio, quae rhetorices *origo* sit. nam cui dubium est, quin sermonem ab ipsa rerum *natura* geniti protinus homines acceperint (quod certe principium est eius rei), huic studium et incrementum dederit *utilitas*, summam *ratio et exercitatio*? 2 nec video, quare curam dicendi putent quidam inde coepisse, quod ii, qui in discrimen aliquod vocabantur, adcuratius loqui defendendi sui gratia instituerint. haec enim ut honestior causa, ita non utique prior est, cum praesertim accusatio praecedat defensionem, nisi quis dicet etiam gladium fabricatum ab eo prius, qui ferrum in tutelam sui quam qui in perniciem alterius conpararit. 3 initium ergo dicendi dedit natura, initium artis observatio. homines enim sicut in medicina, cum viderent alia salubria, alia insalubria, ex observatione eorum effecerunt artem, ita cum in dicendo alia utilia, alia inutilia deprenderent, notarunt ea ad imitandum vitandumque, et quaedam secundum rationem eorum adiecerunt ipsi quoque: haec confirmata sunt usu. tum quae sciebat quisque docuit. 4 Cicero quidem initium orandi conditoribus urbium ac legum latoribus dedit, in quibus fuisse vim dicendi

aber sie nicht überleben. 22 Und doch auch nach so vielen, bedeutenden Schriftstellern wird es mich nicht verdrießen, manchen Ortes auch eine eigene Meinung geäußert zu haben. Denn ich habe mich nicht irgendeiner Schule angeschlossen, als hätte ich mich von dem Fanatismus einer Sekte anstecken lassen, und es sollte denen, die es wünschen, die Gelegenheit geboten werden, eine Auswahl zu treffen, so wie ich selbst die verschiedensten fremden Errungenschaften zur Übersicht zusammenstelle, zufrieden, da das Zeugnis sorgfältiger Arbeit verdient zu haben, wo eine Probe des eigenen Talentes nicht am Platze sein kann.

ZWEITES KAPITEL

Der Anfang der Rhetorik

1 Nicht lange soll uns die Frage nach dem *Ursprung* der Rhetorik aufhalten. Denn wer zweifelt daran, daß die Menschen gleich bei ihrer Entstehung *von der Natur* selbst die Gabe der Rede empfangen haben – was ja jedenfalls ihr Anfang ist –, daß die *Brauchbarkeit* dieser Gabe zur Betätigung und Entwicklung verhalf, *Vernunft und Übung* zur Vollkommenheit? 2 Auch sehe ich keinen Grund, weshalb manche meinen, die Pflege der Sprache habe damit begonnen, daß Menschen, die in Prozeßschwierigkeiten gerieten, darangegangen seien, der Sprache mehr Sorgfalt zu widmen, um ihre Verteidigung zu fördern. Denn wenn dies auch ein rühmlicherer Grund ist, so doch nicht durchaus der frühere, zumal doch die Anklage der Verteidigung vorausgeht, es sei denn, jemand wolle behaupten, ein Schwert sei eher von dem hergestellt worden, der das Eisen zu seinem Schutz, als von dem, der es zum Verderben eines anderen sich beschaffte. 3 Den Anfang der Rede also lieferte die Natur, den Anfang der Kunst die Erfahrung. Denn wie in der Heilkunst die Menschen, wenn sie manche Dinge als gesund, andere als ungesund erkannten, aus deren Beobachtung eine Kunst machten, so merkten sie sich, wenn sie beim Reden manche Dinge als nützlich, andere als unnütz erfuhren, diese, um sie wieder zu gebrauchen oder zu meiden, und fügten auch manches aus Verstandeserwägungen hinzu. Dies festigte sich durch die Übung. Dann lehrte jeder, was er an Wissen besaß. 4 Cicero hat zwar den Anfang der Redekunst den Städtegründern und Gesetzgebern zugewiesen[12], die not-

[12] de inv. 1, 2; de orat. 1, 8, 33.

necesse est: cur tamen hanc primam originem putem, non video, cum sint adhuc quaedam vagae et sine urbibus ac sine legibus gentes, et tamen qui sunt in iis nati et legationibus fungantur et accusent aliqua atque defendant et denique alium alio melius loqui credant.

III.

1 Omnis autem orandi ratio, ut plurimi maximique auctores tradiderunt, quinque partibus constat: *inventione*, *dispositione*, *elocutione*, *memoria*, *pronuntiatione sive actione*, utroque enim modo dicitur. omnis vero sermo, quo quidem voluntas aliqua enuntiatur, habeat necesse est *rem et verba*. 2 ac si est brevis et una conclusione finitus, nihil fortasse ultra desideret, at oratio longior plura exigit. non tantum enim refert, quid et quo modo dicamus, sed etiam quo loco: opus ergo est et dispositione. sed neque omnia, quae res postulat, dicere neque suo quaeque loco poterimus nisi adiuvante memoria, quapropter ea quoque pars quarta erit. 3 verum haec cuncta conrumpit ac propemodum perdit indecora vel voce vel gestu pronuntiatio: huic quoque igitur tribuendus est necessario quintus locus.

4 Nec audiendi quidam, quorum est Albutius, qui tris modo primas esse partis volunt, quoniam memoria atque actio natura, non arte contingant, quarum nos praecepta suo loco dabimus, licet Thrasymachus quoque idem de actione crediderit. 5 his adiecerunt quidam sextam partem, ita ut inventioni *iudicium* subnecterent, quia primum esset invenire, deinde iudicare. ego porro ne invenisse quidem credo eum, qui non iudicavit; neque enim contraria, communia, stulta invenisse dicitur quisquam, sed non vitasse. 6 et Cicero quidem in rhetoricis iudicium subiecit inventioni: mihi

wendigerweise die Redekraft besessen hätten. Doch sehe ich nicht, warum ich das für den ersten Ursprung halten sollte; denn es gibt doch auch heute noch Nomadenvölker ohne Städte und Gesetze. Und doch betätigen sich diese Eingeborenen in Gesandtschaften, führen Anklagen und Verteidigungen und haben überhaupt die Überzeugung, einer spräche besser als der andere.

DRITTES KAPITEL

Die Einteilung der Rhetorik

1 Die gesamte Redelehre besteht nun, wie die meisten und bedeutendsten Sachkenner überliefert haben, aus fünf Abteilungen: *der Erfindung, der Anordnung, der Darstellung, dem Gedächtnis und dem Vortrag oder der Durchführung;* denn beide Benennungen werden gebraucht. Jede Äußerung, sofern in ihr ein Ausdruckswille enthalten ist, muß einen *Inhalt und Worte* enthalten. 2 Ist sie nur kurz und in einem Satz abgeschlossen, so ist vielleicht nichts weiter nötig: eine längere Rede aber verlangt mehr. Es kommt nämlich nicht nur darauf an, was und wie wir etwas sagen, sondern auch an welcher Stelle: also ist auch eine Anordnung nötig. Doch werden wir auch nicht alles, was die Sache erfordert, sagen noch es am passenden Ort bringen können ohne die Hilfe des Gedächtnisses, weshalb dieses den vierten Teil bilden wird. 3 Jedoch all das verdirbt und zerstört geradezu ein Vortrag mit unpassender Stimme oder Gebärde: so hat auch dieser zwangsläufig seinen fünften Platz zu erhalten.

4 Kein Gehör verdienen einige Gelehrte, darunter Albutius, die nur die drei ersten Teile annehmen möchten, weil Gedächtnis und Vortrag von der Natur stamme und nicht durch Kunst zu gewinnen sei; über beides aber werden wir an der passenden Stelle unsere Vorschriften geben, mag auch Thrasymachos vom Vortrag die gleiche Auffassung gehabt haben. 5 Manche haben einen sechsten Teil hinzugenommen, und zwar der Erfindung *die Urteilskraft* zugeordnet, weil zuerst die Erfindung komme und dann erst das Urteilen. Ich gehe nun so weit zu glauben, man könne nicht einmal erfinden, ohne zu urteilen. Denn es heißt ja auch von keinem, er habe Widerspruchsvolles, Allgemeines, Törichtes erfunden, sondern er habe es nicht gemieden. 6 Cicero hat zwar in seiner Rhetorik das Urteil der Erfindung untergeordnet. Mir scheint es

autem adeo tribus primis partibus videtur esse permixtum (nam neque dispositio sine eo neque elocutio fuerit), ut pronuntiationem quoque vel plurimum ex eo mutuari putem. 7 quod hoc audacius dixerim, quod in Partitionibus oratoriis ad easdem, de quibus supra dictum est, quinque pervenit partes. nam cum dupliciter primum divisisset in inventionem atque elocutionem, res ac dispositionem inventioni, verba et pronuntiationem elocutioni dedit: quintam quoque constituit communem ac velut custodem omnium memoriam. idem in ⟨libris de⟩[e] Oratore quinque rebus constare eloquentiam dicit: in quibus postea scriptis certior eius sententia est. 8 non minus mihi cupidi novitatis alicuius videntur fuisse, qui adiecerunt *ordinem*, cum dispositionem dixissent, quasi aliud sit dispositio quam rerum ordine quam optimo conlocatio. Dion inventionem modo et dispositionem tradidit, sed utramque duplicem rerum et verborum, ut sit elocutio inventionis, pronuntiatio dispositionis, his quinta pars memoriae accedat. Theodorei fere inventionem duplicem rerum atque elocutionis, deinde tris ceteras partes. 9 Hermagoras iudicium, partitionem, ordinem quaeque sunt elocutionis subicit *oeconomiae*, quae Graece appellata ex cura rerum domesticarum et hic per abusionem posita nomine Latino caret.

10 Est et circa hoc quaestio, quod memoriam in ordine partium quidam inventioni, quidam dispositioni subiunxerunt: nobis quartus eius locus maxime placet. non enim tantum inventa tenere, ut disponamus, nec disposita, ut eloquamur, sed etiam verbis formata memoriae mandare debemus; hac enim omnia, quaecumque in orationem conlata sunt, continentur.

11 Fuerunt etiam in hac opinione non pauci, ut has non rhetorices partis esse existimarent, sed opera oratoris; eius enim esse invenire,

e) *add. Spalding*

aber so sehr mit den drei ersten Abteilungen verschmolzen zu sein – denn auch Anordnung und Darstellung könnten doch nicht ohne Urteilskraft entstehen –, daß ich glauben möchte, auch der Vortrag entlehne sich das meiste von ihm. 7 Ich kann dies so kühn behaupten, weil Cicero selbst in seinen ›Gliederungen der Redekunst‹ [13] zu denselben fünf Teilen gelangt ist, von denen oben die Rede ist. Erst nämlich hat er eine Zweiteilung vorgenommen, in Erfindung und Darstellung, und dann den Inhalt und die Anordnung zur Erfindung, die Worte und den Vortrag zur Darstellung gestellt. Als fünftes stellt er dann auch als für alle Gemeinsames, gleichsam als Wächter, das Gedächtnis. Auch in seinem ›De oratore‹ [14] sagt er, die Beredsamkeit bestehe aus fünf Dingen. Da diese Werke später verfaßt sind, ist also hier seine Meinung eher verbindlich. 8 Nicht weniger scheinen mir diejenigen nur auf etwas Neues ausgewesen zu sein, die die *Ordnung* hinzugefügt haben, nachdem sie schon die Anordnung genannt hatten: als wäre die Anordnung etwas anderes als die Zusammenstellung des Inhaltes in der bestmöglichen Ordnung. Dion hat nur die Einteilung in Erfindung und Anordnung gelehrt, jedoch beide zweifach nach Inhalt und Worten, so daß zur Erfindung die Darstellung, zur Anordnung der Vortrag gehört und zu diesen ein fünfter Teil, das Gedächtnis, hinzukommt. Die Theodoreer lehren durchweg eine Zweiteilung der Erfindung in Inhalt und Worte, dann die drei übrigen Teile. 9 Hermagoras ordnet Urteil, Einteilung, Anordnung und alles, was zur Darstellung gehört, *der Ökonomie* unter. Mit diesem Wort bezeichnet man im Griechischen die Sorge für das Hauswesen, und da es hier uneigentlich verwendet wird, gibt es dafür kein lateinisches Wort.

10 Auch eine weitere Frage ergibt sich hier noch, insofern manche das Gedächtnis in der Reihenfolge der Teile an die Erfindung, manche an die Anordnung angeschlossen haben. Ich halte die vierte Stelle für die beste. Denn wir müssen nicht nur das Erfundene haben, um es anordnen, und das Angeordnete, um es darstellen zu können, sondern müssen auch das schon in Worten Gestaltete dem Gedächtnis einverleiben; denn in ihm ist alles, was für die Rede bereitgestellt worden ist, geborgen.

11 Nicht wenige haben auch die Auffassung vertreten, diese Teile nicht für Abteilungen der Rhetorik anzusehen, sondern für Aufgaben des Redners; denn dessen Sache sei es, zu erfinden,

[13] Part. 1, 3; 17.
[14] 1, 31, 142.

disponere, eloqui et cetera. quod si accipimus, nihil arti relinquemus. 12 nam bene dicere est oratoris, rhetorice tamen erit bene dicendi scientia: vel ut alii putant artificis est persuadere, vis autem persuadendi artis. ita invenire quidem et disponere oratoris, inventio autem et dispositio rhetorices propria videri potest. 13 in eo plures dissenserunt, utrumne hae *partes* essent rhetorices an eiusdem *opera* an, ut Athenaeus credit, *elementa*, quae vocant στοιχεῖα. sed neque elementa recte quis dixerit: alioqui tantum initia erunt, ut mundi vel umor vel ignis vel materia vel corpora insecabilia; nec operum recte nomen accipient, quae non ab aliis perficiuntur, sed aliud ipsa perficiunt: partes igitur. 14 nam cum sit ex his rhetorice, fieri non potest ut, cum totum ex partibus constet, non sint partes totius, ex quibus constat. videntur autem mihi qui haec opera dixerunt eo quoque moti, quod in alia rursus divisione nollent in idem nomen incidere; partes enim rhetorices esse dicebant *laudativam*, *deliberativam*, *iudicialem*. 15 quae si partes sunt, materiae sunt potius quam artis. namque in his singulis rhetorice tota est, quia et inventionem et dispositionem et elocutionem et memoriam et pronuntiationem quaecumque earum desiderat. itaque quidam *genera tria rhetorices* dicere maluerunt, optime autem ii, quos secutus est Cicero, *genera causarum*.

IV.

1 Sed tria an plura sint ambigitur. nec dubie prope omnes utique summae apud antiquos auctoritatis scriptores Aristotelen secuti, qui nomine tantum alio *contionalem* pro *deliberativa* appellat, hac

anzuordnen und darzustellen usw. Nehmen wir das an, so bleibt uns für die Kunst nichts übrig. 12 Denn gut reden ist Sache des Redners, die Rhetorik indessen wird ja die Wissenschaft sein, gut zu reden. So wie andere glauben, es sei Sache des Künstlers zu überreden, die Kraft der Überredung aber sei Sache der Kunst. So kann das Erfinden zwar und das Anordnen als Sache des Redners, die Erfindung aber und Anordnung als Eigentum der Rhetorik erscheinen. 13 Darin aber gingen die Meinungen verschiedentlich auseinander, ob dies *Teile* der Rhetorik seien oder ihre *Aufgaben* oder, wie Athenaeus glaubt, ihre *Elemente*, die sogenannten στοιχεῖα. Aber weder könnte man sie zu Recht Elemente nennen; sonst bezeichneten sie ja nur das Anfängliche, wie im Kosmos die Feuchtigkeit, das Feuer, der Grundstoff oder die unteilbaren Körper (Atome); noch können sie zu Recht Aufgaben heißen, weil sie nicht von anderen ausgeführt werden, sondern selbst etwas ausführen: Teile sind es also. 14 Denn da aus ihnen die Rhetorik besteht, kann es nicht sein, daß sie, da ein Ganzes aus Teilen besteht, nicht Teile des Ganzen sind, aus denen es besteht. Es scheint mir auch, daß sich diejenigen, die sie als Aufgaben bezeichnet haben, dadurch haben bestimmen lassen, daß sie vermeiden wollten, daß dasselbe Wort auch noch in eine andere Einteilung geriete; denn man pflegte ja zu sagen, die Teile der Rhetorik seien die *Lob-*, *Beratungs- und Gerichtsrede.* 15 Wenn dieses Teile sind, so eher des Stoffes als der Kunst; denn in jedem einzelnen von ihnen ist die Rhetorik ganz enthalten, da ja jede von ihnen Erfindung, Anordnung, Darstellung, Gedächtnis, Vortrag verlangt. Deshalb haben manche sie lieber die *drei Gattungen der Rhetorik* genannt, am besten aber die, denen Cicero gefolgt ist, *Redegattungen*[15].

VIERTES KAPITEL

Die Redegattungen

1 Jedoch ist man nicht einig, ob es drei oder mehr Redegattungen gibt. Zweifellos sind fast alle, jedenfalls die Autoren, die bei den Alten im höchsten Ansehen standen, dem Aristoteles folgend, der nur statt der Bezeichnung *Beratungsrede* den anderen Namen *Volksrede* verwendet, mit dieser Einteilung zufrieden gewesen.

[15] de orat. 1, 31, 141. top. 24, 91.

partitione contenti fuerunt. 2 verum et tum leviter est temptatum, cum apud Graecos quosdam tum apud Ciceronem in libris de Oratore, et nunc maximo temporum nostrorum auctore prope inpulsum, ut non modo plura haec genera, sed paene innumerabilia videantur. 3 nam si laudandi ac vituperandi officium in parte tertia ponimus, in quo genere versari videbimur, cum querimur, consolamur, mitigamus, concitamus, terremus, confirmamus, praecipimus, obscure dicta interpretamur, narramus, deprecamur, gratias agimus, gratulamur, obiurgamus, maledicimus, describimus, mandamus, renuntiamus, optamus, opinamur, plurima alia? 4 ut mihi in illa vetere persuasione permanenti velut petenda sit venia quaerendumque, quo moti priores rem tam late fusam tam breviter adstrinxerint. quos qui errasse putant, hoc secutos arbitrantur, quod in his fere versari tum oratores videbant; 5 nam et laudes ac vituperationes scribebantur, et ἐπιταφίους dicere erat moris, et plurimum in consiliis ac iudiciis insumebatur operae, ut scriptores artium pro solis conprenderint frequentissima. 6 qui vero defendunt, tria faciunt genera auditorum: unum, quod ad delectationem conveniat, alterum, quod consilium accipiat, tertium, quod de causis iudicet. mihi cuncta rimanti et talis quaedam ratio succurrit, quod omne orationis officium aut in iudiciis est aut extra iudicia. eorum, de quibus iudicio quaeritur, manifestum est genus: 7 ea, quae ad iudicem non veniunt, aut praeteritum habent tempus aut futurum: praeterita laudamus aut vituperamus, de futuris deliberamus. 8 item omnia, de quibus dicendum est, aut certa sint necesse est aut dubia. certa, ut cuique est animus, laudat aut culpat; ex dubiis partim nobis ipsis ad electionem sunt libera: de his deliberatur; partim aliorum sententiae commissa: de his lite contenditur.

9 Anaximenes iudicialem et contionalem generalis partes esse

2 Indessen hat man schon früher leichte Angriffe gegen diese Einteilung versucht, sowohl bei manchen Griechen, vor allem aber bei Cicero in seinen Büchern ›Vom Redner‹ [16], und heutzutage ist durch den bedeutendsten Schriftsteller unserer Zeit geradezu ein Durchbruch erfolgt, so daß die Redegattungen nicht nur zahlreicher, sondern fast unzählbar erscheinen. 3 Denn wenn wir die Aufgabe, zu loben und zu tadeln, als dritten Teil annehmen, in welcher Gattung werden wir uns dann wohl befinden, wenn wir klagen, trösten, besänftigen, anfeuern, erschrecken, bestärken, lehren, unklar Ausgedrücktes erklären, erzählen, abbitten, danken, beglückwünschen, Vorwürfe machen, schmähen, beschreiben, empfehlen, mitteilen, wünschen, vermuten und so vieles andere? 4 Deshalb muß ich, wenn ich bei der alten Überzeugung verharre, fast um Nachsicht bitten und die Frage stellen, wodurch denn die Früheren sich haben bewegen lassen, einen so weit zerstreuten Stoffkreis so knapp zu fassen. Diejenigen, die annehmen, man sei damit im Irrtum, glauben, man hätte sich beim Einengen des Stoffkreises durch die Wahrnehmung leiten lassen, daß die Redner damals in der Regel sich nur in jenen Gattungen betätigten; 5 denn man schrieb Lob- und Tadelreden, es war Brauch, *Reden am Grab* zu halten, und die meiste Mühe wurde auf Beratungs- und Gerichtsreden verwandt, so daß die Verfasser der Lehrbücher das, was am häufigsten war, für das einzige nahmen. 6 Diejenigen aber, die die Verteidigung übernehmen, bilden aus den Hörern drei Gruppen: eine, die zur Unterhaltung zusammenkommt, die zweite, die Rat empfängt, die dritte, die über Prozeßfälle urteilt. Wenn ich alles durchmustere, bietet sich mir etwa auch folgendes Einteilungsprinzip an: der gesamte Wirkungsbereich der Rede ist entweder vor Gericht oder außerhalb des Gerichtshofes. Für die, über die vor Gericht entschieden wird, ist die Gattung deutlich faßbar. 7 Bei dem, was nicht vor den Richter kommt, handelt es sich entweder um Vergangenes oder um Künftiges: Vergangenes loben oder tadeln wir, über Künftiges beraten wir. 8 Ebenso ist alles, worüber man reden muß, notwendigerweise entweder sicher oder zweifelhaft. Das Sichere lobt oder tadelt jemand je nach seiner geistigen Einstellung. Von dem Zweifelhaften ist uns selbst ein Teil zur Auswahl frei: hierüber wird beraten; ein Teil ist der Meinung anderer überlassen: hierüber wird im Prozeß entschieden.

9 Anaximenes hat die Gerichts- und Volksrede als Teile der

[16] de orat. 2, 10ff.

voluit, septem autem species: hortandi, dehortandi, laudandi, vituperandi, accusandi, defendendi, exquirendi, quod ἐξεταστικόν dicit: quarum duae primae deliberativi, duae sequentes demonstrativi, tres ultimae iudicialis generis sunt partes. 10 Protagoran transeo, qui interrogandi, respondendi, mandandi, precandi quod εὐχωλήν dixit, partes solas putat. Plato in Sophiste iudiciali et contionali tertiam adiecit προσομιλητικήν, quam sane permittamus nobis dicere sermocinatricem: quae a forensi ratione disiungitur et est accommodata privatis disputationibus, cuius vis eadem profecto est, quae dialecticae. 11 Isocrates in omni genere inesse laudem ac vituperationem existimavit.

12 Nobis et tutissimum est auctores plurimos sequi et ita videtur ratio dictare. est igitur, ut dixi, unum genus, quo laus ac vituperatio continetur, sed est appellatum a parte meliore *laudativum*: idem alii *demonstrativum* vocant. utrumque nomen ex Graeco creditur fluxisse; nam ἐγκωμιαστικόν aut ἐπιδεικτικόν dicunt. 13 sed mihi ἐπιδεικτικόν non tam demonstrationis vim habere quam ostentationis videtur et multum ab illo ἐγκωμιαστικῷ differre; nam ut continet laudativum in se genus, ita non intra hoc solum consistit. 14 an quisquam negaverit panegyricos ἐπιδεικτικούς esse? atqui formam suadendi habent et plerumque de utilitatibus Graeciae loquuntur: ut causarum quidem genera tria sint, sed ea tum in negotiis, tum in ostentatione posita. nisi forte non ex Graeco mutantes demonstrativum vocant, verum id sequuntur, quod laus ac vituperatio quale sit quidque demonstrat. 15 alterum est deliberativum, tertium iudiciale. ceterae species in haec tria incident genera: nec invenietur ex his ulla, in qua non laudare aut vituperare, suadere aut dissuadere, intendere quid vel depellere debeamus. illa quoque sunt communia, conciliare, narrare, docere, augere, minuere, concitandis componendisve adfectibus animos audientium fingere. 16 ne iis quidem

Hauptgattungen angesehen, aber sieben Arten unterschieden: raten und abraten, loben und tadeln, anklagen, verteidigen und untersuchen, was er ἐξεταστικόν nennt. Von diesen bilden die beiden ersten Teile die beratende, die beiden folgenden die vorführende, die drei letzten die gerichtliche Gattung. 10 Protagoras übergehe ich, der nur das Fragen, Antworten, Auftragen und Bitten, was er εὐχωλή nennt, als Teile annimmt. Plato[17] fügt zur Gerichts- und Versammlungsrede als dritten Teil die προσομιλητική, die wir uns etwa mit der 'gesprächsweisen' wiederzugeben erlauben wollen. Sie wird von der Methode vor Gericht unterschieden und ist für private Erörterungen passend, ihre Bedeutung also ganz die wie die der Dialektik. 11 Isokrates war der Meinung, in jeder Gattung sei Lob und Tadel enthalten.

12 Für uns ist es das sicherste, uns der Mehrheit der Schriftsteller anzuschließen, und so scheint es auch die vernünftige Überlegung zu gebieten. Es gibt also, wie gesagt, eine Gattung, die Lob und Tadel enthält, doch heißt sie nach der besseren Hälfte die *lobende*. Andere nennen sie die *vorführende*. Beide Namen stammen offenbar aus dem Griechischen; denn da sagt man ἐγκωμιαστικόν oder ἐπιδεικτικόν. 13 Jedoch scheint mir ἐπιδεικτικόν nicht so sehr die Bedeutung von 'Vorführung' als von 'Schaustellung' zu haben und sich stark von dem ἐγκωμιαστικόν zu unterscheiden; denn es enthält zwar die Gattung der Lobrede in sich, beschränkt sich aber keineswegs nur auf sie. 14 Oder wollte jemand bestreiten, die 'panegyrici' (Festreden) seien ἐπιδεικτικοί? Und doch haben sie die Form der Beratungsrede und sprechen meist von dem, was Griechenland nützlich sei. So mögen es zwar drei Redegattungen sein, doch beruhen sie bald auf wirklichen Vorgängen, bald nur auf der Scheinwirkung solcher Vorgänge (zur Unterhaltung). Es sei denn, die Bezeichnung 'demonstrativum' sei nicht eine Abwandlung des Griechischen, sondern wolle ausdrücken, daß Lob und Tadel 'bezeichnet' (demonstrat), wie etwas beschaffen sei. 15 Die zweite Gattung ist die beratende, die dritte die gerichtliche. Alle Arten werden in diese drei Gattungen fallen: denn es wird sich keine bei ihnen finden lassen, in der wir nicht loben oder tadeln, raten oder abraten, etwas anstreben oder abwehren müßten. Gemeinsam haben sie auch, daß sie gewinnen, erzählen, lehren, steigern, abschwächen und durch Erregung oder Besänftigung der Leidenschaften die Gemütsverfassung der Hörer bestimmen. 16 Ich möchte mich auch denen

[17] sophist. 222c.

accesserim, qui laudativam materiam honestorum, deliberativam utilium, iudicialem iustorum quaestione contineri putant, celeri magis ac rotunda usi distributione quam vera. stant enim quodam modo mutuis auxiliis omnia; nam et in laude iustitia utilitasque tractatur et in consiliis honestas, et raro iudicialem inveneris causam, in cuius non parte aliquid eorum, quae supra diximus, reperiatur.

V.

1 Omnis autem oratio constat aut ex iis quae significantur, aut ex iis quae significant, id est *rebus et verbis*. facultas orandi consummatur *natura*, *arte*, *exercitatione*, cui partem quartam adiciunt quidam *imitationis*, quam nos arti subicimus. 2 tria sunt item, quae praestare debeat orator, ut *doceat*, *moveat*, *delectet*. haec enim clarior divisio quam eorum, qui totum opus in res et in adfectus partiuntur. non semper autem omnia in eam, quae tractabitur, materiam cadent. erunt enim quaedam remotae ab adfectibus, qui ut non ubique habent locum, ita quocumque inruperunt, plurimum valent. 3 praestantissimis auctoribus placet alia in rhetorice esse, quae probationem desiderent, alia quae non desiderent, cum quibus ipse consentio. quidam vero, ut Celsus, de nulla re dicturum oratorem, nisi de qua quaeratur, existimant: cui cum maxima pars scriptorum repugnat, tum etiam ipsa partitio, nisi forte laudare, quae constet esse honesta, et vituperare, quae ex confesso sint turpia, non est oratoris officium.

4 Illud iam omnes fatentur esse quaestiones aut in *scripto* aut in *non scripto*. in scripto sunt de iure, in non scripto de re: illud *rationale*,

nicht anschließen, die meinen, der Stoff der Lobrede werde durch die Frage nach dem Guten, der der Beratungsrede durch die nach dem Nützlichen, der der Gerichtsrede durch die nach dem Gerechten bestimmt – eine mehr fix und fertige als wahrheitsgemäße Aufteilung! Denn alles beruht gewissermaßen auf wechselseitiger Aushilfe: auch beim Loben wird ja Gerechtigkeit und Nutzen behandelt; auch beim Raten das Gute, und selten dürfte man eine Gerichtsrede finden, bei der sich nicht in einem Abschnitt etwas von dem finden ließe, was wir oben genannt haben.

FÜNFTES KAPITEL

Der Umfang der Redekunst

1 Jede Rede besteht nun entweder aus dem, was bezeichnet wird, oder aus dem, was bezeichnet, das heißt *aus Inhalt und Worten*. Die Redegabe erfüllt sich im Zusammenwirken von *Natur, Kunst und Übung*, wozu manche als vierten Teil noch die *Nachahmung* hinzufügen, die wir der Kunst unterordnen. 2 Ebenfalls drei Dinge sind es, die der Redner leisten soll: er soll *belehren, erregen und unterhalten*. Denn diese Einteilung ist klarer als die andere, deren Verfechter die ganze Aufgabe des Redners in Sachfragen und Fragen der Gefühlserregung teilen. Nicht immer aber wird alles bei dem Stoff, der gerade zur Behandlung steht, zutreffen. Denn es wird mancher Gegenstand fern sein von Gefühlsregungen, die aber, weil sie nicht überall am Platze sind, dort, wo sie die Rede durchdringen, die stärkste Wirkung erzielen. 3 Es findet den Beifall der hervorragendsten Fachschriftsteller, in der Rhetorik einen Unterschied zu machen zwischen dem, was einen Beweis verlangt, und dem, was ihn nicht verlangt, womit auch ich übereinstimme. Manche indessen, wie Celsus, sind der Meinung, der Redner werde nur über Dinge reden, die fraglich seien. Dem widerspricht schon die Mehrheit der Schriftsteller, zumal aber die Einteilung der Aufgaben des Redners selbst, es sei denn, man hielte es nicht für die Aufgabe des Redners, das zu loben, was zugestandenermaßen gut, und das zu tadeln, was nach eigenem Eingeständnis schimpflich ist.

4 Darin nun wieder sind alle einig, daß die Fragen entweder in etwas *Geschriebenem* oder in *Nichtgeschriebenem* entstehen. Bei Geschriebenem betreffen sie das Recht, bei Nichtgeschriebenem die

hoc *legale* genus Hermagoras atque eum secuti vocant, id est νομικόν et λογικόν. 5 idem sentiunt qui omnem quaestionem ponunt in rebus et verbis.

Item convenit quaestiones esse aut *infinitas* aut *finitas*. infinitae sunt, quae remotis personis et temporibus et locis ceterisque similibus in utramque partem tractantur, quod Graeci θέσιν dicunt, Cicero *propositum*, alii *quaestiones universales civiles*, alii *quaestiones philosopho convenientis*, Athenaeus *partem causae* appellat. 6 hoc genus Cicero scientia et actione distinguit, ut sit scientiae 'an providentia mundus regatur', actionis 'an accedendum ad rem publicam administrandam'. prius trium generum 'an sit, quid sit, quale sit'; omnia enim haec ignorari possunt: sequens duorum 'quo modo adipiscamur, quo modo utamur'. 7 finitae autem sunt ex complexu rerum, personarum, temporum ceterorumque: hae ὑποθέσεις a Graecis dicuntur, *causae* a nostris. in his omnis quaestio videtur circa res personasque consistere. 8 amplior est semper infinita, inde enim finita descendit. quod ut exemplo pateat, infinita est 'an uxor ducenda', finita 'an Catoni ducenda', ideoque esse suasoria potest. sed etiam remotae a personis propriis ad aliquid referri solent. est enim simplex 'an res publica administranda': refertur ad aliquid 'an in tyrannide administranda'. 9 sed hic quoque subest velut latens persona; tyrannus enim geminat quaestionem, subestque et temporis et qualitatis tacita vis: nondum tamen hoc proprie dixeris causam. hae autem, quas infinitas voco, et *generales* appellantur: quod si est verum, finitae *speciales* erunt. in omni autem speciali utique inest

Sache: das eine nennen Hermagoras und seine Nachfolger die Gattung der *Vernunftserwägungen*, das andere die der *Gesetzeserwägungen*, das heißt das νομικόν und das λογικόν. 5 Dasselbe meinen auch diejenigen, die jede Frage auf sachlichen Gehalt und Wortlaut gründen.

Ebenso besteht Einigkeit darin, daß die Fragen entweder *unbegrenzt* oder *begrenzt* sind. Unbegrenzt sind sie, wenn sie ohne Begrenzung durch Personen, zeitliche, räumliche und ähnliche Angaben im Sinne beider Parteien behandelt werden, was die Griechen eine ϑέσις nennen, Cicero[18] *propositum* (Thema), andere *allgemeine Fragen des bürgerlichen Lebens*, wieder andere *Fragen, die den Philosophen zukommen*, Athenaeus *Teil des Rechtsfalles*. 6 Diese Gattung unterscheidet Cicero[19] nach Erkenntnis und Handeln, eine Frage der Erkenntnis etwa sei die, 'ob die Welt von der Vorsehung gelenkt werde', eine des Handelns, 'ob man an der Leitung des Staates teilnehmen solle'. Bei der ersteren Art von Fragen gelten die drei Gesichtspunkte, 'ob etwas sei, was es sei, wie es beschaffen sei'. Denn das alles kann unbekannt sein. Bei der zweiten die zwei Gesichtspunkte, 'wie wir es erlangen und wie wir es verwenden sollen'. 7 Begrenzt aber sind die Fragen durch die Verknüpfung von Sachen, Personen, zeitlichen und anderen Gegebenheiten: diese heißen bei den Griechen ὑποϑέσεις, bei uns *Rechtsfälle*. Bei diesen scheint jede Frage sich um Sachen und Personen zu drehen. 8 Umfassender ist immer die unbegrenzte, denn von ihr leitet sich die begrenzte her. Um dies durch ein Beispiel zu erläutern: unbegrenzt ist die Frage, 'ob man ein Weib nehmen', begrenzt die Frage, 'ob Cato ein Weib nehmen solle', und deshalb kann daraus eine Übung in der Beratungsrede werden. Jedoch auch ohne eigentliche Personen beziehen sich solche Fragen gewöhnlich auf etwas Bestimmtes. Denn einfach lautet die Frage, 'ob man politisch tätig sein solle'; in der Beziehung auf etwas Bestimmtes, 'ob man in einer Tyrannis politisch tätig sein solle'. 9 Doch auch hier liegt gleichsam versteckt eine Person zugrunde; denn 'der Tyrann' macht aus der einfachen eine doppelte Frage, und es steckt auch unausgesprochen eine Andeutung von Zeit und Beschaffenheit dahinter. Jedoch könnte man dies noch nicht eigentlich einen Rechtsfall nennen. Die Fragen, die ich unbegrenzt nenne, heißen aber auch *allgemeine*. Wenn das aber richtig ist, wird man die begrenzten *spezielle* nennen. In jeder

[18] top. 21, 79–81; part. 18, 61.
[19] part. 18, 62.

generalis, ut quae sit prior. 10 ac nescio an in causis quoque, quidquid in quaestionem venit qualitatis, generale sit. Milo Clodium occidit, iure occidit insidiatorem: nonne hoc quaeritur, an sit ius insidiatorem occidendi? quid in coniecturis? non illa generalia: 'an causa sceleris odium? cupiditas? an tormentis credendum? testibus an argumentis maior fides habenda?', nam finitione quidem conprendi nihil non in universum certum erit. 11 quidam putant etiam eas θέσεις posse aliquando nominari, quae personis causisque contineantur, aliter tantummodo positas, ut causa sit, cum Orestes accusatur, thesis, an Orestes recte sit absolutus: cuius generis est 'an Cato recte Marciam Hortensio tradiderit'. hi thesin a causa sic distinguunt, ut illa sit spectativae partis, haec activae: illic enim veritatis tantum gratia disputari, hic negotium agi.

12 Quamquam inutiles quidam oratori putant universales quaestiones, quia nihil prosit, quod constet ducendam esse uxorem vel administrandam rem publicam, si quis vel aetate vel valetudine impediatur. sed non omnibus eius modi quaestionibus sic occurri potest, ut illis 'sitne virtus finis, regaturne providentia mundus'. 13 quin etiam in iis, quae ad personam referuntur, ut non est satis generalem tractasse quaestionem, ita perveniri ad speciem nisi illa prius excussa non potest. nam quo modo 'an sibi uxor ducenda sit' deliberabit Cato, nisi constiterit uxores esse ducendas? et quo modo 'an ducere debeat Marciam quaeretur, nisi Catoni ducenda uxor est'? 14 sunt tamen inscripti nomine Hermagorae libri, qui confirment illam opinionem, sive falsus est titulus sive alius hic Hermagoras fuit. nam eiusdem esse quo modo possunt, qui de hac arte mirabiliter multa composuit, cum, sicut ex Ciceronis quoque rhetorico primo

speziellen Frage steckt aber jedenfalls eine allgemeine, da diese ja die frühere ist. 10 Ja, auch bei den Rechtsfällen könnte vielleicht alles, was zu der Frage nach der Beschaffenheit gehört, eine allgemeine Frage bilden. Milo hat Clodius getötet, mit Recht getötet, als einen Attentäter: steckt darin nicht die Frage, ob es recht sei, einen Attentäter zu töten? Wie, wenn in der Form der Vermutung gefragt wird? Liegen da nicht allgemeine Fragen: ob Haß, ob Begierde der Grund für ein Verbrechen sein könne? Ob man Aussagen auf der Folter glauben dürfe? Ob Zeugen oder Argumente größere Glaubwürdigkeit verdienen? Denn daß alles, wenn die Form der Begriffsbestimmung angewandt wird, allgemein gefaßt wird, wird gewiß einleuchten. 11 Manche glauben, es könnten bisweilen auch solche Fragen θέσεις heißen, die Personen und Rechtsfälle enthalten, wenn sie nur in anderer Form gestellt würden. So wäre es ein Rechtsfall, wenn Orest angeklagt wird, eine θέσις aber, ob Orest zu Recht freigesprochen worden sei. Von dieser Art ist die Frage, 'ob Cato zu Recht Marcia dem Hortensius überlassen habe'. Diese sehen den Unterschied zwischen Thesis und Rechtsfall darin, daß jene zum theoretischen, dieser zum praktischen Bereich gehöre; denn dort werde nur um der Erkenntnis der Wahrheit willen die Erörterung geführt, hier handele es sich um ein Rechtsgeschäft.

12 Gleichwohl glauben manche, die allgemeinen Fragen seien nutzlos für den Redner, weil es ja gar nichts helfe, daß es feststehe, man müsse ein Weib nehmen oder sich der Politik widmen, wenn jemand durch sein Alter oder gesundheitliches Befinden daran gehindert werde. Aber dieser Einwand gilt nicht für alle Fragen dieser Art, nicht z. B. für die Fragen, 'ob die Tugend das Ziel sei, oder ob die Welt durch die Vorsehung gelenkt werde'. 13 Ja, selbst bei den Fragen, die sich auf eine Person beziehen, ist es zwar nicht ausreichend, die allgemeine Frage behandelt zu haben, zum Besonderen kann man aber erst gelangen, wenn vorher das Allgemeine geklärt ist. Denn wie wird Cato die Überlegung anstellen, 'ob er ein Weib nehmen soll', wenn es nicht feststeht, daß man ein Weib nehmen soll? Und wie kann die Frage gestellt werden, 'ob er Marcia heiraten soll, wenn Cato womöglich gar nicht heiraten soll'? 14 Dennoch gibt es unter dem Namen des Hermagoras Bücher, die diese Auffassung vertreten, sei es, daß ihr Titel gefälscht ist oder daß es sich um einen anderen Hermagoras handelt. Denn wie können sie von demselben Mann stammen, der über unsere Kunst soviel in der erstaunlichsten Weise geschrieben hat, da er doch, wie auch aus dem

manifestum est, materiam rhetorices in thesis et causas diviserit? quod reprehendit Cicero ac thesin nihil ad oratorem pertinere contendit totumque hoc genus quaestionis ad philosophos refert. 15 sed me liberavit respondendi verecundia, et quod ipse hos libros improbat, et quod in Oratore atque his, quos de Oratore scripsit, et Topicis praecipit, ut a propriis personis atque temporibus avocemus controversiam, 'quia latius dicere liceat de genere quam de specie, et quod in universo probatum sit, in parte[f] probatum esse necesse sit'. 16 status autem in hoc omne genus materiae idem qui in causas cadunt. adhuc adicitur alias esse quaestiones in rebus ipsis, alias, quae ad aliquid referantur: illud 'an uxor ducenda', hoc 'an seni ducenda': illud 'an fortis', hoc 'an fortior' et similia.

17 *Causam* finit Apollodorus, ut interpretatione Valgi discipuli eius utar, ita: 'causa est negotium omnibus suis partibus spectans ad quaestionem' aut 'causa est negotium, cuius finis est controversia'. ipsum deinde *negotium* sic finit: 'negotium est congregatio personarum, locorum, temporum, causarum, modorum, casuum, factorum, instrumentorum, sermonum, scriptorum et non scriptorum'. 18 causam nunc intellegamus ὑπόθεσιν, negotium περίστασιν. sed et ipsam causam quidam similiter finierunt, ut Apollodorus negotium. Isocrates autem[g] causam esse ait 'quaestionem finitam civilem aut rem controversam in personarum finitarum complexu', Cicero his verbis: 'causa certis personis, locis, temporibus, actionibus, negotiis cernitur aut in omnibus aut in plerisque eorum'.

f) id in parte **P** *Cic.:* in parte
g) autem *om.* **BP**

ersten Buch von Ciceros ›Rhetorik‹[20] deutlich ist, den Stoff der Rhetorik in Thesen und Rechtsfälle eingeteilt hat? Cicero tadelt dieses ja gerade, behauptet, die Thesis ginge den Redner nichts an, und verweist diese ganze Art zu fragen an die Philosophen. 15 Jedoch hat er mich aus der peinlichen Lage befreit, hierauf zu antworten, weil er selbst diese Schrift verwirft und im ›Orator‹, in den Büchern ›De oratore‹ und in der ›Topik‹ die Vorschrift erteilt[21], wir sollten die Streitfragen lösen aus der Bindung an bestimmte Personen und Zeitverhältnisse, 'weil es sich umfassender über die Gattung reden ließe als über die Art und das, was für das Ganze bewiesen sei, notwendigerweise auch für den Teil gelte'[22]. 16 Es gelten für diese ganze Art von Stoffen dieselben Feststellungsformen der Stoffbehandlung (status) wie bei den Rechtsfällen. Hinzufügen läßt sich noch, daß manche Fragen den Sachverhalt selbst betreffen, andere eine Beziehung zu etwas enthalten; ersteres, 'ob man ein Weib nehmen solle'; letzteres, 'ob ein Greis ein Weib nehmen solle'. Ersteres, 'ob jemand tapfer ist', letzteres, 'ob er tapferer ist' und dergleichen.

17 Einen *Rechtsfall* definiert Apollodorus, um die Übersetzung seines Schülers Valgius zu verwenden, folgendermaßen: 'Ein Rechtsfall ist ein Geschäft, das sich mit allen seinen Teilen auf die Rechtsfrage bezieht', oder 'ein Rechtsfall ist ein Geschäft, dessen Ziel eine Streitfrage ist'. Dann definiert er das *Geschäft* selbst so: 'Ein Geschäft ist eine Verbindung von Personen, Örtlichkeiten, Zeitverhältnissen, Ursachen, Umständen, Zufällen, Handlungen, Werkzeugen, Reden, schriftlich Fixiertem und nicht schriftlich Fixiertem'. 18 Wir wollen jetzt unter 'causa' die ὑπόϑεσις (den Fall), unter 'negotium' die περίστασις (die Umstände) verstehen. Doch haben manche auch den Rechtsfall selbst ähnlich definiert wie Apollodorus das Geschäft. Isokrates aber sagt, ein Rechtsfall sei 'eine begrenzte Frage des Gemeinschaftslebens oder eine strittige Sache, die bestimmte Personen umfaßt'. Cicero[23] definiert mit folgenden Worten: 'Ein Fall wird an bestimmten Personen, Örtlichkeiten, Zeitverhältnissen, Handlungen und Geschäften erkannt – entweder an allen diesen Bestimmungen oder den meisten von ihnen.'

[20] de inv. 1, 6.

[21] orat. 14, 45; de orat. 3, 8, 30; top. 21, 81.

[22] orat. 14, 45.

[23] top. 21, 80.

VI.

1 Ergo cum omnis causa contineatur aliquo statu, prius quam dicere adgredior, quo modo genus quodque causae sit tractandum, id quod est commune omnibus, quid sit *status* et unde ducatur et quot et qui sint, intuendum puto. quamquam id nonnulli ad iudiciales tantum pertinere materias putaverunt, quorum inscitiam, cum omnia tria genera fuero exsecutus, res ipsa deprendet. 2 quod nos *statum*, id quidam *constitutionem* vocant, alii *quaestionem*, alii *quod ex quaestione appareat*, Theodorus *caput*, (id est κεφάλαιον γενικώτατον)[h] *ad quod referantur omnia*, quorum diversa appellatio, vis eadem est, nec interest discentium, quibus quidque nominibus appelletur, dum res ipsa manifesta sit. 3 statum Graeci στάσιν vocant, quod nomen non ⟨nulli⟩[i] primum ab Hermagora traditum putant, sed alii a Naucrate[j] Isocratis discipulo, alii a Zopyro Clazomenio: quamquam videtur Aeschines quoque in oratione contra Ctesiphontem uti hoc verbo, cum a iudicibus petit, ne Demostheni permittant evagari, sed eum dicere de ipso causae statu cogant. 4 quae appellatio dicitur ducta vel ex eo, quod ibi sit primus causae congressus, vel quod in hoc causa consistat. et nominis quidem haec origo: nunc quid sit. statum quidam dixerunt *primam causarum conflictionem*: quos recte sensisse, parum elocutos puto. 5 non enim est status prima conflictio 'fecisti, non feci', sed quod ex prima conflictione nascitur, id est genus quaestionis: 'fecisti, non feci, an fecerit?' 'hoc fecisti, non hoc feci, quid fecerit?' quia ex his apparet illud coniectura, hoc finitione quaerendum atque in eo pars utraque insistit, erit

h) id . . . γενικώτατον *del. Radermacher* (γενικώτατον *Halm*)
i) *add. Radermacher*
j) ab Naucrate *Philander:* ab Eucrate

SECHSTES KAPITEL

Die Feststellung der Rechtsfrage

1 Da nun jeder Fall auf einer Feststellung der Rechtsfrage ('status') beruht, glaube ich, bevor ich darangehe zu sagen, wie jede Art der Rechtsfälle zu behandeln ist, das betrachten zu müssen, was allen gemeinsam ist: was ein *status* (eine Grundfrage) ist, woher man ihn gewinnt und wie viele und welche es gibt. Allerdings haben einige geglaubt, dies gehöre nur zu den Stoffen der Gerichtsrede; doch wird deren Unkenntnis, sobald ich alle drei Redegattungen durchgegangen habe, sich aus der Sache selbst erweisen. 2 Was wir *status* nennen, nennen manche *constitutio* (Feststellung), andere *quaestio* (Fragestellung), wieder andere *das, was bei der Frage zum Vorschein kommt*, Theodorus *die Hauptsache, worauf alles sich bezieht.* Sind die Benennungen auch verschieden, so ist die Bedeutung doch die gleiche, und es macht für die Schüler nichts aus, mit welchem Namen etwas bezeichnet wird, wenn nur die Sache selbst deutlich ist. 3 Die Griechen nennen den 'status' στάσις, ein Wort, von dem einige glauben, Hermagoras habe es zuerst überliefert, andere jedoch, Naukrates, der Schüler des Isokrates, wieder andere, Zopyrus aus Klazomenai. Jedoch scheint auch Aeschines[24] in seiner Rede gegen Ktesiphon das Wort zu gebrauchen, wenn er die Richter bittet, dem Demosthenes keine Abschweifungen zu gestatten, sondern ihn zu zwingen, über den 'status causae' selbst (das, was der Fall selbst darstellt) zu reden. 4 Diese Benennung soll entweder daher abgeleitet sein, daß er die Ausgangsstellung für den Fall bietet, oder daher, daß der Fall hierin besteht. Soviel über die Herkunft des Namens. Nun seine Bedeutung. Manche haben gesagt, der Status sei *der erste Zusammenstoß in Rechtsfällen.* Diese haben, glaube ich, das Richtige empfunden, aber nicht hinreichend ausgedrückt. Denn nicht der erste Zusammenstoß der Behauptungen ist der Status, 'du hast es getan, ich habe es nicht getan', sondern, was aus dem ersten Zusammenstoß entsteht, das heißt die Form der Fragestellung: 'du hast es getan, ich habe es nicht getan: hat er es getan?' 'Du hast dies getan, ich habe dies nicht getan: was hat er getan?' Weil aus diesen Fragen erhellt, daß das erstere durch Vermutung, das zweite durch Definition zu suchen ist und beide Teile hierauf 'stehen', so wird die Frage zum Konjektural- oder

[24] 3, 206.

quaestio coniecturalis vel finitivi status. 6 quid si enim dicat quis 'sonus est duorum inter se corporum conflictio': erret, ut opinor; non enim sonus est conflictio, sed ex conflictione. et hoc levius (intellegitur enim utcumque dictum): inde vero ingens male interpretantibus innatus est error, qui quia primam conflictionem legerant, crediderunt statum semper ex prima quaestione ducendum, quod est vitiosissimum. 7 nam quaestio nulla non habet utique statum (constat enim ex intentione et depulsione), sed aliae sunt propriae causarum, de quibus ferenda sententia est, aliae adductae extrinsecus, aliquid tamen ad summam causae conferentes velut auxilia quaedam: quo fit ut in controversia una plures quaestiones esse dicantur. 8 harum porro plerumque levissima quaeque primo loco fungitur. namque et illud frequens est, ut ea, quibus minus confidimus, cum tractata sunt, omittamus, interim sponte nostra velut donantes, interim ad ea, quae sunt potentiora, gradum ex his fecisse contenti. 9 simplex autem causa, etiamsi varie defenditur, non potest habere plus uno, de quo pronuntietur, atque inde erit *status causae*, quod et orator praecipue sibi optinendum et iudex spectandum maxime intellegit; in hoc enim causa consistet. 10 ceterum quaestionum possunt esse diversi. quod ut brevissimo pateat exemplo, cum dicit reus 'etiam si feci, recte feci', qualitatis utitur statu: cum adicit 'sed non feci', coniecturam movet. semper autem firmius est non fecisse, ideoque in eo statum esse iudicabo, quod dicerem, si mihi plus quam unum dicere non liceret. 11 recte igitur est appellata causarum prima conflictio, non quaestionum. nam et pro Rabirio Postumo Cicero prima parte orationis in hoc intendit, ut

Definitionsstatus gehören. 6 Denn wie wäre es, wenn jemand sagte: 'Der Ton ist der Zusammenstoß zweier Körper'? Er irrte doch, wie ich meine; denn nicht der Ton ist der Zusammenstoß, sondern er entsteht aus dem Zusammenstoß. Das ist noch harmlos – denn man versteht es ja, wie es auch ausgedrückt ist. Jedoch ist daher durch falsche Auslegung bei denen ein gewaltiger Fehler entstanden, die, weil sie von einem ersten Zusammenstoß gelesen hatten, glaubten, der Status müsse immer aus der ersten Frage(stellung) abgeleitet werden, was der größte Fehler ist. 7 Denn es gibt ja keine Frage, die nicht jedenfalls einen Status (eine Sachfeststellung) enthält – denn sie besteht ja aus Behauptung und Abweisung der Behauptung –, aber ein Teil der Fragen gehört unmittelbar zu den Fällen, über die es zu entscheiden gilt, andere sind von außen hinzugekommen, tragen aber doch etwas zur Hauptsache bei, gewissermaßen wie Hilfstruppen. So kommt es, daß man sagt, in einer Streitfrage gebe es mehrere Fragen. 8 Von diesen steht ja aber nun meistens gerade die unwichtigste an der ersten Stelle. Denn auch das ist häufig, daß wir das, wovon wir uns weniger versprechen, sobald es behandelt ist, beiseite lassen, bald so, als verschenkten wir es freiwillig, bald auch damit zufrieden, von hier aus den Übergang zu dem gewonnen zu haben, was stärkere Wirkung verspricht. 9 Ein einfacher Fall aber kann, auch wenn die Verteidigung auf verschiedene Weise geführt wird, nicht mehr als einen Punkt haben, über den der Richterspruch gefällt werden soll, so wird das *der Status des ganzen Falles* sein, wovon sowohl der Redner weiß, daß er es vor allem verfechten, wie auch der Richter, daß er es am stärksten beachten muß. Denn darin wird der ganze Fall bestehen. 10 Im übrigen können für die Frage die Status verschieden sein. Um das an einem ganz kurzen Beispiel klarzumachen: wenn der Angeklagte sagt: 'Auch wenn ich es getan habe, habe ich es zu Recht getan', so verwendet er den Qualitätsstatus (die Feststellungsform der Beschaffenheit); wenn er hinzufügt: 'aber ich habe es nicht getan', so veranlaßt er die Verwendung des Konjekturalstatus (der Feststellungsform durch Vermutung). Immer aber ist es sicherer, es nicht getan zu haben, und deshalb werde ich entscheiden, der Status bestehe in dem, was ich sagen würde, wenn ich nicht mehr als eines nennen dürfte. 11 Zu Recht ist der Status also der erste Zusammenstoß in den Rechtsfällen, nicht in den Fragen, genannt worden: denn etwa für den Rabirius Postumus hat Cicero im ersten Teil der Rede das Bestreben zu leugnen, daß der Prozeß gegen einen römischen Ritter zulässig sei,

actionem competere in equitem Romanum neget, secunda nullam ad eum pecuniam pervenisse confirmat. statum tamen in eo dicam fuisse, quod est potentius. 12 nec in causa Milonis circa primas quaestiones, quae sunt ἀντὶ προοιμίου[k] positae, iudicabo conflixisse causam, sed ubi totis viribus insidiator Clodius ideoque iure interfectus ostenditur. et hoc est, quod ante omnia constituere in animo suo debeat orator, etiam si pro causa plura dicturus est, quid maxime liquere iudici velit. quod tamen ut primum cogitandum, ita non utique primum dicendum erit.

13 Alii statum crediderunt primam eius, cum quo ageretur, deprecationem. quam sententiam his verbis Cicero complectitur: 'in quo primum insistit quasi ad repugnandum congressa defensio'. unde rursus alia quaestio, an eum semper is faciat, qui respondet. cui rei praecipue repugnat Cornelius Celsus dicens 'non a depulsione sumi, sed ab eo, qui propositionem suam confirmet', ut, si hominem occisum reus negat, status ab accusatore nascatur, quia is velit probare; si iure occisum reus dicit, translata probationis necessitate idem a reo fiat et sit eius intentio. 14 cui non accedo equidem. nam est vero propius, quod contra dicitur, nullam esse litem, si is, cum quo agatur, nihil respondeat, ideoque fieri statum a respondente. 15 mea tamen sententia varium id est et accidit pro condicione causarum, quia et videri potest propositio aliquando statum facere, ut in coniecturalibus causis (utitur enim coniectura magis qui agit, quo moti quidam eundem a reo *infitialem* esse dixerunt) et in syllogismo tota

k) ἀντὶ προοιμίου *Buttmann:* ante prooemium quae . . . positae *del. Halm*

im zweiten Teil führt er den Beweis, es sei kein Geld in seine Hände gelangt. Und doch werde ich sagen, die Grundfrage sei das gewesen, was die stärkere Wirkung hat. 12 Auch in dem Prozeß des Milo werde ich nicht in den ersten Fragen, die ἀντὶ προοιμίου (statt eines Prooemiums) stehen, die entscheidende Grundspannung des Rechtsfalles sehen, sondern da, wo mit allen Kräften Clodius als Attentäter und deshalb seine Tötung als rechtmäßig erwiesen wird. Das ist es, was vor allem der Redner in seinem Geiste festhalten muß und wovon er, auch wenn er für seinen Rechtsfall noch mehrerlei bringen will, vor allem wünscht, daß es dem Richter klar werde. Doch wenn er dies auch als das erste in seinen Gedanken hat, so braucht es nicht unbedingt in der Rede das erste zu sein (woher der Status abgeleitet wird).

13 Andere haben als Status das betrachtet, was der Prozeßgegner zuerst bestreitet. Diese Meinung drückt Cicero[25] so aus: 'Das, worauf die Verteidigung, gleichsam zum Widerstand angetreten, zuerst eine feste Stellung bezieht'; woraus wieder die andere Frage entsteht, ob den Status immer der bestimmt, der antwortet. Dem widersetzt sich vor allem Cornelius Celsus, indem er sagt, der Status werde 'nicht aus der Abwehr entnommen, sondern von dem, der seine Behauptung beweist'. So entstehe, wenn der Angeklagte sagt, der Mensch sei nicht getötet worden, der Status beim Ankläger, weil er dies beweisen wolle. Wenn der Angeklagte sagt, der Mensch sei mit Recht getötet worden, so gehe, weil sich der Beweiszwang verlagert habe, der Status vom Angeklagten aus und sei dessen Beweisziel. 14 Dem kann ich mich allerdings nicht anschließen; denn der Wahrheit näher steht, was dagegen geltend gemacht wird, daß es nämlich gar nicht zum Streit komme, wenn der Prozeßgegner nicht antworte. Deshalb komme der Status durch den Antwortenden zustande. 15 Nach meiner Meinung indessen ist es abwechselnd[26] und richtet sich nach der Lage der Fälle, weil offenbar manchmal die Behauptung den Status bestimmen kann, z. B. bei den Fällen, die auf Vermutung (bei der Feststellung der Rechtsfrage) beruhen – denn der Kläger verwendet eher die Vermutung, wodurch sich manche bestimmen lassen, den Vermutungsstatus vom Angeklagten aus als Leugnungsstatus zu bezeichnen –, und bei denen, die auf dem *Schlußverfahren* beruhen, geht die ganze Beweisführung von dem aus,

[25] top. 25, 93.

[26] nämlich bald die Behauptung des Klägers, bald die Antwort des Beklagten.

ratiocinatio ab eo est, qui intendit. 16 sed quia videtur illic[1] quoque necessitatem hos status exsequendi facere qui negat (is enim si dicat 'non feci', coget adversarium coniectura uti, et si dicat 'non habes legem', syllogismo), concedamus ex depulsione nasci statum. nihilo minus enim res eo revertetur, ut modo is qui agit, modo is cum quo agitur, statum faciat. 17 sit enim accusatoris intentio 'hominem occidisti', si negat reus, faciat statum qui negat. quid? si confitetur, sed iure a se adulterum dicit occisum (nempe legem esse certum est, quae permittat), nisi aliquid accusator respondet, nulla lis est. 'non fuit' inquit 'adulter': ergo depulsio incipit esse actoris, ille statum faciet. ita erit quidem status ex prima depulsione, sed ea fiet ab accusatore, non a reo. 18 quid quod eadem quaestio potest eundem vel accusatorem facere vel reum? 'qui artem ludicram exercuerit, in quattuordecim primis ordinibus ne sedeat: qui se praetori in hortis ostenderat, neque erat productus, sedit in quattuordecim ordinibus'. 19 nempe intentio est: 'artem ludicram exercuisti', depulsio: 'non exercui artem ludicram', quaestio: 'quid sit artem ludicram exercere'. si accusabitur theatrali lege, depulsio erit rei; si excitatus fuerit de spectaculis et aget iniuriarum, depulsio erit accusatoris. 20 frequentius tamen illud accidet, quod est a plurimis traditum. effugerunt has quaestiones qui dixerunt, statum esse id, quod appareat ex intentione et depulsione, ut 'fecisti', 'non feci' aut 'recte feci'. 21 viderimus tamen, utrum id sit status an in eo status. Hermagoras statum vocat, per quem subiecta res intellegatur

1) illic *Regius:* illi **A** illis **BP**

der das Beweisziel verfolgt. 16 Aber weil auch da der Leugnende die Notwendigkeit bewirkt, die Status zu verwenden – denn wenn er sagt 'ich habe es nicht getan', wird er den Gegner zwingen, die Vermutungsform zu verwenden, und wenn er sagt 'du hast kein Gesetz dafür', die Schlußform –, so wollen wir zugeben, daß der Status aus der Ablehnung entsteht. Nichtsdestoweniger wird es dann wieder dahin kommen, daß bald der Kläger, bald der Beklagte den Status bewirkt. 17 Denn angenommen, das Beweisziel des Klägers sei die Behauptung 'du hast den Menschen getötet', so wird wohl der Angeklagte, wenn er es leugnet, den Status bewirken. Wie aber, wenn er es zugibt, aber sagt, jener sei als Ehebrecher von ihm mit Recht getötet worden – denn natürlich gibt es ein Gesetz, das dies erlaubt: wenn dann der Ankläger nichts antwortet, kommt gar kein Streit zustande. 'Aber er war, sagt er, kein Ehebrecher': also beginnt die Abwehr Sache des Klägers zu sein: er wird den Status bewirken. So wird zwar der Status aus der ersten Abwehr stammen, jedoch wird diese vom Ankläger geltend gemacht werden, nicht vom Angeklagten. 18 Ja, kann nicht die gleiche Frage dieselbe Person entweder zum Ankläger machen oder zum Angeklagten? 'Wer die Schauspielkunst ausgeübt hat, darf nicht in den vierzehn ersten Reihen bei den Spielen[27] sitzen. Nun saß ein Mann, der sich dem Praetor in der Probevorstellung in den Gärten gezeigt hatte, aber nicht zur Aufführung zugelassen worden war, in den vierzehn Reihen.' 19 Natürlich ist das Beweisziel die Behauptung: 'Du hast die Schauspielkunst ausgeübt', die Abwehr: 'Ich habe die Schauspielkunst nicht ausgeübt', die Frage: 'Was heißt, die Schauspielkunst ausüben?' Wenn er nach dem Theatergesetz[28] angeklagt wird, wird die Abwehr der Behauptung Sache des Angeklagten sein. Wenn er aus dem Theater ausgewiesen worden ist und einen Prozeß wegen ungerechter Behandlung anstrengt, wird die Abwehr Sache des Anklägers sein. 20 Häufiger wird dennoch der Status von dem Angeklagten bewirkt werden, also es so kommen, wie es die meisten gelehrt haben. Diesen Fragen haben sich diejenigen entzogen, die gesagt haben, der Status sei das, was aus der Behauptung und der Abwehr der Behauptung zum Vorschein komme, z. B. 'du hast es getan', (und dann) 'ich habe es nicht getan' oder 'ich habe es zu Recht getan'. 21 Wir könnten jedoch betrachten, ob dies der Status ist oder ob darin der Status sei. Hermagoras nennt Status

[27] die für den Ritterstand reserviert waren.

[28] des Roscius Otho vom J. 67 v. Chr.

et ad quem probationes etiam partium referantur. nostra opinio semper haec fuit, cum essent frequenter in causa diversi quaestionum status, in eo credere statum causae, quod esset in ea potentissimum et in quo maxime res verteretur. id si quis *generalem quaestionem vel caput generale* dicere malet, cum hoc mihi non erit pugna, non magis quam si aliud adhuc, quo idem intellegatur, eius rei nomen invenerit, quamquam tota volumina in hanc disputationem impendisse multos sciam: nobis statum dici placet. 22 sed cum in aliis omnibus inter scriptores summa dissensio est, tum in hoc praecipue videtur mihi studium quoque diversa tradendi fuisse: adeo nec qui sit numerus nec quae nomina nec qui generales quive speciales sint status convenit.

23 Ac primum Aristoteles elementa decem constituit, circa quae versari videatur omnis quaestio: οὐσίαν, quam Plautus *essentiam* vocat (neque sane aliud est eius nomen Latinum), sed ea quaeritur 'an sit': *qualitatem*, cuius apertus intellectus est: *quantitatem*, quae dupliciter a posterioribus divisa est, quam magnum et quam multum sit: *ad aliquid* unde ductae translatio et comparatio: 24 post haec *ubi et quando*: deinde *facere*, *pati*, *habere*, quod est quasi armatum esse, vestitum esse: novissime κεῖσθαι, quod est *compositum esse quodam modo*, ut calere, stare, irasci. sed ex his omnibus prima quattuor ad status pertinere, cetera ad quosdam locos argumentorum videntur. 25 alii novem elementa posuerunt: *personam*, in qua de animo, corpore, extra positis quaeratur, quod pertinere ad coniecturae et qualitatis instrumenta video: *tempus*, quod χρόνον vocant, ex quo quaestio, an is, quem, dum addicta est, mater peperit, servus sit

das, wodurch der zugrundeliegende Sachverhalt erkannt werde und worauf auch die Beweise der einzelnen Teile sich bezögen. Unsere eigene Auffassung war immer die, wenn öfters in einem Fall verschiedene Status der einzelnen Fragen vorhanden seien, den Status des ganzen Falles in dem zu erkennen, was in ihm am stärksten ins Gewicht fällt und worin die entscheidende Wendung der ganzen Sache sich zeigt. Wenn jemand das lieber *die allgemeine Frage oder den allgemeinen Hauptpunkt* nennen mag, so werde ich mit ihm nicht streiten, so wenig, als wenn er hierfür noch einen anderen Namen, der dieselbe Bedeutung hat, erfinden sollte, obwohl ich weiß, daß viele ganze Bände dieser Erörterung gewidmet haben. 22 Uns ist der Name 'Status' recht. Jedoch herrscht schon bei allen anderen Bezeichnungen unter den Schriftstellern die größte Meinungsverschiedenheit, vor allem hierbei aber scheint mir auch das Bestreben, Verschiedenes zu lehren, sich besonders geltend zu machen: so wenig Übereinstimmung herrscht in den Fragen, wie groß die Zahl der Status, welches ihre Namen, welches allgemeine und welches besondere Status sind.

23 Nun hat Aristoteles[29] zuerst zehn elementare Kategorien aufgestellt, um die sich offenbar jede Frage dreht: die οὐσία (das Wesen), die Plautus[30] *essentia* nennt – und einen anderen lateinischen Namen hierfür gibt es freilich nicht! Sie steht auf die Frage, 'ob etwas sei'. Die *Beschaffenheit*, deren Bedeutung jedem klar ist. Die Frage nach der *Quantität*, die von den Späteren zweigeteilt worden ist: wie groß und wie viel es sei; die Frage, *in welcher Beziehung zu etwas*, woher die Status-Form der 'translatio' und 'comparatio' (der 'Abschiebung auf einen anderen' und der 'Vergleichung'); 24 danach das *wo und wann*; sodann das *tun*, *leiden*, *haben*, das heißt z. B. bewaffnet sein, gekleidet sein; als letztes das κεῖσθαι, das heißt *in einer bestimmten Weise beschaffen sein* z. B. warm sein, stehen, zürnen. Doch von allen diesen haben offenbar nur die ersten vier etwas mit den Status zu tun, die übrigen wohl mit bestimmten Gruppen der Beweismittel. 25 Andere haben neun Grundbestandteile aufgestellt: *die Person*, bei der Geist, Körper und äußeres Zubehör in einer Frage vorkommen können; das hat, sehe ich, seine Bedeutung für die Durchführung der Vermutungs- und der Bewertungsfrage. *Die Zeit*, der sogenannte χρόνος, von der die Frage abhängt, ob jemand, den seine Mutter während ihrer Schuldknechtschaft

[29] Categ. 2, 7.
[30] der Stoiker vgl. o. B. 2, 14 Anm. 25.

natus: *locum*, unde controversia videtur, an fas fuerit tyrannum in templo occidere, an exulaverit qui domi latuit: 26 *tempus* iterum, quod καιρόν appellant, hanc autem videri volunt speciem illius temporis, ut aestatem vel hiemem; huic subicitur ille in pestilentia comisator: *actum*, id est πρᾶξιν, quod eo referunt, sciens commiserit an insciens, necessitate an casu, et talia: *numerum*, qui cadit in speciem quantitatis, an Thrasybulo triginta praemia debeantur, qui tot tyrannos sustulerit: 27 *causam*, cui plurimae subiacent lites, quotiens factum non negatur, sed quia iusta ratione sit factum, defenditur: τρόπον, cum id, quod alio modo fieri licet, alio dicitur factum; hinc est adulter loris caesus vel fame necatus: *occasionem factorum*, quod est apertius, quam ut vel interpretandum vel exemplo sit demonstrandum; tamen ἀφορμὰς ἔργων vocant. 28 hi quoque nullam quaestionem extra haec putant. quidam detrahunt duas partis, numerum et occasionem, et pro illo, quod dixi actum, subiciunt *res*, id est πράγματα. qua ne praeterisse viderer, satis habui attingere. ceterum his nec status satis ostendi nec omnis contineri locos credo, quod apparebit diligentius legentibus quae de utraque re dicam; erunt enim plura multo, quam quae his elementis comprehenduntur.

29 Apud plures auctores legi, placuisse quibusdam unum omnino

zur Welt gebracht hat, als Sklave geboren sei. *Der Ort*, der in den Streitfällen mitspielt: ob es dem Sakralrecht entsprach, den Tyrannen im Tempel zu töten, oder ob in der Verbannung gelebt habe, wer zu Hause versteckt gewesen sei. 26 Noch einmal *die Zeit*; und zwar den καιρός, worin sie eine besondere Erscheinungsform der Zeit sehen wollen, z. B. Sommer oder Winter. Hierhin gehört die bekannte Frage vom Schwelger bei der Seuche[31]. *Die Handlung*, das heißt πρᾶξις, die sie darauf beziehen, ob jemand etwas wissentlich begangen hat oder unwissentlich, unter Zwang oder durch Zufall und dergleichen. *Die Zahl*, die zur Frage der Beschaffenheit gehört, ob dem Thrasybulus dreißig Belohnungen gebührten, weil er ebenso viele Tyrannen gestürzt habe. 27 *Der Grund*, dem die meisten Streitfälle zugehören: wenn die Tat nicht geleugnet, sondern damit verteidigt wird, sie sei aus gerechtem Grund erfolgt. Der τρόπος: wenn das, was auf eine Weise geschehen durfte, auf eine andere Weise geschehen sein soll. So der Ehebrecher, der mit Riemen geschlagen oder durch Hunger getötet[32] worden ist. *Die Gelegenheit zur Tat*, was zu klar ist, als daß es eine Erläuterung oder ein Beispiel zur Veranschaulichung nötig hätte. Jedoch nennen sie diesen Punkt die ἀφορμαὶ ἔργων[33]. 28 Auch diese Einteilung soll nach der Meinung ihrer Vertreter jede Frage innerhalb ihrer Gruppierung umfassen. Manche ziehen zwei Abteilungen ab, die Zahl und Gelegenheit, und setzen an die Stelle dessen, was ich Handlung genannt habe, *das Geschehen*, die πράγματα. Ich begnüge mich, das zu berühren, um nicht in den Verdacht zu geraten, es übergangen zu haben. Im übrigen bin ich der Meinung, daß durch diese Kategorien weder der Status hinreichend bezeichnet noch alle Gesichtspunkte erfaßt werden, was deutlich werden wird, wenn man etwas genauer liest, was ich über diese beiden Punkte sagen werde. Es wird dabei viel mehr zur Sprache kommen, als was diese Grundbestandteile umfassen.

29 Bei mehreren Verfassern habe ich gelesen, manche Gelehrte

[31] Der καιρός ist hier die Notzeit. Auf solche Stoffe für Übungsreden kann Quint. so knapp hinweisen, weil seine Leser diese Etuden alle aus ihrer Studienzeit kennen. Wir kennen diese Etude nicht, da die Deklamationen nur sehr trümmerhaft überliefert sind.

[32] also nicht nur im Affekt getötet worden ist, was straffrei war.

[33] 'antreibende Voraussetzungen' zur Tat. Für Quint. sind solche Fachausdrücke des griechischen Systematisierungstriebes eigentlich leeres Getue. Er wagt es aber bezeichnenderweise nicht, auf sie zu verzichten.

statum esse coniecturalem, sed quibus placuerit, neque illi tradiderunt neque ego usquam reperire potui. rationem tamen hanc secuti dicuntur, quod res omnis signis colligeretur. quo modo licet qualitatis quoque solum statum faciant, quia ubique, qualis sit cuiusque rei natura, quaeri potest. sed utrocumque modo sequetur summa confusio. 30 neque interest, unum quis statum faciat an nullum, si omnes causae sunt condicionis eiusdem. *coniectura* dicta est a coniectu, id est derectione quadam rationis ad veritatem, unde etiam somniorum atque ominum interpretes coniectores vocantur. appellatum tamen est hoc genus varie, sicut sequentibus apparebit.

31 Fuerunt qui duos status facerent: Archedemus *coniecturalem* et *finitivum* exclusa *qualitate*, quia sic de ea quaeri existimabat 'quid esset iniquum? quid iniustum? quid dicto audientem non esse?' quod vocat *de eodem et alio*. 32 huic diversa sententia eorum fuit, qui duos quidem status esse voluerunt, sed unum *infitialem*, alterum *iuridicalem*. *infitialis* est, quem dicimus coniecturalem, cui ab infitiando nomen alii in totum dederunt, alii in partem, qui accusatorem coniectura, reum infitiatione uti putaverunt. 33 *iuridicalis* est, qui Graece dicitur δικαιολογικός. sed quem ad modum ab Archedemo qualitas exclusa est, sic ab his repudiata finitio. nam subiciunt eam iuridicali quaerendumque arbitrantur, iustumne sit sacrilegium appellari quod obiciatur vel furtum vel amentiam. 34 qua in opinione Pamphilus fuit, sed qualitatem in plura partitus est. plurimi deinceps, mutatis tantum nominibus, *in rem de qua non constet et in rem*,

ständen auf dem Standpunkt, es gebe überhaupt nur den einen Vermutungsstatus, jedoch haben sie weder überliefert, wer diesen Standpunkt vertritt, noch habe ich es selbst ausfindig machen können. Indessen heißt es, die Vertreter dieser Auffassung hätten sich dabei von dem Gesichtspunkt leiten lassen, jeder Sachverhalt werde aus Zeichen erschlossen. Auf diese Weise könnten sie freilich auch den Status der Beschaffenheit zum einzigen erklären, weil man überall fragen kann, von welcher Beschaffenheit ein jeder Sachverhalt seiner Natur nach sei. 30 Aber auf beide Weise wird die größte Verwirrung eintreten. Auch macht es keinen Unterschied, ob man einen Status annimmt oder keinen, wenn alle Fälle auf der gleichen Voraussetzung beruhen. *Coniectura* (Vermutung) ist von 'coniectus' (Hinschleudern) abgeleitet, das heißt einer Art von Lenkung des Verstandes auf die Wahrheit hin, weshalb auch die Deuter von Träumen und Vorzeichen 'coniectores' heißen. Doch hat man diese Art des Status auf verschiedene Weise bezeichnet, wie aus dem Folgenden deutlich werden wird.

31 Es hat auch Gelehrte gegeben, die nur zwei Status angenommen haben: Archedemus[34] den der *Vermutung* und der *Definition*, wobei er also den der *Beschaffenheit* ausschloß, weil er glaubte, in ihm gehe es um die Frage: 'Was heiße unbillig? Was ungerecht? Was, einen Befehl verweigern?' Fragen, die er als das *Problem desselben und anderen* anspricht. 32 Davon verschieden war die Meinung derer, die zwar auch nur zwei Status gelten ließen, jedoch erstens den der *Leugnung* und zweitens den der *Rechtsklärung*. *Leugnungs*status ist das, was wir den Vermutungsstatus nennen, bei dem ja wegen der in ihm enthaltenen Leugnung manche danach das Ganze bezeichnet haben, andere nur einen Teil, indem sie meinten, der Ankläger verwende die Vermutung, der Angeklagte die Leugnung. 33 Der *Rechtsklärungs*status ist das, was griechisch δικαιολογικός heißt. Doch wie bei Archedemus die Beschaffenheit ausgeschlossen wurde, so wurde bei ihnen die Definition als Status abgelehnt. Denn sie ordnen diese der Rechtsklärung unter und glauben, es sei zu fragen, ob es gerecht sei, die Anschuldigung als Schändung des Heiligtums oder als Diebstahl oder als Wahnsinn zu bezeichnen. 34 Dieser Auffassung war Pamphilus, doch zerlegte er die Frage nach der Beschaffenheit in mehrere Teile. Danach haben dann sehr viele, indem sie nur andere Namen einsetzten, die Zweiteilung *in die Sache, über die keine Gewißheit besteht, und in die*

[34] St. Vet. fr. 11 Arnim.

de qua constet. nam est verum, nec aliter fieri potest, quam ut aut certum sit factum esse quid aut non sit; si non est certum, coniectura sit, si certum est, reliqui status. 35 nam idem dicit Apollodorus, cum quaestionem aut *in rebus extra positis*, quorum quibus coniectura explicatur, aut *in nostris opinionibus* existimat positam illud πραγματικόν, hoc περὶ ἐννοίας vocat. idem, qui ἀπρόληµπτον et προληµπτικόν dicunt, id est *dubium* et *praesumptum*, quo significatur de quo liquet. 36 idem Theodorus, qui de *eo an sit et de accidentibus ei, quod esse constat*, id est περὶ οὐσίας καὶ συμβεβηκότων existimat quaeri. nam in his omnibus prius genus coniecturam habet, sequens reliqua. sed haec reliqua Apollodorus duo vult esse, *qualitatem* et *de nomine*, id est finitivam: Theodorus, *quid, quale, quantum, ad aliquid.* 37 sunt et qui *de eodem et de alio* modo *qualitatem* esse, modo *finitionem* velint. in duo et Posidonius dividit, *vocem* et *res.* in voce quaeri putat 'an significet, quid, quam multa, quo modo': rebus coniecturam, quod κατ' αἴσθησιν vocat, et qualitatem et finitionem, cui nomen dat κατ' ἔννοιαν, et ad aliquid. unde et illa divisio est, alia esse *scripta*, alia *inscripta.* 38 Celsus Cornelius duos et ipse fecit status generales: *an sit? quale sit?* priori subiecit finitionem, quia aeque quaeratur, an sit sacrilegus, qui nihil se sustulisse de templo dicit et qui privatam pecuniam confitetur sustulisse, qualitatem in *rem et scriptum* dividit. scripto quattuor partes legales exclusa translatione, quantitatem et mentis quaestionem coniecturae subiecit. 39 est etiam illa in duos dividendi status ratio, quae docet aut *de substantia* controversiam esse aut *de qualitate*, ipsam porro qualitatem aut *in summo*

Sache, über die Gewißheit besteht, vorgenommen. Denn es ist wahr und kann nicht anders sein, als daß es entweder gewiß ist, daß etwas geschehen ist, oder nicht. Wenn es nicht gewiß ist, gelte die Vermutung, wenn es gewiß ist, die übrigen Status. 35 Dasselbe sagt ja auch Apollodorus, wenn er der Meinung ist, die Frage beruhe entweder *auf äußeren Tatsachen*, durch die die Vermutung begründet wird, oder *auf unseren Vorstellungen*, wovon er das erstere πραγματικόν, das letztere περὶ ἐννοίας nennt. Ebenso auch diejenigen, die es ἀπρόληπτον und προληπτικόν nennen, das heißt *Zweifelhaftes* und *vorher Erfaßtes*, womit das bezeichnet wird, worüber Klarheit besteht. 36 Ebenso auch Theodorus, der meint, es werde gefragt *nach etwas, ob es sei, und nach den Begleiterscheinungen dessen, was als Tatsache feststeht*, das heißt περὶ οὐσίας καὶ συμβεβηκότων. Denn in allen diesen Zweiteilungen enthält die erste Gattung die Vermutung, die zweite das übrige. Doch dies übrige soll nach Apollodorus wieder zweierlei sein: *die Beschaffenheit* und *die Frage der Benennung*, das heißt die der Definition; nach Theodorus die Fragen: *Was? wie beschaffen? wie groß? und in Beziehung auf was?* 37 Es gibt auch solche, die in der Frage *nach demselben und dem anderen* bald *die Beschaffenheit*, bald *die Definition* sehen wollen. Auch Posidonius[35] hat eine Zweiteilung, *die Benennung* und *die Sache*. Bei der Benennung, glaubt er, werde gefragt, 'ob sie bezeichnen, was, wie vieles und wie', den Sachen weist er die Vermutung zu, die er κατ' αἴσθησιν (nach der Wahrnehmung) nennt, die Beschaffenheit, die Definition, der er den Namen κατ' ἔννοιαν (nach der Bedeutung) gibt, und die Beziehung auf etwas. Daher kommt auch die Einteilung, manches sei *schriftlich* fixiert, anderes *nicht*. 38 Cornelius Celsus hat ebenfalls zwei allgemeine Status angenommen: *Ob es sei?*, *wie es beschaffen sei?* Dem ersteren hat er die Definition untergeordnet, weil man ja ohne Unterschied frage, ob jemand ein Tempelräuber sei, der sagt, er habe nichts aus dem Tempel genommen, und ob es jemand sei, der gesteht, er habe privates Vermögen weggenommen. Die Beschaffenheit teilt er in *die Sache und das schriftlich Fixierte* ein. Dem Geschriebenen hat er vier Möglichkeiten der Gesetzesauswirkung untergeordnet, jedoch nicht die Abweisung der Zuständigkeit, der Vermutung das 'wieviel' und die Frage der geistigen Verfassung. 39 Es gibt auch bei der Zweiteilung der Status die Methode, die lehrt, entweder gehe es beim Streit um *die Substanz* (das Ding selbst) oder um *die Beschaffenheit*, die Beschaffenheit wieder selbst beruhe ent-

[35] P. fragmenta p. 232 Ba.

genere consistere aut *in succedentibus*. 40 de substantia est coniectura; quaestio enim tractatur rei, an facta sit, an fiat, an futura sit, interdum etiam mentis: idque melius, quam quod iis placuit, qui statum eundem *facti* nominaverunt, tamquam de praeterito tantum et tantum de facto quaereretur. 41 pars qualitatis, quae est de summo genere, raro in iudicium venit, quale est 'idne sit honestum, quod vulgo laudatur'. succedentium autem aliae de communi appellatione, ut 'sitne sacrilegus, qui pecuniam privatam ex templo furatus est', aut de re denominata, ubi et factum esse certum est nec dubitatur, quid sit quod factum est. cui subiacent omnes de honestis, iustis, utilibus quaestiones. 42 his etiam ceteri status contineri dicuntur, quia et quantitas modo ad coniecturam referatur, ut 'maiorne sol quam terra', modo ad qualitatem 'quanta poena quempiam quantove praemio sit adfici iustum', et translatio versetur circa qualitatem et definitio pars sit translationis; 43 quin et contrariae leges et ratiocinativus status, id est συλλογισμός, et plerumque scripti et voluntatis aequo nitantur, nisi quod hic tertius aliquando coniecturam accipit 'quid senserit legis constitutor', ambiguitatem vero semper coniectura explicari necesse sit, quia, cum sit manifestum verborum intellectum esse duplicem, de sola quaeritur voluntate.

44 A plurimis tres sunt facti generales status, quibus et Cicero in Oratore utitur et omnia, quae aut in controversiam aut in contentionem veniant, contineri putat: *sitne? quid sit? quale sit?* quorum nomina apertiora sunt, quam ut dicenda sint. 45 idem Iatrocles[m] sentit. tres fecit et M. Antonius his quidem verbis: 'paucae res sunt, quibus ex rebus omnes orationes nascuntur, factum non factum,

m) Patrocles **AP²**

weder *auf der höchsten Gattung* oder *auf einer ihrer Stufen.* 40 Im Bereich der Substanz herrscht die Vermutung; es wird nämlich die Frage nach der Sache behandelt, ob sie geschehen sei, geschehe oder geschehen werde, bisweilen auch die nach den geistigen Voraussetzungen. Und das ist besser als die Auffassung derer, die dies den *Geschehens*status genannt haben, als werde die Frage nur für das Vergangene und für das Geschehene gestellt. 41 Der Bereich des Beschaffenheitsstatus, der die höchste Gattung betrifft, kommt selten zu gerichtlicher Entscheidung, z. B. 'ob das ehrenhaft sei, was von der Menge gelobt wird'. Ihre Stufen aber betreffen entweder die allgemeine Benennung, z. B. 'ob der ein Tempelschänder sei, der Privatvermögen aus dem Tempel gestohlen hat', oder die benannte Sache, bei der es feststeht, daß sie geschehen sei, und kein Zweifel besteht, was das sei, was geschehen ist. Hierhin gehören dann alle Fragen nach ehrenhaften, gerechten und nützlichen Handlungen. 42 Hierin sollen dann auch die übrigen Status enthalten sein; denn die Frage des Größenverhältnisses gehöre bald zur Vermutung, z. B. 'ob die Sonne größer sei als die Erde', bald zur Beschaffenheit, z. B. 'wie groß die Strafe oder wie groß die Belohnung sein solle, die einer verdient'; auch die Bestreitung der Zuständigkeit (translatio) gehöre zur Beschaffenheit, und die Definition sei ein Teil der Frage nach der Zuständigkeit, 43 ja, sogar sich widersprechende Gesetze und der Schlußstatus, das heißt συλλογισμός, und der größte Teil dessen, was zur Frage von Wortlaut und Absicht des Geschriebenen gehöre, beruhe auf der Ermessensentscheidung, nur bei der dritten der genannten Fragen (Wortlaut und Absicht) passe manchmal die Vermutungsform, 'was der Gesetzgeber gemeint habe', die Zweideutigkeit aber müsse immer durch Vermutung geklärt werden; denn, da es feststehe, daß der Wortlaut doppeldeutig sei, wird nur nach der Absicht gefragt.

44 Die meisten haben die drei Hauptfragen angenommen, deren sich auch Cicero[36] im ›Orator‹ bedient, wenn er annimmt, alles, was zu einer Meinungsverschiedenheit oder zu einem Streit führe, sei in den drei Fragen enthalten: *Ob es sei, was es sei, wie beschaffen es sei.* Die Benennungen dieser drei Fragen sind zu deutlich, als daß sie besprochen werden müßten. 45 Der gleichen Meinung ist auch Iatrokles. Drei hat auch M. Antonius angenommen, und zwar in folgender Formulierung: 'Wenige Dinge sind es, aus denen alle Reden hervorgehen, Geschehenes, Ungeschehenes; Recht, Unrecht;

[36] orat. 14, 45.

ius iniuria, bonum malum'. sed quoniam, quod iure dicimur fecisse, non hunc solum intellectum habet, ut lege, sed illum quoque, ut iuste fecisse videamur, secuti Antonium apertius voluerunt eosdem status distinguere, itaque dixerunt coniecturalem, legalem, iuridicalem, 46 qui et Verginio placent. horum deinde fecerunt species, ita ut legali subicerent *finitionem* et alios, qui *ex scripto* ducuntur, *legum contrariarum*, quae ἀντινομία dicitur, et *scripti et sententiae vel voluntatis*, id est κατὰ ῥητὸν καὶ διάνοιαν et μετάληψιν, quam nos varie translativam, transumptivam, transpositivam vocamus, συλλογισμόν, quem accipimus ratiocinativum vel collectivum, ambiguitatis, quae ἀμφιβολία nominatur: quos posui, quia et ipsi a plerisque status appellantur, cum quibusdam *legales* potius *quaestiones* eas dici placuerit.

47 Quattuor fecit Athenaeus, προτρεπτικὴν στάσιν vel παρορμητικήν id est exhortativum, qui suasoriae est proprius, συντελικήν, qua coniecturam significari magis ex his, quae sequuntur, quam ex ipso nomine apparet, ὑπαλλακτικήν (ea finitio est, mutatione enim nominis constat), iuridicalem, eadem appellatione Graeca qua ceteri usus; nam est, ut dixi, multa in nominibus differentia. 48 sunt qui ὑπαλλακτικήν translationem esse existimant, secuti hanc mutationis significationem. fecerunt alii totidem status, sed alios: *an sit? quid sit? quale sit? quantum sit?* ut Caecilius et Theon. 49 Aristoteles in rhetoricis[n] *an sit quale quantum et quam multum sit* quaerendum putat. quodam tamen loco finitionis quoque vim intellegit, quo dicit quaedam sic defendi: 'sustuli, sed non furtum feci, percussi, sed non iniuriam feci'. 50 posuerat et Cicero in libris rhetoricis *facti*, *nominis*, *generis actionis* ut in facto coniectura, in nomine finitio, in genere

n) etiam sic omne dividit (dividet **P**) in veritatem et petenda ac fugienda, quod est suasoriae, et de eodem atque alio, partiendo tamen ad haec pervenit an sit *add.* **AbP**

Gutes, Schlechtes'. Da jedoch, wenn es heißt, wir hätten etwas mit Recht getan, dies nicht nur den Sinn hat 'nach dem Gesetz', sondern auch heißt, wir hätten offenbar gerecht gehandelt, so haben die Nachfolger des Antonius ebendiese Status deutlicher unterscheiden wollen und sie deshalb den *Vermutungs- Gesetzes-* und *Rechtfertigungs*status genannt. 46 Dies findet auch bei Verginius Beifall. Bei diesen Hauptgattungen haben sie dann verschiedene Unterarten angenommen: dem Gesetzesstatus *die Definition* untergeordnet sowie die anderen Fälle, die sich *vom schriftlich Fixierten* herleiten, *die widersprüchlichen Gesetze* nämlich, die sogenannte ἀντινομία, und *die Frage vom Wortlaut und Sinn der Absicht*, das heißt das κατὰ ῥητὸν καὶ διάνοιαν, ferner die μετάλημψις, die wir je nachdem die *Übertragungs-*, *Übernahme-* oder *Umstellungsart* nennen, den συλλογισμός, der bei uns die *Schluß- oder Folgerungsart* heißt, und *die Doppeldeutigkeit*, die sogenannte ἀμφιβολία. Ich habe diese hierhergesetzt, weil auch sie von den meisten 'Status' genannt werden, während manche sie lieber haben *Gesetzesfragen* nennen wollen.

47 Vier Status hat Athenaeus angenommen: die προτρεπτικὴ στάσις oder παρορμητική, das heißt, den *ermahnenden Status*, der der Suasorie (der Deklamation von Beratungsübungen) nähersteht, die συντελική, bei der es mehr der folgende Zusammenhang als der Name verrät, daß sie den Vermutungsstatus bezeichnet, die ὑπαλλακτική – das heißt die Definition; denn sie besteht in einer Veränderung des Namens – und den *Rechtfertigungsstatus*, für den er dieselbe griechische Bezeichnung gebraucht wie die anderen; denn es herrscht, wie gesagt, bei den Benennungen starke Verschiedenheit. 48 Manche halten die ὑπαλλακτική für die *translatio* (Übertragung), indem sie sich von der Bedeutung 'Veränderung' dabei leiten lassen. Andere haben ebenso viele Status angenommen, aber andere: *Ob es sei? Was es sei? Wie beschaffen es sei? Wie groß es sei?*, z. B. Caecilius und Theon. 49 Aristoteles[37] glaubt in der ›Rhetorik‹, man müsse fragen, *ob es sei; wie beschaffen es sei; wie groß und wieviel es sei?* An einer Stelle jedoch kennt er auch die Bedeutung der Definition, wenn er sagt, manches werde so verteidigt: 'Ich habe es genommen, aber keinen Diebstahl begangen, ich habe ihn niedergestoßen, aber kein Unrecht begangen.' 50 Auch Cicero hatte in seiner ›Rhetorik‹[38] *Tat*, *Namen*, *Art und Handlung* so verwandt, daß man in der Tat die Vermutung, im Namen die Definition, in der Art die Beschaffenheit

[37] 1416b. 20; 1374a 2.
[38] de inv. 1, 8, 10.

qualitas, in actione ius intellegeretur: iuri subiecerat translationem. verum hic legales quoque quaestiones alio loco tractat ut species actionis.

51 Fuerunt qui facerent quinque: *coniecturam finitionem qualitatem quantitatem ad aliquid.* Theodorus quoque, ut dixi, isdem generalibus capitibus utitur: *an sit? quid sit? quale sit? quantum sit? ad aliquid?* hoc ultimum maxime in conparativo genere versari putat, quoniam melius ac peius, maius et minus nisi alio relata non intelleguntur. 52 sed in illas quoque translativas, ut supra significavi, quaestiones incidit[o] 'an huic ius agendi sit' vel 'facere aliquid conveniat: an contra hunc, an hoc tempore, an sic'. omnia enim ista referri ad aliquid necesse est. 53 alii sex status putant: *coniecturam*, quam γένεσιν vocant, et *qualitatem* et *proprietatem*, id est ἰδιότητα, quo verbo finitio ostenditur, et *quantitatem* quam ἀξίαν dicunt, et *comparationem* et *translationem*, cuius adhuc novum nomen inventum est μετάστασις, novum tamquam in statu, alioqui ab Hermagora inter species iuridicalis[p] usitatum. 54 aliis septem esse placuit, a quibus nec translatio nec quantitas nec comparatio recepta est, sed in horum trium locum subditae quattuor legales adiectaeque tribus illis rationalibus. 55 alii pervenerunt usque ad octo translatione ad septem superiores adiecta. a quibusdam deinde divisa ratio est, ut *status* rationales appellarent, *quaestiones* quem ad modum supra dixi, legales, in illis *de re*, in his *de scripto* quaereretur. quidam in diversum hos status esse, illas quaestiones maluerunt. 56 sed alii rationales tres putaverunt, *an sit quid sit quale sit* Hermagoras solus quattuor, *coniecturam proprietatem translationem qualitatem* quam per accidentia, id est κατὰ συμβεβηκός, vocat hac interpretatione: 'an illi accidat viro bono esse vel malo'. hanc ita dividit: *de adpetendis et fugiendis* quae

o) incidit *Capperonnier:* incidunt
p) iuridicialis (-les **A**): iuridicalis *Radermacher*

und in der Handlung die Rechtsfrage erkennen konnte; der Rechtsfrage hatte er die Bestreitung der Zuständigkeit untergeordnet. Jedoch behandelt er auch die Gesetzesfragen an anderer Stelle[39] als Arten der (Prozeß-)Handlung.

51 Es hat auch Lehrer gegeben, die fünf Status annahmen: *Vermutung, Definition, Beschaffenheit, Umfang und Beziehung auf etwas.* Auch Theodorus verwendet, wie schon gesagt, ebendiese allgemeinen Hauptfragen: *Ob es sei? Was es sei? Wie beschaffen es sei? Wie groß es sei? Worauf es sich beziehe?* Dies letztere besteht seiner Meinung nach vor allem im Komparativ, da ja das Bessere und Schlechtere, Größere und Kleinere nur in Beziehung auf etwas anderes verstanden wird. 52 Jedoch auch bei den oben erwähnten Fragen der Bestreitung der Zuständigkeit tritt es ein: 'ob dieser das Recht hat, den Prozeß zu führen' oder: 'ob es passend sei, etwas zu tun; ob zu dieser Zeit, ob gegen diesen; ob auf diese Weise'; denn all das ist notwendigerweise auf etwas bezogen. 53 Andere nehmen sechs Status an: *Vermutung*, bei ihnen γένεσις genannt, *Beschaffenheit* und *Eigentümlichkeit*, das heißt ἰδιότης, womit die Definition bezeichnet wird, *der Umfang*, den sie ἀξία nennen, *die Vergleichung* und *die Übertragung*, wofür der noch junge Name μετάστασις gefunden worden ist, jung als Status; denn sonst bei Hermagoras unter den Rechtfertigungsarten gebräuchlich. 54 Andere haben sieben Status gelten lassen, unter denen weder die 'Bestreitung' noch der 'Umfang' noch die 'Abwägung' aufgenommen ist, sondern an die Stelle dieser drei Fälle sind vier Gesetzesstatus eingeführt und zu den drei auf der Vernunftsform beruhenden hinzugefügt. 55 Andere wieder sind bis zu acht gelangt, indem sie die 'Bestreitung' zu den sieben hinzunahmen. Von manchen wurde sodann eine Einteilung in der Form vorgenommen, daß sie, was auf Vernunftserwägungen beruht, *Status* nannten, das aber, was, wie oben gesagt, auf Gesetzesbestimmungen beruht, *Fragen* nannten, und daß in den ersteren *nach der Sache*, in den letzteren *nach handschriftlich Fixiertem* gefragt wurde. Manche haben umgekehrt die letzteren 'Status', die ersteren 'Fragen' nennen wollen. 56 Doch andere haben drei vernunftsmäßige angenommen: *ob es sei*, *was es sei*, *wie beschaffen es sei*, Hermagoras allein vier, *die Vermutung*, *Eigentümlichkeit*, *Bestreitung und die Beschaffenheit*, die er akzidentell nennt, das heißt κατὰ συμβεβηκός, mit folgender Erklärung: 'ob es jenem widerfährt, ein guter Mann zu sein oder ein schlechter'. Er teilt die Beschaffenheit folgendermaßen:

[39] part. 31 und 38.

est pars deliberativa: de persona, ea ostenditur laudativa: 57 *negotialem* (πραγματικήν vocat), in qua de rebus ipsis quaeritur remoto personarum complexu, ut 'sitne liber qui est in adsertione, an divitiae superbiam pariant, an iustum quid, an bonum sit': *iuridicalem*, in qua fere eadem, sed certis destinatisque personis quaerantur 'an ille iuste hoc fecerit vel bene'. 58 nec me fallit in primo Ciceronis rhetorico aliam esse loci negotialis interpretationem, cum ita scriptum sit: 'negotialis est, in qua, quid iuris ex civili more et aequitate sit, consideratur: cui diligentiae praeesse apud nos iure consulti existimantur'. 59 sed quod ipsius de his libris iudicium fuerit, supra dixi. sunt enim velut regestae in hos commentarios, quos adulescens deduxerat, scholae, et si qua est in his culpa, tradentis est, sive eum movit, quod Hermagoras prima in hoc loco posuit exempla ex quaestionibus iuris, sive quod Graeci πραγματικούς vocant iuris interpretes. 60 sed Cicero quidem his pulcherrimos illos de Oratore substituit, ideoque culpari, tamquam falsa praecipiat, non potest. nos ad Hermagoran. *translationem* hic primus omnium tradidit, quamquam semina eius quaedam citra nomen ipsum apud Aristotelen reperiuntur. 61 legales autem quaestiones has fecit: *scripti et voluntatis* (quam ipse vocat κατὰ ῥητὸν καὶ ὑπεξαίρεσιν, id est dictum et exceptionem: quorum prius ei cum omnibus commune est, exceptionis nomen minus usitatum), *ratiocinativum*, *ambiguitatis*, *legum contrariarum*. 62 Albutius eadem divisione usus detrahit translationem, subiciens eam iuridicali. in legalibus quoque quaestionibus nullum putat esse, qui dicatur ratiocinativus. scio plura inventuros adhuc, qui legere antiquos studiosius volent, sed ne haec quoque excesserint modum vereor.

63 Ipse me paulum in alia, quam prius habuerim, opinione nunc esse confiteor. et fortasse tutissimum erat famae modo studenti

was zu suchen und zu meiden ist, ist der beratende Teil; *Persönliches* ist der lobende Teil; 57 ferner nennt er einen Teil *den geschäftlichen*, das heißt πραγματική, in dem nach den Sachverhalten selbst gefragt wird, wobei das Persönliche fernbleibt, z. B. 'ist der frei, der als Sklave beansprucht wird; erzeugt der Reichtum Überhebung; ist etwas gerecht, ist etwas gut?', *den rechtfertigenden* Teil, in dem fast dasselbe, doch mit bestimmten, fest bezeichneten Personen gefragt wird, 'ob jener dies zu Recht getan habe oder gut'. 58 Und es entgeht mir nicht, daß Cicero im ersten Buch seiner ›Rhetorik‹[40] eine andere Erklärung des 'geschäftlichen Gesichtspunktes' gibt, wenn er folgendermaßen schreibt: 'Der geschäftliche Teil ist der, in dem überlegt wird, was nach dem Brauch des bürgerlichen Lebens und nach der Billigkeit Rechtens ist; eine Sorgfalt, in der bei uns die Rechtsgelehrten als führend gelten.' 59 Doch habe ich schon oben gesagt[41], was sein eigenes Urteil über diese Bücher sei. Es sind nämlich gleichsam in einer Notizensammlung, die er als junger Mann ausgeführt hatte, die Schulanregungen verarbeitet, und wenn etwas in ihnen mangelhaft ist, so liegt es am Lehrer – sei es, daß ihn angeregt hat, daß Hermagoras als erstes an diese Stelle Beispiele aus dem Fragenkreis des Rechtes gestellt hat, sei es, daß die Griechen die Rechtsausleger πραγματικοί nennen. 60 Doch hat Cicero sie durch die herrlichen Bücher ›Über den Redner‹ ersetzt und kann deshalb nicht beschuldigt werden, er lehre Falsches. Doch wieder zu Hermagoras. Er hat von allen zuerst die Bestreitung *der Zuständigkeit* gelehrt, obwohl man Keime hierfür ohne den Namen selbst bei Aristoteles findet. 61 Als Gesetzesfragen aber hat er folgende angenommen: *Wortlaut und Absicht* – wie er es nennt: κατὰ ῥητὸν καὶ ὑπεξαίρεσιν, das heißt Wortlaut und Ausnahme, wovon ihm die erste Benennung mit allen gemeinsam ist, das Wort 'exceptio' aber weniger gebräuchlich, ferner: *den Schlußfall den der Doppeldeutigkeit und der widersprüchlichen Gesetze*. 62 Albutius bedient sich derselben Einteilung, er entfernt aber die Bestreitung der Zuständigkeit, die er der Gattung der Rechtfertigung unterstellt. Auch bei den Gesetzesfragen gebe es, glaubt er, keinen Fall, der den Namen Schlußstatus verdient. Ich weiß, daß, wer die Alten noch eifriger lesen will, noch mehr finden wird, doch fürchte ich, schon das Gebotene habe das zulässige Maß überschritten.

63 Ich selbst bekenne, heute eine etwas andere Auffassung zu besitzen, als ich sie früher vertreten habe. Vielleicht wäre es ja für

[40] de inv. 1, 11, 14. [41] s. o. B. 3, 5, 15.

nihil ex eo mutare, quod multis annis non sensissem modo verum etiam adprobassem. 64 sed non sustineo esse conscius mihi dissimulati, in eo praesertim opere, quod ad bonorum iuvenum aliquam utilitatem componimus, in ulla parte iudicii mei. nam et Hippocrates clarus arte medicinae videtur honestissime fecisse, quod quosdam errores suos, ne posteri errarent, confessus est, et M. Tullius non dubitavit aliquos iam editos libros aliis postea scriptis ipse damnare, sicut Catulum atque Lucullum et hos ipsos, de quibus modo sum locutus, artis rhetoricae. 65 etenim supervacuus foret in studiis longior labor, si nihil liceret melius invenire praeteritis. neque tamen quidquam ex iis, quae tum praecepi, supervacuum fuit; ad easdem enim particulas haec quoque quae nunc praecipiam revertentur. ita neminem didicisse paeniteat: colligere tantum eadem ac disponere paulo significantius conor. omnibus autem satis factum volo, non me hoc serius demonstrare aliis, quam mihi ipse persuaserim. 66 secundum plurimos auctores servabam tris rationales status: coniecturam, qualitatem, finitionem, unum legalem. hi mihi status generales erant. legalem in quinque species partiebar: *scripti et voluntatis legum contrariarum collectivum ambiguitatis translationis.* 67 nunc quartum ex generalibus intellego posse removeri; sufficit enim prima divisio, qua diximus alios rationales, alios legales esse: ita non erit status, sed quaestionum genus, alioqui et rationalis status esset. 68 ex iis etiam, quos speciales vocabam, removi

mich am sichersten, wenn es mir nur um meinen Ruhm ginge, nichts an dem zu ändern, was ich viele Jahre nicht nur für richtig gehalten, sondern auch verfochten habe. 64 Jedoch kann ich es mit meinem Gewissen nicht vereinbaren – zumal in einem Werke, das ich abfasse, damit es der hoffnungsvollen Jugend etwas biete –, in einem Punkt mein eigenes Urteil zu verschleiern. Hat ja doch auch Hippokrates, der berühmte Meister der Heilkunst, offenbar die höchste Ehre dabei gefunden, bestimmte eigene Irrwege offen einzugestehen, um die Nachwelt vor Irrtum zu bewahren; und auch M. Tullius trug kein Bedenken, Bücher, die er schon veröffentlicht hatte, in später verfaßten selbst zu verurteilen, z. B. den ›Catulus‹ und den ›Lucullus‹ [42] sowie gerade auch seine ›Rhetorik‹, wovon ich schon gesprochen habe. 65 Es wäre ja auch jede weitere Anstrengung bei wissenschaftlicher Bemühung überflüssig, wenn man nichts entdecken dürfte, das besser ist als das Vergangene. Auch war ja von dem, was ich damals gelehrt habe, nichts überflüssig; denn auch was ich jetzt lehren werde, wird wieder zu denselben Bestandteilen zurückführen: so möge es niemand bereuen, den Stoff gelernt zu haben; ich versuche jetzt nur, den gleichen Stoff etwas treffender zusammenzustellen und zu ordnen. Allen aber wünsche ich die Genugtuung dadurch geboten zu haben, daß ich die Überzeugung, zu der ich gelangt bin, unverzüglich auch anderen darlege. 66 Den meisten maßgebenden Lehrern folgend, hielt auch ich an der Einteilung in drei Grundfragen, *die sich auf vernünftige Überlegung gründeten, und eine, der der Gesetzestext zugrunde lag*, fest (rationales – legales). Den Gesetzesstatus teilte ich in fünf Erscheinungsformen: *Text und Absicht, widersprüchliche Gesetze, Anwendung des Schlußverfahrens, zweifelhaften Gesetzestext und Verschiebung der Zuständigkeit.* 67 Heute sehe ich ein, daß man den vierten aus der Reihe der allgemeinen Grundfragen entfernen kann; denn die erste Einteilung reicht aus, nach der wir zum einen auf Vernunftüberlegungen gegründete, zum anderen auf Gesetzestexten beruhende Fragen unterschieden haben. So wird es sich also nicht um einen Status bei ihm handeln, sondern um eine Art von Fragen – andernfalls wäre ja auch die auf Vernunftsüberlegungen beruhende Art von Fragen ein Status. 68 Auch aus der Reihe der (fünf) Erscheinungs-

[42] die beiden Bücher seiner ›akademischen Dialoge‹, von deren beiden Fassungen wir noch Ausarbeitungen besitzen. Cicero fand später die Wahl der Dialogteilnehmer Catulus und Lucullus dem schwierigen skeptisch-akademischen Thema nicht mehr angemessen.

translationem, frequenter quidem (sicut omnes, qui me secuti sunt, meminisse possunt) testatus et in ipsis etiam illis sermonibus me nolente vulgatis hoc tamen conplexus, vix in ulla controversia translationis statum posse reperiri, ut non et alius in eadem recte dici videretur, ideoque a quibusdam eum exclusum. 69 neque ignoro multa transferri, cum in omnibus fere causis, in quibus cecidisse quis formula dicitur, hae sint quaestiones, 'an huic, an cum hoc, an hac lege, an apud hunc, an hoc tempore liceat agere' et si qua sunt talia. 70 sed personae, tempora, actiones ceteraque propter aliquam causam transferuntur: ita non est in translatione quaestio, sed in eo, propter quod transferuntur. 'non debes apud praetorem petere fidei commissum, sed apud consules: maior enim praetoria cognitione summa est'. quaeritur, an maior summa sit: facti controversia est. 71 'non licet tibi agere mecum: cognitor enim fieri non potuisti': iudicatio an potuerit. 'non debuisti interdicere, sed petere': an recte interdictum sit ambigitur. 72 quae omnia succedunt legitimis quaestionibus. an non praescriptiones, etiam in quibus maxime videtur manifesta translatio, easdem omnes species habent, quas eae leges, quibus agitur, ut aut de nomine aut scripto et sententia vel ratiocinatione quaeratur? deinde status ex quaestione oritur: translatio non habet quaestionem, de qua contendit orator, sed propter quam contendit. 73 hoc apertius 'occidisti hominem: non occidi': quaestio an occiderit, status coniectura. non est tale 'habeo ius actionis: non habes': ut sit quaestio an habeat, et inde status.

formen, wie ich sie genannt habe, habe ich eine, die Verschiebung der Zuständigkeit, entfernt, nachdem ich ja immer wieder betont hatte – wie sich alle meine Anhänger erinnern können – und es auch in den Vorträgen, die gegen meinen Willen veröffentlicht worden sind, doch so zum Ausdruck gebracht hatte, es könne sich kaum in irgendeinem Streitfall die Grundfrage der 'Verschiebung der Zuständigkeit' ausfindig machen lassen, ohne daß man in ihr nicht ebensogut zu Recht eine andere bezeichnen könne, und deshalb sei sie von manchen (aus der Reihe der Grundfragen) ausgeschlossen worden. 69 Ich weiß ja sehr wohl, daß in vielen Fällen die Zuständigkeit verschoben wird, da in fast allen Prozessen, in denen jemand aufgrund der Verfahrensvorschrift (formula) gescheitert ist, Fragen dieser Art sich ergeben, 'ob gerade dieser Mann, ob er mit diesem Gegner, ob nach diesem Gesetz oder zu diesem Zeitpunkt den Prozeß führen durfte' – und was sonst von dieser Art ist. 70 Jedoch befindet man die Personen, Termine, Verhandlungsformen usw. aus einem bestimmten Grund als nicht zuständig: so liegt also nicht in der Verschiebung die Frage, sondern in dem Grunde, weshalb sie stattfindet. (Wenn es z. B. heißt): 'Nicht beim Praetor darfst du die Kreditvollmacht (das fidei commissum) beantragen, sondern nur bei den Konsuln, da die Summe zu groß ist für die Entscheidungsgewalt des Praetors', so ergibt sich die Frage, ob die Summe zu groß ist: der Streit geht also um eine Tatsache. 71 Oder: 'Es steht dir nicht zu, gegen mich aufzutreten, denn du konntest gar nicht bevollmächtigt werden' – zu entscheiden ist, ob er hat bevollmächtigt werden können. Oder: 'Du durftest nicht ein Interdikt beantragen, sondern mußtest deine Ansprüche geltend machen' – ob das Interdikt zu Recht besteht, ist also die strittige Frage. 72 All das erfolgt in dem Rahmen der Gesetzesfragen. Zeigen nicht die Einwendungen (praescriptiones), auch wo die Verschiebung der Zuständigkeit am handgreiflichsten ist, ganz die gleichen Erscheinungsformen wie die Gesetze, nach denen das Verfahren geführt wird, so daß entweder die Frage nach der Benennung oder nach dem Verhältnis von Wortlaut und Absicht oder der Gültigkeit des Analogieschlusses entsteht? Dann entsteht der Status aus der Frage; die 'Verschiebung der Zuständigkeit' enthält nicht die Frage, über die der Redner streitet, sondern derentwegen er streitet. 73 Um es noch deutlicher zu machen: 'Du hast den Mann getötet – ich habe ihn nicht getötet'. Frage: 'Hat er ihn getötet?' Das ergibt die Grundfrage der Vermutung (coniectura). Nicht von derselben Art ist es aber: 'Ich habe das Recht, aufzutreten – du hast es nicht!',

accipiat enim actionem necne ad eventum pertinet, non ad causam, et ad id, quod pronuntiat iudex, non id, propter quod pronuntiat. 74 hoc illi simile est 'puniendus es: non sum': videbit iudex an puniendus sit, sed non hic erit quaestio nec hic status. ubi ergo? 'puniendus es, hominem occidisti: non occidi': an occiderit. 'honorandus sum: non es' num statum habet? non, ut puto. 'honorandus sum, quia tyrannum occidi: non occidisti': quaestio et status. similiter 'non recte agis: recte ago' non habet statum. 75 ubi est ergo? 'non recte agis ignominiosus'. quaeritur an ignominiosus sit, aut an agere ignominioso liceat: quaestiones et status. ergo translativum genus causae, ut conparativum et mutuae accusationis. 76 at enim simile est illi 'habeo ius, non habes' ⟨hoc⟩[q] 'occidisti, recte occidi'. non nego, sed nec haec res statum facit: non enim sunt hae propositiones (alioqui causa non explicabitur), sed cum suis rationibus. 'scelus commisit Horatius, sororem enim occidit': 'non commisit, debuit enim occidere eam, quae hostis mortem maerebat': 77 quaestio, an haec iusta causa; ita qualitas. ac similiter in tralatione: 'non habes ius abdicandi, quia ignominioso non est actio': 'habeo ius, quia abdicatio actio non est': quaeritur, quid sit actio; finiemus 'non licet abdicare' syllogismo. item cetera per omnes et rationales et legales status. 78 nec ignoro fuisse quosdam, qui translationem in rationali quoque genere ponerent hoc modo: 'hominem occidi iussus ab imperatore: dona templi cogenti tyranno dedi: deserui

q) *add. Gertz*

so daß die Frage entsteht, ob er das Recht habe, und daraus die Grundfrage; denn ob er das Recht zur Prozeßführung erhält oder nicht, gehört zum Erfolg, nicht zur Streitsache, und zu dem, was der Richter verkündet, nicht zu dem, weshalb es der Richter verkündet. 74 Denn ähnlich ist folgendes: 'Du hast Strafe verdient – ich habe sie nicht verdient': Der Richter wird sein Augenmerk darauf richten, ob er die Strafe verdient. Aber hier wird sich keine Frage ergeben und auch kein Status. Wo also? 'Du verdienst Strafe; denn du hast einen Menschen getötet – ich habe ihn nicht getötet!': hat er ihn getötet? 'Ich verdiene die Ehre – du verdienst sie nicht!': ergibt das einen Status? Nein, wie mir scheint. 'Ich verdiene die Ehrung, weil ich den Tyrannen getötet habe – du hast ihn nicht getötet!': das ergibt Frage und Status! Entsprechend: 'Du führst den Prozeß nicht zu Recht – ich führe ihn zu Recht!' ergibt keinen Status. 75 Wo liegt er also? 'Du führtest ihn nicht zu Recht; denn dir fehlt die bürgerliche Ehre!' Das ergibt die Frage, ob sie ihm fehlt; oder ob er ohne sie den Prozeß führen darf: also ebenso viele Fragen wie Status! Demnach ist die 'Verschiebung' eine Gattung der Gerichtsrede wie die 'Vergleichung' und 'wechselseitige Anklage' (nicht aber ein Status). 76 Aber das: 'ich habe ein Recht – du hast es nicht!' ist doch ähnlich dem: 'du hast getötet – ich habe zu Recht getötet!' Das leugne ich nicht, aber auch das letztere bildet noch keinen Status. Denn nicht so sind es die Voraussetzungen dafür – sonst wird sich der Fall ja gar nicht entfalten können –, sondern erst mit ihren Begründungen, z. B.: 'Horatius hat ein Verbrechen begangen, er hat nämlich seine Schwester getötet' – 'Er hat kein Verbrechen begangen, er hat sie nämlich töten dürfen: hat sie doch den Tod des Feindes beklagt!' 77 Frage: ist dies ein gerechter Grund – also: Status der Beschaffenheit. Entsprechend bei der Verschiebung: 'Du hast kein Recht zu verstoßen, weil ein Mann ohne bürgerliche Ehre keine Prozeßverhandlung führen darf' – 'Ich habe das Recht, weil die Verstoßung keine Prozeßverhandlung ist.' Es ergibt sich die Frage, was eine Prozeßverhandlung sei. Wir werden es definieren und nach dem Analogieverfahren schließen: Es ist nicht statthaft, den Sohn zu verstoßen'. Ebenso auch sonst in allen auf Vernunftsüberlegungen und Gesetzestext gegründeten Status (Grundfragen). 78 Nun weiß ich sehr wohl, daß manche die 'Verschiebung der Zuständigkeit' auch auf folgende Weise in die auf Vernunftsüberlegungen gegründete Gattung gesetzt haben: 'Ich habe den Mann getötet – auf Geheiß des Feldherrn.' 'Ich habe die Tempelschätze dem Tyrannen unter Zwang ausgeliefert.' 'Ich

tempestatibus, fluminibus, valetudine impeditus', id est, non per me stetit, sed per illud. 79 a quibus etiam liberius dissentio; non enim actio transfertur, sed causa facti, quod accidit paene in omni defensione. deinde is, qui tali utitur patrocinio, non recedit a forma qualitatis; dicit enim se culpa vacare, ut magis qualitatis duplex ratio facienda sit, altera, qua et factum defenditur, altera, qua tantum reus.

80 Credendum est igitur iis, quorum auctoritatem secutus est Cicero, tria esse, quae in omni disputatione quaerantur: *an sit quid sit quale sit;* quod ipsa nobis etiam natura praescribit. nam primum oportet subesse aliquid, de quo ambigitur, quod, quid sit et quale sit, certe non potest aestimari, nisi prius esse constiterit, ideoque ea prima quaestio. 81 sed non statim, quod esse manifestum est, etiam quid sit apparet. hoc quoque constituto novissima qualitas superest, neque his exploratis aliud est ultra. his infinitae quaestiones, his finitae continentur; horum aliqua in demonstrativa, deliberativa, iudiciali materia utique tractatur; 82 haec rursus iudicialis causas et rationali parte et legali continent: neque enim ulla iuris disceptatio nisi finitione, qualitate, coniectura potest explicari. 83 sed instituentibus rudes non erit inutilis latius primo fusa ratio, et, si non statim rectissima linea tensa, facilior tamen et apertior via. discant igitur ante omnia, quadripertitam in omnibus causis esse rationem, quam primam intueri debeat qui acturus est. nam ut a defensore potissimum incipiam, longe fortissima tuendi se ratio est, si, quod obicitur, negari potest: proxima, si non id, quod obicitur, factum esse dicitur: tertia honestissima, qua recte factum defenditur. quibus si deficiamur, ultima quidem, sed iam sola superest salus

habe die Truppe verlassen – Unbilden der Witterung, Wasserläufe, Krankheit waren mir hinderlich.' Das heißt: es stand nicht bei mir, sondern bei jenen Umständen. 79 Von dieser Auffassung distanziere ich mich erst recht. Denn nicht die Prozeßverhandlung wird verschoben, sondern der Grund für die Tat – was ja fast bei jeder Verteidigung geschieht! Sodann gibt der Verteidiger, der diese Stellung bezieht, die Grundfrage nach der Beurteilung (Beschaffenheit) nicht auf; er sagt nämlich, er sei frei von Schuld; demnach ist eher eine doppelte Verwendung des Qualitätsstatus anzusetzen: die eine, in der auch die Tat selbst, die zweite, in der nur der Angeklagte verteidigt wird.

80 Man muß also den Gelehrten Glauben schenken, deren Autorität sich Cicero angeschlossen hat: drei Fragen seien es, die sich bei jeder Erörterung ergäben: *ob es sei, was es sei und wie es sei* – das entspricht ja auch der Vorschrift, die die Natur selbst uns gibt. Denn erstens muß ja etwas zugrunde liegen, worum gestritten wird. Was und wie das sei, läßt sich jedoch gewiß nicht ermessen, wenn es nicht vorher feststeht, daß es existiert, und deshalb ist das die erste Frage. 81 Jedoch ist damit, daß es offensichtlich existiert, noch nicht gleich klar, was es sei. Ist auch dies festgestellt, so bleibt als letztes nur noch seine Beschaffenheit – und außer diesen Ermittlungen gibt es nichts weiter. In ihnen sind die Fragen ohne Begrenzung (auf den konkreten Fall), in ihnen auch die (auf den konkreten Fall) begrenzten Fragen enthalten. Von ihnen wird etwas jedenfalls in jedem der drei Stoffbereiche der Unterhaltungs-, Beratungs- und Gerichtsrede behandelt. 82 Sie liegen auch wieder den Gerichtsfällen zugrunde – sowohl der Gruppe, die sich auf Vernunftsüberlegungen, wie auch der, die sich auf Gesetzestext stützt; denn keine Rechtsfrage kann ohne Definition, Bestimmung der Beschaffenheit und Vermutung über den Tatbestand entwickelt werden. 83 Hat man noch Unerfahrene zu unterweisen, so wird sich zunächst ein etwas weitläufigeres Verfahren als nützlich bewähren, und ist es auch nicht gleich der direkteste, so ist es doch der leichtere und gangbarere Weg. Sie sollen also vor allem lernen, aus vier Teilen bestehe bei allen Fällen das Verfahren, das zunächst im Auge haben müsse, wer einen Prozeß führen wolle. Denn – um zunächst mit der Verteidigung zu beginnen – die stärkste Verteidigungsstellung ist es, wenn man das, was einem vorgeworfen wird, ableugnen kann; die nächststärkste, wenn man sagt, es sei nicht das geschehen, was einem vorgeworfen wird; die dritte (und) ehrenhafteste, wenn man zur Verteidigung sagt, es sei zu Recht geschehen. Fehlt es uns an diesen Möglichkeiten,

aliquo iuris adiutorio elabendi ex crimine, quod neque negari neque defendi potest, ut non videatur iure actio intendi: 84 hinc[r] illae quaestiones sive actionis sive translationis. sunt enim quaedam non laudabilia natura, sed iure concessa, ut in duodecim tabulis debitoris corpus inter creditores dividi licuit, quam legem mos publicus repudiavit: et aliquid aequum, sed prohibitum iure, ut libertas testamentorum. 85 accusatori nihilo plura intuenda sunt, ut probet factum esse, hoc esse factum, non recte factum, iure se intendere. ita circa species easdem lis omnis versabitur translatis tantum aliquando partibus, ut in causis, quibus de praemio agitur, recte factum petitor probat.

86 Haec quattuor velut proposita formaeque actionis, quae tum generales status vocabam, in duo, ut ostendi, genera discedunt, *rationale et legale*. rationale simplicius est, quia ipsius tantum naturae contemplatione constat: itaque in eo satis est ostendisse coniecturam, finitionem, qualitatem. 87 legalium plures sint species necesse est, propterea quod multae sunt leges et varias habent formas. alia est cuius verbis nitimur, alia cuius voluntate: alias nobis, cum ipsi nullam habeamus, adiungimus, alias inter se comparamus, alias in diversum interpretamur. 88 sic nascuntur haec velut simulacra ex illis tribus, interim simplicia, interim et mixta, propriam tamen faciem ostendentia, ut scripti et voluntatis, quae sine dubio aut qualitate aut coniectura continentur, et συλλογισμός, qui est maxime qualitatis, et leges contrariae, quae isdem quibus scriptum et voluntas constant, et ἀμφιβολία, quae semper coniectura explicatur. 89 fini-

r) hinc *Badius:* hic

so bleibt als letzte und nun allerdings einzige Rettung, durch eine Rechtshilfe einer Anklage, die man weder leugnen noch rechtfertigen kann, dadurch zu entkommen, daß es so erscheint, als sei der Prozeß nicht zu Recht angestrengt worden. 84 Daher kommt es zu solchen Fragen, die die Verhandlungsform oder die Zuständigkeit betreffen. Es gibt nämlich manche Dinge, die nicht lobenswert sind und nicht von der Natur, wohl aber von Rechts wegen erlaubt sind, z. B. hat das Zwölf-Tafel-Gesetz es gestattet, den Leib des Schuldners unter die Gläubiger zu verteilen, ein Gesetz, das der Volksbrauch abgelehnt hat; andererseits ist etwas durchaus billig, aber von Rechts wegen verboten, z. B. die Freiheit in der testamentarischen Verfügung. 85 Auch der Kläger hat sein Augenmerk auf nichts weiter (als die vier Punkte) zu richten: zu erweisen, daß etwas geschehen ist, daß dies geschehen ist, daß es nicht zu Recht geschehen ist und daß er die Klage zu Recht anstrengt. So wird sich der ganze Streit um dieselben Punkte drehen, wobei nur manchmal die Seiten vertauscht werden – z. B. erweist in Fällen, in denen es um eine Belohnung geht, der Bewerber, daß es zu Recht geschehen sei.

86 Diese vier gewissermaßen Ziele und Typen der Verhandlung, die ich seinerzeit allgemeine Grundfragen nannte, zerfallen, wie ich gezeigt habe, in zwei Gattungen, *die auf Vernunftserwägungen und die auf Gesetzestext beruhende.* Die auf Vernunftserwägungen beruhende ist einfacher, weil sie nur auf Betrachtung der natürlichen Gegebenheiten selbst beruht. Deshalb genügt es bei ihr, die Bedeutung der Vermutung, Definition und Beschaffenheit gezeigt zu haben. 87 Die auf Gesetzestext beruhende muß mehrere Erscheinungsformen haben, weil ja die Gesetze zahlreich sind und mannigfache Formen haben. Bei einem Gesetz stützen wir uns auf den Wortlaut, bei einem andern auf die Absicht des Gesetzgebers, manche Gesetze ziehen wir für unsere Sache heran, da wir selbst kein passendes besitzen, andere vergleichen wir untereinander, wieder andere legen wir in verschiedener Weise aus. 88 So entstehen diese Erscheinungsformen wie Abbilder aus den drei Grundformen, manchmal einfach, manchmal in Vermischung, doch mit einem eigenen Erscheinungsbild, z. B. die Erscheinungsform der Frage nach 'Wortlaut und Absicht', die zweifellos auf der Frage der Beschaffenheit oder der Vermutung beruht, und weiter *die Schlußfolgerung* (συλλογισμός), die vor allem zur Beschaffenheit gehört, ferner die 'widersprüchlichen Gesetze', die auf denselben Grundfragen beruhen wie 'Wortlaut und Absicht' und die *Amphibolie*, die immer durch

tio quoque utrique generi, quodque rerum quodque scripti contemplatione constat, communis est. haec omnia, etiamsi in illos tres status veniunt, tamen, quia, ut dixi, habent aliquid velut proprium, videntur demonstranda discentibus, et permittendum ea dicere vel *status legales* vel *quaestiones* vel *capita* quaedam *minora*, dum sciant nihil ne in his quidem praeter tria, quae praediximus, quaeri. 90 at *quantum* et *quam multum* et *ad aliquid* et, ut nonnulli putaverunt, *comparativus* non eandem rationem habent: sunt enim haec non ad varietatem iuris, sed ad solam rationem referenda. ideoque semper in parte aut coniecturae aut qualitatis ponenda sunt, ut 'qua mente?' et 'quo tempore?' et 'quo loco?'

91 Sed de singulis dicemus quaestionibus, cum tractare praecepta divisionis coeperimus. hoc inter omnes convenit, in causis simplicibus, singulos status esse causarum, quaestionum autem, quae velut subiacent his et ad illud, quo iudicium continetur, referuntur, saepe in unam cadere plures posse; 92 etiam credo aliquando dubitari, quo statu sit utendum, cum adversus unam intentionem plura opponuntur, et sicut in colore dicitur narrationis eum esse optimum, quem actor optime tueatur, ita hic quoque posse dici, eum statum esse faciendum, in quo tuendo plurimum adhibere virium possit orator; 93 ideoque pro Milone aliud Ciceroni agenti placuit, aliud Bruto, cum exercitationis gratia componeret orationem, cum ille iure tamquam insidiatorem occisum et tamen non Milonis consilio dixerit, ille etiam gloriatus sit occiso malo cive: 94 in coniunctis vero posse duos et tris inveniri, vel diversos, ut si quis aliud se non

die Vermutung sich löst. 89 Auch die Definition haben beide Gattungen, die, die auf der Betrachtung der Tatsachen, wie die, die auf der des geschriebenen Textes beruht, gemeinsam. Alle diese Erscheinungsformen müssen, scheint mir, auch wenn sie auf die drei Grundfragen hinauslaufen, dennoch, weil sie, wie gesagt[43], doch etwas gleichsam Eigenes besitzen, den Lernenden vorgeführt werden, und es muß den Schülern gestattet sein, sie so lange auch als *Gesetzesgrundformen* oder *Fragen* oder *eine Art kleinerer Kapitel* zu bezeichnen, bis sie wissen, daß auch in diesen nur nach den drei Grundfeststellungen, die wir vorher genannt haben, gefragt wird. 90 Dagegen gilt für die Fragen nach dem *Wie groß? Wieviel? Im Verhältnis wozu?* und, wie einige geglaubt haben, auch *nach der Vergleichung* nicht das gleiche Verfahren; denn diese sind nicht auf die Mannigfaltigkeit des Rechtes, sondern nur auf die Vernunftserwägung zu beziehen, und deshalb sind sie immer in das Gebiet der Frage nach der Vermutung oder Beschaffenheit zu setzen, wie die Fragen: *Auf welcher Überlegung?*, *zu welcher Zeit?* und *an welchem Ort?*

91 Doch über die einzelnen Fragen werden wir sprechen, wenn wir die Vorschriften über die Einteilung zu behandeln beginnen. Darüber besteht allgemeine Übereinstimmung, daß es bei den einfachen Fällen für jeden Fall nur einen Status gibt, daß aber an Fragen, die einem Fall gleichsam anhängen und mit dem Punkt, auf den das Urteil sich gründet, in Beziehung stehen, oft mehrere einen Fall betreffen können; 92 auch glaube ich, daß manchmal Zweifel bestehen, welcher Status verwendet werden soll, wenn gegen eine Behauptung mehrere Punkte geltend gemacht werden. So wie man nun sagt, bei der Färbung der Erzählung sei die die beste, die der Vortragende am besten einhalten kann, ließe sich auch hier sagen, der Status solle eingenommen werden, bei dessen Durchführung der Redner seine Kräfte am stärksten einsetzen kann; 93 deshalb hat auch Cicero, als er für Milo den Prozeß führte, eine andere Haltung für gut befunden als Brutus, als er zur Übung seine Rede abfaßte; der eine sagte, zu Recht sei er (Clodius) als Attentäter getötet worden, wenn auch nicht nach der Absicht des Milo, während Brutus es als eine glorreiche Tat pries, einen schlechten Bürger erschlagen zu haben. 94 Sind aber in einem Fall mehrere Klagepunkte verbunden, so können zwei oder drei, auch einander entgegengesetzte, Status gefunden werden, z. B. wenn jemand zu seiner Verteidigung sagt, die eine Tat habe er nicht begangen, in der anderen zu Recht gehan-

[43] s. o. § 80.

fecisse, aliud recte fecisse defendat, vel generis eiusdem, ut si quis duo crimina vel omnia neget. 95 quod accidit etiam, si de una re quaeratur aliqua, sed eam plures petant, vel eodem iure, ut proximitatis, vel diverso, ut cum hic testamento, ille proximitate nitetur. quotiens autem aliud alii petitori opponitur, dissimilis esse status necesse est, ut in illa controversia: 96 'testamenta legibus facta rata sint: intestatorum parentium liberi heredes sint: abdicatus ne quid de bonis patris capiat: nothus ante legitimum natus legitimus filius sit, post legitimum natus tantum civis: in adoptionem dare liceat: 97 in adoptionem dato redire in familiam liceat, si pater naturalis sine liberis decesserit. qui ex duobus legitimis alterum in adoptionem dederat, alterum abdicaverat, sustulit nothum: instituto herede abdicato decessit. tres omnes de bonis contendunt'. nothum, qui non sit legitimus, Graeci vocant, Latinum rei nomen, ut Cato quoque in oratione quadam testatus est, non habemus, ideoque utimur peregrino; sed ad propositum. 98 heredi scripto opponitur lex 'abdicatus ne quid de bonis patris capiat': fit status scripti et voluntatis, an ullo modo capere possit, an ex voluntate patris, an heres scriptus. notho duplex fit quaestio, quod post legitimos natus sit, et quod non sit ante legitimum natus. 99 prior συλλογισμόν habet, an pro non natis sint habendi, qui a familia sunt alienati: altera scripti et voluntatis. non esse enim hunc natum ante legitimum convenit, sed voluntate legis se tuebitur, quam dicet talem fuisse, ut legitimus esset nothus tum natus, cum alius legitimus in domo non esset. 100 scriptum quoque legis excludet dicens, non utique, si postea legitimus natus non sit, notho nocere, uteturque hoc argumento: 'finge solum natum nothum, cuius condicionis erit? tantum

delt oder, von derselben Art, wenn z. B. jemand zwei Beschuldigungen abstreitet. 95 Dies geschieht auch, wenn die Frage nur eine Sache betrifft, aber mehrere Bewerber um sie auftreten, entweder mit dem gleichen Recht, z. B. des Verwandtschaftsgrades oder mit verschiedenem, wenn z. B. der eine sich auf das Testament stützt, der andere auf den Verwandtschaftsgrad. Sooft nun dem einen Bewerber gegenüber etwas anderes geltend gemacht wird als dem anderen, müssen die Status verschieden sein, z. B. in folgender Kontroversie: 96 'Nach Gesetz gemachte Testamente müssen gültig sein. Sterben Eltern ohne Testament, sollen die Kinder Erben sein. Ein Enterbter soll nichts von der Habe des Vaters erhalten. Ein illegitimer Sohn, der vor dem legitimen Sohn geboren ist, soll als legitimer Sohn gelten, wenn er nach dem legitimen Sohn geboren ist, nur als Bürger. Adoption soll gestattet sein. Einem Adoptivsohn soll die Rückkehr in seine Familie freistehen, wenn sein natürlicher Vater ohne Kinder verstorben ist. 97 Jemand, der von zwei legitimen Söhnen den einen zur Adoption gegeben, den anderen enterbt hatte, erkannte einen illegitimen Sohn an. Nachdem er den enterbten zum Erben eingesetzt hatte, starb er. Alle drei prozessieren um die Habe'. 'Nothus' nennen die Griechen ein illegitimes Kind. Ein lateinisches Wort für die Sache haben wir, wie auch Cato in einer Rede bezeugt hat, nicht und verwenden deshalb das Fremdwort. Doch nun zur Sache: 98 Dem schriftlich eingesetzten Erben wird das Gesetz entgegengehalten: 'ein Verstoßener soll nichts von der Habe des Vaters empfangen'. So ergibt sich der Status 'Wortlaut und Absicht': ob er überhaupt etwas erhalten kann, ob nach dem Willen des Vaters, ob als schriftlich eingesetzter Erbe. Für den illegitimen Sohn ist die Frage doppelt, weil er nach den legitimen Söhnen geboren und weil er nicht vor einem legitimen Sohn geboren ist. 99 Die andere Frage enthält einen Vernunftsschluß: ob als nicht geborene Kinder zu betrachten seien, die aus der Familie entfernt worden sind. Die zweite betrifft wieder 'Wortlaut und Absicht'. Denn daß der illegitime nicht vor dem legitimen Sohn geboren ist, ist klar, aber er wird die Absicht des Gesetzes für sich in Anspruch nehmen und sagen, diese sei die gewesen, ein illegitimer Sohn solle legitim sein, falls er damals geboren war, als ein anderer legitimer Sohn nicht im Hause war. 100 Auch den Wortlaut des Gesetzes wird er ausschließen, indem er sagt: nicht in jedem Fall bedeute es, wenn später kein legitimer Sohn geboren worden sei, einen Schaden für den illegitimen, und wird hierfür folgendes Argument verwenden: 'angenommen, es sei nur ein

civis? atqui non erit post legitimum natus. an filius? atqui non erit ante legitimos natus, quare si verbis legis stari non potest, voluntate standum est'. 101 nec quemquam turbet, quod ex una lege duo status fiant: duplex est, ita vim duarum habet. redire in familiam volenti dicitur ab altero primum: ut tibi redire liceat, heres sum. idem status, qui in petitione abdicati: quaeretur enim, an possit esse heres abdicatus. 102 obicitur communiter a duobus: redire tibi in familiam non licet; non enim pater sine liberis decessit. sed in hoc propria quisque eorum quaestione nitetur. alter enim dicet, abdicatum quoque inter liberos esse, et argumentum ducet ex ipsa, qua repellitur, lege; supervacuum enim fuisse prohiberi patris bonis abdicatum, si esset numero alienorum: nunc, quia filii iure futurus fuerit intestati heres, oppositam esse legem, quae tamen non id efficiat, ne filius sit, sed ne heres sit. status finitivus: quid sit filius. 103 rursus nothus eisdem colligit argumentis, non sine liberis patrem decessisse, quibus in petitione usus est, ut probaret esse se filium, nisi forte et hic finitionem movet: an liberi sint etiam non legitimi. cadent ergo in unam controversiam vel specialiter duo legitimi status, scripti et voluntatis et syllogismus et praeterea finitio, vel tres illi, qui natura soli sunt, coniectura in scripto et voluntate, qualitas in syllogismo et, quae per se est aperta, finitio.

104 *Causa* quoque et *iudicatio* et *continens* est in omni genere causarum. nihil enim dicitur, cui non insit ratio et quo iudicium referatur et quod rem maxime contineat. sed quia magis haec variantur in litibus et fere tradita sunt ab iis, qui de iudicialibus causis

illegitimer Sohn geboren, wie wird seine Stellung sein? Nur Bürger? Aber er wird ja nicht nach einem legitimen geboren sein! Sohn? Aber er wird ja auch nicht vor dem legitimen geboren sein! Wenn man deshalb bei den Worten des Gesetzes keinen festen Stand hat, muß man eben seine Absicht suchen'. 101 Es darf niemanden in Verwirrung setzen, daß aus einem Gesetz zwei Status kommen; es ist doppelt und hat deshalb die Bedeutung von zweien. Dem, der in die Familie zurückkehren will, wird von dem zweiten Sohn zunächst gesagt: 'Magst du auch die Möglichkeit haben, zurückzukehren, Erbe bin ich.' Es ist derselbe Status wie bei dem Anspruch, den der Enterbte geltend gemacht hat; es dreht sich nämlich um die Frage, ob ein Enterbter Erbe sein könne. 102 Von beiden gemeinsam wird ihm vorgehalten: du kannst nicht in die Familie zurückkehren; denn der Vater ist ja nicht ohne Kinder gestorben. Jedoch wird hierbei jeder von ihnen sich auf eine eigene Frage stützen. Denn der eine wird sagen, auch ein Enterbter gehöre zu den Kindern, und wird seine Begründung gerade aus dem Gesetz entnehmen, durch das er zurückgewiesen wird; es sei nämlich überflüssig gewesen, einen enterbten Sohn von der Habe des Vaters auszuschließen, wenn er unter die Fremden gehöre. Weil er nach Sohnes Recht Intestaterbe geworden wäre, stehe dem jetzt das Gesetz entgegen, das indessen nicht die Wirkung habe, ihm die Stellung als Sohn, sondern nur die, ihm die Stellung als Erbe zu nehmen. Status: Definition, was ein Sohn sei. 103 Der illegitime Sohn wieder erschließt mit denselben Beweisen, der Vater sei nicht ohne Kinder verstorben, mit denen er seine Ansprüche geltend gemacht hat, um zu beweisen, er sei Sohn – wenn er nicht vielleicht auch hier eine Definition anregt, ob Kinder auch die nicht legitimen seien. Es werden also in der einen Kontroverse entweder – nach der Spezialeinteilung – zwei Gesetzesstatus, nämlich 'Wortlaut und Absicht' und 'Vernunftsschluß' eintreten und außerdem der Definitionsstatus oder die drei, die ja von Natur eigentlich allein Status sind: Vermutungsfrage bei 'Wortlaut und Absicht', Beschaffenheitsfrage bei dem 'Vernunftsschluß' und die Definitionsfrage, die von selbst klar erkennbar ist.

104 Auch gibt es in jeder Art von Fällen *Gegenstand*, *Beurteilungsgrundlage* und *Bindeglied*. Denn nichts wird gesprochen, ohne daß ihm eine vernünftige Überlegung innewohnt, sowohl das, worauf sich das Urteil bezieht, als auch das, was die Sache vor allem ausmacht. Jedoch weil diese Dinge ihre verschiedenen Formen mehr in Rechtsstreitigkeiten entfalten und in der Regel von Autoren behandelt werden, die etwas über Gerichtsfälle geschrieben haben, soll es

aliqua composuerunt, in illam partem differantur. nunc, quia in tria genera causas divisi, ordinem sequar.

VII.

1 Ac potissimum incipiam ab ea, quae constat *laude* ac *vituperatione*. quod genus videtur Aristoteles atque eum secutus Theophrastus a parte negotiali, hoc est πραγματικῇ, removisse totamque ad solos auditores relegasse; et id eius nominis, quod ab ostentatione ducitur, proprium est. 2 sed mos Romanus etiam negotiis hoc munus inseruit. nam et funebres laudationes pendent frequenter ex aliquo publico officio atque ex senatus consulto magistratibus saepe mandantur, et laudare testem vel contra pertinet ad momentum iudiciorum, et ipsis etiam reis dare laudatores licet, et editi in competitores, in L. Pisonem, in Clodium et Curionem libri vituperationem continent et tamen in senatu loco sunt habiti sententiae. 3 neque infitias eo quasdam esse ex hoc genere materias ad solam compositas ostentationem, ut laudes deorum virorumque, quos priora tempora tulerunt. quo solvitur quaestio supra tractata manifestumque est errare eos, qui numquam oratorem dicturum nisi de re dubia putaverunt. 4 an laudes Capitolini Iovis, perpetua sacri certiminis materia, vel dubiae sunt vel non oratorio genere tractantur?

Ut desiderat autem laus, quae negotiis adhibetur, probationem,

für jenen Abschnitt[44] aufgeschoben werden. Für jetzt will ich, weil ich die Fälle in drei Gattungen eingeteilt habe[45], mich an die Reihenfolge halten.

SIEBTES KAPITEL

Lob und Tadel

1 Ich will zunächst mit der beginnen, die aus *Lob* und *Tadel* besteht. Diese Gattung hat offenbar Aristoteles[46] und ihm folgend Theophrast aus dem Tätigkeitsbereich der Gemeinschaft – das heißt πραγματική – entfernt und sie ganz den Einzelhörern zugewiesen – und dieser Eigentümlichkeit entspricht ja auch die Bezeichnung, die von der Schaustellung[47] abgeleitet wird. 2 Doch die römische Art hat auch diese Aufgabe in den Geschäftsbereich eingereiht. Denn einmal hängen die Lobreden am Grabe häufig mit einer Aufgabe für die Öffentlichkeit zusammen und werden auf Senatsbeschluß oft Amtsträgern übertragen; sodann gehört einen Zeugen zu loben wie auch das Gegenteil zu den wesentlichen Dingen vor Gericht, und sogar dem Beklagten selbst kann man Lobredner stellen. Ferner enthalten die Reden gegen die Mitbewerber (um Ciceros Konsulat), gegen Lucius Piso, gegen Clodius und gegen Curio Tadelreden und sind doch als Meinungsäußerungen im Senat gehalten. 3 Doch will ich nicht leugnen, es gebe in dieser Gattung auch Stoffe, die lediglich als Kunstleistung zur Schau gestellt worden sind, z. B. die Lobreden auf Götter und auf Helden, die frühere Zeiten hervorgebracht haben. So löst sich die Frage, die oben[48] berührt worden ist, und es zeigt sich handgreiflich, daß die Lehrer im Irrtum sind, die der Meinung waren, ein Redner werde ausschließlich über eine zweifelhafte Frage reden. 4 Oder sind etwa die Lobreden auf den Iupiter Capitolinus, ein dauernder Bestandteil[49] des heiligen Wettkampfes, entweder ein zweifelhafter Gegenstand, oder werden sie nicht im Stil richtiger Reden behandelt?

Wie aber die Lobrede, die als offizielle Aufgabe ihre Verwendung

[44] s. u. Kap. 11. [45] s. o. Kap. 3 und 4. [46] Rhet. 1358 b 2.

[47] d. h. ἐπίδειξις, weil sich in dieser epideiktischen Form die Sprachkunst zur Schau stellt, Selbstzweck wird. Deshalb gehört das poetische Kunstwerk generell zu dieser Redeform.

[48] s. o. B. 3, 5, 3.

[49] seit seiner Stiftung durch Domitian im J. 86 n. Chr.

sic etiam illa, quae ostentationi componitur, habet interim aliquam speciem probationis, 5 ut, qui Romulum Martis filium educatumque a lupa dicat, in argumentum caelestis ortus utatur his, quod abiectus in profluentem non potuerit extingui, quod omnia sic egerit, ut genitum praeside bellorum deo incredibile non esset, quod ipsum quoque caelo receptum temporis eius homines non dubitaverint. 6 quaedam vero etiam in defensionis speciem cadent, ut si in laude Herculis permutatum cum regina Lydiae habitum et imperata, ut traditur, pensa orator excuset. sed proprium laudis est res amplificare et ornare.

Quae materia praecipue quidem in deos et homines cadit, est tamen et aliorum animalium: est etiam carentium anima. 7 verum in deis generaliter primum maiestatem ipsius eorum naturae venerabimur, deinde proprie vim cuiusque et inventa, quae utile aliquid hominibus attulerint. 8 vis ostendetur, ut in Iove regendorum omnium, in Marte belli, in Neptuno maris: inventa, ut artium in Minerva, Mercurio litterarum, medicinae Apolline, Cerere frugum, Libero vini. tum si qua ab iis acta vetustas tradidit, commemoranda. addunt etiam diis honorem parentes, ut si quis sit filius Iovis, addit antiquitas, ut iis, qui sunt ex Chao, progenies quoque, ut Apollo ac Diana Latonae. 9 laudandum in quibusdam, quod geniti inmortales, quibusdam, quod inmortalitatem virtute sint consecuti: quod pietas principis nostri praesentium quoque temporum decus fecit.

findet, eine Beweisgrundlage verlangt, so hat auch diejenige, die zur künstlerischen Unterhaltung verfaßt wird, zuweilen auch eine Art solcher Beweisgrundlage. 5 So muß, wer von Romulus sagt, er sei des Mars Sohn und von einer Wölfin aufgezogen, als Beweis für die göttliche Abkunft die Gründe angeben: in die strömende Flut ausgesetzt, habe er nicht ertränkt werden können; alles habe er so angepackt, daß es durchaus glaublich sei, daß er vom göttlichen Schirmherrn der Kriege selbst erzeugt sei; auch hätten die Menschen der damaligen Zeit keinen Zweifel daran gehegt, daß er in den Himmel aufgenommen worden sei. 6 Manches wird sogar auch die Form einer Verteidigung annehmen, wenn etwa bei einer Lobrede auf Herkules der Redner eine Entschuldigung dafür vorbringt, daß dieser mit der Königin von Lydien die Kleidung getauscht und sich, wie die Sage berichtet, Hausarbeiten habe auftragen lassen. Jedoch ist es die eigentliche Aufgabe der Lobrede, die Dinge zu steigern und auszuschmücken.

Hierzu bietet sich der Stoff zwar vor allem bei Göttern und Menschen, jedoch auch bei anderen Lebewesen und sogar auch bei Leblosem. 7 Bei den Göttern nun werden wir zuerst allgemein der Majestät ihrer göttlichen Natur unsere Verehrung aussprechen, sodann im besonderen die Macht eines jeden preisen und die Erfindungen, die ja den Menschen einen Nutzen gebracht haben. 8 Die Macht läßt sich darlegen z. B. bei Jupiter als die des Allherrschers, bei Mars in der Macht im Kriege, bei Neptun in der auf dem Meere; Erfindungen, z. B. die der Künste bei Minerva, bei Merkur die der Wissenschaft, Heilkunst bei Apoll, bei Ceres die der Früchte, bei Bacchus die des Weines. Danach sind ihre Taten zu erwähnen, falls die Vorzeit solche von ihnen überliefert hat. Auch für Götter bringen die Eltern eine Steigerung der Ehre, wenn etwa einer ein Sohn des Jupiter ist; bringt es das ehrwürdige Alter, so denen, die vom Chaos stammen; ferner die Nachkommenschaft, so Apollo und Diana für Latona. 9 Zum Lobe muß man bei manchen sagen, daß sie als Unsterbliche geboren, bei manchen wieder, daß sie Unsterblichkeit durch ihre Leistung erreicht haben. Hierin hat die Frömmigkeit unseres Herrschers auch der Gegenwart Ehre gemacht[50].

[50] Domitian hat seinen verstorbenen Vater und Bruder (Vespasian und Titus) als Götter in den Staatskult aufnehmen lassen. – Die briefliche Verheißung, die Shakespeare seinem Malvolio in ›Was ihr wollt‹ zuspielen läßt, klingt wie eine Travestie unserer Stelle.

10 Magis est varia laus hominum. nam primum dividitur in tempora, quodque ante eos fuit quoque ipsi vixerunt, in iis autem, qui fato sunt functi, etiam quod est insecutum. ante hominem patria ac parentes maioresque erunt, quorum duplex tractatus est: aut enim respondisse nobilitati pulchrum erit, aut humilius genus inlustrasse factis. 11 illa quoque interim ex eo, quod ante ipsum fuit, tempore trahentur, quae responsis vel auguriis futuram claritatem promiserint, ut eum, qui ex Thetide natus esset, maiorem patre suo futurum cecinisse dicuntur oracula. 12 ipsius vero laus hominis ex animo et corpore et extra positis peti debet. et corporis quidem fortuitorumque cum levior, tum non uno modo tractanda est. nam et pulcritudinem interim roburque prosequimur honore verborum, ut Homerus in Agamemnone atque Achille, interim confert admirationi multum etiam infirmitas, ut cum idem Tydea parvum, sed bellatorem dicit fuisse. 13 fortuna vero tum dignitatem adfert, ut in regibus principibusque (namque est haec materia ostendendae virtutis uberior), tum quo minores opes fuerunt, maiorem benefactis gloriam parit. sed omnia, quae extra nos bona sunt quaeque hominibus forte optigerunt, non ideo laudantur, quod habuerit quis ea, sed quod iis honeste sit usus. 14 nam divitiae et potentia et gratia, cum plurimum virium dent, in utramque partem certissimum faciunt morum experimentum: aut enim meliores propter haec aut peiores sumus. 15 animi semper vera laus, sed non una per hoc opus via ducitur. namque alias aetatis gradus gestarumque rerum ordinem sequi speciosius fuit, ut in primis annis laudaretur indoles, tum disciplinae, post hoc operum

10 Mehr Mannigfaltigkeit zeigt das Lob auf Menschen. Denn zunächst läßt es sich nach Zeitabschnitten gliedern: die Zeit, die ihnen vorausging, und die, in der sie selbst lebten; bei denen, die ihr Schicksal erfüllt haben, auch noch die Zeit, die auf sie gefolgt ist. Dem Menschen voran wird man Vaterland, Eltern und Vorfahren stellen, die zwiefach zu behandeln sind: denn entweder wird es eine schöne Leistung sein, sich eines adligen Hauses würdig gezeigt oder aber ein weniger angesehenes Geschlecht berühmt gemacht zu haben durch seine eigenen Taten. 11 Zuweilen wird man auch aus der Zeit, die dem betreffenden Menschen vorausliegt, das heranziehen, was durch Orakelworte oder Vogelzeichen ihm Ruhm für die Zukunft verheißen hat, so, wenn es vom Sohn, den Thetis erwartete, heißt, größer als sein Vater werde er sein, so hätten die Orakelverse verkündet. 12 Das Lob für den betreffenden Menschen selbst muß man aus seinem Geist, seinem Körper, von den äußeren Gegebenheiten gewinnen. Hierbei ist, was der Körper und die Glücksumstände bieten, zwar von geringerem Gewicht, aber auch nicht nur in einer Art zu behandeln; denn zuweilen ist es die Schönheit und Kraft, die wir in unseren Worten zum Ruhm anführen, wie Homer bei Agamemnon[51] und Achill[52], zuweilen aber trägt gerade auch die Körperschwäche viel zur Bewunderung bei, wenn etwa derselbe Dichter von Tydeus[53] sagt, klein sei er gewesen, aber ein Kämpfer. 13 Die Gaben des Glückes aber tragen sowohl zu Rang und Würde der Person bei, z. B. bei Königen und Herrschern – denn in reicherem Maße bietet sich hier der Stoff, Tüchtigkeit zu zeigen; je geringer aber die Mittel gewesen sind, um so größeren Ruhm gewinnen sie für die edlen Taten des Helden. Jedoch lobt man alles, was an Gütern außer uns liegt und was den Menschen durch den Zufall zuteil geworden ist, nicht deshalb, weil jemand es besessen hat, sondern weil er sich dessen zu seiner Ehre bedient hat. 14 Denn Reichtum, Macht und Einfluß stellen, da sie dem Menschen das Äußerste an Kräften verleihen, nach beiden Seiten die sicherste Probe für die Lebensgrundsätze dar; entweder nämlich sind sie deswegen besser oder schlechter. 15 Das Lob des Geistes ist immer das echte Lob, doch auch diese Aufgabe läßt sich nicht nur auf einem Wege durchführen; denn in einem Fall macht es sich besser, wenn man den Altersstufen und der Reihenfolge der Taten folgt, also in den ersten Lebensjahren die Anlagen lobt, dann die Erfolge beim Lernen, danach dann die ganze

[51] Il. 2, 477. [52] Il. 2, 180. [53] Il. 5, 801.

id est factorum dictorumque contextus, alias in species virtutum dividere laudem, fortitudinis, iustitiae, continentiae ceterarumque, ac singulis adsignare, quae secundum quamque earum gesta erunt. 16 utra sit autem harum via utilior, cum materia deliberabimus, dum sciamus gratiora esse audientibus, quae solus quis aut primus aut certe cum paucis fecisse dicetur, si quid praeterea supra spem aut expectationem, praecipue quod aliena potius causa quam sua. 17 tempus, quod finem hominis insequitur, non semper tractare contingit: non solum, quod viventes aliquando laudamus, sed quod rara haec occasio est, ut referri possint divini honores et decreta et publice statuae constitutae. 18 inter quae numeraverim ingeniorum monumenta, quae saeculis probarentur; nam quidam sicut Menander iustiora posterorum quam suae aetatis iudicia sunt consecuti. adferunt laudem liberi parentibus, urbes conditoribus, leges latoribus, artes inventoribus, nec non instituta quoque auctoribus, ut a Numa traditum deos colere, a Poplicola fasces populo summittere.

19 Qui omnis etiam in vituperatione ordo constabit, tantum in diversum. nam et turpitudo generis opprobrio multis fuit et quosdam claritas ipsa notiores circa vitia et invisos magis fecit, et in quibusdam, ut in Paride traditur, est praedicta pernicies, et corporis ac fortunae quibusdam mala contemptum, sicut Thersitae atque Iro[s], quibusdam bona vitiis corrupta odium attulerunt, ut Nirea imbellem, Plisthenem impudicum a poetis accepimus. 20 et animi totidem

s) atque Iro *Obrecht:* at vero **BP** adquisiere **a**

Kette der Leistungen, das heißt der Taten und Reden. In einem andern Fall wieder macht es sich besser, das Lob der Tugenden nach ihren Erscheinungsformen einzuteilen, Tapferkeit, Gerechtigkeit, Selbstbeherrschung usw., und ihnen einzeln zuzuteilen, was in jeder von ihnen geleistet worden ist. 16 Welcher von diesen beiden Wegen sich als nützlicher empfiehlt, werden wir nach dem Gegenstand abwägen – nur müssen wir wissen, daß es den Hörern willkommener ist zu hören, was jemand als einziger oder erster oder doch nur mit wenigen geleistet haben soll; ferner wenn etwas über das hinaus, was zu hoffen und zu erwarten war, gelungen ist, zumal aber, was er eher für andere geleistet hat als für sich selbst. 17 Die Zeit, die dem Lebensende folgt, läßt sich nicht immer behandeln, nicht nur weil wir manchmal Lebende loben, sondern weil sich die Gelegenheit selten bietet, auf göttliche Ehrungen und Beschlüsse und von Staats wegen errichtete Standbilder Bezug zu nehmen. 18 In diesen Rahmen möchte ich die Denkmäler des Geistes stellen, die den Beifall der Jahrhunderte gefunden haben; denn manche, wie Menander, haben ein gerechteres Urteil bei der Nachwelt gefunden als zu ihrer eigenen Zeit. Lob für Eltern bedeuten ihre Kinder, für Städte ihre Gründer, für Gesetzgeber die Gesetze, die sie gaben, für Erfinder die Künste, die sie erfunden, und nicht zuletzt für Anreger die Einrichtungen, die sie angeregt haben, wie es etwa von Numa nach der Überlieferung eingeführt wurde, die Götter zu verehren, von Publicola, die Rutenbündel vor dem Volk zu senken.

19 Diese ganze Anordnung wird auch beim Tadeln gelten, nur im entgegengesetzten Sinn. Denn auch der schlechte Name einer Familie hat schon für viele als Vorwurf gedient, und bei manchen hat gerade der Glanz ihrer eigenen Stellung die Aufmerksamkeit auf ihre Laster gelenkt und sie verhaßter gemacht; bei manchen, wie es bei Paris überliefert ist, ließ sich daraus das Verderben vorhersagen; manchen haben unglückliche Körper und Lebensumstände Verachtung eingetragen, z. B. dem Thersites und Irus[54], manchen glückliche Körper- und Lebensumstände, die durch Laster verdorben waren, Haß, wie die Dichter uns den Nireus als Memme, den Pleisthenes als Lüstling geschildert haben[55]. 20 Auch für den

[54] nämlich (Thersites in der Ilias, Irus in der Odyssee) Prügel von Odysseus.

[55] Nireus Il. 2, 673–75 ‘der schönste Mann, der vor Troia gezogen’, aber ein matter Held. Wie er und Pleisthenes, der Sohn des Atreus, ihre sittlichen Mängel bewiesen haben, wissen wir nicht.

vitia quot virtutes sunt, nec minus quam in laudibus duplici ratione tractantur. et post mortem adiecta quibusdam ignominia est, ut Maelio, cuius domus solo aequata, Marcoque Manlio, cuius praenomen e familia in posterum exemtum est. 21 et parentes malorum odimus: et est conditoribus urbium infame contraxisse aliquam perniciosam ceteris gentem, qualis est primus Iudaicae superstitionis auctor: et Gracchorum leges invisae: et si quod est exemplum deforme posteris traditum, quale libidinis vir Perses in muliere Samia instituere ausus dicitur primus. 22 sed in viventibus quoque iudicia hominum velut argumenta sunt morum, et honos aut ignominia veram esse laudem vel vituperationem probat.

23 Interesse tamen Aristoteles putat, ubi quidque laudetur aut vituperetur. nam plurimum refert qui sint audientium mores, quae publice recepta persuasio, ut illa maxime, quae probant, esse in eo, qui laudabitur, credant, aut in eo, contra quem dicemus, ea quae oderunt: ita non dubium erit iudicium, quod orationem praecesserit. 24 ipsorum etiam permiscenda laus semper (nam id benivolos facit); quotiens autem fieri poterit, cum materiae utilitate iungenda. minus Lacedaemone studia litterarum quam Athenis honoris merebuntur, plus patientia ac fortitudo. rapto vivere quibusdam honestum, aliis cura legum. frugalitas apud Sybaritas forsitan odio foret, veteribus Romanis summum luxuria crimen, eadem in singulis differentia. 25 maxime favet iudex, qui sibi dicentem adsentari putat. idem praecipit illud quoque, quod mox Cornelius Celsus

Geist gibt es ebenso viele Laster wie Tugenden, und sie werden nicht weniger als bei den Lobreden in doppelter Weise behandelt. Manchen hat sich auch nach dem Tod noch neue Schande ergeben, etwa dem Maelius, dessen Haus dem Erdboden gleichgemacht, und dem M. Manlius, dessen Vornamen aus seiner Familie für alle Zeit ausgetilgt worden ist. 21 Auch die Eltern schlechter Menschen trifft unser Haß. Und für die Gründer von Städten ist es eine Schmach, ein Volk gesammelt zu haben, das anderen Verderben bringt, wie es bei dem Stifter des jüdischen Aberglaubens der Fall ist[56]. Auch die Gesetze der Gracchen haben ihren Urhebern Haß gebracht, und auch jedes häßliche Beispiel, das der Nachwelt überliefert worden ist, wie etwa, was ein Perser aus Geilheit bei einer Frau aus Samos als erster sich herausgenommen haben soll[57]. 22 Doch auch bei Lebenden sind die Urteile der Mitmenschen gleichsam Beweisstücke für die Lebensgrundsätze, und Ehre oder Schande ist der Beweis dafür, daß Lob oder Tadel richtig waren.

23 Nun glaubt allerdings Aristoteles[58], es mache einen Unterschied, wo jede Lobes- oder Tadelrede gesprochen werde. Denn es kommt sehr darauf an, welche sittlichen Grundsätze die Hörer haben, welche Überzeugung in der Öffentlichkeit allgemein gilt, damit sie glauben, das, was sie selbst gut finden, sei vor allem bei dem zu finden, auf dessen Lob es ankommt, oder bei dem, gegen den wir sprechen wollen, (umgekehrt) all das, was sie hassen. So wird das Urteil nicht zweifelhaft sein, weil es ja schon vor der Rede feststand. 24 Auch muß immer zum Lob der Hörer etwas eingestreut werden; denn das macht sie wohlwollend. Sooft es sich aber einrichten läßt, ist es mit dem zu verbinden, was für den Gegenstand der Rede von Nutzen ist. Weniger wird in Sparta die Liebe zur Wissenschaft Ehre einheimsen als in Athen, mehr die Ausdauer und Tapferkeit. Vom Raub zu leben gilt manchen als ehrenvoll, anderen wieder die Beachtung der Gesetze. Dürftiges Leben machte bei den Sybariten vielleicht verhaßt, den alten Römern dagegen war üppiges Leben ein schweres Vergehen. Ebenso ist der Unterschied im einzelnen. 25 Am günstigsten ist der Richter gestimmt, der glaubt, der Redende denke wie er. Ebenfalls Aristo-

[56] Moses!

[57] Namen und Untat dieses Wüstlings überantwortet Quint. der verdienten Vergessenheit, die beides offenbar bei seinen Lesern noch nicht gefunden hatte.

[58] Rhet. 1, 9.

prope supra modum invasit, quia sit quaedam virtutibus ac vitiis vicinitas, utendum proxima derivatione verborum, ut pro temerario fortem, pro prodigo liberalem, pro avaro parcum vocemus: quae eadem etiam contra valent. quod quidem orator, id est vir bonus, numquam faciet, nisi forte communi utilitate ducetur.

26 Laudantur autem *urbes* similiter atque homines. nam pro parente est conditor, et multum auctoritatis adfert vetustas, ut iis, qui terra dicuntur orti, et virtutes ac vitia circa res gestas eadem quae in singulis: illa propria, quae ex loci positione ac munitione sunt. 27 cives illis ut hominibus liberi[t] sunt decori. est laus et *operum:* in quibus honor, utilitas, pulchritudo, auctor spectari solet. honor ut in templis, utilitas ut in muris, pulchritudo vel auctor utrubique. est et *locorum*, qualis Siciliae apud Ciceronem: in quibus similiter speciem et utilitatem intuemur, speciem maritimis, planis, amoenis, utilitatem salubribus, fertilibus. erit et *dictorum* honestorum *factorumque* laus generalis, erit et rerum omnis modi. 28 nam et somni et mortis scriptae laudes et quorundam a medicis ciborum.

Itaque, ut non consensi hoc laudativum genus circa solam versari honesti quaestionem, sic qualitate maxime contineri puto, quamquam tres status omnes cadere in hoc opus possint, iisque usum C. Caesarem in vituperando Catone notaverit Cicero. totum autem habet aliquid simile suasoriis, quia plerumque eadem illic suaderi, hic laudari solent.

t) liberi sunt *Halm:* liberis **A¹BP¹** liberi **P²a**

teles gibt auch die Vorschrift[59] – gegen die dann Cornelius Celsus fast über Gebühr angegangen ist –, weil zwischen Tugenden und Lastern eine Art Nachbarschaft bestehe, soll man die Worte gebrauchen, die dem eigentlichen Sinn am nächsten ständen, so daß wir jemanden statt leichtsinnig tapfer, statt verschwenderisch großzügig und statt geizig sparsam nennen; all das gilt auch umgekehrt. Dies wird ein Redner, das heißt ein Ehrenmann, niemals tun – es sei denn vielleicht, er ließe sich dabei durch den Nutzen für die Gemeinschaft leiten!

26 *Städte* lobt man ähnlich wie Menschen. Denn an die Stelle des Vaters tritt der Gründer; viel zum Ansehen trägt das Alter bei, wenn man etwa sagt, die Bewohner seien der Erde entsprossen. Auch Tugenden und Laster in ihren Leistungen sind genauso wie bei Einzelpersonen. Eigentümlich ist hier nur, was zur Lage und Befestigung des Platzes gehört. 27 Die Bürger sind ebenso der Stolz der Städte wie die Kinder der der Menschen. Auch Lobreden *auf öffentliche Bauten* gibt es, in denen gewöhnlich Ehre, Nutzen, Schönheit und Erbauer den Blickpunkt bilden. Ehre z. B. bei Tempeln, Nutzen bei Mauern, Schönheit oder Erbauer in jedem dieser Fälle. Auch *Gegenden* finden Lobreden, etwa Sizilien bei Cicero[60], in denen wir entsprechend auf Aussehen und Nutzen blicken. Das Aussehen erscheint als Lage am Meer, in ebenem Gelände oder lieblicher Landschaft; der Nutzen in ihrer gesunden Lage und Fruchtbarkeit. Man wird ferner auch allgemeine Lobreden *auf rühmliche Worte und Taten* finden und auch solche auf Dinge aller Art. 28 Sind doch auch auf den Schlaf und auf den Tod Lobreden verfaßt wie auch von Ärzten auf bestimmte Speisen.

Deshalb besteht bei der Gattung der Lobrede meines Erachtens, sowenig ich der Auffassung zustimmen konnte[61], sie habe es nur mit der Frage nach dem Anständigen zu tun, ihr Status vor allen in der Beschaffenheitsfrage, wenn auch alle drei Status bei dieser Aufgabe zutreffen können, wie ja Cicero[62] bemerkt hat, C. Caesar habe sie bei seiner Tadelrede gegen Cato alle in Anspruch genommen. Die ganze Form der Lobrede aber hat darin eine gewisse Ähnlichkeit mit den Übungsreden für Beratungen, daß gewöhnlich die gleichen Dinge dort empfohlen, hier gelobt werden.

[59] a. a. O.
[60] Verr. 2, 1ff.; 4, 48.
[61] s. o. B. 3, 4, 16.
[62] top. 25, 94.

VIII.

1 *Deliberativas* quoque miror a quibusdam sola utilitate finitas. ac si quid in his unum sequi oporteret, potior fuisset apud me Ciceronis sententia, qui hoc materiae genus dignitate maxime contineri putat. nec dubito quin ii, qui sunt in illa priore sententia, secundum opinionem pulcherrimam ne utile quidem, nisi quod honestum esset, existimarint. 2 et est haec ratio verissima, si consilium contingat semper bonorum atque sapientium. verum apud imperitos, apud quos frequenter dicenda sententia est, populumque praecipue, qui ex pluribus constat indoctis, discernenda sunt haec et secundum communes magis intellectus loquendum. 3 sunt enim multi qui etiam quae credunt honesta, non tamen satis eadem utilia quoque existiment, quae turpia esse dubitare non possunt, utilitatis specie ducti probent, ut foedus Numantinum iugumque Caudinum.

4 Ne qualitatis quidem statu, in quo et honestorum et utilium quaestio est, conplecti eas satis est. nam frequenter in his etiam coniecturae locus est: nonnumquam tractatur aliqua finitio, aliquando etiam legales possunt incidere tractatus, in privata maxime consilia, si quando ambigitur an liceat. de coniectura paulo post pluribus. 5 interim est finitio apud Demosthenem 'det Halonesum Philippus an reddat', apud Ciceronem in Philippicis 'quid sit tumul-

[63] de orat. 2, 82, 334.

[64] Sowohl nach der Kapitulation des Mancinus vor Numantia (137 v. Chr.) wie auch nach der im Samniterkrieg (321 v. Chr.), als das römische Heer sich unter das Speer-Joch beugen mußte, verweigerte der Senat die Anerkennung der Kapitulationsabmachungen.

[65] s. u. § 16.

[66] Quint. scheint diese in der Sammlung der philippischen Reden überlieferte Rede ›Über Halonnes‹ für echt zu halten. Das Definitionsproblem ist, ob Philipp, wenn er sich bereit erklärt, die kleine ägeische Insel, die er den See-

ACHTES KAPITEL

Beratungsreden

1 Auch die *Beratungsreden* sind erstaunlicherweise von manchen lediglich auf die Nützlichkeit beschränkt worden. Und wenn man hierbei einem Mann folgen dürfte, so hätte bei mir Ciceros Meinung[63] den Vorrang erhalten, der glaubt, diese Gattung des Redestoffes gründe sich vor allem auf die Frage des sittlichen Ranges. Auch zweifle ich nicht, daß die Vertreter der ersteren Auffassung gemäß der höchsten Überzeugung nur für nützlich erachtet haben, was auch anständig ist. 2 Das ist auch die richtigste Überlegung – falls nämlich die Beratung immer gute, weise Männer anginge. Indessen ist bei den Unerfahrenen, bei denen häufig eine Meinung vertreten werden muß, und zumal beim Volk, das zum größeren Teil aus Ungebildeten besteht, dieser Unterschied zu machen und mehr nach den gewöhnlichen Vorstellungen zu reden. 3 Denn es gibt viele, die auch das, was sie für anständig halten, doch nicht zugleich auch für hinreichend nützlich erachten und das, an dessen Schändlichkeit sie keine Zweifel haben können, durch den Schein des Nutzens gelenkt, billigen – etwa den Vertrag mit Numantia und das Caudinische Joch[64].

4 Nicht einmal mit dem Status der Beschaffenheitsfrage, in den doch die Frage nach dem Anständigen und Nützlichen gehört, diese Redegattung zu umfassen, ist hinreichend. Denn häufig findet in ihr auch die Vermutungsfrage ihren Platz, manchmal wird eine Definitionsfrage behandelt, bisweilen können auch Behandlungen eines Gesetzestextes auftreten, meistens bei privaten Beratungen, wenn Zweifel entstehen, ob etwas erlaubt sei. 5 Über die Vermutungsfrage hernach sogleich[65] ausführlicher. Zunächst nur eine Definitionsfrage bei Demosthenes[66]: ‘Soll Philipp Halonnes geben oder zurückgeben?’ und bei Cicero in den ›Philippischen Reden‹[67],

räubern abgenommen hat, Athen zu überlassen, in dessen Herrschaftsbereich die Insel gehört hatte, eine Schenkung oder Rückerstattung vornimmt. In der 9. philippischen Rede des Cicero geht es um die Frage, ob Servius Sulpicius, der bei Verhandlungen mit Antonius einer Krankheit erlegen war, wie ein Kriegsopfer geehrt werden dürfe; dabei ist natürlich auch die Frage aus der 8. Rede, ob der Krieg mit Antonius als regulärer Krieg (bellum) oder als Unterdrückung von Unruhen (tumultus) anzusehen sei, von Bedeutung.

[67] Philipp. 8, 1, 2.

tus'. quid? non illa similis iudicialium quaestio de statua Servii Sulpicii, 'an iis demum ponenda sit, qui in legatione ferro sunt interempti'? 6 ergo pars deliberativa, quae eadem suasoria dicitur, de tempore futuro consultans quaerit etiam de praeterito. officiis constat duobus suadendi ac dissuadendi.

Prooemio, quale est in iudicialibus, non ubique eget, quia conciliatus est ei quisque, quem consulit. initium tamen quodcumque debet habere aliquam prooemii speciem; neque enim abrupte nec unde libuit incipiendum, quia est aliquid in omni materia naturaliter primum. 7 in senatu et utique in contionibus eadem ratio, quae apud iudices, adquirendae sibi plerumque eorum, apud quos dicendum sit, benivolentiae. nec mirum, cum etiam in panegyricis petatur audientium favor, ubi emolumentum non utilitate aliqua, sed in sola laude consistit. 8 Aristoteles quidem, nec sine causa, putat et ab nostra et ab eius, qui dissentiet, persona duci frequenter in consiliis exordium, quasi mutuantibus hoc nobis a iudiciali genere, nonnumquam etiam, ut minor res maiorve videatur: in demonstrativis vero prooemia esse maxime libera existimat: 9 nam et longe a materia duci, ut in Helenae laude Isocrates fecerit, et ex aliqua rei vicinia, ut idem in Panegyrico cum queritur plus honoris corporum quam animorum virtutibus dari, et Gorgias in Olympico laudans eos qui primi tales instituerint conventus. quos secutus videlicet C. Sallustius in bello Iugurthino et Catilinae nihil ad historiam pertinentibus principiis orsus est.

[68] Philipp. 9, 1. [69] Rhet. 3, 14.

[70] Daß Quint. die ›philosophischen Prooemien‹ des Sallust vor seinen historiographischen Monographien in einem Atem mit den Festreden des Isokrates und gar Gorgias nennt – nur weil sie zum Ausgangspunkt Dinge wählen, die nicht zu ihrer Darstellung gehören, mag dem modernen Gefühl als haarsträubende Äußerlichkeit erscheinen. Um so bezeichnender ist es für die Eigenart der rhetorischen Kultur der Antike, in der alle literarischen

'was ein Aufstand sei'. Ferner: ist nicht jene Frage über das Standbild für Servius Sulpicius[68] denen in Gerichtsreden ähnlich, 'ob ein solches Standbild nämlich nur für Personen errichtet werden dürfe, die auf einer Gesandtschaft durch Waffengewalt hinweggerafft seien'. 6 Also enthält das Gebiet der Beratungsrede, das doch auch Suasorie heißt, mag die Beratung auch über Künftiges gehen, auch Fragen über Vergangenes. Die Beratungsrede besteht aus zwei Aufgaben: zuzuraten und abzuraten.

Eines Prooemiums, wie bei den Gerichtsreden, bedarf sie nicht überall, da ja ein jeder dem geneigt ist, den er um Rat fragt. Dennoch muß der Anfang, wie er auch sei, etwas von der Art eines Prooemiums haben; man darf ja nicht jäh und auch nicht an einer beliebigen Stelle beginnen; denn etwas ist bei jedem Stoff natürlicherweise das erste. 7 Im Senat und jedenfalls in Volksreden gilt dieselbe Überlegung wie vor Gericht, sich das Wohlwollen zumeist derer, bei denen die Rede stattfinden muß, zu gewinnen. Kein Wunder, da ja sogar in Festreden die Gunst der Hörer gesucht wird, wo der Ertrag nicht in irgend etwas Nützlichem, sondern lediglich im Beifall besteht. 8 Aristoteles[69] zwar glaubt – und nicht ohne Grund –, es müsse sowohl von unserer eigenen Person wie auch von der, deren Meinung abweicht, häufig in Beratungen der Anfang genommen werden, als machten wir dabei gleichsam eine Anleihe bei der Gerichtsrede, bisweilen auch, um einen größeren oder geringeren Eindruck von der Sache, um die es geht, zu erwecken; in den Unterhaltungsreden indes sind seiner Meinung nach die Prooemien am allerfreiesten. 9 Denn es werde einmal weit ab vom Thema angesetzt, wie es in der Lobrede auf Helena Isokrates getan hat; ein andermal aus einem Nachbargebiet, wie wieder Isokrates im ›Panegyricus‹, wenn er beklagt, daß die Leistungen des Körpers größere Ehrungen fänden als die des Geistes; so auch Gorgias, der im ›Olympicus‹ das Lob derer anstimmt, die zuerst solche Zusammenkünfte eingeführt hätten. Ihnen ist offenbar C. Sallustius im ›Krieg mit Jugurtha‹ und in seinem ›Catilina‹ gefolgt, wenn er zum Ausgangspunkt Dinge wählt, die nicht zu seiner Darstellung gehören[70].

Formen als Mitteilungsformen des redenden Menschen viel einheitlicher betrachtet werden. Sallust, der in dieser rhetorischen Kultur wurzelt, hätte vermutlich gegen die formanalytische Hypothese des Quint. nichts einzuwenden gehabt. Die ›Helena‹ und der ›Panegyricus‹ des Isokrates waren ja für ihn klassische Kostbarkeiten.

10 Sed nunc ad *suasoriam*: in qua, etiam cum prooemio utemur, breviore tamen et velut quodam capite tantum et initio debebimus esse contenti. narrationem vero numquam exigit privata deliberatio, eius dumtaxat rei, de qua dicenda sententia est, quia nemo ignorat id, de quo consulit. 11 extrinsecus possunt pertinentia ad deliberationem multa narrari. in contionibus saepe est etiam illa, quae ordinem rei docet, necessaria. 12 adfectus ut quae maxime postulat: nam et concitanda et lenienda frequenter est ira, et ad metum, cupiditatem, odium, conciliationem inpellendi animi. nonnumquam etiam movenda miseratio, sive, ut auxilium obsessis feratur, suadere oportebit, sive sociae civitatis eversionem deflebimus. valet autem in consiliis auctoritas plurimum. 13 nam et prudentissimus esse haberique et optimus debet, qui sententiae suae de utilibus atque honestis credere omnes velit. in iudiciis enim vulgo fas habetur indulgere aliquid studio suo: consilia nemo est qui neget secundum mores dari.

14 Graecorum quidem plurimi omne hoc officium contionale esse iudicaverunt et in sola rei publicae administratione posuerunt; quin et Cicero in hac maxime parte versatur. ideoque suasuris de pace, bello, copiis, operibus, vectigalibus haec duo esse praecipue nota voluit, vires civitatis et mores, ut ex natura cum ipsarum rerum, tum audientium ratio suadendi duceretur. nobis maior in re videtur varietas; 15 nam et consultantium et consiliorum plura sunt genera.

Quare in suadendo ac dissuadendo tria primum spectanda erunt: quid sit de quo deliberetur, qui sint qui deliberent, qui sit qui suadeat. 16 rem, de qua deliberatur, aut certum est posse fieri aut

10 Doch nun zur *Suasorie*, in der wir, auch wenn wir ein Prooemium verwenden wollen, doch mit einem kürzeren, mehr einer Art Kopf- und Anfangsstück uns zufriedengeben müssen. Eine Erzählung indessen ist bei einer privaten Beratung niemals erforderlich, wenigstens bei der Angelegenheit, zu der die Meinung geäußert werden soll; denn jeder weiß das ja wohl, worüber er den Rat hören will. 11 Von dem, was nur äußerlich zum Beratungsthema gehört, kann man viel erzählen. In Volksversammlungen ist oft auch eine Erzählung, die über den Verlauf der Sache unterrichtet, notwendig. 12 Ausdruck der Affekte verlangt die Beratungsrede ganz besonders; denn häufig gilt es Zorn zu erregen oder zu besänftigen und das Gemüt in Angst, Begierde, Haß oder Nachgiebigkeit zu versetzen. Bisweilen gilt es auch Mitleid zu erwecken, wenn etwa der Rat dazu führen soll, Belagerten Hilfe zu bringen, oder wenn wir die Vernichtung eines verbündeten Staates zu beklagen haben. Das stärkste Gewicht bei Beratungen hat das Ansehen der Persönlichkeit. 13 Muß ja doch der Klügste und Beste sein und scheinen, wer wünscht, alle möchten in Fragen des Nützlichen und des Anständigen seiner Auffassung Vertrauen schenken. Vor Gericht gilt es allgemein als statthaft, auch etwas seiner Neigung nachzugeben; Ratschläge – das wird niemand bestreiten – gibt man, wie man sein eigenes Leben führt!

14 Unter den Griechen haben die meisten Kenner dahin entschieden, die ganze Aufgabe der Beratungsrede bestehe in der Volksrede, und haben sie lediglich auf die Fragen der Lenkung der Gemeinschaft festgelegt. Ja, auch Cicero[71] beschäftigt sich hauptsächlich mit dieser Seite. Deshalb hat er gewünscht, wer über Frieden, Krieg, Truppen, Bauten und Abgaben raten wolle, dem müßten vorzüglich zwei Dinge bekannt sein, die Kräfte des Staates und seine Moral, so daß sich die Gesichtspunkte des Ratschlags aus den natürlichen Gegebenheiten der Dinge selbst wie auch der Zuhörer herleiten ließen. Wie mir scheint, sind die Dinge vielschichtiger; 15 denn sowohl die Ratsuchenden wie auch die Ratschläge zerfallen in sehr viele Arten.

Deshalb wird man beim Zu- und Abraten drei Fragen zunächst ins Auge fassen müssen: was es sei, worüber beratschlagt wird; wer die Personen seien, die sich beraten; und wer es sei, der den Rat erteilt. 16 Bei der Frage, der die Beratung gilt, ist es entweder gewiß, daß sie zu lösen ist, oder ungewiß. Ist es gewiß, so wird

[71] de orat. 2, 82.

incertum. si incertum, haec erit quaestio sola aut potentissima; saepe enim accidet ut prius dicamus, ne si possit quidem fieri, esse faciendum, deinde, fieri non posse. cum autem de hoc quaeritur, coniectura est: an Isthmos intercidi, an siccari palus Pomptina, an portus fieri Ostiae possit, an Alexander terras ultra Oceanum sit inventurus. 17 sed in iis quoque, quae constabit posse fieri, coniectura aliquando erit, si quaeretur, an utique futurum sit, ut Carthaginem superent Romani, ut redeat Hannibal, si Scipio exercitum in Africam transtulerit, ut servent fidem Samnites, si Romani arma deposuerint. quaedam et fieri posse et futura esse credibile est, sed aut alio tempore aut alio loco aut alio modo.

18 Ubi coniecturae non erit locus, alia sunt intuenda. et primum aut propter ipsam rem, de qua sententiae rogantur, consultabitur, aut propter alias intervenientes extrinsecus causas. propter ipsam 'deliberant patres conscripti, an stipendium militi constituant'. 19 haec materia simplex erit; accedunt causae aut faciendi (ut 'deliberant patres conscripti, an Fabios dedant Gallis bellum minitantibus') aut non faciendi: deliberat C. Caesar, an perseveret in Germaniam ire, cum milites passim testamenta facerent. hae suasoriae duplices sunt. 20 nam et illic causa deliberandi est, quod bellum Galli minitentur, esse tamen potest quaestio, dedendine fuerint etiam citra hanc denuntiationem, qui contra fas, cum legati missi essent, proelium inierint regemque, ad quem mandata acceperant, trucidarint: 21 et hic nihil Caesar sine dubio deliberaret nisi propter hanc militum perturbationem, est tamen locus quaerendi, an citra hunc quoque casum penetrandum in Germaniam fuerit.

dies die einzige oder die Hauptfrage sein; denn oft wird es vorkommen, daß wir zuerst sagen, selbst wenn es geschehen könne, dürfe es nicht geschehen – und dann erst, es könne nicht geschehen. Wenn es aber um Fragen dieser Art geht: ob der Isthmus durchstochen, die Pontinischen Sümpfe ausgetrocknet, ein Hafen in Ostia angelegt werden und ob Alexander jenseits des Ozeans werde Land finden können, so handelt es sich um Vermutungsfragen. 17 Aber auch bei dem, von dem es feststeht, daß es geschehen kann, kann manchmal die Vermutungsfrage vorliegen, wenn etwa gefragt wird, ob es unbedingt geschehen wird, daß die Römer die Karthager überwinden; daß Hannibal zurückkehren wird, wenn Scipio sein Heer nach Afrika übergesetzt hat; daß die Samniter ihre Treuepflicht wahren, wenn die Römer die Waffen niedergelegt haben[72]. 72 Von manchem ist es glaublich, daß es sowohl geschehen kann als auch eintreten wird – jedoch entweder zu einer anderen Zeit, an einem anderen Ort oder auf eine andere Weise.

18 Sobald für die Vermutungsfrage kein Raum ist, gilt es, nach anderem Ausschau zu halten. Und zwar wird entweder wegen der Sache selbst, über die die Meinungen gehört werden, beraten oder wegen anderer von außen dazwischentretender Gründe. Wegen der Sache selbst 'beraten die Senatoren, z. B. ob sie für die Truppe eine Löhnung aussetzen sollen'[73]. 19 Das wird dann ein einfacher Gegenstand sein. Hinzu treten Gründe, etwas zu tun, wenn etwa 'die Senatoren beraten, ob sie die Fabier den Galliern, die mit Krieg drohen, ausliefern sollen'[74]; oder solche, etwas nicht zu tun, wenn etwa C. Caesar berät, ob er dabei bleiben soll, gegen Germanien zu ziehen, während die Soldaten allenthalben ihr Testament machten[75]. Das sind zwiefache Suasorien; 20 denn auch darin liegt ein Grund zum Beraten, daß die Gallier mit Krieg drohen. Jedoch kann die Frage auch gestellt werden, ob sie auszuliefern seien – auch ohne diese Kriegsdrohung, da sie ja gegen das Recht, obwohl sie als Gesandte geschickt waren, in den Kampf eingegriffen und den König, für den sie ihre Aufträge empfangen hatten, erschlagen haben. 21 Im anderen Beispiel würde Caesar zweifellos nur beraten wegen der damals aufgetretenen Verwirrung bei seinen Soldaten. Und doch bietet sich auch Raum für die Frage, ob, auch abgesehen von diesem Umstand, es geraten gewesen wäre, in Germanien

[72] vgl. oben Kap. 4, 3 und Anm.

[73] Liv. 4, 59.

[74] Liv. 5, 36.

[75] Caesar, Bell. gall. 1, 39.

semper autem de eo prius loquemur, de quo deliberari etiam detractis sequentibus possit.

22 Partes suadendi quidam putaverunt *honestum utile necessarium*. ego non invenio huic tertiae locum. quantalibet enim vis ingruat, aliquid fortasse pati necesse sit, nihil facere, de faciendo autem deliberatur. 23 quod si hanc vocant necessitatem, in quam homines graviorum metu coguntur, utilitatis erit quaestio, ut si obsessi et inpares et aqua ciboque defecti de facienda ad hostem deditione deliberent et dicatur 'necesse est'. nempe sequitur ut hoc subiciatur, 'alioqui pereundum est': ita propter id ipsum non est necesse, quia perire potius licet. denique non fecerunt Saguntini nec in rate Opitergina circumventi. 24 igitur in his quoque causis aut de sola utilitate ambigetur aut quaestio inter utile atque honestum consistet. at enim, si quis liberos procreare volet, necesse habet ducere uxorem. quis dubitat? sed ei, qui pater vult fieri, liqueat necesse est uxorem esse ducendam. 25 itaque mihi ne consilium quidem videtur, ubi necessitas est, non magis quam ubi constat quid fieri non posse: omnis enim deliberatio de dubiis est. melius igitur, qui tertiam partem duxerunt δυνατόν, quod nostri *possibile* nominant: quae ut dura videatur appellatio, tamen sola est. 26 quas partes non omnes in omnem cadere suasoriam manifestius est, quam ut docendum sit. tamen apud plerosque earum numerus augetur; a quibus ponuntur ut partes, quae superiorum[u] species sunt partium. nam fas, iustum, pium, aequum, mansuetum quoque (sic enim sunt interpretati τὸ ἥμερον), et si qua adhuc adicere quis eiusdem generis velit, subici

u) superiorum *om.* **BP**

einzudringen. Immer aber werden wir zuerst über das sprechen, worüber auch beraten werden könnte, wenn das Folgende wegfiele.

22 Als Einteilung beim Ratgeben haben manche *das Anständige, Nützliche und Notwendige* angesehen. Für den dritten Punkt finde ich meinesteils keinen Platz. Denn mag eine beliebig große Macht uns bedrohen, so könnte es vielleicht notwendig sein, etwas zu erleiden, nicht aber, etwas zu tun; um das Tun aber geht die Beratung. 23 Wenn sie aber mit Notwendigkeit eine Zwangslage meinen, in die Menschen aus Furcht vor Schlimmerem geraten, so wird es sich um eine Frage der Nützlichkeit handeln, z. B. wenn man bei einer Belagerung, unterlegen an Zahl und ohne Wasser und Lebensmittel wegen der Kapitulation berät und gesagt wird: 'Es ist notwendig'; aber da folgt doch nur, daß zu ergänzen ist: 'sonst sind wir verloren'. So ist es eben deswegen nicht notwendig, da es ja eher freisteht, zugrunde zu gehen! Schließlich haben die Saguntiner ja nicht so gehandelt und auch die nicht, die in ihrem Fahrzeug aus Opitergium eingeschlossen waren[76]! 24 Also wird sich auch in diesen Fällen die strittige Frage entweder lediglich um die Nützlichkeit drehen, oder die Untersuchung wird zwischen dem Nützlichen und dem Anständigen abzuwägen haben. Nun aber: will jemand Kinder zeugen, so steht er doch vor der Notwendigkeit, eine Frau zu nehmen. Zweifellos! Aber dem Mann, der Vater werden will, dürfte es ja wohl klar sein, daß dafür die Notwendigkeit besteht, eine Frau zu nehmen. 25 Deshalb scheint mir da nicht einmal ein Ratschlag möglich, wo Notwendigkeit herrscht, nicht mehr als da, wo es feststeht, daß etwas nicht geschehen kann. Denn jede Beratung gilt Zweifelhaftem. Besser also die Einteilung derer, die den dritten Teil das δυνατόν genannt haben, in unserer Sprache das *possibile* (das 'Könnbare'), eine Benennung, die, so hart sie klingt, doch unsere einzige ist. 26 Daß diese (drei) Gesichtspunkte nicht sämtlich in jeder Beratungsrede zur Geltung kommen, ist zu handgreiflich, als daß man es lehren müßte. Doch wird ihre Zahl bei den meisten sogar noch vermehrt, die als selbständige Gesichtspunkte ansetzen, was doch nur Unterarten der genannten Gesichtspunkte bildet. Denn göttliche Satzung, Gerechtes, Frommes, Billiges, auch Humanes – so hat man ἥμερον übersetzt – und was man noch

[76] Den heldenhaften Todeskampf der Saguntiner, die sich 218 v. Chr. Hannibal nicht ergaben, schildert Liv. 21, 14; den der Leute von Opitergium (in Venetien im Bürgerkrieg (49 v. Chr.)), die im Kampf an der dalmatinischen Küste die Kapitulation ablehnten, Lukan 4, 462 und Florus 2, 33.

possunt honestati. 27 an sit autem facile, magnum, iucundum, sine periculo, ad quaestionem pertinet utilitatis. qui loci oriuntur ex contradictione: est quidem utile, sed difficile, parvum, iniucundum, periculosum. 28 tamen quibusdam videtur esse nonnumquam de iucunditate sola consultatio, ut si de aedificando theatro, instituendis ludis deliberetur. sed neminem adeo solutum luxu puto, ut nihil in causa suadendi sequatur praeter voluptatem. 29 praecedat enim semper aliquid necesse est, ut in ludis honor deorum, in theatro non inutilis laborum remissio, deformis et incommoda turbae, si id non sit, conflictatio, et nihilo minus eadem illa religio, cum theatrum veluti quoddam illius sacri templum vocabimus. 30 saepe vero et utilitatem despiciendam esse dicimus, ut honesta faciamus: ut cum illis Opiterginis damus consilium, ne se hostibus dedant, quamquam perituri sint, nisi fecerint. et utilia honestis praeferimus, ut cum suademus, ut bello Punico servi armentur. 31 sed tamen neque hic plane concedendum est esse id inhonestum (liberos enim natura omnis et isdem constare elementis, et fortasse antiquis etiam nobilibus ortos dici potest), et illic, ubi manifestum periculum est, opponenda alia, ut crudelius etiam perituros adfirmemus, si se dediderint, sive hostis non servarit fidem, sive Caesar vicerit, quod est vero similius. 32 haec autem, quae tantum inter se pugnant, plerumque nominibus deflecti solent. nam et utilitas ipsa expugnatur ab iis, qui dicunt non solum potiora esse honesta quam utilia, sed ne utilia quidem esse, quae non sint honesta: et contra, quod nos honestum, illi vanum, ambitiosum, stolidum

von dieser Art hinzufügen möchte, läßt sich doch dem Bereich des Anständigen zurechnen. 27 Ob aber etwas leicht ausführbar, bedeutend, angenehm, ungefährlich sei, gehört zur Frage nach der Nützlichkeit. Die Anwendung dieser Gesichtspunkte ergibt sich aus dem Widerspruch (zum Nützlichen): zwar ist es nützlich, aber schwierig, unbedeutend, unangenehm, gefährlich. 28 Jedoch scheint es manchen so, als drehe sich zuweilen die Beratung lediglich um das Angenehme, wenn etwa über den Bau eines Theaters oder die Einrichtung von Festspielen beraten werde. Doch geht, glaube ich, niemand so im Wohlleben auf, daß er bei seinem Rat in einer Sache nichts im Auge hat als die Lust. 29 Denn etwas muß hier ja immer vorausgehen, etwa bei den Festspielen die Ehre der Götter, beim Theater die höchst nützliche Entspannung von der Last der Arbeit, das häßliche und unbequeme Gedränge der Menge, wenn kein Theaterbau vorhanden ist – und nichtsdestoweniger auch hier wieder die Religion, wenn wir das Theater gleichsam eine Art Tempel für die heilige Handlung nennen. 30 Öfter aber sagen wir auch, wir müßten die Nützlichkeit geringschätzen, um anständig zu handeln, wenn wir etwa den Männern von Opitergium den Rat geben[77], nicht zu kapitulieren, auch wenn sie andernfalls zugrunde gehen müßten. Andererseits geben wir auch Nützlichem den Vorzug vor Anständigem, wenn wir etwa raten, im Punischen Krieg die Sklaven zu bewaffnen[78]. 31 Indessen ist auch hier nicht völlig zuzugeben, dies sei unanständig: kann ja doch gesagt werden, alle seien von Natur frei, beständen aus denselben Grundstoffen und stammten vielleicht gar aus alten Adelshäusern; und auch in dem Falle, wo die Gefahr klar vor Augen steht, ist anderes entgegenzuhalten: noch grausamer – können wir versichern – würden sie zugrunde gehen, falls sie kapitulierten, sei es, daß der Feind sein Wort nicht hält, oder sei es auch, daß Caesar siegt, was ja das Wahrscheinlichere ist[79]. 32 In solchen Fällen aber, wo der Konflikt so groß wird, pflegt man gewöhnlich die Namen zurechtzubiegen. Denn einerseits wird ja von denen der Nützlichkeitsgesichtspunkt ausgerottet, die sagen, nicht nur sei Anständiges wichtiger als Nützliches, sondern es sei überhaupt nicht nützlich, was nicht anständig sei; ihrerseits nennen die andern das, was wir anständig nennen, eitel, ehrgeizig, dumm, überzeugender im Rat

[77] vgl. Anm. zu § 23.

[78] Liv. 22, 57.

[79] nach der Schlacht bei Pharsalus.

verbis quam re probabilius vocant. 33 nec tantum inutilibus comparantur utilia, sed inter se quoque ipsa, ut si ex duobus eligamus, in altero, quid sit magis, in altero, quid sit minus. crescit hoc adhuc; nam interim triplices etiam suasoriae incidunt, ut cum Pompeius deliberabat, Parthos an Africam an Aegyptum peteret. ita non tantum, utrum melius, sed quid sit optimum, quaeritur, itemque contra. 34 nec umquam incidet in hoc genere materiae dubitatio rei, quae undique secundum nos sit; nam ubi contradictioni locus non est, quae potest esse causa dubitandi? ita fere omnis suasoria nihil est aliud quam comparatio, videndumque quid consecuturi simus et per quid, ut aestimari possit, plus in eo, quod petimus, sit commodi, an vero in eo, per quod petimus, incommodi. 35 est utilitatis et in tempore quaestio 'expedit, sed non nunc', et in loco 'non hic', et in persona 'non nobis non contra hos', et in genere agendi 'non sic', et in modo 'non in tantum'.

Sed personam saepius decoris gratia intuemur, quae et in nobis et in iis, qui deliberant, spectanda est. 36 itaque quamvis exempla plurimum in consiliis possint, quia facillime ad consentiendum homines ducuntur experimentis, refert tamen, quorum auctoritas et quibus adhibeatur: diversi sunt enim deliberantium animi, duplex condicio. 37 nam consultant aut plures aut singuli, sed in utrisque differentia, quia et in pluribus multum interest, senatus sit an populus, Romani an Fidenates, Graeci an barbari, et in singulis, Catoni petendos honores suadeamus an C. Mario, de ratione belli Scipio prior an Fabius deliberet. 38 proinde intuenda sexus, dignitas, aetas, sed mores praecipue discrimen dabunt. et honesta quidem honestis suadere facillimum est; si vero apud turpes recta

als in der Tat. 33 Man vergleicht auch nicht nur Nützlicheres mit Unnützem, sondern auch Nützliches untereinander, wenn wir etwa eine Auswahl unter zwei Möglichkeiten treffen, was im einen Fall mehr, im anderen weniger vorhanden sei. Das kann noch weitergehen. Denn zuweilen kommen sogar dreifache Suasorien vor: etwa als Pompeius beriet, ob er nach Parthien, Afrika oder Ägypten sich wenden solle. So steht nicht nur zur Frage, was von zwei Möglichkeiten das Bessere, sondern was das Beste sei, und ebenso auch das Gegenteil. 34 Niemals aber kann bei Stoffen dieser Art ein Zweifel in der Sache auftreten, da sie ja von allen Seiten zu unseren Gunsten sich fügt. Denn wo für Widerspruch kein Platz ist, welcher Grund zu zweifeln kann da bestehen? So ist gewöhnlich jede Suasorie nichts als eine Vergleichung, wobei wir zu sehen haben, was wir erreichen werden und mit welchen Mitteln, um abschätzen zu können, ob mehr Vorteil in dem liegt, was wir wollen, oder aber in dem, wodurch wir es erreichen wollen, der Nachteil. 35 Bei der Nützlichkeit spielt eine Rolle die Frage der Zeit: 'Es ist möglich, doch nicht jetzt'; die des Ortes: 'Nicht hier'; der Person: 'Nicht für uns, nicht gegen diese'; die der Art des Vorgehens: 'Nicht so' und die des Ausmaßes: 'Nicht in solchem Umfang'.

Öfter jedoch haben wir die schickliche Haltung der Persönlichkeit, die sowohl bei uns wie auch bei denen, die sich beraten, Beachtung verdient, vor Augen. 36 Wenn also auch Beispiele die größte Wichtigkeit in Beratungsrede haben, weil die Menschen sich am leichtesten durch Erfahrungen zur Zustimmung bringen lassen, so kommt es doch darauf an, wessen Autorität und für welchen Personenkreis sie aufgeboten wird. Verschieden sind nämlich die Ratschlagenden in ihrer geistigen Art. Zwiefach ist auch der Rahmen, in dem sie erscheinen. 37 Denn man sucht Rat entweder in größeren Gruppen oder einzeln; und es besteht auch in beiden Fällen wieder ein Unterschied, weil es auch bei Gruppen wieder sehr verschieden ist, ob es der Senat ist oder das Volk, Römer oder Bürger von Fidenae, Griechen oder Barbaren, sowie bei einzelnen, ob wir Cato raten, sich um Ämter zu bewerben, oder C. Marius, ob über den Kriegsplan Scipio zuerst berät oder Fabius. 38 Ferner haben wir auch auf Geschlecht, Rang und Alter zu schauen. Doch den Hauptunterschied wird immer die Lebensführung bilden. Nun ist es zwar das leichteste, Anständigen zu Anständigem zu raten. Wenn wir aber versuchen, bei schlechten Menschen etwas Richtiges durchzusetzen, müssen wir uns vor dem

optinere conabimur, ne videamur exprobrare diversam vitae sectam cavendum. 39 et animus deliberantis non ipsa honesti natura, quam ille non respicit, permovendus, sed laude, vulgi opinione, et si parum proficiet haec vanitas, secutura ex his utilitate, aliquanto vero magis obiciendo aliquos, si diversa fecerint, metus. 40 nam praeter id, quod his levissimi cuiusque animus facillime terretur, nescio an etiam naturaliter apud plurimos plus valeat malorum timor quam spes bonorum, sicut facilior eisdem turpium quam honestorum intellectus est. 41 aliquando bonis quoque suadentur parum decora, dantur parum bonis consilia, in quibus ipsorum, qui consulunt, spectatur utilitas. nec me fallit, quae statim cogitatio subire possit legentem: hoc ergo praecipis et hoc fas putas? 42 poterat me liberare Cicero, qui ita scribit ad Brutum praepositis plurimis, quae honeste suaderi Caesari possint: ‘simne bonus vir, si haec suadeam? minime. suasoris enim finis est utilitas eius, cui quisque suadet. at recta sunt: quis negat? sed non est semper rectis in suadendo locus’. sed quia est altior quaestio nec tantum ad suasorias pertinet, destinatus est mihi locus duodecimo, qui summus futurus est, libro. 43 nec ego quidquam fieri turpiter velim. verum interim haec vel ad scholarum exercitationes pertinere credantur: nam et iniquorum ratio noscenda est, ut melius aequa tueamur. 44 interim si quis bono inhonesta suadebit, meminerit non suadere tamquam inhonesta, ut quidam declamatores Sextum Pompeium ad piraticam propter hoc ipsum, quod turpis et crudelis sit, impellunt, sed dandus illis deformibus color idque etiam apud malos; neque

Anschein hüten, als machten wir ihnen aus ihrer verschiedenen Lebenseinstellung einen Vorwurf. 39 Sucht ein solcher Mann Rat, ist er nicht durch das Wesen des Anständigen selbst, auf das er ja keine Rücksicht nimmt, zu packen, sondern durch Lob, die Meinung des Volkes, und wenn so nichtiges Zeug keinen Eindruck macht, durch den Nutzen, der daraus sich ergeben wird, weit mehr noch indessen dadurch, daß man ihm allerhand vorhält, was man zu befürchten hat, wenn man anders handelt. 40 Denn abgesehen davon, daß hierdurch gerade die leichtfertigsten Köpfe sich am leichtesten schrecken lassen, ist es offenbar eine Naturgegebenheit, daß bei den meisten die Furcht vor Schlechtem mehr bedeutet als die Aussicht auf Gutes, so wie es für solche Menschen auch leichter ist, Unanständiges als Anständiges zu verstehen. 41 Gelegentlich rät man auch Menschen von guter Haltung zu wenig anständigen Maßnahmen, gibt man andererseits Menschen von wenig anständiger Haltung Ratschläge, in denen der Nutzen derer selbst, die den Rat geben, zu erblicken ist. Dabei entgeht mir nicht, welcher Gedanke jetzt gleich den Leser überkommen kann: Das also ist deine Vorschrift? Und das hältst du für recht und fromm? 42 Cicero könnte mich aus der Schlinge ziehen, der folgendes an Brutus[80] schreibt, nachdem er vieles vorausgeschickt hat, was man Caesar mit Anstand raten könne: 'Wäre ich nicht ein rechtschaffener Mann, wenn ich dies riete? Keineswegs! Denn das Ziel des Ratgebers ist die Nützlichkeit für den, dem er jeweils rät. 'Aber es ist doch recht so.' Wer leugnet das? Doch nicht immer ist beim Ratgeben Raum für das Rechte.' Weil ich aber damit eine tiefere Frage berühre und sie nicht nur die Beratungsreden betrifft, habe ich hierfür die Behandlung im zwölften Buch[81], das den Schluß bilden wird, vorgesehen. 43 Auch ich möchte nicht, daß etwas wider den Anstand geschieht. Indes einstweilen möge man glauben, daß auch diese Dinge zu den Schulübungen gehören; denn wir müssen auch die Methode des Unrechts kennen, um besser zu schützen, was recht und billig ist. 44 Einstweilen also: will jemand einem rechtschaffenen Mann zu unanständigen Maßnahmen raten, so möge er daran denken, nicht so zu ihm zu reden, als sei es unanständig, wie etwa gewisse Deklamatoren Sextus Pompeius eben deshalb zur Seeräuberei treiben, weil sie schändlich und grausam sei. Vielmehr muß man auch dem Häßlichen eine Färbung geben, und das

[80] ad M. Brut. fr E 8, 6 M.

[81] s. u. B. 12 Kap. 12.

enim quisquam est tam malus, ut videri velit. 45 sic Catilina apud Sallustium loquitur, ut rem sceleratissimam non malitia, sed indignatione videatur audere, sic Atreus apud Varium 'iam fero' inquit 'infandissima', 'iam facere cogor'. quanto magis eis, quibus cura famae fuit, conservandus est hic velut[v] ambitus. 46 quare et, cum Ciceroni dabimus consilium ut Antonium roget, vel etiam ut Philippicas, ita vitam pollicente eo, exurat, non cupiditatem lucis adlegabimus (haec enim si valet in animo eius, tacentibus quoque nobis valet), sed ut se rei publicae servet hortabimur. 47 hac illi opus est occasione, ne eum talium precum pudeat. et C. Caesari suadentes regnum adfirmabimus, stare iam rem publicam nisi uno regente non posse. nam qui de re nefaria deliberat, id solum quaerit, quo modo quam minimum peccare videatur.

48 Multum refert etiam, quae sit persona suadentis, quia ante acta vita si inlustris fuit aut clarius genus aut aetas aut fortuna adfert expectationem, providendum est ne quae dicuntur ab eo, qui dicit, dissentiant. at his contraria summissiorem quendam modum postulant. nam quae in aliis libertas est, in aliis licentia vocatur, et quibusdam sufficit auctoritas, quosdam ratio ipsa aegre tuetur.

49 Ideoque longe mihi difficillimae videntur *prosopopoeiae*, in quibus ad reliquum suasoriae laborem accedit etiam personae difficultas: namque idem illud aliter Caesar, aliter Cicero, aliter Cato suadere debebit. utilissima vero haec exercitatio, vel quod duplicis est operis vel quod poetis quoque aut historiarum futuris scriptoribus pluri-

v) velut *Francius:* vel

auch bei schlechten Menschen. Denn keiner ist so schlecht, daß er auch so erscheinen will! 45 Catilina spricht bei Sallust[82] so, daß es den Anschein hat, er wage seine so verbrecherische Tat nicht aus Bösartigkeit, sondern aus Empörung. So Atreus bei Varius[83]: 'Schon trag' ich denn das ganz Unsagbare, schon zwingt man mich zur Tat.' Wieviel mehr müssen Leute, die ihren Ruf gewahrt haben, sich diese Art von Ehrgeiz erhalten? 46 Wenn wir also Cicero den Rat geben wollen, Antonius bittend sich zu nähern oder sogar seine ›Philippischen Reden‹ zu verbrennen[84], wenn Antonius ihm dafür das Leben verspricht, werden wir nicht auf die Begierde nach dem Licht der Sonne hinweisen – denn wenn diese in seinem Herzen stark ist, ist sie es auch, wenn wir darüber schweigen –, sondern werden ihn ermahnen, sich für den Staat am Leben zu erhalten. Diese Gelegenheit muß man ihm bieten, damit er sich derartiger Bitten nicht schämt. 47 Raten wir C. Caesar zur Königsherrschaft, so werden wir versichern, die Republik könne nicht mehr bestehen, wenn nicht ein Mann die Lenkung übernehme. Wer nämlich über eine Freveltat beratschlagt, sucht lediglich nach einer Lösung, wie er am wenigsten als Frevler erscheine.

48 Viel kommt auch darauf an, was für eine Persönlichkeit der Ratgeber ist. Ist er nämlich durch sein früheres Leben berühmt geworden oder weckt die angesehene Familie, aus der er stammt, sein Alter oder seine Stellung große Erwartung, so muß man aufpassen, daß das, was er sagt, mit seiner Person als Redner nicht in Widerspruch steht. Liegen dagegen die Verhältnisse entgegengesetzt, verlangen sie einen etwas bescheideneren Maßstab. Denn was bei den einen Freiheit ist, heißt bei den anderen Frechheit; auch ist bei manchen schon ihr persönliches Ansehen hinreichend (zum Erfolg), manche aber vermag kaum die ganze Kraft ihres Geistes vor dem Mißerfolg zu bewahren.

49 Deshalb scheinen mir die *Personifikationen* bei weitem am schwersten, in denen zu der übrigen Mühe einer Suasorie noch die Schwierigkeit hinzutritt, eine andere Rolle zu verkörpern. Denn eben denselben Rat wird in anderer Form Caesar, in anderer Cicero, in anderer wieder Cato erteilen müssen. Äußerst nützlich indes ist diese Übung einmal, weil sie eine doppelte Aufgabe enthält, und zweitens, weil sie auch künftigen Dichtern und Geschichts-

[82] Cat. 20.
[83] aus dem Thyestes S. 265 Ribb.
[84] vgl. die 6. u. 7. Suasorie des älteren Seneca.

mum confert: verum et oratoribus necessaria. 50 nam sunt multae a Graecis Latinisque compositae orationes, quibus alii uterentur, ad quorum condicionem vitamque aptanda quae dicebantur fuerunt. an eodem modo cogitavit aut eandem personam induit Cicero, cum scriberet Cn. Pompeio et cum T. Ampio ceterisve, ac non unius cuiusque eorum fortunam, dignitatem, res gestas intuitus omnium, quibus vocem dabat, etiam imaginem expressit, ut melius quidem, sed tamen ipsi dicere viderentur? 51 neque enim minus vitiosa est oratio, si ab homine, quam si ab re, cui accommodari debuit, dissidet. ideoque Lysias optime videtur in iis, quae scribebat indoctis, servasse veritatis fidem. enimvero praecipue declamatoribus considerandum est, quid cuique personae conveniat, qui paucissimas controversias ita dicunt ut advocati: plerumque filii, parentes, divites, senes, asperi, lenes, avari, denique superstitiosi, timidi, derisores fiunt, ut vix comoediarum actoribus plures habitus in pronuntiando concipiendi sint, quam his in dicendo. 52 quae omnia possunt videri prosopopoeiae, quam ego suasoriis subieci, quia nullo alio ab his quam persona distat. quamquam haec aliquando etiam in controversias ducitur, quae ex historiis compositae certis agentium nominibus continentur. 53 neque ignoro plerumque exercitationis gratia poni et poeticas et historicas, ut Priami verba apud Achillen aut Sullae dictaturam deponentis in contione. sed haec in partem cedent trium generum, in quae causas divisimus. nam et rogare, indicare, rationem reddere, et alia, de quibus supra dictum est, varie atque ut res tulit in materia iudiciali, deliberativa, demonstrativa solemus; 54 frequentissime vero in his utimur ficta personarum, quas ipsi substituimus, oratione. ut apud Ciceronem pro Caelio Clodiam et caecus Appius et Clodius

schreibern sehr viel bietet. Indessen ist sie auch für die Redner notwendig. 50 Denn es gibt viele griechisch und lateinisch abgefaßte Reden, die zum Gebrauch anderer geschrieben sind, an deren Lage und Leben alles, was gesagt wurde, angepaßt werden mußte. Hat etwa Cicero in derselben Weise gedacht oder dieselbe Rolle eingenommen, als er für Cn. Pompeius schrieb und als er es für T. Ampius oder andere tat? Nicht vielmehr im Hinblick auf die Stellung, Rang und Taten eines jeden von allen, denen er Stimme lieh, auch noch ein Bild entworfen, so daß sie zwar besser, aber doch selbst zu reden schienen? 51 Denn die Rede ist nicht weniger fehlerhaft, wenn sie von dem Menschen als wenn sie von der Sache, der sie sich anpassen sollte, absticht. Deshalb hat Lysias offensichtlich besonders gut in den Reden, die er für Ungebildete schrieb, die Wirklichkeitstreue gewahrt. Vor allem aber müssen die Deklamatoren in Betracht ziehen, was jeder Person angemessen ist, da sie ja die wenigsten Kontroversien so halten wie Anwälte, sondern meistens zu Söhnen, Eltern, Reichen, Alten, Rauhen, Sanften, Geizigen, ja schließlich zu Abergläubischen, Ängstlichen und Spöttern werden, so daß kaum die Komödianten beim Vortrag mehr verschiedene Haltungen einnehmen müssen als sie beim Reden. 52 All das kann man als Personifikation betrachten, die ich deshalb zu den Suasorien genommen habe[85], weil sie nur durch die Rolle der sprechenden Person von ihnen verschieden ist. Freilich wird diese manchmal sogar auch in Kontroversien eingeführt, die aus Geschichtsdarstellungen gestaltet, die Prozeßführenden unter festen Namen vorführen. 53 Ich weiß auch sehr wohl, daß meistens zu Übungszwecken poetische und historische Themen gestellt werden, etwa die Worte des Priamus bei Achill oder die des Sulla, als er in einer Volksversammlung die Diktatur niederlegt. Aber diese gehören in das Gebiet aller drei Redegattungen, in die wir die Fälle eingeteilt haben[86]. Denn zu bitten, anzuzeigen, Rechenschaft zu geben und anderes, wovon oben die Rede war, pflegen wir in verschiedener Form und wie es der Gegenstand mit sich bringt, auf dem Gebiet der Gerichts-, Beratungs- und Unterhaltungsrede, 54 am häufigsten indessen verwenden wir in diesen die frei erfundene Rede von Personen, die wir selbst haben auftreten lassen. So spricht bei Cicero für Caelius[87] zu Clodia sowohl

[85] s. o. § 49.
[86] s. o. Kap. 4, 3.
[87] 14ff.

frater, illi in castigationem, hic in exhortationem vitiorum[w] compositus, adloquitur.

55 Solent in scholis fingi materiae ad deliberandum similiores controversiis et ex utroque genere commixtae, ut cum apud C. Caesarem consultatio de poena Theodoti ponitur; constat enim accusatione et defensione causa eius, quod est iudicialium proprium, permixta tamen est et utilitatis ratio: 56 an pro Caesare fuerit occidi Pompeium? an timendum a rege bellum, si Theodotus sit occisus? an id minime opportunum hoc tempore et periculosum et certe longum sit futurum? 57 quaeritur et de honesto: deceatne Caesarem ultio Pompei? an sit verendum, ne peiorem faciat suarum partium causam, si Pompeium indignum morte fateatur? 58 quod genus accidere etiam veritati potest.

Non simplex autem circa suasorias error in plerisque declamatoribus fuit, qui dicendi genus in his diversum atque in totum illi iudiciali contrarium esse existimaverunt. nam et principia abrupta et concitatam semper orationem et in verbis effusiorem, ut ipsi vocant, cultum adfectaverunt, et earum breviores utique commentarios quam legalis materiae facere elaborarunt. 59 ego porro ut prooemio video non utique opus esse suasoriis propter quas dixi supra causas, ita cur initio furiose[x] sit exclamandum non intellego, cum proposita consultatione rogatus sententiam, si modo est sanus, non quiritet, sed quam maxime potest civili et humano ingressu mereri adsensum deliberantis velit. 60 cur autem torrens et utique aequaliter concitata sit in ea dicentis oratio, cum vel praecipue moderationem consilia desiderent? neque ego negaverim saepius subsidere in controversiis impetum dicendi prooemio,

w) vitiorum *Zumpt:* in exhortationem vicio **A** in orationem morum **B** in orationem morum **P**

x) furiose *Regius:* furioso

Appius Caecus als auch ihr Bruder Clodius, der eine eingeführt, um sie wegen ihrer Laster zu geißeln, der andere, um sie dazu aufzustacheln.

55 In den Schulen ist es üblich, Stoffe für die Beratungsrede zu erfinden, die eher Kontroversien und aus beiden Gattungen gemischt sind, wenn etwa eine Beratung bei C. Caesar wegen der Bestrafung des Theodotus[88] als Thema gestellt wird. Denn ihr Fall besteht ja aus Anklage und Verteidigung, was den Gerichtsreden eigentümlich ist. 56 Indessen ist auch die Erwägung der Nützlichkeit damit vermischt, ob es in Caesars Interesse lag, daß Pompeius getötet wurde, ob von dem König ein Krieg zu befürchten sei, wenn Theodotus getötet wäre, ob dieser Krieg zur Zeit höchst unangebracht und gefährlich und jedenfalls langwierig sein werde. 57 Auch die Frage nach dem Anständigen wird gestellt: ob die Rache an Pompeius würdig sei; ob zu befürchten sei, daß es die Sache seiner eigenen Partei verschlechtere, wenn er zugebe, Pompeius habe den Tod nicht verdient.

58 Nicht einfach aber hat sich im Suasorienbereich bei den meisten Deklamatoren ein Irrtum ausgewirkt, die Auffassung nämlich, die Suasorien gehörten einer verschiedenen und im ganzen der Gerichtsrede entgegengesetzten Stilart an. Sie suchten nämlich jähe Anfänge, eine dauernd erregte Sprache und in den Worten, wie sie selbst es nennen, sich reichlicher ergießende Kunst, auch bemühten sie sich, die Aufzeichnungen hierfür durchweg kürzer zu halten als beim Gerichtsstoff. 59 Wie ich nun sehe, daß ein Prooemium bei Suasorien aus den Gründen, die ich oben genannt habe[89], nicht durchweg nötig sei, so vermag ich meinesteils durchaus nicht einzusehen, warum man mit einem rasenden Anfang losschreien soll – da jemand doch wohl, in einer Frage um seine Meinung gebeten, falls er nur bei gesunden Sinnen ist, nicht angstvoll aufschreien dürfte, sondern mit möglichst normalem und gesittetem Eingang sich die Zustimmung der Beratschlagenden gewinnen möchte. 60 Warum aber soll dann sich wie ein Gießbach und in so ganz gleichmäßiger Erregung die Rede des Sprechers bei seiner Meinungsäußerung ergießen, wenn doch gerade besonders Ratschläge Mäßigung verlangen? Auch ich möchte nicht leugnen, daß das Redeungestüm in Kontroversien öfter nachläßt (auch) im Prooemium, in der

[88] Theodot hatte dem kleinen Ptolemaios geraten, Pompeius' Haupt Caesar zu schicken.

[89] s. o. § 6.

narratione, argumentis, quae si detrahas, id fere supererit, quo suasoriae constant, verum id quoque aequalius erit, non tumultuosius atque turbidius. 61 verborum autem magnificentia non validius est adfectanda suasorias declamantibus, sed contingit magis. nam et personae fere magnae fingentibus placent, regum, principum, senatus, populi, et res ampliores: ita cum verba rebus aptentur, ipso materiae nitore clarescunt. 62 alia veris consiliis ratio est, ideoque Theophrastus quam maxime remotum ab omni adfectatione[y] in deliberativo genere voluit esse sermonem, secutus in hoc auctoritatem praeceptoris sui, quamquam dissentire ab eo non timide solet. 63 namque Aristoteles idoneam maxime ad scribendum demonstrativam proximamque ab ea iudicialem putavit, videlicet quoniam prior illa tota esset ostentationis, haec secunda egeret artis vel ad fallendum, si ita poposcisset utilitas, consilia fide prudentiaque constarent. 64 quibus in demonstrativa consentio (nam et omnes alii scriptores idem tradiderunt), in iudiciis autem consiliisque secundum condicionem ipsius, quae tractabitur, rei accommodandam dicendi credo rationem. 65 nam et Philippicas Demosthenis isdem quibus habitas in iudiciis orationes video eminere virtutibus, et Ciceronis sententiae et contiones non minus clarum, quam est in accusationibus ac defensionibus, eloquentiae lumen ostendunt. dicit tamen idem de suasoria hoc modo: 'tota autem oratio simplex et gravis et sententiis debet ornatior esse quam verbis'. 66 usum exemplorum nulli materiae magis convenire merito fere omnes consentiunt, cum plerumque videantur respondere futura praeteritis habeaturque experimentum velut quoddam rationis testimonium. 67 brevitas quoque aut copia non genere materiae, sed modo con-

y) affectatione **N** *Regius:* adfectione **ABP**

Erzählung und Beweisführung. Ziehst du das ab, so bleibt etwa das übrig, was die Suasorien ausmacht, indessen wird auch das gleichmäßiger sein, nicht so heftig und stürmisch. 61 Nach großartigen Worten aber braucht man nicht stärker zu suchen, wenn man Suasorien deklamiert, sondern es trifft sich eher so; denn einmal gefallen den Erfindern in der Regel bedeutende Personen, Könige, Herrscher, Senat, Volk und sodann auch bedeutendere Gegenstände: da die Worte sich den Sachen anpassen, erhalten sie schon ihren Glanz durch den Stoff. 62 Anders ist die Methode bei echten Beratungsreden, deshalb hat Theophrast gewünscht, die Sprache in der Gattung der Beratungsrede soll möglichst weit von allem Gesuchten entfernt sein, wobei er der Anregung seines Lehrers folgt, obwohl er gewöhnlich nicht zaghaft ist, mit seiner Meinung von ihm abzuweichen. 63 Aristoteles[90] nämlich hielt dafür, zur schriftlichen Ausarbeitung eigne sich vor allem die Festrede, als nächstes sodann nach ihr die Gerichtsrede – offenbar doch, weil die erstere Gattung ganz auf Eindruck berechnet ist, die zweite aber die Kunst brauche, selbst um zu hintergehen, wenn es der Nutzen so verlange, Beratungsreden aber auf Vertrauen und Umsicht beruhten. 64 Ihnen stimme ich in der Festrede zu; denn auch alle anderen Schriftsteller lehren so; bei Gerichtsreden aber und Beratungsreden, glaube ich, müsse man den Verhältnissen des Gegenstandes, der behandelt werden soll, den Stil anpassen. 65 Denn einmal sehe ich die ›Philippischen Reden‹ des Demosthenes durch dieselben Vorzüge hervorragen wie die Reden vor Gericht; sodann zeigen auch Ciceros Stellungnahmen im Senat und seine Volksreden nicht weniger das strahlende Licht seiner Redekunst, wie es in Anklage und Verteidigung leuchtet. Indessen sagt er selbst über die Suasorie folgendes[91]: ‘Die ganze Rede aber muß einfach und würdig und mehr mit Gedanken als mit Worten geschmückt sein.’ 66 Darüber, daß der Gebrauch von Beispielen bei keinem Stoff besser angebracht ist, sind sich mit Recht fast alle einig, zumal ja offenbar meistens das Künftige dem Vergangenen entspricht und die Erfahrung gleichsam wie eine Art Zeugnis für die Überlegung betrachtet wird. 67 Auch Kürze oder Fülle im Ausdruck richtet sich nicht nach der Redegattung, sondern nach dem Umfang des Gegenstandes. Denn wie

[90] Arist. Rhet. 3, 12.
[91] part. 27, 97.

stat; nam ut in[z] consiliis plerumque simplicior quaestio est, ita saepe in causis minor.

Quae omnia vera esse sciet, si quis non orationes modo, sed historias etiam (namque in his contiones atque sententiae plerumque suadendi ac dissuadendi funguntur officio) legere maluerit quam in commentariis rhetorum consenescere; 68 inveniet enim nec in consiliis abrupta initia et concitatius saepe in iudiciis dictum et verba aptata rebus in utroque genere et breviores aliquando causarum orationes quam sententiarum. 69 ne illa quidem in iis vitia deprendet, quibus quidam declamatores laborant, quod et contra sentientibus inhumane conviciantur et ita plerumque dicunt, tamquam ab iis, qui deliberat, utique dissentiat: ideoque obiurgantibus similiores sunt quam suadentibus. 70 haec adulescentes sibi scripta sciant, ne aliter, quam dicturi sunt, exerceri velint et in desuescendis morentur. ceterum cum advocari coeperint in consilia amicorum, dicere sententiam in senatu, suadere si quid consulet princeps, quod praeceptis fortasse non credunt, usu docebuntur.

IX.

1 Nunc *de iudiciali genere*, quod est praecipue multiplex sed officiis constat duobus, *intentionis* ac *depulsionis*. cuius partes, ut plurimis auctoribus placuit, quinque sunt: *prooemium*, *narratio*, *probatio*, *refutatio*, *peroratio*. his adiecerunt quidam *partitionem propositionem*, *excessum* quorum priores duae probationi succedunt. 2 nam proponere quidem quae sis probaturus necesse est, sed et concludere: cur igitur, si illa pars causae est, non et haec sit? partitio vero dispositionis est species, ipsa dispositio pars rhetorices et per omnis materias totumque earum corpus aequaliter fusa, sicut

z) in *om.* **A**

bei Beratungsreden meistens die Frage einfacher ist, so ist sie oft in Gerichtsreden unbedeutender.

Daß dies alles richtig sei, wird wissen, wer nicht nur lieber Reden, sondern auch Geschichtswerke — in ihnen haben ja Volks- und Senatsreden meistens die Aufgabe zuzuraten oder abzuraten — lesen will, statt über den Schriften der Redelehrer alt zu werden. 68 Da wird er nämlich einerseits in Beratungsreden keine jähen Anfänge, andererseits in Gerichtsreden oft erregtere Sprache, in beiden Gattungen die Anpassung der Worte an den Gegenstand und manchmal kürzere Prozeß- als Senatsreden finden. 69 Selbst nicht die so verbreiteten Fehler wird er bei ihnen antreffen, an denen so manche Deklamatoren kranken, daß sie nämlich einmal gegen die Vertreter entgegengesetzter Ansichten höchst unfein loszanken, sodann meist so reden, als wären die zur Beratung Versammelten durchweg anderer Meinung als sie, weshalb sie mehr wie Zänker wirken als wie Ratgeber. 70 Daß das für sie geschrieben ist, sollte die Jugend wissen, damit sie nicht anders üben wolle, als sie später reden werde, und ihre Zeit nicht mit dem Abgewöhnen vertun muß. Im übrigen werden die Jungen, wenn sie erst in Beratungen mit Freunden zugezogen werden, im Senat ihre Meinung darlegen und Rat erteilen müssen, wenn der Fürst sie um etwas bittet, das, was sie vielleicht dem Lehrbuch nicht glauben, durch die Erfahrung lernen.

NEUNTES KAPITEL

Teile der Gerichtsrede

1 Nun zur *Gattung der Gerichtsrede*. So vielfältig sie ist, so besteht sie doch nur aus zwei Aufgaben: *Angriff und Abwehr*. Ihre Teile sind nach der Meinung der meisten Autoritäten fünf: *Prooemium*, *Erzählung*, *Beweisführung*, *Widerlegung*, *Schlußwort*. Manche haben diesen noch hinzugefügt: *Gliederung*, *Ankündigung und Exkurs*. 2 Von diesen fallen die beiden ersteren mit unter die Beweisführung; denn ankündigen, was man beweisen will, muß man zumindest, jedoch es auch zum Ende führen. Wenn also die Ankündigung ein Teil der Rede ist, warum nicht auch der Abschluß der Beweisführung. Die Gliederung jedoch ist eine Erscheinungsform der Anordnung, die ja selbst zu den Aufgaben der Rhetorik gehört und sich auf alle Stoffe und den ganzen Redeorganismus gleichmäßig

inventio, elocutio: 3 ideoque eam non orationis totius partem unam esse credendum est, sed quaestionum etiam singularum. quae est enim quaestio, in qua non promittere possit orator, quid primo, quid secundo, quid tertio sit loco dicturus? quod est proprium partitionis. quam ergo ridiculum est quaestionem quidem speciem esse probationis, partitionem autem, quae sit species quaestionis, partem totius orationis vocari? 4 egressio vero vel, quod usitatius esse coepit, excessus, sive est extra causam, non potest esse pars causae, sive est in causa, adiutorium vel ornamentum partium est earum, ex quibus egreditur. nam si, quidquid in causa est, pars causae vocabitur, cur non argumentum, similitudo, locus communis, affectus, exempla partes vocentur? 5 tamen nec eis adsentior, qui detrahunt refutationem, tamquam probationi subiectam, ut Aristoteles. haec enim est, quae constituat, illa, quae destruat. hoc quoque idem aliquatenus novat, quod prooemio non narrationem subiungit, sed propositionem; verum id facit, quia propositio ei genus, narratio species videtur, et hac non semper, illa semper et ubique credit opus esse.

6 Verum ex his, quas constitui, partibus non ut quidque primum dicendum, ita primum cogitandum est, sed ante omnia intueri oportet, quod sit genus causae, quid in ea quaeratur, quae prosint, quae noceant, deinde, quid confirmandum sit ac refellendum, tum, quo modo narrandum: 7 expositio enim probationum est praeparatio nec esse utilis potest, nisi prius constiterit, quid debeat de probatione promittere. postremo intuendum, quem ad modum iudex sit conciliandus; neque enim nisi totis causae partibus dili-

erstreckt so wie die Erfindung der Gedanken und ihre Darstellung. 3 Deshalb hat man sie nicht für einen einheitlichen Teil der ganzen Rede zu halten, sondern nur für einen Teil auch von Einzeluntersuchungen. Denn welche Untersuchung gibt es, in der der Redner nicht versprechen kann, was er an erster, zweiter, dritter Stelle behandeln will, und darin liegt doch die Eigenart der Gliederung; wie lächerlich ist es also, die Untersuchung zwar als Erscheinungsform der Beweisführung anzuerkennen, die Gliederung aber, die doch eine Erscheinungsform der Untersuchung bildet, als Teil der ganzen Rede anzusprechen. 4 Die Abschweifung indessen oder, was sich mehr einzubürgern begonnen hat, der Exkurs führt entweder aus der Prozeßrede heraus, kann dann also nicht ihr Teil sein, oder er bewegt sich in ihr und ist dann ein Hilfs- oder Schmuckmittel für die Teile, in denen er stattfindet. Denn wenn alles, was innerhalb der Prozeßrede angewandt wird, als ihr Teil bezeichnet wird, warum sollte man dann nicht Beweis, Vergleichung, allgemeine Wendung und Beispiele auch als Teile bezeichnen? 5 Nicht indessen stimme ich denen zu, die die Widerlegung als zur Beweisführung gehörig entfernen, wie es z. B. Aristoteles[92] tut; denn die Beweisführung hat aufzubauen, die Widerlegung abzureißen. Auch darin bringt Aristoteles etwas Neues[93], daß er dem Prooemium nicht die Erzählung, sondern die Ankündigung folgen läßt. Indessen tut er dies, weil er in der Ankündigung etwas Allgemeineres, in der Erzählung etwas Spezielleres erblickt und glaubt, die Erzählung sei nicht immer, die Ankündigung immer und überall nötig.

6 Nun darf man von diesen Teilen, die ich bestimmt habe, nicht so, wie man jedes Stück der Reihe nach in der Rede zu bringen hat, so auch der Reihe nach beim Überarbeiten der Gedanken vorgehen; vielmehr muß man vor allem darauf schauen, um was für eine Art von Sache es sich handelt, worum es in ihr geht, was sich günstig, was sich ungünstig auswirkt, sodann was zu beweisen und zu widerlegen ist, und danach, wie die Erzählung verlaufen soll. 7 Denn die Darlegung des Falles ist die Vorbereitung der Beweisgänge und kann nicht nützlich sein, wenn nicht vorher feststeht, was man für die Beweisführung versprechen kann. Schließlich muß man darauf schauen, wie man den Richter für sich gewinnen kann. Denn erst, wenn wir den Fall in allen seinen Teilen genau

[92] Rhet. 2, 26.
[93] Rhet. 3, 13.

genter inspectis scire possumus, qualem nobis facere animum cognoscentis expediat, severum an mitem, concitatum an remissum, adversum gratiae an obnoxium.

8 Neque ideo tamen eos probaverim, qui scribendum quoque prooemium novissime putant. nam ut conferri materiam omnem, et, quid quoque sit opus, constare debet, antequam dicere aut scribere ordiamur, ita incipiendum ab iis, quae prima sunt. 9 nam nec pingere quisquam aut fingere coepit a pedibus, nec denique ars ulla consummatur ibi, unde ordiendum est. quid fiet alioqui, si spatium componendi orationem stilo non fuerit? nonne nos haec inversa consuetudo deceperit? inspicienda igitur materia est, quo praecepimus ordine, scribenda, quo dicimus.

X.

1 Ceterum causa omnis, in qua pars altera aientis[a] est, altera recusantis, aut unius rei controversia constat aut plurium: haec *simplex* dicitur, illa *coniuncta.* una controversia est per se furti, per se adulterii. plures aut eiusdem generis, ut in pecuniis repetundis, aut diversi, ut si quis sacrilegii et homicidii simul accusetur. quod nunc in publicis iudiciis non accidit, quoniam praetor certa lege sortitur, principum autem et senatus cognitionibus frequens est et populi fuit. privata quoque iudicia saepe unum iudicem habere multis et diversis formulis solent. 2 nec aliae species erunt, etiamsi unus a duobus dumtaxat eandem rem atque ex eadem causa petet, aut duo ab uno, aut plures a pluribus: quod accidere in hereditariis

a) aientis *Vollmer:* agentis

überblicken, können wir wissen, wie es sich empfiehlt, den Richter zu stimmen, wenn er ihn kennenlernt, streng oder milde, gereizt oder gelassen, Persönlichem gegenüber abweisend oder empfänglich.

8 Und doch möchte ich deshalb die nicht bestätigen, die die Meinung vertreten, das Prooemium müsse auch zuletzt verfaßt werden. Denn wie es sich gehört, daß aller Stoff gesammelt wird und feststeht, was an jede Stelle gehört, bevor wir zu reden oder zu schreiben beginnen, so müssen wir mit dem beginnen, was auch zuerst kommt. 9 Denn auch beim Malen oder Modellieren fängt niemand mit den Füßen an, noch findet schließlich irgendeine Kunst gleich da ihren Höhepunkt, wo der Anfang liegen muß. Was wird denn in einem Fall geschehen, wenn keine Zeit sein sollte, die Rede schriftlich auszuarbeiten? Würde sich dann diese Verkehrung des Gewöhnlichen nicht gegen uns selbst richten? Der Stoff ist also in der Reihenfolge durchzuarbeiten, die wir vorgeschrieben haben, schriftlich auszuarbeiten aber so, wie wir ihn auch vortragen.

ZEHNTES KAPITEL

Arten der Prozeßrede

1 Übrigens besteht jeder Rechtsfall, in dem die eine Seite angreift, die andere abwehrt, entweder aus einer Streitigkeit über einen Gegenstand oder über mehrere. Im ersteren Falle heißt sie *einfach*, im zweiten *kombiniert* (zusammengesetzt). Eine Streitigkeit ist etwa ein Diebstahl oder ein Ehebruch als solcher, mehrere sind entweder von derselben Gattung, z. B. Erpressungen, oder von verschiedenen, wenn etwa jemand wegen Heiligtumschändung und Mord zugleich angeklagt würde. Dies gibt es jetzt in öffentlichen Prozessen nicht mehr, weil der Praetor nach feststehendem Gesetz die Schöffen (für die einzelnen Ressort-Gerichte) auslost, bei den Untersuchungsprozessen der Kaiser- und Senatsgerichtsbarkeit aber ist es häufig – und so war es auch bei den Volksgerichten. Auch Privatprozesse haben oft nur einen Richter, der nach vielen verschiedenen Rechtsinstruktionen (des Praetors) zu urteilen hat. 2 Doch ergibt das keine anderen Erscheinungsformen der Prozeßrede, auch wenn ein Mann zwei, jedoch in derselben Sache und nach dem gleichen Rechtsgrund belangt, oder zwei einen oder mehrere mehrere Personen, was, wie wir wissen, zuweilen in Erbstreitigkeiten geschieht; denn trotz der Vielzahl der Personen ist die Rechts-

litibus interim scimus, quia, quamvis in multis personis, causa tamen una est, nisi si condicio personarum quaestiones variaverit.

3 Diversum his tertium genus, quod dicitur *conparativum*. cuius rei tractatus in parte causae frequens est, ut cum apud centumviros post alia quaeritur et hoc, uter dignior hereditate sit. rarum est autem, ut in foro iudicia propter id solum constituantur, sicut *divinationes*, quae fiunt de accusatore constituendo, et nonnumquam inter delatores, uter praemium meruerit. 4 adiecerunt quidam numero *mutuam accusationem* (ἀντικατηγορία vocatur) aliis videlicet succedere hanc quoque conparativo generi existimantibus. cui similis erit petitionum invicem diversarum: quod accidit vel frequentissime. id si et ipsum vocari debet ἀντικατηγορία (nam proprio caret nomine), duo genera erunt eius: alterum, quo litigatores idem crimen invicem intentant, alterum, quo aliud atque aliud. cui et petitionum condicio par est.

5 Cum apparuerit genus causae, tum intuebimur, negeturne factum, quod intenditur, an defendatur, an alio nomine appelletur, an a genere actionis repellatur: unde sunt status.

XI.

1 His inventis intuendum deinceps Hermagorae videtur, quid sit *quaestio*, *ratio*, *iudicatio*, *continens*, vel ut alii vocant, *firmamentum*.

[94] Die centumviri (eigentlich 105, je 3 aus den 35 Tribus gewählte Schöffen, später 180) bildeten für Privatprozesse das wichtigste Richterkollegium, das in 4 Abteilungen unter dem Vorsitz der Decemviri tagte. In wichtigen Fällen

lage nur eine, es sei denn, die Verhältnisse der Personen führen zu verschiedenartigen Rechtsfragen.

3 Verschieden von diesen ist die dritte Gattung, die man die *vergleichende* nennt. Ihre Durchführung findet häufig in einem Abschnitt des Prozesses statt, wenn etwa von dem Zentumviralgericht[94] nach anderem auch untersucht werden muß, wer von beiden der Erbschaft würdiger sei. Selten aber werden auf dem Forum lediglich deswegen Verhandlungen angesetzt, so etwa bei *Divinationsverfahren*, in denen der Ankläger bestimmt werden soll, und manchmal zwischen Denunzianten, wem von ihnen die Belohnung gebührt. 4 Manche haben noch die *wechselseitige Anklage* hinzugerechnet, die sogenannte ἀντικατηγορία, während freilich andere meinen, sie gehöre zur Gattung der Vergleichung, womit es wieder Ähnlichkeit hat, wenn verschiedene Forderungen gegeneinander gerichtet werden, was ja sogar sehr oft geschieht. Wenn man auch diese als ἀντικατηγορία bezeichnen muß – denn einen eigenen Namen haben sie nicht –, so ergibt das zwei Arten, eine, in der die Streitenden die gleichen Anschuldigungen gegeneinander erheben, die andere, in der jeder eine andere erhebt. Dem gleich ist dann auch die Lage bei den Forderungsklagen.

5 Wenn die Gattung des Rechtsfalles klar ist, werden wir darauf schauen, ob die Tat geleugnet werden kann, die behauptet wird, ob sie verteidigt, ob mit einem anderen Namen bezeichnet werden oder auf Grund der Verhandlungsform zurückgewiesen werden kann. Von daher kommt es zu den Grundfragen, den Status.

ELFTES KAPITEL

Frage, Begründung, Beurteilungsgegenstand, 'Zusammenhalt'

1 Hat man diese ausfindig gemacht, so hat man schließlich, wie Hermagoras befindet, darauf zu schauen, was nun *die Frage, die Begründung, der Beurteilungsgegenstand und der Zusammenhalt* oder,

konnten mehrere Abteilungen (consilia) vereinigt werden. Dadurch ergab sich für den Gerichtsredner statt des Einzelrichters ein Publikum von Sachkennern. Da in der Kaiserzeit die große politische Rede kaum noch eine Rolle spielen kann, nimmt Quint. in seinen Ratschlägen für die Praxis auf die psychologischen Voraussetzungen des Zentumviralkollegiums besondere Rücksicht, vgl. z. B. 4, 1, 57.

quaestio latius intellegitur omnis, de qua in utramque partem vel in plures dici credibiliter potest. in iudiciali autem materia dupliciter accipienda est: 2 altero modo, quo dicimus multas quaestiones habere controversiam, quo etiam minores omnis complectimur, altero, quo significamus summam illam, in qua causa vertitur. de hac nunc loquor, ex qua nascitur status, an factum sit, quid factum sit, an recte factum sit. 3 has Hermagoras et Apollodorus et alii plurimi scriptores proprie *quaestiones* vocant, Theodorus, ut dixi, *capita generalia*, sicut illas minores aut ex illis pendentes *specialia*: nam et quaestionem ex quaestione nasci et speciem in species dividi convenit. 4 hanc igitur quaestionem veluti principalem vocant ζήτημα. *ratio* autem est, qua id, quod factum esse constat, defenditur. et cur non utamur eodem, quo sunt usi omnes fere, exemplo? Orestes matrem occidit: hoc constat. dicit se iuste fecisse: status erit qualitatis, quaestio, an iuste fecerit, ratio, quod Clytaemestra maritum suum, patrem Orestis, occidit: hoc αἴτιον dicitur, κρινόμενον autem iudicatio, an oportuerit vel nocentem matrem a filio occidi. 5 quidam diviserunt αἴτιον et αἰτίαν, ut esset altera, propter quam iudicium constitutum est, ut occisa Clytaemestra, altera, qua factum defenditur, ut occisus Agamemnon. sed tanta est circa verba dissensio, ut alii αἰτίαν causam iudicii, αἴτιον autem facti vocent, alii eadem in contrarium vertant. Latinorum quidam haec *initium* et *rationem* vocaverunt, quidam utrumque eodem nomine appellant. 6 causa quoque ex causa, id est αἴτιον ἐξ αἰτίου, nasci videtur, quale est: occidit Agamemnonem Clytaemestra, quia ille filiam communem immolaverat et captivam paelicem adducebat. idem putant et sub una quaestione esse plures rationes, ut si Orestes et alterum adferat

wie andere sagen, die *Grundlage* sei. Als *Frage* versteht man im weiteren Sinn alles, worüber sich nach zwei oder mehreren Seiten in glaublicher Form reden läßt. 2 Beim Stoff der Gerichtsrede aber ist sie in doppelter Weise zu verstehen: einmal so, wie wir sagen, eine Kontroverse habe viele Fragen, worunter wir auch alle die kleineren mit umfassen, zum anderen die, womit wir die Hauptfrage bezeichnen, an der die ganze Sache hängt. Von dieser spreche ich jetzt; aus ihr stammt ja die Grundfrage (der Status), ob es geschehen ist, was geschehen ist, ob es zu Recht geschehen ist. 3 Diese Fragen nennen Hermagoras, Apollodorus und viele andere Fachschriftsteller im eigentlichen Sinne *Fragen*, Theodorus, wie gesagt[95], *allgemeine Hauptpunkte*, so wie er die kleineren und von ihnen abhängenden *spezielle Hauptpunkte* nennt. Denn daß eine Frage aus einer Frage hervorgeht und eine Art in Arten geteilt wird, ist zuzugeben. 4 Diese gleichsam hauptsächliche Frage nennen sie ζήτημα. *Die Begründung* aber ist das, womit das verteidigt wird, von dem feststeht, daß es geschehen ist. Und warum sollen wir nicht dasselbe Beispiel nehmen, das fast alle genommen haben? Orestes hat seine Mutter getötet, das steht fest; er sagt, er habe es zu Recht getan. Es handelt sich also um die Beschaffenheitsfrage, nämlich die Frage, ob er gerecht gehandelt hat; die Begründung: daß Clytaemnestra ihren Gatten, den Vater des Orestes, getötet hat; das heißt αἴτιον. Κρινόμενον aber ist die Beurteilungsfrage: ob selbst eine schuldige Mutter vom eigenen Sohn getötet werden durfte. 5 Manche haben zwischen αἴτιον und αἰτία geschieden, wonach das eine (das αἴτιον) das wäre, weswegen der Prozeß angesetzt worden ist, also die Tötung der Clytaemnestra, das andere (die αἰτία) das, wodurch die Tat verteidigt wird, also die Tötung des Agamemnon. Jedoch geht der Meinungsstreit um Worte so weit, daß die einen αἰτία den Grund für den Prozeß, αἴτιον den für die Tat nennen, die andern dasselbe ins Gegenteil verkehren. Von den Lateinern haben manche dies den *Anfang* (initium) und die *Begründung* (ratio) genannt, manche bezeichnen beides mit demselben Namen. 6 Auch der Grund scheint aus dem Grund, das heißt αἴτιον ἐξ αἰτίου zu entstehen, in folgender Weise etwa: den Agamemnon hat Clytaemnestra getötet, weil er ihre gemeinsame Tochter geopfert hatte und eine Gefangene als Kebsweib heimführte. Ebendiese Lehrer glauben auch, unter einer Frage könnten mehrere Begründungen liegen, wenn etwa Orestes

[95] s. o. 3, 6, 2.

causam matris necatae, quod responsis sit inpulsus: quot autem causas faciendi, totidem iudicationes; nam et haec erit iudicatio, an responsis parere debuerit. 7 sed et una causa plures habere quaestiones et iudicationes, ut ego arbitror, potest: ut in eo, qui cum adulteram deprensam occidisset, adulterum, qui tum effugerat, postea in foro occidit; causa enim est una: adulter fuit. quaestiones et iudicationes, an illo tempore, an illo loco licuerit occidere. 8 sed sicut, cum sint plures quaestiones omnesque suos status habeant, causae tamen status unus est[b], ad quem referuntur omnia, ita iudicatio maxime propria, de qua pronuntiatur. 9 συνέχον autem, quod, ut dixi, continens alii, firmamentum alii putant, Cicero *firmissimam argumentationem defensoris et adpositissimam ad iudicationem*, quibusdam id videtur esse, post quod nihil quaeritur, quibusdam id, quod ad iudicationem firmissimum adfertur. causa facti non in omnis controversias cadit; 10 nam quae fuerit causa faciendi, ubi factum negatur? at[c] ubi causa tractetur, negant eodem loco esse iudicationem quo quaestionem, idque et in rhetoricis Cicero et in partitionibus dicit. 11 nam in coniectura est quaestio ex illo ‘factum, non factum’, an factum sit. ibi ergo iudicatio, ubi quaestio, quia in eadem re prima quaestio et extrema disceptatio. at in qualitate ‘matrem Orestes occidit: recte, non recte’, an recte occiderit quaestio, nec statim iudicatio. quando ergo? ‘illa patrem meum occiderat: sed non ideo tu matrem debuisti occidere’: an debuerit hic[d], iudicatio. 12 firmamentum autem verbis ipsius ponam: ‘si velit Orestes

b) est *Gesner:* sit
c) at *Regius:* aut
d) debuerit hic, *distinxit Kiderlin:* debuerit, hic *edd.*

auch noch den zweiten Grund beibrächte für die Ermordung der Mutter: durch Orakelauskünfte sei er dazu getrieben worden. Wie viele Gründe zum Handeln aber, ebenso viele Beurteilungsfragen; denn auch das ist eine Beurteilungsfrage: ob er dem Orakel habe gehorchen dürfen. 7 Doch kann auch ein einziger Fall mehrere Fragen und, wie ich glaube, auch Beurteilungsfragen haben, z. B. bei dem Mann, der, als er seine beim Ehebruch ertappte Frau getötet hatte, später den Ehebrecher, der damals entkommen war, auf dem Forum erschlug. Der Fall nämlich ist einer: er ist Ehebrecher gewesen. Frage und Beurteilungsfragen, die sich ergeben, sind: Hat er damals, hat er dort töten dürfen? 8 Aber so wie, auch wenn mehrere Fragen bestehen und alle ihren eigenen Status haben, doch der Status des Falles nur einer ist, auf den sich alles beziehen läßt, so ist das die am 'allereigentlichste' Frage, über die das richterliche Urteil verkündet wird. 9 Das συνέχον aber, was, wie gesagt, die einen für 'Zusammenhalt', andere für die 'Grundlage' halten, Cicero[96] *für die stärkste Beweishaltung des Verteidigers und das für den Richterspruch am meisten Ausschlaggebende*, scheint manchen das zu sein, nach dem keine Frage mehr gestellt wird, manchen das, was als Stärkstes zum Richterspruch beigebracht wird. 10 Ein Grund für die Tat kommt nicht bei allen Streitfällen in Betracht. Denn was sollte der Grund für eine Tat gewesen sein, wo die Tat geleugnet wird? Aber wo ein Grund behandelt wird, sagen sie, die Beurteilungsfrage nehme nicht dieselbe Stelle ein wie die Grundfrage; und das sagt auch Cicero sowohl in seiner ›Rhetorik‹[97] wie auch in seiner ›Einteilung‹[98]. 11 Denn bei der Vermutung ergibt sich aus dem 'geschehen – nicht geschehen' die Frage: Ist es geschehen? Dort steht also die Beurteilungsfrage da, wo die Vermutungsfrage steht, weil die erste Frage und die letzte Beurteilungsentscheidung zusammenfallen. Dagegen aber bei der 'Beschaffenheit': 'seine Mutter hat Orestes getötet: zu Recht – nicht zu Recht' ist die Frage: Hat er sie zu Recht getötet? aber nicht zugleich die Beurteilungsfrage. Wann kommt also diese? 'Jene hatte meinen Vater getötet – aber deshalb durftest du doch noch nicht deine Mutter töten': Durfte er?: Da liegt die Beurteilungsfrage. 12 Über das 'firmamentum' (die Verteidigungsgrundlage) aber will ich Cicero selbst das Wort geben '... wollte Orestes sagen, eine solche Gesin-

[96] inv. 1, 14, 19.
[97] inv. 1, 14, 19.
[98] part. 30, 104.

dicere eius modi animum matris suae fuisse in patrem suum, in se ipsum ac sorores, in regnum, in famam generis et familiae, ut ab ea poenas liberi sui potissimum petere debuerint'. 13 utuntur alii et talibus exemplis: 'qui bona paterna consumpserit, ne contionetur: in opera publica consumpsit': quaestio, an quisquis consumpserit prohibendus sit, iudicatio, an qui sic. 14 vel in causa militis Arrunti, qui Lusium tribunum vim sibi inferentem interfecit, quaestio, an iure fecerit, ratio, quod is vim adferebat, iudicatio, an indemnatum, an tribunum a milite occidi oportuerit. 15 alterius etiam status quaestionem, alterius iudicationem putant. quaestio qualitatis, an recte Clodium Milo occiderit, iudicatio coniecturalis, an Clodius insidias fecerit. 16 ponunt et illud, saepe causam in aliquam rem dimitti, quae non sit propria quaestionis, et de ea iudicari. a quibus multum dissentio. nam et illa quaestio 'an omnes, qui paterna bona consumpserint, contione sint prohibendi' habeat oportet suam iudicationem. ergo non alia quaestio, alia iudicatio erit, sed plures quaestiones et plures iudicationes. quid? 17 non in causa Milonis ipsa coniectura refertur ad qualitatem? nam si est insidiatus Clodius, sequitur ut recte sit occisus. cum vero in aliquam rem missa causa est, recessum est a quaestione, quae erat, et hic constituta quaestio, ubi iudicatio est[e].

18 Paulum in his secum etiam Cicero dissentit. nam in rhetoricis, quem ad modum supra dixi, Hermagoran est secutus. in topicis ex statu effectam contentionem κρινόμενον existimat, idque Trebatio, qui iuris erat consultus, adludens *qua de re agitur* appellat: quibus id

e) enucleavit *Stroux (Philol. 85, 1930, 342)*

nung hätte seine Mutter gegen seinen Vater, gegen ihn und seine Schwestern, gegen ihre Herrschaft, den Ruf der Sippe und Familie gezeigt, daß zumal die eigenen Kinder die Strafe an ihr vollziehen mußten ...' (so wäre das die stärkste Verteidigungsgrundlage und damit das für die Urteilsfindung Wichtigste gewesen, s. o.). 13 Andere verwenden Beispiele folgender Art: 'Wer die väterliche Habe aufzehrt, soll nicht in der Volksversammlung auftreten; er hat sie für öffentliche Bauten aufgezehrt' – also die Frage: Muß jeder ausgeschlossen werden, der sie aufgezehrt hat? Daraus die Beurteilungsfrage: Auch jemand, der sie so aufgezehrt hat? 14 Oder im Fall des Soldaten Arruntius, der den Tribunen Lusius niedergemacht hat, weil er ihm Gewalt antat, die Frage: Hat er zu Recht gehandelt? Begründung: Er tat ihm Gewalt an. Beurteilungsfrage: Durfte jemand ohne Urteil, durfte zudem ein Tribun von einem Soldaten getötet werden? 15 Es gibt sogar auch die Auffassung, die 'Frage' gehöre zu einem Status, die 'Beurteilungsfrage' aber zu einem anderen. Beschaffenheitsfrage: Hat den Clodius Milo zu Recht getötet? Beurteilungsfrage im Status der Vermutung: Hat Clodius einen Anschlag gemacht? 16 Man stellt auch noch die Behauptung auf, oft werde ein Fall auf irgend etwas abgelenkt, was nicht eigentlich zur Frage gehöre und dann darüber geurteilt. Hier bin ich ganz anderer Meinung: denn auch jene Frage, 'ob alle, die ihre väterliche Habe aufgezehrt haben, aus der Volksversammlung auszuschließen seien', muß ihre eigene Beurteilungsfrage haben. Also wird nicht die Grundfrage eine andere als die Beurteilungsfrage, sondern es wird mehrere Grundfragen und mehrere Beurteilungsfragen geben. 17 Hat ferner im Fall des Milo nicht die Vermutungsfrage ihre Beziehung zur Beschaffenheitsfrage? Denn wenn Clodius einen Anschlag gemacht hat, so folgt daraus, daß er zu Recht getötet worden ist. Wenn aber der Fall auf irgend etwas abgelenkt ist, so ist man von der ursprünglichen Grundfrage abgewichen und hat die Grundfrage nunmehr dahin gesetzt, wo die Beurteilungsfrage sich stellt.

18 Ein wenig steht in diesen Fragen auch Cicero mit sich selbst in Widerspruch; denn in seiner ›Rhetorik‹ ist er, wie oben gesagt, dem Hermagoras gefolgt; in der ›Topik‹ [99] hält er die aus den Status gewonnene Behauptung für den Beurteilungsgegenstand und nennt dies, wobei er auf Trebatius, der ein Rechtsgelehrter war, anspielt, das *qua de re agitur* (worum der Streit geht). Worin dies enthalten sei,

[99] top. 95.

continineatur, *continentia*, *quasi firmamenta defensionis*, *quibus sublatis defensio nulla sit*. 19 at in partitionibus oratoriis *firmamentum*, quod opponitur defensioni, quia continens, quod primum sit, ab accusatore dicatur, ratio a reo, ex rationis et firmamenti quaestione disceptatio sit iudicationum.

Verius igitur et brevius, qui statum et continens et iudicationem esse voluerunt: continens autem id esse, quo sublato lis esse non possit. 20 hoc mihi videntur utramque causam complexi, et quod Orestes matrem et quod Clytaemestra Agamemnonem occiderit. idem iudicationem et statum consentire semper existimarunt: neque enim aliud eorum rationi conveniens fuisset.

21 Verum haec adfectata suptilitas circa nomina rerum ambitiose laboret, a nobis in hoc adsumpta solum, ne parum diligenter inquisisse de opere, quod adgressi sumus, videremur. simplicius autem instituenti non est necesse per tam minutas rerum particulas rationem docendi concidere. 22 quo vitio multi quidem laborarunt, praecipue tamen Hermagoras, vir alioqui suptilis et in plurimis admirandus, tantum diligentiae nimium sollicitae, ut ipsa eius reprehensio laude aliqua non indigna sit. 23 haec autem brevior et vel ideo lucidior multo via neque discentem per ambages fatigabit, nec corpus orationis in parva momenta diducendo consumet. nam qui viderit, quid sit quod in controversiam veniat, quid in eo et per quae velit efficere pars diversa, quid nostra, quod in primis est intuendum, nihil eorum ignorare, de quibus supra diximus, poterit. 24 neque est fere quisquam, modo non stultus atque ab omni prorsus usu dicendi remotus, quin sciat, et quid litem faciat (quod ab illis causa

(bestimmt er als) *das Zusammenhaltende, gleichsam die festen Grundlagen der Verteidigung, nach deren Entfernung es keine Verteidigung gebe.* 19 In den ›Einteilungen für den Redner‹ [100] dagegen ist *firmamentum* das, was der Verteidigung entgegengesetzt wird, weil das 'Zusammenhaltende', das ja vorausgehe, vom Kläger gesagt werde, die Begründung vom Beklagten und aus der Frage der Begründung und Bekräftigung die Entscheidung für die Urteilsfindung hervorgehe.

Wahrer also und kürzer treffen es die, die in dem Status sowohl das 'Zusammenhaltende' als auch die 'Beurteilungsfrage' haben sehen wollen; das 'Zusammenhaltende' aber sei das, nach dessen Entfernung der Streit nicht bestehen könne.

20 Damit scheinen sie mir beide Gründe zusammengefaßt zu haben, sowohl den, daß Orestes seine Mutter, als auch den, daß Clytaemnestra den Agamemnon getötet habe. Ebendiese waren der Meinung, 'Beurteilungsfrage' und 'Status' stimmten immer überein; denn sonst hätte es ja nicht zu ihrer Überlegung gepaßt.

21 Indes mag diese gesuchte Gründlichkeit ihren Ehrgeiz dabei finden, sich mit den Bezeichnungen für diese Dinge abzumühen; wir haben sie lediglich in der Absicht herangezogen, nicht den Anschein zu erwecken, wir hätten der Aufgabe, die wir angepackt haben, zu wenig sorgfältig nachgeforscht. Für eine schlichtere Unterweisung aber ist es nicht nötig, mit solchen Einzelbröckchen den Lehrplan zu zerstückeln. 22 An diesem Fehler haben zwar viele gelitten, vor allem aber Hermagoras, ein sonst gründlicher und in sehr vielem bewundernswerter Mann, nur von allzu reger Gewissenhaftigkeit, so daß selbst, was man an ihm auszusetzen hat, eine gewisse Anerkennung darstellt. 23 Unser kürzeres und gerade deshalb viel durchsichtigeres Verfahren aber will weder den Lernenden mit Umschweifen ermüden noch den ganzen Organismus der Rede dadurch schwächen, daß man ihn in kleinere Einheiten zerlegt. Denn wer gesehen hat, was es ist, das zum Rechtsstreit kommt, was hierbei die Gegenseite erreichen will und mit welchen Mitteln, was unsere eigene, worauf vor allem zu achten ist, der wird unmöglich etwas von dem nicht wissen, wovon wir oben gesprochen haben. 24 Auch wird es wohl kaum jemanden geben – es sei denn ein törichter und allen Umgangs mit der Rede völlig entfremdeter Mensch –, der nicht ebensogut wüßte, was den Rechtsstreit verursacht – was von jenen Theoretikern Grund oder

[100] part. 103ff.

vel continens dicitur), et quae sit inter litigantes quaestio, et de quo iudicari oporteat: quae omnia idem sunt. nam et de eo quaestio est, quod in controversiam venit, et de eo iudicatur, de quo quaestio est. 25 sed non perpetuo intendimus in haec animum et cupiditate laudis utcumque adquirendae vel dicendi voluptate evagamur, quando uberior semper extra causam materia est, quia in controversia pauca sunt, extra omnia, et hic dicitur de iis, quae accepimus, illic, de quibus volumus. 26 nec tam hoc praecipiendum est, ut quaestionem, continens, iudicationem inveniamus (nam id quidem facile est), quam ut intueamur semper aut certe, si digressi fuerimus, saltem respiciamus, ne plausum adfectantibus arma excidant. 27 Theodori schola, ut dixi, omnia refert ad capita. his plura intelleguntur, uno modo summa quaestio item ut status, altero ceterae, quae ad summam referuntur, tertio propositio cum adfirmatione, ut dicimus 'caput rei est' [apud Menandrum κεφάλαιόν ἐστιν][f]. in universum autem, quidquid probandum est, erit caput, sed id maius aut minus.

28 Et quoniam, quae de his erant scriptoribus artium tradita, verbosius etiam, quam necesse erat, exposuimus, praeterea, quae partes essent iudicialium causarum, supra dictum est, proximus liber a prima, id est exordio incipiet[g].

f) *del. Spalding*

g) a prima, id est exordio incipiet **A**: prima, id est exordia concipiet **B**

'Zusammenhaltendes' genannt wird –, als auch, was die Frage zwischen den streitenden Parteien sei und worüber das Urteil erfolgen müsse: was jedoch alles das gleiche ist; denn die Frage dreht sich ja um das, was zum Rechtsstreit kommt, und es wird über das geurteilt, worüber die Frage besteht. 25 Jedoch richten wir unseren Sinn nicht andauernd auf diese Fragen und lassen uns in dem Wunsch, auf jede Weise Beifall zu ernten, oder aus Freude am Reden vom Wege wegführen, dieweil reichlicher immer der Stoff außerhalb des Rechtsfalles ist, da ja im Rechtsstreit nur weniges enthalten ist, außerhalb aber alles, und hier nur von dem gesprochen wird, was uns angegeben worden ist, dort von alldem, worüber wir sprechen wollen. 26 So ist nicht so sehr die Vorschrift vonnöten, Frage, Zusammenhaltendes, Beurteilungsfrage zu finden – denn das ist ja leicht genug –, als vielmehr, sie immer im Auge zu behalten oder doch, wenn wir abgebogen sind, wenigstens zurückzuschauen, damit uns nicht, während wir nach Beifall haschen, die Waffen aus den Händen fallen. 27 Die Schule des Theodorus bezieht, wie ich schon gesagt habe[101], alles auf Hauptpunkte. Damit ist mehreres gemeint, einmal die Hauptfrage – soviel wie der Status –, zum zweiten die übrigen Fragen, die sich auf die Hauptfrage beziehen, zum dritten die Ankündigung mit der Bekräftigung ihrer Wichtigkeit, so wie wir sagen: 'Das ist die Hauptsache'. Im ganzen aber wird zur Hauptsache alles, was bewiesen werden muß, doch ist dies von größerer oder geringerer Bedeutung.

28 Da wir nun, was hierüber die Meister der Redekunst überliefert hatten, noch wortreicher als nötig dargelegt haben, außerdem schon oben gesagt ist[102], welches die Teile der Gerichtsreden sind, soll nun das nächste Buch mit deren erstem Teil, das heißt der Einleitung beginnen.

[101] s. o. § 3.
[102] s. o. Kap. 9, 1.

LIBER QUARTUS

Prooemium

1 Perfecto, Marcelle Vitori, operis tibi dicati tertio libro et iam quarta fere laboris parte transacta nova insuper mihi diligentiae causa et altior sollicitudo, quale iudicium hominum emererer, accessit. adhuc enim velut studia inter nos conferebamus, et si parum nostra institutio probaretur a ceteris, contenti fore domestico usu videbamur, ut tui meique filii formare disciplinam satis putaremus. 2 cum vero mihi Domitianus Augustus sororis suae nepotum delegaverit curam, non satis honorem iudiciorum caelestium intellegam, nisi ex hoc oneris quoque magnitudinem metiar. 3 quis enim mihi aut mores excolendi sit modus, ut eos non inmerito probaverit sanctissimus censor, aut studia, ne fefellisse in iis videar principem

VIERTES BUCH

Vorrede

1 Nachdem nun, Marcellus Vitorius, das dritte Buch meines Werkes, das ich dir zugeeignet habe, abgeschlossen und damit schon fast ein Viertel der Arbeit geleistet ist, ist als Ansporn für meine Sorgfalt noch ein neuer Grund hinzugekommen und ein vertieftes Gefühl der Sorge, wie ich im Urteil der Öffentlichkeit bestehen könnte. Bisher nämlich handelte es sich bei unseren Studien gleichsam um persönlichen Austausch, und wenn meine Unterweisung bei den anderen weniger Anklang finden sollte, so durften wir uns doch wohl für den Hausgebrauch damit zufriedengeben und sie für hinreichend halten, die Ausbildung deines und meines Sohnes zu bestreiten. 2 Da mir aber Domitianus Augustus[1] die Sorge für die Enkel seiner Schwester übertragen hat, wüßte ich die Ehre, die in solch göttlichen Willensbekundungen liegt, nicht hinreichend zu würdigen, wenn ich daraus nicht auch die Größe der Last (die ich damit zu tragen habe) ermessen könnte. 3 Wie nämlich sollte ich den Umfang der sittlichen Ausbildung meiner Zöglinge bemessen, um nicht unverdient die Anerkennung unseres allerheiligsten Zensors gefunden zu haben; wie das

[1] Hatte Quint. im 3. Buch (7, 9) die Huldigung für Domitians rednerische Begabung noch in dem Eindruck verhüllt, den die pietätvolle Apotheose des Vespasian und Titus als Lobrede auf ihre unsterblichen Leistungen bei den Zeitgenossen hinterlassen habe, so erkennt er nun dem *princeps*, dem ersten Mann Roms, auch den rednerischen Prinzipat in aller Form zu. Domitian als heiligster Sittenrichter hat in der Ernennung des Quintilian zum Prinzenerzieher zugleich das quintilianische Erziehungsprogramm sanktioniert: Erziehung zum sittlich guten, der domitianischen Zensur würdigen Bürger Roms durch die Zucht rhetorischer Bildung für das Leben, nicht für die Hörsäle mit ihren Deklamationen ('non scholae, sed vitae'). So ist die göttliche Macht des Domitian die Muse geworden, zu der der neugeweihte Musenpriester im bangen Gefühl seiner großen Verantwortung seinen Gebetshymnus spricht. Tacitus hat es gewiß miterlebt und genossen, dies große Bild der neuerstehenden römischen *virtus* aus dem Geist rednerischer Vollkommenheit!

ut in omnibus, ita in eloquentia quoque eminentissimum? 4 quod si nemo miratur poetas maximos saepe fecisse, ut non solum initiis operum suorum Musas invocarent, sed provecti quoque longius, cum ad aliquem graviorem venissent locum, repeterent vota et velut nova precatione uterentur, 5 mihi quoque profecto poterit ignosci, si, quod initio, quo primum hanc materiam incohavi, non feceram, nunc omnis in auxilium deos ipsumque in primis, quo neque praesentius aliud nec studiis magis propitium numen est, invocem, ut, quantum nobis expectationis adiecit, tantum ingenii adspiret dexterque ac volens adsit et me qualem esse credidit faciat. 6 cuius mihi religionis non haec sola ratio, quae maxima est, sed alioqui sic procedit ipsum opus, ut maiora praeteritis ac magis ardua sint, quae ingredior. sequitur enim, ut iudicialium causarum, quae sunt maxime variae atque multiplices, ordo explicetur: quod prooemii sit officium, quae ratio narrandi, quae probationum fides, seu proposita confirmamus seu contra dicta dissolvimus, quanta vis in perorando, seu reficienda brevi repetitione rerum memoria est iudicis sive adfectus, quod est longe potentissimum, commovendi. 7 de quibus partibus singulis quidam separatim scribere maluerunt velut onus totius corporis veriti, et sic quoque compluris de una quaque earum libros ediderunt. quas ego omnis ausus contexere prope infinitum laborem prospicio et ipsa cogitatione suscepti muneris fatigor. sed durandum est, quia coepimus, et si viribus deficiemur, animo tamen perseverandum.

Ausmaß der fachlichen Bemühungen, um nicht hierin eine Enttäuschung zu bedeuten für den Fürsten, der wie auf allen Gebieten des Geistes so auch in der Beredsamkeit der Hervorragendste ist? 4 Wenn sich aber niemand wundert, daß es die größten Dichter oft so gehalten haben, nicht nur zu Beginn ihrer Werke die Musen anzurufen, sondern auch im weiteren Verlauf, sobald sie an eine bedeutendere Stelle kamen, ihre Bitten zu wiederholen, um gleichsam zu neuem Gebet anzusetzen, 5 so wird man gewiß auch mir verzeihen können, wenn ich das, was ich zu Beginn, als ich daranging, meinen Stoff zu behandeln, nicht getan hatte, jetzt tue: alle Götter zum Beistand anzurufen – vor allem aber ihn, dessen Walten vor allen andern hilfreich nahe und den geistigen Bemühungen geneigt ist: er möge mir so viel Begabung einhauchen, wie er sie in mir erblickt hat, möge mir hilfreich und gnädig beistehen und mich so werden lassen, wie es sein Vertrauen von mir verlangt! 6 Für diese fromme Scheu ist mir der genannte Grund zwar der wichtigste, jedoch nicht der einzige; vielmehr geht es auch mit dem Werk selbst so voran, daß größer als das Vorangegangene und schwieriger das Gebiet ist, das ich jetzt betrete. Es folgt nämlich jetzt die Darlegung der Anlage der Gerichtsreden, die am vielseitigsten und vielfältigsten sind: welche Aufgabe das Prooemium hat, welche Überlegungen für die Erzählung gelten, wie die Glaubwürdigkeit der Beweise zu erzielen ist, ob wir nun unsere Behauptungen bekräftigen oder die Einwände entkräften, welche Wirkung die Schlußworte besitzen müssen, ob sie nun durch kurze Wiederholung der Tatsachen das Gedächtnis des Richters auffrischen oder, was bei weitem das Durchschlagendste ist, die Leidenschaften erregen sollen. 7 Über diese Teile der Gerichtsrede haben manche lieber gesonderte Einzelschriften verfaßt, als hätten sie die Last der Gesamtaufgabe gescheut – und so haben sie auch über jeden einzelnen dieser Teile Abhandlungen in mehreren Büchern veröffentlicht. Wenn ich es nun wage, alle diese zusammenzuarbeiten, so sehe ich einer schier grenzenlosen Arbeit entgegen, und schon der Gedanke an diese Aufgabe, die ich unternommen habe, läßt mich schwach werden. Doch heißt es hart zu bleiben, weil ich das Werk einmal angefangen habe, und mögen mir auch die Kräfte versagen: mein Wille muß durchhalten.

I.

1 Quod *principium* Latine vel *exordium* dicitur, maiore quadam ratione Graeci videntur προοίμιον nominasse, quia a nostris initium modo significatur, illi satis clare partem hanc esse ante ingressum rei, de qua dicendum sit, ostendunt. 2 nam sive propterea, quod οἴμη cantus est et citharoedi pauca illa, quae antequam legitimum certamen incohent emerendi favoris gratia canunt, prooemium cognominaverunt[a], oratores quoque ea, quae prius quam causam exordiantur ad conciliandos sibi iudicum animos praelocuntur, eadem appellatione signarunt, 3 sive quod οἶμον idem Graeci viam appellant, id, quod ante ingressum rei ponitur, sic vocare est institutum: certe prooemium est, quod apud iudicem dici prius quam causam cognoverit prosit[b], vitioseque in scholis facimus, quod exordio semper sic utimur, quasi causam iudex iam noverit. 4 cuius rei licentia ex hoc est, quod ante declamationem illa velut imago litis exponitur. sed in foro quoque contingere istud principiorum genus secundis actionibus potest, primis quidem raro umquam, nisi forte apud eum, cui res iam aliunde nota sit, dicimus.

5 Causa principii nulla alia est, quam ut auditorem, quo sit nobis in ceteris partibus accommodatior, praeparemus. id fieri tribus maxime rebus inter auctores plurimos constat, si *benevolum*, *attentum*, *docilem* fecerimus, non quia ista non per totam actionem sint custodienda, sed quia initiis praecipue necessaria, per quae in animum iudicis, ut procedere ultra possimus, admittimur.

6 Benivolentiam aut a personis duci aut a causis accepimus. sed

a) *Cass. p* 501: nominaverunt **A**
b) prosit **BP**: possit **A**

ERSTES KAPITEL

Die Behandlung des Prooemiums

1 Was auf Lateinisch *principium* (Anfang) oder *exordium* (Beginn) heißt, haben die Griechen, wie mir scheint, sinnvoller προοίμιον genannt; denn unsere Benennung bezeichnet nur, daß es anfängt, die Griechen aber machen hinreichend kenntlich, daß dieser Teil vor dem Eintritt in das Thema der Rede liegt. 2 Denn vielleicht haben die Redner, weil οἴμη der Gesang ist und die Kitharöden (Sänger zur Kithara) das kurze Stück, das sie, bevor sie in den eigentlichen Wettkampf eintreten, singen, um sich das Publikum geneigt zu machen, Prooemium genannt haben, die gleiche Bezeichnung auch für die Bemerkungen gewählt, die sie, ehe sie zur Sache kommen, vorausschicken, um sich die Herzen der Richter zu gewinnen; 3 vielleicht auch ist es deshalb gebräuchlich geworden, das, was man vor den Gang der sachlichen Darlegungen setzt, so zu nennen weil im Griechischen οἶμος auch Weg heißt. – Jedenfalls ist Prooemium der Teil der Rede, den vor Gericht zu sprechen sich als nützlich erweist, bevor der Richter den Fall kennengelernt hat, und wir machen bei den Schuldeklamationen einen Fehler, den Anfang immer so zu gestalten, als kennte der Richter den Fall bereits. 4 Das können wir uns in der Schule nur deshalb erlauben, weil vor der Deklamation schon eine Art Skizze des Streitfalles gegeben wird. Jedoch kann diese Eingangsform auch auf dem Forum passen, wenn zum zweitenmal verhandelt wird, bei ersten Verhandlungen indessen kaum jemals, es sei denn, wir sprechen vor einem Richter, dem der Tatbestand schon von anderer Seite bekannt ist.

5 Gegenstand der Einleitung ist es lediglich, den Hörer so vorzubereiten, daß er bei den übrigen Teilen der Rede leichter für uns gewonnen wird. Daß dies vor allem in dreifacher Hinsicht geschieht, darüber besteht in den meisten Lehrschriften Übereinstimmung: wenn wir nämlich den Hörer *wohlwollend*, *gespannt und aufnahmebereit* machen – nicht, weil diese drei Ziele nicht die ganze Rede hindurch beachtet werden müßten, sondern weil sie besonders notwendig sind für die Gestaltung des Eingangs, durch den wir Einlaß zum Herzen des Richters gewinnen, um auf diesem Weg dann weiter vordringen zu können.

6 Wohlwollen, so haben wir gelernt, wird entweder von Personen hergeleitet oder von dem Rechtsfall. Jedoch ist bei den

personarum non est, ut plerique crediderunt, triplex ratio, ex litigatore et adversario et iudice: nam exordium duci nonnumquam etiam ab actore causae solet. 7 quamquam enim pauciora de se ipso dicit et parcius, plurimum tamen ad omnia momenti est in hoc positum, si vir bonus creditur. sic enim continget, ut non studium advocati videatur adferre, sed paene testis fidem. quare in primis existimetur venisse ad agendum ductus officio vel cognationis vel amicitiae, maximeque, si fieri poterit, rei publicae aut alicuius certe non mediocris exempli. quod sine dubio multo magis ipsis litigatoribus faciendum est, ut ad agendum magna atque honesta ratione aut etiam necessitate accessisse videantur. 8 sed ut praecipua in hoc dicentis auctoritas, si omnis in subeundo negotio suspicio sordium aut odiorum aut ambitionis afuerit, ita quaedam in his quoque commendatio tacita, si nos infirmos, imparatos[c], impares agentium contra ingeniis dixerimus, qualia sunt pleraque Messalae prooemia. 9 est enim naturalis favor pro laborantibus, et iudex religiosus libentissime patronum audit, quem iustitiae suae minime timet. inde illa veterum circa occultandam eloquentiam simulatio, multum ab hac nostrorum temporum iactatione diversa. 10 vitandum etiam, ne contumeliosi, maligni, superbi, maledici in quemquam hominem ordinemve videamur praecipueque eorum, qui laedi nisi adversa iudicum voluntate non possunt. 11 nam in iudicem ne quid dicatur non modo palam, sed quod omnino intellegi possit, stultum erat monere, nisi fieret. etiam partis adversae patronus dabit exordio materiam, interim cum honore, si eloquentiam eius et

c) imparatos **A**: imperitos *Rossi*

Personen nicht nur, wie die meisten geglaubt haben, mit drei Gruppen zu rechnen, dem Kläger, dem Gegner und dem Richter; denn manchmal ist es auch üblich, mit dem Anwalt der Sache den Anfang zu machen. 7 Denn, wenn dieser auch nur wenige Worte über sich selbst spricht, und in zurückhaltender Weise, so kommt es doch bei allem ganz besonders darauf an, ob er als ehrenhafter Mann gilt. Denn so wird er erreichen, daß er nicht wie ein eifriger Advokat wirkt, sondern fast glaubwürdig wie ein Zeuge. Deshalb soll vor allem der Eindruck entstehen, er sei durch eine Verpflichtung verwandtschaftlicher oder freundschaftlicher Art veranlaßt worden, vor Gericht aufzutreten – am besten, wenn es sich machen läßt, aus Pflichtgefühl dem Staat gegenüber, oder doch jedenfalls, um eine nicht unwichtige grundsätzliche Entscheidung zu erwirken. Noch viel mehr müssen natürlich die Kläger selbst auf diesen Eindruck hinarbeiten, sie seien zur Gerichtsverhandlung aus einem wichtigen und ehrenhaften Grund oder gar notgedrungenermaßen geschritten. 8 Wie nun die Person des Redners in dem Fall ein besonderes Gewicht erhält, daß jeder Verdacht, bei der Übernahme der Rechtsvertretung könnten schmutzige Beweggründe, Gehässigkeiten oder Ehrgeiz im Spiele sein, fernliegt, so liegt auch darin eine Art stillschweigende Empfehlung, falls wir sagen können, schwach, unvorbereitet und nicht gewachsen seien wir dem begabten Redner gegenüber, der die Gegenseite vertritt – von dieser Art findet sich sehr viel in den Prooemien des Messala. 9 Denn es gibt eine natürliche Vorliebe für die Schwachen, die sich abmühen, und ein gewissenhafter Richter hört am liebsten den Anwalt, bei dem er für die Sache der Gerechtigkeit am wenigsten zu befürchten hat. Daher stammt die den Früheren so geläufige Verstellung, um die Redekunst zu verbergen, die so grundverschieden ist von der Prahlerei, in der man sich heutzutage gefällt. 10 Zu meiden ist auch der Eindruck, wir seien verleumderisch, gehässig, überheblich oder ausfällig gegen einen Menschen oder einen Stand, zumal gegen solche, deren Kränkung unvermeidlich dem Wunsch der Richter zuwiderlaufen muß. 11 Denn daß man nichts gegen den Richter sagen soll, nicht nur nicht mit offenen Worten, sondern auch nichts, was auch nur als Kränkung verstanden werden kann, daran zu erinnern wäre töricht – wenn es nicht tatsächlich vorkäme. Auch der Anwalt der Gegenseite kann Stoff für den Redebeginn liefern, zuweilen in ehrenvoller Form, wenn wir seine Beredsamkeit und seinen Einfluß zu fürchten vorgeben, um sie dadurch

gratiam nos timere fingendo, ut ea suspecta sint iudici, fecerimus, interim per contumeliam, sed hoc perquam raro, ut Asinius pro Urbiniae heredibus Labienum adversarii patronum inter argumenta causae malae posuit. 12 negat haec prooemia esse Cornelius Celsus, quia sint extra litem: sed ego cum auctoritate summorum oratorum magis ducor, tum pertinere ad causam puto quidquid ad dicentem pertinet, cum sit naturale ut iudices iis, quos libentius audiunt, etiam facilius credant. 13 ipsius autem litigatoris persona tractanda varie est: nam tum dignitas eius adlegatur, tum commendatur infirmitas. nonnumquam contingit relatio meritorum, de quibus verecundius dicendum erit sua quam aliena laudanti. multum agit sexus, aetas, condicio, ut in feminis, senibus, pupillis, liberos, parentis, coniuges adlegantibus: 14 nam sola rectum quoque iudicem inclinat miseratio. degustanda tamen haec prooemio, non consumenda. adversarii vero persona prope isdem omnibus, sed e contrario ductis inpugnari solet. nam et potentes sequitur invidia et humiles abiectosque contemptus et turpes ac nocentes odium, quae tria sunt ad alienandos iudicum animos potentissima. 15 neque haec dicere sat est, quod datur etiam imperitis; pleraque augenda ac minuenda, ut expediet: hoc enim oratoris est, illa causae.

16 Iudicem conciliabimus nobis non tantum laudando eum, quod et fieri cum modo debet et est tamen parti utrique commune, sed si laudem eius ad utilitatem causae nostrae coniunxerimus, ut adlegemus pro honestis dignitatem illi suam, pro humilibus iustitiam, pro

dem Richter verdächtig zu machen, zuweilen auch in kränkender Weise – doch dies nur äußerst selten, wie z. B. Asinius zugunsten der Erben der Urbinia als einen Beweis für die schlechte Sache der Gegenseite angeführt hat, daß sie Labienus zum Anwalt habe. 12 Cornelius Celsus bestreitet, daß solche Ausführungen Prooemien seien, weil sie außerhalb des Streitfalles lägen. Doch ich halte mich erstens lieber an das Ansehen der bedeutendsten Redner und bin zudem der Ansicht, zur Sache gehöre auch alles, was zu dem gehört, der die Sache vertritt, da es doch natürlich sei, daß die Richter denen, die sie lieber hörten, auch leichter Glauben schenkten. 13 Die Person des Prozessierenden selbst aber ist auf verschiedene Art zu behandeln: bald nämlich macht man seinen Rang geltend, bald wieder dient seine Hilflosigkeit als Empfehlung. Bisweilen paßt die Aufzählung von Verdiensten, wobei man zurückhaltender verfahren muß, wenn man eigene als wenn man fremde Verdienste lobt. Eine große Rolle spielen Geschlecht, Alter und Lebensumstände, z. B. bei Frauen, alten Leuten und Waisenkindern, wenn sie auf Kinder, Eltern und Gatten verweisen; 14 denn einzig das Mitleid bringt auch einen aufrechten Richter zum Wanken. Doch darf von diesem Mittel der Rührung im Prooemium nur eine Kostprobe geboten, nicht das Ganze verbraucht werden. Die Person des Gegners nun wird gewöhnlich ebenfalls mit fast allen diesen Gesichtspunkten bekämpft, aus denen nur die entgegengesetzte Anwendung entnommen wird: denn gegenüber den Mächtigen stellt sich Mißgunst ein, gegenüber den Niedrigen und Verkommenen Verachtung, Schlechten und Schuldigen gegenüber Haß, drei Gefühle, die am stärksten sind, dem Gegner die Herzen der Richter zu entfremden. 15 Es genügt aber nicht, dies einfach zu sagen, wie es sich ja auch für den Ungeschulten aus der Sache ergibt. Die meisten Gegebenheiten sind nach Bedarf zu steigern oder abzuschwächen; das ist nämlich die Leistung des Redners, jene Gesichtspunkte dagegen liefert schon der Rechtsfall.

16 Den Richter werden wir nicht nur für uns gewinnen, indem wir ihn loben, was ja auch mit Maßen geschehen muß und ja auch beiden Parteien gemeinsam ist, sondern wenn wir zwischen dem Lob, das wir ihm spenden, und der Nützlichkeit für unsere Sache eine Verbindung herstellen, indem wir zugunsten von Hochgestellten auf den ihm selbst eigenen Rang, zugunsten von Leuten aus dem Volk auf seine Gerechtigkeit, zugunsten von Unglücklichen auf sein Mitleid, zugunsten von in ihrer Ehre Verletzten auf

infelicibus misericordiam, pro laesis severitatem, et similiter cetera. 17 mores quoque, si fieri potest, iudicis velim nosse. nam prout asperi lenes, iucundi graves, duri remissi erunt, aut adsumere in causam naturas eorum, qua conpetent, aut mitigare, qua repugnabunt, oportebit. 18 accidit autem interim hoc quoque, ut aut nobis inimicus aut adversariis sit amicus qui iudicat: quae res utrique parti tractanda est ac nescio an etiam ei magis, in quam videatur propensior. est enim nonnumquam pravis hic ambitus, adversus amicos aut pro iis, quibuscum simultates gerant, pronuntiandi faciendique iniuste, ne fecisse videantur. fuerunt etiam quidam suarum rerum iudices. 19 nam et in libris observationum a Septimio editis adfuisse Ciceronem tali causae invenio, et ego pro regina Berenice apud ipsam eam dixi. similis hic quoque superioribus ratio est: adversarius enim fiduciam partis suae iactat, patronus timet cognoscentis verecundiam. 20 praeterea detrahenda vel confirmanda opinio, si quam[d] domo videbitur iudex attulisse. metus etiam nonnumquam est amovendus, ut Cicero pro Milone ne arma Pompei disposita contra se putarent laboravit, nonnumquam adhibendus, ut idem in Verrem facit. 21 sed adhibendi modus alter ille frequens et favorabilis, ne male sentiat populus Romanus, ne iudicia transferantur, alter autem asper et rarus, quo minatur corruptis accusationem, et id quidem in consilio ampliore utcumque tutius (nam et mali inhibentur et boni gaudent), apud singulos vero numquam suaserim, nisi defecerint omnia. 22 quod si necessitas exiget, non erit iam ex arte

d) si quam *Jul. Vict.*: praecipue si quam **A** si quam praecipue **BP**

seine Strenge verweisen und so auch in den übrigen Fällen. 17 Auch die Wesensart des Richters möchte ich, wenn möglich, kennen. Denn je nachdem sie rauh oder sanft, freundlich oder ernst, streng oder nachgiebig ist, wird man sie entweder in ihrer natürlichen Form für den Fall einsetzen, soweit sie den Erfordernissen entspricht, oder sie, soweit sie ihnen widerspricht, mildern müssen. 18 Bisweilen kommt auch das vor, daß die Person, die das Urteil spricht, entweder uns feind oder den Gegnern freund ist. Diese Lage muß von beiden Parteien berücksichtigt werden, und zwar womöglich von der noch stärker, der der Richter geneigter scheint. Denn manchmal besitzen verdrehte Leute den Ehrgeiz, gegen ihre Freunde oder zugunsten solcher, mit denen sie in Streitigkeiten stehen, das Urteil zu fällen und ungerecht zu handeln, um nicht ungerecht zu scheinen. 19 Es hat auch manchmal Richter in eigener Sache gegeben. Denn in den Büchern der ›Beobachtungen‹, die Septimius veröffentlicht hat, finde ich, daß Cicero an einem solchen Fall teilgenommen hat, und auch ich habe für die Königin Berenice vor ihr selbst gesprochen. Auch hier gilt eine ähnliche Überlegung wie in dem vorigen Fall: der Gegner nämlich streicht die Zuversicht zu der gerechten Sache seiner Partei heraus, der Anwalt des Richters dagegen hat dessen Befangenheit aus der Zurückhaltung in eigener Sache zu fürchten. 20 Ferner muß man eine vorgefaßte Meinung entweder zerstören oder bekräftigen, besonders, wenn es den Anschein hat, der Richter habe sie von Hause mitgebracht. Auch Furcht gilt es bisweilen zu beseitigen, wie sich z. B. Cicero für Milo bemüht hat, den Richtern die Auffassung zu nehmen, die Waffen des Pompeius seien gegen sie gerichtet; bisweilen ist sie auch zu erregen, wie es ebenfalls Cicero gegen Verres[2] anwendet. 21 Jedoch ist die eine Art, Furcht zu erregen (bei Cicero), die häufigere und gewinnende: das römische Volk solle keine schlechte Meinung von den Richtern erhalten, damit nicht die Gerichtshöfe in andere Hände übertragen würden; die andere Art aber ist rauh, sie ist selten zu verwenden, wenn man den Bestochenen mit Anklage droht: das mag ja bei einer größeren Versammlung von Richtern immer noch einigermaßen sicher sein – denn den Schlechten wird Einhalt geboten, während sich die Guten freuen –, vor Einzelrichtern aber würde ich niemals dazu raten, es sei denn, es hätte sonst schon alles versagt. 22 Wenn aber die Not dazu zwingt, so wird es

[2] Verr. 1, 15.

oratoria, non magis quam appellare, etiamsi id quoque saepe utile est, aut antequam pronuntiet, reum facere; nam et minari et deferre etiam non orator potest.

23 Si causa conciliandi nobis iudicis materiam dabit, ex hac potissimum aliqua in usum principii, quae maxime favorabilia videbuntur, decerpi oportebit. quo in loco Verginius fallitur, qui Theodoro placere tradit, ut ex singulis quaestionibus singuli sensus in prooemium conferantur. 24 nam ille non hoc dicit, sed ad potentissimas quaestiones iudicem praeparandum: in quo vitii nihil erat, nisi in universum id praeciperet, quod nec omnis quaestio patitur nec omnis causa desiderat. nam protinus a petitore primo loco, dum ignota iudici lis est, quo modo ex quaestionibus ducemus sententias? nimirum res erunt indicandae prius. demus aliquas (nam id exiget ratio nonnumquam): etiamne potentissimas omnis, id est totam causam? sic erit in prooemio peracta narratio. 25 quid vero? si, ut frequenter accidit, paulo est durior causa, non benivolentia iudicis petenda ex aliis partibus erit, sed non ante conciliato eius animo nuda quaestionum committetur asperitas? quae si recte semper initio dicendi tractarentur, nihil prooemio opus esset. 26 aliqua ergo nonnumquam, quae erunt ad conciliandum nobis iudicem potentissima, non inutiliter interim ex quaestionibus in exordio locabuntur. quae sint porro in causis favorabilia, enumerare non est necesse, quia et manifesta erunt cognita cuiusque controversiae condicione et omnia colligi in tanta litium varietate non possunt. 27 ut autem haec invenire et augere, ita quod laedit, aut omnino repellere aut certe minuere ex causa est. miseratio quoque aliquando ex eadem venit, sive quid passi sumus grave sive

nicht mehr zur Kunst des Redners gehören, sowenig wie das Appellationsverfahren – wenngleich auch dies oft nützlich ist – oder die Erhebung einer Anklage gegen den Richter, noch ehe er den Spruch gefällt hat; denn drohen wie auch anschuldigen kann man auch, ohne Redner zu sein.

23 Wenn der Rechtsfall Stoff liefert, den Richter für uns zu gewinnen, wird es angebracht sein, am besten aus dem Fall einiges, was ganz besonders gewinnend erscheint, zur Verwendung am Anfang herauszupflücken. An dieser Stelle täuscht sich Verginius, der überliefert, Theodorus lehre, man solle aus jedem der fraglichen Punkte (die der Fall enthält) je einen Gedanken ins Prooemium bringen; 24 nicht das sagt Theodorus, sondern man müsse den Richter auf die wichtigsten Fragen vorbereiten. Daran wäre nichts auszusetzen, gäbe er diese Vorschrift nicht so allgemein, wie es weder jede Frage erlaubt noch jeder Fall verlangt. Denn nehmen wir gleich den Fall eines Klägers an erster Stelle, solange dem Richter der Streitfall noch unbekannt ist: Wie werden wir da aus den Fragen die Gedanken herleiten können? Natürlich wird doch zunächst der Sachverhalt angegeben werden müssen. So wollen wir denn ein paar fragliche Punkte angeben – denn das wird manchmal die sinnvolle Methode verlangen –, aber etwa auch die wichtigsten allesamt, das heißt doch: den ganzen Fall? So wird also schon im Prooemium die Erzählung des Falles erledigt sein. 25 Wie aber? Wenn, wie es doch häufig geschieht, der Fall etwas kniffliger ist, wird man dann nicht das Wohlwollen des Richters mit anderen Mitteln gewinnen müssen, anstatt ihm, ohne zuvor sein Herz gewonnen zu haben, die Fragen in ihrer Nacktheit und Dürre zu unterbreiten? Sollten diese zu Recht immer am Eingang der Rede behandelt werden, so wäre ein Prooemium unnötig! 26 Einiges also, was am wirkungsvollsten ist, den Richter für uns zu gewinnen, wird man zuweilen mit Nutzen aus dem Kreis der Fragen schon in das Prooemium stellen. Aufzuzählen, was in Rechtsfällen so gewinnend ist, ist nicht notwendig, weil es sich aus den Verhältnissen eines jeden Streitfalles sicher erkennen und sich bei der großen Mannigfaltigkeit der Rechtsstreitigkeiten doch nicht vollständig zusammenstellen läßt. 27 Wie es nun aber für den Fall wichtig ist, diese empfehlenden Seiten zu finden und zu steigern, so auch umgekehrt, alles was Anstoß bietet, entweder gänzlich zu unterdrücken oder doch abzuschwächen. Auch die Erregung von Mitleid ist manchmal für den Fall wichtig, sei es nun, daß wir etwas Schweres durchgemacht haben oder durch-

passuri. 28 neque enim sum in hac opinione, qua quidam, ut eo distare prooemium ab epilogo credam, quod in hoc praeterita, in illo futura dicantur, sed quod in ingressu parcius et modestius praetemptanda sit iudicis misericordia, in epilogo vero liceat totos effundere adfectus, et fictam orationem induere personis et defunctos excitare et pignora reorum producere: quae minus in exordiis sunt usitata. 29 sed haec, quae supra dixi, non movere tantum, verum ex diverso amoliri quoque prooemio opus est. ut autem nostrum miserabilem, si vincamur, exitum, ita adversariorum superbum, si vicerint, utile est credi.

30 Sed ex iis quoque, quae non sunt personarum nec causarum, verum adiuncta personis et causis, duci prooemia solent. personis adplicantur non pignora modo, de quibus supra dixi, sed propinquitates, amicitiae, interim regiones etiam civitatesque et si quid aliud eius, quem defendimus, casu laedi potest. 31 ad causam extra pertinent tempus, unde principium pro Caelio, locus, unde pro Deiotaro, habitus, unde pro Milone, opinio, unde in Verrem, deinceps, ne omnia enumerentur, fama iudiciorum, exspectatio vulgi: nihil enim horum in causa est, ad causam tamen pertinent. 32 adicit Theophrastus ab oratione principium, quale videtur esse Demosthenis pro Ctesiphonte, ut sibi dicere suo potius arbitrio liceat, rogantis, quam eo modo, quem accusator actione praescripserit.

33 Fiducia ipsa solet opinione adrogantiae laborare. faciunt favorem et illa paene communia, non tamen omittenda, vel ideo ne occupentur: optare, abominare, rogare, sollicitum agere, quia plerumque attentum iudicem facit, si res agi videtur nova, magna, atrox,

machen werden. 28 Denn ich bin nicht der Auffassung, wie manche andere Lehrer, daß der Unterschied zwischen Prooemium und Epilog darin bestehe, daß im ersteren von Vergangenem, im letzteren von Künftigem gesprochen werde; sondern vielmehr, daß im Eingang sparsamer und maßvoller das Mitleid des Richters auf die Probe gestellt werden soll, es im Epilog aber freistehe, den ganzen Strom der Gefühle zu entfesseln: Personen mit fingierter Rede auszustatten, Verstorbene zu beschwören und die nächsten Angehörigen der Angeklagten vorzuführen: all das ist in Prooemien weniger gebräuchlich. 29 Jedoch die Mitleiderregung, die ich oben bezeichnet habe (§ 27), muß das Prooemium nicht nur bewirken, sondern auch umgekehrt fernhalten: ist doch der Gedanke nützlich, wenn er glaublich ist, daß so, wie der Ausgang für uns, falls wir unterliegen, jammervoll sein, so der für die Gegenseite, falls sie siegt, sie zum baren Übermut führen wird.

30 Aber auch aus einem Bereich, der nicht der der Personen und auch nicht der der Sachen, wohl aber mit Personen und Sachen verbunden ist, leitet man gern Prooemien ab. Mit Personen stehen nicht nur die engsten Verwandten, von denen ich oben sprach, in Verbindung, sondern die ganze Verwandtschaft, der Kreis der Freunde des Hauses, ja bisweilen sogar ganze Landstriche und Staaten und was noch sonst durch den Sturz des Mannes, den wir verteidigen, betroffen werden kann. 31 Zur Sache gehören an äußeren Umständen die Zeit, wonach der Anfang der Rede für Caelius, der Ort, wonach die für Deiotarus, der Zustand, wonach die für Milo, die öffentliche Meinung, wonach die für Verres gestaltet ist; ferner, um nicht alles aufzuzählen, der Ruf der Gerichtshöfe sowie die Meinung des Volkes; denn zwar steckt hiervon nichts in der Sache selbst, es gehört aber doch zu ihr. 32 Theophrast fügt noch den aus einer Rede hergeleiteten Redeanfang hinzu, wie er offenbar in Demosthenes' Rede für Ctesiphon vorliegt, es möge ihm gestattet sein, lieber nach seinem Ermessen zu reden, also so, wie es ihm der Ankläger in seiner Anklagerede vorgeschrieben habe.

33 Das Selbstvertrauen selbst pflegt unter dem Ruf der Anmaßung zu leiden. Gunst gewinnen aber auch die fast allgemein geläufigen Mittel, auf die man doch nicht verzichten darf, schon damit sie nicht von der Gegenseite mit Beschlag belegt werden: Wünschen, Sich-Verschwören, Bitten, den Besorgten spielen; denn meistens erregt es die Aufmerksamkeit des Richters, wenn es um eine Sache zu gehen scheint, die neu, bedeutend, gräßlich, als

pertinens ad exemplum, praecipue tamen, si iudex aut sua vice aut rei publicae commovetur, cuius animus spe, metu, admonitione, precibus, vanitate denique, si id profuturum credemus, agitandus est. 34 sunt et illa excitandis ad audiendum non inutilia, si nos neque diu moraturos neque extra causam dicturos existiment. docilem sine dubio et haec ipsa praestat attentio, sed et illud, si breviter et dilucide summam rei, de qua cognoscere debeat, indicaverimus (quod Homerus atque Vergilius operum suorum principiis faciunt): 35 nam is eius rei modus est, ut propositioni similior sit quam expositioni, nec quo modo quidque sit actum, sed de quibus dicturus sit orator ostendat. nec video quod huius rei possit apud oratores reperiri melius exemplum quam Ciceronis pro A. Cluentio. 36 'Animadverti, iudices, omnem accusatoris orationem in duas divisam esse partes: quarum altera mihi niti et magno opere confidere videbatur invidia iam inveterata iudicii Iuniani, altera tantum modo consuetudinis causa timide et diffidenter attingere rationem veneficii criminum, qua de re lege est haec quaestio constituta'. id tamen totum respondenti facilius est quam proponenti, quia hic admonendus iudex, illic docendus est. 37 nec me quamquam magni auctores in hoc duxerint, ut non semper facere attentum ac docilem iudicem velim: non quia nesciam, id quod ab illis dicitur esse pro mala causa, qualis ea sit non intellegi, verum quia istud non neglegentia iudicis contingit, sed errore. 38 dixit enim adversarius et fortasse persuasit: nobis opus est eius diversa opinione, quae mutari non potest, nisi illum fecerimus ad ea, quae

Musterfall geeignet erscheint, vor allem jedoch, wenn entweder im eigenen oder im Staatsinteresse der Richter erregt wird, dessen Geist deshalb aufgepeitscht werden muß mit Hoffnung, Furcht, Mahnen, Bitten, ja auch Täuschung, wenn wir uns davon Erfolg versprechen. 34 Es ist auch nicht unnütz, wenn man zum Zuhören anreizen will, daß die Meinung besteht, wir würden uns nicht lange mit der Sache aufhalten und auch nicht über Dinge sprechen, die außerhalb des Rechtsfalles liegen. Aufnahmebereit macht zweifellos schon die so erzielte Aufmerksamkeit, des weiteren aber auch, wenn wir kurz und klar die Hauptsache, worüber der Richter entscheiden muß, angeben – wie es Homer und Vergil zu Beginn ihrer Werke machen. 35 Denn hierfür ist das Ausmaß so knapp gewählt, daß es einer Ankündigung ähnlicher sein soll als einer Darlegung und der Redner nicht zeigt, wie jeweils etwas vor sich gegangen ist, sondern worüber er reden will. Ich sehe nicht, welches bessere Beispiel hierfür man bei den Rednern finden könnte als Ciceros Rede für A. Cluentius[3]. 36 'Ich habe bemerkt, meine Herrn Richter, daß die ganze Rede des Anklägers in zwei Teile zerfällt: der eine von diesen stützt sich offenbar ganz auf die eingewurzelte Erbitterung, die der Urteilsspruch des Iunius erregt hatte, und setzte sein ganzes Vertrauen auf sie; der andere schien nur gewohnheitsmäßig, zaghaft und ohne Selbstvertrauen die Begründung für die Giftmordanklage zu berühren, worüber doch nach dem Gesetz diese gerichtliche Untersuchung eingesetzt ist'. Jedoch ist dies in so gedrängter Form leichter, wenn man auf eine Anklage antwortet, als wenn man die Anklage selbst vorträgt; denn im einen Fall hat man den Richter nur zu erinnern, im andern zu unterrichten. 37 Auch möchte ich mich selbst von bedeutenden Autoritäten unseres Faches nicht zu dem Wunsch verleiten lassen, den Richter nicht immer aufmerksam und aufnahmebereit zu machen. Nicht deshalb, weil ich nicht wüßte, daß sie damit meinen, es sei vorteilhaft für eine schlechte Sache, wenn nicht verstanden werde, wie es mit ihr bestellt ist, sondern weil es zu solchem Unverständnis nicht durch die Unaufmerksamkeit des Richters kommt, sondern dadurch, daß er sich im Irrtum befindet. 38 Denn der Gegner hat schon gesprochen und vielleicht überzeugt: uns liegt daran, für die entgegengesetzte Meinung zu gewinnen; eine solche Meinungsänderung ist aber doch nur möglich, wenn wir ihn für das, was wir sagen sollen,

[3] p. Cluent. 1, 1.

dicemus, docilem et intentum. quid ergo est? inminuenda quaedam et levanda et quasi contemnenda esse consentio ad remittendam intentionem iudicis, quam adversario praestat, ut fecit pro Ligario Cicero. 39 quid enim agebat aliud ironia illa, quam ut Caesar minus se in rem tamquam non novam intenderet? quid pro Caelio, quam ut res expectatione minor videretur?

40 Verum ex iis, quae proposuimus, aliud in alio genere causae desiderari palam est. genere porro causarum plurimi quinque fecerunt: *honestum, humile, dubium vel anceps, admirabile, obscurum*, id est ἔνδοξον, ἄδοξον, ἀμφίδοξον, παράδοξον, δυσπαρακολούθητον: quibus recte videtur adici turpe, quod alii humili, alii admirabili subiciunt. 41 admirabile autem vocant, quod est praeter opinionem hominum constitutum. in ancipiti maxime benivolum iudicem, in obscuro docilem, in humili attentum parare debemus. nam honestum quidem ad conciliationem satis per se valet: in admirabili et turpi remediis opus est. 42 et eo quidam exordium in duas dividunt partis, *principium* et *insinuationem*, ut sit in principiis recta benivolentiae et attentionis postulatio: quae quia esse in turpi causae genere non possit, insinuatio subrepat animis, maxime ubi frons causae non satis honesta est, vel quia res sit improba vel quia hominibus parum probetur, aut si facie quoque ipsa premitur vel invidiosa consistentis ex diverso patroni aut patris vel miserabili[e] senis, caeci, infantis. 43 et quidem quibus adversus haec modis sit medendum, verbosius tradunt materiasque sibi ipsi fingunt et ad morem actionum prose-

e) miserabili *Spalding:* miserabilis

aufnahmebereit und gespannt machen. Wie steht es also damit? Daß man manches abschwächen, leichter nehmen und gleichsam von oben herab behandeln muß, um die Aufmerksamkeit des Richters abzulenken, die er dem Gegner widmet, ist auch meine Meinung. So hat es z. B. Cicero zugunsten des Ligarius gemacht. 39 Denn was bezweckte die Ironie in dieser Rede sonst, als Caesars Aufmerksamkeit weniger auf die Sache selbst zu lenken, die ja doch nichts Neues bedeute? Was sonst in der Rede für Caelius[4] als den Eindruck, an der Sache sei weniger, als zu erwarten war?

40 Nun ist es nach dem, was wir dargelegt haben, klar, daß die verschiedenen Arten von Rechtsfällen auch verschiedenartige Behandlung verlangen. Innerhalb der Rechtsfälle haben nun weiter die meisten Lehrer der Rhetorik fünf Arten angenommen: *die ehrenhafte, niedrige, zweifelhafte oder zweideutige, überraschende und die schwer verständliche*, das heißt das ἔνδοξον, ἄδοξον, ἀμφίδοξον, παράδοξον, δυσπαρακολούθητον: diesen Arten scheint man zu Recht noch die schimpfliche hinzuzufügen, die die einen der niedrigen, andere der überraschenden unterordnen. 41 Unter der überraschenden Art aber verstehen sie Rechtsfälle, die gegen die allgemein üblichen Vorstellungen verstoßen. In der zweifelhaften Art müssen wir den Richter vor allem wohlwollend, in der dunklen aufnahmebereit, in der niedrigen aufmerksam stimmen. Denn die ehrenhafte Art hat ja schon von sich aus genügend Gewinnendes: bei der überraschenden und schimpflichen Art muß man nachhelfen. 42 Und deshalb nehmen manche eine Zweiteilung des Eingangsteiles vor in *Haupteingang* und *Schleichweg*, wobei also bei den Haupteingängen die vollberechtigte Forderung nach Wohlwollen und Aufmerksamkeit besteht; weil diese nun bei der schimpflichen Art von Rechtsfällen nicht erhoben werden kann, soll der Schleichweg zum Herzen führen, vor allem da, wo die Stirnseite eines Falles nicht hinreichend anständig wirkt, entweder deshalb, weil die Sache selbst nicht sauber ist oder von den Menschen nicht als solche angesehen wird; sodann auch, wenn der Fall seinem ganzen Aussehen nach unter einem Druck steht – etwa des Abscheus, den es einflößt, wenn auf der Gegenseite der Patron oder Vater steht, oder des Mitleides, wenn dort ein Greis steht, ein Blinder oder ein Kind. 43 Auf welche Weise man nun solchen Lagen gegenüber Abhilfe schaffen kann, darüber weiß man wortreich genug zu lehren, denkt sich auch selbst Stoffe aus und be-

[4] p. Cael. 31.

quuntur: sed hae[f] eum oriantur ex causis, quarum species consequi omnes non possumus, nisi generaliter conprehenduntur, in infinitum sunt extrahendae. 44 quare singulis consilium ex propria ratione nascetur. illud in universum praeceptum sit, ut ab iis, quae laedunt, ad ea, quae prosunt, refugiamus: si causa laborabimus, persona subveniat, si persona, causa, si nihil quod nos adiuvet erit, quaeramus quid adversarium laedat; nam ut optabile est plus favoris mereri, sic proximum odii minus. 45 in iis, quae negari non potuerint, elaborandum, ut aut minora, quam dictum est, aut alia mente facta aut nihil ad praesentem quaestionem pertinere aut emendari posse paenitentia aut satis iam punita videantur. ideoque agere advocato quam litigatori facilius, quia et laudat sine adrogantiae crimine et aliquando utiliter etiam reprehendere potest. 46 nam se quoque moveri interim finget, ut pro Rabirio Postumo Cicero, dum aditum sibi ad aures faciat et auctoritatem induat vera sentientis, quo magis credatur vel defendenti eadem vel neganti. ideoque hoc primum intuebimur[g], litigatoris an advocati persona sit utendum, quotiens utrumque fieri potest; nam id in schola liberum est, in foro rarum, ut sit idoneus suae rei quisque defensor. 47 declamaturus autem maxime positas in adfectibus causas propriis personis debet induere. hi sunt enim, qui mandari non possunt, nec eadem vi perfertur alieni animi qua sui motus. 48 his etiam de causis insinuatione videtur opus esse, si adversarii actio iudicum animos occupavit, si dicendum

f) hae *Stoer:* haec
g) intuebimur *Spalding:* intuemur

handelt sie in der Form von Gerichtsreden; da die Reden sich aber aus den Rechtsfällen entwickeln, deren Erscheinungsformen wir nicht alle fassen können, muß man ihre Behandlung endlos ausdehnen, wenn man nicht verallgemeinernd verfährt. 44 Deshalb wird sich der Plan für jeden einzelnen Fall aus der Berücksichtigung seiner Eigentümlichkeiten ergeben. Allgemein möchte ich nur die Regel geben: Vor dem, was störend wirkt, sollen wir unsere Zuflucht nehmen zu dem, was günstig ist. Macht uns die Sache zu schaffen, so muß die Person aushelfen; ist es die Person, so muß es die Sache. Finden wir in beiden Fällen nichts, was uns helfen kann, müssen wir suchen, was die Gegenseite treffen kann; denn wie es wünschenswert ist, die Sympathie zu mehren, so das Nächstbeste, den Haß zu mindern. 45 Bei dem, was man nicht abstreiten kann, gilt es darauf hinzuarbeiten, daß es weniger wichtig erscheine, als behauptet worden ist, oder in anderer Absicht geschehen, nichts mit der gegenwärtigen Frage zu tun habe, durch Reue gebessert werden könne oder schon hinreichend bestraft sei. Deshalb ist die Rede vor Gericht für den Anwalt leichter als für den Streitenden selbst, weil sein Lob ohne den Vorwurf der Anmaßung ist und er bisweilen auch mit Nutzen etwas (an seinem Klienten) aussetzen kann. 46 Denn gelegentlich wird sich der Anwalt stellen, als sei auch er erregt, wie es Cicero in der Rede für Rabirius[5] tut, wenn er nur den Zugang zum Ohr des Richters sich bahnt und den Eindruck macht, den das Gefühl der Überzeugung von der Wahrheit bewirkt, damit er um so eher Glauben findet, wenn er die Tat in Schutz nimmt oder abstreitet. Deshalb werden wir darauf zunächst unser Augenmerk richten, ob die Rolle eines Prozessierenden oder eines Anwaltes zu übernehmen ist, sooft wir zwischen beidem die Wahl haben; denn in der Schulübung steht dies uns ja frei, auf dem Forum aber ist es selten so, daß jeder ein geeigneter Verteidiger seiner eigenen Sache ist. 47 Wer aber in einer Deklamation Fälle vorträgt, die vor allem auf Gefühlswirkungen beruhen, muß sie mit den ihnen eigenen Rollen verkörpern; denn die Gemütsbewegungen kann man nicht einem anderen übertragen, und es läßt sich nicht mit der gleichen Kraft die Regung eines fremden Herzens vortragen wie die des eigenen. 48 Der Schleichweg scheint auch in den Fällen angebracht zu sein, wenn der Vortrag des Gegners die Richter völlig eingenommen hat und wenn man vor ermüdeten Richtern zu

[5] p. Rab. 1, 1.

apud fatigatos est; quorum alterum promittendo nostras probationes et adversas eludendo vitabimus, alterum et spe brevitatis et iis, quibus attentum fieri iudicem docuimus. 49 et urbanitas opportuna reficit animos et undecumque petita iudicis voluptas levat taedium. non inutilis etiam est ratio occupandi quae videntur obstare, ut Cicero dicit 'scire se mirari quosdam, quod is, qui per tot annos defenderit multos, laeserit neminem, ad accusandum Verrem descenderit': deinde ostendit, hanc ipsam esse sociorum defensionem, quod schema πρόλημψις dicitur. 50 id cum sit utile aliquando, nunc a declamatoribus quibusdam paene semper adsumitur, qui fas non putant nisi a contrario incipere.

Negant Apollodorum secuti tris esse de quibus supra diximus praeparandi iudicis partes, sed multas species enumerant, ut ex moribus iudicis, ex opinionibus ad causam extra pertinentibus, ex opinione de ipsa causa, quae sunt prope infinitae, tum iis, ex quibus omnes controversiae constant, personis, factis, dictis, causis, temporibus, locis, occasionibus, ceteris. 51 quas veras esse fateor, sed in haec genera recidere. nam si iudicem benivolum, attentum, docilem habeo, quid amplius debeam optare, non reperio: cum metus ipse, qui maxime videtur esse extra haec, et attentum iudicem faciat et ab adverso favore deterreat.

52 Verum quoniam non est satis demonstrare discentibus, quae sint in ratione prooemii, sed dicendum etiam, quo modo perfici facillime possint, hoc adicio, ut dicturus intueatur, quid, apud quem, pro quo, contra quem, quo tempore, quo loco, quo

sprechen hat; dem ersteren Fall werden wir dadurch begegnen, daß wir unsere eigenen Beweise ankündigen und uns über die des Gegners lustig machen; den zweiten sowohl dadurch, daß wir Kürze in Aussicht stellen, sowie auch durch die Mittel, die, wie wir gezeigt haben, den Richter zur Aufmerksamkeit veranlassen. 49 Auch eine scherzhafte Wendung zur rechten Zeit muntert auf; und alles, was dem Richter Freude macht, woher es auch stamme, lindert den Überdruß. Sehr nützlich ist auch die Methode, Dinge, die einen Einwand bilden können, vorwegzunehmen, wie etwa Cicero[6] sagt, 'er wisse, daß manche sich wunderten darüber, daß er, der so viele Jahre hindurch so viele verteidigt, niemandem aber etwas angetan hätte, sich dazu bereit gefunden habe, Verres anzuklagen'. Sodann legt er dar, diese Anklage sei eigentlich eine Verteidigung der Bundesgenossen. Diese Kunstform heißt πρόληψις (Vorwegnahme). 50 Wenn diese Form auch einmal nützlich sein kann, so wird sie heutzutage von gewissen Deklamationskünstlern fast immer in Anspruch genommen, die meinen, es ginge gegen die Ordnung, nicht mit dem Gegenteil anzufangen.

Die Anhänger des Apollodorus leugnen, daß es nur die drei von uns oben besprochenen Quellen gäbe, den Richter vorzubereiten, sondern zählen viele Arten auf, z. B. die Wesensart des Richters, Auffassungen, die, ohne zu dem Fall zu gehören, doch mit ihm in Beziehung stehen, die Auffassung über den Fall selbst – eine schier endlose Zahl, ferner die Elemente, aus denen alle Kontroversen bestehen: Personen, Handlungen, Worte, Gründe, Zeitumstände und Örtlichkeiten, Gelegenheiten und so weiter. 51 Daß es diese Arten wirklich gibt, will ich zugeben, doch fallen sie unter unsere drei Gattungen; denn wenn ich einen wohlwollenden, aufmerksamen, aufnahmebereiten Richter habe, so finde ich nichts, was ich noch weiter wünschen sollte, da ja selbst die Furcht, die am weitesten außerhalb dieser drei Ziele zu stehen scheint, den Richter zum ersten aufmerksam macht und ihn auch abschreckt von der Begünstigung der Gegenseite.

52 Da es aber nun nicht ausreicht, den Lernenden zu zeigen, was zum Verständnis des Prooemiums gehört, sondern auch gesagt werden muß, wie man es am leichtesten anwendet, füge ich noch hinzu, er solle, wenn er sprechen will, sein Augenmerk darauf richten, was, vor wem, für wen, gegen wen, zu welcher Zeit,

[6] div. in Caec. 1, 1.

rerum statu, qua vulgi fama dicendum sit: quid iudicem sentire credibile sit, antequam incipimus: tum, quid aut desideremus aut deprecemur. ipsa illum natura eo ducet, ut sciat, quid primum dicendum sit. 53 at nunc omne, quo coeperunt, prooemium putant, et ut quidque succurrit, utique si aliqua sententia blandiatur, exordium. multa autem sine dubio sunt et aliis partibus causae communia, nihil tamen in quaque melius dicitur, quam quod aeque bene dici alibi non possit. 54 multum gratiae exordio est, quod ab actione diversae partis materiam trahit; hoc ipso, quod non compositum domi, sed ibi atque ex re natum, et facilitate famam ingenii auget et facie simplicis sumptique ex proximo sermonis fidem quoque adquirit, adeo ut, etiam si reliqua scripta atque elaborata sint, tamen plerumque videatur tota extemporalis oratio, cuius initium nihil praeparati habuisse manifestum est. 55 frequentissime vero prooemium decebit et sententiarum et compositionis et vocis et vultus modestia, adeo ut in genere causae etiam indubitabili fiducia se ipsa nimium exerere non debeat. odit enim iudex fere litigantis securitatem, cumque ius suum intellegat, tacitus reverentiam postulat. 56 nec minus diligenter, ne suspecti simus, in illa parte vitandum est, propter quod minime ostentari debet in principiis cura, quia videtur ars omnis dicentis contra iudicem adhiberi. 57 sed ipsum istud evitare summae artis; nam id sine dubio ab omnibus, et quidem optime, praeceptum est, verum aliquatenus temporum condicione mutatur, quia iam quibusdam in iudiciis maximeque capitalibus aut apud centrumviros ipsi iudices exigunt sollicitas et accuratas actiones contemnique se, nisi in dicendo etiam diligentia appareat, credunt,

an welchem Ort, bei welchem Stand der Dinge und unter welcher öffentlichen Meinung er reden muß, welche Einstellung vermutlich der Richter hat, bevor wir zu reden beginnen, und sodann, was wir erreichen oder abwenden wollen. Die Natur selbst wird ihn dann dahin führen, zu wissen, was zuerst gesagt werden soll. 53 Dagegen hält man heutzutage alles, womit man seine Rede angefangen hat, für ein Prooemium, und alles, was einem gerade einfällt, jedenfalls aber, wenn dabei ein Gedankenblitz verlockt, gleich für einen Anfang. Zweifellos sind ja viele Dinge dem Prooemium auch mit anderen Teilen der Rede gemeinsam, indessen sitzt nichts, was gesagt wird, an jeder betreffenden Stelle besser, als was gleich gut an einer anderen Stelle nicht gesagt werden kann. 54 Sehr angenehm wirkt ein Anfang, der von der Rede der Gegenpartei seinen Stoff entnimmt; dies schon deshalb, weil das, was nicht zu Hause ausgearbeitet, sondern was an Ort und Stelle und nach dem Bedürfnis der Sache entstanden scheint, durch die Leichtigkeit, mit der es entstanden ist, den Ruf eines begabten Redners steigert und durch seine Erscheinung einfacher und 'der Nähe nach' gewählter Worte auch Vertrauen erwirbt; das geht so weit, daß, selbst wenn auch das Weitere schriftlich festgehalten und ausgearbeitet ist, doch gewöhnlich die ganze Rede improvisiert erscheint, wenn ihr Anfang so offenkundig nichts Vorbereitetes enthalten hat. 55 Am häufigsten indessen wird Bescheidenheit in Gedanken und Wortfügung, Stimme und Blick der Schmuck des Prooemiums sein, so sehr, daß selbst in einem Fall, der zur ganz unzweifelhaften Art gehört, das Selbstvertrauen sich nicht zu sehr tummeln darf. Denn der Richter kann in der Regel die Selbstsicherheit eines um sein Recht Streitenden nicht leiden, und da er weiß, daß das Recht in seiner Hand liegt, verlangt er stillschweigend Achtung. 56 Und nicht weniger sorgfältig muß man es in diesem Teil der Rede vermeiden, Argwohn zu erwecken, weshalb sich im Prooemium die sorgfältige Kunst am wenigsten zeigen darf, weil alle Kunst des Redners gegen den Richter gerichtet zu sein scheint. 57 Jedoch ist es gerade die höchste Kunst, diesen Anschein zu vermeiden; denn so hat man es allenthalben – und zwar mit vollem Recht – zur Vorschrift gemacht, indessen bringen die Zeitverhältnisse einen gewissen Wandel mit sich, weil nun in manchen Gerichtshöfen, vor allem bei den Kapitalprozessen oder vor dem Zentumviralgericht die Richter selbst gewissenhafte und sorgfältig ausgearbeitete Reden verlangen und eine Geringschätzung darin sehen, wenn nicht auch hierin die Sorg-

nec doceri tantum, sed etiam delectari volunt. et est difficilis huius rei moderatio: 58 quae tamen ita temperari potest, ut videamur accurate, non callide dicere. illud ex praeceptis veteribus manet, ne quod insolens verbum, ne audacius translatum, ne aut ab obsoleta vetustate aut poetica licentia sumptum in principio deprehendatur. 59 nondum enim recepti sumus et custodit nos recens audientium intentio: magis conciliatis animis et iam calentibus haec libertas feretur, maximeque cum in locos fuerimus ingressi, quorum naturalis ubertas licentiam verbi notari circumfuso nitore non patitur. 60 nec argumentis autem nec locis nec narrationi similis esse in prooemio debet oratio, neque tamen deducta semper atque circumlita, sed saepe simplici atque inlaboratae similis nec verbis vultuque nimia promittens; dissimulata enim et, ut Graeci dicunt, ἀνεπίφαντος[h] actio melius saepe subrepit. sed haec, prout formari animum iudicum expediet.

61 Turbari memoriam vel continuandi verba facultate destitui nusquam turpius, cum vitiosum prooemium possit videri cicatricosa facies: et pessimus certe gubernator, qui navem, dum portu egreditur, inpegit. 62 modus autem principii pro causa; nam breve simplices, longius perplexae suspectaeque et infames desiderant. ridendi vero, qui legem prooemiis omnibus dederunt, ut intra quattuor sensus terminarentur. nec minus evitanda est inmodica eius longitudo, ne in caput excrevisse videatur et quo praeparare debet fatiget. 63 sermonem a persona iudicis aversum (ἀποστροφή dicitur) quidam in totum a prooemio submovent, nonnulla quidem in hanc persuasionem ratione deducti. nam prorsus esse hoc magis

h) ἀνεπίφαντος *Schaefer*: ἀνεπίφατος

falt in Erscheinung tritt; sie wollen nicht nur unterrichtet, sondern auch unterhalten werden. 58 Tatsächlich ist das Maßhalten hierbei schwer; jedoch kann das rechte Verhältnis so gefunden werden, daß unsere Rede sorgfältig scheint, nicht aber schlau. In Geltung bleibt von den früheren Vorschriften, daß man im Prooemium kein ungewöhnliches Wort, keine kühne Metapher, kein aus veraltetem Sprachgebrauch oder dichterischer Freiheit stammendes Wort antreffen darf. 59 Denn noch hat man uns nicht anerkannt, und die noch ungeschwächte Aufmerksamkeit der Zuhörer hält uns unter Aufsicht. Sind erst die Herzen gewonnen und schon erwärmt, so wird man solche Freiheit von uns hinnehmen, vor allem dann, wenn wir zu Stellen gelangt sind, deren natürlicher Reichtum bei dem Glanz, der sich allenthalben ergießt, eine kühne sprachliche Wendung nicht merklich werden läßt. 60 Weder der Beweisführung aber noch den Gemeinplätzen oder der Erzählung darf im Prooemium unser Stil ähnlich sein, indessen auch nicht immer zierlich gearbeitet und geschmückt, sondern oft der einfachen und ungekünstelten Rede ähnlich, ohne mit Worten und Mienenspiel allzuviel zu verheißen. Denn eine Vortragsweise, die ihre Kunst verbirgt und, wie die Griechen sagen, ἀνεπίφαντος (unscheinbar) wirkt, kommt oft besser voran. Doch das hängt davon ab, wie es sich empfiehlt, auf die Richter einzuwirken.

61 Etwas im Gedächtnis durcheinanderzubringen oder die Fähigkeit zu verlieren, die Worte weiterzuführen ('steckenzubleiben'), ist nirgends häßlicher, da ein Prooemium mit Fehlern aussehen kann wie ein von Narben entstelltes Angesicht – und das ist doch gewiß der schlechteste Steuermann, der mit seinem Schiff anstößt, während er aus dem Hafen fährt. 62 Der Umfang des Eingangs aber richtet sich nach der Art des Falles. Denn einfache Fälle verlangen ein kurzes, verwickelte, verdächtige, zumal auch anstößige ein längeres Prooemium. Auslachen aber sollte man die Lehrmeister, die für alle Prooemien gleichsam ein Gesetz aufgestellt haben, sie müßten in vier Sätzen zu Ende sein. Aber auch unmäßige Länge ist zu vermeiden, damit es nicht aussieht, als sei es zum Hauptteil ausgewachsen, und nicht den Richter schon durch das müde macht, was ihn erst vorbereiten soll. 63 Die Rede mit einer anderen Person, indem man sich vom Richter abwendet – ἀποστροφή nennen es die Griechen –, entfernen manche ganz aus dem Prooemium, ohne daß freilich irgendein Grund für diese Auffassung bestände. Man wird ja gern zugeben, daß es mehr

secundum naturam confitendum est, ut eos adloquamur potissimum, quos conciliare nobis studemus. 64 interim tamen et est prooemio necessarius sensus aliquis, et hic acrior fit atque vehementior ad personam derectus alterius. quod si accidat, quo iure aut qua tanta superstitione prohibeamur dare per hanc figuram sententiae vires? 65 neque enim istud scriptores artium, quia non liceat, sed quia non putent utile, vetant. ita, si vincet utilitas, propter eandem causam facere debebimus, propter quam vetamur. 66 et Demosthenes autem ad Aeschinen orationem in prooemio convertit, et M. Tullius cum pro aliis quibusdam, ad quos ei visum est, tum pro Ligario ad Tuberonem: 67 nam erat multo futura languidior, si esset aliter figurata, quod facilius cognoscet, si quis totam illam partem vehementissimam, cuius haec forma est 'habes igitur, Tubero, quod est accusatori maxime optandum' et cetera convertat ad iudicem: tum enim vere aversa videatur oratio et languescat vis omnis, dicentibus nobis: 'habet igitur Tubero quod est accusatori maxime optandum'; illo enim modo pressit atque institit, hoc tantum indicasset. 68 quod idem in Demosthene, si flexum illi mutaveris, accidet. quid? non Sallustius derecto ad Ciceronem, in quem ipsum dicebat, usus est principio, et quidem protinus? 'Graviter et iniquo animo maledicta tua paterer, M. Tulli', sicut Cicero fecerat in Catilinam: 'Quo usque tandem abutere'? 69 ac ne quis ἀποστροφήν miretur, idem Cicero pro Scauro ambitus reo, quae causa est in commentariis (nam bis eundem defendit), prosopopoeia loquentis pro reo utitur, pro Rabirio vero Postumo eodemque Scauro reo repetundarum

der Natur gemäß ist, vor allem diejenigen anzureden, die zu gewinnen wir uns bemühen. 64 Zuweilen indessen verlangt auch das Prooemium eine besondere Pointe, und diese wird schärfer und stärker, wenn sie an die Adresse eines anderen gerichtet wird. Trifft dies aber einmal ein, welcher Rechtstitel oder welcher bodenlose Aberglaube könnte uns hindern, dem Gedanken durch diese rhetorische Figur Kraft zu verleihen? 65 Denn auch die Lehrbücher verbieten dies ja nicht, weil es nicht statthaft sei, sondern weil sie es nicht für nützlich halten. Wenn so die Nützlichkeit den Ausschlag gibt, so werden wir es aus eben dem Grunde tun müssen, weswegen man es uns verbietet. 66 Auch Demosthenes aber richtet seine Rede im Prooemium an Aeschines, und auch M. Tullius verwendet das Mittel in manchen Verteidigungsreden, sich nach seinem Ermessen an andere Personen zu wenden, vor allem in der Rede für Ligarius[7], wo er den Tubero anredet; 67 denn sie wäre viel matter geworden, hätte er die Figur anders verwendet. Das wird man leichter erkennen, wenn man den ganzen so heftigen Teil, der die folgende Form zeigt, 'so hast du also, Tubero, was sich ein Ankläger vor allem wünschen muß' usw. an den Richter richtet; denn dann wird die Rede wohl wirklich 'abgewandt' erscheinen und alle Kraft erschlaffen, wenn wir sagen 'so hat also Tubero, was ein Ankläger vor allem wünschen muß'. In seiner Fassung nämlich hat Cicero den Gegner in die Enge getrieben und ist auf ihn losgegangen, in unserer hätte er nur eine Anzeige gemacht. 68 Eben das geschieht auch bei Demosthenes, wenn man jene Wendung ändert. Ja, hat nicht Sallust seine Einleitung unmittelbar an Cicero gerichtet, gegen den er doch sprach[8], und zwar vom ersten Wort an: 'Aufs schwerste und empörendste würden mich deine Schmähungen treffen, Marcus Tullius . . .', so wie es Cicero gegen Catilina getan hatte: 'Wie lange noch wirst du dies üble Spiel treiben . . .'? 69 Und damit niemand die Verwendung der *Apostrophe* allzu erstaunlich findet, so hat ebenfalls Cicero in seiner Rede für Scaurus wegen Amtserschleichung, einer Rede, die sich nur in seinen Aufzeichnungen findet – er hat Scaurus nämlich zweimal verteidigt – die Einleitung verwendet, daß jemand für den Angeklagten spricht, in der Rede für Rabirius Postumus indessen und der im Erpressungsprozeß für den erwähnten Scaurus sogar das Kunstmittel

[7] p. Lig. 1, 2.
[8] inv. in Tull. 1, 1.

etiam exemplis, pro Cluentio, ut modo ostendi, partitione. 70 non tamen haec, quia possunt bene aliquando fieri, passim facienda sunt, sed quotiens praeceptum vicerit ratio: quo modo et similitudine, dum brevi, et translatione atque aliis tropis, quae omnia cauti illi ac diligentes prohibent, utemur interim, nisi cui divina illa pro Ligario ironia, de qua paulo ante dixeram, displicet. 71 alia exordiorum vitia verius tradiderunt. quod in pluris causas accommodari potest, *vulgare* dicitur: id minus favorabile aliquando tamen non inutiliter adsumimus, magnis saepe oratoribus non evitatum; quo et adversarius uti potest, *commune* appellatur: quod adversarius in suam utilitatem deflectere potest, *commutabile*: quod causae non cohaeret, *separatum*: quod aliunde trahitur, *translatum*: praeterea quod *longum*, quod *contra praecepta* est[i] quorum pleraque non principii modo sunt vitia, sed totius orationis.

72 Haec de prooemio, quotiens erit eius usus. non semper autem est: nam et supervacuum aliquando est, si sit praeparatus satis etiam sine hoc iudex aut si res praeparatione non egeat. Aristoteles quidem in totum id necessarium apud bonos iudices negat.

i) praeterea – praecepta est, *secl. Meyer cf. Jul. Vict. p. 423*

der Beispiele und in der für Cluentius, wie ich schon gezeigt habe, das der Einteilung. 70 Indessen darf man diese Mittel deshalb, weil sie manchmal gut zu verwenden sind, nicht überall verwenden, sondern nur dann, wenn ein vernünftiger Grund die Regel außer Kraft setzt. In diesem Sinne werden wir zuweilen auch ein Gleichnis, freilich ein kurzes, eine Metapher und andere Tropen verwenden, lauter Mittel, die die vorsichtigen und gewissenhaften Theoretiker verbieten – es sei denn, wir nähmen auch an der göttlichen Ironie in der Rede für Ligarius, von der ich kurz vorher gesprochen habe, Anstoß. 71 Andere Anstöße in Prooemien, die die überlieferte Theorie verbietet, sind schon eher ernst zu nehmen. Ein Prooemium, das mehreren Reden angepaßt werden kann, heißt *gewöhnlich*. Es ist an sich weniger eindrucksvoll, läßt sich jedoch gelegentlich ganz nützlich verwenden: haben doch auch bedeutende Redner diese gewöhnliche Form keineswegs immer gemieden; Prooemien, die auch der Gegner verwenden kann, nennt man *gemeinsam*; solche die der Gegner zu seinem Nutzen zurechtbiegen kann, *verwandelbar*, solche, die nicht mit der Rede zusammenhängen, *getrennt*, von anderswo hergenommene *übertragen* – ferner solche, die *lang*, und solche, die *gegen die Regeln* sind[9]. Hiervon sind die meisten nicht nur Fehler des Prooemiums, sondern der ganzen Rede.

72 Dies hat man beim Prooemium zu beachten, sobald man davon Gebrauch macht. Das geschieht aber nicht immer; denn manchmal ist es überflüssig, wenn auch ohnedies der Richter hinreichend vorbereitet ist oder wenn der Gegenstand einer Vorbereitung nicht bedarf. Aristoteles[10] freilich leugnet überhaupt, daß es vor guten Richtern notwendig sei. Manchmal indessen

[9] Ich möchte die beiden letzten Prooemiumfehler, die Quint. widerwillig seiner systematisierenden Quelle entnimmt, um zugleich gegen diese Theoretiker zu protestieren, nicht einem Interpolator zuschreiben, sondern dieser quintilianischen Art der Quellenverarbeitung: er will ja die Spezialisten, die ganze Werke über das Prooemium schreiben, ihrer Engstirnigkeit überführen (vgl. Proöm. § 7 zu B. 4). Deshalb hat er die beiden – an sich ganz richtigen – Fehlerarten (Länge und Verstoß gegen die 3 Grundforderungen sind in der Einleitung besonders schlimm) am Schluß der Aufzählung als Kontrastbeispiele der Banalität für die abschließende Kritik leicht hingeworfen: das gilt doch fast alles für die ganze Rede – warum also diese unnütze Spezialisierung! Vgl. für solche Wirkungen der Auseinandersetzung mit der Vorlage auf die Darstellung Anm. 33 zu B. III.

[10] Rhet. 3, 14.

aliquando tamen uti nec si velimus eo licet, cum iudex occupatus, cum angusta sunt tempora, cum maior potestas ab ipsa re cogit incipere. 73 contraque est interim prooemii vis etiam non exordio; nam iudices et in narratione nonnumquam et in argumentis ut attendant et ut faveant rogamus, quo Prodicus velut dormitantes eos excitari putabat, quale est: 74 'tum C. Varenus, qui[j] a familia Anchariana occisus est – hoc quaeso, iudices, diligenter attendite'. utique si multiplex causa est, sua quibusque partibus danda praefatio est, ut 'audite nunc reliqua' et 'transeo nunc illuc'. 75 sed in ipsis etiam probationibus multa funguntur prooemii vice, ut facit Cicero pro Cluentio dicturus contra censores, pro Murena, cum se Servio excusat. verum id frequentius est, quam ut exemplo confirmandum sit.

76 Quotiens autem prooemio fuerimus usi, tum sive ad expositionem transibimus sive protinus ad probationem, id debebit in principio postremum esse, cui commodissime iungi initium sequentium poterit. 77 illa vero frigida et puerilis est in scholis adfectatio, ut ipse transitus efficiat aliquam utique sententiam et huius velut praestigiae plausum petat, ut Ovidius lascivire in Metamorphosesin solet, quem tamen excusare necessitas potest, res diversissimas in speciem unius corporis colligentem. 78 oratori vero quid est necesse subripere hanc transgressionem et iudicem fallere, qui, ut ordini rerum animum intendat, etiam commonendus est? peribit enim prima pars expositionis, si iudex narrari nondum sciet. 79 quapropter, ut non abrupte cadere in narrationem, ita non obscure transcendere est optimum. si vero longior sequetur ac perplexa magis expositio, ad eam ipsam praeparandus iudex erit, ut Cicero saepius, sed et hoc loco fecit: 'paulo longius exordium rei

j) is qui *suppl. Radermacher, quia Quint. 9, 2, 56 verba Ciceronis accuratius memorat*

dürfen wir es, auch wenn wir es wünschen, nicht verwenden: wenn der Richter beschäftigt ist, die Termine knapp sind oder jemand mit größerer Vollmacht uns zwingt, gleich mit der Sache zu beginnen. 73 Umgekehrt läßt sich die Wirkung des Prooemiums zuweilen nicht erzielen, ohne daß es am Anfang geschieht. Denn wir bitten die Richter auch während der Erzählung ab und zu und während der Beweisführung, sie möchten auf etwas achten und sie möchten etwas freundlich aufnehmen, ein Verfahren, womit man sie – nach Prodikus – gleichsam aus dem Schlaf aufschrekken kann – etwa so[11]: 74 'Darauf C. Varenus, er, der von den Sklaven des Ancharius erschlagen ist – bitte, meine Herrn Richter, beachten Sie dies genau!' In jedem Fall muß bei einer Rede, die mehrere Streitpunkte enthält, jeder Abschnitt seine eigene Vorrede haben, z. B. „Hört nun weiter" und 'Ich gehe nun über zu ...' 75 Doch selbst während der Beweisgänge hat vieles die Rolle eines Prooemiums, so in der Rede für Cluentius[12], als Cicero sich gegen die Zensoren wendet, oder für Murena[13], als er sich Servius gegenüber entschuldigt. Doch das ist so häufig, daß es nicht durch Beispiele erhärtet zu werden braucht.

76 Sobald wir aber ein Prooemium verwendet haben, muß dann, ob wir nun zur Darlegung des Falles übergehen oder gleich zur Beweisführung, der Gedanke den Schluß der Einleitung bilden, an den man den Anfang des Folgenden am bequemsten anschließen kann. 77 Indessen ist das Bestreben bei den Schuldeklamationen frostig und kindisch, mit dem Übergang selbst jedenfalls noch eine Pointe zu erzielen und hierfür wie für ein Zauberkunststück nach Beifall zu haschen: so läßt sich Ovid gern in den Metamorphosen recht ungeniert gehen, den immerhin noch der Zwang entschuldigen kann, die verschiedensten Gegenstände als geschlossenes Ganzes erscheinen zu lassen. 78 Welcher Zwang aber besteht für den Redner, diesen Übergang zu verschleiern und den Richter zu täuschen, den man doch sogar erinnern muß, auf die Reihenfolge zu achten. Denn der Anfang der Darlegung des Sachverhaltes ist verloren, wenn der Richter noch nicht weiß, daß jetzt erzählt wird. 79 Deshalb ist es das Beste, wie man nicht jählings in die Erzählung hineinplatzen soll, so auch nicht unerkennbar den Übergang zu nehmen. Sollte aber die Darlegung des Sachverhaltes etwas lang und verwickelt werden, so gilt es, auch darauf den Richter vorzubereiten, wie es Cicero so oft, etwa

[11] p. Var. fr. 8. [12] 42, 117. [13] 3, 7.

demonstrandae repetam, quod, quaeso, iudices, ne moleste patiamini; principiis enim cognitis multo facilius extrema intellegetis'. haec fere sunt mihi de exordio comperta.

II.

1 Maxime naturale est et fieri frequentissime debet, ut praeparato per haec, quae supra dicta sunt, iudice res, de qua pronuntiaturus est, indicetur: ea est *narratio*. 2 in qua sciens transcurram subtiles nimium divisiones quorundam, plura eius genera facientium. non enim solam volunt esse illam negotii, de quo apud iudices quaeritur, expositionem, sed personae, ut 'M. Lollius[k] Palicanus, humili loco Picens, loquax magis quam facundus': loci, ut 'oppidum est in Hellesponto, Lampsacum, iudices': temporis, ut 'vere novo, gelidus canis cum montibus umor liquitur': causarum, quibus historici frequentissime utuntur, cum exponunt, unde bellum, seditio, pestilentia. 3 praeter haec alias perfectas, alias inperfectas vocant: quod quis ignorat? adiciunt expositionem et praeteritorum esse temporum, quae est frequentissima, et praesentium, qualis est Ciceronis de discursu amicorum Chrysogoni, postquam est nomina-

k) M. Lollius *Pighius:* m. ollius **A** macilius **BP**

auch an folgender Stelle[14] gemacht hat: 'Ich werde beim Beginn meiner Darlegung etwas weiter ausholen, worüber Sie, meine Herren Richter, bitte nicht verdrießlich sein mögen. Ist nämlich erst einmal der Anfang erfaßt, so werden sie den Rest viel leichter verstehen.' Das ist es etwa, was ich über den Anfangsteil zu bieten habe.

ZWEITES KAPITEL

Die Erzählung

1 Am natürlichsten ist es und muß am häufigsten geschehen, daß dann, wenn der Richter mit den Mitteln, die oben besprochen sind, vorbereitet ist, die Sache, worüber er sein Urteil verkünden soll, angegeben wird: das ist *die Erzählung.* 2 Bei ihrer Besprechung will ich mit vollem Bewußtsein übergehen, was bestimmte Sachkenner an allzu feinen Einteilungen bieten, indem sie mehrere Arten der Erzählung bilden. Denn sie wollen in der Erzählung nicht eine solche bloße Angabe der Angelegenheit sehen, über die vor dem Gericht die Untersuchung stattfindet, sondern auch die Angabe der Person, z. B. 'M. Lollius Palicanus von niedriger Herkunft, ein Mann aus Picenum, mehr geschwätzig als beredt'[15]; des Ortes, z. B. 'Eine Stadt liegt am Hellespont, Lampsacus, meine Herrn Richter'[16]; der Zeit: 'Im jungen Lenz, wenn eiskalt in grauen Bergen der Schnee schmilzt'[17]; schließlich von Gründen, wie sie die Historiker am häufigsten verwenden, wenn sie angeben, woher es zu Krieg, Aufstand und Seuchen kam. 3 Außer dieser Einteilung bezeichnen sie die Erzählungen teils als vollständig, teils als unvollständig – was ja wohl jedermann bekannt ist! Hinzu fügen sie: die Angabe betreffe vergangene Zeitverhältnisse, was die häufigste Form ist, gegenwärtige – hierhin gehört etwa, was Cicero über das emsige Hin und Her der Freunde des Chrysogonus erzählt, als dessen Name gefallen war –[18] und auch zukünftige, was man nur für Prophezeiungen zugeben kann; denn die ὑποτύπωσις (Ausmalung) darf man nicht für

[14] p. Cluent. 4, 11.
[15] Sall. Hist. 4, 25 (Gell. N. A. 1, 15, 12).
[16] Verr. 1, 24, 63.
[17] Verg. Georg. 1, 43.
[18] Rosc. Am. 22, 60.

tus, et futurorum, quae solis dari vaticinantibus potest: nam ὑποτύπωσις non est habenda narratio. sed nos potioribus vacemus.

4 Plerique semper narrandum putaverunt: quod falsum esse pluribus coarguitur. sunt enim ante omnia quaedam tam breves causae, ut propositionem potius habeant quam narrationem. 5 id accidit aliquando utrique parti, cum vel nulla expositio est, vel de re constat, de iure quaeritur, ut apud centumviros: 'filius an frater debeat esse intestatae heres', 'pubertas annis an habitu corporis aestimetur': aut cum est quidem in re narrationi locus, sed aut ante iudici nota sunt omnia aut priore loco recte exposita. 6 accidit aliquando alteri, et saepius ab actore, vel quia satis est proponere vel quia sic magis expedit. satis est dixisse: 'certam creditam pecuniam peto ex stipulatione, legatum peto ex testamento'. diversae partis expositio est, cur ea non debeantur. 7 et satis est actori et magis expedit sic indicare: 'dico ab Horatio sororem suam interfectam'. namque ex propositione iudex crimen omne cognoscit, et ordo et causa facti pro adversario magis est. 8 reus contra tunc narrationem subtrahit, cum id, quod obicitur, neque negari neque excusari potest, sed in sola iuris quaestione consistit. ut in eo, qui, cum pecuniam privatam ex aede sacra subripuit, sacrilegii reus est, confessio verecundior est quam expositio: 'non negamus pecuniam de templo esse sublatam, calumniatur tamen accusator actione sacrilegii, cum privata fuerit, non sacra: vos autem de hoc cognoscetis, an sacrilegium sit admissum'.

9 Sed ut has aliquando non narrandi causas puto, sic ab illis dissentio, qui non esse existiment, cum reus quod obicitur tantum

eine Erzählung halten. Doch wir wollen uns für Wichtigeres frei halten.

4 Sehr viele haben angenommen, immer müsse eine Erzählung gebracht werden; dies läßt sich aus mehreren Gründen als falsch erweisen. Vor allem nämlich sind manche Rechtsfälle so kurz, daß sie eher eine Ankündigung des Falles als eine Erzählung enthalten. 5 Dies gilt manchmal für beide Parteien, wenn keine Darlegung des Streitfalles erfolgt oder über die Sache Klarheit besteht und nur über die Rechtsfrage die Untersuchung stattfindet, z. B. die Frage vor den Zentumvirn: 'Ob Sohn oder Bruder Erbe einer ohne Testament Verstorbenen sein soll' oder 'Ob die Mannbarkeit nach dem Alter der körperlichen Entwicklung bestimmt werden soll'; ferner auch, wenn zwar die Sache Raum für eine Erzählung bietet, aber dem Richter entweder alles schon vorher bekannt oder an einer früheren Stelle schon richtig dargelegt worden ist. 6 Dies gilt manchmal von nur einer Partei, und zwar öfter beim Kläger, entweder deshalb, weil es genügt, den Streitpunkt anzugeben, oder weil es so vorteilhaft ist. Es genügt zu sagen: 'Ich verlange nach Vereinbarung eine bestimmte Summe Geldes zurück' oder 'Ich verlange mein Legat aufgrund des Testamentes'. Sache der Gegenseite ist die Darlegung, warum die Verpflichtungen nicht bestehen. 7 Auch genügt es für den Kläger und ist bequemer, folgendermaßen anzuzeigen: 'Ich behaupte, daß von Horatius die eigene Schwester getötet worden ist'; denn aus dieser Ankündigung erfährt der Richter die ganze Beschuldigung; die Tat und ihren Grund der Reihe nach zu erzählen, liegt eher im Interesse der Gegenseite. 8 Der Angeklagte umgekehrt streicht dann die Erzählung, wenn der Inhalt der Beschuldigung weder geleugnet noch entschuldigt werden kann, sondern nur in der Rechtsfrage besteht. So ist z. B. bei einem Mann, der, während er ein privates Kapitel aus einem geweihten Tempelgebäude entwendet hat, wegen Tempelschändung angeklagt ist, ein Geständnis ein Zeichen von mehr Anstandsgefühl als eine Darlegung des Vorgangs: 'Wir bestreiten nicht, daß das Geld aus dem Tempel entfernt worden ist, jedoch verleumdet mich der Ankläger mit seiner Klage wegen Tempelraubes, da es ja privates Geld war, nicht geweihtes; Ihr aber werdet darüber zu befinden haben, ob eine Tempelschändung begangen worden ist.'

9 Doch wie ich nun einerseits der Meinung bin, daß diese Gründe bestehen, manchmal keine Erzählung zu bringen, so weiche ich andererseits von der Meinung derer ab, die glauben,

negat: in qua est opinione Cornelius Celsus, qui condicionis huius esse arbitratur plerasque caedis causas et omnis ambitus ac repetundarum. 10 non enim putat esse narrationem, nisi quae summam criminis, de quo iudicium est, contineat, deinde fatetur ipse pro Rabirio Postumo narrasse Ciceronem: atqui ille et negavit pervenisse ad Rabirium pecuniam, qua de re erat quaestio constituta, et in hac narratione nihil de crimine exposuit. 11 ego autem magnos alioqui secutus auctores duas esse in iudiciis narrationum species existimo, alteram ipsius causae, alteram in rerum ad causam pertinentium expositione. 12 'non occidi hominem' nulla narratio est; convenit: sed erit aliqua et interim etiam longa contra argumenta eius criminis, de ante acta vita, de causis, propter quas innocens in periculum deducatur, aliis, quibus incredibile id quod obicitur fiat. 13 neque enim accusator tantum hoc dicit 'occidisti', sed quibus id probet narrat, ut in tragoediis, cum Teucer Ulixen reum facit Aiacis occisi, dicens inventum eum in solitudine iuxta exanime corpus inimici cum gladio cruento, non id modo Ulixes respondet, non esse a se id facinus admissum, sed sibi nullas cum Aiace inimicitias fuisse, de laude inter ipsos certatum: deinde subiungit, quo modo in eam solitudinem venerit, iacentem exanimem sit conspicatus, gladium e vulnere extraxerit. his subtexitur argumentatio. 14 sed ne illud quidem sine narratione est, dicente accusatore: 'fuisti eo loco, in quo tuus inimicus occisus est' 'non fui'; dicendum enim, ubi fuerit. quare ambitus quoque causae et repetundarum hoc etiam plures huiusmodi narrationes habere poterunt, quo plura crimina: in quibus

es handele sich nicht um eine Erzählung, wenn der Angeklagte das, was man ihm vorwirft, nur abstreitet. In dieser Auffassung befindet sich Cornelius Celsus, der annimmt, diese Lage bestehe bei den meisten Mordfällen sowie bei allen wegen Amtserschleichung und Erpressung. 10 Er ist nämlich der Meinung, es handele sich nicht um eine Erzählung, wenn sie nicht den Kernpunkt der Anschuldigung, über den die Gerichtsentscheidung stattfindet, enthält. Dann aber gibt er selbst zu, in der Rede für Rabirius Postumus habe Cicero eine Erzählung gebracht: und doch hat dieser einerseits geleugnet, daß das Geld in die Hand des Rabirius gelangt sei, andererseits aber in seiner Erzählung nichts über die Anschuldigung dargelegt. 11 Ich aber schließe mich Kennern von unbestrittenem Rang an, wenn ich der Meinung bin, es gebe zwei Formen von Erzählungen vor Gericht, deren eine den Fall selbst bietet, während die andere in der Darstellung der Tatsachen besteht, die mit dem Fall in Beziehung stehen. 12 'Ich habe den Mann nicht getötet' ist keine Erzählung. Das stimmt. Aber es wird eine Erzählung daraus – und zuweilen gar eine lange! – gegen die Beweise für diese Anschuldigung, über die bisherige Lebensführung, über die Gründe, weswegen ein Unschuldiger in Gefahr gebracht werde, und über andere Dinge, wodurch unglaubhaft wird, was man dem Angeklagten vorwirft. 13 Denn auch der Ankläger sagt ja nicht nur sein 'Du hast getötet', sondern er erzählt, wodurch er dies beweisen will, wie auf der Bühne, als Teuker Odysseus anklagt, Aiax erschlagen zu haben, indem er sagt, man habe ihn gefunden in der Einöde neben dem entseelten Körper seines Feindes mit blutbeflecktem Schwert, Odysseus nicht nur dies antwortet, er habe die Untat nicht begangen, sondern weiter, er habe mit Aiax nicht in Feindschaft gelebt; um Ruhm nur hätten sie miteinander gewetteifert. Dann schließt er an, wie er in die Einöde gekommen sei, den entseelt Daliegenden erblickt habe und das Schwert aus seiner Wunde gezogen habe. An dieser Darstellung knüpft die Beweisführung an. 14 Doch nicht einmal dann geht es ohne Erzählung, wenn der Ankläger sagt: 'Du bist an der Stelle gewesen, an der dein Feind getötet worden ist' – 'Ich bin nicht dagewesen'; denn es muß auch gesagt werden, wo er gewesen ist. Deshalb werden auch Prozesse wegen Amtserschleichung und Erpressung sogar um so zahlreichere Erzählungen dieser Art enthalten können, je zahlreicher die Anschuldigungen sind; hierbei muß man zwar die Anschuldigungen selbst bestreiten, jedoch heißt es, den Beweisen

ipsa quidem neganda sunt, sed argumentis expositione contraria resistendum est[l], interdum singulis, interdum universis. 15 an reus ambitus male narrabit, quos parentes habuerit, quem ad modum ipse vixerit, quibus meritis fretus ad petitionem descenderit? aut qui repetundarum insimulabitur, non et ante actam vitam, et quibus de causis provinciam[m] universam vel accusatorem aut testem offenderit, non inutiliter exponet? 16 quae si narratio non est, ne illa quidem Ciceronis pro Cluentio prima, cuius est initium: 'A. Cluentius Habitus'. nihil enim hic de veneficio, sed de causis, quibus ei mater inimica sit, dicit. 17 aliae[n] quoque sunt pertinentes ad causam, sed non ipsius causae narrationes, vel exempli gratia, ut in Verrem de L. Domitio, qui pastorem, quod is aprum, quem ipsi muneri obtulerat, exceptum esse a se venabulo confessus esset, in crucem sustulit: 18 vel excutiendi alicuius extrinsecus criminis, ut pro Rabirio Postumo: 'nam ut ventum Alexandriam est, iudices, haec una ratio a rege proposita Postumo est servandae pecuniae, si curationem et quasi dispensationem regiam suscepisset': vel augendi, ut describitur iter Verris.

19 Ficta interim narratio introduci solet, vel ad concitandos iudices, ut pro Roscio circa Chrysogonum, cuius paulo ante habui mentionem, vel ad resolvendos aliqua urbanitate, ut pro Cluentio circa fratres Caepasios: interdum per digressionem decoris gratia,

l) est *Spalding:* et
m) provinciam *Ald.:* per provinciam
n) aliae *Gesner:* duae **B** illae **AP**

durch eine gegenteilige Darstellung entgegenzutreten, zuweilen einzelnen von ihnen, zuweilen allen insgesamt. 15 Oder wird es etwa schlecht für einen Mann sein, der wegen Amtserschleichung angeklagt ist, zu erzählen, aus welchem Elternhaus er stammt, wie er selbst sein Leben geführt habe, im Vertrauen auf welche Verdienste er zur Bewerbung aufgetreten sei? Oder wird es für jemanden, den man wegen Erpressungen anklagt, nicht höchst nützlich sein, sein Vorleben darzulegen sowie die Gründe, weshalb er bei einer Provinz insgesamt oder dem Ankläger oder einem Zeugen Anstoß erregt habe? 16 Wenn das keine Erzählung ist, so ist es nicht einmal die erste Erzählung, die Cicero in der Rede für Cluentius bringt[19], die mit den Worten anfängt: 'A. Cluentius Habitus'. Denn hier spricht er nichts über den Giftmord, sondern über die Gründe, weshalb seine Mutter mit ihm verfeindet ist. 17 Auch andere Erzählungen gibt es noch, die zu dem Fall in Beziehung stehen, ohne den Fall selbst zu erzählen – teils, um als Beispiel zu dienen, z. B. in der Rede gegen Verres[20] die Erzählung von G. Domitius, der einen Hirten kreuzigen ließ, weil er gestanden hatte, er hätte einen Eber, den er ihm selbst als Geschenk dargebracht hatte, mit dem Jagdspeer erlegt; 18 teils auch, um eine Beschuldigung, die von außen her in den Fall hineingebracht war, abzutun, z. B. für Rabirius Postumus[21]: „Denn sobald man nach Alexandria gelangt war, meine Herren Richter, hatte der König dem Postumus nur den einen Plan vorzuschlagen, um das Geld zu sichern: falls er nämlich selbst die Verwaltung und gleichsam die Schatzmeisterstellung am Hofe übernähme'; teils auch zur Steigerung der Wirkung, etwa die Beschreibung, die Cicero[22] von der Reise des Verres gibt.

19 Eine erfundene Erzählung wird manchmal gern eingeführt, teils um die Richter aufzustacheln, z. B. was in der Rede für Roscius von den Leuten um Chrysogonus erzählt wird, eine Stelle, die ich kurz zuvor[23] schon einmal erwähnt habe, teils um sie durch ein gewandtes Scherzwort aufzulockern, z. B. in der Rede für Cluentius mit dem über die Brüder Caepasius[24]; zuweilen geschieht

[19] p. Cluent. 5, 11.
[20] Verr. 5, 3.
[21] Rab. P. 10, 28.
[22] Verr. 5, 10f.
[23] s. o. Kap. 2, 3.
[24] p. Rosc. Am. 20, 57.

qualis rursus in Verrem de Proserpina. 'in his quondam locis mater filiam quaesisse dicitur'. quae omnia eo pertinent, ut appareat non utique non narrare eum, qui negat, sed illud ipsum narrare, quod negat.

20 Nec hoc quidem simpliciter accipiendum, quod est a me positum, supervacuam esse narrationem rei, quam iudex noverit: quod sic intellegi volo, si non modo factum quid sit sciet, sed ita factum etiam, ut nobis expedit, opinabitur. 21 neque enim narratio in hoc reperta est, ut tantum cognoscat iudex, sed aliquanto magis, ut consentiat. quare, etiam si non erit docendus, sed aliquo modo adficiendus, narrabimus cum praeparatione quadam: 'scire quidem eum in summam, quid acti sit, tamen rationem quoque facti cuiusque cognoscere ne gravetur'. 22 interim propter aliquem in consilium adhibitum nos repetere illa simulemus, interim, ut rei, quae ex adverso proponatur, iniquitatem omnes etiam circumstantes intellegant. in quo genere plurimis figuris erit varianda expositio ad effugiendum taedium nota audientis, sicut 'meministi' et 'fortasse supervacuum fuerit hic commorari', 'sed quid ego diutius, cum tu optime noris?' 'illud, quale sit, tu scias'[o] et his similia. 23 alioqui, si apud iudicem, cui nota causa est, narratio semper videtur supervacua, potest videri non semper esse etiam ipsa actio necessaria.

24 Alterum est, de quo frequentius quaeritur, an sit utique narratio prooemio subicienda: quod qui opinantur, non possunt videri nulla ratione ducti. nam cum prooemium idcirco comparatum sit, ut iudex ad rem accipiendam fiat conciliatior, docilior, intentior, et

o) illud . . . scias *om. Jul. Vict. p. 426 del. Radermacher*

es auch in der Form eines Exkurses, um der schönen Wirkung willen – wie wieder in der Rede gegen Verres die Erzählung von Proserpina[25]: 'In diesen Gefilden, erzählt man, habe dereinst die Mutter nach ihrer Tochter gesucht.' All das weist in dieselbe Richtung: es zeigt, daß derjenige, der leugnet, keineswegs auf die Erzählung verzichtet, sondern ebendas erzählt, was er leugnet.

20 Selbst mein Satz, die Erzählung eines Sachverhaltes, den der Richter schon kennt, sei überflüssig, ist nicht ohne Einschränkung aufzufassen: ich möchte es so verstanden wissen: sie ist überflüssig, falls der Richter nicht nur weiß, was geschehen ist, sondern auch die Auffassung hat, es sei so geschehen, wie es uns zustatten kommt. 21 Denn die Erzählung ist ja nicht dazu erfunden, daß der Richter eine Sache nur kennenlernt, sondern weit mehr dazu, daß er ihr zustimmt. Deshalb werden wir, auch wenn er nicht zu unterrichten, sondern nur in eine bestimmte Stimmung zu versetzen ist, unsere Erzählung bringen, und zwar mit einer vorbereitenden Wendung: 'Er wisse zwar in großen Zügen, was vorgegangen sei, indessen möge er es sich nicht verdrießen lassen, die Zusammenhänge des Hergangs auch im einzelnen kennenzulernen.' 22 Bisweilen können wir vorgeben, für einen neu hinzugezogenen Sachverständigen die Erzählung noch einmal zu wiederholen, bisweilen, wir wiederholten sie deshalb, damit alle, auch die Umstehenden sähen, wie schief von der Gegenseite die Sache vorgebracht werde. Bei dieser Art der Erzählung wird man die Darstellung tunlichst mit zahlreichen stilistischen Kunstmitteln abwechslungsreich gestalten, um bei dem Hörer, wenn er Bekanntes hört, keinen Überdruß aufkommen zu lassen, also etwa 'Du erinnerst dich' und „Es dürfe ja vielleicht überflüssig sein, sich hierbei aufzuhalten", 'Doch warum soll ich des längeren hierüber sprechen, da du selbst es ja am besten weißt?', 'Wie es damit steht, das weißt du ja wohl' und dergleichen. 23 Ansonsten kann, wenn bei einem Richter, der den Fall kennt, die Erzählung immer überflüssig scheint, es dahin kommen, daß auch der ganze Vortrag des Redners selbst vor Gericht als nicht immer notwendig erscheint.

24 Eine zweite Frage, die öfters behandelt wird, ist, ob in jedem Fall die Erzählung an das Prooemium anzuschließen sei. Diejenigen, die diese Ansicht vertreten, scheinen jedenfalls durchaus einen vernünftigen Grund auf ihrer Seite zu haben; denn da das Prooemium zu dem Zweck geschaffen ist, daß der Richter willfähriger, auf-

[25] Verr. 4, 48, 106.

probatio nisi causa prius cognita non possit adhiberi, protinus iudex notitia rerum instruendus videtur. 25 sed hoc quoque interim mutat condicio causarum, nisi forte M. Tullius in oratione pulcherrima, quam pro Milone scriptam reliquit, male distulisse narrationem videtur tribus praepositis quaestionibus. an[p] profuisset exponere, quo modo insidias Miloni fecisset Clodius, si reum, qui a se hominem occisum fateretur, defendi omnino fas non fuisset, aut si iam praeiudicio senatus damnatus esset Milo, aut si Cn. Pompeius, qui praeter aliam gratiam iudicium etiam militibus armatis cluserat, tamquam adversus ei timeretur? 26 ergo hae quoque quaestiones vim prooemii optinebunt, cum omnes iudicem praepararint. sed pro Vareno quoque postea narravit quam obiecta diluit. quod fiet utiliter, quotiens non repellendum tantum erit crimen, sed etiam transferendum, ut his prius defensis velut initium sit alium[q] culpandi narratio, ut in armorum ratione antiquior cavendi quam ictum inferendi cura est. 27 erunt quaedam causae, neque id raro, crimine quidem, de quo cognitio est, faciles ad diluendum, sed multis ante actae vitae flagitiis et gravibus oneratae, quae prius amovenda sunt, ut propitius iudex defensionem ipsius negotii, cuius propria quaestio est, audiat. ut si defendendus sit M. Caelius, nonne optime[r] patronus occurrat prius conviciis luxuriae, petulantiae, inpudicitiae quam veneficii? in quibus solis omnis Ciceronis versatur oratio: deinde tum[s] narret de bonis Pallae totamque de vi explicet causam, quae est ipsius actione defensa? 28 sed nos ducit scholarum

p) an *Eberhard:* aut **ABP** nihil enim *Jul. Vict.* haut *Becher*

q) alium culpandi narratio **A** *om.* **B** aliud culpandi narratio **P** narrandi aliud *Jul. Vict.*

r) optime *om.* **BP**

s) tum *del. Radermacher:* tum deinde **A**

nahmebereiter und aufmerksamer den Sachverhalt vernimmt, und die Beweisführung nur vorgenommen werden kann, wenn der Fall vorher bekannt ist, muß doch wohl der Richter gleich in der Kenntnis der Tatsachen unterrichtet werden. 25 Und doch führt auch hier die besondere Lage der Fälle zu Änderungen – es sei denn, man glaube, M. Tullius habe schlecht daran getan, in seiner herrlichen Rede, die er für Milo schriftlich ausgearbeitet hinterlassen hat, die Erzählung zurückzustellen und erst drei Fragen zu behandeln. Oder hätte es denn etwas genützt darzulegen, wie Clodius dem Milo nach dem Leben getrachtet hatte, wenn es überhaupt nach frommem Rechtsempfinden nicht erlaubt gewesen sei, einen Angeklagten, der geständig war, einen Menschen erschlagen zu haben, zu verteidigen; oder wenn Milo schon in einer Vorentscheidung des Senats verurteilt worden wäre; oder wenn die Befürchtung bestand, Cn. Pompeius, der neben seiner sonstigen Einflußnahme den Gerichtshof sogar durch bewaffnetes Militär hatte absperren lassen, sei gegen Milo? 26 So werden in diesem Fall also auch diese Fragen die Wirkung eines Prooemiums gewinnen, da sie alle zur Vorbereitung des Richters gedient haben. Doch auch in der Rede für Varenus hat er erst dann die Erzählung gebracht, nachdem er die Anschuldigungen entkräftet hat. Dies geschieht dann mit Nutzen, wenn eine Anschuldigung nicht nur zurückzuweisen, sondern auch abzuwälzen ist, so daß die Erzählung, wenn die Anschuldigungen zuvor abgewiesen sind, gleichsam der Anfang ist, den anderen zu belasten – wie auch beim Umgang mit Waffen ursprünglicher die Sorge ist, wie man sich selbst deckt, als wie man einen Treffer erzielt. 27 Es wird gewisse Fälle geben – und das gar nicht so selten –, in denen zwar die Anschuldigung, der die gerichtliche Erkenntnis gilt, leicht zu entkräften ist, die jedoch durch das Vorleben des Angeklagten mit vielen schweren Vergehen belastet sind, die zunächst wegzuräumen sind, damit der Richter geneigter die Verteidigung in der Angelegenheit anhört, um die es in der eigentlichen Untersuchung geht. Wenn es z. B. gilt, den M. Caelius zu verteidigen, wird dann nicht besser der Anwalt erst den Vorwürfen der maßlosen Lebensführung, Unverschämtheit und Unzüchtigkeit entgegentreten und dann dem des Giftmordes – bei diesen Vorwürfen allein verweilt ja Cicero in seiner Rede – und darauf dann erst die Erzählung von den Gütern der Palla bringen und den ganzen Fall des Gewaltverbrechens, in dem sich Caelius schon in einer eigenen Rede verteidigt hat? 28 Aber wir lassen uns von der Gewohnheit der Schul-

consuetudo, in quibus certa quaedam ponuntur, quae themata dicimus, praeter quae nihil est diluendum, ideoque narratio prooemio semper subiungitur. inde libertas declamatoribus, ut etiam secundo partis suae loco narrare videantur. 29 nam cum pro petitore dicunt, et expositione, tamquam priores agant, uti solent et contradictione, tamquam respondeant, idque fit recte. nam cum sit declamatio forensium actionum meditatio, cur non in utrumque protinus locum exerceat? cuius rationis ignari ex more, cui adsuerunt, nihil in foro putant esse mutandum. 30 sed in scholasticis quoque nonnumquam evenit, ut pro narratione sit propositio. nam quid exponet quae zelotypum malae tractationis accusat? aut qui Cynicum apud censores reum de moribus facit? cum totum crimen uno verbo in qualibet actionis parte posito satis indicetur. sed haec hactenus.

31 Nunc, quae sit narrandi ratio, subiungam. narratio est rei factae aut ut factae utilis ad persuadendum expositio, vel, ut Apollodorus finit, oratio docens auditorem, quid in controversia sit. eam plerique scriptores maximeque qui sunt ab Isocrate volunt esse *lucidam, brevem, veri similem*. neque enim refert, an pro lucida perspicuam, pro veri simili probabilem credibilemve dicamus. 32 eadem nobis placet divisio, quamquam et Aristoteles ab Isocrate parte in una dissenserit praeceptum brevitatis inridens, tamquam necesse sit longam esse aut brevem expositionem nec liceat ire per medium, Theodorei quoque solam relinquant ultimam partem, quia nec breviter utique nec dilucide sit utile exponere. 33 quo diligentius distinguenda sunt singula, ut quid quoque loco prosit ostendam.

[26] Rhet. 3, 16.

deklamationen leiten, in denen bestimmte Aufgaben gestellt werden, die wir die Themen nennen, außer denen dann nichts zu entkräften ist, und deshalb schließt sich die Erzählung immer an das Prooemium an. Daher kommt es, daß sich die Deklamatoren die Freiheit nehmen, auch wenn ihre Partei an zweiter Stelle kommt, zum Schein die Erzählung zu bringen. 29 Denn wenn sie für einen Kläger sprechen, verwenden sie gewöhnlich die Darlegung des Sachverhalts, als sprächen sie wirklich in einer Verhandlung an erster Stelle, verwenden aber auch die Entgegnung, als hielten sie die Erwiderungsrede. Und sie haben ganz recht damit. Denn da die Deklamation nur eine Übung im Durchdenken öffentlicher Gerichtsreden darstellt, warum sollte sie nicht gleich für beide Gelegenheiten üben? Da manche Deklamatoren aber diesen Sinn ihrer Übung nicht bedenken, glauben sie, an der Weise, die ihnen vertraut ist, auf dem Forum nichts ändern zu dürfen. 30 Doch auch in den Schulübungen kommt es manchmal vor, daß an die Stelle der Erzählung die einfache Ankündigung tritt. Denn was soll eine Frau darlegen, die einen Eifersüchtigen wegen schlechter Behandlung anklagt? Oder der, der einen Kyniker bei den Zensoren wegen seiner sittlichen Anschauungen belangt? – da ja die ganze Anschuldigung hinreichend schon mit einem Wort in einem beliebigen Teil der Rede ausgesprochen wird? Doch genug hierüber.

31 Ich schließe nun die Lehre an, wie die Erzählung gestaltet sein soll. Die Erzählung ist ja eine zum Überreden nützliche Darlegung eines tatsächlichen oder scheinbar tatsächlichen Vorgangs oder, nach der Definition des Apollodorus, eine Rede, die den Hörer darüber unterrichtet, was strittig ist. Von ihr fordern die meisten Fachschriftsteller und vor allem diejenigen, die zur Schule des Isokrates gehören, sie solle *klar*, *kurz und wahrscheinlich* sein. Denn es macht keinen Unterschied, ob wir statt 'klar' *durchsichtig*, statt 'wahrscheinlich' *einleuchtend* oder *glaublich* sagen. 32 Die gleiche Einteilung findet auch unseren Beifall, obwohl einerseits Aristoteles[26] von Isokrates in einem Punkt abweichender Meinung ist, in dem er die Vorschrift der Kürze verspottet, als müsse eine Darlegung lang oder kurz sein und als sei es nicht statthaft, den Mittelweg einzuhalten, die Schüler des Theodorus ihrerseits sogar nur den letzten Teil beibehalten, weil es nicht nützlich sei, unbedingt kurz oder immer klar zu erzählen. 33 Um so sorgfältiger müssen wir die einzelnen Unterschiede betrachten, damit ich zeigen kann, was sich an jeder Stelle empfiehlt.

Narratio est aut tota pro nobis aut tota pro adversariis aut mixta ex utrisque. si erit tota pro nobis, contenti sumus his tribus partibus, per quas efficitur, quo facilius iudex intellegat, meminerit, credat. 34 nec quisquam reprensione dignum putet, quod proposuerim eam, quae sit tota pro nobis, debere esse veri similem, cum vera sit. sunt enim plurima vera quidem, sed parum credibilia, sicut falsa quoque frequenter veri similia, quare non minus laborandum est, ut iudex quae vere dicimus quam quae fingimus credat. 35 sunt quidem hae, quas supra rettuli, virtutes aliarum quoque partium; nam et per totam actionem vitanda est obscuritas, et modus ubique custodiendus, et credibilia esse oportet omnia, quae dicuntur. maxime tamen haec in ea parte custodienda sunt, quae prima iudicem docet: in qua si acciderit, ut aut non intellegat aut non meminerit aut non credat, frustra in reliquis laborabimus.

36 Erit autem narratio *aperta ac dilucida*, si fuerit primum exposita verbis propriis et significantibus et non sordidis quidem, non tamen exquisitis et ab usu remotis, tum distincta rebus, personis, temporibus, locis, causis, ipsa etiam pronuntiatione in hoc accommodata, ut iudex quae dicentur quam facillime accipiat. 37 quae quidem virtus neglegitur a plurimis, qui ad clamorem dispositae vel etiam forte circumfusae multitudinis conpositi non ferunt illud intentionis silentium nec sibi diserti videntur, nisi omnia tumultu et vociferatione concusserint: rem indicare sermonis cotidiani et in quemcumque etiam indoctiorum[t] cadentis existimant, cum interim, quod tamquam facile contemnunt, nescias praestare minus velint an possint. 38 neque enim aliud in eloquentia cuncta experti difficilius reperient, quam id, quod se dicturos fuisse omnes putant, postquam audierunt, quia non bona iudicant esse illa, sed vera. tum autem optime dicit orator, cum videtur vera dicere. 39 at

t) indoctorum **A**

Die Erzählung ist entweder ganz zu unseren oder ganz zu des Gegners Gunsten, oder sie ist aus beidem gemischt. Ist sie ganz zu unseren Gunsten, so begnügen wir uns mit den Eigenschaften, die es zustande bringen, daß der Richter um so leichter versteht, behält und glaubt. 34 Doch halte es niemand für tadelnswert, daß ich den Satz aufgestellt habe, die Erzählung, die ganz zu unseren Gunsten sei, müsse wahrscheinlich sein, während sie doch wahr ist. Denn es gibt sehr viele Dinge, die zwar wahr, aber allzu unglaublich sind, so wie auch Falsches oft wahrscheinlich ist. Deshalb gilt es, nicht minder sich anzustrengen, daß der Richter das glaubt, was wir der Wahrheit gemäß sagen, als auch das, was wir erfinden. 35 Die oben genannten Vorzüge gelten zwar auch für die anderen Teile der Rede; denn die Dunkelheit muß man den ganzen Vortrag hindurch vermeiden, auch das Maß ist überall zu halten, und glaublich sein muß alles, was man sagt. Am stärksten indessen sind diese Vorzüge in dem Teil der Rede zu pflegen, der den Richter zuerst unterrichtet. Geschieht es in ihm, daß er entweder nicht versteht oder nicht behält oder nicht glaubt, so werden wir uns in den übrigen Teilen vergebens bemühen.

36 *Klar und deutlich* wird nun die Erzählung, wenn sie erstens in den eigentlichen, treffenden und zwar nicht gemeinen, jedoch auch nicht gesuchten und außer Gebrauch gekommenen Worten dargelegt wird und ferner Sachen, Personen, Zeitumstände, Örtlichkeiten und Gründe klar erkennen läßt, wobei man sogar auch die Form des Vortrags darauf einrichten muß, daß der Richter das, was zur Sprache kommt, möglichst leicht aufnimmt. 37 Dieser Vorzug wird freilich von sehr vielen geringgeschätzt, die auf Beifallsgeschrei einer bestellten oder auch zufällig sich dazu stellenden Menge von Leuten eingestellt, das angespannte, aufmerksame Schweigen nicht ertragen und sich nicht beredt vorkommen, wenn sie nicht alles mit Lärm und Stimmengetöse erschüttern. Sie meinen, einen Sachverhalt anzugeben, gehöre zur Umgangssprache, wie sie jedermann auch bei geringerer Bildung zufalle, wobei man freilich nicht weiß, ob sie selbst das, was sie als leicht geringschätzen, weniger leisten wollen oder können. 38 Denn etwas Schwierigeres ist in der Beredsamkeit sonst nicht zu finden, man mag versuchen, was man will, als dieses, wovon alle, nachdem sie es gehört haben, glauben, sie würden es auch gesagt haben, weil sie es nämlich mit ihrem Urteil nicht als gut erkennen, sondern als wahr. Dann aber spricht der Redner am besten, wenn er die Wahrheit zu sagen scheint. 39 Heutzutage aber lassen sie – als böte ihnen

nunc velut campum nacti expositionis hic potissimum et vocem flectunt et cervicem reponunt et bracchium in latus iactant totoque et rerum et verborum et compositionis genere lasciviunt: deinde, quod sit monstro simile, placet actio, causa non intellegitur. verum haec omittamus, ne minus gratiae praecipiendo recta quam offensae reprendendo prava mereamur.

40 *Brevis* erit narratio ante omnia, si inde coeperimus rem exponere, unde ad iudicem pertinet, deinde, si nihil extra causam dixerimus, tum etiam, si reciderimus omnia, quibus sublatis neque cognitioni quidquam neque utilitati detrahatur; 41 solet enim quaedam esse partium brevitas, quae longam tamen efficit summam. 'in portum veni, navem prospexi, quanti veheret interrogavi, de pretio convenit, conscendi, sublatae sunt ancorae, solvimus oram, profecti sumus'. nihil horum dici celerius potest, sed sufficit dicere: 'e portu navigavi'. et quotiens exitus rei satis ostendit priora, debemus hoc esse contenti, quo reliqua intelleguntur. 42 quare, cum dicere liceat 'est mihi filius iuvenis', omnia illa supervacua: 'cupidus ego liberorum uxorem duxi, natum sustuli filium, educavi, in adulescentiam perduxi'. ideoque Graecorum aliqui aliud circumcisam expositionem, id est σύντομον, aliud brevem putaverunt, quod illa supervacuis careret, haec posset aliquid ex necessariis desiderare. 43 nos autem brevitatem in hoc ponimus, non ut minus, sed ne plus dicatur, quam oporteat, nam iterationes quidem et ταυτολογίας et περισσολογίας, quas in narratione vitandas quidam scriptores artium tradiderunt, transeo: sunt enim haec vitia non tantum brevitatis gratia refugienda. 44 non minus autem cavenda erit, quae nimium corripientis omnia sequitur, obscuritas, satiusque aliquid narrationi superesse quam deesse; nam supervacua cum taedio dicuntur, necessaria cum periculo subtrahuntur. 45 quare vitan-

die Darlegung des Sachverhaltes einen Tummelplatz – hier am liebsten die Stimme umschlagen, biegen den Nacken zurück, stoßen den Arm in die Seite und toben sich aus in jeder Art von Gedanken, Worten und Satzgebilden. Und dann kommt dabei fast ein Wunder heraus: die Rede findet Beifall, der Fall selbst bleibt unverstanden! Doch will ich dieses Thema verlassen, damit ich nicht weniger Dank dafür finde, daß ich das Richtige lehre, als Anstoß errege dadurch, daß ich das Verkehrte tadle.

40 *Kurz* wird die Erzählung vor allem, wenn wir beginnen, den Sachverhalt von dem Punkt an darzustellen, wo sie den Richter angeht, zweitens, wenn wir nichts sagen, was außerhalb des Falles liegt, sodann auch, wenn wir alles streichen, durch dessen Entfernung weder der Rechtserkenntnis noch dem Nutzen für unsere Sache etwas genommen wird; 41 Es gibt nämlich eine Art von Kürze der einzelnen Teile, die sich doch im ganzen als Länge auswirkt. 'Ich kam zum Hafen, erblickte ein Schiff, fragte, was die Fahrt koste, wurde handelseinig, stieg ein, die Anker wurden gelichtet, wir machten vom Ufer los, und die Reise begann.' Nichts von den Einzelheiten läßt sich schneller ausdrücken, aber es genügt, zu sagen: 'Ich fuhr aus dem Hafen', und sooft der Ausgang eines Vorgangs das Vorausgehende hinreichend bezeichnet, müssen wir mit dem zufrieden sein, wodurch auch das andere von selbst mitverstanden wird. 42 Wenn ich sagen kann: 'Ich habe einen Sohn im Jünglingsalter', ist deshalb alles einzelne überflüssig: 'Weil ich gern Kinder wollte, nahm ich eine Frau, bekam einen Sohn, zog ihn auf und brachte ihn bis zum mannbaren Alter'. Deshalb haben einige griechische Gelehrte einen Unterschied zwischen einer knappen Darstellung, das heißt σύντομον, und einer kurzen angenommen, weil die knappe frei sei von Entbehrlichem, die kurze aber etwas, was eigentlich nötig sei, vermissen lassen könne. 43 Wir aber nehmen Kürze in dem Sinn: nicht, daß weniger, sondern daß nicht mehr gesagt wird als nötig; denn Wiederholungen freilich, sowohl ταυτολογίαι wie auch περισσολογίαι (Doppelbezeichnungen und Weitschweifigkeiten), deren Vermeidung bei der Erzählung manche Verfasser von Lehrbüchern überliefert haben, übergehe ich; denn diese Fehler sind nicht nur um der Kürze willen zu vermeiden. 44 Nicht weniger aber hat man sich in acht zu nehmen vor der Folge allzu einschneidender Kürzungen, der Dunkelheit, und es ist besser, die Erzählung bietet etwas zuviel als zuwenig; denn sagt man Überflüssiges, ist es lästig, streicht man Notwendiges, gefährlich. 45 Deshalb hat man auch

dast etiam illa Sallustiana (quamquam in ipso virtutis optinet locum) brevitas et abruptum sermonis genus: quod otiosum fortasse lectorem minus fallat, audientem transvolat, nec, dum repetatur, expectat, cum praesertim lector non fere sit nisi eruditus, iudicem rura plerumque in decurias mittant, de eo pronuntiaturum, quod intellexerit, ut fortasse ubique, in narratione tamen praecipue media haec tenenda sit via dicendi 'quantum opus est et quantum satis est'. 46 quantum opus est autem non ita solum accipi volo, quantum ad indicandum sufficit, quia non inornata debet esse brevitas, alioqui sit indocta; nam et fallit voluptas, et minus longa quae delectant videntur, ut amoenum ac molle iter, etiamsi est spatii amplioris, minus fatigat quam durum aridumque conpendium. 47 neque mihi umquam tanta fuerit cura brevitatis, ut non ea, quae credibilem faciunt expositionem, inseri velim. simplex enim et undique praecisa non tam narratio vocari potest quam confessio. sunt porro multae condicione ipsa rei longae narrationes. quibus extrema, ut praecepi, prooemii parte ad intentionem praeparandus est iudex, deinde curandum, ut omni arte vel ex spatio eius detrahamus aliquid vel ex taedio. 48 ut minus longa sit, efficiemus quae poterimus differendo, non tamen sine mentione eorum, quae differemus: 'quas causas occidendi habuerit, quos adsumpserit conscios, quem ad modum dis-

die sprichwörtliche Kürze des Sallust – obwohl sie bei ihm selbst zu seinen Vorzügen gehört – und die abgerissene Art zu reden zu meiden: sie mag vielleicht einen Leser, der Zeit hat, weniger leicht irremachen, beim einmaligen Hören fliegt sie vorbei und hält nicht inne zur Wiederholung, zumal ein Leser gewöhnlich nur ein gebildeter Mann ist, den Richter aber meistens Landbezirke in die Dekurien schicken[27], damit er das Urteil über das spreche, was er verstanden hat, so daß vielleicht überall, in der Erzählung indessen ganz besonders, der Mittelweg einzuhalten ist, der auch beim Reden lautet: 'Soviel nötig und soviel genügend ist'. 46 Das 'Soviel nötig' aber möchte ich nicht so nur verstanden wissen, als bezeichne es das, was zur Mitteilung genügt; denn die Kürze darf nicht ohne Schmuck sein, sonst wäre sie ungebildet; denn das Vergnügen hat die Gabe zu täuschen, und weniger lang erscheint, was unterhaltsam ist, wie eine schöne bequeme Reise, auch wenn die Strecke länger ist, weniger anstrengt als ein Abkürzungsweg durch rauhes, dürres Gelände. 47 Auch wird meine Sorge um Kürze wohl nie so groß sein, daß ich nicht das, was die Darstellung glaubhaft macht, hineinbringen möchte. Denn eine einfache und ringsum verstümmelte Darstellung hat nicht so sehr Anspruch, Erzählung zu heißen, als vielmehr Geständnis. Weiter sind viele Erzählungen durch die besonderen Umstände des Vorgangs selbst lang. Bei diesen hat man, wie ich angegeben habe, am Schluß des Prooemiums den Richter vorbereitend aufmerksam zu machen, sodann müssen wir dafür sorgen, daß wir mit aller nur möglichen Kunst entweder ihr etwas von ihrem Umfang nehmen oder von der drohenden Langweile. 48 Sie zu verkürzen erreichen wir dadurch, daß wir hinausschieben, was nur irgend möglich ist, jedoch nicht, ohne das zu erwähnen, was wir aufschieben wollen: 'Welche Gründe er zum Mord gehabt, welche Gesellen er hinzugenommen, ehe er den Anschlag ange-

[27] In der Kaiserzeit seit Caligula zerfiel der in der jährlichen Schöffenliste (album iudicum) erfaßte Vorrat an Richtern in 5 nach der sozialen Stellung differenzierte Gruppen (Dekurien) jede von 1000 Mitgliedern. Die Qualifikation der beiden letzten Dekurien war nur an den Nachweis eines Vermögens von 200000 Sesterzien (also des halben Rittercensus) gebunden. Diese *ducenarii*, die für die geringeren Zivilsachen herangezogen wurden, und ihr Bildungsniveau hat Quint. wohl besonders hier im Auge. Vgl. Mommsen St.-R.[4] III 536f. Die Geschworenenpflicht wurde natürlich gern abgewälzt auf Leute, denen dieser Titel in ihrem Heimatbezirk etwas bedeutete.

posuerit insidias, probationis loco dicam.' 49 quaedam vero ex ordine praetermittenda, quale est apud Ciceronem: 'moritur Fulcinius; multa enim, quae sunt in re, quia remota sunt a causa, praetermittam'. et partitio taedium levat: 'dicam quae acta sint ante ipsum rei contractum, dicam quae in re ipsa, dicam quae postea' 50 ita tres potius modicae narrationes videbuntur quam una longa. interim expediet expositionem brevi interfatione distinguere: 'audistis quae ante acta sunt: accipite nunc quae insecuntur'. reficietur enim iudex priorum fine et se velut ad novum rursus initium praeparabit. 51 si tamen adhibitis quoque his artibus in longum exierit ordo rerum, erit non inutilis in extrema parte commonitio, quod Cicero etiam in brevi narratione facit: 'adhuc, Caesar, Q. Ligarius omni culpa caret: domo est egressus non modo nullum ad bellum, sed ne ad minimam quidem belli suspicionem' et cetera.

52 *Credibilis* autem erit narratio ante omnia, si prius consuluerimus nostrum animum, ne quid naturae dicamus adversum, deinde si causas ac rationes factis praeposuerimus, non omnibus, sed de quibus quaeritur, si personas convenientes iis, quae facta credi volemus, constituerimus, ut furti reum cupidum, adulterii libidinosum, homicidii temerarium, vel his contraria, si defendemus: praeterea loca, tempora et similia. 53 est autem quidam et ductus rei credibilis, qualis in comoediis etiam et in mimis. aliqua enim naturaliter sequuntur et cohaerent, ut, si priora bene narraveris, iudex ipse quod postea sis narraturus expectet. 54 ne illud quidem fuerit inutile, semina quaedam probationum spargere, verum sic ut narrationem

legt hat, das will ich bei der Beweisführung sagen'. 49 Manches indes muß man in der Reihe der Vorgänge übergehen, so macht es etwa Cicero[28] in: 'Fulcinius stirbt; vieles nämlich, was zu dem Vorgang gehört, will ich übergehen, weil es dem Rechtsfall fernsteht.' Auch die Aufgliederung hindert den Überdruß: ‚Ich will sagen, was geschehen ist, ehe es zu dem Vorgang kam, will sagen, was in ihm, und will sagen, was danach geschehen ist.' 50 So wird es eher wie drei mäßig lange Erzählungen wirken als wie eine lange. Manchmal ist es ratsam, die Darlegungen durch eine kurze Zwischenbemerkung zu heben: 'Ihr habt gehört, was vorher geschehen ist, vernehmt jetzt, was folgt.' Denn der Richter wird sich durch das Bewußtsein, mit der Vorgeschichte zu Ende zu sein, erleichtert fühlen und sich gewissermaßen wieder auf einen neuen Anfang vorbereiten. 51 Wenn dennoch trotz aller dieser Künste die Kette der Ereignisse sich in die Länge zieht, wird am Ende ein erinnernder Hinweis nicht unnütz sein; Cicero tut dies sogar bei einer kurzen Erzählung[29]: 'Bis jetzt, Caesar, ist Q. Ligarius frei von aller Schuld; von Hause ist er abgereist nicht nur nicht zu einem Krieg, sondern nicht einmal mit dem geringsten Gedanken an einen solchen' usw.

52 *Glaubhaft* aber wird die Erzählung vor allem, wenn wir vorher unser eigenes Gefühl prüfen, damit wir nichts sagen, was der Natur zuwiderläuft, sodann, wenn wir den Taten ihre Gründe und Absichten vorausschicken – nicht allen, sondern denen, die zur Untersuchung stehen – und wenn wir die Personen im Einklang mit dem, was man als ihre Taten glauben soll, darstellen, etwa einen wegen Diebstahl Angeklagten als habgierig, einen Ehebrecher als lüstern, einen Totschläger als unüberlegt oder das Umgekehrte, wenn wir verteidigen: die Örtlichkeiten, Zeitverhältnisse und dergleichen dann dementsprechend. 53 Es gibt aber auch eine bestimmte Form des Ablaufs eines Vorgangs, die glaubhaft ist, wie sie in Komödien verwendet wird und in Mimen. Denn manches folgt naturgemäß aufeinander und bildet einen Zusammenhang, so daß der Richter selbst, wenn man nur gut erzählt, wie es angefangen hat, schon auf das wartet, was man danach erzählen will. 54 Auch ist es vielleicht gar nicht unvorteilhaft, gewissermaßen Samenkörner für die Beweisgänge auszustreuen, indessen so, daß wir immer daran denken, daß wir uns in

[28] p. Caecin. 4, 11.
[29] p. Lig. 2, 4.

esse meminerimus, non probationem. nonnumquam tamen etiam argumento aliquo confirmabimus quod proposuerimus, sed simplici et brevi, ut in veneficiis: sanus bibit, statim concidit, livor ac tumor confestim est insecutus. 55 hoc faciunt et illae praeparationes, cum reus dicitur robustus, animatus[u] contra infirmos, inermes, securos. omnia denique, quae probatione tractaturi sumus, personam, causam, locum, tempus, instrumentum, occasionem, narratione delibabimus. 56 aliquando, si destituti fuerimus his, etiam fatebimur vix esse credibile, sed verum, et hoc maius habendum scelus: nescire nos, quo modo factum sit aut quare, mirari, sed probaturos. 57 optimae vero praeparationes erunt, quae latuerint. ut a Cicerone sunt quidem utilissime praedicta omnia, per quae Miloni Clodius, non Clodio Milo insidiatus esse videatur, plurimum tamen facit illa callidissima simplicitatis imitatio: 'Milo autem, cum in senatu fuisset eo die, quoad senatus est dimissus, domum venit, calceos et vestimenta mutavit, paulisper, dum se uxor, ut fit, comparat, commoratus est.' 58 quam nihil festinato, nihil praeparato fecisse videtur Milo! quod non solum rebus ipsis vir eloquentissimus, quibus moras et lentum profectionis ordinem ducit, sed verbis etiam vulgaribus et cotidianis et arte occulta consecutus est: quae si aliter dicta essent, strepitu ipso iudicem ad custodiendum patronum excitassent. 59 frigere videntur ista plerisque, sed hoc ipso

u) animatus *scripsi (subaudito adverbio 'hostiliter'):* arramatus **B** armatus **A** armatus ⟨paratus⟩ *Peters* praeparatus *Halm*

der Erzählung befinden und nicht in der Beweisführung. Ab und zu jedoch werden wir sogar auch ein Beweisstück zur Bekräftigung unserer Angaben bringen, jedoch ein einfaches, kurzes – wie z. B. in einem Giftmord: 'Als er trank, war er noch ganz gesund. Doch plötzlich brach er zusammen und bekam gleich ein bläuliches und aufgedunsenes Aussehen.' 55 Ebendas bringen auch vorbereitende Bemerkungen zustande, wenn etwa ein Angeklagter bezeichnet wird als ein kräftiger Mensch, feindselig eingestellt[30] gegen schwache, waffen- und ahnungslose Menschen. Alles schließlich, was wir in der Beweisführung behandeln wollen, Person, Sache, Ort, Zeit, Werkzeug und Gelegenheit, können wir in der Erzählung nur leicht streifen. 56 Zuweilen, wenn uns Glaubhaftes nicht zur Verfügung steht, können wir es sogar offen zugeben: es sei kaum zu glauben, aber es sei wahr, und um so schlimmer sei das Verbrechen anzusehen; wir wüßten nicht, wie es geschehen sei und warum. Wir könnten uns nur wundern, aber wir würden die Beweise bringen. 57 Die besten Formen der Vorbereitung sind die, die unbemerkt bleiben. So hat zwar Cicero alles zum größten Nutzen für seine Absicht schon vorher gesagt, wodurch der Eindruck entsteht, dem Milo habe Clodius, nicht Clodius dem Milo nach dem Leben getrachtet: und doch ist die äußerst raffiniert dargestellte scheinbare Harmlosigkeit von größter Wirkung: 'Da aber Milo an diesem Tag im Senat gewesen war, kam er, sobald die Sitzung zu Ende war, nach Hause, wechselte seine Schuhe und Kleider und wartete ein Weilchen, wie das gewöhnlich so ist, bis sich seine Frau zur Reise fertiggemacht hatte.'[31] 58 Wie deutlich sieht man hier, daß Milo nichts in Eile, nichts nach einem Plan getan hat! Dies hat der große Redner nicht nur durch die Tatsachen selbst erreicht, mit denen er das Verweilen und den langsamen Verlauf der Abreise ausmalt, sondern auch durch die gewöhnlichen Alltagswendungen und unmerkliche Kunst: lauteten die Worte anders, so hätten sie durch ihren geräuschvollen Ton den Richter aufgestört, den Anwalt unter Augen zu behalten. 59 Kalt erscheint diese Art den meisten,

[30] Daß der Beklagte ein kräftiger, der Gegenseite feindlich gesonnener Mann war, genügt, um im Sinne unserer Stelle ein verstecktes Vorurteil gegen ihn einzupflanzen. In der *lectio difficilior* von B hat also die Heilung der Stelle einzusetzen. Das *armatus* von A ist eine Glättung wie die modernen Ergänzungsversuche. *Animatus* habe ich wegen des *contra* versuchsweise hergestellt. Sonst: † *arramatus.

[31] p. Mil. 10, 28f.

manifestum est, quo modo iudicem fefellerit, quod vix a lectore deprenditur. haec sunt, quae credibilem faciant expositionem 60 nam id quidem, ne qua contraria aut repugnantia in narratione dicamus, si cui praecipiendum est, is reliqua frustra docetur, etiam si quidam scriptores artium hoc quoque tamquam occultum et a se prudenter erutum tradunt.

61 His tribus narrandi virtutibus adiciunt quidam *magnificentiam*, quam μεγαλοπρέπειαν vocant, quae neque in omnes causas cadit (nam quid in plerisque iudiciis privatis de certa credita, locato et conducto, interdictis habere loci potest supra modum se tollens oratio?), neque semper est utilis, ut vel proximo exemplo Miloniano patet. 62 et meminerimus multas esse causas, in quibus confitendum, excusandum, submittendum sit quod exponimus: quibus omnibus alienda est illa magnificentiae virtus. quare non magis proprium narrationis est magnifice dicere quam miserabiliter, invidiose, graviter, dulciter, urbane: quae cum suo quoque loco sint laudabilia, non sunt huic parti proprie adsignata et velut dedita.

63 Illa quoque ut narrationi apta, ita cum ceteris partibus communis est virtus, quam Theodectes huic uni proprie dedit; non enim magnificam modo vult esse, verum etiam *iucundam* expositionem. sunt qui adiciant his *evidentiam*, quae ἐνάργεια Graece vocatur. 64 neque ego quemquam deceperim, ut dissimulem Ciceroni quoque plures partes placere. nam praeterquam *planam et brevem et credibilem* vult esse *evidentem, moratam cum dignitate.* sed in oratione morata debent esse omnia cum dignitate, quae poterunt: evidentia in narratione, quantum ego intellego, est quidem magna virtus, cum quid veri non dicendum, sed quodammodo etiam ostendendum est,

aber gerade dadurch wird nur bewiesen, wie das den Richter getäuscht hat, was kaum von einem Leser erfaßt wird. Dies sind die Mittel, eine Darstellung glaubhaft zu machen; 60 denn wenn man gar jemandem auch noch vorschreiben muß, daß wir in der Erzählung keine entgegengesetzten oder unvereinbaren Angaben machen dürfen, so ist der weitere Unterricht vergeblich, wenngleich allerdings manche Verfasser rhetorischer Lehrbücher auch dies als verborgene und von ihnen klug zutage geförderte Weisheit überliefern.

61 Diesen drei Vorzügen beim Erzählen fügen manche Lehrer noch die *Großartigkeit*, die sie μεγαλοπρέπεια nennen, hinzu, die weder auf alle Fälle paßt – denn wie kann in den meisten Privatprozessen eine über das Mittelmaß sich erhebende Rede statthaben, wenn es um eine Kreditsumme, um Miete und Vermietung, um den Einspruch des Praetors geht? – noch immer von Nutzen ist, wie schon das zuletzt zitierte Beispiel aus der Rede für Milo deutlich macht. 62 Auch sollten wir daran denken, daß es viele Fälle gibt, in denen das, was wir darlegen, bekannt, entschuldigt, im Ton gedämpft werden muß: allen diesen Fällen ist jener Vorzug der Großartigkeit fremd. Deshalb ist es der Erzählung nicht eigentümlicher, großartig zu reden als mitleiderregend, erbitternd, gewichtig, lieblich und scherzhaft. Mögen diese Redeweisen auch jede an ihrem Platz lobenswert sein, so sind sie doch nicht dem Erzählungsteil der Rede eigens zugewiesen und gleichsam ausgeliefert.

63 Für die Erzählung passend, ihr aber auch mit den übrigen Teilen der Rede gemeinsam ist auch der Vorzug, den Theodektes ihr allein als eigentümlich zugeteilt hat; er will nämlich, die Darlegung soll nicht nur großartig sein, sondern auch *reizvoll*. Andere fügen den Vorzügen auch die *Anschaulichkeit* hinzu, die auf griechisch ἐνάργεια heißt. 64 Ich möchte auch niemanden dadurch hintergehen, daß ich verschweige, auch Ciceros Beifall hätten mehr als drei Vorzüge beim Erzählen gefunden: denn abgesehen davon, daß die Erzählung *deutlich, kurz und glaubhaft* sein müsse, möchte er sie auch noch *anschaulich* und *in würdiger Form dem Wesen der Person angepaßt*[32]. Doch in einer Rede muß alles nach Möglichkeit in würdiger Form dem Wesen der Personen angepaßt sein, Anschaulichkeit ist zwar, wenn ich recht sehe, in der Erzählung ein großer Vorzug, indem etwas Wahres nicht nur ausgesprochen,

[32] top. 26, 97.

sed subici perspicuitati potest. quam quidam etiam contrariam interim putaverunt, quia in quibusdam causis obscuranda veritas esset. quod est ridiculum; 65 nam qui obscurare vult, narrat falsa pro veris et in his, qua narrat, debet laborare, ut videantur quam evidentissima.

66 Sed[v] quatenus etiam forte quadam pervenimus ad difficilius narrationum genus, iam de eis loquamur, in quibus res contra nos erit: quo loco nonnulli praetereundam narrationem putaverunt. et sane nihil est facilius nisi prorsus totam causam omnino non agere. sed si aliqua iusta ratione huiusmodi susceperis litem, cuius artis est malam esse causam silentio confiteri? nisi forte tam hebes futurus est iudex, ut secundum id pronuntiet, quod sciet narrare te noluisse. 67 neque infitias eo in narratione ut aliqua neganda, aliqua adicienda, aliqua mutanda, sic aliqua etiam tacenda: sed tacenda, quae tacere oportebit et liberum erit. quod fit nonnumquam brevitatis quoque gratia, quale illud est: 'respondit quae ei visum est'. 68 distinguamus igitur genera causarum. namque in iis, in quibus non de culpa quaeretur, sed de actione, etiam si erunt contra nos themata, confiteri nobis licebit: 'pecuniam de templo sustulit, sed privatam, ideoque sacrilegus non est. virginem rapuit, non tamen optio patri dabitur. 69 ingenuum stupravit, et stupratus se suspendit: non tamen ideo stuprator capite ut causa mortis punietur, sed decem milia, quae poena stupratori constituta est, dabit'. verum in his quoque confessionibus est aliquid, quo de[w] invidia, quam expositio adversarii fecit, detrahi possit, cum etiam servi nostri de peccatis suis mollius

v) sed **BP**: et **A**
w) quo de *Gertz* quod de *Halm:* quod ex **AP** quod **B**

sondern gewissermaßen vorgeführt zu werden verdient, doch kann man sie zur Deutlichkeit rechnen. Manche haben sogar angenommen, zuweilen sei Anschaulichkeit das Gegenteil eines Vorzuges, weil in bestimmten Fällen die Wahrheit verdunkelt werden müsse, doch das ist lächerlich; 65 denn wer verdunkeln will, erzählt Falsches statt Wahrem und muß in dem, was er erzählt, alles daransetzen, daß es so anschaulich wie möglich wirkt.

66 Doch indem uns damit der Weg fast zufällig zu einer schwierigeren Art von Erzählung geführt hat, wollen wir nun von denjenigen sprechen, in denen die Sache gegen uns steht, ein Fall, in dem einige der Meinung waren, man sollte die Erzählung einfach übergehen. Nun freilich ist nichts leichter als dies, es sei denn, gleich den ganzen Rechtsfall überhaupt nicht zu vertreten. Doch wenn man aus irgendeinem berechtigten Grund einen Streitfall solcher Art übernommen hat, was für eine Kunst ist es dann, durch sein Schweigen zu gestehen, die Sache sei schlecht, es sei denn gar, der Richter wird so stumpfsinnig sein, das zu deinen Gunsten zu entscheiden, was du, wie er nun weiß, nicht hast erzählen wollen. 67 Ich leugne ja nicht, daß bei der Erzählung so, wie manches bestritten, manches hinzugesetzt, manches geändert, so auch manches verschwiegen werden muß. Aber verschweigen muß man, was zu verschweigen sich als nötig und als möglich erweist. Manchmal geschieht das auch um der Kürze willen, wie etwa in dem Satz[33]: 'Er antwortete nach seinem Gutdünken.' 68 Wir müssen also unterscheiden je nach den Rechtsfällen, und zwar werden wir in den Fällen, in denen nicht über die Schuldfrage entschieden wird, sondern über das Prozeßverfahren, auch wenn die in der Aufgabe gegebenen Tatsachen gegen uns sind, ein Geständnis ablegen: 'Er hat das Geld aus dem Tempel entfernt, jedoch Privatvermögen, und deshalb ist er kein Heiligtumschänder.' 'Er hat die Jungfrau entführt, dennoch aber wird die Wahl (ob Tod oder Ehe) nicht dem Vater überlassen.' 69 'Er hat einen freien Jüngling geschändet, und dieser hat sich erhängt. Und doch wird der Schänder deswegen nicht als Ursache des Todes mit dem Tod bestraft, sondern er wird die zehntausend Sesterzien, die für einen Schänder als Strafe festgesetzt sind, zahlen müssen.' Indes liegen auch in diesen Geständnissen Möglichkeiten, die Entrüstung, die die Darlegung des Gegners ausgelöst hat, abzuschwächen; sprechen doch sogar unsere Sklaven von ihren Vergehen in weniger

[33] Verr. 2, 30, 73.

loquantur. 70 quaedam enim quasi non narrantes[x] mitigabimus: 'non quidem, ut adversarius dicit, consilium furti in templum attulit nec diu captavit eius rei tempus, sed occasione et absentia custodum corruptus et pecunia, quae nimium in animis hominum potest, victus est. sed quid refert? peccavit et fur est: nihil attinet id defendere, cuius poenam non recusamus'. 71 interim quasi damnemus ipsi: 'vis te dicam vino impulsum? errore lapsum? nocte deceptum? vera sunt ista fortasse: tu tamen ingenuum stuprasti, solve decem milia'. nonnumquam propositione praemuniri potest causa, deinde exponi. 72 contraria sunt omnia tribus filiis, qui in mortem patris coniurarant: sortiti nocte singuli per ordinem cum ferro cubiculum intrarunt patre dormiente: cum occidere eum nemo potuisset, excitato omnia indicarunt. 73 si tamen pater, qui divisit patrimonium et reos parricidii defendit, sic agat: 'quod contra legem sufficit, parricidium obicitur iuvenibus, quorum pater vivit atque etiam liberis suis adest. ordinem rei narrare quid necesse est, cum ad legem nihil pertineat? sed si confessionem culpae meae exigitis, ego fui pater durus et patrimonii, quod iam melius ab his administrari poterat, tenax custos', 74 deinde subiciat: 'stimulatos ab iis, quorum indulgentiores parentes erant, semper tamen eum habuisse animum, qui sit eventu deprensus, ut occidere patrem non possent. neque enim iure iurando opus fuisse, si alioqui hoc mentis habuissent, nec sorte, nisi quod se quisque eximi voluerit': omnia haec qualia-

x) quasi conterentes *Kroll*

harten Worten. 70 Manches können wir nämlich dadurch mildern, daß wir es gleichsam gar nicht als Erzählung bringen: 'Nicht allerdings hat er, wie der Gegner behauptet, den Plan für seinen Diebstahl schon in den Tempel mitgebracht, auch nicht lang für seine Tat die Zeit abgepaßt, sondern die günstige Gelegenheit, daß die Wärter nicht da waren, hat ihn auf den schlechten Gedanken gebracht, und er ist dem Geld, das ja so viel über die Herzen der Menschen vermag, erlegen. Aber kommt es darauf an? Er hat sich vergangen und ist ein Dieb. Es liegt nichts daran, etwas in Schutz zu nehmen, wofür wir die Bestrafung nicht ablehnen.' 71 Zuweilen können wir die Tat auch gleichsam selbst verurteilen: 'Willst du, ich soll sagen, du seist vom Wein erregt gewesen? Einem Irrtum zum Opfer gefallen? Hättest in der Dunkelheit dich vertan? Wahr ist das alles vielleicht. Aber die Schändung des jungen Herrn hast du begangen, so zahle denn die zehntausend Sesterzien Buße!' 72 Manchmal kann der Fall erst durch eine knappe Ankündigung unseres Beweiszieles eine Stütze erhalten und dann die Darstellung folgen. Alles spricht gegen drei Söhne, die sich zur Ermordung ihres Vaters verschworen hatten. Nach dem Los betraten sie der Reihe nach mit der Mordwaffe das Schlafzimmer, während der Vater schlief. Als es keiner fertigbrachte, ihn zu erschlagen, zeigten sie ihm, als er aufgewacht war, den ganzen Vorgang selbst an. 73 Wenn nun jedoch der Vater, der sein Vermögen inzwischen verteilt hat und seine wegen des Vatermordes angeklagten Söhne verteidigt, die Verteidigung so führen würde: 'Dem Gesetz gegenüber genügt es schon, daß diesen jungen Menschen der Vorwurf des Vatermordes gemacht wird, deren Vater noch am Leben ist und seinen Kindern sogar zur Seite steht. Was brauche ich den Vorgang der Reihe nach zu erzählen, da er für das Gesetz nicht von Bedeutung ist? Jedoch wenn ihr von mir ein Bekenntnis meiner Schuld verlangt, so war ich ein harter Vater und über mein Vermögen, das schon besser von meinen Kindern hier verwaltet werden konnte, ein zäher Hüter'; 74 und wenn er dann hinzufügte, auch wenn die Söhne von anderen, die nachgiebigere Eltern besäßen, aufgestachelt worden seien, so hätten sie doch eine Gesinnung bewiesen, die es ihnen, wie der Ausgang ihres Planes handgreiflich zeige, unmöglich mache, einen Vater zu erschlagen; es wäre hier auch kein Eid nötig gewesen, wenn sie auch sonst derartiger Gesinnung fähig gewesen wären, und keine Auslosung, wenn nicht jeder gewünscht hätte, er brauche es nicht zu tun'– all das, was er da vor-

cumque placidioribus animis accipientur, illa brevi primae propositionis defensione mollita. 75 at cum quaeritur 'an factum sit' vel 'quale factum sit', licet omnia contra nos sint, quo modo tamen evitare expositionem salva causae ratione possumus? narravit accusator, neque ita, ut quae essent acta tantum indicaret, sed adiecit invidiam, rem verbis exasperavit: accesserunt probationes, peroratio incendit et plenos irae reliquit. 76 expectat naturaliter iudex, quid narretur a nobis. si nihil exponimus, illa esse[y], quae adversarius dixit, et talia, qualia dixit, credat necesse est. quid ergo? eadem exponemus? si de qualitate agitur, cuius tum demum quaestio est, cum de re constat, eadem, sed non eodem modo: alias causas, aliam mentem, aliam rationem dabo. 77 verbis elevare quaedam licebit: luxuria hilaritatis[z], avaritia parsimoniae, neglegentia simplicitatis nomine lenietur, vultu denique, voce, habitu vel favoris aliquid vel miserationis merebor: solet nonnumquam movere lacrimas ipsa confessio. atque ego libenter interrogem, sint illa defensuri, quae non narraverint, necne? 78 nam si neque defenderint neque narraverint, tota causa prodetur: at si defensuri sunt, proponere certe plerumque id, quod confirmaturi sumus, oportet. cur ergo non exponamus, quod et dilui potest et, ut hoc contingat, utique indicandum est? 79 aut quid inter probationem et narrationem interest, nisi quod narratio est probationis continua propositio, rursus probatio narrationi congruens confirmatio? videamus ergo, num expositio haec longior demum esse debeat et paulo verbosior praeparatione et quibusdam argumentis (argumentis dico, non argumentatione); cui tamen plurimum conferet frequens

y) esse ⟨facta⟩ malim
z) liberalitatis *Meister:* hilaritatis **ABP** *Jul. Vict.*

bringen könnte, wird mit viel geringerer Entrüstung aufgenommen werden, nachdem es durch die kurze Verteidigung, die in dem gleich zu Anfang angekündigten Beweisziel lag, in milderes Licht gerückt ist. 75 Wenn es sich andererseits um die Rechtsfrage handelt, 'ob die Tat geschehen sei' oder gar 'wie sie geschehen sei', wie können wir dann, mag auch alles gegen uns stehen, einer Darstellung des Vorganges aus dem Wege gehen, ohne daß die ganze Rede ihren Sinn verliert? Der Ankläger hat seine Erzählung gegeben, und zwar nicht so, daß er nur angab, was vorgefallen sei, sondern er hat Entrüstung geweckt, durch kräftige Ausdrücke die Sache schlimmer gemacht, Beweisgänge sind hinzugetreten, und die Schlußworte haben gezündet und die Hörer voll Zorn zurückgelassen. 76 Naturgemäß wartet nun der Richter auf das, was von unserer Seite erzählt wird. Wenn wir nichts darlegen, muß er doch glauben, es gebe das wirklich, was der Gegner gesagt hat, und sei so, wie er es gesagt hat. Was dann? Sollen wir das gleiche noch einmal darlegen? Handelt es sich um die Frage, wie es geschehen sei, die ja erst dann auftaucht, wenn die Tatsache feststeht, dann zwar das gleiche, doch nicht auf die gleiche Weise: andere Gründe werde ich nennen, eine andere Gesinnung, andere Überlegungen. 77 Manches kann man schon mit Worten entlasten: maßlose Lebensführung wird mit der Benennung 'fröhliches Leben', Habgier als 'Sparsamkeit', Nachlässigkeit als 'schlichte Einfalt' gemildert. Schließlich kann ich mir durch den Gesichtsausdruck, die Stimme und Haltung entweder etwas Gunst oder Mitgefühl gewinnen. Manchmal rührt schon das Schuldbekenntnis zu Tränen, und ich möchte nun gern wissen: Wollen die denn überhaupt verteidigen, was sie nicht erzählen, oder wollen sie es nicht? 78 Denn wenn man weder verteidigt noch erzählt, so wird man den ganzen Fall preisgeben; will man aber verteidigen, so muß man doch jedenfalls meistens das ankündigen, was man beweisen will. Warum sollen wir also nicht darlegen, was man zu entkräften vermag und, um dies zu erreichen, jedenfalls ankündigen muß? 79 Oder gibt es einen Unterschied zwischen Beweisführung und Erzählung außer dem, daß die Erzählung eine zusammenhängende Ankündigung der Beweisführung ist, während wiederum die Beweisführung eine der Erzählung entsprechende Bekräftigung bildet. Sehen wir also zu, ob nicht diese Darlegung gerade länger sein muß und etwas wortreicher durch die Vorbereitung auf die Beweisführung und gewisse Beweisstücke – Beweisstücke sage ich, nicht Beweisführung! –, der aber doch die immer wiederkehrende

adfirmatio, effecturos nos quod dicimus: non posse vim rerum ostendi prima expositione: expectent et opiniones suas differant et bene sperent. 80 denique utique narrandum est, quidquid aliter, quam adversarius exposuit, narrari potest, aut etiam prooemia sunt in his causis supervacua: quae quid magis agunt, quam ut cognitioni rerum adcommodatiorem iudicem faciant? atqui constabit nusquam esse eorum maiorem usum, quam ubi animus iudicis ab aliqua contra nos insita opinione flectendus est. 81 coniecturales autem causae, in quibus de facto quaeritur, non tam saepe rei, de qua iudicium est, quam eorum, per quae res colligenda est, expositionem habent. quae cum accusator suspiciose narret, reus levare suspicionem debeat, aliter ab hoc atque ab illo ad iudicem perferri oportet. 82 at enim quaedam argumenta turba valent, diducta leviora sunt. id quidem non eo pertinet, ut quaeratur, an narrandum, sed quo modo narrandum sit. nam et congerere plura in expositione quid[a] prohibet, si id utile est causae, et promittere? sed et dividere narrationem et probationes subiungere partibus atque ita transire ad sequentia? 83 namque ne eis quidem accedo, qui semper eo putant ordine, quo quid actum sit, esse narrandum, sed eo malo narrare, quo expedit. quod fieri plurimis figuris licet. nam et aliquando nobis excidisse simulamus, cum quid utiliore loco reducimus, et interim nos reddituros[b] reliquum ordinem testamur, quia sic futura sit causa lucidior: 84 interim re exposita subiungimus causas, quae antecesserunt. neque enim est una lex defensionis certumque praescriptum: pro re, pro tempore intuenda quae prosint, atque ut

a) quid *Stoer:* quis
b) *vix sanum:* reddituros **A** *Jul. Vict.* reducturos **BP**

Versicherung sehr viel nützen kann: wir würden noch beweisen, was wir sagen; die Bedeutung der Vorgänge könne sich bei der ersten Darlegung noch nicht klar zeigen; sie sollten nur warten, ihre eigene Meinung über die Vorgänge noch zurückstellen und das Beste hoffen. 80 Schließlich muß auf jeden Fall eine Erzählung erfolgen bei dem, was sich anders erzählen läßt, als es der Gegner dargelegt hat, oder es sind in diesen Fällen auch die Prooemien überflüssig; denn was leisten die weiter, als daß sie den Richter für die Erkenntnis der Vorgänge aufgeschlossener machen? Und es steht ja nun fest, daß von ihnen nirgends stärker Gebrauch zu machen ist als da, wo der Sinn des Richters von einer vorgefaßten Meinung gegen uns abzubringen ist. 81 Die Fälle aber, in denen es sich um die Vermutung dreht[34], ob die Tat geschehen ist, enthalten nicht so oft eine Darstellung des Falles, über den das Urteil erfolgt, als vielmehr der Umstände, aus denen die Tat gefolgert werden muß. Da sie der Kläger auf eine Argwohn erweckende Weise erzählt, der Angeklagte aber diesen Argwohn zerstreuen muß, müssen diese Umstände vom einen wie vom andern auf verschiedene Weise dem Richter beigebracht werden. 82 Nun sind ja gewiß manche Beweisstücke nur stark, wenn sie gehäuft auftreten, verteilt haben sie weniger Gewicht. Mit der Frage, ob eine Erzählung zu bringen sei, hat das allerdings nichts zu tun, sondern nur mit der, auf welche Weise zu erzählen sei. Denn was steht im Wege, auch in der Darlegung schon Beweisstücke zu häufen, wenn das für den Fall günstig ist, und sie in Aussicht zu stellen? Doch auch die Erzählung zu zerlegen und Beweisgänge ihren Teilen anzuschließen und so zum Folgenden weiterzugehen? 83 Denn ich trete auch nicht auf die Seite derer, die der Meinung sind, immer müsse man etwas in der Reihenfolge erzählen, in der es geschehen ist, will es vielmehr in der, in der es günstig ist. Dies kann mit zahlreichen künstlichen Stilwendungen geschehen. Denn manchmal tun wir so, als sei uns etwas entfallen, wenn wir es an einer günstigeren Stelle nachholen, manchmal bezeugen wir selbst, wir folgten jetzt wieder der Reihenfolge, weil so der Fall klarer werde. 84 Bisweilen schließen wir an die Darlegung eines Vorgangs die Gründe an, die ihm vorausgegangen sind; denn es gibt für die Verteidigung nicht nur ein einziges Gesetz und eine bestimmte Vorschrift: je nach der Sache, je nach dem Zeitpunkt müssen wir ins Auge fassen, was nützt, und je nachdem wie schwer eine Verwundung ist, muß man

[34] vgl. o. B. 3, 6, 30ff.

erit vulnus, ita vel curandum protinus, vel, si curatio differri potest, interim deligandum. 85 nec saepius narrare duxerim nefas, quod Cicero pro Cluentio fecit, estque non concessum modo, sed aliquando etiam necessarium, ut in causis repetundarum omnibusque, quae simplices non sunt; amentis est enim superstitione praeceptorum contra rationem causae trahi. 86 narrationem ideo ante probationes ponere est institutum, ne iudex, qua de re quaeratur, ignoret. cur igitur, si singula probanda aut refellenda erunt, non singula etiam narrentur? me certe, quantacumque nostris experimentis habenda est fides, fecisse hoc in foro, quotiens ita desiderabat utilitas, probantibus et eruditis et iis, qui iudicabant, scio: et (quod non adroganter dixerim, quia sunt plurimi, quibuscum egi, qui me refellere possint, si mentiar) fere ponendae a me causae officium exigebatur. 87 neque ideo tamen non saepius facere oportebit, ut rerum ordinem sequamur. quaedam vero etiam turpiter convertuntur, ut si peperisse narres, deinde concepisse, apertum testamentum, deinde signatum, in quibus si id, quod posterius est, dixeris, de priore tacere optimum; palam est enim praecessisse.

88 Sunt quaedam et falsae expositiones, quarum in foro duplex genus est: alterum, quod instrumentis adiuvatur, ut P. Clodius fiducia testium, qua nocte incestum Romae commiserat, Interamnae se fuisse dicebat: alterum, quod est tuendum dicentis ingenio. id interim ad solam verecundiam pertinet, unde etiam mihi videtur dici *color*, interim ad quaestionem. 89 sed utrumcumque erit, prima sit curarum, ut id, quod fingemus, fieri possit, deinde ut et personae et loco et tempori congruat et credibilem rationem et ordinem habeat:

sie entweder gleich behandeln oder, wenn sich die Behandlung verschieben läßt, einstweilen einen Notverband anlegen. 85 Ich möchte es auch nicht für ein Verbrechen halten, öfters Erzählungen zu bringen, was Cicero in der Rede für Cluentius getan hat; es ist nicht nur statthaft, sondern manchmal sogar notwendig, z. B. in Erpressungsfällen und all denen, die nicht nur einen Gegenstand haben. Denn nur ein Narr läßt sich aus abergläubischer Verehrung der Regeln zu einem Verstoß gegen das hinreißen, was der Fall vernünftigerweise benötigt. 86 Die Erzählung vor die Beweisgänge zu stellen ist eingeführt worden, damit der Richter nicht über das im unklaren bleibt, worüber die Untersuchung geht. Warum sollten also, wenn einzelne Vorgänge bewiesen oder widerlegt werden sollen, sie nicht auch einzeln erzählt werden? Ich jedenfalls weiß, wieviel Vertrauen man auch meiner Erfahrung schenken wird, daß ich es auf dem Forum so gehalten habe, sooft es der Nutzen des Falles verlangte, und daß es Beifall fand, sowohl bei den Kennern wie auch bei denen, die zu Gericht saßen: und – ohne Überhebung möchte ich es sagen; denn es gibt ja noch frühere Kollegen genug, die mich widerlegen können, wenn ich lüge – in der Regel stellte man mich vor die Aufgabe, die Einführung des Falles zu übernehmen. 87 Aber deshalb wird es doch häufiger nötig sein, die Reihenfolge der Vorgänge einzuhalten. Ja, manche Vorgänge umzukehren, wirkt sogar häßlich, z. B. zu erzählen, eine Frau habe ein Kind geboren, und dann erst, sie habe es empfangen, oder: das Testament sei eröffnet worden, und dann erst, es sei versiegelt worden, Fälle, bei denen man doch, wenn man das, was danach kommt, gesagt hat, über das Vorausgegangene am besten schweigt; denn das liegt doch auf der Hand, daß es vorher gewesen ist.

88 Es gibt auch falsche Darlegungen der Vorgänge, und zwar vor Gericht zwei Arten: die eine, die sich auf Beweisurkunden stützt, wenn etwa P. Clodius im Vertrauen auf seine Zeugen behauptete, in der Nacht, als er den Inzest in Rom begangen hatte, sei er in Interamna gewesen. Die zweite Art der Fälschung hat der Redende mit seinen eigenen Geistesgaben zu bestreiten. Sie bezieht sich manchmal nur auf den Grad der Scheu den Vorgängen gegenüber, und deshalb hat sie wohl auch den Namen *Färbung*, manchmal auch auf die Sache selbst. 89 Doch muß es, mag es sich um die eine oder andere Art zu fälschen handeln, die Hauptsorge sein, daß das, was wir uns ausdenken, auch wirklich möglich ist, die zweite, daß es zu der Person, dem Ort und der Zeit paßt und glaubhafte Begründung und Abfolge besitzt. Nach Möglichkeit sollte

si continget, etiam verae alicui rei cohaereat, aut argumento, quod sit in causa, confirmetur; nam quae tota extra rem petita sunt, mentiendi licentiam produnt. 90 curandum praecipue, quod fingentibus frequenter excidit, ne qua inter se pugnent; quaedam enim partibus blandiuntur, sed in summam non consentiunt: praeterea ne eis, quae vera esse constabit, adversa sint: in schola etiam, ne color extra themata quaeratur. 91 utrubique autem orator meminisse debebit actione tota, quid finxerit, quoniam solent excidere quae falsa sunt: verumque est illud, quod vulgo dicitur, mendacem memorem esse oportere. 92 sciamus autem, si de nostro facto quaeratur, unum nobis aliquid esse dicendum: si de alieno, mittere in plura suspiciones licere. est tamen quibusdam scholasticis controversiis, in quibus ponitur aliquem non respondere quod interrogatur, libertas omnia enumerandi, quae responderi potuissent. 93 fingenda vero meminerimus ea, quae non cadant in testem: sunt autem haec, quae a nostro ducuntur[c] animo, cuius ipsi tantum conscii sumus, item quod a defunctis (nec hoc enim est qui neget) itemque ab eo, cui idem expediet (is enim non negabit), ab adversario quoque, qua[d] non est habiturus in negando fidem. 94 somniorum et superstitionum colores ipsa iam facilitate[e] auctoritatem perdiderunt. non est autem satis in narratione uti coloribus, nisi per totam actionem consentiant, cum praesertim quorundam probatio sola sit in adseveratione et perseverantia: 95 ut ille parasitus, qui ter abdicatum a divite iuvenem et absolutum tamquam suum filium adserit, habebit quidem colorem quo dicat, et paupertatem sibi causam exponendi fuisse, et ideo a se parasiti personam esse susceptam, quia in illa domo filium haberet, et ideo illum innocentem ter abdicatum, quia filius

c) ducuntur *Burman:* dicuntur
d) qua **B** quia **AP**
e) facilitate **AP** felicitate **B** fallacitate *Meister*

es auch noch mit einem wahren Vorgang in Zusammenhang stehen oder durch ein Beweisstück, das in dem Fall liegt, gestützt werden; denn was völlig von außen in den Fall hineingetragen wird, verrät sich leicht als freie Erfindung. 90 Vor allem muß man für eins sorgen, was beim Erfinden oft versäumt wird: es dürfen keine Angaben sich widerstreiten; denn manche wirken für Teile der Rede bestechend, stimmen aber im ganzen nicht zusammen. Weiterhin dürfen sie nicht anerkanntermaßen wahren Angaben widersprechen. Bei Schulübungen kommt noch hinzu, daß die Färbung nicht aus Angaben genommen wird, die nicht in der gestellten Aufgabe stehen. 91 In beiden Fällen aber wird der Redner während seines ganzen Vortrages dessen eingedenk sein müssen, was er erfunden hat, weil einem gern entfällt, was man gefälscht hat. Und es ist wahr, daß, wie man im Volke sagt, der Lügner ein gutes Gedächtnis haben müsse. 92 Wir müssen auch wissen, daß wir, wenn die Frage unserer eigenen Tat gilt, immer nur eine Angabe machen, wenn aber einer fremden, unsere Verdächtigungen auch auf mehrere Möglichkeiten ausdehnen dürfen. Indessen besteht bei manchen Schulübungen in Kontroversen, in denen in der Aufgabe der Fall gesetzt wird, jemand gebe auf die Frage keine Antwort, die Freiheit, alles aufzuzählen, was der Gegner hätte antworten können. 93 Bei den Angaben nun, die wir erfinden, sollten wir immer daran denken, daß sie nicht gegen eine Zeugenaussage stehen dürfen. Das sind aber die Dinge, die wir aus unserem eigenen Inneren herleiten, das ja nur wir selbst kennen, ferner von Verstorbenen – denn auch da gibt es ja niemanden, der es leugnen könnte –, ebenso von jemandem, dem die Angabe zustatten kommen kann – denn der wird sie nicht leugnen – und schließlich auch vom Gegner, insofern er beim Leugnen keinen Glauben finden wird. 94 Färbungen durch Träume und abergläubische Vorstellungen sind so leicht, daß sie deshalb ihre Wirkungskraft eingebüßt haben. Es ist aber nicht hinreichend, in der Erzählung Färbungen zu verwenden, wenn man sie nicht den ganzen Vortrag hindurch ohne Unstimmigkeit durchhält, zumal bei manchen Fällen die Beweisführung nur aus beharrlich wiederholten Beteuerungen besteht. 95 Zum Beispiel wird (in dem bekannten Deklamationsthema) der Parasit, der einen von einem reichen Herrn dreimal verstoßenen und jedesmal wieder als Sohn angenommenen jungen Mann als seinen eigenen Sohn beansprucht, zwar eine Färbung verwenden können, indem er sagt, aus Armut habe er das Kind ausgesetzt und deshalb die Rolle des Parasiten angenommen, weil er den Sohn in jenem Hause hatte; und

abdicantis non esset. 96 nisi tamen in omnibus verbis et amorem patrium atque hunc quidem ardentissimum ostenderit et odium divitis et metum pro iuvene, quem periculose mansurum in illa domo, in qua tam invisus sit, sciat, suspicione subiecti petitoris non carebit.

97 Evenit aliquando in scholasticis controversiis, quod in foro an possit accidere dubito, ut eodem colore utraque pars utatur, deinde eum pro se quaeque defendat, ut in illa controversia: 98 'uxor marito dixit, appellatam se de stupro a privigno et sibi constitutum tempus et locum: eadem contra filius detulit de noverca, edito tantum alio tempore ac loco: pater in eo, quem uxor praedixerat, filium invenit, in eo, quem filius, uxorem: illam repudiavit: qua tacente filium abdicat'. 99 nihil dici potest pro iuvene, quod non idem sit pro noverca; ponentur tamen etiam communia, deinde ex personarum conparatione et indicii ordine et silentio repudiatae argumenta ducentur. 100 ne illud quidem ignorare oportet, quaedam esse quae colorem non recipiant, sed tantum defendenda sint, qualis est ille dives, qui statuam pauperis inimici flagellis cecidit et reus est iniuriarum: nam factum eius modestum esse nemo dixerit, fortasse ut sit tutum optinebit.

101 Quod si pars expositionis pro nobis, pars contra nos erit, miscenda sit an separanda narratio, cum ipsa causae condicione deliberandum est. nam si plura sunt quae nocent, quae prosunt obruentur. itaque tunc dividere optimum erit, et iis, quae partem nostram adiuvabunt, expositis et confirmatis adversus reliqua uti

deshalb sei der Sohn dreimal unschuldig verstoßen worden, weil er der Sohn des Verstoßenden gar nicht sei. 96 Wenn er jedoch nicht in jedem Wort seine väterliche Liebe, und zwar diese in ihrer ganzen Leidenschaft darstellt, sowie Haß gegen den reichen Herrn und seine Angst um den Jungen, von dem er wisse, wie gefährlich es für ihn sei, in jenem Hause weiter zu bleiben, in dem er so unbeliebt sei, so wird er von dem Verdacht nicht loskommen, er sei mit seinen Ansprüchen nur als Strohmann vorgeschoben.

97 Es kommt ab und zu in Schulübungen der Fall vor, an dessen Möglichkeit vor Gericht ich freilich zweifeln möchte, daß beide Parteien die gleiche Färbung wählen und dann jede Partei sie für sich zur Verteidigung verwendet, so in folgender Kontroverse: 98 'Eine Ehefrau hat ihrem Gatten gesagt, sie sei von ihrem Stiefsohn zur Unzucht aufgefordert, und es seien ihr Zeit und Treffpunkt angegeben worden. Das gleiche hat der Sohn umgekehrt über seine Stiefmutter hinterbracht, nur eine andere Zeit und einen anderen Treffpunkt angegeben. Der Vater trifft an dem Ort, den die Ehefrau angegeben hatte, den Sohn, an dem, den der Sohn angegeben hatte, die Ehefrau. Er läßt sich von ihr scheiden, ohne daß sie etwas dazu sagt, und verstößt den Sohn.' 99 Hierzu kann man nichts für den jungen Mann sagen, was sich nicht auch für die Stiefmutter sagen ließe. Dennoch wird man auch die Gemeinsamkeiten der Behandlung zugrunde legen. Dann wird man aus der Vergleichung der Personen und der Reihenfolge der Anzeige sowie aus dem Schweigen der Geschiedenen Beweisstücke herleiten. 100 Man muß freilich auch wissen, daß es Fälle gibt, die gar keine entschuldigende Färbung erhalten können, sondern einfach durchgefochten werden müssen. Von dieser Art ist die Deklamation von dem reichen Herrn, der die Statue eines armen Mannes, mit dem er verfeindet war, auspeitschte und deshalb wegen rechtswidrigen Verhaltens angeklagt wurde; denn daß seine Tat maßvoll gewesen sei, wird niemand behaupten, doch wird man vielleicht erreichen können, daß sie nicht strafbar sei.

101 Wenn aber ein Teil der Darlegung des Vorgangs für uns, ein Teil gegen uns sein sollte, so ist nach der Lage des Einzelfalles zu erwägen, ob man die Erzählung als Ganzes geben oder sie aufspalten soll. Überwiegt nämlich das, was uns schadet, so wird das, was uns nützt, davon verschüttet. Deshalb wird man dann am besten eine Teilung vornehmen, nur das darlegen und mit Beweisstücken stützen, was unserer Seite zugute kommen kann, gegen das Restliche aber die Abhilfen verwenden, von denen oben

remediis, de quibus supra dictum est. 102 si plura proderunt, etiam coniungere licebit quae obstant, ut in mediis velut auxiliis nostris posita minus habeant virium. quae tamen non erunt nuda ponenda, sed ut et nostra aliqua argumentatione firmemus, et diversa cur credibilia, non sint adiciamus, quia, nisi distinxerimus, verendum est, ne bona nostra permixtis malis inquinentur.

103 Illa quoque de narratione praecipi solent, ne qua ex ea fiat excursio, ne avertatur a iudice sermo, ne alienae personae vocem demus, ne argumentemur; adiciunt quidam etiam, ne utamur adfectibus: quorum pleraque sunt frequentissime custodienda, immo numquam, nisi ratio coegerit, mutanda. 104 ut sit expositio perspicua et brevis, nihil quidem tam raro poterit habere rationem quam excursio: nec umquam debebit esse nisi brevis et talis, ut vi quadam videamur adfectus velut recto itinere depulsi, qualis est Ciceronis circa nuptias Sasiae: 105 'o mulieris scelus incredibile et praeter hanc unam in omni vita inauditum! o libidinem effrenatam et indomitam! o audaciam singularem! nonne timuisse, si minus vim deorum hominumque famam, at illam ipsam noctem facesque illas nuptiales? non limen cubiculi? non cubile filiae? non parietes denique ipsos, superiorum testes nuptiarum?' 106 sermo vero aversus a iudice et brevius indicat interim et coarguit magis: qua de re idem, quod in prooemio dixeram, sentio, sicut de prosopopoeia quoque, qua tamen non Servius modo Sulpicius utitur pro Aufidia

[35] p. Cluent. 6, 15.

die Rede war. 102 Überwiegt das Günstige, kann man beides in der Erzählung so verbinden, daß man das Widerspenstige gleichsam so mitten in unsere Bundestruppen einreiht, daß seine Kräfte weniger Spielraum haben. Jedoch werden wir diese schwachen Punkte auch da nicht ohne Bedeckung stehen lassen dürfen, sondern so, daß wir unsere günstigen Punkte mit einer vorläufigen Beweisführung stützen und hinzufügen, warum das Gegenteilige keinen Glauben verdient. Machen wir nämlich diese Unterscheidung nicht, so ist zu befürchten, daß die uns günstigen Umstände durch die Vermischung mit den ungünstigen an Glanz verlieren.

103 Gewöhnlich erscheint in den Lehrbüchern auch die Vorschrift, es dürfe kein Exkurs in der Erzählung stattfinden, die Rede dürfe kein anderes Gegenüber haben als den Richter, wir dürften keiner fremden Person unsere Stimme leihen und wir dürften keine Beweise führen. Manche fügen auch noch hinzu, wir dürften die Erregung der Gefühle nicht verwenden. An die meisten dieser Vorschriften muß man sich in der Mehrzahl der Fälle halten, und dies sollte gewiß niemals anders gemacht werden, wenn kein dringender Grund dazu zwingt. 104 Um die Darlegung klar und kurz zu erhalten, wird sich freilich nichts so selten als vernünftig begründet erweisen können wie ein Exkurs. Auch wird er stets kurz sein und so wirken müssen, als seien wir von einem mächtigen Gefühlsausbruch gepackt, gleichsam aus unserer geraden Bahn geschleudert worden, wie es Cicero mit der Hochzeit der Sassia macht[35]: 105 'Das Verbrechen eines Weibes! – Unglaublich und unerhört in aller Welt als einzig nur bei diesem Weibe! O zügellose, unzähmbare Lust! O beispiellose Dreistigkeit! Sich nicht zu scheuen – wenn schon nicht vor der Macht der Götter und der Menschen Reden, so doch vor jener Nacht selbst und den Fackeln des Hochzeitsfestes? Nicht vor der Schwelle des Schlafgemaches? Nicht vor der Tochter Lagerstatt? Ja, nicht vor den vier Wänden selbst, den Zeugen der früheren Hochzeit?' 106 Die Abwendung der Rede vom Richter gibt zuweilen der Feststellung noch größere Kürze und überzeugt stärker. Hierüber denke ich hier ebenso, wie ich es beim Prooemium angeführt habe, und so auch über die Personifikation. Gebraucht sie doch nicht nur Servius Sulpicius[36]

[36] der Rechtssachverständige und Freund Ciceros. Es sei ein für allemal daran erinnert, daß uns aus dieser Zeit lediglich Ciceros Reden erhalten sind, so daß jedes Zitat, das uns Quint. bietet, ein unschätzbares Zeugnis darstellt, zugleich aber auch der Deutung besondere Schwierigkeiten bereitet.

'somnone te languidum an gravi lethargo putem pressum?', sed M. quoque Tullius circa nauarchos (nam ea quoque rei expositio est): 'ut adeas, tantum dabis' et reliqua quid? 107 pro Cluentio Staieni Bulbique conloquium nonne ad celeritatem plurimum et ad fidem confert? quae ne fecisse inobservantia quadam videatur, quamquam hoc in illo credibile non est, in partitionibus praecipit, ut habeat narratio *suavitatem*, *admirationes*, *expectationes*, *exitus inopinatos*, *conloquia personarum*, *omnes adfectus*. 108 argumentabimur in narratione, ut dixi, numquam: argumentum ponemus aliquando, quod facit pro Ligario Cicero, cum dicit, sic eum provinciae praefuisse, ut illi pacem esse expediret. inseremus expositioni et brevem, cum res poscet, defensionem et rationem factorum; 109 neque enim narrandum est tamquam testi, sed tamquam patrono. rei ordo per se talis est: 'Q. Ligarius legatus C. Considio profectus'. quid ergo M. Tullius? 'Q. enim', inquit, 'Ligarius, cum esset nulla belli suspicio, legatus in Africam C. Considio profectus est': 110 et alibi: 'non modo ⟨nullum⟩[f] ad bellum, sed ne ad minimam quidem suspicionem belli'. et cum esset indicaturo satis 'Q. Ligarius nullo se implicari negotio passus est', adiecit 'domum spectans, ad suos redire cupiens'. ita quod exponebat et ratione fecit credibile et adfectu quoque inplevit.

111 Quo magis miror eos, qui non putant utendum in narratione

f) *add. Radermacher coll. 4, 2, 51: om.* **AB** *Jul. Vict.*

in seiner Rede für Aufidia: 'Soll ich glauben, vom Schlaf seist du matt oder von schwerer Lethargie befallen?', sondern auch M. Tullius[37] in dem Abschnitt über die Kapitäne – denn auch das ist ja die Darlegung eines Vorgangs: 'Um Zutritt zu finden, gib so viel ...' usw. 107 Ja, trägt denn in der Rede für Cluentius[38] die Unterhaltung zwischen Staienus und Bulbus nicht entscheidend zur Schnelligkeit, mit der die Dinge ablaufen, und zur Glaubwürdigkeit bei? Damit es nicht scheine, als habe er in einem unaufmerksamen Augenblick dies so gemacht, wenngleich das bei ihm nicht glaublich ist, gibt er in seinen ›Einteilungen‹ ausdrücklich die Vorschrift: die Erzählung soll *Anmut besitzen, Erstaunen und Erwartung erregen, überraschende Wendungen zum Schluß bieten, Gespräche von Personen darstellen und alle Leidenschaften wecken.* 108 Beweisführungen werden wir, wie gesagt, niemals bringen; zuweilen aber werden wir ein Beweisstück anbringen. So macht es Cicero in der Rede für Ligarius[39], wenn er sagt, er habe seine Provinz so verwaltet, daß es für ihn nur günstig gewesen wäre, wenn Frieden herrschte. Wir können der Darlegung auch, wenn es die Sache verlangt, eine kurze Verteidigung und Begründung der Taten einverleiben. 109 Denn man soll ja nicht wie ein Zeuge erzählen, sondern wie ein Anwalt. Der Ablauf des Vorganges ist z. B. so: 'Q. Ligarius reiste als Legat mit C. Considius'. 'Was nun M. Tullius?' Q. Ligarius, sagt er, reiste, während es noch keinen Gedanken an Krieg gab, als Legat nach Afrika mit C. Considius.' 110 Und an anderer Stelle[40]: 'Nicht nur nicht in den Krieg, sondern nicht einmal mit dem geringsten Gedanken an Krieg', und obwohl es für seine Aufgabe hinreichend war, zu sagen: 'Q. Ligarius ließ sich in irgendeine größere Angelegenheit nicht hineinziehen', fügte er hinzu[41]: 'Im Blick auf die Heimat, da er zu den Seinen zurückkehren wollte.' So machte er, was er darlegte, durch Begründung glaubhaft und erfüllte es zugleich auch mit Empfindung.

111 Um so mehr muß ich mich wundern über die Gelehrten, die der Meinung sind, die Erregung von Empfindungen dürfe in der Erzählung nicht angewendet werden. Wenn diese es so ausdrücken

[37] Verr. 5, 45, 118.
[38] p. Cluent. 10, 26.
[39] p. Lig. 1, 2.
[40] p. Lig. 2, 4.
[41] p. Lig. 1, 3.

adfectibus. qui si hoc dicunt 'non diu neque ut in epilogo', mecum sentiunt: effugiendae sunt enim morae. ceterum cur ego iudicem nolim, dum doceo, etiam movere? 112 cur quod in summa sum actionis petiturus, non in primo statim rerum ingressu, si fieri potest, consequar? cum praesertim etiam in probationibus faciliorem sim animum eius habiturus occupatum vel ira vel miseratione. 113 an non M. Tullius circa verbera civis Romani omnis brevissime movit adfectus, non solum condicione ipsius, loco iniuriae, genere verberum, sed animi quoque commendatione? summum enim virum ostendit, qui, cum virgis caederetur, non ingemuerit, non rogaverit, sed tantum civem se Romanum esse cum invidia caedentis et fiducia iuris clamaverit. 114 quid? Philodami casum nonne cum per totam expositionem incendit invidia tum in supplicio ipso lacrimis inplevit, cum flentis non tam narraret quam ostenderet 'patrem de morte filii, filium de patris?' quid ulli epilogi possunt magis habere miserabile? 115 serum est enim, advocare eis rebus adfectum in peroratione, quas securus narraveris: adsuevit illis iudex iamque eas sine motu mentis accipit, quibus commotus novis non est; et difficile est mutare habitum animi semel constitutum.

116 Ego vero (neque enim dissimulabo iudicium meum quamquam id, quod sum dicturus, exemplis magis quam praeceptis ullis continetur) narrationem, ut si ullam partem orationis, omni qua potest gratia et venere exornandam puto. sed plurimum refert, quae sit natura eius rei, quam exponimus. 117 in parvis ergo, quales sunt fere privatae, sit ille pressus et velut adplicitus rei cultus, in verbis

'nicht lange und nicht wie im Epilog', so sagen sie, was auch ich meine. Denn alle Verzögerungen sind zu meiden. Warum sollte ich aber im übrigen den Richter, während ich ihn unterrichte, nicht auch in seinen Gefühlen erregen wollen? 112 Warum sollte ich nicht, was ich im Höhepunkt des Schlußteils meines Vortrages anstrebe, gleich vom ersten Eintritt in die Vorgänge, wenn es sich ermöglichen läßt, erreichen? Zumal wenn ich seinen Sinn auch bei den Beweisgängen leichter werde lenken können, wenn er schon von Zorn oder auch Mitleid eingenommen ist? 113 Rührt nicht M. Tullius in dem Abschnitt über die Prügelung eines römischen Bürgers[42] in der allerkürzesten Form alle Empfindungen an, nicht nur durch die Darstellung seiner Lage, den Ort, wo das Unrecht geschah, und die Art der Prügelung, sondern auch durch die Art, wie er uns seine geistige Haltung nahebringt? Zeigt er ihn uns doch als einen echten Mann, der, während er mit Ruten gestrichen wurde, kein Ächzen, kein Bitten hören ließ, sondern nur sein 'Ich bin römischer Bürger' herausschrie, voll Erbitterung gegen den, der ihn prügeln ließ, und im Vertrauen auf sein Recht. 114 Ja, hat er nicht die Flammen der Entrüstung über das Geschick des Philodamus[43] schon durch die ganze Darlegung hindurch lodern lassen und dann bei der Hinrichtung selbst sie mit Strömen von Tränen erfüllt, als er schon mehr vorführte als erzählte, wie sie weinten, 'der Vater über den Tod des Sohnes, der Sohn über den des Vaters'? Was könnte je ein Epilog Mitleiderregenderes bieten? 115 Zu spät ist es nämlich, über Dinge in den Schlußworten das Gefühl zu Hilfe zu rufen, die man unbekümmerten Herzens erzählt hat. Dem Richter sind solche Dinge dann schon vertraut, und er nimmt sie ohne Gemütsbewegung auf, wenn sie ihn nicht bewegt haben, als sie ihm noch neu waren, und es ist schwer, eine innere Einstellung noch zu wandeln, wenn sie einmal sich gebildet hat.

116 Ich bin vielmehr der Ansicht – ich will mein Urteil nicht verbergen, obwohl das, was ich zu sagen habe, sich mehr auf Beispiele gründet als auf irgendwelche Lehren –, die Erzählung wie nur irgendein Teil der Rede müsse mit jedem nur möglichen Schmuck und Liebreiz ausgestattet werden. Doch kommt es sehr darauf an, das Wesen des Gegenstandes zu berücksichtigen, den wir darstellen wollen. 117 Bei unbedeutenden Gegenständen, wie sie in der Regel die Privatprozesse bieten, herrsche die knappe

[42] Verr. 5, 62.
[43] Verr. 1, 30.

summa diligentia: quae in locis impetu feruntur et circumiectae orationis copia latent, hic expressa et, ut vult Zeno, 'sensu tincta' esse debebunt: compositio dissimulata quidem, sed tamen quam iucundissima: 118 figurae non illae poeticae et contra rationem loquendi auctoritate veterum receptae (nam debet esse quam purissimus sermo), sed quae varietate taedium effugiant et mutationibus animum levent, ne in eundem casum, similem conpositionem, pares elocutionum tractus incidamus. caret enim ceteris lenociniis expositio et, nisi commendetur hac venustate, iaceat necesse est. 119 nec in ulla parte intentior est iudex, eoque nihil recte dictum perit. praeterea nescio quo modo etiam credit facilius, quae audienti iucunda sunt, et voluptate ad fidem ducitur. 120 ubi vero maior res erit, et atrocia invidiose et tristia miserabiliter dicere licebit, non ut consumantur adfectus, sed ut tamen velut primis lineis designentur, ut plane, qualis futura sit imago rei, statim appareat. 121 ne sententia quidem velut fatigatum intentione stomachum iudicis reficere dissuaserim, maxime quidem brevi interiectione, qualis est illa 'fecerunt servi Milonis, quod suos quisque servos in re tali facere voluisset', interim paulo liberiore, qualis est illa: 'nubit genero socrus nullis auspicibus, nullis auctoribus, funestis ominibus omnium'. 122 quod cum sit factum iis quoque temporibus, quibus omnis ad utilitatem potius quam ad ostentationem compone-

und gleichsam der Sache eng angepaßte Kunst der Behandlung, dabei in der Wortwahl höchste Sorgfalt; was an den allgemein gehaltenen Glanzstellen im Schwung dahinrauscht und unter der Fülle der sie überdeckenden Rede verborgen bleibt, wird hier deutlich ausgeprägt und, wie Zeno[44] will, 'mit Sinneswahrnehmung durchtränkt' sein müssen; die Wortverbindungen (Satzrhythmen) zwar in ihrer Kunst versteckt, dennoch aber so angenehm wie möglich; 118 an künstlichen Stilwendungen nicht die dichterischen und gegen Regeln sprachlicher Vernunft durch das Ansehen der Alten in Geltung gebliebenen – denn die Sprache muß so rein wie möglich sein –, sondern solche, die durch Abwechslung den Überdruß vermeiden helfen und durch Veränderungen auflockernd wirken, damit wir nicht immer auf die gleichen Endungen treffen und ähnliche rhythmische Wortverbindungen und gleiche stilistische Formeln. Denn die Darstellung des Vorganges entbehrt der übrigen Lockmittel und muß, wenn sie sich nicht durch diesen Liebreiz empfiehlt, notwendig wirkungslos bleiben. 119 Auch ist der Richter an keinem Teil der Rede aufmerksamer, und deshalb geht keine gelungene Wendung verloren. Außerdem ist es kaum zu sagen, wieviel leichter er auch glaubt, was ihm beim Anhören gefällt, und sich durch sein Vergnügen zum Vertrauen führen läßt. 120 Sobald es sich um einen bedeutenderen Gegenstand handelt, darf man Grausiges so vortragen, daß es Erbitterung, Trauriges so, daß es Mitgefühl erregt, nicht so, daß diese Empfindungen schon voll ausgespielt würden, sondern doch so, daß sich gleichsam die ersten Umrisse abzeichnen, damit schon jetzt deutlich werde, wie das Bild des Geschehens am Ende aussehen wird. 121 Ich würde selbst nicht abraten, mit einem pointierten Gedanken gleichsam den durch die Anspannung ermatteten Magen des Richters zu erfrischen, am besten freilich durch eine kurze Zwischenbemerkung etwa folgender Art: 'So handelten denn die Sklaven des Milo, wie es sich jeder von seinen Sklaven in dieser Lage gewünscht hätte'[45], zuweilen auch etwas freier, etwa so: 'Es heiratet der Schwiegersohn die Schwiegermutter, ohne Vogelschau und ohne Ehestifter, mit düsterer Vorbedeutung für alle'[46]. 122 Da dies auch in Zeiten geschehen ist, in denen die ganze Rede noch mehr zum Nutzen der Sache als zur Schaustellung der Kunst verfaßt wurde, da auch die

[44] St. Vet. fr. 79 Arnim.

[45] p. Mil. 10, 29.

[46] p. Cluent. 5, 14.

batur oratio et erant adhuc severiora iudicia, quanto nunc faciendum magis, cum in ipsa capitis aut fortunarum pericula inrupit voluptas? cui hominum desiderio quantum dari debeat alio loco dicam: interim aliquid indulgendum esse confiteor. 123 multum confert adiecta veris credibilis rerum imago, quae velut in rem praesentem perducere audientis videtur, qualis est illa M. Caeli in Antonium descriptio: 'namque ipsum offendunt temulento sopore profligatum, totis praecordiis stertentem ructuosos spiritus geminare, praeclarasque contubernales ab omnibus spondis transversas incubare et reliquas circum iacere passim: 124 quae tamen exanimatae terrore, hostium adventu percepto, excitare Antonium conabantur, nomen inclamabant, frusta a cervicibus tollebant, blandius alia ad aurem invocabat, vehementius etiam nonnulla feriebat: quarum cum omnium vocem tactumque noscitaret, proximae cuiusque collum amplexu petebat: neque dormire excitatus neque vigilare ebrius poterat, sed semisomno sopore inter manus centurionum concubinarumque iactabatur'. nihil his neque credibilius fingi neque vehementius exprobrari neque manifestius ostendi potest.

125 Ne illud quidem praeteribo, quantam adferat fidem expositioni narrantis auctoritas, quam mereri debemus ante omnia quidem vita, sed et ipso genere orationis: quod quo fuerit gravius ac sanctius, hoc plus habeat necesse est in adfirmando ponderis. 126 effugienda igitur in hac praecipue parte omnis calliditatis suspicio, neque enim se usquam custodit magis iudex: nihil videatur fictum, nihil sollicitum: omnia potius a causa quam ab oratore profecta credantur. 127 at hoc pati non possumus et perire artem putamus, nisi appareat, cum desinat ars esse, si apparet. pendemus ex laude atque

Gerichte noch strenger waren, wieviel eher muß es da heutzutage geschehen, da der Kunstgenuß selbst in Prozesse eingedrungen ist, in denen es um Leben und Vermögen geht! Wieweit man diesem Verlangen der Menschen nachgeben darf, will ich an anderer Stelle behandeln; einstweilen genüge das Geständnis, daß ich einsehe, daß etwas Nachgiebigkeit sein muß. 123 Großen Eindruck macht es, wenn man zu den wirklichen Vorgängen noch ein glaubhaftes Bild hinzufügt, das den Zuhörer gleichsam gegenwärtig in den Vorgang zu versetzen scheint, wie es die bekannte Beschreibung des M. Caelius[47] darstellt, die sich gegen Antonius richtet: 'Denn sie trafen ihn an, wie er seinen Rausch auszuschlafen daliegt, aus voller Brust schnarchend, rülpsend aus- und einatmete, und seine glorreichen Kameradinnen lagen quer auf allen Feldbetten, und der Rest seiner Amazonen lag allenthalben ringsum: 124 Doch diese, halbtot vor Schrecken, als die Ankunft der Feinde bekanntgeworden war, suchten Antonius aufzuwecken, schrien seinen Namen, suchten ihn vergeblich am Nacken hochzuheben, eine rief ihm etwas Zärtliches ins Ohr, die eine oder andere gab ihm auch heftigere Stöße. Als ihm Rufe und Handgreiflichkeiten aller dieser Helferinnen dämmernd ins Bewußtsein drangen, suchte er der nächsten besten die Arme um den Hals zu legen. Weder schlafen konnte er, weil er aufgeweckt, noch wach sein, weil er betrunken war, doch schwankte er im Halbschlaf unter den Händen seiner Centurionen und Konkubinen.' Nichts läßt sich glaubhafter erfinden, heftiger entgegenschleudern und handgreiflicher darstellen als diese Szene.

125 Ich will nun freilich auch nicht übergehen, wieviel Vertrauen zur Darstellung das persönliche Ansehen des Erzählers verleiht, das wir uns vor allem zwar durch unsere Lebensführung verdienen, jedoch gerade auch durch die Art, wie wir reden; je würdiger und feierlicher diese ist, um so mehr muß sie zwangsläufig bei persönlichen Versicherungen an Gewicht haben. 126 Zu meiden ist also zumal in diesem Teil der Rede jeder Verdacht der Gerissenheit: nirgendwo nämlich ist der Richter mehr auf der Hut: nichts darf erfunden, nichts unsicher klingen; alles muß so wirken, als käme es eher von der Sache als vom Redner. 127 Das aber können wir Heutigen nicht aushalten und meinen, die Kunst gehe verloren, wenn sie nicht zum Vorschein kommt, während sie doch aufhört, eine Kunst zu sein, wenn sie erscheint. Wir hängen vom Beifall ab

[47] M. Cael. fr. 17 Malc.

hanc laboris nostri ducimus summam: ita quae circumstantibus ostentare volumus, iudicibus prodimus.

128 Est quaedam etiam repetita narratio, quae ἐπιδιήγησις dicitur, sane res declamatoria magis quam forensis, ideo autem reperta, ut, quia narratio brevis esse debet, fusius et ornatius res posset exponi, quod fit vel invidiae gratia vel miserationis. id et[g] raro faciendum iudico neque sic umquam, ut totus ordo repetatur; licet enim per partes idem consequi. ceterum qui uti ἐπιδιηγήσει volet, narrationis loco rem stringat et contentus indicare quid facti sit, quo sit modo factum plenius se loco suo expositurum esse promittat.

129 Initium narrationis quidam utique faciendum a persona putant, eamque, si nostra sit, ornandam, si aliena, infamandam statim. hoc sane frequentissimum est, quia personae sunt, inter quas litigatur. 130 sed hae quoque interim cum suis accidentibus ponendae, cum id profuturum est, ut: 'A. Cluentius Habitus fuit pater huiusce, iudices, homo non solum municipii Larinatis, ex quo erat, sed regionis illius et vicinitatis virtute, existimatione, nobilitate princeps': 131 interim sine his ut 'Q. enim Ligarius cum esset': frequenter vero et a re, sicut pro Tullio Cicero: 'fundum habet in agro Thurino M. Tullius paternum', Demosthenes pro Ctesiphonte: τοῦ γὰρ Φωκικοῦ συστάντος πολέμου.

132 De fine narrationis cum iis contentio est, qui perduci expositionem volunt eo, unde quaestio oritur: 'his rebus ita gestis P. Dolabella praetor interdixit, ut est consuetudo, de vi hominibus

g) et *Halm:* est **BP** enim **A**

und sehen in ihm die Krönung unserer Mühe. So geben wir, was wir den Umstehenden vorführen wollen, den Richtern preis.

128 Es gibt auch noch die Form einer Nachhol-Erzählung, die sogenannte ἐπιδιήγησις, freilich mehr eine Angelegenheit der Deklamatorenschule als der öffentlichen Wirksamkeit auf dem Forum, zu dem Zweck erfunden, weil ja die Erzählung kurz sein muß, die Vorgänge breiter und schmuckvoller darlegen zu können, was geschieht, um Entrüstung oder auch Mitleid zu erwecken. Nach meinem Urteil hierüber ist sie nur selten zu verwenden und niemals so, daß die ganze Abfolge wiederholt wird; man kann nämlich mit einzelnen Stücken ebensoviel erreichen. Im übrigen muß, wer die ἐπιδιήγησις anwenden will, den Vorgang an der Stelle für die Erzählung nur streifen und, damit zufrieden anzukündigen, was es mit der Tatsache auf sich hat, versprechen, an geeigneter Stelle ausführlicher darzustellen, wie sie geschehen sei.

129 Manche Gelehrte sind der Meinung, der Anfang der Erzählung müsse unbedingt mit einer Person gemacht werden, und zwar müsse man sie, wenn sie zu uns gehöre, lobend erwähnen, wenn sie feind sei, gleich herabsetzen. Nun ist das freilich das häufigste, weil es ja Personen sind, zwischen denen der Streit sich abspielt. 130 Doch hat man zuweilen, wenn das Nutzen verspricht, die Personen zusammen mit ihren Begleitumständen zu bringen, z. B.[48]: 'A. Cluentius Habitus war der Vater unseres Angeklagten, meine Herren Richter, ein Mann, der nicht nur in seinem Municipium Larinum, aus dem er stammte, sondern in der ganzen Gegend und Nachbarschaft an Tüchtigkeit, Geltung und Adel führend war'; bisweilen auch ohne diese, z. B.[49]: 131 'Als nämlich Q. Ligarius . . . war . . .'. Oft jedoch muß man auch mit der Sache beginnen, wie Cicero in der Rede für Tullius[50]: 'Ein Gut besitzt im Gebiet von Thurii M. Tullius von seinem Vater her'; oder Demosthenes[51] gegen Ctesiphon: 'Als nämlich der Krieg in Phokis war...'.

132 Über das Ende der Erzählung herrscht Streit mit denjenigen Lehrern, die wünschen, daß die Darlegung des Vorgangs bis zu der Stelle geführt wird, wo die Untersuchung beginnt: 'Als die Dinge so weit gediehen waren, erließ der Praetor P. Dolabella ein Interdikt, wie das üblich ist, 'über die Anwendung von Gewalt und

[48] p. Cluent. 5, 11.
[49] p. Lig. 1, 2.
[50] p. Tull. 6, 14.
[51] s. S. 18.

armatis, sine ulla exceptione, tantum ut, unde deiecisset, restitueret: deinde restituisse se dixit: sponsio facta est: hac de sponsione vobis iudicandum est'. id a petitore semper fieri potest, a defensore non semper.

III.

1 Ordine ipso narrationem sequitur *confirmatio*; probanda sunt enim, quae propter hoc exposuimus. sed priusquam ingrediar hanc partem, pauca mihi de quorundam opinione dicenda sunt. plerisque moris est, prolato rerum ordine protinus utique in aliquem laetum ac plausibilem locum quam maxime possint favorabiliter excurrere. 2 quod quidem natum ab ostentatione declamatoria iam in forum venit, postquam agere causas non ad utilitatem litigatorum, sed ad patronorum iactationem repertum est, ne, si pressae illi, qualis saepius desideratur, narrationis gracilitati coniuncta argumentorum pugnacitas fuerit, dilatis diutius dicendi voluptatibus oratio refrigescat. 3 in quo vitium illud est, quod sine discrimine causarum atque utilitatis hoc, tamquam semper expediat aut etiam necesse sit, faciunt, eoque sumptas ex iis partibus, quarum alius erat locus, sententias in hanc congerunt, ut plurima aut iterum dicenda sint aut, quia alieno[h] loco dicta sunt, dici suo non possint. 4 ego autem confiteor, hoc expatiandi genus non modo narrationi, sed etiam quaestionibus vel universis vel interim singulis opportune posse

h) alieno *Ald.:* alia alieno

bewaffnete Selbsthilfe', das ohne jede Einschränkung anordnete: es solle, wer jemanden von seinem Boden verdrängt habe, ihn dort wieder einsetzen. Darauf erklärte er, er habe ihn wieder eingesetzt. Eine Gerichtswette wurde eingegangen. Über diese Wette habt ihr zu urteilen.'[52] So kann es der Kläger immer einrichten, der Verteidiger nicht immer.

DRITTES KAPITEL

Der Exkurs

1 Der Reihenfolge nach folgt auf die Erzählung ihre *Stützung* (durch die Beweisführung); denn es gilt ja zu beweisen, was wir schon im Hinblick darauf dargelegt haben. Jedoch muß ich, ehe ich auf diesen Teil der Rede eingehe, einige Worte über eine Auffassung sagen, die von bestimmter Seite vertreten wird. Sehr verbreitet ist jetzt die Gewohnheit unter den Rednern, wenn sie die Abfolge der Ereignisse dargestellt haben, unbedingt gleich mit allen Reizen ihrer Kunst auf ein allgemeines dankbares Thema zu schwenken, das Beifall verspricht. 2 Diese Gewohnheit, entstanden aus dem Geltungsbedürfnis der Deklamatoren, hat nun auch Eingang auf dem Forum gefunden, nachdem man darauf gekommen ist, Prozesse nicht zum Nutzen der streitenden Parteien, sondern zur Befriedigung der Eitelkeit der Anwälte zu führen: wenn sich an die knappe, schlichte Kunst der Erzählung, die doch so oft vom Gegenstand gefordert wird, gleich die Streitlust der Beweisführung anschlösse, dann müßte dadurch, daß das Unterhaltungsbedürfnis noch länger unbefriedigt bliebe, die Rede kalt wirken. 3 In dieser Auffassung liegt der Fehler, daß diese Redner ohne Rücksicht auf die Verschiedenheit der Fälle und ihre Erfordernisse es so damit halten, als wäre es immer passend und sogar notwendig, deshalb Gedanken aus den Teilen der Rede nehmen, die doch einen anderen Platz im Gesamtbau einnahmen und sie hier zusammenhäufen, so daß sehr vieles zweimal gesagt werden muß oder, wenn es am unpassenden Orte gesagt worden ist, am passenden nicht gesagt werden kann. 4 Ich will zugestehen, daß diese Art abzubiegen sich vorteilhaft nicht nur an die Erzählung anschließen läßt, sondern auch an die untersuchenden Partien, teils im Ganzen, teils zuweilen an einzelne Fragen, wenn es die Sache erfordert oder doch jedenfalls erlaubt, und daß dadurch

[52] p. Caecin. 8, 23.

subiungi, cum res postulat aut certe permittit, atque eo vel maxime inlustrari ornarique orationem, sed, si cohaeret et sequitur, non, si per vim cuneatur et, quae natura iuncta erant, distrahit. 5 nihil enim tam est consequens quam narrationi probatio, nisi excursus ille vel quasi finis narrationis vel quasi initium probationis est. erit ergo illi nonnumquam locus, ut, si expositio circa finem atrox fuerit, prosequamur eam velut erumpente protinus indignatione. 6 quod tamen ita fieri oportebit, si res dubitationem non habebit: alioqui prius est quod obicias verum efficere quam magnum, quia criminum invidia pro reo est, priusquam probatur; difficillima est enim gravissimi cuiusque sceleris fides. 7 item fieri non inutiliter potest, ut, si merita in adversarium aliqua exposueris, in ingratum inveharis, aut, si varietatem criminum narratione demonstraveris, quantum ob ea periculum intentetur, ostendas. 8 verum haec breviter omnia; iudex enim ordine audito festinat ad probationem er quam primum certus esse sententiae cupit. praeterea cavendum est ne ipsa expositio vanescat, aversis in aliud animis et inani mora fatigatis.

9 Sed ut non semper est necessaria post narrationem illa procursio, ita frequenter utilis ante quaestionem praeparatio, utique si prima specie minus erit favorabilis, si legem asperam tuebimur aut poenarias actiones inferemus. est hic locus velut sequentis exordium ad conciliandum probationibus nostris iudicem, mitigandum, concitandum[i]. quod liberius hic et vehementius fieri potest, quia iudici nota iam causa est. 10 his igitur velut fomentis, si quid erit asperum, praemolliemus, quo facilius aures iudicum quae post dicturi erimus admittant, ne ius nostrum oderint; nihil enim facile persuadetur invitis. 11 quo loco iudicis quoque noscenda natura

i) mitigandum, concitandum *om.* **B** *del.* *Capperonnier*

die Rede sogar sehr an Bedeutung und Schönheit gewinnen kann, aber nur dann, wenn der Exkurs im Zusammenhang steht und sich aus dem Vorausgehenden ergibt, nicht aber, wenn er mit Gewalt eingekeilt wird und die natürliche Verbindung zerreißt. 5 Denn nichts folgt so natürlich aufeinander wie die Beweisführung auf die Erzählung, es sei denn, der gewünschte Exkurs bildet gleichsam den Abschluß der Erzählung oder den Anfang der Beweisführung. So wird er manchmal die Stelle erhalten, wenn die Darlegung gegen Ende zu greulichen Enthüllungen geführt hat, der Erzählung gleichsam ganz unmittelbar in einem Ausbruch der Entrüstung das Geleit zu geben. 6 Doch darf dies so nur geschehen, wenn der Vorgang keinen Zweifel mehr läßt, andernfalls wäre es vordringlicher, die Beschuldigung eher als wahr zu erweisen denn als schwerwiegend, weil, ehe der Beweis erbracht ist, die Entrüstung über die Beschuldigungen zugunsten des Angeklagten wirkt; denn je schwerwiegender ein Verbrechen ist, desto schwieriger findet es Glauben. 7 Ebenso kann es sehr nützlich sein, wenn man irgendwelche Dienste dargelegt hat, die man dem Gegner erwiesen hat, über seine Undankbarkeit aufzubrausen, oder wenn man in der Erzählung eine Vielfalt von Vergehen dargelegt hat, die Größe der Gefahr auszumalen, die dadurch droht. 8 Jedoch all das nur kurz; denn hat der Richter die Abfolge der Ereignisse vernommen, so drängt er zur Beweisführung und möchte schnellstens zu einer festen Urteilsbildung kommen. Außerdem gilt es, sich vorzusehen, daß die Darlegung der Ereignisse selbst nicht verblaßt, wenn man die Aufmerksamkeit auf anderes ablenkt und durch unnützes Säumen erschöpft.

9 Wie nun aber nicht immer nach der Erzählung ein solcher Vorstoß notwendig ist, so ist häufig vor der Untersuchung eine Vorbereitung angebracht, unbedingt dann, wenn sie beim ersten Augenschein weniger günstig aussieht, wenn wir ein hartes Gesetz verteidigen oder die Strafanträge stellen. Diese Stelle ist gleichsam das Prooemium für das Folgende, um den Richter für unsere Beweisgänge zu gewinnen, zu besänftigen oder zu erregen. Das kann hier in freierer und heftigerer Weise geschehen, weil dem Richter der Fall schon bekannt ist. 10 Hier also können wir wie mit lindernden Umschlägen an etwaigen empfindlichen Stellen für Milderung vorsorgen, damit das Ohr des Richters dem leichter Zugang gestattet, was wir nun sagen wollen, um uns unser Recht nicht zu mißgönnen; denn fehlt es am guten Willen, so hat es die Überzeugungskraft nicht leicht. 11 Auch an dieser Stelle kommt es darauf an, die

est, iuri magis an aequo sit adpositus: proinde enim magis aut minus erit hoc necessarium.

Ceterum res eadem et post quaestionem perorationis vice fungitur. 12 hanc partem παρέκβασιν vocant Graeci, Latini *egressum* vel *egressionem*. sed hae sunt plures, ut dixi, quae per totam causam varios habent excursus, ut laus hominum locorumque, ut descriptio regionum, expositio quarundam rerum gestarum, licet etiam[j] fabulosarum. 13 quo ex genere est in orationibus contra Verrem conpositis Siciliae laus, Proserpinae raptus, pro C. Cornelio popularis illa virtutum Cn. Pompei commemoratio: in quam ille divinus orator, veluti nomine ipso ducis cursus dicendi teneretur, abrupto quem incohaverat sermone devertit actutum. 14 παρέκβασις est, ut mea quidem fert opinio, alicuius rei, sed ad utilitatem causae pertinentis, extra ordinem excurrens tractatio. quapropter non video, cur hunc ei potissimum locum adsignent, qui rerum ordinem sequitur, non magis quam illud, cur hoc nomen ita demum proprium putent, si aliquid in digressu sit exponendum, cum tot modis a recto itinere declinet oratio. 15 nam quidquid dicitur praeter illas quinque quas fecimus partes, egressio est: indignatio, miseratio, invidia, convicium, excusatio, conciliatio, maledictorum refutatio. similia his, quae non sunt in quaestione, omnis amplificatio, minutio, omne adfectus genus, et quae[k] maxime iucundam et ornatam faciunt orationem, de luxuria, de avaritia, de religione, de officiis: quae cum sunt argumentis subiecta similium rerum, quia cohaerent, egredi non videntur. 16 sed plurima sunt, quae rebus nihil secum cohaerenti-

j) licet etiam *Jul. Vict.* vel etiam *Cass.:* utletitia **A** sed etiam **BP**
k) et quae *Spalding:* atque ea

Wesensart des Richters zu kennen, ob er mehr dem Recht oder der Billigkeit zuneigt; denn je nachdem ist eine solche Vorbereitung notwendig.

Die gleiche Art der Vorbereitung tritt im übrigen auch nach der Untersuchung als eine Art Schlußwort auf. 12 Die Griechen nennen dieses Stück παρέκβασις, die Römer *egressus* oder *egressio* (Abschweifung). Jedoch gibt es solche Abschweifungen, wie gesagt, in größerer Zahl, die überall in der Rede verschiedenartige Exkurse bilden, z. B. zum Lob von Menschen oder Stätten, zur Beschreibung von Landschaften und zur Erzählung bestimmter Heldentaten – auch aus der Sagenwelt. 13 Zu dieser Art gehört in den Reden gegen Verres das Lob Siziliens[53], der Raub der Proserpina[54], in der Rede für Cornelius[55] die bekannte, für das Volk berechnete Erwähnung der Leistungen des Cn. Pompeius. Zu ihr biegt der göttliche Redner, als komme schon durch die Nennung des Feldherrn der Strom seiner Rede ins Stocken, sogleich ab, indem er seine begonnene Rede einfach abbricht. 14 Eine παρέκβασις ist, wie ich wenigstens es auffasse, die Behandlung eines Ereignisses, das jedoch zum Interesse des Falles gehört, in einer außerhalb der natürlichen Abfolge verlaufenden Form. Ich vermag deshalb nicht zu sehen, warum man ihr gerade diesen Platz (nach der Erzählung) zuweist, der doch in der Abfolge der Ereignisse steht, ebensowenig auch, warum man glaubt, so nur käme ihr dieser Name eigentlich zu, wenn etwas in einer Abschweifung darzulegen ist, während es doch so viele Arten gibt, in der Rede vom geraden Wege abzubiegen. 15 Denn alles, was außerhalb der fünf Teile gesprochen wird, die wir für die Rede angenommen haben, ist Exkurs: diene es nun für Unwillen, Mitleid, Entrüstung, Schelten, Entschuldigen, Gewinnen oder Abwehr von Schmähungen. Diesen ähnlich sind ja auch die anderen Mittel, die nicht zur Untersuchung gehören; jede Steigerung oder Abschwächung, jede Art von Erregung der Gefühle und all das, was die Rede vor allem empfiehlt und schmückt: die Ausführungen über Schwelgerei, Habgier, frommes Handeln und Pflichten. Sind solche Ausführungen an Beweise für entsprechende Vorgänge angeschlossen, so scheinen sie, weil sie im Zusammenhang stehen, gar keine Exkurse zu sein. 16 Jedoch sehr viele Fälle gibt es, wo, ohne daß die Vorgänge einen

[53] Verr. 2, 1f.

[54] Verr. 4, 48.

[55] die 65 gehaltene Verteidigungsrede ist verloren.

bus inseruntur, quibus iudex reficitur, admonetur, placatur, rogatur, laudatur, innumerabilia sunt haec, quorum alia sic praeparata adferimus, quaedam ex occasione vel necessitate ducimus, si quid nobis agentibus novi accidit, interpellatio, interventus alicuius, tumultus. 17 unde Ciceroni quoque in prooemio, cum diceret pro Milone, degredi fuit necesse, ut ipsa oratiuncula, qua usus est, patet. potest autem paulo longius exire qui praeparat aliquid ante quaestionem et qui finitae probationi velut commendationem adicit: at qui ex media erumpit, cito ad id redire debet unde devertit.

IV.

1 Sunt qui narrationi *propositionem* subiungant tamquam partem iudicialis materiae: cui opinioni respondimus. mihi autem propositio videtur omnis confirmationis initium: quod non modo in ostendenda quaestione principali, sed nonnumquam etiam in singulis argumentis poni solet, maximeque in iis, quae ἐπιχειρήματα vocantur. 2 sed nunc de priore loquimur. ea non semper uti necesse est. aliquando enim sine propositione quoque satis manifestum est, quid in quaestione versetur, utique si narratio ibi finem habet, ubi initium quaestio, adeo ut aliquando subiungatur expositioni, quae solet in argumentis esse summa collectio: ‘haec si, ut exposui, gesta sunt, iudices, insidiator superatus est, vi victa vis vel potius oppressa

Zusammenhang zeigen, Ausführungen eingereiht werden, durch die der Richter ermuntert, ermahnt, besänftigt, gebeten und gelobt wird. Zahllos sind solche Fälle, in denen wir manchmal anbringen, was wir schon hierfür vorbereitet haben, manches bei passender Gelegenheit oder in einer Zwangslage einführen, wenn während unserer Verhandlung etwas Neues eintritt: eine Unterbrechung, das Erscheinen einer Person oder Unruhe im Publikum. 17 Daher sah sich auch Cicero gezwungen, im Prooemium seiner Rede für Milo eine Abschweifung zu machen, wie die kleine Rede, die er wirklich gehalten hat, noch erkennen läßt[56]. Auch etwas weiter kann ausschweifen, wer damit etwas vor der Untersuchung vorbereitet und wer nach der Beweisführung etwas hinzufügt. Doch muß, wer mitten im Zusammenhang zu einem Exkurs ansetzt, schnell zu der Stelle zurückkehren, wo er abgebogen ist.

VIERTES KAPITEL

Die Ankündigung des Beweiszieles

1 An die Erzählung schließen manche *die Ankündigung des Beweiszieles*, als bilde sie einen eigenen Teil des Stoffes, der dem Gericht vorzutragen sei, eine Ansicht, zu der wir schon Stellung genommen haben[57]. Ich aber sehe in dieser Ankündigung den Beginn einer jeden Beweisführung, der gewöhnlich nicht nur bei der Darlegung der Hauptfrage des ganzen Falles, sondern auch zuweilen bei einzelnen Beweisen den Ausgang bildet, zumal bei den sogenannten *Epicheiremen*[58]. 2 Doch jetzt sprechen wir von der ersteren Form. Die Ankündigung des Beweiszieles muß nicht immer erfolgen. Manchmal nämlich ist es auch ohne Ankündigung hinreichend klar, worum die Untersuchung eigentlich geht, jedenfalls dann, wenn die Erzählung an der Stelle endet, wo die Untersuchung einsetzt, wobei ja sogar manchmal der Darlegung des Vorgangs das angefügt wird, was in der Beweisführung gewöhnlich die Zusammenfassung des Ergebnisses ergibt: 'Wie ich dies dargetan habe, meine Herren Richter, so ist es geschehen; der Attentäter ist überwältigt worden, mit Gewalt wurde Gewalt gebrochen oder besser: durch Tüchtig-

[56] Wir besitzen nur die von Cicero später ausgearbeitete Musterrede.

[57] s. o. B. 3, 9, 2 vgl. 3, 9, 5 u. 3, 11, 27.

[58] zum Bau dieser rhetorischen Beweisform s. u. B. 5, 14, 5ff.

virtute audacia est'. 3 nonnumquam valde est utilis, ubi res defendi non potest et de iure quaeritur, ut pro eo, qui pecuniam privatam de templo sustulit 'sacrilegii agitur, de sacrilegio cognoscitis', ut iudex intellegat id unum esse officii sui quaerere, an id, quod obicitur, sacrilegium sit. 4 item in causis obscuris aut multiplicibus, nec semper propter hoc solum, ut sit causa lucidior, sed aliquando etiam, ut magis moveat. movet autem, si protinus subtexantur aliqua, quae prosint: 'lex aperte scripta est, ut peregrinus, qui murum ascenderit, morte multetur: peregrinum te esse certum est: quin ascenderis murum non quaeritur: quid superest, nisi ut te puniri oporteat?' haec enim propositio confessionem adversarii premit et quodam modo iudicandi moram tollit, nec indicat quaestionem, sed adiuvat.

5 Sunt autem propositiones et simplices et duplices vel multiplices, quod accidit non uno modo. nam et plura crimina iunguntur, ut cum Socrates accusatus est, quod corrumperet iuventutem et novas superstitiones introduceret: et singula ex pluribus colliguntur, ut cum legatio male gesta obicitur Aeschini, quod mentitus sit, quod nihil ex mandatis fecerit, quod moratus sit, quod munera acceperit. 6 recusatio quoque pluris interim propositiones habet, ut contra petitionem pecuniae: 'male petis: procuratorem enim tibi esse non licuit: sed neque illi, cuius nomine litigas, habere procuratorem; sed neque est heres eius, a quo accepisse mutuam dicor; sed nec ipsi debui'. 7 multiplicari haec in quantum libet possunt, sed rem

keit die Dreistigkeit erstickt.'[59] 3 Manchmal dagegen ist die Ankündigung sehr nützlich, wo die Tat nicht verteidigt werden kann und nur das Ziel der Untersuchung in Frage steht, z. B. in der Verteidigung des Mannes, der privates Vermögen aus dem Tempel wegnahm: 'Auf Tempelschändung lautet die Anklage, über die Tempelschändung habt ihr den Urteilsspruch zu fällen', damit der Richter deutlich weiß, daß es nur seine Aufgabe ist zu untersuchen, ob es sich bei dem, was dem Angeklagten vorgeworfen wird, um Tempelschändung handelt. 4 Ebenso ist sie angebracht bei dunklen und verwickelten Fällen, nicht immer nur zu dem Zweck, den Fall durchsichtiger zu machen, sondern zuweilen auch, um stärker die Gefühle zu erregen. Es erregt aber das Gefühl des Richters, wenn gleich noch ein paar für uns günstige Tatsachen eingeflochten werden: 'Im Gesetz steht deutlich geschrieben: ein Fremder, der die Stadtmauer ersteigt, ist mit dem Tode zu bestrafen. Daß du ein Fremder bist, ist gewiß; davon, daß du nicht die Mauer erstiegen hättest, kann keine Rede sein. Was gibt es da anderes für dich als die Todesstrafe?' Diese Ankündigung nämlich erpreßt vom Gegner das Schuldbekenntnis, sie nimmt der Urteilsbildung sozusagen jede Bedenkpause und kündigt die Untersuchung nicht an, sondern bahnt ihr den Weg.

5 Die Ankündigungen sind nun teils einfach, teils zwiefach oder gar vielfach, und das nicht nur in einer Art; denn einmal werden mehrere Beschuldigungen verbunden, wenn etwa Sokrates angeklagt ist, die Jugend zu verderben, und auch, neue abergläubische Gedanken einzuführen. Zum anderen werden mehrere Anschuldigungen zu einer zusammengefaßt, wenn z. B. dem Aeschines der Verstoß gegen seine Gesandtenpflicht vorgeworfen wird, weil er (erstens) gelogen habe, (zweitens) nichts von seinen Aufträgen ausgeführt habe, (drittens) die Gesandtschaft in die Länge gezogen und weil er (viertens) sich habe bestechen lassen. 6 Auch die Zurückweisung der Klage besteht zuweilen in mehreren Ankündigungen, z. B. gegen eine Kapitalrückforderung: 'Deine Forderung ist ungültig; denn du hattest ja gar keine Vollmacht; auch derjenige, für den du den Prozeß führst, besaß die Vollmacht nicht; vielmehr ist er gar nicht der Erbe dessen, von dem ich das Geld geliehen haben soll, und ich bin es ihm selbst gar nicht schuldig.' 7 Diese Ankündigungen können nach Belieben vermehrt werden, doch genügen diese Beispiele, zu zeigen, was wir meinen. Stellt man die

[59] p. Mil. 11, 30.

ostendisse satis est. hae si ponantur singulae subiectis probationibus, plures sunt propositiones: si coniungantur, in partitionem cadunt.

8 Est et nuda propositio, qualis fere in coniecturalibus 'caedis ago, furtum obicio': est ratione subiecta, ut 'maiestatem minuit C. Cornelius; nam codicem tribunus pl. ipse pro contione legit'. praeter haec utimur propositione aut nostra, ut 'adulterium obicio', aut adversarii, ut 'adulterii mecum agitur', aut communi, ut 'inter me et adversarium quaestio est, uter sit intestato propior'. nonnumquam diversas quoque iungimus: 'ego hoc dico, adversarius hoc'.

9 Habet interim vim propositionis, etiam si per se non est propositio, cum exposito rerum ordine subicimus: 'de his cognoscetis'[1], ut sit haec commonitio, iudicis quo se ad quaestionem acrius intendat et velut quodam tactu excitatus finem esse narrationis et initium probationis intellegat et nobis confirmationem ingredientibus ipse quoque quodam modo novum audiendi sumat exordium.

V.

1 *Partitio* est nostrarum aut adversarii propositionum aut utrarumque ordine conlocata enumeratio. hac quidam utendum semper putant, quod ea fiat causa lucidior et iudex attentior ac

1) cognoscetis *Jul. Vict.*: cognoscitis **BP** cognitis **A**

Ankündigungen einzeln vor die Beweisgänge, handelt es sich um mehrere Ankündigungen; verbindet man sie, so gehören sie in den Bereich der Gliederung.

8 Es gibt ferner einerseits die nackte Form der Ankündigung, wie sie sich in der Regel in Vermutungsfällen findet: 'Ich klage auf Mord, meine Anschuldigung lautet auf Diebstahl'; andererseits die Form, in der der Grund der Klage beigegeben wird, z. B.[60]: 'C. Cornelius hat die Majestät beeinträchtigt; denn er hat als Volkstribun selbst in der Volksversammlung den Gesetzestext verlesen.' Außerdem verwenden wir in dieser Form entweder unsere eigene Ankündigung, z. B.: 'Ich beschuldige dich wegen Ehebruchs' oder die des Gegners: z. B. 'Wegen Ehebruchs belangt man dich' oder eine gemeinsame: 'Zwischen mir und meinem Gegner besteht die Streitfrage, wer dem ohne Testament Verstorbenen nähersteht.' Manchmal verbinden wir auch die entgegengesetzten Standpunkte: 'Ich sage dies, mein Gegner das.'

9 Es hat zuweilen die Wirkung einer Ankündigung, auch wenn es an sich keine ist, der Darstellung der Abfolge der Ereignisse hinzuzufügen: 'Über diese Dinge werdet ihr das Urteil zu finden haben'; denn es bedeutet eine Mahnung für den Richter, seine Aufmerksamkeit um so angespannter auf die Untersuchung zu richten und ihn gleichsam handgreiflich aufzuwecken, damit er merke, die Erzählung sei zu Ende und die Beweisführung habe begonnen, und so, wenn wir in die Beweisführung, die unsere Erzählung stützen soll, eintreten, auch seinerseits als Zuhörer gewissermaßen einen neuen Ansatz nehme.

FÜNFTES KAPITEL

Die Gliederung der Beweisführung

1 *Die Gliederung* ist die der Reihe nach an einer Stelle gebotene Aufzählung unserer, der gegnerischen oder auch beider Ankündigungen der Beweisziele. Manche meinen, sie sei immer anzuwenden, weil durch sie der Fall klarer und der Richter aufmerksamer und aufnahmewilliger werde, wenn er sowohl wisse, worüber wir

[60] s. o. Anm. 55. Ein anderer Volkstribun hatte gegen die Verlesung Einspruch erhoben, über den sich Cornelius hinwegsetzte und den Text selbst vorlas.

docilior, si scierit et de quo dicimus, et de quo dicturi postea sumus[m]. 2 rursus quidam periculosum id oratori arbitrantur duabus ex causis: quod nonnumquam et excidere soleant quae promisimus, et, si qua in partiendo praeterimus, occurrere: quod quidem nemini accidet, nisi qui plane vel nullo fuerit ingenio vel ad agendum nihil cogitati praemeditatique detulerit. 3 alioqui quae tam manifesta et lucida est ratio quam rectae partitionis? sequitur enim naturam ducem adeo, ut memoriae id maximum sit auxilium, via dicendi non decedere. quapropter ne illos quidem probaverim, qui partitionem vetant ultra tris propositiones extendere: quae sine dubio, si nimium sit multiplex, fugiet memoriam iudicis et turbabit intentionem, hoc tamen numero velut lege non est alliganda, cum possit causa pluris desiderare. 4 alia sunt magis, propter quae partitione non semper sit utendum: primum, quia pleraque gratiora sunt, si inventa subito nec domo allata, sed inter dicendum ex re ipsa nata videantur, unde illa non iniucunda schemata 'paene excidit mihi' et 'fugerat me' et 'recte admones': propositis enim probationibus omnis in reliquum gratia novitatis praecerpitur. 5 interim vero etiam fallendus est iudex et variis artibus subeundus, ut aliud agi, quam quod petimus, putet. nam est nonnumquam dura propositio, quam iudex si providit, non aliter praeformidat, quam qui ferrum medici prius quam curetur aspexit: at si re non ante proposita securum ac nulla denuntiatione

m) simus **A**

sprechen, als auch, worüber wir später noch zu sprechen die Absicht hätten. 2 Umgekehrt glauben manche, dies sei gefährlich für den Redner, und zwar aus zwei Gründen: einmal pflegten uns manchmal Punkte, die wir angekündigt hätten, zu entfallen, sodann aber auch solche, die wir beim Gliedern übergangen haben, uns noch einzufallen. Beides wird freilich keinem Menschen passieren, der nicht gerade ohne jede Begabung ist oder zu seinem Vortrag gar kein Nachdenken und vorbereitendes Durchdenken des Falles aufgewendet hat. 3 Was liefert im übrigen aber eine so handgreifliche, klare und sinnvolle Grundlage für den ganzen Fall wie eine richtige Gliederung? Läßt diese sich ja doch von Natur selbst als Führerin leiten und bildet dadurch auch für das Gedächtnis die beste Hilfe, nicht von der Bahn, in der die Rede am natürlichsten verläuft, abzukommen. Deshalb kann ich selbst nicht das anerkennen, daß manche Lehrer die Gliederung auf die Ankündigung von höchstens drei Punkten beschränken. Zweifellos wird sie, wenn sie gar zu reich gegliedert ist, dem Richter wieder aus dem Gedächtnis kommen und seine Aufmerksamkeit verwirren. Trotzdem sollte sie nicht wie ein Gesetz an eine feste Zahl gebunden sein, da ein Fall eine Anzahl von Punkten verlangen kann. 4 Andere Überlegungen haben mehr auf sich, weshalb man die Gliederung nicht immer anwenden solle: zunächst deshalb, weil es in vielen Fällen willkommener ist, wenn Gedanken plötzlich gefunden und nicht schon von Hause mitgebracht oder während des Sprechens aus der Situation selbst herausgewachsen zu sein scheinen, eine Tatsache, der die bekannten Wendungen[61] ihre Beliebtheit verdanken: 'Fast wäre mir entfallen', 'Es war mir entgangen' und 'Zu Recht erinnerst du mich'; wenn nämlich die Beweisgänge schon angekündigt sind, wird dadurch alles, was für das Weitere noch den Reiz einer Überraschung durch etwas Neues bieten kann, zum voraus ausgeschaltet. 5 Zuweilen indessen muß man ja auch den Richter täuschen und mit allen möglichen Kunstgriffen dazu bringen, daß er glaubt, es handle sich um etwas anderes als das, worauf wir es abgesehen haben. Denn manchmal ist ein Beweisziel eine harte Zumutung, vor der der Richter, wenn er sie voraussieht, nicht anders zurückschreckt als jemand, der das Messer des Arztes schon erblickt hat, bevor er behandelt wird. Wenn dagegen die Rede dadurch, daß das Ziel nicht vorher angekündigt ist, den Zuhörer sorglos und durch keinen verdächtigen Hinweis darauf hingelenkt antrifft, wird sie erreichen,

[61] Verr. 4, 3, 5.

in se conversum intrarit oratio, efficiet, quod promittenti non crederetur. 6 interim refugienda non modo distinctio quaestionum est, sed omnino tractatio: adfectibus turbandus et ab intentione auferendus auditor. non enim solum oratoris est docere, sed plus eloquentia circa movendum valet. cui rei contraria est maxime tenuis illa et scrupulose in partis secta divisionis diligentia eo tempore, quo cognoscenti iudicium conamur auferre. 7 quid quod interim quae per se levia sunt et infirma, turba valent? ideoque congerenda sunt potius et velut eruptione pugnandum: quod tamen rarum esse debet et ex necessitate demum, cum hoc ipsum, quod dissimile rationi est, coegerit ratio. 8 praeter haec in omni partitione est utique aliquid potentissimum, quod cum audivit iudex, cetera tamquam supervacua gravari solet. itaque, si plura vel obicienda sunt vel diluenda, et utilis et iucunda partitio est, ut, quo[n] quaque de re dicturi sumus ordine, appareat: at, si unum crimen varie defendemus, supervacua. 9 ut si ita[o] partiamur: 'dicam non talem esse hunc quem tueor reum, ut in eo credibile videri possit homicidium, dicam occidendi causam huic non fuisse, dicam hunc eo tempore, quo homo occisus est, trans mare fuisse': omnia, quae ante id, quod ultimum est, exsequeris, inania videri necesse est. 10 festinat enim iudex ad id, quod potentissimum est, et velut obligatum promisso patronum, si est patientior, tacitus appellet: si vel occupatus vel in aliqua potestate vel etiam sic moribus compositus, cum convicio efflagitat. 11 itaque non defuerunt qui Ciceronis illam pro Cluentio partitionem inprobarent, qua se dicturum esse pro-

n) quo *Madvig* quid . . . dicturi simus *Halm:* quod **B** quid **AP**
o) ita *Regius:* illa **AB** *om.* **P**

[62] p. Cluent. 4, 9. Cluentius hatte gegen Oppianicus Klage wegen eines Mordversuchs geführt. Oppianicus war von einem Gerichtshof verurteilt worden, der im Verdacht stand, von Cluentius bestochen worden zu sein. s. u. B. 5, 2, 1.

was dem Redner, hätte er schon zugesichert, daß es sich beweisen ließe, nicht geglaubt würde. 6 Zuweilen gilt es auch, nicht nur der genauen Unterscheidung von Fragen aus dem Wege zu gehen, sondern überhaupt ihrer Behandlung: man hat den Hörer durch Gefühlswirkungen irrezumachen und vom gespannten Aufpassen abzulenken. Denn es ist ja nicht nur Sache des Redners zu unterrichten, sondern mehr noch kommt die Kraft der Redekunst bei den Gefühlsbewegungen zur Geltung. Diesem Ziel steht eine nüchterne und gewissenhafte Gliederung, die den Stoff Punkt für Punkt genau zerlegt, vor allem in dem Zeitpunkt im Wege, in dem wir dem Richter, während er noch dabei ist, sich über den Fall eine Meinung zu bilden, sein Urteil zu entwinden versuchen. 7 Ja, kommen nicht zuweilen auch an und für sich unbedeutende und schwache Argumente dadurch zur Geltung, daß sie in großer Schar herandrängen? Darum rafft man sie dann besser zusammen und führt sie wie zu einem Ausfall in den Kampf. Doch darf das nur selten geschehen und erst in der Not der Verzweiflung, wenn selbst das, was vernünftiger Methode so wenig ähnlich sieht, zum Gebot der Vernunft wird. 8 Außerdem gibt es bei jeder Gliederung einen unbedingt ausschlaggebenden Punkt, der so stark ins Gewicht fällt, daß der Richter, wenn er ihn einmal gehört hat, das übrige wie eine überflüssige Zutat gewöhnlich als lästig empfindet. Wenn deshalb mehrere Anklagepunkte geltend gemacht oder entkräftet werden müssen, ist eine Gliederung nützlich und willkommen, damit alles, was wir über jeden Punkt sagen wollen, der Reihe nach erscheint. Verteidigen wir uns dagegen nur gegen eine Anschuldigung auf verschiedene Weise, ist die Gliederung überflüssig. 9 Wenn wir z. B. die folgende Gliederung aufstellten: 'Ich werde zeigen, daß mein Mandant hier nicht der Mann ist, dem man einen Mord zutrauen könnte; ich werde zeigen, daß dieser Mann auch keinen Grund hatte, den Mord zu begehen; ich werde zeigen, daß er zu der Zeit, als der Mord begangen wurde, sich in Übersee befunden hat', so muß alles, was man vor dem Beweispunkt, der an letzter Stelle erscheint, ausführen könnte, nichtig erscheinen. 10 Denn der Richter drängt zu dem, was das Ausschlaggebende ist, und ist er von geduldigerer Art, so mahnt er den Anwalt stillschweigend wie einen säumigen Schuldner, ist der Richter aber überlastet, steht er in einem höheren Staatsamt oder gehört die Ungeduld zu seiner Wesensart, so verlangt er es gar unter Schelten. 11 So fehlt es auch nicht an Kennern, die Ciceros berühmte Gliederung in der Rede für Cluentius[62] tadelten, in der er verspricht, er werde zeigen, 'daß erstens nie jemand mit schlimmeren

misit, 'primum neminem maioribus criminibus, gravioribus testibus in iudicium vocatum quam Oppianicum: deinde praeiudicia esse facta ab iis ipsis iudicibus, a quibus condemnatus sit: postremo iudicium pecunia temptatum non a Cluentio, sed contra Cluentium': quia, si probari posset, quod est tertium, nihil necesse fuerit dicere priora. 12 rursus nemo tam erit aut iniustus aut stultus, quin eum fateatur optime pro Murena esse partitum: 'intellego, iudices, tris totius accusationis partis fuisse, et earum unam in reprehensione vitae, alteram in contentione dignitatis, tertiam in criminibus ambitus esse versatam'. nam sic et ostendit lucidissime causam et nihil fecit altero supervacuum.

13 De illo quoque genere defensionis plerique dubitant 'si occidi, recte feci, sed non occidi': quo enim pertinere prius, si sequens firmum sit? haec invicem obstare et utroque utentibus in neutro haberi fidem. quod sane in parte verum est, ut[p] illo sequenti, si modo indubitabile est, sit solo utendum; 14 at si quid in eo, quod est fortius, timebimus, utraque probatione nitemur. alius enim alio moveri solet: et qui factum putabit, iustum credere potest, qui tamquam iusto non movebitur, factum fortasse non credet. ut certa manus uno telo potest esse contenta, incerta plura spargenda sunt, ut sit et fortunae locus. 15 egregie vero Cicero pro Milone insidiatorem primum Clodium ostendit, tum addidit ex abundanti, etiam si id non fuisset, talem tamen civem cum summa virtute interfectoris et gloria necari potuisse. 16 neque illum tamen ordinem, de quo prius dixi, damnaverim, quia quaedam, etiam si ipsa sunt dura,

p) ut *Valla:* et

Beschuldigungen, schwererer Belastung durch Zeugen vor Gericht gefordert worden sei als Oppianicus; daß zweitens schon Vorentscheidungen gefallen seien, und zwar von ebenden Richtern, die ihn verurteilt hätten; drittens endlich, daß der Versuch, das Gericht zu bestechen, nicht von Cluentius ausgegangen sei, sondern sich gegen ihn gerichtet habe'. Denn wenn sich beweisen ließe, was an dritter Stelle steht, wäre es nicht nötig, das Vorausgehende zu zeigen. 12 Andererseits wird niemand so ungerecht oder töricht sein zu leugnen, daß Cicero die Beweisführung für Murena[63] ganz vortrefflich gegliedert habe: 'Ich sehe, meine Herren Richter, daß die ganze Anklage auf drei Punkten beruht, erstens auf dem Anstoß, den seine Lebensführung bietet, zweitens auf dem Rangstreit bei der Bewerbung und drittens auf den Beschuldigungen wegen Wählerbestechung.' Denn so hat er aufs klarste den Fall dargelegt und nichts getan, was das Nächste überflüssig macht.

13 Auch bei der folgenden Art der Verteidigung haben sehr viele Bedenken: 'Wenn ich ihn erschlagen habe, so habe ich recht gehandelt, ich habe ihn aber nicht erschlagen'; denn worauf solle das erste Beweisziel hinauslaufen, wenn das zweite feststeht? Beide ständen sich im Wege, und wer beide geltend machte, fände für keins von beiden Glauben. Das ist freilich zum Teil wahr, insofern nämlich, daß wir nur das zweite geltend machen sollen, wenn es denn wirklich unzweifelhaft ist. 14 Wenn wir dagegen bei dem Beweisziel, das die stärkere Schlagkraft besitzt, Befürchtungen haben müssen, werden wir uns auf beide stützen; denn der eine pflegt sich durch dies, der andere durch jenes stärker beeindrucken zu lassen. Auch wer die Tat für geschehen hält, kann sie für gerechtfertigt halten; der andererseits, auf den die Rechtfertigung der Tat keinen Eindruck macht, wird doch vielleicht nicht glauben, daß sie geschehen sei. Wie eine sichere Hand sich mit einem Geschoß zufriedengeben kann, so muß eine unsichere eben mehrere versenden, um auch dem Glück noch einen Platz einzuräumen. 15 Hervorragend hat indessen Cicero in der Rede für Milo zuerst klargemacht, daß Clodius der Attentäter war, dann aber zum Überfluß hinzugefügt, selbst wenn er es nicht gewesen wäre, hätte immerhin ein solcher Mitbürger zum höchsten Verdienst und Ruhm dessen, der ihm den Todesstoß versetzte, getötet werden können. 16 Und doch möchte ich auch die zuerst besprochene Reihenfolge[64] nicht verurteilen, weil manches, auch wenn es selbst schwer eingeht, doch seine Bedeutung dafür hat, daß

[63] p. Mur. 5, 11. [64] s. o. § 13.

in id tamen valent, ut ea molliant, quae sequuntur. nec omnino sine ratione est, quod vulgo dicitur: iniquum petendum, ut aequum feras. 17 quod tamen nemo sic accipiat, ut omnia credat audenda, recte enim Graeci praecipiunt, non tentanda quae effici omnino non possint. sed quotiens hac, de qua loquor, duplici defensione utemur, id laborandum est, ut in illam partem sequentem fides ex priore ducatur; potest enim videri, qui tuto etiam confessurus fuit, mentiendi causam in negando non habere.

18 Et illud utique faciendum est, ut, quotiens suspicabimur iudici aliam probationem desiderari, quam de qua loquimur, promittamus nos plene et statim de eo satis esse facturos, praecipueque, si de pudore agetur. 19 frequenter autem accidit ut causa parum verecunda iure tuta sit: de quo ne inviti iudices audiant et aversi[q], frequentius sunt admonendi 'secuturam defensionem probitatis ac dignitatis: expectent paulum et agi ordine sinant'. 20 quaedam interim nos et[r] invitis litigatoribus simulandum est dicere, quod Cicero pro Cluentio facit circa iudiciariam legem: nonnumquam, quasi interpellemur ab iis, subsistere: saepe avertenda ad ipsos oratio, hortandi, ut sinant nos uti nostro consilio. ita subrepetur animo iudicis et, dum sperat probationem pudoris, asperioribus illis minus repugnabit. 21 quae cum receperit, etiam verecundiae defensioni facilior erit. sic utraque res invicem iuvabit eritque iudex circa ius nostrum spe modestiae attentior, circa modestiam iuris probatione proclivior.

22 Sed ut non semper necessaria aut utilis etiam partitio est, ita opportune adhibita plurimum orationi lucis et gratiae confert.

q) et aversi *Halm:* et adversi **BP** aversi **A** *om. Jul. Vict. del. Radermacher*
r) et *om.* **A**

die folgenden Beweisgänge leichter eingehen. Nicht ganz ohne Grund sagt man im Volk: Man muß Unbilliges verlangen, um Billiges zu erlangen. 17 Nur verstehe das niemand so, daß er glaubt, man dürfe alles darauf ankommen lassen. Denn mit Recht gibt es im Griechischen die Regel, nicht erst zu versuchen, was man keinesfalls erreichen könne. Sooft wir aber die doppelte Verteidigung anwenden, von der ich spreche, gilt es, alles dafür einzusetzen, daß der erste Teil den Glauben, den er gewinnt, an den zweiten weitergebe; denn wer ohne Gefahr vor dem Gesetz eine Tat sogar zugeben dürfte, der kann doch wohl keinen Grund zu lügen haben, wenn er die Tat leugnet.

18 Auch folgendes ist unbedingt zu beachten: haben wir den Verdacht, bei einem Richter finde ein anderer Beweisgang mehr Anklang als der, den wir gerade behandeln, müssen wir versprechen, diesem Wunsch vollständig und umgehend Genüge zu tun, besonders dann, wenn es sich um Anstandsfragen handelt. 19 Oft kommt es aber vor, daß ein Fall, mit dem es etwas heikel in der Frage der Ehrenhaftigkeit steht, vor dem Gesetz unbedenklich ist. Damit die Richter hierüber nicht widerwillig und mit Abneigung zuhören, müssen wir immer wieder sagen, 'die Verteidigung der Anständigkeit und Würde der Tat werde gleich folgen; sie möchten nur etwas abwarten und die Dinge der Reihe nach behandeln lassen'. 20 Gewisse Dinge müssen wir gelegentlich sogar gegen den Willen der streitenden Partei zu sagen vorgeben, was Cicero für Cluentius[65] in dem Abschnitt über das Richtergesetz tut; manchmal müssen wir anhalten, als würden wir von unseren Klienten unterbrochen; oft müssen wir uns mit der Anrede direkt an sie wenden, sie ermahnen, sie sollten uns doch unserem eigenen Plan folgen lassen. So wird man langsam dem Herzen des Richters näherrücken, und während er auf den Beweis für die Anständigkeit der Tat noch wartet, wird er den härteren Zumutungen weniger Widerstand leisten. 21 Hat er die heikleren Dinge erst hingenommen, wird er auch der Verteidigung ihrer Anständigkeit zugänglicher sein. So können sich beide Maßnahmen stützen, und der Richter wird in unserer Rechtsfrage in Erwartung der Anstandsfrage aufmerksamer, in der Anstandsfrage durch den Beweis der Rechtsgültigkeit geneigter.

22 Wenn aber nun die Gliederung auch nicht immer notwendig oder auch nützlich ist, so trägt sie, richtig angewandt, dazu bei, die Rede licht- und reizvoll zu machen. Denn sie bringt es nicht nur

[65] p. Cluent. c. 52.

neque enim solum id efficit, ut clariora fiant quae dicuntur, rebus velut ex turba extractis et in conspectu iudicum positis, sed reficit quoque audientem certo singularum partium fine, non aliter, quam facientibus iter multum detrahunt fatigationis notata inscriptis lapidibus spatia. 23 nam et exhausti laboris nosse mensuram voluptati est, et hortatur ad reliqua fortius exsequenda scire quantum supersit. nihil enim longum videri necesse est, in quo, quid ultimum sit, certum est. 24 nec inmerito multum ex diligentia partiendi tulit laudis Q. Hortensius, cuius tamen divisionem in digitos diductam nonnumquam Cicero leviter eludit. nam est suus et in gestu modus et vitanda utique maxime concisa nimium et velut articulosa partitio. 25 nam et auctoritati plurimum detrahunt minuta illa nec iam membra, sed frusta: et huius gloriae cupidi, quo subtilius et copiosius divisisse videantur, et supervacua adsumunt et quae natura singularia sunt secant, nec tam plura faciunt quam minora: deinde cum fecerunt mille particulas, in eandem incidunt obscuritatem, contra quam partitio inventa est.

26 Et divisa autem et simplex propositio, quotiens utiliter adhiberi potest, primum debet esse aperta atque lucida (nam quid sit turpius quam id esse obscurum ipsum, quod in eum solum adhibetur usum, ne sint cetera obscura?), tum brevis nec ullo supervacuo onerata verbo; non enim quid dicamus, sed, de quo dicturi simus, ostendimus. 27 obtinendum etiam, ne quid in ea desit, ne quid supersit. superest autem sic fere, cum aut in species partimur quod in genera partiri sit satis, aut genere posito subicitur species, ut 'dicam de virtute, iustitia, continentia', cum iustitia atque continentia virtutis sint species. 28 partitio prima est, quid sit de quo con-

zuwege, daß dadurch, daß die Dinge gleichsam aus dem Gedränge herausgehoben und den Richtern unter die Augen gebracht werden, das, was gesagt wird, klarer wird, sondern sie bietet auch dem Hörer eine Erholung durch die festen Endpunkte der einzelnen Teile – nicht anders als den Reisenden die Meilensteine mit ihren Entfernungsangaben viel von ihrer Ermüdung nehmen. 23 Denn es macht Freude, aus der Zahl zu erkennen, wieviel von der Anstrengung schon hinter einem liegt; und es bedeutet einen Ansporn, den Rest energischer zu bezwingen, wenn man weiß, wieviel es noch ist. Denn nichts kann einem noch lang vorkommen, bei dem es sicher feststeht, was zuletzt kommt. 24 Auch ist das Lob nicht unverdient, das Q. Hortensius für seine sorgfältigen Gliederungen reichlich erntete, wenn auch Cicero[66] dessen an den Fingern abgezählte Einteilung gelegentlich mit leichtem Spott bedenkt. Denn auch diese Gebärdensprache hat ihr begrenztes Ausmaß, und auf jeden Fall ist vor allem eine allzu knappe und gewissermaßen in Glieder zerhackte Gliederung zu vermeiden. 25 Denn solche kurzen Stücke, die schon nicht mehr Glieder, sondern Brocken darstellen, nehmen dem Gewicht der Rede sehr viel; um nämlich, in der Begier nach diesem Ruhm, noch durch feinere und reichlichere Einteilung zu wirken, nehmen sie auch Überflüssiges auf; zerschneiden Dinge, die von Natur einheitlich sind, und erreichen dadurch doch eher weniger als mehr: dann, wenn sie ihre tausend Stückchen gebildet haben, geraten sie wieder in dieselbe Dunkelheit, wogegen die Gliederung erfunden worden ist.

26 Sowohl eine geteilte wie auch eine einfache Gliederung muß, wenn sie sich mit Nutzen anwenden läßt, zunächst offen und lichtvoll sein – denn was wäre häßlicher, als wenn gerade das dunkel ist, was eben zu dem Zweck nur angewendet wird, daß das übrige nicht dunkel sei? –, sodann kurz und ohne die Bürde auch nur eines entbehrlichen Wortes; denn wir zeigen ja nicht, was wir sagen, sondern worüber wir sprechen wollen. 27 Man muß aber auch festhalten, daß in der Gliederung nichts fehlt und auch nichts zuviel sei. Zuviel aber ergibt sich in der Regel dann, wenn wir entweder in Unterarten einteilen, was in Gattungen zu gliedern ausreichend ist, oder wenn die Gattung zugrunde gelegt, aber die Art angefügt wird, z. B.: 'Ich werde sprechen über die Tugend, Gerechtigkeit und Selbstbeherrschung', während doch Gerechtigkeit und das Maßhalten Arten der Tugend sind. 28 Die erste Form der Glie-

[66] div. in Caec. 14, 45.

veniat, quid de quo ambigatur. in eo, quod convenit, quid adversarius fateatur, quid nos: in eo, quo de ambigitur, [quae dicturi sumus][s] quae nostrae propositiones, quae partis adversae. turpissimum vero non eodem ordine exsequi, quo quidque proposueris.

s) *del. Gesner*

derung ist die: was es sei, worüber Einstimmigkeit besteht, was, worüber man noch zweifelt. Bei dem, worüber Übereinstimmung besteht: was der Gegner zugibt, was wir dagegen sagen; bei dem, worüber man noch zweifelt, was unsere Beweisankündigungen sind, was die des Gegners. Den häßlichsten Eindruck aber macht es, die Punkte nicht in derselben Reihenfolge zu erledigen, in der man sie angekündigt hat.

LIBER QUINTUS

Prooemium

1 Fuerunt et clari quidem auctores, quibus solum videretur oratoris officium docere (namque et adfectus duplici ratione excludendos putabant, primum quia vitium esset omnis animi perturbatio, deinde quia iudicem a veritate depelli misericordia, gratia similibusque non oporteret: et voluptatem audientium petere, cum vincendi tantum gratia diceretur, non modo agenti supervacuum, sed vix etiam viro dignum arbitrabantur); 2 plures vero, qui nec ab illis sine dubio partibus rationem orandi summoverent, hoc tamen proprium atque praecipuum crederent opus, sua confirmare et quae e diverso proponerentur refutare. 3 utrumcumque est (neque enim hoc loco meam interpono sententiam), hic erit liber ⟨et horum et⟩[a] illorum opinione maxime necessarius, quo toto haec sola tractantur: quibus sane et ea, quae de iudicialibus causis iam dicta sunt, serviunt. 4 nam neque prooemii neque narrationis est alius usus quam ut huic iudicem praeparent, et status nosse atque ea, de quibus supra scripsimus, intueri supervacuum foret, nisi ad hanc perveniremus. 5 denique ex quinque, quas iudicialis materiae fecimus, partibus quaecumque alia potest aliquando necessaria causae non

a) *suppl. Kroll*

FÜNFTES BUCH

Vorrede

1 Eine Reihe von Lehrern der Redekunst, und zwar solche von grundlegender Bedeutung, haben die Auffassung vertreten, es sei die einzige Aufgabe des Redners zu belehren; denn die Wirkung auf die Gefühle glaubten sie aus zwei Überlegungen ausschalten zu müssen: erstens, weil jede Erregung des Gemütes ein Fehler in der Haltung des Menschen sei; sodann weil man den Richter nicht durch Rücksichten auf Elend oder Einfluß des Angeklagten von der Wahrheit ablenken dürfe; auch glaubten sie, um das Vergnügen der Zuhörer zu buhlen, während man doch seine Rede nur hielte, um zu gewinnen, sei nicht nur überflüssig für den Vertreter eines Rechtsfalles, sondern auch kaum eines Mannes würdig; 2 jedoch auch die Mehrzahl von Lehrern, die die Wirkung auf die Gefühle als eine ebenfalls unzweifelhafte Aufgabe des Redners der Behandlung in der Rhetorik nicht nehmen wollte, sah doch deren eigentliche und vorzügliche Leistung darin, die Behauptungen der eigenen Partei durch Beweise zu stützen und das, was von der Gegenseite vorgebracht würde, zu widerlegen. 3 Welche von diesen Auffassungen man nun auch vertritt – denn ich möchte an dieser Stelle meine eigene Meinung nicht einschalten –: das folgende Buch wird allgemein als besonders wichtig anerkannt werden, weil es ganz ausschließlich der Beweisführung gewidmet ist, und in deren Dienst steht ja auch das, was über die Gerichtsreden bereits gesagt worden ist[1]; 4 denn weder Prooemium noch Erzählung haben einen anderen Zweck, als den Richter auf die Beweisführung vorzubereiten. Auch wäre es überflüssig, die Grundfragen der Rechtsfälle (Status) zu kennen und die Regeln, die wir oben behandelt haben, zu beachten, wenn wir nicht bis zu diesem Punkte gelangten. 5 Schließlich kann sich von den fünf Teilen, die wir für die Gerichtsrede angenommen haben[2], jeder andere einmal als für den Fall

[1] s. o. B. 3 Kap. 11.
[2] s. o. 3, 9, 1.

esse: lis nulla est, cui *probatione* opus non sit. eius praecepta sic optime divisuri videmur, ut prius, quae in commune ad omnis quaestiones pertinent, ostendamus, deinde, quae in quoque causae genere propria sunt, exsequamur.

I.

1. Ac prima quidem illa partitio ab Aristotele tradita consensum fere omnium meruit, alias esse probationes, quas extra dicendi rationem acciperet orator, alias, quas ex causa traheret ipse et quodam modo gigneret; ideoque illas ἀτέχνους, id est inartificiales, ⟨has ἐντέχνους, id est artificiales,⟩[b] vocaverunt. 2 ex illo priore genere sunt praeiudicia, rumores, tormenta, tabulae, ius iurandum, testes, in quibus pars maxima contentionum forensium consistit. sed ut ipsa per se[c] carent arte, ita summis eloquentiae viribus et adlevanda sunt plerumque et refellenda. quare mihi videntur magnopere damnandi, qui totum hoc genus a praeceptis removerunt. 3 nec tamen in animo est omnia, quae pro his aut contra dici solent, complecti. non enim communes locos tradere destinamus, quod esset operis infiniti, sed viam[d] quandam atque rationem. quibus demonstratis non modo in exsequendo suas quisque vires debet adhibere, sed etiam inveniendo similia, ut quaeque condicio litium poscet. 4 neque enim de omnibus causis dicere quisquam potest saltem praeteritis, ut taceam de futuris.

b) *add. Regius*
c) per se *om.* **BP** *Jul. Vict. del. Radermacher*
d) viam *Jul. Vict.:* vim **ABP**

entbehrlich erweisen; ein Rechtsstreit aber ist gar keiner, wenn er keine *Beweisführung* nötig hat. Wir werden wohl die Vorschriften für die Beweisführung am besten so einteilen, daß wir zunächst darlegen, was im allgemeinen für alle Untersuchungen gilt; dann wollen wir behandeln, was für jede Art von Fällen eigentümlich ist.

ERSTES KAPITEL

Beweisführung mit äußeren Beweismitteln

1 Zunächst nun hat sich die Einteilung des Aristoteles[3] fast allgemeine Anerkennung erworben, nach der es einerseits Beweisführungen gibt, die der Redner mit äußeren Beweismitteln bestreitet, andererseits solche, die er aus dem Fall selbst bezieht und gewissermaßen erzeugt. Deshalb hat man die ersteren ἄτεχνοι, das heißt ohne die Kunst bestehende, die letzteren ἔντεχνοι, das heißt in der Kunst enthaltene genannt. 2 Zu den ersteren gehören gerichtliche Vorentscheidungen, Gerüchte, Foltern, Urkunden, Eidesleistung und Zeugenaussagen, Beweismittel, auf denen die gerichtlichen Auseinandersetzungen zum größten Teil beruhen. Jedoch mögen sie auch an sich von der Kunst unabhängig sein, so gilt es doch, alle Mittel der Kunst einzusetzen, um die Kraft (dieser Beweismittel) zu schwächen und zu brechen. Deshalb sind meines Erachtens die Lehrer aufs härteste zu verurteilen, die diese ganze Gruppe bei ihren Anweisungen beiseite gelassen haben. 3 Andererseits besteht auch nicht die Absicht, alles zu erfassen, was man für und gegen die Beweismittel zu sagen pflegt. Denn unser Ziel ist es ja nicht, für beide Parteien verwendbare Mustersätze zu übermitteln, was eine endlose Aufgabe wäre, sondern einen vernünftigen Weg, der den Sinn dessen, was wir zu tun haben, verständlich macht. Haben wir diesen Weg gewiesen, so muß jeder nicht allein seine eigenen Kräfte einsetzen, um ihn zu bewältigen, sondern auch, um selbst ähnliche Möglichkeiten zu finden, wie es jeweils die Lage des Streitfalles verlangt. Denn niemand kann auch nur von allen Fällen reden, die es schon gegeben hat, geschweige denn von denen, die es noch geben wird.

[3] Rhet. 1, 2, 2.

II.

1 Iam[e] *praeiudiciorum* vis omnis tribus in generibus versatur: rebus, quae aliquando ex paribus causis sunt iudicatae, quae exempla rectius dicuntur, ut de rescissis patrum testamentis vel contra filios confirmatis: iudiciis ad ipsam causam pertinentibus, unde etiam nomen ductum est, qualia in Oppianicum facta dicuntur et a senatu adversus Milonem: aut cum de eadem causa pronuntiatum est, ut in reis deportatis et adsertione secunda et partibus centumviralium, quae in duas hastas divisae sunt. 2 confirmantur praecipue duobus: auctoritate eorum, qui pronuntiaverunt, et similitudine rerum, de quibus quaeritur; refelluntur autem raro per contumeliam iudicum: nisi forte manifesta in his culpa erit; vult enim cognoscentium quisque firmam esse alterius sententiam, et ipse pronuntiaturus, nec libenter exemplum, quod in se fortasse recidat, facit. 3 confugiendum ergo est in duobus superioribus, si res feret, ad aliquam dissimilitudinem causae, vix autem ulla est per omnia alteri similis. si id non continget aut eadem causa erit, actionum incusanda neglegentia aut de infirmitate personarum querendum, contra quas erit iudicatum, aut de gratia, quae testes corruperit, aut de invidia aut de ignorantia, aut videndum quid causae postea accesserit.[f] 4 quorum si nihil erit, licet tamen dicere multos iudiciorum casus ad inique

e) iam *ed. Camp.*: tamen

f) aut videndum quid *Jul. Vict.*: aut inveniendum quid **P** inveniendum quod **AB**

ZWEITES KAPITEL

Die gerichtlichen Vorentscheidungen

1 Nun kommt die Auswirkung der *gerichtlichen Vorentscheidungen* in drei Formen zum Vorschein: erstens bei Vorgängen, über die bei gleichgelagerten Fällen einmal ein Urteil ergangen ist; diese Art nennt man besser 'Beispiele', z. B. andere Fälle, in denen das Testament eines Vaters außer Kraft gesetzt oder gegen die Söhne bestätigt worden ist. Ferner bei Urteilen, die auf den gleichen Fall Bezug haben, woher auch die Bezeichnung als Vorentscheidung genommen ist, wie sie etwa gegen Oppianicus[4] erfolgt sein soll oder vom Senat gegen Milo[5]; oder (drittens), wenn über denselben Fall schon ein Urteil verkündet worden ist, z. B. bei Angeklagten, die deportiert waren, beim zweiten Ersuchen eines Sklaven um Freilassung sowie bei Kammerurteilen des Zentumviralgerichtes, wenn zwei Kammern gebildet worden waren[6]. 2 Zu ihrer Bekräftigung dienen vor allem zwei Dinge: die Autorität derer, die die Vorentscheidung gefällt haben, und die Ähnlichkeit der Vorgänge, über die die Untersuchung stattfindet. Die Entkräftung einer Vorentscheidung durch Verdächtigung der Richter kann nur selten geschehen, es sei denn, es läßt sich ein Verschulden bei ihnen mit Händen greifen. Denn jeder, der zu Gericht sitzt, wünscht, daß die Entscheidung eines Kollegen gültig bleibt, da er ja auch bald eine Entscheidung sprechen wird und er nicht gerne ein Beispiel gibt, das vielleicht auf ihn zurückfällt. 3 Also hat man bei den beiden oben genannten Möglichkeiten, wenn es die Lage erlaubt, seine Zuflucht in irgendeinem ungleichen Punkte des Falles zu suchen; kaum je ist ja ein Fall einem anderen in allem ähnlich. Sollte das nicht zutreffen oder es sich um denselben Fall handeln, muß man einer Nachlässigkeit bei der anderen Verhandlung die Schuld geben oder über die Schwäche der Personen klagen, gegen die entschieden worden ist, oder über den Einfluß, der die Zeugen bestochen hat, oder die Unbeliebtheit oder Unwissenheit, oder man muß sehen, was hinterher der Fall noch für neue Gesichtspunkte gewonnen hat. 4 Ist es auch damit nichts, so kann man doch immerhin sagen, daß

[4] p. Cluent. 17ff. [5] p. Mil. 5.

[6] s. o. Anm. zu 3, 10, 3. Die Stelle scheint zu besagen, daß ein Fall, der vor zwei Unterausschüssen verhandelt worden war, vom Hauptausschuß entschieden werden konnte.

pronuntiandum valere ideoque damnatum Rutilium, absolutos Clodium atque Catilinam, rogandi etiam iudices, ut rem potius intueantur ipsam, quam iuri iurando alieno suum donent. 5 adversus consulta autem senatus et decreta principum vel magistratuum remedium nullum est, nisi aut inventa quantulacumque causae differentia aut aliqua vel eorundem vel eiusdem[g] potestatis hominum posterior constitutio, quae sit priori contraria: quae si deerunt, lis non erit.

III.

1 *Famam atque rumores* pars altera consensum civitatis et velut publicum testimonium vocat, altera sermonem sine ullo certo auctore dispersum, cui malignitas initium dederit, incrementum credulitas, quod nulli non etiam innocentissimo possit accidere fraude inimicorum falsa vulgantium. exempla utrimque non deerunt.

IV.

1 sicut in *tormentis* quoque, qui est locus frequentissimus, cum pars altera quaestionem vera fatendi necessitatem vocet, altera

g) vel eorundem vel eiusdem *Jul. Vict.*: eorundem vel eiusdem **A** vel eorundem **B** vel eiusdem **P**

sich in Prozessen viele unglückliche Umstände auf eine unbillige Entscheidung auswirkten, und deshalb ein Rutilius[7] verurteilt, ein Clodius und Catilina freigesprochen worden seien. Man kann auch die Richter bitten, sie sollten lieber den Fall selbst betrachten, anstatt einem fremden Richtereid ihren eigenen aufzuopfern. 5 Gegen Senatsbeschlüsse aber und Erlasse der Fürsten oder Magistrate gibt es kein Mittel, außer man mache einen Unterschied ausfindig, und sei er noch so winzig, oder irgendeine spätere Bestimmung derselben Personen oder von Personen derselben Amtsgewalt, die der früheren entgegengesetzt ist. Fehlen solche Auswege, wird ein Rechtsstreit nicht möglich sein.

DRITTES KAPITEL

Gerüchte

1 *Den Ruf*, den jemand hat, und *die umlaufenden Gerüchte* über eine Handlung nennt die eine Partei die übereinstimmende Meinung der Bürgerschaft und gleichsam ein öffentliches Zeugnis, die andere Partei ein ohne jeden sicheren Gewährsmann ausgestreutes Gerede, dem Übelwollen den Anstoß, Glaubseligkeit Nahrung gegeben hat, was selbst dem unschuldigsten Menschen begegnen kann durch die Hinterlist von Feinden, die Unwahres verbreiten. An Beispielen wird es beiden Parteien nicht fehlen.

VIERTES KAPITEL

Foltern

1 Ebensowenig auch bei den *Foltern*, wo die eine Seite meist den allgemeinen Gedanken so ausspielt, daß sie die Untersuchung Notwendigkeit nennt, die Wahrheit zu erkennen, die andere Seite

[7] P. Rutilius Rufus war 91 v. Chr. das Opfer einer politischen Intrige geworden. Wegen angeblicher Erpressungen als Proconsul von Asia verurteilt, verbrachte er sein Exil demonstrativ in der Provinz Asia, wo er herzlich aufgenommen wurde, mit philosophischen Studien. Durch Cicero wurde sein Fall zu einem dem Sokrates-Prozeß ähnlichen Exemplum, wie es unsere Stelle zeigt.

saepe etiam causam falsa dicendi, quod aliis patientia facile mendacium faciat, aliis infirmitas necessarium. quid attinet de his plura? plenae sunt orationes veterum ac novorum. 2 quaedam tamen in hac parte erunt propria cuiusque litis. nam sive de habenda quaestione agetur, plurimum intererit, quis et quem postulet aut offerat et in quem et ex qua causa: sive iam erit habita, quis ei praefuerit, quis et quo modo sit tortus, an credibilia dixerit, an inter se constantia, an perseveraverit in eo, quod coeperat, an aliquid dolore mutaverit, prima parte quaestionis an procedente cruciatu. quae utrimque tam infinita sunt quam ipsa rerum varietas.

V.

1 Contra *tabulas* quoque saepe dicendum est, cum eas non solum refelli, sed etiam accusari sciamus usitatum esse. cum sit autem in his aut scelus signatorum aut ignorantia, tutius ac facilius id, quod secundo loco diximus, tractatur, quod pauciores rei fiunt. 2 sed hoc ipsum argumenta ex causa trahit, si forte aut incredibile est id actum esse, quod tabulae continent, aut, ut frequentius evenit, aliis probationibus aeque inartificialibus solvitur, si aut is, in quem signatum est, aut aliquis signator dicitur afuisse vel prius esse defunctus, si tempora non congruunt, si vel antecedentia vel insequentia tabulis repugnant. inspectio etiam ipsa saepe falsum deprehendit.

aber sagt, es sei gar erst der Grund, Lügen vorzubringen, weil nämlich manchen die Widerstandskraft das Lügen leicht, andern die Schwäche das Lügen unvermeidlich macht. Was sollte man weiter hierüber sagen? Die Reden aus alter und neuer Zeit sind ja voll von Beispielen. 2 Indessen wird es auch bei diesem Punk einiges geben, was dem einzelnen Streitfall eigentümlich ist. Wird nämlich darüber verhandelt, ob die Befragung stattfinden solle, wird es einen großen Unterschied machen, wer zur Folterung fordert und wen er fordert oder anbietet sowie auch gegen wen und warum; hat andererseits die Folterung schon stattgefunden, ist es wichtig, wer den Vorsitz hatte, wer gefoltert wurde und wie, ob er Glaubhaftes gesagt habe, ob es untereinander im Einklang stand, ob der Gefolterte bei seiner ersten Aussage blieb oder im Schmerz etwas abänderte, beim ersten Grad der Befragung oder beim Fortgang der Peinigung. All das ist für beide Seiten so unabsehbar wie die bunte Fülle der Vorgänge selbst.

FÜNFTES KAPITEL

Urkunden

1 Auch gegen *Urkunden* gilt es oft zu sprechen, da es bekanntlich oft vorkommt, daß sie zurückgewiesen, ja sogar oft als unecht verdächtigt werden. Liegt bei ihnen aber entweder ein Vergehen der Unterzeichner oder ein Versehen vor, so läßt sich das letztere sicherer und leichter anpacken, weil dabei weniger Personen von der Anklage betroffen werden. 2 Der Nachweis selbst aber entnimmt die Beweisstücke aus dem Fall, wenn es etwa entweder unglaubhaft ist, daß dies geschehen sei, was die Urkunden enthalten, oder wenn, wie es öfter vorkommt, es sich ebenfalls durch nicht aus dem Fall entnommene Beweisführung erledigt: wenn derjenige, für den die Unterzeichnung erfolgt ist, oder einer der Unterzeichner als abwesend oder gar schon vorher verstorben bezeichnet wird, wenn die Termine sich nicht decken, wenn etwas aus der Vorgeschichte oder den späteren Vorgängen der Urkunde zuwiderläuft. Auch die Einsichtnahme selbst hat schon oft die Fälschung aufgedeckt.

VI.

1 *Ius iurandum* litigatores aut offerunt suum aut non recipiunt oblatum aut ab adversario exigunt aut recusant, cum ab ipsis exigatur. offerre suum sine illa condicione, ut vel adversarius iuret, fere inprobum est. 2 qui tamen id faciet, aut vita se tuebitur, ut eum non sit credibile peieraturum, aut ipsa vi religionis (in qua plus fidei consequitur, si id egerit, ut non cupide ad hoc descendere, sed ne hoc quidem recusare videatur), aut, si causa patiatur, modo litis, propter quam devoturus se ipse non fuerit: aut praeter alia causae instrumenta[h] adiciet[i] ex abundanti hanc quoque conscientiae suae fiduciam. 3 qui non recipiet, et iniquam condicionem et a multis contemni iuris iurandi metum dicet, cum etiam philosophi quidam sint reperti, qui deos agere rerum humanarum curam negarent: eum vero, qui nullo deferente iurare sit paratus, et ipsum velle de causa sua pronuntiare et quam id, quod offert, leve ac facile credat ostendere. 4 at is, qui defert, agere modeste videtur, cum litis adversarium iudicem faciat et eum, cuius cognitio est, onere liberet, qui profecto alieno iure iurando stari quam suo mavult. 5 quo difficilior recusatio est, nisi forte res est ea, quam credibile sit notam ipsi non esse. quae excusatio si deerit, hoc unum relinquetur, ut invidiam sibi quaeri ab adversario dicat atque id agi, ut in causa, in qua vincere non possit, queri possit. itaque hominem quidem malum occupaturum hanc condicionem fuisse, se autem probare malle quae adfirmet quam dubium cuiquam relinquere, an peierarit. 6 sed nobis adule-

h) *Jul. Vict.:* causa instrumentum **ABP**
i) adiciet *Jul. Vict.:* adicit **ABP**

SECHSTES KAPITEL

Der Eid

1 Einen *Eid* bieten die Prozeßgegner entweder von sich aus an oder nehmen ihn nicht an, wenn er ihnen angeboten wird, fordern ihn vom Gegner oder weisen es zurück, wenn er von ihnen gefordert wird: von sich aus den Eid anzubieten, ohne die Bedingung, daß auch der Gegner schwören möge, ist gewöhnlich nicht anständig. 2 Wer es dennoch tut, wird seine Lebensführung als Entschuldigung verwenden, nach der es nicht glaubhaft sei, daß er einen Meineid schwören werde, oder die religiöse Bedeutung des Eides selbst – wobei er mehr Vertrauen findet, wenn er so verfahren kann, daß der Eindruck entsteht, er sei nicht gierig darauf aus, sondern werde nur selbst einen Eid nicht ablehnen – oder, wenn es der Fall erlauben sollte, das Ausmaß des Streitobjektes, um dessentwillen er sich doch nicht selbst aufopfern würde; oder er wird neben anderen Beweismitteln für seine Sache zum Überfluß auch noch diesen Vertrauensbeweis seines guten Gewissens anbieten. 3 Wer den Eid nicht annehmen will, wird sagen, es sei ihm in seiner Lage nicht zuzumuten; auch werde die Furcht vor dem Eid von vielen gar leicht genommen, zumal sich sogar manche Philosophen gefunden hätten, die behaupteten, die Götter sorgten sich nicht um die menschlichen Angelegenheiten; ja, wer, ohne daß es ihm jemand antrüge, zu schwören bereit sei, wünsche, selbst in seiner Sache das Urteil zu sprechen, und zeige so, für wie leicht und bequem er das halte, was er anbiete. 4 Wer dagegen dem Gegner den Eid anbietet, zeigt, daß er maßvoll handelt, indem er seinen Prozeßgegner zum Richter macht und den, der das Urteil zu finden hat, von seiner Eideslast befreit, der gewiß lieber sich auf einen fremden Eid stützen will als auf seinen eigenen. 5 Um so schwieriger ist hier die Ablehnung, es sei denn, die Sache ist so, daß es glaubhaft ist, daß sie einem nicht bekannt ist. Wenn diese Entschuldigung fehlt, bleibt nur zu sagen, daß der Gegner einem dadurch Abneigung zuziehen wolle und es darauf absehe, sich in einem Rechtsfall, in dem er nicht siegen könne, über die Entscheidung durch den Eid zu beklagen. Deshalb würde zwar ein schlechter Mensch diese Gelegenheit ausgenutzt haben, man selbst aber wolle lieber beweisen, was man behaupte, als jemandem einen Zweifel zu hinterlassen, ob man etwa einen Meineid geschworen habe. 6 Jedoch pflegten in meiner Jugend die erfahre-

scentibus seniores in agendo facti praecipere solebant, ne qua umquam ius iurandum deferremus, sicut neque optio iudicis adversario esset permittenda nec ex advocatis partis adversae iudex eligendus. nam, si dicere contraria turpe advocato videtur, certe turpius habendum facere quod noceat.

VII.

1 Maximus tamen patronis circa testimonia sudor est. ea dicuntur aut per tabulas aut a praesentibus. simplicior contra tabulas pugna; nam et minus obstitisse videtur pudor inter paucos signatores et pro diffidentia premitur absentia. si reprehensionem non capit ipsa persona, infamare signatores licet. 2 tacita praeterea quaedam cogitatio refragatur his omnibus, quod nemo per tabulas dat testimonium nisi sua voluntate, quo ipso non esse amicum ei se, contra quem dicit, fatetur. neque tamen protinus cesserit orator, quo minus et amicus pro amico et inimicus contra inimicum possit verum, si integra sit ei fides, dicere. sed late locus uterque tractatur.

3 Cum praesentibus vero ingens dimicatio est, ideoque velut duplici contra eos proque eis acie confligitur actionum et interrogationum. in actionibus primum generaliter pro testibus atque in testis dici solet. 4 et hic communis locus, cum pars altera nullam firmiorem probationem esse contendit, quam quae sit hominum scientia nixa, altera ad detrahendam illis fidem omnia, per quae fieri

neren Anwälte zu lehren, wir sollten niemals einen Eid anbieten, wie man ja auch nicht dem Gegner die Wahl des Richters überlassen und auch nicht sich gar unter den Advokaten der Gegenseite den Richter auswählen dürfe. Denn wenn es für einen Anwalt schimpflich sei, etwas gegen den eigenen Fall zu reden, so müsse es gewiß als noch schimpflicher gelten, etwas zu tun, was ihm schadet.

SIEBTES KAPITEL

Die Zeugen

1 Den meisten Schweiß kostet jedoch den Anwalt die Behandlung der *Zeugenaussagen*. Diese erfolgen entweder schriftlich oder aus dem Munde der im Termin Anwesenden. Einfacher ist, gegen schriftliche Zeugen anzukämpfen. Denn einmal kann es so scheinen, als wirke sich das Schamgefühl bei schriftlichen Aussagen in der Gegenwart der wenigen Beglaubigenden weniger hemmend aus; und es kann weiter aus der Tatsache der persönlichen Abwesenheit ein Zeichen mangelnden Zutrauens in die eigene Aussage herausgepreßt werden. Läßt sich an der Person des Zeugen nichts aussetzen, kann man auch den Beglaubigenden etwas anhängen. 2 Eine Art stillschweigende Überlegung steht außerdem allen solchen Aussagen entgegen, daß nämlich niemand schriftlich ein Zeugnis ablegt, wenn ihm nicht selbst daran gelegen ist; deshalb gibt der Zeuge gerade dadurch schon zu, daß er gegen den, gegen den er aussagt, feindlich eingestellt ist. Jedoch kann der Redner auch nicht einfach unterstellen, ein Freund könne nicht für seinen Freund und ein Feind nicht gegen seinen Feind die Wahrheit sagen, wenn er unantastbare Glaubwürdigkeit besitzt. Doch läßt sich jeder der beiden allgemeinen Standpunkte ausführlich behandeln.

3 Mit den anwesenden Zeugen indessen kommt es zu heftigem Nahkampf, und deshalb spielt sich das Gefecht für und gegen die Zeugen gleichsam an den zwei Fronten der Rede selbst sowie der Verhöre ab. In den Reden selbst spricht man gewöhnlich zunächst allgemein für die Zeugen und gegen die Zeugen. 4 So ergibt sich hier ein für beide Seiten verwendbarer Ansatzpunkt ('Gemeinplatz'), wenn nämlich die eine Partei behauptet, es gebe keine sicherere Beweisführung als die, die sich auf Menschen stützt, die die Vorgänge wirklich kennen, die andere Partei aber, um den Zeugen die Glaubwürdigkeit zu nehmen, alle Möglichkeiten aufzählt,

solèant falsa testimonia enumerat. 5 sequens ratio est, cum specialiter quidem, sed tamen multos pariter invadere patroni solent. nam et gentium simul universarum elevata testimonia ab oratoribus scimus et tota genera testimoniorum: ut de auditionibus (non enim ipsos esse testes, sed iniuratorum adferre voces), ut in causis repetundarum (qui se reo numerasse pecunias iurant, litigatorum, non testium habendos loco). 6 interim adversus singulos derigitur actio, quod insectationis genus et permixtum defensioni legimus in orationibus plurimis et separatim editum, sicut in Vatinium testem. totum igitur excutiamus locum, quando universam institutionem adgressi sumus. 7 sufficiebant alioqui libri duo a Domitio Afro in hanc rem compositi, quem adulescentulus senem colui, ut non lecta mihi tantum ea, sed pleraque ex ipso sint cognita. is verissime praecepit primum esse in hac parte officium oratoris, ut totam causam familiariter norit: quod sine dubio ad omnia pertinet, 8 ⟨et⟩[j] quomodo contingat, explicabimus, cum ad destinatum huic parti locum venerimus. ea res suggeret materiam interrogationi et veluti tela ad manum subministrabit, eadem docebit, ad quae iudicis animus actione sit praeparandus. debet enim vel fieri vel detrahi testibus fides oratione perpetua, quia sic quisque dictis movetur, ut est ad credendum vel non credendum ante formatus.

9 Et quoniam duo genera sunt testium, aut voluntariorum aut eorum, quibus ⟨in⟩[k] iudiciis publicis lege denuntiari solet, quorum altero pars utraque utitur, alterum accusatoribus tantum concessum est: separemus officium dantis testes et refellentis.

10 Qui *voluntarium* producit, scire quid is dicturus sit potest, ideoque faciliorem videtur in rogando habere rationem. sed haec

j) *add. Ald.*
k) *add. Ald.*

[8] im Rahmen des Sextius-Prozesses. Wir besitzen sie als ›Invektive gegen Vatinius‹.

wodurch gewöhnlich falsche Zeugnisse zustande kommen. 5 Dem schließt sich das Verfahren an, mit dem die Anwälte zwar auf den einzelnen Fall einzugehen, sich jedoch in gleicher Weise gegen ganze Gruppen von Zeugen zu wenden pflegen. Denn wir wissen ja, daß Redner schon das Zeugnis ganzer Völker entwertet haben und ebenso ganze Gruppen von Zeugnissen, z. B. die vom Hörensagen: seien doch diejenigen, die sich auf das beriefen, was sie gehört hätten, nicht selbst Zeugen, sondern gäben nur Äußerungen unvereidigter Personen wieder; oder wenn in Erpressungsprozessen Zeugen schwören, dem Angeklagten Geldsummen gezahlt zu haben, seien diese als Partei und nicht als Zeugen anzusehen. 6 Zuweilen richtet sich die Rede gegen einzelne Zeugen; diese Art des Angriffs können wir in Verbindung mit der Verteidigung in sehr vielen Reden lesen, finden sie aber auch gesondert veröffentlicht, z. B. (bei Cicero[8]) gegen den Zeugen Vatinius. 7 Wir müssen also auch diese Frage im ganzen behandeln, da wir es unternommen haben, eine umfassende Unterweisung zu bieten. Sonst könnten ja die zwei Bücher genügen, die Domitius Afer hierüber verfaßt hat. Habe ich doch in meiner Jugend mit dem hochbetagten Verfasser verkehren dürfen, so daß ich seine Auffassungen nicht nur aus der Lektüre, sondern größtenteils aus seinem Munde kenne. Er hat völlig zu Recht die Vorschrift gegeben, auf diesem Gebiet sei es die erste Aufgabe des Redners, sich mit dem ganzen Fall gründlich vertraut zu machen – was ja zweifellos für den ganzen Prozeß gilt. 8 Wie man dies erreichen kann, werden wir ausführen, wenn wir zu der hierfür vorgesehenen Stelle (12, 8) kommen. Diese Kenntnis wird uns den Stoff für die Befragung liefern und und gleichsam die Geschosse in die Hand geben; sie wird uns zeigen, worauf der Sinn des Richters durch unsere Rede vorbereitet werden muß. Denn es muß in der zusammenhängenden Rede den Zeugen die Glaubwürdigkeit entweder gesichert oder genommen werden, weil jeden eine Aussage so beeindruckt, wie er schon vorher ihr gegenüber zum Glauben oder Nichtglauben gestimmt worden ist.

9 Da es nun zwei Arten von Zeugen gibt, freiwillige und solche, denen gewöhnlich in öffentlichen Prozessen nach dem Gesetz die Zeugenpflicht zufällt, wobei sich der ersten Art beide Parteien bedienen können, während die zweite Art nur dem Kläger zur Verfügung steht, wollen wir getrennt die Aufgabe dessen betrachten, der Zeugen stellt, und dessen, der ihre Aussage entkräftet.

10 Wer einen *freiwilligen Zeugen* vorführt, kann wissen, was dieser aussagen wird, und deshalb scheint der Umgang mit ihm bei der

quoque pars acumen ac vigilantiam poscit, providendumque ne timidus, ne inconstans, ne inprudens testis sit: 11 turbantur enim et a patronis diversae partis inducuntur in laqueos et[l] plus deprensi nocent quam firmi et interriti profuissent. multum igitur domi ante versandi, variis percontationibus, quales haberi ab adversario possunt, explorandi sunt. sic fit ut aut constent sibi aut, si quid titubaverint, opportuna rursus eius, a quo producti sunt, interrogatione velut in gradum reponantur. 12 in iis quoque adhuc, qui constiterint sibi, vitandae insidiae; nam frequenter subici ab adversario solent et omnia profutura polliciti diversa respondent et auctoritatem habent non arguentium illa, sed confitentium. 13 explorandum igitur, quas causas laedendi adversarium adferant, nec id sat est inimicos fuisse, sed an desierint, an per hoc ipsum reconciliari velint, ne corrupti sint, ne paenitentia propositum mutaverint. quod cum in iis quoque, qui ea, quae dicturi videntur, esse[m] vera sciunt, necessarium est praecavere, tum multo magis in iis, qui se dicturos, quae falsa sunt, pollicentur. 14 nam et frequentior eorum paenitentia est et promissum suspectius et, si perseverarint, reprensio facilior.

15 Eorum vero, quibus denuntiatur, pars testium est quae reum laedere velit, pars quae nolit, idque interim scit accusator, interim nescit. fingamus in praesentia scire; in utroque tamen genere summis artibus interrogantis opus est. 16 nam si habet testem cupidum laedendi, cavere debet hoc ipsum, ne cupiditas eius appareat, nec statim de eo, quod in iudicium venit, rogare, sed aliquo circumitu

l) laqueos et *Gernhard:* laqueo sed **B** latus et **A**
m) esse *Meister:* re

Befragung leichter. Aber auch diese Rolle verlangt Geistesgegenwart und wache Aufmerksamkeit, und es heißt, auf der Hut zu sein, daß der Zeuge nicht ängstlich, wankelmütig oder unüberlegt auftritt; 11 die Zeugen werden nämlich verwirrt, von den Anwälten der Gegenseite in Fallen gelockt und richten, wenn sie beim Lügen ertappt werden, mehr Schaden an, als sie mit festem, unerschrockenem Auftreten genützt hätten. Man muß sich also vorher zu Hause gründlich mit ihnen beschäftigen und sie mit den verschiedenen Ausfragemethoden, wie sie der Gegner anwenden könnte, auf die Probe stellen. Dadurch erreicht man, daß sie festbleiben oder, wenn sie in einer Frage ins Straucheln kommen sollten, durch eine passende Gegenfrage dessen, der ihre Vernehmung gewünscht hat, gleichsam wieder auf ihre Füße kommen. 12 Auch bei solchen Zeugen, die bisher noch festgeblieben sind, muß man vor betrügerischen Anschlägen auf der Hut sein; denn sie pflegen oft vom Gegner unterschoben zu werden, versprechen erst lauter günstige Aussagen, sagen aber dann das Gegenteil und kommen dadurch mit ihren Aussagen nicht als Entlastung zur Geltung, sondern als schlimmste Belastung. 13 Man muß also aus ihnen herausholen, welche Gründe sie angeben, dem Gegner Schwierigkeiten zu machen; und dabei genügt die Feststellung nicht, sie seien verfeindet gewesen, sondern es gilt festzustellen, ob die Feindschaft noch besteht, ob die Zeugen wünschen, sich etwa gerade auf diesem Wege auszusöhnen, ob sie nicht etwa bestochen sind oder aus Reue ihren Vorsatz geändert haben. Wenn es aber schon bei solchen Zeugen, die tatsächlich wissen, was man als Aussage von ihnen erwartet, nötig ist, solche Vorkehrungen zu treffen, so noch weit mehr bei solchen, die falsche Aussagen zu machen versprechen. 14 Denn häufiger kann sie die Reue packen, ihr Versprechen verdient weniger Zutrauen und, auch wenn sie es halten, ist es bei ihnen leichter, sie der Lüge zu überführen.

15 Bei den Zeugen nun, die der Zeugenpflicht unterliegen, ist ein Teil gewillt, dem Angeklagten Schwierigkeiten zu bereiten, ein Teil aber nicht, und manchmal weiß das der Kläger, manchmal weiß er es nicht. Nehmen wir auch für jetzt einmal an, er wisse es, so ist doch bei beiden Arten die äußerste Geschicklichkeit des Befragenden angebracht. 16 Wenn er nämlich einen Zeugen hat, der darauf brennt, den Gegner in Schwierigkeiten zu bringen, so muß er gerade dabei vorsichtig sein, daß dieses Trachten nicht zum Vorschein kommt, er darf ihn nicht gleich nach dem fragen, worauf es für das Urteil ankommt, sondern muß auf einem Umweg zu diesem Ziel

ad id pervenire, ut illi, quod maxime dicere voluit, videatur expressum: nec nimium instare interrogationi, ne ad omnia respondendo testis fidem suam minuat, sed in tantum evocare eum, quantum sumere ex uno satis sit. 17 at in eo, qui verum invitus dicturus est, prima felicitas interrogantis extorquere quod is noluerit. hoc non alio modo fieri potest quam longius interrogatione repetita. respondebit enim quae nocere causae non arbitrabitur, ex pluribus deinde, quae confessus erit, eo perducetur, ut quod dicere non vult negare non possit. 18 nam ut in oratione sparsis[n] plerumque colligimus argumentis, quae per se nihil reum adgravare videantur, congregatione deinde eorum factum convincimus: ita huius modi testis multa de ante actis, multa de insecutis, loco, tempore, persona, ceteris est interrogandus, ut in aliquod responsum incidat, post quod illi vel fateri quae volumus necesse sit, vel iis, quae iam dixerit, repugnate. 19 id si non contingit, reliquum erit, ut eum nolle dicere manifestum sit, protrahendusque, ut in aliquo, quod vel extra causam sit, deprehendatur, tenendus etiam diutius, ut omnia ac plura, quam res desiderat, pro reo dicendo suspectus iudici fiat: quo non minus nocebit, quam si vera in reum dixisset. 20 at si, quod secundo loco diximus, nesciet actor, quid propositi testis attulerit, paulatim et, ut dicitur, pedetentim interrogando experietur animum eius et ad id responsum, quod eliciendum erit, per gradus ducet. 21 sed quia nonnumquam sunt hae quoque testium artes, ut primo ad voluntatem respondeant, quo maiore fide diversa postea dicant, est actoris[o], suspectum testem, dum prodest, dimittere.

22 Patronorum in parte expeditior, in parte difficilior interrogatio

n) sparsis argumentis *Radermacher:* sparsa (prosa **B** perosa **P**) argumenta

o) actoris *Regius:* oratoris

gelangen, damit es so wirkt, als sei dem Zeugen das, was er am liebsten hat sagen wollen, abgerungen worden. Auch darf er nicht zu sehr auf der Befragung bestehen, damit der Zeuge nicht seine Glaubwürdigkeit dadurch mindert, daß er über alles Auskunft geben kann, sondern darf ihn nur für das aufrufen, was man von einem einzelnen Zeugen als ausreichend erwarten kann. 17 Dagegen ist es bei einem Zeugen, der nur widerwillig die Wahrheit aussagen will, der größte Glücksfall für den Befragenden, das aus ihm herauszupressen, was er nicht hat sagen wollen. Das kann nur so geschehen, daß man mit dem Verhör weiter ausholt; denn der Zeuge wird auf Fragen antworten, durch die er dem Fall nicht zu schaden glaubt. Aus mehreren Zugeständnissen, die er gemacht hat, wird man ihn dann so weit bringen, daß er das, was er nicht sagen will, nicht leugnen kann. 18 Denn wie wir in der Rede meistens zerstreute Beweisstücke zusammenraffen, die an und für sich für den Angeklagten nicht sehr belastend erscheinen, und dann durch ihre Zusammenballung den überzeugenden Nachweis führen, daß er die Tat begangen hat, so müssen wir auch einem solchen Zeugen viele Fragen über die Vorgeschichte des Falles stellen, viele auch über das, was danach erfolgt ist, über Ort, Zeit, Personen usw., damit ihm eine Antwort entfährt, nach der er nur noch das zugeben kann, was wir hören wollen, oder was mit dem, was er schon gesagt hat, in Widerspruch steht. 19 Kommt es nicht dazu, so bleibt nur, handgreiflich zu machen, daß er die Wahrheit nicht sagen will, und ihn dahin zu bringen, daß er in irgendeinem Punkt, der auch außerhalb des Falles liegen darf, beim Lügen ertappt wird. Man muß ihn auch länger hinhalten, damit er dadurch, daß er alles und mehr, als der Fall verlangt, für den Angeklagten vorbringt, sich dem Richter verdächtig macht. Dadurch wird er nicht weniger schaden, als wenn er die Wahrheit gegen den Angeklagten ausgesagt hätte. 20 Wenn dagegen – in dem Fall, den wir noch zurückgestellt haben – der Kläger nicht weiß, was der Zeuge im Schilde führt, so muß er allmählich und, wie man sagt, Schritt für Schritt durch die Befragung seine Gesinnung erkunden und ihn in Etappen zu der Antwort hinführen, die er ihm entlocken möchte. 21 Weil es aber zuweilen auch zu den Kniffen der Zeugen gehört, zunächst nach Wunsch zu antworten, um glaubwürdiger zu wirken, wenn sie später Belastendes sagen, ist es Sache des Klägers, einen verdächtigen Zeugen aus dem Verhör zu entlassen, solange er sich noch nützlich erweist.

22 Für die Anwälte der Verteidigung ist die Befragung in einer

est. difficilior hoc, quod raro umquam possunt ante iudicium scire quid testis dicturus sit, expeditior, quod, cum interrogandus est, sciunt quid dixerit. 23 itaque, quod in eo incertum est, cura et inquisitione opus est, quis reum premat, quas et quibus ex causis inimicitias habeat, eaque in oratione praedicenda atque amolienda sunt, sive odio conflatos testes sive invidia sive gratia sive pecunia videri volumus. et si deficietur numero pars diversa paucitatem, si abundabit, conspirationem, si humilis producet, vilitatem, si potentes, gratiam oportebit incessere. 24 plus tamen proderit causas, propter quas reum laedant, exponere: quae sunt variae [et] pro condicione cuiusque litis aut litigatoris. nam contra illa, quae supra diximus, simili ratione responderi locis communibus solet, quia ut in paucis atque humilibus accusator simplicitate gloriari potest, quod neminem praeter eos, qui possint scire, quaesierit, ita multos atque honestos commendare aliquanto est facilius. 25 verum interim et singulos ut exornare, ita[p] destruere contingit, aut recitata testatione[q] aut testibus nominatis, quod iis temporibus, quibus testis non post finitas actiones rogabatur, et facilius et frequentius fuit. quid autem in quemque testium dicendum sit, sumi nisi ex ipsorum personis non potest.

26 Reliquae interrogandi sunt partes: qua in re primum est nosse testem. nam timidus terreri, stultus decipi, iracundus concitari, ambitiosus inflari, longus protrahi potest, prudens vero et constans vel tamquam inimicus et pervicax dimittendus statim vel non interrogatione, sed brevi interlocutione patroni refutandus est, aut aliquo,

p) ita *Spalding:* et
q) recitata testatione *Rad. Spalding secutus cf.* § *32:* in actione

Beziehung leichter, in anderer schwieriger. Schwieriger dadurch, daß sie nur selten vor der Verhandlung wissen können, was der Zeuge sagen wird; leichter, weil sie, wenn ihr Verhör beginnt, wissen, was er gesagt hat. 23 Deshalb ist bei dem, was hierbei ungewiß ist, angelegentliche Nachforschung angebracht, wer den Angeklagten unter Druck setzen kann, mit wem er verfeindet ist und aus welchen Gründen; und das ist in der Verteidigungsrede schon vorauszusagen und aus dem Weg zu räumen, je nachdem, ob wir den Anschein erwecken wollen, daß die Zeugen aus Haß, Neid, Rücksicht auf die einflußreiche Stellung oder ein Geldangebot auftreten. Fehlt es der Gegenseite an Zeugen, wird man ihre geringe Anzahl, hat sie an ihnen Überfluß, dies als ein Kesseltreiben, stellt sie geringe Leute, deren niederen Stand, stellt sie mächtige, deren Einfluß ausspielen müssen. 24 Größeren Nutzen indessen wird es bringen, wenn wir die Gründe ,weswegen die Zeugen dem Angeklagten Schwierigkeiten machen wollen, darlegen. Diese sind mannigfaltig und richten sich nach den Verhältnissen jedes Rechtsstreites oder des Prozeßführenden. Denn dem, was wir oben angeführt haben, wird gewöhnlich mit allgemeingültigen Gesichtspunkten in der entsprechenden Begründung entgegnet, weil sich z. B. bei nur wenigen Zeugen und solchen aus geringem Stande der Ankläger seiner Harmlosigkeit rühmen kann, die es ihm verwehrte, andere Zeugen zu suchen als solche, die es wirklich wissen, und es noch ein gutes Teil leichter ist, zahlreiche und angesehene Zeugen herauszustreichen. 25 Jedoch manchmal gelingt es auch, einzelne Zeugen ebenso hervorzuheben wie auch auszuschalten, wenn man schon in der Rede eine Zeugenaussage verlesen oder Zeugen benennen läßt. Dies war zu den Zeiten noch leichter und häufiger, als der Zeuge noch nicht erst nach dem Ende der Reden der Parteien gehört wurde. Was aber gegen einzelne Zeugen zu sagen ist, kann man nur aus deren Persönlichkeit entnehmen.

26 Es bleibt nun noch die Rolle des Verhörs selbst zu bestimmen. Hierbei ist es das erste, den Zeugen zu kennen. Denn ein zaghafter kann eingeschüchtert, ein Dummkopf getäuscht, ein Jähzorniger gereizt, ein Ehrgeiziger bei seiner Eitelkeit gepackt, ein Umständlicher immer weiter gelockt werden. Einen überlegten und standfesten Zeugen aber muß man, als handele es sich um einen verstockten Feind, gleich wieder aus dem Verhör entlassen oder nicht durch Befragung, sondern durch eine kurze Zwischenbemerkung des Anwaltes widerlegen, auch wohl, wenn es sich machen läßt, durch ein treffendes Scherzwort matt setzen oder, wenn man

si continget, urbane dicto refrigerandus aut, si quid in eius vitam dici poterit, infamia criminum destruendus. 27 probos quosdam et verecundos non aspere incessere profuit; nam saepe, qui adversus insectantem pugnassent, modestia mitigantur. omnis autem interrogatio aut in[r] causa est aut extra causam. in causa, sicut accusatori praecepimus, patronus quoque altius et, unde nihil suspecti sit, repetita percontatione, priora sequentibus adplicando saepe eo perducit homines, ut invitis quod prosit extorqueat. 28 eius rei sine dubio neque disciplina ulla in scholis neque exercitatio traditur, et naturali magis acumine aut usu contingit haec virtus. si quod tamen exemplum ad imitationem demonstrandum sit, solum est quod ex dialogis Socraticorum maximeque Platonis duci potest: in quibus adeo scitae sunt interrogationes, ut, cum plerisque bene respondeatur, res tamen ad id, quod volunt efficere, perveniat. 29 illud fortuna interim praestat, ut aliquid, quod inter se parum consentiat, a teste dicatur, interim, quod saepius evenit, ut testis testi diversa dicat. acuta autem interrogatio ad hoc, quod casu fieri solet, etiam ratione perducet. 30 extra causam quoque multa, quae prosint, rogari solent, de vita testium aliorum, de sua quisque, si turpitudo, si humilitas, si amicitia accusatoris, si inimicitiae cum reo: in quibus aut dicant aliquid, quod prosit, aut in mendacio vel cupiditate laedendi deprendantur. 31 sed in primis interrogatio cum debet esse circumspecta, quia multa contra patronos venuste testes saepe respondent eique praecipue vulgo favetur, tum verbis quam maxime ex medio sumptis, ut, qui rogatur (is autem est saepius inperitus) intellegat, aut ne intellegere se neget, quod interrogantis non leve frigus est. 32 illae vero pessimae artes, testem subornatum in sub-

r) in **P²** *edd.:* ex

etwas gegen seine Lebensführung sagen kann, durch die Anprangerung seiner Vergehen ausschalten. 27 Es hat sich bewährt, gegen manche redlichen und zurückhaltenden Zeugen nicht hart vorzugehen; denn oft lassen sie sich, während sie sich gegen einen heftigen Angriff zum Kampf gestellt hätten, durch maßvolles Benehmen zur Zurückhaltung bestimmen. Jedes Verhör aber verläuft entweder innerhalb des Falles oder außerhalb. Innerhalb des Falles bringt auch der Anwalt, wie wir es dem Ankläger empfohlen haben, dadurch, daß er bei seiner Befragung weiter und an Stellen, die keinen Argwohn erregen, ansetzt und dann das erste mit dem Folgenden in Verbindung setzt, oft die Menschen dahin, daß er ihnen auch gegen ihren Willen abringt, was seiner Sache nützt. 28 Hierfür läßt sich zweifellos im Unterricht weder Regel noch Übung übermitteln; eher bringt man es durch natürlichen Scharfsinn und Erfahrung hierbei zur Meisterschaft. Sollte dennoch hierfür auf ein Beispiel zur Nachahmung hingewiesen werden, so ist es nur das, was sich aus den Dialogen der Sokratiker und zumal Platos gewinnen läßt. In diesen sind so geschickte Befragungen, daß, obwohl die meisten Fragen treffend beantwortet werden, dennoch die Sache zu dem Ziel gelangt, das die Fragenden erreichen wollen. 29 Zuweilen bringt es ein glücklicher Zufall, daß von einem Zeugen etwa, was mit sich selbst nicht in Einklang steht, gesagt wird; zuweilen auch – und dies kommt öfter vor – sagt auch der eine Zeuge etwas anderes als der andere! Eine scharfsinnige Befragung führt aber auch durch vernünftige Überlegung zu demselben Ergebnis, das gewöhnlich durch Zufall erreicht wird. 30 Auch außerhalb des Falles wird gern vieles gefragt, was nützlich sein kann: über das Leben anderer Zeugen, jeder auch über sein eigenes, ob Schimpfliches, ob niedrige Abkunft, ob Freundschaft zum Ankläger, ob Feindschaft mit dem Angeklagten vorliege, wobei sie entweder etwas sagen, was dem Fall zugute kommt, oder wodurch sie beim Lügen oder ihrer Begierde, den Gegner zu schädigen, ertappt werden. 31 Jedoch muß vor allem das Verhör wohl überlegt sein, weil der Zeuge oft in seiner Antwort viele schöne und treffende Bemerkungen gegen die Verteidigung richten kann und sich damit besonders die Herzen der Zuhörer erobert; es muß aber auch in einer besonders gemeinverständlichen Sprache erfolgen, damit der Befragte – der ja öfters ein ungebildeter Mann ist – die Frage versteht oder nicht sagen kann, er verstehe sie nicht, was die Stimmung gegen den Fragesteller nicht unbeträchtlich abkühlen kann. 32 Die schlechtesten Praktiken aber sind es, einen getarnten Zeugen auf

sellia adversarii mittere, ut inde excitatus plus noceat vel dicendo contra reum, cum quo sederit, vel, cum adiuvisse testimonio videbitur, faciendo ex industria multa inmodeste atque intemperanter, per quae non a se tantum dictis detrahat fidem, sed ceteris quoque, qui profuerant, auferat utilitatem: quorum mentionem habui, non ut fierent, sed ut vitarentur.

Saepe inter se collidi solent inde testatio, hinc testes. locus utrimque: haec enim se pars iure iurando, illa consensu signantium tuetur. 33 saepe inter testes et argumenta quaesitum est. inde scientiam in testibus et religionem, ingenia esse in argumentis dicitur: hinc testem gratia, metu, pecunia, ira, odio, amicitia, ambitu fieri, argumenta ex natura duci, in his iudicem sibi, in illis alii credere. 34 communia haec pluribus causis multumque iactata sunt, semper tamen iactabuntur. aliquando utrimque sunt testes, et quaestio sequitur ex ipsis, utri meliores viri, ex causis, utri magis credibilia dixerint, ex litigatoribus, utri gratia magis valuerint. 35 his adicere si qui volet ea, quae divina testimonia vocant, ex responsis, oraculis, ominibus, duplicem sciat esse eorum tractatum: generalem alterum, in quo inter Stoicos et Epicuri sectam secutos pugna perpetua est, regaturne providentia mundus, specialem alterum circa partis divinationis[s], ut quaeque in quaestionem cadet. 36 aliter enim oraculorum, aliter haruspicum, augurum, coniectorum, mathematicorum fides confirmari aut refelli

s) *Jul. Vict.:* divinationem

die Bänke der Gegenseite zu schicken, damit er, wenn er von dorther aufgerufen wird, mehr Schaden anrichten kann – ob er nun gegen den Angeklagten aussagt, auf dessen Seite er sitzt, oder ihm zwar scheinbar mit seinem Zeugnis hilft, vieles aber mit Absicht so maßlos und unbeherrscht vorbringt, daß er dadurch nicht nur seinen Aussagen die Glaubwürdigkeit nimmt, sondern auch den übrigen Zeugenaussagen, die in diesem Sinne günstig gelautet hatten, das Gewicht nimmt. Ich habe diese Unsitten erwähnt, nicht um ihnen dadurch Vorschub zu leisten, sondern damit man ihnen aus dem Wege gehen möge.

Oft kommt es vor, daß ein urkundliches Zeugnis einerseits, Zeugenaussagen andererseits gegeneinanderstehen. Da ergibt sich für beide Parteien wieder ein gemeinsamer Gesichtspunkt: die eine Seite verteidigt sich durch den Hinweis auf die Aussage unter Eid, die andere Seite mit der einstimmigen Beglaubigung. 33 Oft schon hat man die Frage nach dem Verhältnis der Zeugenaussagen zu den inneren Beweisstücken abgehandelt. Dabei wird das wirkliche Bescheidwissen, die eidliche Bindung für die Zeugenaussage, das Spiel des Talentes für die Beweise von der einen Seite ins Feld geführt; von der anderen Seite, daß Zeugenaussagen durch Beziehungen, Furcht, Geld, Zorn, Haß, Freundschaft, Ehrgeiz zustande kommen; Beweise dagegen werden aus der Natur gewonnen, im Fall der Beweise könne der Richter sich selbst vertrauen, im Fall der Zeugen nur einem anderen. 34 So lassen sich diese Gesichtspunkte in sehr vielen Fällen für beide Seiten geltend machen, oft sind sie schon erörtert worden und werden doch immer wieder erörtert werden. Manchmal stehen Zeugenaussagen auf beiden Seiten, und es ergibt sich aus ihnen selbst die Frage, auf welcher Seite die würdigeren Persönlichkeiten stehen; weiter die Sachfrage, welche Seite Glaubhafteres ausgesagt hat; schließlich die Frage der Prozeßführenden, welche Seite stärkeren Einfluß ausgeübt hat. 35 Wenn man hier die sogenannten göttlichen Zeugnisse anschließen will, die in Prophezeiungen, Orakeln und Vorzeichen erscheinen, so muß man wissen, daß sie in doppelter Weise behandelt werden: einmal allgemein, wobei zwischen den Stoikern und der Richtung des Epikur der immerwährende Kampf besteht, ob eine Vorsehung die Welt lenke; sodann speziell, wie sich eine jede Art der göttlichen Verkündigung in dem Fall auswirkt. 36 Denn es ist eine andere Weise, wie man die Glaubwürdigkeit von Orakeln bekräftigen oder widerlegen, als die, wie man die von Eingeweidedeutern und Vogelschauern, Zeichendeutern, Sterndeutern behandeln kann, da sie

potest, cum sit rerum ipsarum ratio diversa. circa eius modi quoque instrumenta firmanda vel destruenda multum habet operis oratio, si quae sunt voces per vinum, somnum, dementiam emissae, vel excepta parvulorum indicia, quos pars altera nihil fingere, altera nihil iudicare dictura est. 37 nec tantum praestari[t] hoc genus potenter, sed etiam, ubi non est, desiderari solet: 'pecuniam dedisti: quis numeravit? ubi? unde?' 'venenum arguis: ubi emi? a quo? quanti? per quem dedi? quo conscio?' quae fere omnia pro Cluentio Cicero in crimine veneficii excutit. haec de inartificialibus quam brevissime potui.

VIII.

1 Pars altera probationum, quae est tota *in arte* constatque rebus ad faciendam fidem adpositis, plerumque aut omnino neglegitur aut levissime attingitur ab iis, qui argumenta velut horrida et confragosa vitantes amoenioribus locis desident, neque aliter quam ii, qui traduntur a poetis gustu cuiusdam apud Lotophagos graminis et Sirenum cantu deleniti voluptatem saluti praetulisse, dum laudis falsam imaginem persequuntur, ipsa, propter quam dicitur, victoria cedunt. 2 atqui cetera, quae continuo magis orationis tractu decurrunt, in auxilium atque ornamentum argumentorum conparantur nervisque illis, quibus causa continetur, adiciunt inducti super corporis speciem: ut, si forte quid factum ira vel metu vel cupiditate dicatur, latius quae cuiusque adfectus natura sit prosequamur.

t) praestari *ed. Camp.*: praestare

auf ganz verschiedenen Voraussetzungen beruhen. Auch mit der Bekräftigung oder Entkräftung von Zeugnissen etwa derselben Art hat die Rede oft ihre Mühe, etwa Äußerungen im Rausch, Schlaf, Wahnsinn oder Angaben, die von kleinen Kindern aufgefangen sind, bei denen die eine Seite behaupten wird, der Kindermund werde doch nicht lügen, die Gegenseite dagegen, er habe noch kein Urteil. 37 Nicht nur bewährt sich diese Art von Zeugnissen als durchschlagend, sondern sie wird sogar gewöhnlich vermißt, wo sie nicht erscheint: 'Du hast mir das Geld gegeben. Wer hat es denn gezählt? Wo denn? woher denn? Giftmord wirfst du mir vor: Wo habe ich denn das Gift gekauft? Von wem denn? Wieviel denn? Durch wen habe ich es denn verabreicht? Wer hat denn etwas davon gewußt?' Fast all das bringt Cicero für Cluentius[9] bei der Anklage wegen Giftmordes an. Soweit also in aller gebotenen Kürze über die von außen genommenen Beweismittel.

ACHTES KAPITEL

Die Beweismittel aus dem Fall selbst

1 Die zweite Art der Beweisführung, deren Beweismittel völlig *aus der Kunst des Redners* stammen und die auf den Mitteln beruht, durch die man Vertrauen erwecken kann, wird meist von solchen Rednern entweder völlig beiseite gelassen oder nur ganz leicht gestreift, die den Beweisgründen wie wildem und zerklüftetem Gelände aus dem Wege gehen und es sich in reizvolleren Gegenden wohl sein lassen – nicht anders als die Männer, von denen die Dichter berichten, sie hätten bei den Lotophagen von einem Kraut gekostet, sich durch den Sang der Sirenen verführen lassen und so ihre Lust dem Heilsamen vorgezogen, verzichten sie, während sie dem Trugbild des Beifalles nachjagen, auf den Sieg selbst, um den es doch eigentlich in der Rede geht. 2 Und doch wird all das andere, das in dem zusammenhängenden Strom der Rede so ungehindert abläuft, nur als Hilfe und Schmuck für die Beweise aufgeboten und gibt diesem Sehnengeflecht, worin der eigentliche Fall besteht, den Anschein einer vollen körperlichen Hülle – wie wir etwa, wenn es in der Rede heißt, etwas sei aus Zorn, Furcht oder Gier geschehen, weiter ausführen, worin das Wesen jeder dieser Leidenschaften

[9] p. Cluent. 60, 167.

isdem laudamus, incusamus, augemus, minuimus, describimus, deterremus, querimur, consolamur, hortamur. 3 sed horum esse opera in rebus aut certis, aut de quibus tamquam certis loquimur, potest. nec abnuerim esse aliquid in delectatione, multum vero in commovendis adfectibus: sed haec ipsa plus valent, cum se didicisse iudex putat, quod consequi nisi argumentatione aliaque omni fide rerum non possumus.

4 Quorum priusquam partior species, indicandum est esse quaedam in omni probationum genere communia. nam neque ulla quaestio est, quae non sit aut in re aut in persona, neque esse argumentorum loci possunt nisi in iis, quae rebus aut personis accidunt, 5 eaque aut per se inspici solent aut ad aliud referri, neque ulla confirmatio nisi aut ex consequentibus aut ex pugnantibus, et haec necesse est aut ex praeterito tempore aut ex coniuncto aut ex sequenti petere, nec ulla res probari nisi ex alia potest eaque sit oportet aut maior aut par aut minor. 6 argumenta vero reperiuntur aut in quaestionibus, quae etiam separatae a complexu rerum personarumque spectari per se possint, aut in ipsa causa, cum invenitur aliquid in ea non ex communi ratione ductum, sed eius iudicii, de quo cognoscitur, proprium. probationum praeterea omnium aliae sunt necessariae, aliae credibiles, aliae non repugnantes. 7 et adhuc omnium probationum quadruplex ratio est, ut vel quia est aliquid, aliud non sit, ut: 'dies est, nox non est', vel quia est aliquid, et aliud sit: 'sol est super terram, dies est', vel quia aliquid non est, aliud sit: 'non est nox, dies est', vel quia aliquid non est, nec aliud sit: 'non est rationalis, nec homo est'. his in universum praedictis partes subiciam.

bestehe. Ebenso ist es, wenn wir loben, anklagen, steigern, abschwächen, schildern, abschrecken, klagen, trösten, mahnen. 3 Doch kann davon nur Gebrauch gemacht werden, wenn die Tatsachen selbst gewiß sind oder doch von uns in der Rede als gewiß behandelt werden. Ich möchte ja auch nicht leugnen, daß das Unterhaltende dabei einige Bedeutung, die Erregung der Gefühle sogar eine sehr große Bedeutung hat. Jedoch kommt gerade diese Bedeutung stärker zur Geltung, wenn der Richter glaubt, er sei wirklich unterrichtet, und das können wir nur durch die Beweisführung und jede andere Art von Beglaubigung der Tatsachen erreichen.

4 Bevor ich die Einteilung der Erscheinungsformen (dieser Beweisführung) gebe, gilt es festzustellen, daß es eine Reihe von Dingen gibt, die jeder Art von Beweisführung gemeinsam sind. Denn es gibt keine Untersuchung, die es nicht entweder mit einer Sache zu tun hat oder mit einer Person; 5 und so können auch Beweise nur bei Vorgängen ihre Stelle finden, die Sachen oder Personen betreffen, und diese kann man gewöhnlich entweder für sich betrachten oder in Beziehung zu etwas anderem; auch gibt es keine Bestätigung für einen Vorgang, die nicht mit der Frage der Folgerichtigkeit oder des Widerspruches verbunden ist, und diese Fragen muß man aus der vorausgegangenen Zeit, der Gleichzeitigkeit der Ereignisse oder der folgenden Zeit gewinnen; auch läßt sich nichts beweisen, es sei denn durch etwas anderes, dieses muß entweder größer, gleich groß oder kleiner sein. 6 Beweise nun finden sich entweder in Fragen, die auch für sich, unabhängig von einem bestimmten persönlichen oder sachlichen Zusammenhang betrachtet werden können, oder in dem Rechtsfall selbst, wenn sich etwas in ihm finden läßt, das nicht aus allgemeinen Überlegungen gewonnen, sondern nur der Urteilsfindung, um die es gerade geht, eigentümlich ist. Außerdem gilt es für alle Beweisführungen, daß sie teils zwingend, teils glaubhaft, teils frei von Widersprüchen sind. 7 Zudem beruhen alle Beweisführungen auf vier Begründungsformen: daß nämlich entweder, weil etwas ist, ein anderes nicht ist, z. B. 'Es ist Tag, Nacht ist es also nicht'; oder daß, weil etwas ist, auch etwas anderes ist, z. B. 'Die Sonne ist über der Erde, Tag ist es also'; oder daß, weil etwas nicht ist, etwas anderes ist, z. B. 'Nacht ist es nicht, Tag ist es also'; oder daß, weil etwas nicht ist, auch etwas anderes nicht ist, z. B. 'Er ist nicht im Besitz von Vernunft, er ist also kein Mensch'. Nach diesen allgemeinen Vorbemerkungen schließe ich jetzt die Behandlung der einzelnen Arten an.

IX.

1 Omnis igitur *probatio artificialis* constat aut *signis* aut *argumentis* aut *exemplis*. nec ignoro plerisque videri signa partem argumentorum. quae mihi separandi ratio haec fuit prima, quod sunt paene ex illis inartificialibus (cruenta enim vestis et clamor et livor et talia sunt instrumenta, qualia tabulae, rumores, testes, nec inveniuntur ab oratore, sed ad eum cum ipsa causa deferuntur), 2 altera, quod signa, sive indubitata sunt, non sunt argumenta, quia, ubi illa sunt, quaestio non est, argumento autem nisi in re controversa locus esse non potest, sive dubia, non sunt argumenta, sed ipsa argumentis egent. 3 Dividuntur autem in has primas duas species, quod eorum alia sunt, ut dixi, quae necessaria ⟨sunt, alia quae non necessaria⟩[u]. priora illa sunt quae aliter habere se non possunt, quae Graeci τεκμήρια vocant. quae sunt ἄλυτα σημεῖα⟨eo⟩que[v] mihi vix pertinere ad praecepta artis videntur; nam ubi est signum insolubile, ibi ne lis quidem est. 4 id autem accidit, cum quid aut necesse est fieri factumve esse, aut omnino non potest fieri vel esse factum: quo in causis posito non est lis[w] facti. hoc genus per omnia tempora perpendi solet: 5 nam et coisse eam cum viro, quae peperit, quod est praeteriti, et fluctus esse, cum magna vis venti in mare incubuit, quod coniuncti, et eum mori, cuius cor est vulneratum, quod futuri, necesse est. nec fieri potest ut ibi messis sit, ubi satum non est, ut quis Romae sit, cum est Athenis, ut sit ferro vulneratus, qui sine cicatrice est. 6 sed quaedam et retrorsum idem valent, ut vivere

u) *suppl. Spalding Gesner Regius*
v) ⟨eo⟩que *Radermacher:* quae
w) lis *Pseudo-Turnebus:* lis nisi **P** iis nisi **B** saliis **A**

NEUNTES KAPITEL

Der Indizienbeweis

1 Jede aus dem Fall selbst gewonnene *Beweisführung* also besteht aus *Anzeichen*, *Beweisgründen* oder *Beispielen*. Dabei bin ich mir wohl bewußt, daß sehr viele Lehrer die Anzeichen als einen Teil der Beweisgründe ansehen. Der Grund für die Abtrennung, die ich vornehme, war erstens der, daß sie den Beweismitteln, die von außen stammen, nahestehen; denn ein blutbesudeltes Kleidungsstück, ein Aufschrei, bläuliche Verfärbung und dergleichen sind Beweismittel wie Urkunden, Gerüchte und Zeugen. Der Redner findet sie nicht, sondern sie werden ihm mit dem Fall selbst zugebracht; 2 Zweitens der, daß Anzeichen in dem Fall, daß sie unzweifelhaft sind, keine Beweise darstellen, weil ja, wo unzweifelhafte Anzeichen vorliegen, eine Frage gar nicht auftritt, ein Beweisgrund aber nur in einer strittigen Angelegenheit am Platze ist, im Falle sie aber zweifelhaft sind, sie auch keine Beweisgründe darstellen, sondern selbst Beweisgründe erforderlich machen.

3 Die Einteilung aber erfolgt nach den folgenden zwei Grundformen: teils sind sie, wie schon gesagt, zwingend, teils nicht. Bei der ersten Form handelt es sich um solche, mit denen es sich anders gar nicht verhalten kann, was die Griechen als τεκμήρια bezeichnen. Diese sind die *unwiderleglichen Anzeichen*, die, wie mir scheint, kaum in den Rahmen der rhetorischen Vorschriften gehören; denn wo ein unwiderlegliches Anzeichen vorliegt, da kommt es ja gar nicht erst zum Rechtsstreit. 4 Um ein solches Anzeichen aber handelt es sich, wenn etwas entweder zwangsläufig geschieht oder geschehen ist oder überhaupt nicht geschehen ist oder geschehen sein kann: Liegt das in Rechtsfällen vor, so gibt es keinen Streit um das Geschehene. Diese Art von Anzeichen wird gewöhnlich in allen drei Zeitstufen durchgemustert: 5 Denn eine Frau muß ja mit einem Mann verkehrt haben, wenn sie ein Kind geboren hat, das Anzeichen gehört also der Vergangenheit an. Weiter: muß es Flut geben, wenn ein mächtiger Windstoß sich auf das Meer geworfen hat, also: Gegenwart; und drittens, es muß sterben, wer am Herzen verwundet worden ist, also: Zukunft. Auch kann es nicht geschehen, daß dort eine Ernte stattfindet, wo nicht gesät worden ist; oder daß jemand in Rom ist, wenn er in Athen ist, oder daß jemand vom Schwert verwundet worden ist, der ohne Narbe ist. 6 Doch manches gilt auch umgekehrt genauso, z. B. ein Mensch, der atmet,

hominem qui spirat, et spirare qui vivit. quaedam in contrarium non recurrunt; nec enim, quia movetur qui ingreditur, etiam ingreditur qui movetur. 7 quare potest et coisse cum viro, quae non peperit, et non esse ventus in mari, cum est fluctus, neque utique cor eius vulneratum esse, qui perit. ac similiter satum fuisse potest, ubi non fuit messis, nec fuisse Romae, qui non fuit Athenis, nec fuisse ferro vulneratus, qui habet cicatricem.

8 Alia sunt signa non necessaria, quae εἰκότα Graeci vocant: quae etiam si ad tollendam dubitationem sola non sufficiunt, tamen adiuta ceteris plurimum valent. 9 *signum* vocatur, ut dixi, σημεῖον (quamquam id quidam *indicium* quidam *vestigium* nominaverunt), per quod alia res intellegitur, ut per sanguinem caedes. at sanguis vel ex hostia respersisse vestem potest vel e naribus profluxisse: non utique, qui vestem cruentam habuerit, homicidium fecerit. 10 sed ut per se non sufficit, ita ceteris adiunctum testimonii loco ducitur, si inimicus, si minatus ante, si eodem in loco fuit: quibus signum cum accessit, efficit ut quae suspecta erant certa videantur. 11 alioqui sunt quaedam signa utrique parti communia, ut livores, tumores; nam videri possunt et veneficii et cruditatis. et vulnus in pectore sua manu et aliena perisse dicentibus in aequo[x] est. haec proinde firma habentur atque extrinsecus adiuvantur.

12 Eorum autem, quae signa sunt quidem, sed non necessaria, genus Hermagoras putat: 'non esse virginem Atalanten, quia cum iuvenibus per silvas vagetur'. quod si receperimus, vereor ne omnia quae ex facto ducuntur, signa faciamus. eadem tamen ratione qua signa tractantur. 13 nec mihi videntur Ariopagitae, cum damna-

x) in quo est **BP**

muß leben, und ein Mensch der lebt, muß atmen. Manches läßt sich nicht umkehren: denn weil jemand sich bewegt, der einherschreitet, muß nicht jemand, der sich bewegt, auch einherschreiten. 7 Deshalb kann auch eine Frau mit einem Mann verkehrt haben, die kein Kind geboren hat, und braucht kein Wind auf dem Meer zu sein, wenn Flut ist, auch muß nicht unbedingt am Herzen verwundet sein, wer umkommt. Und in entsprechender Weise: es kann gesät gewesen sein, wo keine Ernte stattfand, es braucht nicht in Rom gewesen zu sein, wer nicht in Athen war; auch braucht nicht vom Schwert verwundet worden zu sein, wer eine Wunde hat.

8 Anderer Art sind die *nicht zwingenden* Anzeichen, die im Griechischen *einleuchtend* heißen. Wenn diese auch allein nicht ausreichen, den Zweifel zu beheben, so haben sie doch, unterstützt von den übrigen Anhaltspunkten, größte Bedeutung. 9 Mit *Anzeichen* wird, wie gesagt, σημεῖον wiedergegeben – wenn auch manche hierfür die Bezeichnung *Angabe* (indicium), andere *Spur* (vestigium) gewählt haben –, ein Zeichen, durch dessen Vermittlung eine andere Tatsache kenntlich wird, z. B. durch Blut ein Mord. Doch kann Blut auch von einem Opfertiere auf ein Kleidungsstück gespritzt, oder es kann aus der Nase geflossen sein: nicht unbedingt wird also, wer ein blutbesudeltes Kleidungsstück hat, einen Mord begangen haben. 10 Reicht es also auch für sich nicht aus, so nimmt es doch, verbunden mit den übrigen Anhaltspunkten, die Stelle eines Zeugnisses ein, wenn der Betreffende verfeindet war, vorher gedroht hat und sich am gleichen Ort aufhielt: tritt hierzu noch das Anzeichen, so bewirkt es, daß die verdächtigen Umstände nun gewiß erscheinen. 11 Ansonsten gibt es auch bestimmte Anzeichen, die beide Seiten für sich in Anspruch nehmen können, z. B. bläuliche Färbung und Schwellungen, denn sie können auf Giftmord wie auf ein Magenleiden hindeuten. Sogar eine Wunde in der Brust läßt sich für die Behauptung, jemand sei durch eigene, wie für die, er sei durch fremde Hand umgekommen, gleich gut verwenden. Diese Anzeichen gelten als gleich sicher und finden ihre Stütze nur von außen her.

12 Zu dieser Art von Anzeichen, die zwar einen Hinweis, freilich aber keinen zwingenden enthalten, rechnet Hermagoras auch folgendes Beispiel: 'Atalante sei keine Jungfrau, weil sie mit jungen Männern durch die Wälder schweife.' Wenn wir dieses Beispiel annehmen, müssen wir, fürchte ich, alles als Anzeichen gelten lassen, was sich aus einem Geschehen herleiten läßt. Dennoch wird es genauso behandelt wie die Anzeichen. 13 Auch haben,

verint puerum coturnicum oculos eruentem, aliud iudicasse, quam id signum esse perniciosissimae mentis multisque malo futurae, si adolevisset. unde Spuri Maeli Marcique Manli popularitas signum adfectati regni est existimatum. 14 sed vereor ne longe nimium nos ducat haec via. nam si est signum adulterae lavari cum viris, erit et convivere cum adulescentibus, deinde etiam familiariter alicuius amicitia uti: fortasse corpus vulsum, fractum incessum, vestem muliebrem dixerit mollis et parum viri signa, si cui (cum signum id proprie sit, quod ex eo, de quo quaeritur, natum sub oculos venit) ut sanguis e[y] caede, ita illa ex impudicitia fluere videantur. 15 ea quoque quae, quia plerumque observata sunt, vulgo signa creduntur, ut prognostica 'vento rubet aurea Phoebe' et 'cornix plena pluviam vocat inproba voce', si causas ex qualitate caeli trahunt, sane ita appellentur. 16 nam si vento rubet luna, signum venti est rubor: et si, ut idem poeta colligit, densatus et laxatus aer facit, ut sit inde ille 'avium concentus', idem sentiemus. sunt autem signa etiam parva magnorum, ut vel haec ipsa cornix; nam maiora minorum esse nemo miratur.

X.

1 Nunc de *argumentis*: hoc enim nomine complectimur omnia, quae Graeci ἐνθυμήματα, ἐπιχειρήματα, ἀποδείξεις vocant, quamquam apud illos est aliqua horum nominum differentia, etiam si vis eodem

y) e *om.* **A**

scheint mir, die Richter vom Areopag, als sie einen Knaben, der den Wachteln die Augen ausschlug, verurteilten, über nichts anderes ihr Urteil gefällt als darüber, daß dies das Anzeichen einer höchst verderblichen Denkweise sei, die noch vielen, wenn er erst herangewachsen wäre, Unheil bringen würde. Daher hat man auch in der volksfreundlichen Art des Spurius Maelius und Marcus Manlius ein Anzeichen dafür gesehen, daß sie auf Alleinherrschaft aus wären. 14 Doch fürchte ich, daß uns dieser Weg allzu weit führt. Denn wenn es das Anzeichen für eine Ehebrecherin ist, daß sie mit Männern badet, dann wird man auch die Teilnahme an einem Festmahl mit jungen Männern, weiter dann gar vertraute freundschaftliche Beziehungen zu einem Mann ebenso werten. Vielleicht könnte jemand auch einen enthaarten Körper, weichliches Schreiten und weibische Tracht für Anzeichen erklären, die auf einen weichlichen, ganz unmännlichen Männerfreund deuten, wenn jemandem wie das Blut vom Mord, so jene Anzeichen von der Schamlosigkeit zu stammen scheinen; denn Anzeichen ist ja im eigentlichen Sinn das, was als von dem herstammend, worum die Untersuchung geht, vor unsere Augen tritt. 15 Auch die Merkmale, die, weil sie sich meistenteils haben beobachten lassen, im Volke als Anzeichen gelten, wie etwa die Wetterprognosen 'wird röter die goldene Phoebe'[10] und 'der frechen Krähe voller Ton den Regen herbeiruft'[11] können freilich so genannt werden, wenn sie Gründe aus der Beschaffenheit des Himmels ableiten. 16 Denn wenn durch Wind der Mond rot wird, so ist die Röte das Anzeichen des Windes. Und wenn, wie derselbe Dichter[12] annimmt, die Verdichtung und Verdünnung der Luft es verursacht, daß darauf das 'Vogelkonzert' anhebt, so werden wir auch hierin ein Anzeichen erkennen. Es gibt aber auch kleine Anzeichen für große Dinge, wie etwa gerade die Krähe. Denn darüber, daß Größeres das Anzeichen von Kleinerem ist, wundert sich niemand.

ZEHNTES KAPITEL

Die Beweisgründe

1 Nun zu den *Beweisgründen*. Mit diesem Namen wollen wir alles umfassen, was die Griechen ἐνθυμήματα, ἐπιχειρήματα und ἀποδείξεις nennen, wenn auch bei ihnen zwischen diesen Benennungen ein

[10] Verg. Georg. 1, 431. [11] ebd. 1, 388. [12] ebd. 1, 422.

fere tendit. nam *enthymema* (quod nos *commentum* sane aut *commentationem* interpretemur, quia aliter non possumus, Graeco melius usuri) unum intellectum habet, quo omnia mente concepta significat (sed nunc non de eo loquimur), alterum, quo sententiam cum ratione, 2 tertium, quo certam quandam argumenti conclusionem vel ex consequentibus vel ex repugnantibus: quamquam de hoc parum convenit. sunt enim qui illud prius epichirema dicant, pluresque invenias in ea opinione, ut id demum, quod pugna constat, enthymema accipi velint, et ideo illud Cornificius *contrarium* appellat. 3 hunc alii rhetoricum syllogismum, alii inperfectum syllogismum vocaverunt, quia nec[z] distinctis nec totidem partibus concluderetur: quod sane non utique ab oratore desideratur. 4 *epichirema* Valgius *adgressionem* vocat, verius autem iudico non nostram administrationem, sed ipsam rem quam adgredimur, id est argumentum, quo aliquid probaturi sumus, etiam si nondum verbis explanatum, iam tamen mente conceptum, epichirema dici. 5 aliis videtur non destinata vel incohata, sed perfecta probatio hoc nomen accipere ultima specie, ideoque propria eius appellatione[a] et maxime in usu posita significatur certa quaedam sententiae comprensio, quae ex tribus minimum[b] partibus constat. 6 quidam epichirema *rationem* appellarunt, Cicero melius ratiocinationem[c], quamquam et ille nomen hoc duxisse magis a syllogismo videtur: nam et statum syllogisticum ratiocinativum appellat exemplisque[d] utitur philosophorum. et quoniam est quaedam inter syllogismum et epichirema vicinitas,

z) nec **P** *om.* **AB**
a) appellatione *Halm:* appellatio
b) minime **A** *om.* **BP** minimum *Obrecht del. Radermacher*
c) ratiocinationem *Badius:* ratiocinativum
d) exemplisque **AP²** ⟨et⟩ exemplis *Radermacher*

gewisser Unterschied besteht, auch wenn die Bedeutung etwa auf dasselbe hinausläuft. Denn *enthymema* – was wir mit *Gedanke* oder *Überlegung* wiedergeben wollen, weil wir es anders nicht können, so daß wir lieber die griechische Bezeichnung verwenden wollen – hat einmal den Sinn, alles, was im Geiste erfaßt wird, zu bezeichnen – doch darüber sprechen wir jetzt nicht. 2 Ferner eine zweite Bedeutung, wonach es einen Gedanken mit seiner Begründung, und eine dritte, die eine bestimmte Schlußform entweder nach der Folgerichtigkeit oder dem Widerspruch bezeichnet. Freilich herrscht hierüber zu wenig Übereinstimmung. Es gibt nämlich auch Gelehrte, die das andere 'epicheirema' nennen, doch viel größer ist die Zahl derer, die der Meinung sind, unter 'enthymema' sollte man nur das verstehen, was auf dem Gegensatz beruht, und deshalb nennt Cornificius[13] es das *Entgegengesetzte* (contrarium). 3 Manche haben (das Enthymema) als rhetorischen Schluß bezeichnet, andere als einen unvollständigen Schluß, weil die Schlußsätze nicht deutlich abgesetzt und auch nicht vollständig verwendet werden, was man ja freilich auch nicht unbedingt vom Redner verlangt. 4 Das *Epicheirem* nennt Valgius[14] *Antreten* (adgressio). Besser aber, meine ich, sollte nicht unser Vorgehen, sondern die Sache selbst, die wir angreifen, das heißt die Begründung, mit der wir etwas beweisen wollen, auch wenn sie noch nicht in Worten ausgeführt, jedoch schon in Gedanken ausgearbeitet ist, Epicheirem heißen. 5 Wieder andere sehen in ihm nicht eine geplante oder begonnene, sondern eine vollständige Beweisführung, und zwar die letzte Erscheinungsform innerhalb des Systems der Beweisführung; und deshalb bezeichnet man als Epicheirem im eigentlichen und gebräuchlichen Sinne des Wortes eine bestimmte Gedankenverbindung, die aus wenigstens drei Teilen (Sätzen) besteht. 6 Manche haben das Epicheirem den *Grund* (ratio) genannt, Cicero[15] besser *Begründung* (ratiocinatio), obwohl auch er diese Benennung eher vom logischen Schluß herzuleiten scheint; denn er bezeichnet den Status, der auf einem Syllogismus beruht, als 'ratiocinativus' (Begründen durch Schlüsse) und bedient sich dabei der Beispiele, die von Philosophen stammen. Da nun zwischen Syllogismus und Epicheirem eine gewisse Verwandtschaft besteht, kann er mit

[13] So auch der Verfasser des dem Herennius gewidmeten Lehrbuches (4, 18, 25), den man gern mit diesem Cornificius identifiziert hat.

[14] aus augusteischer Zeit s. o. 3, 1, 18.

[15] de inv. 1, 31, 34.

potest videri hoc nomine recte abusus. 7 ἀπόδειξις est evidens probatio, ideoque apud geometras γραμμικαὶ ἀποδείξεις dicuntur. hanc et ab epichiremate Caecilius putat differre solo genere conclusionis et esse apodixin inperfectum[e] epichirema eadem causa, qua diximus enthymema a syllogismo distare; nam et epichirema syllogismi pars est. quidam inesse epichiremati apodixin putant et esse partem eius confirmantem. 8 utrumque autem quamquam diversi auctores eodem modo finiunt, ut sit ratio per ea, quae certa sunt, fidem dubiis adferens: quae natura est omnium argumentorum, neque enim certa incertis declarantur. haec omnia generaliter πίστεις appellant, quod etiam si propria interpretatione dicere fidem possumus, apertius tamen probationem interpretabimur. 9 sed argumentum quoque plura significat. nam et fabulae ad actum scaenarum compositae argumenta dicuntur, et orationum Ciceronis velut thema ipse exponens[f] Pedianus inquit[g]: 'argumentum tale est', et ipse Cicero ad Brutum ita scribit: 'veritus fortasse ne nos in Catonem nostrum transferremus illim aliquid, etsi argumentum simile non erat'. quo apparet omnem ad scribendum destinatam materiam ita appellari. 10 nec mirum, cum id inter opifices quoque vulgatum sit, unde Vergilii 'argumentum ingens', vulgoque paulo numerosius opus dicitur argumentosum. sed nunc de eo dicendum argumento est, quod ⟨probationem praestat. Celsus quidem⟩[h] probationem, indicium, fidem, adgressionem eiusdem rei nomina facit, parum distincte, ut arbitror. 11 nam probatio et fides efficitur[i] non tantum per haec, quae sunt rationis, sed etiam per inartificialia.

e) imperfectam *Gesner:* inperfectum
f) exponens *Aldus:* exponit/argumentum, inquit, *Halm Regium secutus*
g) inquit *del. Radermacher;* ipse *Spalding*
h) *suppl. Meister*
i) efficitur *Valla:* effici

diesem erweiterten Wortgebrauch durchaus im Recht sein. 7 ἀπόδειξις ist eine ins Auge fallende Beweisführung, und deshalb spricht man in der Geometrie von γραμμικαὶ ἀποδείξεις (aus der Zeichnung klaren Beweisen), Caecilius[16] glaubt, daß die Apodixis sich vom Epicheirem nur durch die Art unterscheide, wie die Schlußfolgerung gezogen werde; so sei die Apodixis aus demselben Grund ein unvollständiges Epicheirem, wie das Enthymem ein unvollständiger Syllogismus; denn auch das Epicheirem ist ja ein Teil des Syllogismus. Manche glauben auch, die Apodixis sei im Epicheirem enthalten, und zwar sei es der Abschnitt, der die Bestätigung liefert. 8 Beide definieren aber die Autoren trotz aller Unterschiede im gleichen Sinne: daß ihnen nämlich das Prinzip zugrunde liege, mittels sicherer Tatsachen zweifelhaften zur Glaubwürdigkeit zu verhelfen – worin ja das Wesen aller Beweise besteht: denn Gewisses wird ja durch Ungewisses nicht klarer. All das heißt allgemein πίστεις (Beglaubigungen), ein Wort, das wir in wörtlicher Übersetzung mit 'fides' wiedergeben können, deutlicher wird es jedoch, wenn wir es mit 'probatio' (Beweisführung) bezeichnen. 9 Auch 'argumentum' hat ja mehrere Bedeutungen. Denn auch für die Bühne gearbeitete Erzählungen heißen 'argumenta', und wenn Pedianus mit eigenen Worten gleichsam die Schulaufgabe, vor die sich Cicero in seinen Reden gestellt sah, darlegt, sagt er: 'Das 'argumentum' ist folgendes'. Auch schreibt Cicero selbst an Brutus[17]: 'Vielleicht aus Besorgnis, wir könnten etwas von dort auf unseren Cato übertragen, obwohl das argumentum (inhaltlicher Ablauf) keine Ähnlichkeit besaß.' Aus diesen Beispielen geht hervor, daß jeder zur schriftlichen Behandlung bestimmte Stoff so heißen kann. 10 Und das ist keine erstaunliche Tatsache; denn auch unter den bildenden Künstlern ist der Ausdruck verbreitet – daher Vergils[18] 'ein ungeheurer Entwurf' –, und ganz gewöhnlich ist es, ein etwas umfangreicheres Werk als 'argumentosum' (stoffreich) zu bezeichnen. Doch soll hier von dem 'argumentum' gesprochen werden, das der Beweisführung dient. Celsus nimmt Erweis, Anzeichen, Beglaubigung und Ansatz als Namen für die gleiche Sache, wobei er glaube ich, zu wenig genau unterscheidet. 11 Denn Erweis und Beglaubigung kommen nicht nur durch Mittel zustande, die die vernünftige Überlegung liefert, sondern

16 fr. 50 Burkh.
17 ep. fr. E. 8, 7 M.
18 Aen. 7, 791.

signum autem, quod ille indicium vocat, ab argumentis iam separavi. ergo, cum sit argumentum ratio probationem praestans, qua colligitur aliquid[j] per aliud, et quae quod est dubium per id, quod dubium non est, confirmat, necesse est esse aliquid in causa, quod probatione non egeat. 12 alioqui nihil erit quo[k] probemus, nisi fuerit quod aut sit verum aut videatur, ex quo dubiis fides fiat. pro certis autem habemus primum quae sensibus percipiuntur, ut quae videmus, audimus, qualia sunt signa, deinde ea, ⟨ad⟩[l] quae communi opinione consensum est 'deos esse, praestandam pietatem parentibus'; 13 praeterea, quae legibus cauta sunt, quae persuasione etiam si non omnium hominum, eius tamen civitatis aut gentis, in qua res agitur, in mores recepta sunt, ut pleraque in iure non legibus, sed moribus constant: si quid inter utramque partem convenit, si quid probatum est, denique cuicumque adversarius non contradicit. 14 sic enim fiet argumentum: 'cum providentia mundus regatur, administranda res publica ⟨est: sequitur ut administranda res publica⟩[m] sit, si liquebit mundum providentia regi'. 15 debet etiam nota esse recte argumenta tractaturo vis et natura omnium rerum, et quid quaeque earum plerumque efficiat: hinc enim sunt quae εἰκότα dicuntur. 16 credibilium autem genera sunt tria: unum firmissimum, quia fere accidit, ut 'liberos a parentibus amari', alterum velut propensius, 'eum, qui recte valeat, in crastinum perventurum', tertium tantum non repugnans, 'in domo furtum factum ab eo, qui domui fuit'. 17 ideoque Aristoteles in secundo de arte

j) aliquid *ed. Jens.*: aliud
k) quo *Regius*: quod
l) *add. Becher*
m) *suppl. Halm Regius*

auch durch solche, die außerhalb der rhetorischen Kunst liegen. Das Anzeichen aber, das er 'indicium' nennt, habe ich schon von den Beweismitteln (argumenta) getrennt[19]. Da nun also ein Beweis-Argument eine vernünftige Überlegung darstellt, die der Beweisführung Beweiskraft liefert, wodurch etwas durch etwas anderes erschlossen und etwas Zweifelhaftes durch etwas Unzweifelhaftes in seiner Gewißheit bestärkt wird, muß es etwas in einem Fall geben, das keinen Erweis nötig hat. 12 Andernfalls wird es ja nichts geben, womit wir einen Beweis führen könnten, wenn es nichts gibt, was wahr ist oder scheint, so daß daraus das Zweifelhafte Glaubwürdigkeit gewinnt. Für gewiß aber halten wir erstens das, was wir mit unseren Sinnen wahrnehmen, was wir etwa sehen oder hören; von dieser Art sind die Anzeichen; sodann das, worüber nach allgemeiner Anschauung Übereinstimmung herrscht, z. B. 'daß es Götter gibt, daß man den Eltern Ehrfurcht schuldet'. 13 Außerdem ferner das, was in Gesetzen festgelegt ist, die nach der Überzeugung, wenn auch nicht aller Menschen, so doch des Staates oder Volkes, in dem der Fall verhandelt wird, zur geltenden Sitte geworden sind, wie ja in Rechtsfragen sehr vieles nicht auf Gesetzen, sondern auf überliefertem Brauchtum beruht; weiter dann: wenn über etwas zwischen beiden Parteien Übereinstimmung besteht; wenn etwas bewiesen ist; schließlich alles, wogegen der Gegner keinen Widerspruch erhebt. 14 Folgendermaßen nämlich wird ein Beweis zustande kommen: 'Da die ganze Welt von der Vorsehung gelenkt wird, muß auch der Staat verwaltet werden. So ergibt sich der Schluß, daß der Staat verwaltet werden muß, wenn es klar ist, daß die Welt von der Vorsehung gelenkt wird'. 15 Es muß also, wenn man Beweise richtig handhaben will, auch Bedeutung und Wesen aller Erscheinungen bekannt sein sowie die Einsicht, welche Wirkungen jedes von ihnen in der Regel zustande bringt. Denn daraus ergeben sich die sogenannten εἰκότα (glaublichen Dinge). 16 Von glaubhaften Vorgängen gibt es drei Arten: erstens der stärkste Grad der Glaubhaftigkeit, weil etwas fast immer gilt, z. B. 'daß die Kinder von ihren Eltern geliebt werden'; zweitens das, was gewissermaßen stärker hinneigt zur Gewißheit, z. B. 'daß jemand, der heute bei guter Gesundheit ist, den morgigen Tag erleben werde'; drittens das, was lediglich ohne Widerspruch gilt, z. B. 'daß ein Diebstahl im Haus von jemandem verübt worden sei, der im Haus war'. 17 Deshalb hat Aristoteles[20] im zweiten Buch

[19] s. o. Kap. 9, 2. [20] Rhet. 2, 1–17.

rhetorica libro diligentissime est exsecutus, quid cuique rei et quid cuique homini soleret[n] accidere, et quas res quosque homines quibus rebus aut hominibus vel conciliasset vel alienasset ipsa natura, ut, divitias quid sequatur aut ambitum aut superstitionem, quid boni probent, quid mali petant, quid milites, quid rustici, quo quaeque modo res vitari vel appeti soleat. verum hoc exsequi mitto: 18 non enim longum tantum, sed etiam inpossibile ac potius infinitum est, praeterea positum in communi omnium intellectu. si quis tamen desideravit, a quo peteret ostendi. 19 omnia autem credibilia, in quibus pars maxima consistit argumentationis, ex huius modi fontibus fluunt[o]: 'an credibile sit a filio patrem occisum, incestum cum filia commissum', et contra 'veneficium in noverca, adulterium in luxurioso': illa quoque, 'an scelus palam factum', 'an falsum propter exiguam summam', quia suos quidque[p] horum velut mores habet, plerumque tamen, non semper: alioqui indubitata essent, non argumenta.

20 Excutiamus nunc argumentorum locos, quamquam quibusdam hi quoque, de quibus supra dixi, videntur. locos appello non, ut vulgo nunc intelleguntur, in[q] luxuriem et adulterium et similia, sed sedes argumentorum, in quibus latent, ex quibus sunt petenda. 21 nam ut in terra non omni generantur omnia, nec avem aut feram reperias, ubi quaeque nasci aut morari soleat, ignarus, et piscium quoque genera alia planis gaudent, alia saxosis, regionibus etiam litoribusque discreta sunt, nec helopem nostro mari aut scarum[r] ducas: ita non omne argumentum undique venit ideoque non passim quaerendum est. 22 multus alioqui error est: exhausto labore, quod non ratione scrutabimur, non poterimus invenire nisi casu.

n) soleret *Spalding:* solet
o) fluunt *Regius:* fiunt
p) quicque *Valla:* quisque
q) in *Regius:* ut
r) scaurum **B** carum **A**

seiner ›Rhetorik‹ aufs genaueste ausgeführt, was zu jedem Ding und zu jedem Menschen gewöhnlich gehört sowie welchen Dingen und welchen Menschen die Natur selbst zueinander Zu- oder Abneigung verliehen hat, z. B. welche Folgen der Reichtum hat, der Ehrgeiz oder Aberglaube, was anständige Menschen loben, was schlechte Menschen suchen, was Soldaten, was Bauern gerne wollen und wie man jeweils gewöhnlich etwas meidet oder erstrebt. 18 Doch unterlasse ich es, dies hier auszuführen; denn es ist nicht nur eine langwierige, sondern zudem auch unmögliche oder besser endlose Bemühung, und außerdem beruht es auf dem, was jeder auch so weiß. Wenn aber jemand doch Verlangen danach haben sollte, so habe ich angegeben, wo er es finden kann. 19 Alles Glaubhafte nun, womit man größtenteils argumentiert, stammt aus Quellen etwa folgender Art: 'Ist es glaubhaft, daß vom eigenen Sohn der Vater erschlagen, die Blutschande mit der eigenen Tochter getrieben wurde?' Und umgekehrt: 'Ist Giftmord bei einer Stiefmutter, Ehebruch bei einem Lebemann glaubhaft?' Ferner auch so: 'Ist es glaubhaft, daß das Verbrechen so offen begangen, die Fälschung wegen einer so unbedeutenden Summe erfolgt sei?' Denn alles, was in diesen Beispielen erscheint, hat ja gleichsam seine eigenen Lebensregeln, gilt aber doch nur meistens, nicht immer; denn sonst wären es unbezweifelbare Tatsachen, nicht Beweise.

20 Gehen wir nun den Stellen nach, wo diese Beweise zu finden sind – wiewohl freilich in den Augen mancher Lehrer auch schon das, was ich oben besprochen habe[21], als Quelle für Beweise gilt. 'Stellen' nenne ich jetzt nicht, was man heute gewöhnlich darunter versteht[22], also 'Stellen' gegen die Genußsucht, gegen den Ehebruch und ähnliches, sondern Stellen, wo die Beweise ihren Sitz haben, wo sie sich verbergen und man sie suchen muß. 21 Denn wie nicht in jedem Land alles gedeiht und man wohl Vögel oder Wild kaum auffinden wird, wenn man nicht weiß, wo sie gewöhnlich vorkommen und sich aufhalten, auch die Fischarten teils flache Gegenden lieben, teils felsige und auch nach Gegenden und Küstenstrichen zu unterscheiden sind, so daß man aus unserer See schwerlich einen Stör oder Lippfisch beziehen kann: so kommt auch nicht jeder Beweis von jeder beliebigen Stelle, und man darf ihn deshalb nicht überall suchen. 22 Sonst gibt es vieles In-die-Irre-Gehen: die Mühe ist umsonst, und was wir nicht mit Überlegung ermitteln,

[21] s. o. Kap. 9.
[22] s. o. 2, 4, 22.

at si scierimus ubi quodque nascatur, cum ad locum ventum erit, facile quod in eo est pervidebimus.

23 In primis igitur argumenta a persona ducenda sunt, cum sit, ut dixi, divisio, ut omnia in haec duo partiamur, res atque personas: ut causa, tempus, locus, occasio, instrumentum, modus et cetera rerum sint accidentia. personis autem non quidquid accidit, exsequendum mihi est, ut plerique fecerunt, sed unde argumenta sumi possunt. ea porro sunt: 24 genus, nam similes parentibus ac maioribus suis filii[s] plerumque creduntur, et nonnumquam ad honeste turpiterque vivendum inde causae fluunt: natio, nam et gentibus proprii mores sunt nec idem in barbaro, Romano, Graeco probabile est: 25 patria, quia similiter etiam civitatium leges, instituta, opiniones habent differentiam: sexus, ut latrocinium facilius in viro, veneficium in femina credas: aetas, quia aliud aliis annis magis convenit: educatio et disciplina, quoniam refert a quibus et quo quisque modo sit institutus: 26 habitus corporis, ducitur enim frequenter in argumentum species libidinis, robur petulantiae, his contraria in diversum: fortuna, neque enim idem credibile est in divite ac paupere, propinquis amicis clientibus abundante et his omnibus destituto. condicionis etiam distantia est: nam clarus an obscurus, magistratus an privatus, pater an filius, civis an peregrinus, liber an servus, maritus an caelebs, parens liberorum an orbus sit, plurimum distat: 27 animi natura, etenim avaritia, iracundia, misericordia, crudelitas, severitas aliaque his similia adferunt fidem frequenter aut detrahunt, sicut victus luxuriosus an frugi an sordidus quaeritur: studia quoque, nam rusticus, forensis, negotiator, miles,

s) suis **ABPQ** maioribus suis filii plerumque creduntur *Gesner*

werden wir nur durch Zufall finden. Wissen wir dagegen, wo jede Art gedeiht, werden wir, sobald wir an die Stelle kommen, leicht überblicken, was dort zu finden ist.

23 Zunächst also gilt es, Beweise von der Person her zu gewinnen; denn wir legen ja, wie schon gesagt[23], allem die Einteilung in Sachen und Personen zugrunde, wobei Grund, Zeit, Ort, Gelegenheit, Werkzeug, Art und Weise usw. als Begleitumstände zu den Sachen gehören: ich brauche aber nicht alles auszuführen, was zu den Personen gehört, wie es die meisten (Lehrbücher) machen, sondern nur das, woher Beweise zu entnehmen sind. Diese Stellen sind nun: 24 die Abstammung; denn die Söhne gelten meistens als ihren Eltern und Vorfahren ähnlich, und zuweilen stammen daher die Gründe für eine anständige oder unanständige Lebensführung; der Volksstamm; denn auch die Völker haben ihre eigentümlichen Lebensgrundsätze, und dieselben Dinge haben bei einem Barbaren, Römer oder Griechen nicht die gleiche Überzeugungskraft; 25 das Vaterland; weil entsprechend auch die Gesetze, Einrichtungen und Auffassungen der Staaten Verschiedenheit aufweisen; das Geschlecht; wenn man etwa einen Raubüberfall leichter einem Mann, einen Giftmord einer Frau zutraut; das Alter, weil manches mehr zu dieser, manches mehr zu jener Altersstufe paßt; Erziehung und Ausbildung, weil es ja einen Unterschied macht, von wem und wie jemand unterrichtet worden ist; 26 die Körperbeschaffenheit; denn oft läßt sich aus der stattlichen Erscheinung ein Beweis für Liebesverlangen gewinnen, aus körperlicher Stärke für dreistes Benehmen und entsprechend auch umgekehrt; Glücksgüter; wirkt doch eine Tat bei einem Reichen nicht gleich glaubhaft wie bei einem Armen, wenn der eine an Verwandten, Freunden und Klienten Überfluß hat, der andere ohne all das ist. Auch die soziale Stellung bedingt Unterschiede; denn ob jemand berühmt oder unbekannt, in einem Amt stehend oder privat, Vater oder Sohn, Bürger oder Ausländer, frei oder Sklave, Ehemann oder Junggeselle, kinderreich oder kinderlos ist, macht einen gewaltigen Unterschied; 27 die Wesensart; denn Habgier, Jähzorn, Mitgefühl, Grausamkeit, Strenge und anderes dergleichen flößt häufig Vertrauen ein oder nimmt es, so wie auch die Frage nach einer üppigen, genügsamen oder schäbigen Lebensführung sich stellt; dann auch die Art der Betätigung; denn Bauer, Anwalt, Geschäftsmann, Soldat, Seemann und Arzt haben ganz verschiedene Wirkungs-

[23] s. o. Kap. 8, 4.

navigator, medicus aliud atque aliud efficiunt. 28 intuendum etiam, quid adfectet quisque, locuples videri an disertus, iustus an potens. spectantur ante acta dictaque, ex praeteritis enim aestimari solent praesentia. his adiciunt quidam commotionem: 29 hanc accipi volunt temporarium animi motum, sicut iram, pavorem. consilia autem et praesentis et praeteriti et futuri temporis: quae mihi, etiam si personis accidunt, referenda tamen ad illam partem argumentorum videntur, quam ex causis ducimus, sicut habitus quidam animi, ⟨in⟩[t] quo tractatur, amicus ⟨an⟩[u] inimicus. 30 ponunt in persona et nomen: quod quidem accidere ei necesse est, sed in argumentum raro cadit, nisi cum aut ex causa datum est, ut Sapiens, Magnus, Pius[v], aut et ipsum alicuius cogitationis attulit causam, ut Lentulo coniurationis, quod libris Sibyllinis haruspicumque responsis dominatio dari tribus Corneliis dicebatur, seque eum tertium esse credebat post Sullam Cinnamque, quia et ipse Cornelius erat. 31 nam et illud apud Euripiden frigidum sane, quod nomen Polynicis ut argumentum morum frater incessit. iocorum tamen ex eo frequens materia, qua Cicero in Verrem non semel usus est. haec fere circa personas sunt aut his similia; neque enim conplecti omnia vel hac in parte vel in ceteris possumus, contenti rationem plura quaesituris ostendere.

32 Nunc ad res transeo, in quibus maxime sunt personis iuncta quae agimus, ideoque prima tractanda. in omnibus porro, quae fiunt, quaeritur aut quare aut ubi aut quando aut quo modo aut per quae facta sunt? 33 ducuntur igitur argumenta ex causis factorum vel futurorum: quarum materiam, quam quidam ὕλην, alii δύναμιν nominaverunt, in duo genera, sed quaternas utriusque dividunt

t) in *add. Spalding*
u) an *add. Regius*
v) Pius *Zumpt:* plenus

möglichkeiten. 28 Es ist auch darauf zu achten, welche Rolle jeder spielt, ob er reich oder beredt, gerecht oder mächtig erscheinen will. Frühere Taten und Reden finden ebenfalls Beachtung; denn aus dem Vergangenen läßt sich gewöhnlich das Gegenwärtige ermessen. Manche fügen hierzu den Gemütszustand; 29 darunter wollen sie eine zeitweilige Gemütsbewegung verstanden wissen, wie Zorn, Angst. Ferner aber auch die Absichten in Vergangenheit, Gegenwart und Zukunft; diese möchte ich, auch wenn sie zu Personen gehören, doch zu dem Gebiet der Beweise stellen, die wir aus den Gründen gewinnen, wie auch eine bestimmte Geisteshaltung, bei der es sich darum dreht, ob von freundlicher oder feindlicher Gesinnung. 30 Man stellt auch den Namen zu den Beweisquellen für die Person. Dieser gehört ja notwendigerweise zu ihr, bietet aber nur selten einen Beweis, er sei denn aus einem bestimmten Grunde gegeben wie die Beinamen 'der Weise, Große, Fromme', oder stelle selbst den Grund dar für einen Gedanken: wie etwa Lentulus[24], weil es in den sibyllinischen Büchern und den Prophezeiungen der Eingeweideschauer hieß, Tyrannenregiment werde drei Corneliern verliehen, glaubte, er sei der verheißene Dritte nach Sulla und Cinna, weil auch er ein Cornelier war. 31 Man kann auch an die freilich frostige Stelle bei Euripides[25] denken, wo der Bruder den Namen Polynikes ('Haderreich') als Beweis für die Wesensart seines Bruders angeprangert hat. Jedoch liefert der Name häufig Stoff zu Witzen, wovon Cicero gegen Verres nicht nur an einer Stelle Gebrauch gemacht hat[26]. Dies etwa und ähnliches dieser Art gilt im Bereich der Personen; denn alles können wir weder hier noch in den übrigen Abschnitten umfassen, zufrieden damit, denen, die nach mehr verlangen, die Richtung zu weisen.

32 Ich gehe nun zu dem Sachbereich über, innerhalb dessen vor allen Dingen unsere Handlungen mit Personen verbunden sind und diese deshalb zuerst behandelt werden müssen. Bei allem nun, was getan wird, dreht es sich um die Fragen: Warum?, wo?, wann?, wie? und mit welchen Mitteln? ist es getan worden? 33 Man gewinnt also Beweise aus den Gründen geschehener oder auch künftiger Handlungen. Den Stoff, aus dem diese Gründe bestehen, den manche ὕλη, andere δύναμις genannt haben, teilt man in zwei Gattungen, deren jede wieder in vier Formen in Erscheinung tritt.

[24] vgl. Sall. Cat. 46.

[25] Phoen. 636.

[26] Verres heißt der Eber. Beispiele gibt Quint. im 6. Buch (3, 55).

species. nam fere versatur ratio faciendi circa bonorum adeptionem, incrementum, conservationem, usum aut malorum evitationem, liberationem, inminutionem, tolerantiam[w]: quae et in deliberando plurimum valent. 34 sed honestas[x] causas habent recta, prava contra ex falsis opinionibus veniunt. nam est his initium ex iis, quae credunt bona aut mala, inde errores existunt et pessimi adfectus, in quibus sunt ira, odium, invidia, cupiditas, spes, ambitus, audacia, metus, cetera generis eiusdem. accedunt aliquando fortuita, ebrietas, ignorantia, quae interim ad veniam valent, interim ad probationem criminis, ut si quis, dum alii insidiatur, alium dicitur[y] interemisse. 35 causae porro non ad convincendum modo quod obicitur, sed ad defendendum quoque excuti solent, cum quis se recte fecisse, id est honesta causa contendit: qua de re latius in tertio libro dictum est. 36 finitionis quoque quaestiones ex causis interim pendent: an tyrannicida, qui tyrannum, a quo deprensus in adulterio fuerat, occidit? an sacrilegus, qui, ut hostes urbe expelleret, arma templo adfixa detraxit? ducuntur argumenta et ex loco. 37 spectatur enim ad fidem probationis, montanus an planus, maritimus an mediterraneus, consitus an incultus, frequens an desertus, propinquus an remotus, opportunus consiliis an adversus: quam partem videmus vehementissime pro Milone tractasse Ciceronem. 38 et haec quidem ac similia ad coniecturam frequentius pertinent, sed interim ad ius quoque: privatus an publicus, sacer an profanus, noster an alienus, ut in persona magistratus, pater, peregrinus. 39 hinc enim quaestiones oriuntur: 'privatam pecuniam sustulisti, verum quia de templo, non furtum, sed sacrilegium est'. 'occidisti adulteros, quod lex permittit, sed quia in lupanari, caedes est'. 'iniuriam fecisti,

w) tolerantiam quae *Spalding:* toleratiam quaeque   tulerat ** aeque namque **BP**

x) honestas *G. Meyer:* has **BP** haec **A**

y) dicatur *Gabler*

Denn in der Regel dreht es sich bei dem Grund für eine Tat um Gewinnen, Steigerung, Erhalten und Gebrauch von Gütern oder um das Meiden, Freimachen, Vermindern oder Ertragen von Übeln. Sie alle haben auch in der Beratungsrede große Bedeutung. 34 Jedoch haben richtige Taten gute Beweggründe, falsche dagegen kommen aus irrigen Meinungen. Denn für sie liegt der Anfang in dem, was sie für gut oder schlecht halten, von da kommen die Irrtümer und schlechtesten Gefühlsregungen, unter ihnen Zorn, Haß, Neid, Gier, Hoffnung, Ehrgeiz, Verlegenheit, Furcht und anderes dieser Art. Zuweilen kommen auch noch zufällige Mängel hinzu, Trunkenheit, Unwissenheit, die manchmal zur Entlastung beitragen, manchmal zum Erweis der Anschuldigung, wenn z. B. jemand, während er einem Mann auflauerte, einen andern umgebracht haben soll. 35 Gründe werden ferner gewöhnlich nicht nur zum Beweis der Anschuldigung, sondern auch zur Verteidigung ermittelt, wenn jemand behauptet, zu Recht, das heißt aus anständigem Grunde, gehandelt zu haben. Hierüber ist ausführlicher im dritten Buch gehandelt[27]. 36 Auch Definitionsfragen hängen zuweilen von Begründungen ab: ob jemand ein Tyrannenmörder sei, der den Tyrannen, von dem er beim Ehebruch ertappt worden war, erschlagen hat. Oder ein Tempelschänder, der um die Feinde von der Stadt wegzujagen, die Waffen, die im Tempel aufgehängt waren, herabriß. Beweise werden auch vom Ort hergeleitet. 37 Es kommt nämlich bei der Glaubwürdigkeit einer Beweisführung in Betracht, ob der Ort gebirgig oder eben, am Meer oder mitten im Land, bepflanzt oder unbebaut, begangen oder verlassen, nahe oder entfernt, für die Pläne günstig oder ungünstig gelegen ist. Dies Gebiet der Beweisgründe können wir in der Rede für Milo[28] beobachten, wo es Cicero aufs eindringlichste behandelt hat. 38 Zwar gehört dies und ähnliches häufiger zu dem Gebiet der Vermutungsfragen über eine Tat, jedoch manchmal auch zur Rechtsfrage: ob es ein privater oder öffentlicher Ort, ob er geweiht oder ungeweiht, in unserem oder fremdem Besitz war, ist von Bedeutung wie bei einer Person z. B., ob sie Träger eines Amtes, ob sie Vater oder ob sie Ausländer ist; 39 denn daher kommt es zu Fragen, wie ‘Privatkapital hast du entfernt, doch weil aus dem Tempel, ist es nicht Diebstahl, sondern Tempelschändung’. ‘Du hast die Ehebrecher erschlagen, was das Gesetz erlaubt, doch weil in einem Bordell, ist es Mord.’ ‘Du hast

[27] s. o. 3, 11, 4ff.

[28] p. Mil. 20, 53ff.

sed quia magistratui, maiestatis actio est'. 40 vel contra: 'licuit, quia pater eram, quia magistratus'. sed circa facti controversiam argumenta praestant, circa iuris lites materiam quaestionum. ad qualitatem quoque frequenter pertinet locus; neque enim ubique idem aut licet aut decorum est: quin etiam in qua quidque civitate quaeratur interest, moribus enim et legibus distant. 41 ad commendationem quoque et invidiam valet; nam et Aiax apud Ovidium 'ante rates' inquit, 'agimus causam, et mecum confertur Ulixes!' et Miloni inter cetera obiectum est, quod Clodius in monumentis ab eo maiorum suorum esset occisus. 42 ad suadendi momenta idem valet, sicut tempus, cuius tractatum subiungam. eius autem, ut alio loco iam dixi, duplex significatio est: generaliter enim et specialiter accipitur. prius illud est 'nunc, olim ,sub Alexandro, cum apud Ilium pugnatum est', denique praeteritum, instans, futurum. hoc sequens habet et constituta discrimina 'aestate, hieme, noctu, interdiu', et fortuita 'in pestilentia, in bello, in convivio'. 43 Latinorum quidam satis significari putaverunt, si illud generale tempus, hoc speciale tempora vocarent. quorum utrorumque ratio et in consiliis quidem et in illo demonstrativo genere versatur, sed in iudiciis frequentissima est. 44 nam et iuris quaestiones facit et qualitatem distinguit et ad coniecturam plurimum confert, ut cum interim probationes inexpugnabiles adferat, quales sunt, si dicatur, ut supra posui, signator, qui ante diem tabularum decessit, aut[z]

z) aut *Valla:* an

eine Rechtsverletzung begangen, weil aber gegen einen Mann, der im Amte war, ist es ein Majestätsprozeß.' 40 Oder umgekehrt: 'Ich durfte es, weil ich der Vater war, weil ich im Amte war.' Jedoch liefern die Fragen der Örtlichkeit bei einer Streitigkeit über eine Tat Beweise, bei Rechtsstreitigkeiten nur Stoff für Fragen. Auch zur Frage der rechtlichen Beschaffenheit einer Tat gehört häufig der Ort; denn nicht überall ist das gleiche statthaft oder anständig, ja auch, in welchem Staat jeweils eine Rechtsfrage entsteht, ist wichtig; die Staaten sind nämlich in Sitten und Gesetzen verschieden. 41 Auch zur Empfehlung und zur Erweckung von Entrüstung hat der Ort seine Bedeutung; denn Aiax sagt bei Ovid[29]: 'Hier vor den Schiffen verhandeln wir den Streit, und da will sich ein Odysseus mit mir messen!' Und auch dem Milo[30] war es umgekehrt unter anderem vorgeworfen worden, daß Clodius von ihm gerade bei den Denkmälern seiner Vorfahren erschlagen worden sei. 42 Für die Beratungsrede liefert der Ort ebenso wichtige Beweise wie die Zeit, deren Behandlung ich jetzt anschließen will. Die Zeit nun hat, wie ich schon an anderer Stelle gesagt habe[31], eine doppelte Bedeutung: sie kann nämlich einen allgemeinen und auch einen speziellen Sinn bezeichnen, allgemein etwa: 'jetzt, einst, zu Alexanders Zeit, als der Kampf um Troja war'; schließlich Vergangenheit, Gegenwart und Zukunft. Die spezielle Zeitangabe bietet sowohl feststehende Unterschiede, z. B. 'im Sommer, im Winter, bei Nacht, bei Tage' wie auch gelegentliche, 'während der Seuche, im Krieg, beim Gastmahl'. 43 Manche lateinischen Schriftsteller unseres Faches haben gemeint, dieser Unterschied werde hinreichend kenntlich, wenn sie die allgemeine Zeitangabe als 'Zeit', die spezielle als 'Zeiten' bezeichneten. Die Begründung mit beiden Zeitangaben kommt zwar auch bei Beratungen und in der sogenannten Unterhaltungsgattung der Rede vor, ist aber in Gerichtsreden am häufigsten. 44 Denn sie bietet sowohl Rechtsfragen, trägt auch zur Unterscheidung der Beschaffenheitsfragen bei und hat so entscheidende Bedeutung für die Vermutungsfragen, daß sie zuweilen unwiderlegliche Beweisführungen liefern, wenn etwa – in dem oben[32] gegebenen Beispiel – ein Unterzeichner angegeben wird, der schon vor dem Datum der Urkunde verstorben ist oder etwas

[29] met. 13, 5. Aiax hatte die Schiffe vor dem Ansturm der Troer gerettet.
[30] p. Mil 7, 17.
[31] s. o. 3, 6, 26.
[32] s. o. 5, 5, 2.

commisisse aliquid vel cum infans esset vel cum omnino natus non esset: 45 praeter id, quod omnia facile argumenta aut ex iis, quae ante rem facta sunt, aut ex coniunctis rei aut insequentibus ducuntur. ex antecedentibus: 'mortem minatus es, noctu existi, proficiscentem antecessisti'. causae quoque factorum praeteriti sunt temporis. 46 secundum tempus subtilius quidam, quam necesse erat, diviserunt, ut esset iuncti 'sonus auditus est', adhaerentis 'clamor sublatus est'. insequentis sunt illa: 'latuisti, profugisti, livores et tumores apparuerunt'. isdem temporum gradibus defensor utetur ad detrahendam ei, quod obicitur, fidem. 47 in his omnis factorum dictorumque ratio versatur, sed dupliciter. nam fiunt quaedam, quia aliud postea futurum est, quaedam, quia aliud antea factum est: ut cum obicitur reo lenocinii, speciosae marito, quod adulterii damnatam quondam[a] emerit, aut parricidii reo luxurioso, quod dixerit patri: 'non amplius me obiurgabis'. nam et ille non quia emit, leno est, sed quia leno erat, emit, nec hic quia sic erat locutus, occidit, sed quia erat occisurus, sic locutus est. 48 casus autem, qui et ipse praestat argumentis locum, sine dubio est ex insequentibus, sed quadam proprietate distinguitur, ut si dicam: 'melior dux Scipio quam Hannibal, vicit Hannibalem': 'bonus gubernator, numquam fecit naufragium': 'bonus agricola, magnos sustulit fructus'. et contra: 'sumptuosus fuit, patrimonium exhausit': turpiter vixit, omnibus invisus est'. 49 intuendae sunt praecipueque in coniecturis et facultates; credibilius est enim occisos a pluribus pauciores, a firmioribus inbecilliores, a vigilantibus dormientis, a praeparatis inopinatos: quorum contraria in diversum valent. 50 haec et in

a) quondam *Burman:* quandam

begangen haben soll, als er entweder noch ein kleines Kind oder gar überhaupt noch nicht auf der Welt war. 45 Überdies lassen sich alle Beweise leicht aus dem gewinnen, was vor einem Vorgang geschehen ist, mit ihm gleichzeitig ist oder ihm folgt. Aus dem Vorausgehenden, z. B. 'Du hast mit dem Tode gedroht, bist bei Nacht hinausgegangen, bist vor dem Reisenden dagewesen'. Auch die Gründe für Taten gehören der Vergangenheit an. 46 Die zweite Zeitstufe haben manche noch feiner als nötig gegliedert; wonach die Handlungen zur Gleichzeitigkeit verbunden wären in dem Beispiel: 'Ein Ton wurde vernommen'; aneinander geknüpft aber in dem Beispiel: 'Ein Schrei erhob sich'. Auf die Zukunft richtet sich: 'Du hast dich versteckt, bist geflohen, bläuliche Färbung und geschwollene Stellen zeigten sich'. Die gleichen Zeitstufen wird auch der Verteidiger verwenden, um einem Vorwurf die Glaubwürdigkeit zu entziehen. 47 In diesen Zeitbeweisen bewegt sich jede Begründung von Taten und Worten, jedoch in doppelter Weise: manches wird nämlich getan, weil etwas anderes später erfolgen wird, manches, weil etwas anderes vorher erfolgt ist: wenn etwa einem wegen Kuppelei Angeklagten, dem Gatten einer schönen Frau, vorgeworfen wird, daß er sie einst, als sie wegen Ehebruchs verurteilt war, gekauft habe, oder einem Verschwender, der wegen Vatermordes angeklagt ist, daß er zu seinem Vater gesagt habe: 'Du wirst mir nicht länger Vorwürfe machen'; im ersten Fall nämlich ist der Mann nicht, weil er die Frau gekauft hat, ein Kuppler, sondern weil er ein Kuppler war, hat er sie gekauft, noch hat im zweiten Fall der Sohn, weil er so gesprochen hat, den Vater erschlagen, sondern weil er den Vater erschlagen wollte, hat er so gesprochen. 48 Der Zufall aber, der auch selbst eine Stelle für Beweise bietet, gehört zweifellos zu dem zeitlich Folgenden, jedoch zeigt er eine eigentümliche Besonderheit, wenn ich etwa sage: 'Ein besserer Heerführer ist Scipio als Hannibal, hat er doch Hannibal besiegt'; 'ein guter Steuermann, hat er doch niemals Schiffbruch erlitten'; 'ein tüchtiger Landwirt, hat er doch große Früchte geerntet'. Und umgekehrt: 'Er war ein Verschwender, hat er doch sein Erbe verbraucht'; 'er hat einen schlechten Lebenswandel geführt, war er doch allen verhaßt'. 49 Beachtung verdienen – und zwar besonders in Vermutungsfragen – auch die Möglichkeiten; denn es ist eher glaubhaft, daß von einer größeren Anzahl eine geringere erschlagen worden ist, von den Stärkeren die Schwächeren, von den Wachenden die Schlafenden, von Gerüsteten die Nichtsahnenden; wobei das Gegenteil umgekehrt gilt. 50 Wir achten darauf sowohl in

deliberando intuemur et in iudiciis ad duas res solemus referre, an voluerit quis, an potuerit; nam et voluntatem spes facit. hinc illa apud Ciceronem coniectura: 'insidiatus est Clodius Miloni, non Milo Clodio: ille cum servis robustis, hic cum mulierum comitatu, ille equis, hic in raeda, ille expeditus, hic paenula inretitus'. 51 facultati autem licet instrumentum coniungere; sunt enim in parte facultatis et copiae. sed ex instrumento aliquando etiam signa nascuntur, ut spiculum in corpore inventum. 52 his adicitur modus, quem τρόπον dicunt, quo quaeritur, quem ad modum quid sit factum. idque tum ad qualitatem scriptumque pertinet, ut si negemus adulterum veneno licuisse occidere, tum ad coniecturas quoque, ut si dicam 'bona mente factum, ideo palam, mala, ideo ex insidiis, nocte, in solitudine'.

53 In rebus autem omnibus, de quarum vi ac natura quaeritur quasque etiam citra complexum personarum ceterorumque, ex quibus fit causa, per se intueri possumus, tria sine dubio rursus spectanda sunt: an sit, quid sit, quale sit. sed quia sunt quidam loci argumentorum omnibus communes, dividi haec tria genera non possunt, ideoque locis potius, ut in quosque[b] incurrent, subicienda sunt. 54 ducuntur ergo argumenta ex finitione seu fine; nam utroque modo traditur. eius duplex ratio est: aut enim praecedente finitione quaeritur, sitne hoc virtus, aut simpliciter, quid sit virtus[c]. id aut universum verbis conplectimur, ut 'rhetorice est bene dicendi scientia', aut per partes, ut 'rhetorice est inveniendi recte et disponendi et eloquendi cum firma memoria et cum dignitate actionis scientia'. 55 praeterea finimus aut vi, sicut superiora, aut ἐτυμολογίᾳ, ut si

b) ut quosque **BP**

c) simpliciter . . . praecedente finitione *transposuit Radermacher Jul. Vict. secutus:* aut enim simpliciter quaeritur, sitne hoc virtus, aut praecedente finitione, quid sit virtus

Beratungsreden, nehmen aber gewöhnlich auch in Gerichtsreden auf zwei Fragen Bezug: ob jemand den Willen und ob er die Möglichkeit gehabt hat; denn die Aussicht weckt den Wunsch. Hierher stammt bei Cicero die Vermutung wegen der Tat des Milo[33]: 'Clodius war es, der den Anschlag auf Milo gemacht hat, nicht Milo auf Clodius: der eine mit seinen starken Sklaven, der andere mit seiner Damengesellschaft, der eine zu Pferd, der andere in der Reisekutsche, der eine leicht beweglich, der andere in seinen Mantel verwickelt.' 51 Mit der Möglichkeit läßt sich das Werkzeug verbinden; denn zum Bereich der Möglichkeit gehören auch die Mittel. Indessen stammen von dem Werkzeug zuweilen auch Anzeichen für die Tat, z. B. eine in der Leiche gefundene Pfeilspitze. 52 Hieran schließt sich die Art und Weise, der sogenannte τρόπος, in der die Frage liegt, auf welche Weise etwas getan worden ist. Deshalb hat sie bald Beziehung zur Frage nach der Beschaffenheit und nach dem Sinn eines Gesetzestextes, wenn wir etwa sagen, es sei nicht erlaubt gewesen, den Ehebrecher mit Gift zu töten; bald auch zu Vermutungsfragen, wenn ich etwa sage, 'es sei in guter Absicht geschehen und deshalb in aller Öffentlichkeit; in schlechter und deshalb aus dem Hinterhalt, bei Nacht, in der Einsamkeit'.

53 Bei allen Erscheinungen, nach deren Bedeutung und Wesen man fragt und die wir auch unabhängig von der Verknüpfung mit Personen und dem sonst, was sie zu einem Einzelfall macht, für sich betrachten können, müssen drei Fragen ganz zweifellos jedenfalls in Betracht gezogen werden: ob etwas ist, was es ist, und von welcher Art es ist. Weil aber bestimmte Fundstellen für Beweise allen drei Fragen gemeinsam sind, können die Fragen nicht der Gliederung dienen und müssen besser mit bei den Stellen behandelt werden, wo sie jeweils auftauchen. 54 Man kann also Beweise aus der Definition oder Abgrenzung herleiten; denn beide Bezeichnungen (definitio und finis) sind üblich. Das kann in zweifacher Weise geschehen: entweder schließt sich nämlich die Frage an die vorangestellte Definition an: 'Ist dies Tugend?', oder sie lautet einfach: 'Was ist Tugend?'. Diese Frage aber beantworten wir entweder, indem wir das gesamte Wesen mit Worten umfassend bestimmen, z. B. 'Die Rhetorik ist die Wissenschaft, gut zu reden' oder durch Bestimmung ihrer Teile: 'Die Rhetorik ist die Wissenschaft, richtig zu erfinden, zu gliedern und mit sicherem Gedächtnis und würdigem Vortrag darzustellen.' 55 Außerdem definieren wir

[33] p. Mil. 10, 29.

assiduum ab aere dando et locupletem a locorum, pecuniosum a pecorum copia. finitioni subiecta maxime videntur genus, species, differens, proprium: ex iis omnibus argumenta ducuntur. 56 genus ad probandam speciem minimum valet, plurimum ad refellendam. itaque non, quia est arbor, platanus est, at quod non est arbor, utique platanus non est: nec quod virtus est, utique iustitia est, at quod non est virtus, utique non potest esse iustitia. itaque ⟨a⟩[d] genere perveniendum ad ultimam speciem, ut 'homo est animal' non est satis, id enim genus est: 'mortale', etiam si est species, cum aliis tamen communis finitio: 'rationale', nihil supererit ad demonstrandum quod velis[e]. 57 contra species firmam probationem habet generis, infirmam refutationem. nam quod iustitia est, utique virtus est: quod non est iustitia, potest esse virtus, si est fortitudo, constantia, continentia. numquam itaque tolletur a specie genus, nisi ut omnes species, quae sunt generi subiectae, removeantur, hoc modo: 'quod neque immortale est neque mortale, animal non est'. his adiciunt propria et differentia. 58 propriis confirmatur finitio, differentibus solvitur. proprium autem est aut quod soli accidit, ut homini sermo, risus, aut quidquid utique accidit, sed non soli, ut igni calfacere. et sunt eiusdem rei plura propria, ut ipsius ignis lucere, calere. ita, quodcumque proprium deerit, solvet finitionem, non utique, quod-

d) *add. Badius*
e) Itaque . . . quod velis *om. Jul. Vict. del. Radermacher* (itaque *del. Spalding*)

entweder nach der Leistung, wie in den genannten Beispielen, oder nach der Etymologie (ἐτυμολογία), z. B. 'assiduus' (emsig) vom Geben (dare) von Kupfergeld (aes)[34] und 'locuples' (begütert) von der Fülle der Grundstücke (loca) und 'pecuniosus' (vermögend) von der Fülle des Viehs (pecora). Zur Definition gehören wohl vor allem die Begriffe Gattung, Art, Unterscheidungsmerkmal und Eigentümlichkeit. Aus ihnen allen lassen sich Beweise herleiten. 56 Die Gattung hat nur geringe Bedeutung zu erweisen, daß es sich um eine bestimmte Art handelt, sehr große aber dafür, es zu widerlegen. So ist etwas nicht deshalb, weil es ein Baum ist, eine Platane, dagegen aber weil es kein Baum ist, keinesfalls eine Platane; auch eine Haltung nicht, weil sie eine Tugend ist, unbedingt die Gerechtigkeit, dagegen kann sie, weil sie keine Tugend ist, jedenfalls nicht die Gerechtigkeit sein. So gilt es, von der Gattung bis zur letzten ihrer Erscheinungsformen (Arten) zu gelangen. Es ist z. B. nicht hinreichend zu sagen: 'Der Mensch ist ein Lebewesen'; denn das ist die Gattung. 'Sterblich' ist, auch wenn es eine Art bezeichnet, doch noch eine Definition, die dem Menschen mit anderen Wesen gemeinsam ist. Aber 'ein vernunftbegabtes' – und nun gibt es nichts weiter, um das zu bezeichnen, was du meinst. 57 Andererseits enthält die Art einen sicheren Erweis für die Gattung, ist aber zur sicheren Ausschaltung ungeeignet. Denn was Gerechtigkeit ist, ist jedenfalls Tugend. Was keine Gerechtigkeit ist, kann doch Tugend sein, wenn es nämlich Tapferkeit, Standhaftigkeit, Enthaltsamkeit ist. Niemals läßt sich durch eine Art eine Gattung aufheben, es sei denn, daß alle Arten, die zu der Gattung gehören, ausgeschieden werden, und zwar folgendermaßen: 'Was weder unsterblich ist noch sterblich, ist kein Lebewesen.' Hieran schließt man Eigentümlichkeit und Unterschied an. 58 Durch Eigentümliches wird die Definition gültig gemacht, durch Unterscheidendes aufgehoben. Eigentümlich ist nun, was entweder nur zu einem allein gehört, wie Reden und Lachen zum Menschen, oder alles, was jedenfalls dazugehört, jedoch nicht zu einem allein, wie zum Feuer das Wärmen. Auch besitzt ein Gegenstand mehrere Eigentümlichkeiten, etwa wieder das Feuer, das Leuchten und Wärmen. So wird jede Eigentümlichkeit, die fehlt, die Definition aufheben, nicht aber unbedingt jede,

[34] Butler (z. St.) macht darauf aufmerksam, daß diese Erklärung auf den frühen römischen Philologen Aelius Stilo zurückgeht, der die Emsigkeit darin sah, daß Bürger im Wehrdienst auf eigene Kosten dienten, statt Löhnung (as) zu erhalten!

cumque erit, confirmabit. 59 saepissime autem quid sit proprium cuiusque quaeritur, ut, si per ἐτυμολογίαν dicatur tyrannicidae proprium est tyrannum occidere', negemus: non enim, si traditum sibi eum carnifex occiderit, *tyrannicida* dicatur. 60 nec si inprudens vel invitus. quod autem proprium non erit, differens erit, ut aliud est servum esse, aliud servire, qualis esse in addictis quaestio solet: 'qui servus est, si manu mittatur, fit libertinus, non item[f] addictus', et plura, de quibus alio loco. 61 illud quoque differens vocant, cum genere in speciem diducto species ipsa discernitur. animal genus, mortale species, terrenum vel bipes differens; nondum enim proprium est, sed, iam differt a marino vel quadripede: quod non tam ad argumentum pertinet quam ad diligentem finitionis comprensionem. 62 Cicero genus et speciem, quam eandem formam vocat, a finitione diducit et iis, quae ad aliquid sunt, subicit: ut, si is, cui argentum omne legatum est, petat signatum quoque, utatur genere: at si quis, cum legatum sit ei, quae viro mater familias esset, neget deberi ei, quae in manum non convenerit, specie, quoniam duae formae sint matrimoniorum. 63 divisione autem adiuvari finitionem docet, eamque differre a partitione, quod haec sit totius in partes, illa generis in formas. partes incertas esse ut 'quibus constet res publica', formas certas, ut 'quot sint species rerum publicarum', quas tris accepimus, quae populi, quae paucorum, quae unius potestate regerentur. 64 et ille quidem non iis exemplis utitur, quia scribens ad Trebatium

f) item *Francius:* idem

die vorhanden ist, sie gültig machen. 59 Sehr oft aber ergibt sich die Frage, was jeweils eigentümlich ist, z. B. wenn nach der *Etymologie* festgestellt wird, 'eigentümlich für einen Tyrannentöter ist es, einen Tyrannen zu töten', bestreiten wir die Gültigkeit; denn wenn der Henker einen Tyrannen tötet, den man ihm übergibt, kann er nicht 'Tyrannentöter' heißen; auch niemand, der es ohne Vorsatz oder wider Willen getan hat. 60 Was aber nicht eigentümlich ist, wirkt unterscheidend, wie es z. B. etwas anderes ist, ein Sklave zu sein und Sklavenarbeit zu tun, eine Frage, die sich gewöhnlich bei Schuldknechten ergibt: 'Wer Sklave ist, wird, wenn er freigelassen wird, ein Freigelassener, nicht so jedoch ein Schuldknecht' und noch Weiteres hierzu, worüber an anderer Stelle[35]. 61 Von Unterscheidendem spricht man auch, wenn bei der Zerlegung einer Gattung in Arten dadurch eine Art sich aussondern läßt. 'Lebewesen' ist Gattung, 'Sterbliches' die Art, 'auf dem Lande lebend' oder 'zweifüßig' das Unterscheidende; denn noch ist es nicht das Eigentümliche, doch bezeichnet es schon einen Unterschied zum 'im Meer lebenden' oder 'vierfüßigen' – was freilich nicht so sehr zur Beweisfrage gehört als vielmehr zu einer gewissenhaften Behandlung der Definition. 62 Cicero[36] trennt Gattung und Art, die er auch Form nennt, von der Definition und weist sie der Kategorie der Dinge zu, die in Beziehung auf etwas existieren. Wenn etwa derjenige, dem alles Silber vermacht ist, auch das geprägte Silber verlangt, muß er den Gattungsbegriff verwenden; wenn dagegen ein Legat für die Frau erfolgt ist, die dem Mann die Hausfrau sei, und jemand behauptet, er sei der Frau nichts zu geben schuldig, die nicht durch ihre Ehe auch in die Verfügungsgewalt des Mannes eingetreten sei, so muß er den Artbegriff verwenden, da es ja zwei Formen der Ehe gebe. 63 Auch lehrt er[37], die Definition könne in der Aufgliederung eine Hilfe finden, und diese sei von der Einteilung verschieden, weil diese ein Ganzes in seine Teile, jene eine Gattung in ihre Arten zerlege. Die Teile seien unbestimmt, etwa bei der Frage: 'Aus welchen Teilen besteht ein Staat?', die Arten bestimmt, etwa 'wie viele Arten von Staatsverfassungen es gebe', deren es ja, wie wir gelernt haben, drei gibt: die durch die Macht des Volkes, einer kleinen Gruppe oder eines einzelnen Mannes regierte. 64 Zwar verwendet Cicero nicht diese Beispiele, da er,

[35] s. u. 7, 3, 26.
[36] top. 3, 13.
[37] top. 5, 17.

ex iure ducere ea maluit: ego apertiora posui. propria vero ad coniecturae quoque pertinent partem, ut, quia proprium est boni recte facere, iracundi verbis aut manu male facere, facta[g] haec ab ipsis[h] esse credantur, aut contra. nam ut quaedam in quibusdam utique sunt, ita quaedam in quibusdam utique non sunt, et ratio, quamvis sit[i] ex diverso, eadem est.

Divisio et ad probandum simili via valet et ad refellendum. 65 probationi interim satis est unum habere, hoc modo: 'ut sit civis, aut natus sit oportet aut factus': utrumque tollendum est: 'nec natus nec factus est'. 66 fit hoc et multiplex, idque est argumentorum genus ex remotione, quo modo efficitur totum falsum, modo id, quod relinquitur, verum. totum falsum est hoc modo: 'pecuniam credidisse te dicis: aut habuisti ipse aut ab aliquo accepisti aut invenisti aut surripuisti. si neque domi habuisti neque ab aliquo accepisti et cetera, non credidisti'. 67 reliquum fit verum sic: 'hic servus, quem tibi vindicas, aut verna tuus est aut emptus aut donatus aut testamento relictus aut ex hoste captus aut alienus': deinde remotis prioribus supererit 'alienus': periculosum et cum cura intuendum genus, quia, si in proponendo unum quodlibet omiserimus, cum risu quoque tota res solvitur. 68 tutius, quod Cicero pro Caecina facit, cum interrogat, si haec actio non sit, quae sit? simul enim removentur omnia. vel cum duo ponentur inter se contraria, quorum tenuisse utrumlibet sufficiet, quale Ciceronis est: 'unum

g) male facere, facta *Halm:* labefactare *Jul. Vict. om.* **ABP**
h) haec ab ipsis *om.* **ABP**
i) sit *Halm:* ita (del. *Becher*)

an den Juristen Trebatius schreibend, seine Beispiele lieber aus dem Rechtsleben genommen hat. Ich habe dafür leichter verständliche eingesetzt. Das Eigentümliche nun gehört auch in das Gebiet der Vermutungsfragen, denn weil es einem guten Menschen eigentümlich ist, richtig zu handeln, einem zornigen, mit Wort und Hand Unheil anzurichten, glaubt man, daß von ihnen die entsprechenden Taten getan worden sind, oder auch umgekehrt; denn wie manches bei manchen unbedingt so ist, so ist auch manches bei manchen unbedingt nicht so, und die Art der Begründung ist, auch bei der Umkehrung, die gleiche.

Die Aufgliederung hat in ähnlicher Weise ihre Bedeutung für das Erweisen wie auch für das Widerlegen. 65 Für das Erweisen ist es zuweilen hinreichend, die Aufgliederung einfach zu bieten, z. B. folgendermaßen: 'Damit jemand ein Bürger sei, muß er entweder als Bürger geboren oder dazu geworden sein'; zu widerlegen ist dann beides: 'Weder ist er als Bürger geboren noch dazu geworden.' 66 Sie kann auch in mehreren Gliedern erfolgen, und dann handelt es sich um die Beweisart durch Ausschließen, wodurch bald das Ganze als unwahr, bald das, was übrigbleibt, als wahr erwiesen wird. Das Ganze zeigt sich als unwahr in folgender Weise: 'Du behauptest, Geld verliehen zu haben: entweder hast du es selbst gehabt oder von einem anderen erhalten oder gefunden oder gestohlen. Wenn du es weder zu Hause gehabt noch auch von einem andern hast usw., so hast du es nicht verliehen.' 67 Das Übrigbleibende zeigt sich als wahr folgendermaßen: 'Der Sklave hier, den du für dich in Anspruch nimmst, ist entweder in deinem Haus geboren oder gekauft oder geschenkt oder durch Testament vermacht oder dem Feinde weggenommen, oder er ist ein Fremder.' Wenn man dann alle vorausgehenden Möglichkeiten ausgeschaltet hat, bleibt schließlich 'also ist er ein Fremder'. Diese Beweisart ist aber gefährlich und muß sorgfältig ins Auge gefaßt werden; wenn wir nämlich bei der Aufzählung nur irgendeinen Punkt auslassen, ist der ganze Beweis wohl gar unter allgemeinem Gelächter erledigt. 68 Sicherer ist es, es wie Cicero in der Rede für Caecina[38] zu machen, wenn er fragt: Wenn das nicht eigentlich die Streitsache sei, was denn sonst? Denn damit wird zugleich alles andere ausgeschaltet. Oder man kann auch zwei Alternativen aufstellen, bei denen es schon genügen kann, wenn eine von ihnen sich erweisen läßt wie bei Cicero[39]: 'Eines wird mir doch gewiß jeder zugestehen, mag er

[38] p. Caecin. 13, 37. [39] p. Cluent. 23, 64.

quidem certe nemo erit tam inimicus Cluentio qui mihi non concedat, si constet corruptum illud esse iudicium, aut ab Habito aut ab Oppianico esse corruptum: si doceo non ab Habito, vinco ab Oppianico, si ostendo ab Oppianico, purgo Habitum'. 69 fit etiam ex duobus, quorum necesse est alterum verum ⟨esse⟩, eligendi adversario potestas, efficiturque ut, utrum elegerit, noceat. facit hoc Cicero pro Oppio: 'utrum, cum Cottam appetisset, an cum ipse se conaretur occidere, telum e manibus ereptum est?' et pro Vareno: 'optio vobis datur, utrum velitis casu illo itinere Varenum usum esse an huius persuasu et inductu': deinde utraque facit accusatori contraria. 70 interim duo ita proponuntur, ut utrumlibet electum idem efficiat, quale est: 'philosophandum ⟨est, etiam si non est philosophandum'⟩[j], et illud vulgatum: 'quo schema, si intellegitur? quo, si non intellegitur?' et 'mentietur in tormentis qui dolorem pati potest, mentietur qui non potest'.

71 Ut sunt autem tria tempora, ita ordo rerum tribus momentis consertus est: habent enim omnia initium, incrementum, summam, ut iurgium, ⟨rixa,⟩[k] deinde caedes. est ergo hic argumentorum quoque locus invicem probantium; nam et ex initiis summa colligitur, quale est: 'non possum togam praetextam sperare, cum exordium pullum videam', et contra: 'non dominationis causa Sullam arma sumpsisse, argumentum est dictatura deposita'. 72 similiter ex incremento in utramque partem ducitur ratio cum in coniectura, tum etiam in tractatu aequitatis, an ad initium summa referenda sit, id est, an ei caedes imputanda sit, a quo iurgium coepit.

j) *add. Valla ex Asconio*
k) *add. Radermacher* tum pugna, deinde *Halm*

dem Cluentius auch noch so feindlich gesonnen sein: wenn es feststeht, daß jenes Gericht bestochen worden ist, daß es dann entweder von Habitus bestochen worden ist oder von Oppianicus. Wenn ich nun zeige, daß es von Habitus nicht bestochen worden ist, beweise ich damit, daß es von Oppianicus geschehen ist, wenn ich nachweise, daß es von Oppianicus geschehen ist, reinige ich Habitus von jedem Verdacht.' 69 Man kann auch dem Gegner die Möglichkeit geben, unter zwei Dingen, von denen eins notwendig wahr ist, zu wählen, und es ergibt sich dann, daß er seiner Sache schadet, welches er auch wähle. So verfährt Cicero in der Rede für Oppius[40]: 'Ist ihm etwa, als er auf Cotta losging oder als er selbst sich zu töten suchte, die Waffe aus der Hand gerissen worden?' Und auch in der für Varenus[41]: 'Ihr habt die Wahl, ob ihr wünscht, Varenus habe durch Zufall seine Reise unternommen oder auf sein (des Klägers) Zureden und Anstiften.' Dann wendet er beide Alternativen zum Schaden des Anklägers. 70 Zuweilen werden zwei Dinge so vorgebracht, daß es auf dasselbe herauskommt, welches gewählt worden ist. Hierhin gehört z. B.: 'Philosophieren muß man, auch wenn man nicht philosophieren muß.' Und die verbreitete Frage: 'Wozu eine künstliche Wendung, wenn sie bemerkt wird? Wozu, wenn sie nicht bemerkt wird?' Sowie: 'Lügen wird bei der Folter, wer Schmerzen aushalten kann, lügen wird auch, wer es nicht kann.'

71 Wie es nun drei Zeiten gibt, so ist auch die Abfolge der Ereignisse in drei Stufen aneinandergereiht: alles hat Anfang, Steigerung und Höhepunkt, z. B. erst Zank und schließlich Mord und Totschlag. Es gibt also auch hier eine Fundstelle für Beweise, die sich gegenseitig stützen; denn aus dem Anfang läßt sich der Höhepunkt erschließen, z. B. so: 'Die Purpurtoga (praetexta) eines Senators kann ich nicht erhoffen, wenn ich den düsteren Anfang sehe' und umgekehrt: 'Dafür daß Sulla nicht aus Herrschergelüst zu den Waffen gegriffen hat, ist der Beweis, daß er die Diktatur niedergelegt hat.' 72 Entsprechend läßt sich aus dem Anwachsen für beide Seiten die Begründung ableiten bei der Vermutungsfrage wie auch besonders bei der Behandlung der Billigkeit, ob man den Höhepunkt mit dem Anfang in Beziehung bringen muß, das heißt ob man demjenigen die Bluttat zurechnen muß, der mit dem Streit begonnen hat.

[40] fr. A 3, 1.
[41] fr. A 2, 14.

73 Est argumentorum locus ex similibus: 'si continentia virtus, utique et abstinentia: si fidem debet tutor, et procurator'. hoc est ex eo genere, quod ἐπαγωγήν Graeci vocant, Cicero inductionem. ex dissimilibus: 'non si laetitia bonum, et voluptas: non quod mulieri, idem pupillo'. ex contrariis: 'frugalitas bonum, luxuria enim malum: si malorum causa bellum est, erit emendatio pax: si veniam meretur qui inprudens nocuit, non meretur praemium qui inprudens profuit'. 74 ex pugnantibus: 'qui est sapiens, stultus non est'. ex consequentibus sive adiunctis: 'si est bonum iustitia, recte iudicandum, si malum perfidia, non est fallendum': idem retro. nec sunt his dissimilia ideoque huic loco subicienda, cum et ipsa naturaliter congruant: 'quod quis non habuit, non perdidit: quem quis amat, sciens non laedit: quem quis heredem suum esse voluit, carum habuit, habet, habebit'. sed cum sint indubitata, vim habent paene signorum inmutabilium[l]. 75 sed haec consequentia dico, ἀκόλουθα (est enim consequens sapientiae bonitas), illa insequentia, παρεπόμενα[m], quae postea facta sunt aut futura. nec sum de nominibus anxius; vocet enim ut voluerit quisque, dum vis rerum ipsa manifesta sit appareatque hoc temporis, illud esse naturae. 76 itaque non dubito haec quoque ⟨vocare⟩[n] consequentia, quamvis ex prioribus dent argumentum ad ea, quae sequuntur, quorum duas quidam species esse voluerunt, actionis, ut pro Oppio: 'quos educere invitos in provinciam non potuit, eos invitos retinere qui potuit?' temporis, in Verrem: 'si

l) immutabilium *Ald.*: innumerabilium *(fortasse* indubitabilium *cf. 4, 1, 55)*
m) *Victorius:* paregomena
n) *add. Spalding*

73 Eine Fundstelle für Beweise liegt auch in der Ähnlichkeit: 'Wenn Selbstbeherrschung eine Tugend ist, dann jedenfalls auch die Enthaltsamkeit.' 'Wenn ein Vormund Vertrauen verlangen kann, dann auch ein Bevollmächtigter.' Dies gehört zu der Beweisform, die im Griechischen ἐπαγωγή heißt, bei Cicero[42] Induktion; eine weitere in der Unähnlichkeit: 'Keineswegs gilt, wenn die Freude ein Gut ist, dies auch von der Lust'; 'keineswegs gilt, was für die Frau gilt, ebenso auch für das Waisenkind'; ferner in dem Gegensätzlichen: 'Genügsamkeit ist ein Gut: denn Genußsucht ist ein Übel'; 'wenn der Krieg der Grund für das Unglück ist, wird der Friede Besserung bedeuten'; wenn Verzeihung verdient, wer unwissentlich geschadet hat, so verdient doch keine Belohnung, wer unwissentlich von Nutzen war'. 74 Weiter in dem Widersprüchlichen: 'Wer weise ist, ist nicht töricht'; in dem, was daraus folgt oder sich anschließt: 'Wenn Gerechtigkeit ein Gut ist, muß man richtig urteilen, wenn Treulosigkeit ein Übel, so darf man nicht betrügen.' Ebenso umgekehrt. Diesem ähnlich und deshalb hier anzuschließen, zumal es auch seiner Natur nach zusammengehört, ist folgendes: 'Was jemand nicht gehabt hat, hat er nicht verloren'; 'wer jemanden liebt, beleidigt ihn nicht wissentlich'; 'wer jemanden zum Erben hat haben wollen, der hat diesen geschätzt, schätzt ihn und wird ihn schätzen.' Doch da dies unbezweifelbare Folgerungen sind, haben sie fast die Bedeutung untrüglicher Anzeichen. 75 Doch nenne ich diese Beispiele Begleiterscheinungen, das heißt ἀκόλουθα – denn die Güte ist eine folgerichtige Begleiterscheinung der Weisheit –, die vorherigen aber 'nachfolgende Begleiterscheinungen', παρεπόμενα, die danach geschehen sind oder geschehen werden. Doch bin ich um die Benennungen nicht ängstlich; mag es nämlich jeder nennen, wie er will, solange nur die Bedeutung der Erscheinungen selbst deutlich erscheint und es klar ist, daß das eine eine zeitliche, das andere eine natürliche Folge darstellt. 76 Deshalb nenne ich unbedenklich auch das Folgende 'folgerichtig', obwohl es aus dem Früheren den Beweis für das Folgende liefert, wofür manche zwei Arten angenommen haben: die der Handlung, z. B. in der Rede für Oppius[43]: 'Diejenigen, die er gegen ihren Willen in die Provinz nicht hat führen können, wie hat er sie gegen ihren Willen zurückhalten können?' Und die der Zeit, in der Rede

[42] top. 10, 42; de inv. 1, 31.
[43] fr. A 3, 2.

finem praetoris edicto adferunt Kalendae Ian., cur non initium quoque edicti nascatur a Kalendis Ian.?' 77 quod utrumque exemplum tale est, ut idem in diversum, si retro agas, valeat; consequens enim est eos, qui inviti duci non potuerint, invitos non potuisse retineri. 78 illa quoque, quae ex rebus mutuam confirmationem praestantibus ducuntur (quae proprii generis videri quidam volunt et vocant ἐκ τῶν πρὸς ἄλληλα, Cicero ex rebus sub eandem rationem venientibus), fortiter consequentibus iunxerim: 'si portorium Rhodiis locare honestum est, et Hermocreonti conducere', et 'quod discere honestum, et docere'. 79 unde illa non hac ratione dicta, sed efficiens idem Domiti Afri sententia est pulchra: 'ego accusavi, vos damnastis'. est invicem consequens et quod ex diversis idem ostendit, ut, qui mundum nasci dicit, per hoc ipsum et deficere significet, quia deficit omne quod nascitur.

80 Simillima est his argumentatio, qua colligi solent ex iis, quae faciunt, ea, quae efficiuntur, aut contra, quod genus a causis vocant: haec interim necessario fiunt, interim plerumque, sed non necessario. nam corpus in lumine utique umbram facit, et umbra, ubicumque est, ibi esse corpus ostendit. 81 alia sunt, ut dixi, non necessaria, vel utrimque vel ex altera parte: 'sol colorat: non utique qui est coloratus, a sole est'. 'iter pulverulentum facit, sed neque omne iter pulverem movet, nec quisquis est pulverulentus, ex itinere est'. 82 quae utique fiunt, talia sunt: 'si sapientia bonum virum facit, bonus vir est utique sapiens', itemque[o] 'boni est honeste facere,

o) itemque *Gesner:* ideoque

gegen Verres[44]: 'Wenn sie als Ende für das Edikt des Praetors den ersten Januar ansetzen, warum soll dann das Edikt nicht auch am ersten Januar seinen Anfang nehmen?' 77 Beide Beispiele sind so, daß die gleichen Beweise umgekehrt die gleiche Bedeutung haben; denn es ist folgerichtig, daß diejenigen, die gegen ihren Willen nicht geführt werden konnten, gegen ihren Willen auch nicht zurückgehalten werden konnten. 78 Auch die Beweise, die aus Dingen, die eine wechselseitige Bestätigung bieten, abgeleitet werden – manche[45] möchten in ihnen eine eigene Gattung sehen und nennen diese ἐκ τῶν πρὸς ἄλληλα, was Cicero[46] mit 'aus Dingen, die unter dieselbe Begründung kommen', wiedergibt –, möchte ich mutig mit den 'folgerichtigen' verbinden: 'Wenn es für die Rhodier anständig ist, den Hafenzoll zu verpachten, dann ist es auch für Hermokreon so, ihn zu mieten', und 'was zu lernen anständig ist, ist es auch zu lehren'. 79 Daher stammt auch die schöne Wendung des Domitius Afer, die zwar nicht in dieser Begründungsform gefaßt ist, aber dieselbe Wirkung hat: 'Ich habe angeklagt, ihr habt verurteilt.' Ebenfalls wechselseitige Folge und die gleiche Wirkung aus Entgegengesetztem zeigt auch das Beispiel: 'Wer sagt, die Welt entstehe, bezeichnet ebendadurch, daß sie auch vergehe, weil ja alles vergeht, was entsteht.'

80 Diesen ganz ähnlich ist die Beweisführung, mit der man aus dem, was wirkt, zu schließen pflegt auf das, was bewirkt wird – oder umgekehrt, eine Beweisart, die man 'aus den Gründen' nennt. Diese sind zuweilen zwangsläufig, zuweilen meistenteils, aber nicht zwangsläufig; denn ein Körper verursacht im Licht unbedingt einen Schatten, und der Schatten zeigt überall, wo er ist, daß da ein Körper ist. 81 Anderes ist, wie gesagt, nicht zwangsläufig, teils für beide Seiten, teils für eine: 'Die Sonne färbt; nicht unbedingt hat jemand, der Farbe hat, seine Farbe durch die Sonne.' 'Der Reiseweg macht staubig, aber nicht jeder Reiseweg wirbelt Staub auf, und nicht jeder, der staubig ist, ist es von der Reise.' 82 Was unbedingt geschieht, ist folgender Art: 'Wenn Weisheit einen Menschen gut macht, ist ein guter Mensch unbedingt weise' und ebenso: 'Es ist die Art eines guten Menschen, anständig zu handeln,

[44] Verr. 1, 42, 109. Die grundsätzliche Richtlinie, die der Praetor als Rechtspfleger beim Amtsantritt am 1. Januar erließ, mußte in jedem Jahr wiederholt werden.

[45] Arist. Rhet. 2, 23, 2.

[46] de inv. 1, 30, 46f.

mali turpiter', et 'qui honeste faciunt, boni, qui turpiter, mali iudicantur': recte. at[p] 'exercitatio plerumque robustum corpus facit, sed non quisquis est robustus, exercitatus, nec quisquis exercitatus, robustus est': nec, quia fortitudo praestat ne mortem timeamus, quisquis mortem non timuerit, vir fortis erit existimandus: nec, si capitis dolorem facit, inutilis hominibus sol est. 83 haec ad exhortativum maxime genus pertinent: 'virtus facit laudem, sequenda igitur: at voluptas infamiam, fugienda igitur'. recte autem monemur, causas non utique ab ultimo esse repetendas, ut Medea: 'utinam ne in nemore Pelio', 84 quasi vero id eam fecerit miseram aut nocentem, quod illic ceciderit abiegna ad terram trabes: et Philocteta: 'Pari dyspari, si inpar esses tibi, ego nunc non essem miser'[q]: quo modo pervenire quolibet retro causas legentibus licet. 85 illud his adicere ridiculum putarem, nisi eo Cicero uteretur, quod coniugatum vocant, ut 'eos, qui rem iustam faciunt, iuste facere', quod certe non eget probatione: 'quod compascuum est, compascere licere'. 86 quidam haec, quae vel ex causis vel ex efficientibus diximus, alieno nomine vocant ἐκβάσεις, id est exitus; nam nec hic aliud tractatur, quam quid ex quoque eveniat.

87 Adposita vel comparativa dicuntur, quae minora ex maioribus, maiora ex minoribus, paria ex paribus probant. confirmatur coniectura ex maiore: 'si quis sacrilegium facit, faciet et furtum'; ex minore: 'qui facile ac palam mentitur, peierabit'; ex pari: 'qui ob rem iudicandam pecuniam accepit, et ob dicendum falsum testimonium accipiet'. 88 iuris confirmatio huiusmodi est[r]: ex maiore: 'si adul-

p) quae utique . . . recte. at *(§ 82) secl. Radermacher*
q) *corr. Schneidewin Meister:* paridis inpar **A** paridi si par **B** pari dispar **QR**
r) huiusmodi est **A** est eius modi **B** est huius modi **P**

die eines schlechten, schändlich.' Sowie: 'Menschen, die anständig handeln, gelten als gute, solche, die schimpflich handeln, als schlechte Menschen', und das zu Recht. Dagegen aber: 'Übung macht meistens den Körper kräftig, jedoch nicht jeder, der kräftig ist, ist geübt, noch jeder, der geübt ist, kräftig.' Auch ist nicht, weil Tapferkeit es zuwege bringt, daß wir den Tod nicht fürchten, jeder, der den Tod nicht fürchtet, als tapferer Mann zu betrachten; noch ist die Sonne, wenn sie Kopfweh verursacht, deswegen den Menschen unnütz. 83 Folgendes gehört vor allem zur mahnenden Art: 'Tugend bringt Lob, man muß ihr also folgen: Lust dagegen Schande, man muß sie deshalb meiden.' Zu Recht aber mahnt man uns, man solle nicht unbedingt bis auf die letzten Gründe zurückgehen, wie in der Medea[47]: 'Wär' doch nicht in des Pelion Hain ...' 84 Als ob dieser sie elend und schuldig gemacht hätte, weil 'dort der Balken aus Tanne zur Erde fiel', sowie Philoktet[48]: 'Paris, Unglücksparis, wärst du dir ungleich ('impar'), wär' ich nicht so elend jetzt.' Auf diese Weise kann man beliebig weit zurück die Gründe sammeln. 85 Diesen die folgende Beweisart anzufügen, die man 'das Verbundene' nennt, würde ich für lächerlich halten, gebrauchte sie nicht Cicero: z. B.[49]: 'Daß diejenigen, die eine gerechte Sache zustande bringen, gerecht handeln', was gewiß keines Beweises bedarf, sowie: 'Wo gemeinsames Weideland ist, darf man gemeinsam weiden.' 86 Manche nennen dies, was wir als 'Beweisart nach Gründen' oder 'nach Bewirkendem' bezeichnet haben, mit einem fremden Namen ἔκβασις, das heißt 'Ausgang'. Denn es wird hier ja nichts anderes behandelt, als was jeweils bei einer Handlung herauskommt.

87 Beisatz- oder Vergleichungsbeweise nennt man diejenigen, die Kleineres aus Größerem, Größeres aus Kleinerem, Gleiches aus Gleichem erweisen. Eine Vermutungsfrage wird durch die Vergleichung mit Größerem gestützt: 'Wenn jemand einen Tempelraub begeht, so wird er ja auch einen Diebstahl begehen'; mit Kleinerem: 'Wer leicht und in aller Öffentlichkeit lügt, wird auch einen Meineid schwören'; oder mit Gleichem: 'Wer Geld genommen hat für einen Urteilsspruch, wird es auch für ein falsches Zeugnis nehmen'. 88 Die Rechtsfrage erfährt eine Stützung durch Ver-

[47] des Ennius scen. 246 Vahl. Aus den Tannenbalken wurde das erste Schiff, die Argo, gebaut.

[48] Acc. fr. 560 Ribb. (569 Warm.).

[49] top. 3, 12.

terum occidere licet, et loris caedere'; ex minore: 'si furem nocturnum occidere licet, quid latronem?' ex pari: 'quae poena adversus interfectorem patris iusta est, eadem adversus matris'; quorum omnium tractatus versatur in syllogismis. 89 illa magis finitionibus aut qualitatibus prosunt: 'si robur corporibus bonum non est, minus sanitas; si furtum scelus, magis sacrilegium; si abstinentia virtus, et continentia; si mundus providentia regitur, administranda res publica; si domus aedificari sine ratione non potest, † quid[s] agenda si navalium cura et armorum.' 90 ac mihi quidem sufficeret hoc genus, sed in species secatur. nam et ex pluribus ad unum et ex uno ad plura (unde est 'quod semel, et saepius') et ex parte ad totum et ex genere ad speciem et ex eo quod continet ad id quod continetur, aut ex difficilioribus ad faciliora et ex longe positis ad propiora et ad omnia, quae contra haec sunt, eadem ratione argumenta ducuntur. 91 sunt enim et haec maiora et minora aut certe vim similem optinent. quae si persequamur, nullus erit ea concidendi modus (infinita est enim rerum comparatio)[t] iucundiora, graviora, magis necessaria, honestiora, utiliora, sed mittamus plura, ne in eam ipsam, quam vito, loquacitatem incidam. 92 exemplorum quoque ad haec infinitus est numerus, sed paucissima attingam. ex maiore pro Caecina: 'quod exercitus armatos movet, id advocationem[u] non videbitur movisse?' ex faciliore in Clodium et Curionem: 'ac vide, an facile fieri tu potueris, cum is factus non sit, cui tu concessisti'. 93 ex difficiliore: 'vide quaeso, Tubero, ut qui de meo facto non

s) *Halm dubitanter:* quidni agenda est navalium . . .

t) *parenthesin distinxit Radermacher*

u) advocationem togatorum *Cicero:* advocationem

gleichung mit Größerem: 'Wenn man einen Ehebrecher erschlagen darf, dann doch auch mit Riemen peitschen'; mit Kleinerem: 'Wenn man einen Dieb in der Nacht erschlagen darf, was erst mit einem Räuber'; mit Gleichem: 'Die Strafe, die gegenüber dem Vatermörder gerecht ist, ist es auch gegenüber dem Muttermörder'. In allen diesen Fällen liegt der Behandlung das Schlußverfahren (Syllogismus) zugrunde. 89 Eher für Definitions- und Beschaffenheitsfragen sind folgende Fälle geeignet: 'Wenn Stärke für Körper nichts Gutes ist, dann Gesundheit noch weniger'; 'wenn Diebstahl ein Verbrechen, dann Tempelraub noch mehr'; 'wenn Enthaltsamkeit eine Tugend, dann auch Selbstbeherrschung'; 'wenn die Welt von der Vorsehung gelenkt wird, muß auch ein Staat verwaltet werden'; 'wenn ein Haus nicht ohne Plan gebaut werden kann, wie erst eine ganze Stadt?'; 'wenn man für Schiffsausrüstung sorgen muß, dann auch für die Waffen'. 90 Ich nun hätte an dieser Gattung genug, sie wird aber noch in Arten zerlegt; denn es lassen sich von mehreren für eines, von einem für mehreres – daher der Schluß 'was einmal, kann auch öfters sein' –, vom Teil für das Ganze, von der Gattung für die Art, von dem, was etwas enthält, für das, was enthalten ist, oder vom Schwierigen für das Leichtere, vom Entfernteren für das Näherliegende sowie für alles, was zu diesen Dingen einen Gegensatz bildet, nach der gleichen Methode Beweise ableiten. 91 Denn auch diese sind größer oder kleiner oder haben jedenfalls ein entsprechendes Verhältnis zueinander. Wollten wir das alles verfolgen, dann wird das Zerlegen kein Ende nehmen; denn endlos lassen sich die Dinge vergleichen: Angenehmeres, Schwereres, Notwendigeres, Anständigeres, Nützlicheres – doch wir wollen auf Weiteres verzichten, damit ich nicht selbst in die Geschwätzigkeit verfalle, der ich aus dem Wege gehe. 92 Auch an Beispielen hierfür ist die Zahl endlos, doch will ich nur weniges berühren. Vom Größeren stammt der Beweis in der Rede für Caecina[50]: 'Was ganze Heere bewaffneter Soldaten in Bewegung bringt, das sollte nicht auch die Anwaltsschar in Bewegung gebracht haben?' Vom Leichteren in der Rede gegen Clodius und Curio[51]: 'So sieh nur, ob du es leicht werden könntest (nämlich Praetor), da es der nicht geworden ist, dem du Platz gemacht hast.' 93 Vom Schwierigeren[52]. 'Sieh bitte, Tubero, wie ich, der ich über meine

[50] p. Caecin. 15, 43.
[51] fr. A 13, 7 M. s. o. 3, 7, 2.
[52] p. Lig. 3, 8.

dubitem, de Ligari audeam dicere'. et ibi: 'an sperandi Ligario causa non sit, cum mihi apud te locus sit etiam pro altero deprecandi?' ex minore pro Caecina: 'itane? scire esse armatos sat est, ut vim factam probes, in manus eorum incidere non est satis?' 94 ergo, ut breviter contraham summam, ducuntur. argumenta a personis, causis, locis, tempore, cuius tres partes diximus, praecedens, coniunctum, insequens, facultatibus, quibus instrumentum subiecimus, modo, id est ut quidque sit factum, finitione, genere, specie, differentibus, propriis, remotione, divisione, initio, incrementis, summa, similibus, dissimilibus, pugnantibus, consequentibus, efficientibus, effectis, eventis [iugatis][v], comparatione, quae in pluris diducitur species.

95 Illud adiciendum videtur, duci argumenta non a[w] confessis tantum, sed etiam a fictione, quod Graeci καθ' ὑπόθεσιν vocant, et quidem ex omnibus isdem locis, quibus superiora, quia totidem species esse possunt fictae quot verae. 96 nam fingere hoc loco est proponere aliquid, quod, si verum sit, aut solvat quaestionem aut adiuvet, deinde id, de quo quaeritur, facere illi simile. id quo facilius accipiant iuvenes nondum scholam egressi, primo familiaribus magis ei aetati[x] exemplis ostendam. 97 lex: 'qui parentes non aluerit, vinciatur'. non alit quis, et vincula nihilo minus recusat. utitur fictione, si miles[y], si infans sit, si rei publicae causa absit. et illa contra optionem fortium, si tyrannidem petas, si templorum eversionem. 98 plurimum ea res virium habet contra scriptum.

v) *del. Halm:* iugatis **P** fugatis **A** *om.* **B**
w) a *om.* **B**
x) magis ei aetati *Burman:* magis et aetati **A** magisque usitatis **BP**
y) si miles **P²**: simile si **BP¹** similius **A**

eigene Tat nicht im Zweifel bin, es wage, über die des Ligarius zu reden'; und ebendort[53]: 'Sollte Ligarius keinen Grund zur Hoffnung haben, da ich vor dir Gelegenheit finde, sogar für einen anderen Fürbitte einzulegen?' Vom Kleineren in der Rede für Caecina[54]: 'Wie also? Zu wissen, daß sie bewaffnet waren, das genügt, damit du anerkennst, daß Gewalt gebraucht worden ist, daß er aber ihnen in die Hände gefallen ist, das genügt nicht?' 94 Um also das Ganze noch einmal kurz zusammenzufassen: Beweise lassen sich herleiten von Personen, Sachverhalten, Örtlichkeiten, der Zeit, die, wie wir gesagt haben, dreigeteilt ist als vorausgehende, gleichzeitige und folgende, Möglichkeiten, zu denen wir auch das Werkzeug gerechnet haben, der Art und Weise, das heißt wie jeweils etwas geschehen ist, der Definition, Gattung, Art, dem Unterscheidenden, Eigentümlichen, dem Ausschalten, der Aufgliederung, dem Anfang, der weiteren Entfaltung, dem Ziel des Ganzen, dem Ähnlichen, Unähnlichen, Widersprüchlichen, dem aus etwas Folgenden, dem Bewirkenden, Bewirkten, dem Ergebnis und der Vergleichung, die in mehrere Arten zerfällt.

95 Hier scheint es mir nötig, noch anzumerken, daß Beweise nicht nur von zugestandenermaßen Geschehenem, sondern auch von nur Unterstelltem hergeleitet werden, was die Griechen καϑ' ὑπόϑεσιν nennen, und zwar von ebenden Fundstellen allen, wie wir sie oben aufgezählt haben, weil es ebenso viele Arten von Beweisen gibt, die auf fingierten Annahmen beruhen wie auf wirklichen. 96 Denn 'fingieren' bedeutet hier zunächst etwas unterstellen, das, falls es wirklich der Fall wäre, die Frage lösen oder fördern könnte, und dann den in Frage stehenden Sachverhalt als den Angenommenen entsprechend darstellen. Damit das die Jüngeren, die die Rhetorenschule noch nicht verlassen haben, leichter begreifen, will ich zunächst Beispiele geben, die dieser Altersstufe vertrauter sind. Das Gesetz laute: 97 'Wer seine Eltern nicht unterhält, wird mit Gefängnis bestraft.' Jemand kommt seiner Unterhaltspflicht nicht nach, wehrt sich aber gegen die Gefängnisstrafe. Hierfür verwendet er die Fiktion: angenommen, er sei Soldat, er sei noch ein unmündiges Kind oder er sei im Staatsinteresse im Ausland. Ferner etwa die Einwände gegen den Antrag, tapferen Soldaten die Wahl ihrer Belohnung freizustellen: angenommen, du wolltest die Tyrannei, wolltest die Vernichtung der Tempel! 98 Die stärkste Wirkung

[53] ebd. 10, 31.
[54] p. Caecin. 16, 45.

utitur his Cicero pro Caecina: 'unde tu aut familia aut procurator tuus. si me vilicus tuus solus deiecisset . . . si vero ne habeas quidem servum praeter eum, qui me deiecerit', et alia in eodem libro plurima. 99 verum eadem fictio valet et ad qualitates: 'si Catilina cum suo consilio nefariorum hominum, quos secum eduxit, hac de re posset iudicare, condemnaret L. Murenam'; et ad amplificationem: 'si hoc tibi inter cenam in illis inmanibus poculis tuis accidisset'. sic et: 'si res publica vocem haberet'.

100 Has fere sedes accepimus probationum in universum, quas neque generatim tradere sat est, cum ex qualibet earum innumerabilis argumentorum copia oriatur, neque per singulas species exsequi patitur natura rerum: quod qui sunt facere conati, duo pariter subierunt incommoda, ut et nimium dicerent nec tamen totum. 101 unde plurimi, cum in hos inexplicabiles laqueos inciderunt, omnem, etiam quem ex ingenio suo potuerant habere, conatum velut adstricti certis legum vinculis perdiderunt et magistrum respicientes naturam ducem sequi desierunt. 102 nam ut per se non sufficiet scire omnes probationes aut a personis aut rebus peti, quia utrumque in plura dividitur, ita ex antecedentibus et iunctis et insequentibus trahenda esse argumenta qui acceperit, num[z] protinus in hoc sit instructus, ut, quid in quaque causa ducendum sit ex his, sciat? 103 praesertim, cum plurimae probationes in ipso causarum conplexu reperiantur, ita ut sint cum alia lite nulla communes,

z) num *Obrecht:* unum **A** *om.* **BP**

tut dies gegen den Wortlaut von Schriftstellen. So verwendet es Cicero für Caecina[55]: 'Von wo du oder dein Gesinde oder dein Bevollmächtigter, wie das Interdikt des Praetors besagt, vertrieben hätte . . . Angenommen, dein Verwalter allein hätte mich vertrieben . . ., angenommen aber, du hättest weiter gar keinen Sklaven außer dem, der mich vertrieben hat', 99 und andere Beispiele in Fülle in ebendieser Schrift. Doch hat diese Form der Unterstellung auch ihre Bedeutung in Beschaffenheitsfragen: 'Angenommen, Catilina könnte hierüber mit den Verbrechern, die er mit sich weggeführt hat, als sachverständigen Ratgebern zu Gericht sitzen, so würde er L. Murena verurteilen'[56]; ferner zur Steigerung[57]: 'Angenommen, dies wäre dir während der Mahlzeit bei dem unheimlichen Bechern, das du an dir hast, begegnet', und auch in der Form[58]: 'Wenn der Staat reden könnte . . .'

100 Dies etwa sind im allgemeinen die Sitze der Mittel zur Beweisführung, wie man sie uns gelehrt hat; es genügt einerseits nicht, sie nur gattungsweise weiterzugeben, da aus jeder beliebigen Stelle eine unzählbare Fülle von Beweisen entspringt, andererseits erlaubt es die Natur der Sache auch nicht, die einzelnen Arten alle durchzugehen. Die Lehrer, die das versucht haben, sind in zwei gleich peinliche Lagen geraten: einerseits zuviel zu lehren und andererseits doch nicht das Ganze. 101 Daher haben die meisten, da sie in diese unentwirrbaren Schlingen geraten sind, allen eigenen Unternehmungsgeist eingebüßt, als wären sie gefesselt an feste Gesetzesbande, und haben, nach dem Lehrer rückwärts startend, aufgehört, der Führung der Natur zu folgen. 102 Denn wie es an sich nicht ausreicht zu wissen, daß alle Beweisformen entweder von Personen oder von Sachen genommen werden, weil beides wieder in viele Arten zerfällt, ist denn so, auch wer gelernt hat, daß man seine Beweise aus Vorzeitigem, Gleichzeitigem oder Nachzeitigem zu entnehmen hat, gleich auch darin unterrichtet zu wissen, was er aus ihnen an Beweisen in jedem Einzelfall herleiten soll? – 103 zumal ja die meisten Beweisformen sich nur so, im ganzen Gefüge der Fälle verflochten, finden lassen, daß sie mit gar keinem anderen Rechtsstreit gemeinsam sind und dieses gar die durchschlagendsten und am wenigsten geläufigen Beweise sind, weil

[55] p. Caecin. 19, 55.
[56] p. Mur. 39, 83.
[57] Philipp. 2, 25, 63.
[58] in Catil. I 27.

eaeque sint et potentissimae et minime obviae, quia communia ex praeceptis accepimus, propria invenienda sunt. 104 hoc genus argumentorum sane dicamus ex circumstantia, quia περίστασιν dicere aliter non possumus, vel ex iis, quae cuiusque causae propria sunt: ut in illo adultero sacerdote, qui lege, qua unius servandi potestatem habebat, se ipse servare voluit, proprium controversiae est dicere: 'non unum nocentem servabas, quia te dimisso adulteram occidere non licebat'; hoc enim argumentum lex facit, quae prohibet adulteram sine adultero occidere. 105 et illa, in qua lex est, ut argentarii dimidium ex eo quod debebant solverent, creditum suum totum exigerent. argentarius ab argentario solidum petit. proprium ex materia est argumentum creditoris, idcirco adiectum esse in lege, ut argentarius totum exigeret: adversus alios enim non opus fuisse lege, cum omnes praeterquam ab argentariis totum exigendi ius haberent. 106 cum multa autem novantur in omni genere materiae, tum praecipue in iis quaestionibus, quae scripto constant, quia vocum et in singulis ambiguitas frequens et adhuc in coniunctis magis. 107 et haec ipsa plurium legum aliorumve scriptorum vel congruentium vel repugnantium complexu varientur necesse est, cum res rei aut ius iuris quasi signum est. 'non debui tibi pecuniam: numquam me appellasti, usuram non accepisti, ultro a me mutuatus es'. 'lex est: qui patri proditionis reo non adfuerit, exheres sit. negat filius[a], nisi si pater absolutus sit'. quid signi? lex altera: 'proditionis damnatus cum advocato exulet'. 108 'Cicero pro Cluentio P. Popilium et Tiberium Guttam dicit non iudicii corrupti, sed ambitus esse damnatos'. quid

a) filius *Spalding:* fit

wir das, was allgemein gilt, aus den Regeln gelernt haben, das Eigentümliche aber im Einzelfall selbst finden müssen. 104 Diese Art von Beweisen können wir ja nun benennen als die 'nach den Umständen', weil wir περίστασις nicht anders ausdrücken können, oder auch als Beweise aus dem, was dem Einzelfall eigentümlich ist, z. B. in dem Fall des Priesters, der Ehebrecher war und nach dem Gesetz, nach dem er die Möglichkeit hatte, eine Person vor der Bestrafung zu retten, sich selbst befreien wollte, ist es das Eigentümliche dieser Kontroverse, geltend zu machen: 'Nicht einen Schuldigen suchtest du zu befreien, weil man ja nach deiner Freilassung die Ehebrecherin nicht töten durfte'; denn dieses Argument bietet das Gesetz, das verbietet, die Ehebrecherin ohne den Ehebrecher zu töten. 105 So auch folgende Kontroverse, in der ein Gesetz besagt, daß die Geldwechsler nur die Hälfte von dem zu zahlen hätten, was sie an Schulden hätten, was man ihnen schulde, jedoch ganz eintreiben dürften. Ein Geldwechsler verlangt nun von einem Geldwechsler die runde Summe. Im Stoff der Aufgabe steckt als eigentümlich das Argument des Gläubigers: es stehe im Gesetz der Zusatz, ein Geldwechsler dürfe das Ganze eintreiben; gegen andere Personen nämlich sei das Gesetz nicht nötig gewesen, da alle, außer bei Geldwechslern, das Recht hätten, das Ganze einzutreiben. 106 So steckt vieles an neuen Möglichkeiten zwar in jeder Art von Aufgabe, vor allem aber in den Fragen, die auf Schriftstücken beruhen, weil ja schon bei einzelnen Wörtern die Zweideutigkeit häufig, bei zusammenhängenden Stücken aber noch häufiger ist. 107 Und diese gerade müssen schon im Zusammenhang mit mehreren Gesetzen oder anderen Texten, die teils dazu stimmen, teils widersprechen, noch mannigfaltiger werden, wenn eine Tatsache für eine andere oder ein Recht für ein anderes gleichsam das Kennzeichen darstellt. 'Ich habe dir kein Geld geschuldet: niemals hast du mich gemahnt, Zinsen hast du nicht erhalten, deinerseits hast du Geld bei mir geliehen.' Oder: 'Ein Gesetz besagt: Wer seinem Vater, der wegen Verrats angeklagt ist, nicht hilft, soll enterbt sein. Der Sohn sagt: das gelte nur, wenn der Vater freigesprochen worden sei.' Welches Kennzeichen hierfür gibt es? Ein zweites Gesetz: 'Wer wegen Verrats verurteilt ist, soll mit seinem Anwalt verbannt sein.' 108 'Cicero sagt für Cluentius[59], P. Popilius und Ti. Gutta seien nicht wegen Bestechung des Gerichtshofes, sondern wegen Amtserschleichung verurteilt worden.' Welches Kennzeichen gibt es

[59] p. Cluent. 36, 98.

signi? quod accusatores eorum, qui erant ipsi ambitus damnati, e lege sint post hanc victoriam restituti. 109 nec minus in hoc curae debet adhiberi, quid proponendum, quam quo modo sit quod proposueris probandum: hic immo vis inventionis maior, certe prior. nam ut tela supervacua sunt nescienti quid petat, sic argumenta, nisi provideris, cui rei adhibenda sint. 110 hoc est, quod comprehendi arte non possit. ideoque, cum plures eadem didicerint, generibus argumentorum similibus utentur: alius alio plura, quibus utatur, inveniet. sit exempli gratia proposita controversia, quae minime communes cum aliis quaestiones habet: 111 'cum Thebas evertisset Alexander, invenit tabulas, quibus centum talenta mutua Thessalis dedisse Thebanos continebatur. has, quia erat usus commilitio Thessalorum, donavit his ultro: postea restituti a Casandro Thebani reposcunt Thessalos. apud Amphictyonas agitur'. centum talenta et credidisse eos constat et non recepisse. 112 lis omnis ex eo, quod Alexander ea Thessalis donasse dicitur, pendet. constat illud quoque, non esse iis ab Alexandro pecuniam datam: quaeritur ergo, an proinde sit quod datum est, ac si pecuniam dederit? 113 quid proderunt argumentorum loci, nisi haec prius videro, nihil eum egisse donando, non potuisse donare, non donasse? et prima quidem actio facilis ac favorabilis repetentium iure, quod vi sit ablatum: sed hinc aspera et vehemens quaestio exoritur de iure belli, dicentibus Thessalis hoc regna, populos, fines gentium atque urbium contineri. 114 inveniendum contra est, quo distet haec causa a ceteris, quae in potestatem victoris venirent, nec circa proba-

hier? Daß diese Ankläger, die selbst wegen Amtserschleichung verurteilt waren, von Gesetzes wegen nach diesem Sieg wieder amnestiert wurden. 109 Nicht geringer aber darf die Sorgfalt bei dem sein, was man als Beweisziel angibt, als dafür, wie man, was man angegeben hat, beweisen kann. Ja, hier ist die Kraft der eigenen Findigkeit noch größer, jedenfalls eher nötig. Denn wie Geschosse für jemanden überflüssig sind, der nicht weiß, was er treffen will, so Beweise, wenn man nicht voraussieht, wofür man sie verwenden muß. 110 Das ist es, was man durch Kunstregeln nicht erfassen kann. Deshalb werden mehrere Schüler, wenn sie die gleichen Regeln gelernt haben, auch Beweise ähnlicher Art verwenden; doch wird der eine mehr finden, was er verwenden kann, als der andere. Als Beispiel sei eine Kontroverse vorgeführt, die am wenigsten Fragen besitzt, die sie mit anderen gemeinsam hat. 111 'Als Alexander Theben zerstört hatte, fand er Schuldverschreibungen, in denen die Thebaner den Thessalern hundert Talente zum Darlehen gaben. Diese machte er den Thessalern, weil er sie zu Kriegskameraden gehabt hatte, von sich aus zum Geschenk. Als dann die Thebaner von Cassander amnestiert wurden, machten sie ihre Forderung bei den Thessalern geltend. Gerichtsort ist das Amphiktyonengericht[60].' Daß sie die hundert Talente ausgeliehen haben, steht fest sowie auch, daß sie sie nicht zurückerhalten haben. 112 Der ganze Rechtsstreit hängt an dem Umstand, daß Alexander es den Thessalern zum Geschenk gemacht haben soll. Fest steht auch, daß ihnen kein Geld von Alexander gegeben worden ist. Es ergibt sich also die Frage, ob das, was ihnen gegeben worden ist, auf gleiche Art gegeben wurde, als ob er Geld gegeben hätte. 113 Was können nun alle Fundstellen der Beweise nützen, wenn ich nicht zuerst das sehe, daß er nämlich mit seiner Schenkung gar nichts geleistet hat, daß er keine Schenkung hat machen können und auch keine gemacht hat? Die erste Verhandlung zwar ist also leicht und günstig für die, die nach dem Recht zurückverlangen, was ihnen mit Gewalt genommen wurde. Doch dann ergibt sich die heikle und bedrängende Frage nach dem Kriegsrecht, da die Thessaler geltend machen, daß darauf Königreiche, Völker, Volks- und Stadtgrenzen gegründet seien. 114 Dagegen ist herauszufinden, worin sich dieser Fall von allem anderen unterscheidet, das in die Gewalt eines

[60] der Delphi benachbarten Gemeinden, die im Apolloheiligtum ihren kultischen Mittelpunkt hatten.

tionem res haeret, sed circa propositionem. dicamus in primis: in eo, quod in iudicium deduci potest, nihil valere ius belli, nec armis erepta nisi armis posse retineri. itaque, ubi illa valeant, non esse iudicem: ubi iudex sit, illa nihil valere. 115 hoc inveniendum est, ut adhiberi possit argumentum: ideo captivos, si in patriam suam redierint, liberos esse, quia bello parta non nisi eadem vi possideantur. proprium et illud causae, quod Amphictyones iudicant, ut alia apud centumviros, alia apud privatum iudicem in isdem quaestionibus ratio. 116 tum secundo gradu, non potuisse donari a victore ius, quia id demum sit eius, quod teneat: ius, quod sit incorporale, adprendi manu non posse. hoc reperire est difficilius quam, cum inveneris, argumentis adiuvare, ut alia sit condicio heredis, alia victoris, quia ad illum ius, ad hunc res transeat. 117 proprium deinde materiae, ius publici crediti transire ad victorem non potuisse, quia quod populus crediderit, omnibus debeatur, et, quamdiu quilibet unus superfuerit, esse eum totius summae creditorem, Thebanos autem non omnis in Alexandri manu fuisse. 118 hoc non extrinsecus probatur, quae vis est argumenti, sed ipsum per se valet. tertii loci pars prior magis vulgaris, non in tabulis esse ius, itaque multis argumentis defendi potest. mens quoque Alexandri duci debet in dubium, honorarit eos an deceperit. illud iam rursus proprium materiae et velut novae controversiae, quod restitutione recepisse ius, etiam si quod amiserint, Thebani videntur. hic et quid Casander velit quaeritur, sed vel potentissima apud Amphictyonas aequi tractatio est.

Siegers gelangt, und die Sache hat ihren Haken nicht in der Beweisführung, sondern im Beweisziel. So wollen wir zuerst sagen: für das, was dem Gericht zur Entscheidung vorgelegt werden kann, habe das Kriegsrecht keine Bedeutung, und nur mit Waffen könne man festhalten, was man mit Waffen entrissen. Deshalb gebe es, wo dies gelte, keine Richter; wo es aber einen Richter gebe, da gelte dies nicht. 115 Dies muß deshalb so gemacht werden, damit ein Beweis angebracht werden kann: deshalb seien Gefangene, wenn sie in ihr Vaterland zurückkehrten, frei, weil, was durch Krieg gewonnen sei, auch nur durch dieselbe Gewalt als Besitz verbleibe. Das Besondere ist es ja auch an unserem Fall, daß Amphiktyonen zu Gericht sitzen, wie ja in denselben Fragen eine andere Begründungsweise vor dem Gericht der Hundertmänner angebracht ist als vor einem privaten Richter. 116 Dann also der zweite Gedankenschritt: ein Recht könne von einem Sieger nicht zum Geschenk gemacht werden, weil nur das jemandem gehöre, was er in Händen habe; ein Recht aber, das etwas Unkörperliches ist, könne nicht mit der Hand ergriffen werden. Dieser Gedanke ist schwieriger zu finden als, wenn man darauf gestoßen ist, mit Beweisen zu stützen: daß die Lage eines Erben eine andere sei als die eines Siegers, weil auf ersteren das Recht, auf letzteren die Sache übergehe. 117 Das Besondere unseres Stoffes liegt dann darin, daß das Recht auf ein öffentliches Darlehen nicht habe auf den Sieger übergehen können, weil auf das, was ein Volk als Gläubiger gewährt habe, alle einen Anspruch hätten und, solange nur noch irgendeiner übrig sei, er der Gläubiger für die ganze Summe sei, die Thebaner aber nicht alle in der Hand Alexanders gewesen seien. 118 Dies wird nicht mit äußeren Mitteln bewiesen – und das macht diesen Beweis so stark –, sondern trägt seine Überzeugungskraft in sich selbst. Der erste Teil des dritten Gedankenschrittes ist gewöhnlicherer Art, daß nämlich das Recht nicht in den Schuldverschreibungsdokumenten liege; deshalb kann er mit vielen Beweisen verteidigt werden. Auch die Gesinnung Alexanders muß in zweifelhaftes Licht gebracht werden, ob er sie geehrt oder getäuscht habe. Dann ist der Gedanke wieder etwas Besonderes unserer Aufgabe und gleichsam Sache einer neuen Kontroverse, daß nämlich die Thebaner durch ihre Amnestierung ihr Recht, auch wenn sie etwas davon verloren haben sollten, offenbar wiedererhalten haben. Hier stellt sich dann auch die Frage, was der Wunsch Cassanders sei, jedoch ist gewiß vor einem Amphiktyonengericht am durchschlagendsten die Behandlung der Billigkeitsfrage.

119 Haec non idcirco dico, quod inutilem horum locorum, ex quibus argumenta ducuntur, cognitionem putem, alioqui nec tradidissem, sed ne se, qui cognoverint ista, si cetera neglegant, perfectos protinus atque consummatos putent et, nisi in ceteris, quae mox praecipienda sunt, elaboraverint, mutam quandam scientiam consecutos intellegant. 120 neque enim artibus editis factum est, ut argumenta inveniremus, sed dicta sunt omnia, antequam praeciperentur, mox ea scriptores observata et conlecta ediderunt. cuius rei probatio est, quod exemplis eorum veteribus utuntur et ab oratoribus illa repetunt, ipsi nullum novum et quod dictum non sit inveniunt. 121 artifices ergo illi, qui dixerunt. sed habenda his quoque gratia est, per quos labor nobis detractus est. nam quae priores beneficio ingenii singula invenerunt, nobis et non sunt requirenda et notata omnia. sed non magis hoc sat est, quam palaestram didicisse, nisi corpus exercitatione, continentia cibis, ante omnia natura iuvatur, sicut contra ne illa quidem satis sine arte profuerint. 122 illud quoque studiosi eloquentiae cogitent, neque omnibus in causis ea, quae demonstravimus, cuncta posse reperiri, neque, cum proposita fuerit materia dicendi, scrutanda singula et velut ostiatim pulsanda, ut sciant, an ad probandum id, quod intendimus, forte respondeant: nisi cum discunt et adhuc usu carent. 123 infinitam enim faciat ista res dicendi tarditatem, si semper necesse sit ut temptantes unum quodque eorum, quod sit aptum atque conveniens, experiendo noscamus: nescio an etiam impedimento futura sint, nisi et animi quaedam ingenita natura et studio exercitata velocitas recta nos ad ea, quae conveniant causae, ferant. 124 nam ut cantus vocis plurimum iuvat sociata nervorum concordia, si tamen tardior manus nisi inspectis demensisque singulis, quibus quaeque vox fidi-

119 Ich sage dies nicht deshalb, weil ich die Kenntnis unserer Fundstellen, aus denen die Beweise hergeleitet werden, für unnütz hielte, sonst hätte ich sie ja gar nicht vermittelt, sondern damit die Hörer, die diese Dinge kennengelernt haben, nicht, wenn sie das übrige geringschätzen, sich gleich für vollkommene und vollendete Redner halten und einsehen, daß sie, wenn sie sich nicht auch noch durch die übrigen Lehren, die noch erfolgen müssen, hindurcharbeiten, nur eine Art stummen Wissens erzielt haben. 120 Denn nicht nach der Veröffentlichung der Lehrbücher sind wir erst dazu gekommen, Beweise zu finden, sondern alles wurde schon vorgetragen, bevor Regeln gegeben wurden; dann beobachteten und sammelten dies die Fachschriftsteller und veröffentlichten es. Der Beweis hierfür läßt sich durch die Feststellung erbringen, daß sie die alten Beispiele der Redner verwenden und sie sich bei den Rednern holen, selbst aber kein neues Beispiel und nichts, was nicht schon gesagt wäre, erfinden. 121 Die Künstler also sind diejenigen, die die Reden gehalten haben, jedoch müssen wir auch denen dankbar sein, durch die uns die Mühe abgenommen worden ist, selbst zu sammeln; denn was frühere Meister dank ihrem Talent Stück für Stück gefunden haben, haben wir uns nicht erst zusammenzusuchen, sondern finden schon alles zum Lernen zubereitet. Aber das ist sowenig ausreichend wie Ringen gelernt zu haben, ohne daß der Körper durch Übung, Selbstbeherrschung, entsprechende Ernährung, vor allem aber durch die Natur unterstützt wird, so wie umgekehrt auch diese Hilfen ohne die Lehre der Kunst nicht hinreichend nützen dürften. 122 Auch daran mögen die denken, denen es um Beredsamkeit geht, daß sich weder in allen Fällen das, was wir dargelegt haben, insgesamt finden läßt, noch man auch, wenn der Stoff für eine Rede gegeben ist, alles einzeln suchen und gleichsam durch Anklopfen an der Tür feststellen kann, ob es etwa anspricht, das was wir wollen, zu beweisen – es sei denn, solange die Schüler noch lernen und noch keine Übung haben. 123 Denn dies Verhalten führt ja wohl zu einer grenzenlos langsamen Art zu reden, wenn wir immer Stück für Stück versuchend, was passend und schicklich sei, durch Erproben kennenlernen; womöglich kann es sogar zum Hemmschuh werden, wenn uns nicht eine Art natürlicher Instinkt und die eifrig geübte Schnelligkeit geradenwegs zu dem trägt, was für unseren Fall passend ist. 124 Denn wie ein Gesangsvortrag am meisten Freude macht, wenn die Saiten ihn einträchtig begleiten, dann jedoch, wenn die Hand zu langsam ist und nur dadurch, daß man immer hinschaut und die einzelnen Ab-

bus iungenda sit, dubitet, potius fuerit esse contentum eo, quod[b] simplex canendi natura tulerit: ita huius modi praeceptis debet quidem aptata esse et citharae modo intenta ratio doctrinae, 125 sed hoc exercitatione multa consequendum, ut, quem ad modum illorum artificum, etiam si alio spectant, manus tamen ipsa consuetudine ad graves, acutos mediosque nervorum[c] sonos fertur, sic oratoris cogitationem nihil moretur haec varietas argumentorum et copia, sed quasi offerat se et occurat, et, ut litterae syllabaeque scribentium cogitationem non exigunt, sic orationem sponte quadam sequantur.

XI.

1 Tertium genus ex iis, quae extrinsecus adducuntur in causam, Graeci vocant παράδειγμα, quo nomine et generaliter usi sunt in omni similium adpositione et specialiter in iis, quae rerum gestarum auctoritate nituntur. nostri fere similitudinem vocare maluerunt, quod ab illis ⟨proprie⟩[d] παραβολή dicitur, hoc alterum exemplum, quamquam et hoc simile et[e] illud exemplum. 2 nos, quo facilius propositum explicemus, utrumque παράδειγμα esse credamus et ipsi appellemus exemplum. nec vereor ne videar repugnare Ciceroni, quamquam conlationem separat ab exemplo. nam idem omnem argumentationem dividit in duas partes, inductionem et ratiocinationem, ut plerique Graecorum in παραδείγματα et ἐπιχειρήματα, dixeruntque παράδειγμα ῥητορικὴν ἐπαγωγήν. 3 nam illa, qua plurimum est Socrates usus, hanc habuit viam ⟨ut⟩[f] cum plura interrogasset, quae fateri adversario necesse esset, novissime id, de

b) quod **AP²**: quo **BP¹**
c) nervorum *Gertz*: horum
d) *add. Radermacher coll. Minucian. 418, 29 Sp.*
e) et *Radermacher*: est **ABP** est et *Valla*
f) ut *add. Badius*

stände bestimmt, sich entscheiden kann, welche Saiten zu jedem Ton anzuschlagen sind, es besser sein dürfte, sich mit dem zufriedenzugeben, was der einfache natürliche Gesang leisten kann: so muß zwar die Kunstanleitung durch Regeln, wie wir sie gegeben haben, passend eingerichtet und wie eine Kithara gestimmt sein –
125 jedoch muß man es durch viele Übung dahin bringen, daß so wie bei den genannten Künstlern, auch wenn sie anderswo hinschauen, die Hand allein doch schon aus Gewohnheit zu den tiefen, hohen und mittleren Tönen der Saiten geführt wird, so auch dem Nachdenken des Redners die Mannigfaltigkeit und Fülle der erlernten Beweise keinen Aufenthalt bringt, sondern sich gleichsam anbietet, selbst entgegenkommt und so, wie die Buchstaben und Silben vom Schreibenden kein Nachdenken verlangen, der Rede gleichsam von selbst folgen.

ELFTES KAPITEL

Die Beispiele

1 Die dritte Art dessen, was von außen dem Fall zugeführt wird, nennen die Griechen παράδειγμα, die sowohl im allgemeinen Sinn üblich ist für die Nebeneinanderstellung von Ähnlichem als auch im besonderen für solche Ähnlichkeiten, die ihre maßgebliche Bedeutung auf geschichtliche Vorgänge gründen. Unsere lateinischen Schriftsteller bevorzugen in der Regel die Bezeichnung 'Ähnlichkeit' (similitudo) für das, was im Griechischen παραβολή heißt, und 'exemplum' für παράδειγμα, obwohl auch das Exemplum ähnlich ist und auch das Ähnliche ein Beispiel darstellt. 2 Wir wollen, um im folgenden uns leichter verständlich machen zu können, annehmen, παράδειγμα enthalte beide Bedeutungen, und wollen es in diesem Sinn 'exemplum' nennen. Dabei könnte ich nur scheinbar in Widerspruch zu Cicero kommen, auch wenn dieser[61] die 'collatio' (Vergleichung) vom 'exemplum' trennt. Denn auch er hat ja die gesamte Beweisführung in zwei Teile eingeteilt, Induktion und Schlußverfahren, so wie die meisten Griechen sie in παραδείγματα und ἐπιχειρήματα eingeteilt und das παράδειγμα als ῥητορικὴ ἐπαγωγή (rhetorische Induktion) bezeichnet haben. 3 Denn dieses Verfahren, das Sokrates am meisten angewandt hat, ging ja auf dem Wege vor sich, daß er, wenn er eine Reihe Fragen gestellt hatte,

[61] de inv. 1, 30, 49.

quo quaerebatur, inferret ut simile concessis[g]. id est inductio. hoc in oratione fieri non potest, sed quod illic interrogatur, hic fere sumitur[h]. 4 sit igitur illa interrogatio talis: 'quod est pomum generosissimum? nonne quod optimum?' concedetur. 'quid? equus qui generosissimus? nonne qui optimus?' et plura in eundem modum. deinde, cuius rei gratia rogatum est: 'quid? homo nonne is generosissimus, qui optimus?' fatendum erit. 5 hoc in testium interrogatione valet plurimum, in oratione perpetua dissimile est: aut enim sibi ipse respondet orator[i]: 'quod pomum generosissimum? puto quod optimum: et equus? qui velocissimus: ita hominum non qui claritate nascendi, sed qui virtute maxime excellet' * * *[i]

Omnia igitur ex hoc genere sumpta necesse est aut similia esse aut dissimilia aut contraria. similitudo[j] adsumitur interim et ad orationis ornatum. sed illa, cum res exiget: nunc ea, quae ad probationem pertinent, exsequar. 6 potentissimum autem est inter ea, quae sunt huius generis, quod proprie vocamus exemplum, id est rei gestae aut ut gestae utilis ad persuadendum id, quod intenderis, commemoratio. intuendum igitur est, totum simile sit an ex parte, ut aut omnia ex eo sumamus aut quae utilia erunt. simile est: 'iure occisus est Saturninus sicut Gracchi'. dissimile: 7 'Brutus occidit liberos proditionem molientis, Manlius virtutem filii morte multavit'. contrarium: 'Marcellus ornamenta Syracusanis hostibus restituit, Verres eadem sociis abstulit'. et probandorum et culpandorum ex iis

g) concessis *Toernebladh:* concessisse

h) id est inductio *del. Spalding* id . . . sumitur *del. Meister*

i) *secundum* 'aut' *excidisse apparet, utrum post* 'orator' *(quod cum Meistero malim) an post* 'excellet' *(Spalding) non liquet*

j) similitudo *Regius:* dissimilitudo

[62] Es wird mir schwer, diese beiden Sätze, die einheitlich überliefert sind, einem alten Interpolator zuzuschreiben. Wie es in Kap. 10, 96 ausgesprochen

die der Gegner bejahen mußte, als Schlußeffekt die Frage, um die es ging, in ihrer Entsprechung zu dem, was schon zugestanden worden war, in die Diskussion brachte. Das heißt das 'Heranführen'. In der Rede kann es das nicht geben, jedoch wird, was im Dialog in Fragen besteht, in der Rede gewöhnlich als Annahme verwendet[62]. 4 Die Befragung mag etwa so vor sich gehen: 'Welches ist der edelste Apfel? Nicht auch der beste?' Das wird zugegeben werden. 'Nun weiter? Welches ist das edelste Roß? Nicht auch das beste?' Und noch weitere Fragen dieser Art. Dann die Frage, um die es geht: 'Wie? Ist nicht auch der Mensch der edelste, der der beste ist?' Das wird zugegeben werden müssen. 5 Bei der Befragung von Zeugen hat dieses Verfahren sehr große Bedeutung, in einer zusammenhängenden Rede ist es anders: entweder nämlich antwortet der Redner sich selbst: 'Welcher Apfel ist der edelste? Ich denke, der beste. Und welches Pferd? Das schnellste. So auch unter den Menschen nicht, wer durch den Glanz seiner Geburt, sondern wer durch seine Leistung am meisten hervorragt.'

Alle Beweisstücke dieser Art müssen also entweder ähnlich, unähnlich oder entgegengesetzt sein. Die Ähnlichkeit wird zuweilen auch für den Schmuck der Rede herangezogen – doch darüber dann, wenn der Gegenstand es verlangt. Jetzt will ich darstellen, was von ihr zur Beweisführung gehört. 6 Am stärksten ist von dem, was hierher gehört, das, was wir im eigentlichen Sinn Beispiel nennen, das heißt die Erwähnung eines zur Überzeugung von dem, worauf es dir ankommt, nützlichen, wirklichen oder angeblich wirklichen Vorganges. Man muß also im Auge behalten, ob das Ganze ähnlich ist oder nur ein Teil, damit wir entweder alles von dem Vorgang heranziehen oder nur, was nützen kann. Ein Beispiel für die Ähnlichkeit: 'Zu Recht ist Saturninus erschlagen worden so wie die Gracchen'; 7 für die Unähnlichkeit: 'Brutus hat seine Kinder getötet, die Verrat gegen den Staat betrieben, Manlius die Mannhaftigkeit seines Sohnes mit dem Tod bestraft'; für den Gegensatz: 'Marcellus hat den Syrakusanern, als sie unsere Feinde waren, ihren Schmuck zurückerstattet, Verres[63] hat ihn ihnen, als sie unsere Verbündeten waren, weggenommen'. Für Beweisführung wie für

ist und auch das unserer Stelle Folgende zeigt, will der Verfasser in elementarer Weise belehren, und das leisten diese Sätze auch. Sie bereiten das Beispiel (§ 4) vor. Als Randbemerkung eines Lesers, der sowieso Bescheid weiß, wären sie wirklich überflüssig.

[63] Verr. 4, 4, 123.

confirmatio eosdem gradus habet. 8 etiam in iis, quae futura dicemus, utilis similium admonitio est, ut si quis dicens, Dionysium idcirco petere custodes salutis suae, ut eorum adiutus armis tyrannidem occupet, hoc referat exemplum, eadem ratione Pisistratum ad dominationem pervenisse.

9 Sed ut sunt exempla interim tota similia, ut hoc proximum, sic interim ex maioribus ad minora, ex minoribus ad maiora ducuntur. 'urbes propter matrimonia violata eversae sunt: quid fieri adultero par est? tibicines, cum ab urbe discessissent, publice revocati sunt: quanto magis principes civitatis viri et bene de re publica meriti, cum invidiae cesserint, ab exilio reducendi!' ad exhortationem vero praecipue valent imparia. 10 admirabilior in femina quam in viro virtus. quare, si ad fortiter faciendum accendatur aliquis, non tantum adferent momenti Horatius et Torquatus quantum illa mulier, cuius manu Pyrrhus est interfectus, et ad moriendum non tam Cato et Scipio quam Lucretia: quod ipsum est ex maioribus ad minora. 11 singula igitur horum generum ex Cicerone (nam unde potius?) exempla ponamus. simile est hoc pro Murena: 'etenim mihi ipsi accidit ut cum duobus patriciis, altero inprobissimo ⟨atque audacissimo⟩[k], altero modestissimo atque optimo viro, peterem: superavi tamen dignitate Catilinam, gratia Galbam'. 12 maius minoris pro Milone: 'negant intueri lucem esse fas ei, qui a se hominem occisum esse fateatur. in qua tandem urbe hoc homines stultissimi disputant? nempe in ea, quae primum iudicium de capite vidit M. Horati fortissimi viri, qui nondum libera civitate tamen populi Romani

k) *add. ex Cic. ed. Basil.*

die Anklage lassen sich hieraus die gleichen Abstufungsmöglichkeiten gewinnen. 8 Auch für Dinge, mit denen wir in die Zukunft weisen, ist die Erinnerung an Beispiele nützlich, wenn etwa jemand, der davon spricht, daß Dionys zu dem Zweck eine Leibwache wolle, um mit ihrer Hilfe mit Waffengewalt die Tyrannei zu gewinnen, hierzu das Beispiel bringt, auf die gleiche Weise sei Pisistratus zur Macht gelangt.

9 Jedoch wie es zuweilen Beispiele gibt, die völlig ähnlich sind, wie das zuletzt gebrachte, so lassen sie sich zuweilen auch von größeren für kleinere, von kleineren für größere Verhältnisse gewinnen: 'Ganze Städte sind schon wegen der Schändung von Ehen zugrunde gegangen: was soll man also mit einem Ehebrecher machen?'; 'Schon gute Holzbläser hat man, als sie unsere Stadt verlassen hatten, im Auftrag des Staates zurückgerufen[64]: wieviel eher muß man führende Männer des Staates, die sich um die Gemeinschaft hochverdient gemacht haben, wenn sie Opfer der Mißgunst geworden sind, aus dem Exil zurückholen?'. Zur Anfeuerung aber taugen besonders ungleiche Beispiele. 10 Bewundernswerter ist bei einer Frau als bei einem Mann die Tapferkeit. Wenn deshalb jemand zu einer Heldentat entflammt werden soll, werden Horatius und Torquatus nicht so viel ausmachen wie die Frau, durch deren Hand Pyrrhus gefallen ist, und zum Sterben nicht so sehr Cato und Scipio wie Lukretia. Auch das führt vom Größeren zum Kleineren. 11 Wir wollen nun ein paar Beispiele für diese Arten aus Cicero – denn woher auch eher! – hierhersetzen. Um Ähnlichkeit handelt es sich in folgender Stelle der Rede für Murena[65]: 'Ja, auch mir selbst ist es widerfahren, daß ich mit zwei Patriziern zusammen, einem ganz schlechten und dreisten und einem äußerst maßvollen und guten Manne, mich bewarb: und doch habe ich Catilina übertroffen durch den Rang meiner Persönlichkeit, durch meine Beliebtheit den Galba.' 12 Größeres für Kleineres[66] 'Man sagt, nicht recht sei, daß der das Tageslicht schaue, der eingesteht, er habe einen Menschen erschlagen. In welcher Stadt denn reden so törichte Menschen so etwas? Doch in der, die als ersten den Mordprozeß gegen M. Horatius erlebt hat, den Helden, der, als unser Staat noch nicht frei war, doch von der Versammlung des römischen Volkes freigesprochen wurde, als er mit eigener

[64] Liv. 9, 30.
[65] p. Mur. 8, 17.
[66] p. Mil. 3, 7.

comitiis liberatus est, cum sua manu sororem esse interfectam fateretur'. minus maioris: 'occidi, occidi, non Spurium Maelium, qui annona levanda iacturisque rei familiaris, quia nimis amplecti plebem videbatur, in suspicionem incidit regni affectandi' et cetera, deinde: 'sed eum (auderet enim dicere, cum patriam periculo liberasset), cuius nefandum adulterium in pulvinaribus', et totus in Clodium locus.

13 Dissimile pluris excursus habet. fit enim genere, modo, tempore, loco, ceteris, per quae fere omnia Cicero praeiudicia, quae de Cluentio videbantur facta, subvertit: contrario vero exemplo censoriam notam, laudando censorem Africanum, qui eum, quem peierasse conceptis verbis palam dixisset, testimonium etiam pollicitus, si quis contra diceret, nullo accusante traducere equum passus esset: quae, quia erant longiora, non suis verbis exposui. 14 breve autem apud Vergilium contrarii exemplum est: 'at non ille, satum quo te mentiris, Achilles / talis in hoste fuit Priamo.' 15 quaedam autem ex iis, quae gesta sunt, tota narrabimus, ut Cicero pro Milone: 'pudicitiam cum eriperet militi tribunus militaris in exercitu C. Mari, propinquus eius imperatoris, interfectus ab eo est, cui vim adferebat; facere enim probus adulescens periculose quam perpeti turpiter maluit: atque hunc ille summus vir scelere solutum periculo liberavit'. 16 quaedam significare satis erit, ut idem ac pro eodem: 'neque enim posset Ahala ille Servilius aut P. Nasica aut L. Opimius aut me consule

Hand seine Schwester getötet zu haben gestand.' Und Kleineres für Größeres[67]: 'Erschlagen, erschlagen habe ich nicht einen Spurius Maelius, der durch seine Getreideunterstützung und die Opfer eigenen Vermögens deshalb, weil er die Plebs zu sehr zu umwerben schien, in den Verdacht geriet, er wolle Tyrann werden'; und dann: 'sondern einen Menschen – das würde er zu sagen wagen, weil er ja das Vaterland von einer Gefahr befreit hat – dessen Ehebruchsverbrechen auf den heiligen Kissen' usw. und die ganze Stelle gegen Clodius.

13 Das Unähnliche führt in mehrere Richtungen: Geburt, Art und Weise, Ort usw. kommt dabei in Betracht, was fast alles Cicero[68] verwendet, um die Vorurteile, die anscheinend über Cluentius vorlagen, zu zerstören: ein Beispiel aus dem Gegenteil aber verwendet er gegen die Rüge des Zensors[69], indem er den Zensor Africanus lobt, der einem Manne, den er in feierlicher Erklärung öffentlich des Meineides bezichtigt und sogar, falls jemand gegen den Bezichtigten auftrete, sein eigenes Zeugnis zugesagt hatte, als kein Ankläger auftrat, gestattete, sein Ritterpferd vorzuführen[70]. Ich habe diese Stellen, weil sie zu lang waren, nicht in Ciceros eigenen Worten gebracht. 14 Kurz aber ist ein Beispiel vom Gegenteil bei Vergil[71]: 'Doch hat Achill, von dem zu stammen du fälschlich behauptest, so nicht gegen den Feind, gegen Priamus also gehandelt.' 15 Manches von dem, was geschehen ist, werden wir ganz erzählen, wie Cicero für Milo[72]: 'Als ein Kriegstribun im Heer des C. Marius, ein Verwandter dieses Feldherrn, einen Soldaten schändete, wurde er von dem, dem er Gewalt antun wollte, getötet; denn der brave Junge wollte lieber eine gefährliche Tat begehen als eine schimpfliche erdulden: ihn hat der große Feldherr von Schuld freigesprochen und aus der Gefahr gerettet.' 16 Bei manchem aber wird der Hinweis genügen, wie es wieder Cicero für denselben Milo tut[73]: 'Denn es müßte ein Servilius Ahala, P. Nasica, L. Opimius oder auch der

[67] ebd. 27, 72.

[68] p. Cluent. c. 32ff.

[69] ebd. 48, 134.

[70] also ein besonders faires Verhalten: obwohl er persönlich von dem Meineid des römischen Ritters fest überzeugt war, nahm er diesem seinen Ritterrang nicht, weil sich herausgestellt hatte, daß niemand seinen Verdacht teilte.

[71] Aen. 2, 539/40.

[72] p. Mil. 4, 9.

[73] ebd. 3, 8.

senatus non nefarius haberi, si sceleratos interfici nefas esset'. haec ita dicentur, prout nota erunt vel utilitas causae aut decor postulabit. 17 Eadem ratio est eorum, quae ex poeticis fabulis ducuntur, nisi quod iis minus adfirmationis adhibetur: cuius usus qualis esse deberet, idem optimus auctor ac magister eloquentiae ostendit. 18 nam huius quoque generis eadem in oratione reperietur exemplum: 'itaque hoc, iudices, non sine causa etiam fictis fabulis doctissimi homines memoriae prodiderunt, eum, qui patris ulciscendi causa matrem necavisset, variatis hominum sententiis non solum divina, sed sapientissimae deae sententia liberatum'. 19 illae quoque fabellae, quae, etiam si orginem non ab Aesopo acceperunt (nam videtur earum primus auctor Hesiodus), nomine tamen Aesopi maxime celebrantur ducere animos solent praecipue rusticorum et imperitorum qui et simplicius quae ficta sunt audiunt, et capti voluptate facile iis, quibus delectantur, consentiunt: si quidem et Menenius Agrippa plebem cum patribus in gratiam traditur reduxisse nota illa de membris humanis adversus ventrem discordantibus fabula. 20 et Horatius ne in poemate quidem humilem generis huius usum putavit in illis versibus: 'quod dixit vulpes aegroto cauta leoni'. αἶνον Graeci vocant et αἰσωπείους, ut dixi, λόγους et λιβυκούς, nostrorum quidam, non sane recepto in usum nomine, apologationem. 21 cui confine est παροιμίας genus illud, quod est velut fabella brevior et per allegorian accipitur: 'non nostrum', inquit, 'onus: bos clitellas'.

Senat unter meinem Konsulat für frevlerisch gelten, wenn es ein Frevel wäre, Verbrecher zu töten.' Das wird man so sagen, je nachdem wie bekannt es ist oder wie das Interesse des Falles oder der Anstand es erfordert.

17 Das gleiche Verfahren gilt auch bei den Beispielen, die aus den Erzählungen der Dichter entnommen werden, nur haben diese weniger Beweiskraft. Welcher Gebrauch hiervon zu machen sei, zeigt uns wieder der beste Gewährsmann und Lehrer der Beredsamkeit. 18 Denn auch für diese Art wird man in derselben Rede[74] ein Beispiel finden: 'Nicht ohne Grund, meine Herren Richter, haben deshalb auch in erfundenen Erzählungen es die gebildetsten Menschen der Nachwelt überliefert, daß ein Mensch, der, um den Vater zu rächen, seine Mutter getötet hat, während die Urteile der Menschen auseinandergingen, nicht nur durch Göttliches, sondern durch der weisesten Göttin Urteilsspruch freigesprochen wurde.'[75] 19 Auch die Geschichtchen, die, wenn sie auch nicht ihren Ursprung bei Aesop haben – denn offenbar ist Hesiod der erste Gewährsmann für sie –, doch durch den Namen des Aesop vor allem berühmt sind, pflegen auf die Herzen vor allem von Bauern und Ungebildeten zu wirken, die solche Erfindungen in harmloserer Art anhören und voll Vergnügen leicht auch mit denen, denen sie den Genuß verdanken, einverstanden sind: wie ja auch nach unserer Überlieferung Menenius Agrippa die Plebeier mit den Patriziern dadurch wieder ausgesöhnt hat, daß er ihnen die bekannte Geschichte von den menschlichen Gliedmaßen erzählte, die sich gegen den Bauch empörten. 20 Auch Horaz[76] hielt selbst in einem Gedicht die Anwendung dieser Erzählform nicht für zu gewöhnlich in den bekannten Versen: 'Also sprach Frau Fuchs zum kranken Löwen behutsam.' Αἶνος (Warnrede) nennen das die Griechen und, wie schon gesagt, äsopische Geschichte und auch libysche, manche unserer Schriftsteller mit einem Namen, der freilich sich zum Gebrauch nicht eingebürgert hat, 'apologatio'. 21 Verwandt hiermit ist die Gattung der παροιμία (des Sprichwortes), die eine Art kürzerer Fabel und allegorisch zu verstehen ist: 'Das ist nicht unsere Last, sprach der Mann: Packsättel für das Rind'[77].

[74] p. Mil. 3, 8.

[75] Der Muttermörder Orest war in dem Prozeß vor dem Areopag in Athen, den Aischylos in seinen ›Eumeniden‹ vorführt, durch die Stimme der Athene bei Stimmengleichheit der attischen Schöffen freigesprochen worden.

[76] epist. 1, 1, 73.

[77] Comic. inc. fr. 49 p. 144 Ribb. vgl. Cic. ad. Att. 5, 15, 3.

22 Proximas exempli[l] vires habet similitudo, praecipueque illa, quae ducitur citra ullam tralationum mixturam ex rebus paene paribus: 'ut qui accipere in campo consuerunt, iis candidatis, quorum nummos suppressos esse putant, inimicissimi solent esse: sic eius modi iudices infesti tum reo venerant.' 23 nam παραβολή, quam Cicero conlationem vocat, longius res quae comparentur[m] repetere solet. nec nominum modo inter se opera similia spectantur, ut Cicero pro Murena facit: 'quod si e portu solventibus, qui iam in portum ex alto invehuntur, praecipere summo studio solent et tempestatum rationem et praedonum et locorum, quod natura adfert[n], ut iis faveamus, qui eadem pericula, quibus nos perfuncti sumus, ingrediantur: quo tandem me animo esse oportet, prope iam ex magna iactatione terram videntem, in hunc, cui video maximas tempestates esse subeundas?' sed et a mutis atque etiam inanimis interim ⟨simile⟩[o] huius modi ducitur. 24 et quoniam similium alia facies in alia ratione, admonendum est, rarius esse in oratione illud genus, quod εἰκόνα Graeci vocant, quo exprimitur rerum aut personarum imago, ut Cassius: 'quis istam faciem lanipedis[p] senis torquens?' quam id,

l) exemplo *Regius*
m) comparentur *Regius:* parentur
n) fert *Regius*
o) *add. Halm*
p) planipedis *Regius:* lanipedi **AbP** lanipendi **B**

22 An Kraft steht dem Beispiel am nächsten die Vergleichung und besonders die Art, die ohne irgendeine Vermischung mit bildhaften Übertragungen aus fast gleichliegenden Sachverhalten gewonnen wird, z. B.[78]: 'Wie Leute, die gewöhnlich auf dem Wahlplatz sich Geld geben lassen, solchen Kandidaten, die, wie sie glauben, ihnen ihr Geld vorenthalten haben, äußerst feind zu sein pflegen: so waren damals Richter dieser Art gegen den Angeklagten feindselig eingestellt zur Sitzung gekommen.' 23 Die παραβολή nämlich, die Cicero[79] 'collatio' (Vergleichung) nennt, holt gewöhnlich die Dinge, die verglichen werden sollen, von weiter her. Auch werden nicht nur untereinander ähnliche Leistungen von Menschen in Betracht gezogen, wie es Cicero für Murena[80] tut: 'Wenn aber Seeleute, die von hoher See wieder in den Hafen einlaufen, anderen, die gerade auslaufen, gern höchst beflissen Ratschläge geben über die Wetterlage, Seeräuber und besondere Stellen auf der Fahrt, weil es die Natur so fügt, daß wir Teilnahme fühlen für Menschen, die die gleichen Gefahren noch vor sich haben, die wir durchgemacht haben: wie muß ich dann empfinden, ich, der nach schwerem Wellengang schon Land sieht, einem Mann gegenüber, der, wie ich sehe, die schwersten Stürme noch zu bestehen hat?', sondern auch von nicht mit Sprache begabten, und sogar von leblosen Wesen kann zuweilen eine derartige Ähnlichkeit genommen werden. 24 Und da ja Ähnlichkeiten bald die, bald jene Erscheinung und Ursache haben, ist die Mahnung angebracht, daß in der Rede die Art seltener ist, die die Griechen εἰκών (Bild) nennen, womit man das Bild von Sachen oder Personen ausdrückt, z. B. Cassius[81]: 'Was ziehst du ein Gesicht wie 'Opas Gichtverband'?'[82] als die, wodurch das

[78] p. Cluent. 27, 75.
[79] de inv. 1, 30.
[80] p. Mur. 2, 4.
[81] Comic. Rom. tog. fr. 4 p. 266 Ribb.
[82] Der Übersetzer muß um Nachsicht bitten. Der Vers dieses Cassius (von Parma?) kann uns, da wir den Zusammenhang nicht kennen, nur das gewiß sagen, daß ein Alter sein Gesicht verzieht und daß die Grimasse mit seinen Füßen zusammenhängt, die, wie die nicht eindeutige Überlieferung am ehesten zu sagen scheint, 'wollig' sind. Für diese Deutung habe ich mich wie Butler entschieden, und so wird die Grimasse schmerzverzerrt, während Radermacher die Verbesserung des Regius 'platt- oder barfüßig' in den Text nimmt. Aber der Gesichtsausdruck eines so hüpfenden Alten scheint mir nicht so komplex, wie es das 'du siehst aus, als hättest du . . .' im Zusammenhang des Quint. verlangt.

quo probabilius fit quod intendimus: ut, si animum dicas excolendum, similitudine utaris terrae, quae neglecta sentes ac dumos, culta fructus creat: aut, si ad curam rei publicae horteris, ostendas, apes etiam formicasque, non modo muta, sed etiam parva animalia, in commune tamen laborare. 25 ex hoc genere dictum illud est Ciceronis: 'ut corpora nostra sine mente, ita civitas sine lege suis partibus, ut nervis ac sanguine et membris, uti non potest'. sed ut hac corporis humani Cluentio, ita pro Cornelio equorum, pro Archia saxorum quoque usus est similitudine. 26 illa, ut dixi, propiora: 'ut remiges sine gubernatore, sic milites sine imperatore nihil valere'. solent tamen fallere similitudinum species, ideoque adhibendum est eis iudicium. neque enim ut navis utilior nova quam vetus, sic amicitia, vel, ut laudanda quae pecuniam suam pluribus largitur, ita quae formam. verba sunt in his similia vetustatis et largitionis, vis quidem longe diversa pecuniae et pudicitiae[q], 27 itaque in hoc genere maxime quaeritur, an simile sit quod infertur. etiam in illis interrogationibus Socraticis[r], quarum paulo ante feci mentionem, cavendum ne incaute respondeas, ut apud Aeschinem Socraticum male respondit Aspasiae Xenophontis uxor, quod Cicero his verbis transfert: 28 'dic mihi, quaeso, Xenophontis uxor, si vicina tua melius habeat aurum quam tu habes, utrumne illud an tuum malis? illud, inquit. quid, si vestem et ceterum ornatum muliebrem pretii maioris habeat, quam tu, tuumne an illius malis? respondit: illius vero. age sis, inquit, si virum illa meliorem habeat, quam tu habes,

q) *post* 'diversa' *Spalding, post* 'pudicitiae' *Radermacher* ⟨navis et amicitiae⟩
r) Socraticis *Stoer:* Socratis

einleuchtender wird, worauf es uns ankommt, z. B. kann man, wenn man sagen will, der Geist sei zu pflegen, die Ähnlichkeit mit der Erde verwenden, die ohne Pflege Disteln und Dornen, bebaut aber Früchte hervorbringt. Oder wenn man zur Sorge für den Staat mahnen will, kann man zeigen, daß auch Bienen und Ameisen, nicht nur nicht mit Sprache begabte, sondern dazu noch winzige Lebewesen, sich dennoch für die Allgemeinheit abmühen. 25 Zu dieser Art gehört der Satz Ciceros[83]: 'Wie unsere Leiber ohne Geist, so kann ein Staat ohne Gesetze seine Organe, gleichsam seine Sehnen, Blut und Glieder nicht verwenden.' Doch wie in der Cluentiusrede hier die Ähnlichkeit mit dem menschlichen Körper, so hat er in der für Cornelius[84] von Pferden, für Archias[85] auch von Felsen Gebrauch gemacht. 26 Näher liegen, wie gesagt, Beispiele dieser Art: 'Wie Ruderer ohne Steuermann, so haben Soldaten ohne Feldherrn keinen Wert.' Gern trügt jedoch auch der Anschein einer Ähnlichkeit, und deshalb heißt es, hierbei kritisch zu verfahren. Denn wie ein neues Schiff nützlicher ist als ein altes, so ist es doch mit der Freundschaft nicht ebenso, oder wie eine Frau, die von ihrem Vermögen anderen etwas spendet, Lob verdient, so keineswegs eine, die es mit ihren körperlichen Reizen so hält. Die Worte 'Alter' und 'Spenden' sind hierbei ähnlich, ihr Sinn freilich bei Geld und Keuschheit weit verschieden; 27 deshalb ergibt sich bei dieser Art vor allem die Frage, ob das, was angeführt wird, auch ähnlich sei. Auch in den sokratischen Befragungen, die ich kurz vorher erwähnt habe[86], gilt es auf der Hut zu sein, um nicht unvorsichtig zu antworten; z. B. hat bei dem Sokratiker Aeschines der Aspasia die Frau des Xenophon eine schlechte Antwort gegeben, was Cicero[87] folgendermaßen übersetzt: 28 'Sag mir doch bitte, Frau Xenophon, wenn deine Nachbarin besseres Gold besitzt als du, hättest du lieber das ihre oder das eigene? Das ihre, sagte sie. Nun, wenn sie wertvollere Kleider und sonstigen Schmuck hätte als du, hättest du dann lieber das ihre als dein eigenes? Das ihre natürlich, antwortete sie. Nun aber, sagte sie, wenn sie einen besseren Mann hätte als du, hättest du dann lieber deinen eigenen oder den ihren?' Hier wurde die Frau

[83] p. Cluent. 53, 146.
[84] fr. A 8 inc. 2.
[85] p. Arch. 8, 19.
[86] s. o. § 3f.
[87] de inv. 1, 31, 51.

utrumne tuum virum malis an illius?' 29 hic mulier erubuit, merito: male enim responderat, se malle alienum aurum quam suum; nam est id inprobum. at, si respondisset, malle se aurum suum tale esse, quale illud esset, potuisset pudice respondere, malle se virum suum talem esse, qualis melior esset.

30 Scio quosdam inani diligentia per minutissimas ista partis secuisse, et esse aliquid minus simile, ut simia homini et[s] marmora deformata prima manu, aliquid plus, ut illud 'non ovum tam simile ovo', et dissimilibus inesse simile, ut formicae et elephanto genus, quia sunt animalia, et similibus dissimile, ut 'canibus catulos et matribus haedos', differunt enim aetate: 31 contrariorum quoque aliter accipi opposita, ut noctem luci, aliter noxia, ut frigidam febri, aliter repugnantia, ut verum falso, aliter disparata, ut dura non duris: sed quid haec ad praesens propositum magnopere pertineant, non reperio.

32 Illud est adnotandum magis, argumenta duci ex iure simili, ut Cicero in Topicis: 'eum, cui domus usus fructus relictus sit, non restituturum heredi, si corruerit, quia non restituat servum, si is decesserit': ex contrario: 'nihil obstat, quo minus iustum matrimonium sit mente coeuntium, etiam si tabulae signatae non fuerint; nihil enim proderit signasse tabulas, si mentem matrimonii non fuisse constabit': 33 ex dissimili, quale est Ciceronis pro Caecina: 'ut si qui me exire domo coegisset armis, haberem actionem, si qui introire prohibuisset, non haberem?' dissimilia sic deprehenduntur:

s) et *Regius:* et ut

rot, und mit Recht; 29 denn schlecht hatte sie geantwortet, sie wollte lieber das fremde Gold als ihr eigenes; denn das ist doch schlecht. Hätte sie dagegen zur Antwort gegeben, sie hätte gern, ihr Gold wäre so wie das der anderen, so hätte sie auch mit allem Anstand antworten können, sie hätte gern, ihr eigener Mann wäre so wie der bessere.

30 Ich weiß, daß manche Gelehrte in unnützer Sorgfalt diese Dinge bis in die winzigsten Teile zerlegt haben: es gebe geringere Ähnlichkeit, z. B. die eines Affen mit einem Menschen und eines im ersten Arbeitsgang bearbeiteten Marmorblockes; auch größere, z. B. der bekannte Satz: 'Kein Ei ist einem andern so ähnlich'; auch Unähnliches trage Ähnlichkeit in sich, so die Ameise mit dem Elefanten die Gattungszugehörigkeit, weil sie Lebewesen sind; ebenso Ähnliches auch Unähnlichkeit, z. B.[88] 'wie den Hunden die Hündchen und ihren Müttern die Böcklein'; denn es besteht der Altersunterschied; 31 auch bei Entgegengesetztem sei die Bedeutung der beiden entgegengesetzten Wörter verschieden, wie z. B. die Nacht zu dem Licht, anders wieder, was sich schädlich auswirke, wie kaltes Wasser bei Fieber, wieder anders, was sich widerspreche, wie die Wahrheit der Lüge, wieder anders, was zerlegt sei, wie Hartes und Nichthartes. Jedoch was das mit unserem augenblicklichen Vorhaben viel zu tun haben soll, vermag ich nicht zu entdecken.

32 Mehr der Anmerkung wert scheint mir, daß auch ein ähnliches Recht Beweise liefern kann, wie Cicero[89] in den ›Topica‹, wenn es da heißt, 'derjenige, dem ein Haus zum Nießbrauch hinterlassen sei, werde es nicht für den Erben wiederherstellen, wenn es einstürzen sollte, weil er auch einen Sklaven nicht ersetzen werde, wenn er gestorben sei'. Ferner das Gegenteil: 'Es besteht kein Hindernis, daß eine gültige Ehe auch dann besteht nach dem Willen der Beiwohnenden, wenn kein Vertrag unterzeichnet ist; denn es wird nichts nützen, einen Vertrag unterzeichnet zu haben, wenn es nicht feststeht, daß die Absicht auf Eheschließung bestanden hat.' 33 Auch das Unähnliche, etwa aus Ciceros Rede für Caecina[90]: 'Als ob ich, wenn mich jemand mit Waffengewalt zwänge, mein Haus zu verlassen, klagen könnte, wenn er mich aber am Betreten hindere, nicht.' Unähnlichkeiten weist man so nach: 'Keines-

[88] ecl. 1, 23.
[89] top. 3, 15.
[90] p. Caecin. 12, 34.

'non, si, qui argentum omne legavit, videri potest signatam quoque pecuniam reliquisse, ideo etiam, quod est in nominibus, dari voluisse creditur'.

34 Analogian quidam a simili separaverunt, nos eam subiectam huic generi putamus. nam, ut unum ad decem, et[t] ad decem centum simile certe est; et, ut hostis, sic malus civis. quamquam haec ulterius quoque procedere solent: 'si turpis dominae consuetudo cum servo, turpis domino cum ancilla: si mutis animalibus finis voluptas, idem homini'. 35 cui rei facillime occurrit ex dissimilibus argumentatio: 'non idem est dominum cum ancilla coisse, quod dominam cum servo, nec, si mutis finis voluptas, rationalibus quoque': immo ex contrario: 'quia mutis, ideo non rationalibus'.

36 Adhibebitur extrinsecus in causam et auctoritas. haec secuti Graecos, a quibus κρίσεις dicuntur, iudicia aut iudicationes vocant, ⟨non⟩[u] de quibus ex causa dicta sententia est (nam ea quidem in exemplorum locum cedunt), sed si quid ita visum gentibus, populis, sapientibus viris, claris civibus, inlustribus poetis referri potest. 37 ne haec quidem vulgo dicta et recepta persuasione populari sine usu fuerint. testimonia sunt enim quodam modo vel potentiora etiam, quod non causis adcommodata sunt[v], sed liberis odio et gratia mentibus ideo tantum dicta factaque, quia aut honestissima aut verissima videbantur. 38 an vero me de incommodis vitae disserentem non adiuvabit earum persuasio nationum, quae fletibus natos, laetitia defunctos prosequuntur? aut si misericordiam com-

t) ita *Spalding* sic *Regius:* est *malim* ita et
u) *add. Regius*
v) accommodata sunt *Spalding:* accommodatis **A** accommodata **BP**

wegs kann, mag auch bei jemandem, der das gesamte Silber als Legat vermacht hat, der Anschein entstehen, er habe damit zugleich das gemünzte Silber hinterlassen, deswegen die Auffassung bestehen, daß der Erblasser sogar die Außenstände dem Legatempfänger habe zukommen lassen wollen.'[91]

34 Die Analogie haben manche von dem Ähnlichen getrennt, wir sind der Meinung, daß sie zur Ähnlichkeit zu stellen sei. Denn wie die Eins zur Zehn steht auch hundert zu zehn gewiß in einem Ähnlichkeitsverhältnis; und ebenso wie der Feind, so auch der schlechte Bürger. Ja, man geht gern sogar noch über dies hinaus: 'Wenn für die Herrin der Umgang mit einem Sklaven schimpflich ist, dann ist er es auch für den Herrn mit der Magd.' 'Wenn für die Lebewesen, die der Sprache nicht teilhaftig sind, das Ziel Lust ist, ebenso dann auch für den Menschen.' 35 Dem begegnet am leichtesten die Beweisführung aus dem Unähnlichen: 'Keineswegs das gleiche ist, daß der Herr mit der Magd verkehrt hat, wie, daß es die Herrin mit dem Sklaven getan; und keineswegs ist, wenn für die stummen Wesen das Ziel die Lust ist, dies auch bei den sprach- und vernunftbegabten so.' Ja, sogar vom Gegenteil aus läßt sich der Beweis führen: 'Weil für die stummen, deshalb nicht für die sprach- und vernunftbegabten!'

36 Von außen her in den Fall hineingebracht wird auch die Autorität, die eine Angabe besitzt. Diese nennt man, nach dem Vorgang der Griechen, die sie κρίσις nennen, 'Urteile' oder 'Beurteilungen', nicht die, über die in einem Rechtsfall die Meinungsbildung erfolgt ist – denn die nehmen ja die Stelle von Beispielen ein –, sondern wenn man, was andere Stämme, Völker, weise Männer, berühmte Mitbürger, bedeutende Dichter über etwas gedacht haben, berichten kann. 37 Selbst das, was man im Volke sagt und in der Überzeugung eines Volkes seinen Platz gewonnen hat, dürfte nicht ohne Nutzen sein. Stellt es doch in gewisser Weise Zeugnisse, sogar besonders eindrucksvolle, dar, weil es nicht für die Rechtsfälle zurechtgemacht ist, sondern in von Haß und Gunst freier Denkweise nur deshalb gesprochen und vollbracht wurde, weil es als das Ehrenhafteste oder Wahrste erschien. 38 Kann mir denn, wenn ich über die Nöte des Lebens spreche, nicht die Überzeugung der Völker zustatten kommen, die mit Weinen ihre Neugeborenen, mit Fröhlichkeit ihre Hingeschiedenen geleiten?[92] Oder wenn ich dem Richter Mitleiden empfehlen will,

[91] top. 3, 13 und 16.

[92] Hdt. 5, 4.

mendabo iudici, nihil proderit, quod prudentissima civitas Atheniensium non eam pro adfectu, sed pro numine accepit? 39 iam illa septem praecepta sapientium nonne quasdam vitae leges existimamus? si causam veneficii dicat adultera, non M. Catonis iudicio damnanda videatur, qui nullam adulteram non eandem esse veneficam dixit? nam sententiis quidem poetarum non orationes modo sunt refertae, sed libri etiam philosophorum, qui quamquam inferiora omnia praeceptis suis ac litteris credunt, repetere tamen auctoritatem a plurimis versibus non fastidierunt. 40 neque est ignobile exemplum, Megarios[w] ab Atheniensibus, cum de Salamine contenderent, victos Homeri versu, qui tamen ipse non in omni editione reperitur, significans, Aiacem naves suas Atheniensibus iunxisse. 41 ea quoque, quae vulgo recepta sunt, hoc ipso, quod incertum auctorem habent, velut omnium fiunt, quale est: 'ubi amici? ubi opes', et 'conscientia mille testes', et apud Ciceronem: 'pares autem, ut est in vetere proverbio, cum paribus maxime congregantur'; neque enim durassent haec in aeternum, nisi vera omnibus viderentur. 42 ponitur a quibusdam et quidem in parte prima deorum auctoritas, quae est ex responsis, ut 'Socraten esse sapientissimum'. id rarum est, non sine usu tamen. utitur eo Cicero in libro de haruspicum responsis et in contione contra Catilinam, cum signum Iovis columnae impositum populo ostendit, et pro Ligario, cum causam C. Caesaris meliorem, quia hoc di iudicaverint, confitetur. quae cum propria causae sunt, divina testimonia vocantur, cum aliunde arcessuntur, argumenta. 43 nonnumquam contingit iudicis quoque aut adversarii aut eius, qui ex diverso agit, dictum aliquod aut factum adsumere ad eorum, quae intendimus, fidem. propter quod fuerunt qui exempla et has

w) Megarius **ABP**^{1}

kann es da nicht nützlich sein, daß das weiseste Volk von Athen das Mitleiden nicht für eine Gefühlsregung, sondern für ein göttliches Wesen hielt? 39 Halten wir nicht ferner die Lehren der sieben Weisen für eine Art von Gesetzen für unsere Lebensführung? Wenn eine Ehebrecherin sich wegen Giftmordes verantwortet, könnte sie dann nicht nach dem Urteil des M. Cato verdammenswert erscheinen, der gesagt hat[93], keine Ehebrecherin sei nicht zugleich auch eine Giftmischerin? Denn mit Sentenzen der Dichter sind ja nicht nur die Reden erfüllt, sondern sogar die Schriften der Philosophen, die, auch wenn sie alles für geringer halten als ihre eigenen Lehren und Werke, es doch nicht verschmäht haben, die Autorität von zahlreichen Versen in Anspruch zu nehmen. 40 Auch ist das Beispiel wohlbekannt, daß die Megarer von den Athenern, als sie um Salamis stritten, durch einen Vers des Homer[94] besiegt wurden, der sich indessen nicht in jeder Ausgabe befindet, des Inhaltes, Aiax habe seine Schiffe mit denen der Athener vereinigt. 41 Auch solche Sätze, die allgemein Aufnahme gefunden haben, gehören eben dadurch, daß ihr Urheber ungewiß ist, gleichsam allen, z. B.: 'Wo Freunde, da Schätze' und 'Das Gewissen steht für tausend Zeugen'. Ferner bei Cicero[95]: 'Gleich aber, wie es im alten Sprichwort heißt, gesellt sich gern zu gleich.' Denn solche Sätze hätten nicht ihre Dauer für die Ewigkeit, wenn sie nicht allen wahr erschienen. 42 Von manchen wird auch – und zwar an erster Stelle – die Autorität der Götter aufgeführt, die in Orakelantworten liegt, wie: 'Sokrates sei der Weiseste'. Das findet sich selten, ist indessen nicht ohne Nutzen. Cicero macht davon Gebrauch in dem Buch der Auskünfte über die Eingeweideschauer und in der Volksrede gegen Catilina[96], als er dem Volk das Standbild des Jupiter auf einer Säule zeigt, sowie für Ligarius[97], als er eingesteht, die Sache des C. Caesar sei die bessere, weil die Götter so entschieden hätten. Wenn diese Orakel zu dem eigentlichen Rechtsfall gehören, heißen sie göttliche Zeugnisse, wenn sie von anderswo herbeigeholt werden, Beweise. 43 Manchmal glückt es auch, irgendeinen Ausspruch oder eine Tat des Richters oder des Gegners oder des Mannes, der die Gegenseite vertritt, zur Beglaubigung dessen, worum es uns geht, anzubringen. Deswegen hat es auch Gelehrte

[93] orat. fr. inc. 6 Jord.
[94] Il. 2, 558.
[95] Cato m. 3, 7.
[96] in Catil. 3, 6, 21.
[97] p. Lig. 6, 19.

auctoritates inartificialium probationum esse arbitrarentur, quod ea non inveniret orator, sed acciperet. 44 plurimum autem refert; nam testis et quaestio et his similia de ipsa re, quae in iudicio est, pronuntiant: extra petita, nisi ad aliquam praesentis disceptationis utilitatem ingenio adplicantur, nihil per se valent.

XII.

1 Haec fere de probatione vel ab aliis tradita vel usu percepta in hoc tempus sciebam. neque mihi fiducia est, ut ea sola esse contendam, quin immo hortor ad quaerendum et inveniri posse fateor: quae tamen adiecta fuerint, non multum ab his abhorrebunt. nunc breviter, quem ad modum sit utendum iis, subiungam.

2 Traditum fere est argumentum oportere esse confessum; dubiis enim probari dubia qui possunt? quaedam tamen, quae in alterius rei probationem ducimus, ipsa probanda sunt. ‘occidisti virum; eras enim adultera’. prius de adulterio convincendum est, ut, cum id coeperit esse pro certo, fiat incerti argumentum. ‘spiculum tuum in corpore occisi inventum est’. negat suum: ut probationi prosit, probandum est. 3 illud hoc loco monere inter necessaria est, nulla esse firmiora, quam quae ex dubiis facta sunt certa. ‘caedes a te commissa est: cruentam vestem habuisti’ non est tam grave argumentum, si fatetur, quam si convincitur. nam si fatetur, multis ex causis potuit cruenta esse vestis: si negat, hic causae cardinem ponit, in quo si victus fuerit, etiam in sequentibus ruit. non

gegeben, die der Meinung waren, die Beispiele und solche Autoritäten gehörten zu den außerhalb der Kunstmittel liegenden Beweisverfahren, weil sie der Redner nicht selbst finde, sondern empfange. 44 Da liegt aber ein sehr großer Unterschied; denn ein Zeuge, Verhör und ähnliches sagen über die Sache selbst aus, die zur Beurteilung steht. Von außen Genommenes aber hat, wenn das Talent des Redners es nicht zu einem gewissen Nutzen für die gerade stattfindende Untersuchung zurechtmacht, an sich keine Bedeutung.

ZWÖLFTES KAPITEL

Die Anwendung der Beweise

1 Dies etwa ist es, was ich über das Beweisverfahren teils aus anderen Lehrschriften, teils durch eigene Erfahrung mir bis heute zu eigen machen konnte. Doch habe ich nicht so viel Selbstvertrauen, zu behaupten, dies sei alles, mahne vielmehr, zu forschen, und gebe auch zu, daß noch Entdeckungen zu machen sind. Doch wird, was man noch hinzufügen wird, nicht weit von dem Vorgetragenen abweichen. Nun will ich in Kürze die Frage anschließen, wie die Beweise anzuwenden sind.

2 Fast allgemein findet sich die Lehre, ein Beweisstück müsse anerkannt sein; denn wie kann durch Zweifelhaftes Zweifelhaftes bewiesen werden? Indessen muß man manches, was wir zum Erweis für etwas anderes einsetzen, erst selbst bewiesen werden. 'Du hast deinen Mann erschlagen; denn du warst eine Ehebrecherin.' Erst muß der Beweis für den Ehebruch gelungen sein, damit, wenn dieser erst als gewiß gilt, er für das Ungewisse zum Beweis werden kann. 'Deine Pfeilspitze ist im Körper des Ermordeten gefunden worden.' Er bestreitet, daß sie ihm gehöre. Das muß erwiesen werden, damit es der Beweisführung dienlich sein kann. 3 Zu dem Wichtigen, woran ich an dieser Stelle erinnern muß, gehört die Regel: nichts steht fester, als was aus Zweifelhaftem zur Gewißheit geworden ist. 'Der Mord ist von dir begangen worden: du hast mit Blut besudelte Kleidung getragen', ist kein so belastender Beweis, wenn der Angeklagte es zugibt, als wenn er dessen überführt wird. Denn wenn er es zugibt, so konnte die Kleidung immer noch aus vielen Gründen blutbesudelt gewesen sein. Wenn er es aber leugnet, so liefert er damit den Angelpunkt für den Fall, so daß er, wenn er hierin unterliegt, auch im folgenden zum Zusammenbruch kommt. Denn es

enim videtur in negando mentiturus fuisse, nisi desperasset id posse defendi, si confiteretur.

4 Firmissimis argumentorum singulis instandum, infirmiora congreganda sunt, quia illa per se fortia non oportet circumstantibus obscurare, ut qualia sunt appareant, haec inbecilla natura mutuo auxilio substinentur. 5 ita quae non possunt valere, quia magna sunt, valebunt, quia multa sunt, utique vero ad eiusdem rei probationem omnia spectant. ut, si quis hereditatis gratia hominem occidisse dicatur: 'hereditatem sperabas et magnam hereditatem, et pauper eras et tum maxime a creditoribus appellabaris, et offenderas eum, cuius heres eras, et mutaturum tabulas sciebas': singula levia sunt et communia, universa vero nocent, etiam si non ut fulmine, tamen ut grandine.

6 Quaedam argumenta ponere satis non est: adiuvanda sunt; ut 'cupiditas causa sceleris fuit': quae sit vis eius; 'ira': quantum efficiat in animis hominum talis adfectio. ita et firmiora erunt ipsa et plus habebunt decoris, si non nudos et velut carne spoliatos artus ostenderint. 7 multum etiam refert, si argumento nitemur odii, utrum hoc ex invidia sit an ex iniuria an ex ambitu, vetus an novum, adversus inferiorem parem superiorem, alienum propinquum. suos habent omnia ista tractatus et ad utilitatem partis eius, quam tuemur, referenda sunt. 8 nec tamen omnibus semper, quae invenerimus, argumentis onerandus est iudex, quia et taedium adferunt et fidem detrahunt. neque enim potest iudex credere satis esse ea potentia, quae non putamus ipsi sufficere qui diximus. in rebus vero apertis argumentari tam sit stultum quam in clarissimum solem mortale lumen inferre.

scheint doch so, daß er beim Bestreiten nicht würde gelogen haben, wenn er nicht ohne jede Hoffnung gewesen wäre, das Verbrechen ließe sich noch verteidigen, wenn er diesen Punkt zugebe.

4 Mit den stärksten Beweisen soll man einzeln vorgehen, schwächere zusammenscharen, weil man die, die für sich schon stark sind, nicht durch die Umgebung verdunkeln darf, damit sie vielmehr in ihrer ganzen Stärke in Erscheinung treten können, die ihrem Wesen nach schwachen hingegen sich gegenseitig helfen und stützen. 5 So werden die Beweise, die nicht deshalb wirken können, weil sie gewichtig sind, deshalb wirken, weil sie zahlreich sind, jedenfalls aber alle auf das gleiche Beweisziel gerichtet sein. Wenn z. B. jemand um einer Erbschaft willen einen Menschen getötet haben soll: 'Eine Erbschaft hattest du zu erwarten, und zwar eine große Erbschaft, ferner warst du arm und wurdest damals besonders von den Gläubigern gemahnt, hattest auch bei dem Anstoß erregt, dessen Erbe du warst, und wußtest auch, daß er die Urkunde ändern wollte', so sind die Beweise einzeln nicht von Gewicht und nicht für den besonderen Fall kennzeichnend, insgesamt aber wirken sie zum Schaden, wenn auch nicht wie ein Blitzschlag, so doch wie ein Hagelwetter.

6 Bei bestimmten Beweisen ist es nicht ausreichend, sie einfach anzuführen: man muß ihnen nachhelfen, z. B. 'Gier war der Grund zum Verbrechen'; zur Unterstützung also die Angabe: wie kam sie zur Geltung. 'Zorn': was kann eine solche Leidenschaft im menschlichen Herzen anrichten. So werden die Beweise selbst stärker erscheinen und auch schöner in Erscheinung treten, wenn sie nicht ihre entblößten und gleichsam des Fleisches beraubten Gliedmaßen zeigen. 7 Sehr kommt es auch darauf an, wenn wir als Motiv Haß geltend machen wollen, ob dieser aus Mißgunst stammt oder aus einer Beleidigung oder aus Ehrgeiz, alt oder jüngst entstanden ist, sich gegen einen Menschen in niedrigerer, gleicher oder höherer Stellung richtet, gegen einen Fremden oder Verwandten. All das hat seine eigene Art der Behandlung und muß auf den Vorteil der Partei gerichtet sein, die wir vertreten. 8 Indessen darf man auch nicht immer mit allen Beweisen, die wir ausfindig gemacht haben, den Richter belästigen, weil sie zum Überdruß führen und die Glaubwürdigkeit mindern; denn der Richter kann doch nicht glauben, die Beweise seien hinreichend wirksam, die wir selbst, die wir sie vorgebracht haben, nicht für ausreichend halten. In klaren Fällen jedoch Beweise zu bringen, ist doch wohl so töricht, wie in die strahlende Sonne eins unserer sterblichen Lichter zu bringen.

9 His quidam probationes adiciunt, quas παθητικάς vocant, ductas ex adfectibus. atque Aristoteles quidem potentissimum putat ex eo, qui dicit, si sit vir bonus: quod ut optimum est, ita longe quidem, sed sequitur tamen, 'videri'. 10 inde enim illa nobilis Scauri defensio: 'Q. Varius Sucronensis ait Aemilium Scaurum rem publicam populi Romani prodidisse: Aemilius Scaurus negat'. cui simile quiddam fecisse Iphicrates dicitur, qui cum Aristophontem, quo accusante similis criminis reus erat, interrogasset, an is accepta pecunia rem publicam proditurus esset, isque id negasset: 'quod igitur', inquit, 'tu non fecisses, ego feci?' 11 intuendum autem et qui sit, apud quem dicimus, et id, quod illi maxime probabile videatur, requirendum: qua de re locuti sumus in[x] prooemii et suasoriae praeceptis. 12 altera ex adfirmatione probatio est: 'ego hoc feci: tu mihi hoc dixisti', et 'o facinus indignum!' similia; quae non debent quidem deesse orationi et, si desunt, multum nocent, non tamen habenda sunt inter magna praesidia, cum hoc in eadem causa fieri ex utraque parte similiter possit. 13 illae firmiores ex sua cuique persona probationes, quae credibilem rationem subiectam habent: ut vulneratus aut filio orbatus non fuerit alium accusaturus quam nocentem, quando, si negotium innocenti facit, liberet eum noxa, qui admiserit. hinc et patres adversus liberos et adversus suos quisque necessarios auctoritatem petunt.

14 Quaesitum etiam, potentissima argumenta primone ponenda sint loco, ut occupent animos, an summo, ut inde dimittant, an partita

x) in *Regius:* et

9 Manche schließen hieran die Beweisarten, die sie παθητικαί nennen, also die aus den Gefühlswirkungen hergenommenen. Nun hält zwar Aristoteles[98] es für das Wirkungsvollste bei dem, der spricht, daß er ein untadeliger Mensch sei. Sosehr das auch das Beste ist, so folgt doch, zwar mit Abstand, aber immerhin das: 'es auch zu scheinen'. 10 Hierhin gehört ja die bekannte vornehme Verteidigung des Scaurus[99]: 'Q. Varius aus Sucro behauptet, Aemilius Scaurus habe die Interessen des römischen Volkes verraten. Aemilius Scaurus sagt hierzu nein.' Etwas Ähnliches soll auch Iphikrates gemacht haben: Nachdem er den Aristophon, der ihn eines ähnlichen Verbrechens angeklagt hatte, gefragt hatte, ob er gegen Geld den Staat verraten würde und dieser es verneint hatte, sagte er zu ihm: 'Was du also (sogar) nicht getan hättest, so etwas soll ich getan haben?'[100] 11 Es gilt aber auch im Auge zu behalten, wer es ist, vor dem wir reden, und herauszufinden, was ihm wohl am meisten glaubhaft erscheint. Hierüber haben wir in den Vorschriften für das Prooemium[101] und für die Beratungsrede[102] gesprochen. 12 Eine andere pathetische Beweisform ist die der Versicherung: 'Ich hätte das getan!; du hättest mir das gesagt!' und 'Eine unwürdige Tat!' und ähnliches. Solche Bekräftigungen dürfen zwar der Rede nicht fehlen, und ihr Fehlen stiftet großen Schaden, jedoch darf man sich keinen zu großen Schutz davon versprechen, da es ja in entsprechender Weise im gleichen Fall auf beiden Seiten so gemacht werden kann. 13 Stärker sind die Beweismittel, die sich jedem aus seiner persönlichen Lage ergeben und eine glaubhafte Begründung als Voraussetzung des persönlichen Auftretens vor Gericht bieten: z. B. würde jemand, der verwundet ist oder seinen Sohn verloren hat, nicht bereit sein, einen anderen anzuklagen, wenn er nicht daran schuld wäre, weil er ja, wenn er einem Unschuldigen diese Mühe macht, den von der Schuld befreite, der sie auf sich geladen hat. Hierin finden auch Väter gegen ihre Kinder und jeder gegen seine Angehörigen eine besondere Gewähr.

14 Man hat auch gefragt, ob die wirkungsvollsten Beweisstücke am Anfang zu bringen sind, um die Herzen zu gewinnen, oder am Ende, um sie in diesem Gefühl zu entlassen, oder geteilt, am Anfang

[98] Rhet. 1, 2, 4.
[99] Ascon. in Scaur. p. 29 Bait.
[100] Aristot. Rhet. 2, 23, 7.
[101] s. o. 4, 1, 17–22.
[102] s. o. 3, 8, 36–48.

primo summoque, ut Homerica dispositione in medio sint infirma et a vicinis crescant. quae prout ratio causae cuiusque postulabit, ordinabuntur, uno, ut ego censeo, excepto, ne a potentissimis ad levissima decrescat oratio.

15 Ego haec breviter demonstrasse contentus ita posui, ut locos ipsos et genera quam possem apertissime ostenderem. quidam exsecuti sunt verbosius, quibus placuit, proposita locorum communium materia, quo quaeque res modo dici posset ostendere, sed mihi supervacuum videbatur. 16 nam et fere apparet, quid in iniuriam, quid in avaritiam, quid in testem inimicum, quid in potentes amicos dicendum sit, et de omnibus his omnia dicere infinitum est, tam hercule quam si controversiarum, quae sunt quaeque futurae sint, quaestiones, argumenta, sententias tradere velim. 17 ipsas autem argumentorum velut sedes non me quidem omnis ostendisse confido, plurimas tamen.

Quod eo diligentius faciendum fuit, quia declamationes, quibus ad pugnam forensem velut praepilatis exerceri solebamus, olim iam ab illa vera imagine orandi recesserunt atque ad solam compositae voluptatem nervis carent, non alio medius fidius vitio dicentium, quam quo mancipiorum negotiatores formae puerorum virilitate excisa lenocinantur. 18 nam ut illi robur ac lacertos barbamque ante omnia et alia, quae natura proprie maribus dedit, parum existimant decora, quaeque fortia, si liceret, forent ut dura molliunt: ita nos habitum ipsum orationis virilem et illam vim stricte robusteque dicendi tenera quadam elocutionis cute operimus et, dum levia sunt[y] ac nitida, quantum valeant nihil interesse arbitramur. 19 sed

y) sint **P**^{2}

und Schluß, wie in der homerischen Schlachtordnung[103] die Schwachen in der Mitte stehen und von den Nachbarn Zuwachs an Kraft finden. Das wird man anordnen, je nachdem wie es die Rücksicht auf den einzelnen Fall verlangt, nur mit der einzigen Ausnahme, wie ich jedenfalls meine, daß die Rede nicht von den stärksten zu den unerheblichsten Beweisen absinken darf.

15 Ich meinesteils habe mich nun begnügt, in Kürze mit meiner Darlegung so viel zu erreichen, daß ich möglichst deutlich die Fundstellen selbst und die Arten vor Augen führte. Manche haben die Aufgabe mit mehr Worten behandelt – nach dem Plan, den Stoff, der für beide Seiten gemeinsame Möglichkeiten bietet, vorzulegen und daran zu zeigen, wie jeder Fall auszuführen ist, doch schien mir das überflüssig. 16 Denn es ist ja in der Regel klar, was man gegen eine Beleidigung, was gegen die Habgier, was gegen einen verfeindeten Zeugen, was man gegen mächtige Freunde zu sagen hat; auch ist es ja unabsehbar, über alle diese Fälle alles zu sagen, ja genauso unabsehbar, wie wenn ich von allen Kontroversen, die es gibt und geben wird, Fragen, Beweise und Gedanken lehren wollte. 17 Zwar kann ich nicht einmal die Zuversicht haben, die Stellen selbst, wo die Beweise gewissermaßen zu Hause sind, sämtlich dargestellt zu haben. Die meisten aber doch jedenfalls.

Dabei mußte ich um so sorgfältiger zu Werke gehen, weil die Deklamationen, mit denen wir uns für den Kampf auf dem Forum wie mit gepolsterten Waffen einzuüben pflegten, schon lange von dem alten echten Bild wirklicher Rede abgerückt sind und, nur noch auf die Lust der Unterhaltung eingerichtet, es an Kraft und Härte fehlen lassen, wobei man – so Gott mir helfe! – beim Reden den gleichen Fehler macht wie die Sklavenhändler, die der Schönheit der Formen der Knaben dadurch ihre Kuppeldienste leihen, daß sie ihnen die Manneskraft nehmen. 18 Denn wie diese Stärke und Muskelkraft und vor allem den Bart und die anderen Kennzeichen, womit die Natur das männliche Geschlecht im besonderen ausgestattet hat, für nicht schön genug halten und alles zart machen, was, wenn es sich entfalten dürfte, kraftvoll werden würde, als wäre es sonst hart und rauh: so überdecken wir heute die eigentliche männliche Haltung der Rede und ihre Gabe, knapp und kräftig zu reden, in unserer Ausdrucksweise mit einer Art zarter Haut und meinen, wenn es nur glatt und glänzend sei, käme es nicht darauf an, was dahintersteckt. 19 Mir jedoch, der ich immer den Blick auf die

[103] Il. 4, 299.

mihi naturam intuenti nemo non vir spadone formonsior erit, nec tam aversa umquam videbitur ab opere suo providentia, ut debilitas inter optima inventa sit, nec id ferro speciosum fieri putabo, quod, si nasceretur, monstrum erat. libidinem iuvet ipsum effeminati sexus mendacium, numquam tamen hoc continget malis moribus regnum, ut, si qua pretiosa fecit, fecerit et bona. 20 quapropter eloquentiam, licet hanc (ut sentio enim, dicam) libidinosam resupinam[z] voluptate auditoria probent, nullam esse existimabo, quae ne minimum quidem in se indicium masculi et incorrupti, ne dicam gravis et sancti viri ostentet. 21 an vero statuarum artifices pictoresque clarissimi, cum corpora quam speciosissima fingendo pingendove efficere cuperent, numquam in hunc ceciderunt errorem, ut Bagoam aut Megabuzum[a] aliquem in exemplum operis sumerent sibi, sed doryphoron illum aptum vel militiae vel palaestrae, aliorum quoque iuvenum bellicorum et athletarum corpora decora vere existimaverunt: nos, qui oratorem studemus effingere, non arma, sed tympana eloquentiae demus? 22 igitur et ille, quem instituimus, adulescens, quam maxime potest, componat se ad imitationem veritatis, initurusque frequenter forensium certaminum pugnam iam in schola victoriam spectet et ferire vitalia ac tueri sciat, et praeceptor id maxime exigat, inventum praecipue probet. nam ut ad peiora iuvenes laude ducuntur, ita laudati in bonis manent[b]. 23 nunc illud mali est, quod

z) resupina *Badius*

a) Megabuzum *Radermacher* Megabyzum *Ald.:* Megabuxum

b) laudati . . . manent *Kiderlin* laudari . . . malent *Halm:* laudari . . . mallent (gaudent **G**)

Natur richte, wird stets jeder Mann schöner erscheinen als ein Verschnittener, nie wird mir die Vorsehung so abhold ihrem eigenen Werk erscheinen, daß ihr Verkümmerung als eine der segensreichen Entdeckungen erscheint, und nie werde ich glauben, daß durch das Messer das verschönt erscheinen könnte, was, käme es so zur Welt, ein schreckliches Monstrum wäre. Der geilen Lust kann solch vorgetäuschter Reiz der Weiblichkeit sogar zustatten kommen, niemals jedoch wird es dieser Tyrannei der Unsittlichkeit gelingen, etwas, was sie auf dem Markt begehrt gemacht hat, auch zu etwas Gutem zu machen. 20 Deshalb werde ich eine Redekunst, mögen sie auch heute die Zuhörer, wenn sie sich ihnen – um es so zu bezeichnen, wie ich es empfinde – in ihrer geilen Lust zum Genuß hingibt, mit Beifall aufnehmen, niemals als solche anerkennen, sie, die auch nicht das mindeste Zeichen unverdorbener Männlichkeit, geschweige denn hoher ernster Manneswürde an sich trägt. 21 Sind doch die berühmtesten Bildhauer und Maler, wenn sie durch Bilden oder Malen möglichst schöne Körper darzustellen wünschen, niemals auf den Irrweg geraten, einen Bagoas oder Megabyzus[104] sich als Vorbild für ihre Arbeit zu nehmen, sondern den bekannten Speerträger[105], der für den Krieg taugt und auch für die Ringschule, und auch die Körper anderer junger Krieger und Athleten haben sie für wirklich schön gehalten: wir dagegen, die wir uns bemühen, einen Redner zu bilden, sollten der Redekunst nicht Waffen in die Hand geben, sondern die Tamburine (der verschnittenen Kybelediener)? 22 Also soll auch der junge Mensch, den wir unterweisen, sich, sosehr er nur vermag, darauf einrichten, die Wirklichkeit darzustellen, und, da er den Kampf im Ringen auf dem Forum noch oft antreten wird, schon in der Schule auf den Sieg sein Augenmerk richten, wissen, die Stellen, die lebenswichtig sind, zu treffen und zu schützen, und wie der Lehrer dies vor allem verlange, soll er es auch besonders anerkennen, wenn es gelungen ist, die richtige Stelle zu finden. Denn wie sich die jungen Leute durch Beifall zum Schlechteren verführen lassen, so bleiben sie auch beim Guten, wenn man es anerkennt. 23 Heutzutage ist das Unglück, daß man, was not tut,

[104] Eunuchen.

[105] des Polyklet. Die attische bildende Kunst, die ja in Rom keine Verwandlung ins Römische erfahren hat, wirkt unmittelbar als Norm. Unsere Stelle zeigt besonders schön die Prägekraft des attischen Menschenbildes, die auch dem literarischen Attizismus zugrunde liegt, den Quint. in seiner verlorenen Schrift über die Gründe des Verfalls der Redekunst vertreten hat.

necessaria plerumque silentio transeunt nec in dicendo videtur inter bona utilitas. sed haec et in alio nobis tractata sunt opere et in hoc saepe repetenda: nunc ad ordinem inceptum.

XIII.

1 Refutatio dupliciter accipi potest: nam et pars defensoris tota accusatori satis sit plerumque verum esse id, quod obiecerit, patronus est posita in refutatione, et quae dicta sunt ex diverso, debent utrimque dissolvi. et hoc est proprie, cui in causis quartus adsignatur locus, sed utriusque similis condicio est. neque vero ex aliis locis ratio argumentorum in hac parte peti potest quam in confirmatione, nec locorum aut sententiarum aut verborum et figurarum alia condicio est. 2 adfectus plerumque haec pars mitiores habet.

Non sine causa tamen difficilius semper est creditum, quod Cicero saepe testatur, defendere quam accusare. primum, quod est res illa simplicior: proponitur enim uno modo, dissolvitur varie, cum accusatori satis sit plerumque verum esse id, quod obiecerit, patronis neget, defendat, transferat, excuset, deprecetur, molliat, minuat, avertat, despiciat, derideat. quare inde recta fere atque, ut sic dixerim, clamosa est actio: hinc mille flexus et artes desiderantur. 3 tum accusator praemeditate pleraque domo adfert, patronus etiam inopinatis frequenter occurrit. accusator dat testem, patronus ex ipsa

meist mit Schweigen übergeht und das Nützliche nicht mehr unter die Vorzüge rechnet beim Reden. Doch dies haben wir schon in einem anderen Werk behandelt[106], und auch hier werden wir noch oft darauf zurückkommen müssen. Doch nun zurück zu unserer Aufgabe, wie wir sie begonnen haben.

DREIZEHNTES KAPITEL

Die Widerlegung

1 Unter Widerlegung kann man zweierlei verstehen. Denn einmal beruht die Rolle des Verteidigers ganz auf der Widerlegung, ferner müssen aber auch beide Parteien das entkräften, was von der Gegenseite behauptet worden ist. Und dies ist es im eigentlichen Sinne, was in der Gliederung der Gerichtsrede an vierter Stelle kommt. Doch ist für beide Widerlegungsaufgaben die Lage ähnlich. Auch kann man im Widerlegungsteil in derselben Weise die Fundstellen für die Beweise finden wie im Beweisteil, der das eigene Beweisziel stützt, und auch die Voraussetzungen für die Behandlung von Stellen, die beide Parteien ausnützen können, sowie von Sentenzen, Wortwahl und kunstvollen Wortverbindungen sind die gleichen. 2 Meist zeigt dieser Teil der Rede gedämpftere Gefühlswirkungen.

Nicht ohne Grund indessen hat man es immer für schwieriger angesehen – Cicero bezeugt es oft genug –, zu verteidigen als anzuklagen. Zunächst deshalb, weil das Anklagen einfacher vonstatten geht: das Beweisziel wird nur auf eine einzige Weise aufgestellt, entkräftet aber wird auf mannigfache Art; hat ja der Ankläger meistens nur zu zeigen, daß die Anschuldigung, die er erhoben hat, wahr ist, der Verteidiger aber abzuleugnen, in Schutz zu nehmen, abzuwälzen, zu entschuldigen, Fürsprache einzulegen, zu mildern, zu mindern, abzuwenden, mit Hohn und mit Spott zu überschütten. Deshalb verläuft die Verhandlung auf seiten des Klägers gewöhnlich gerade und, wenn ich so sagen darf, in voller Lautstärke; auf der anderen sind tausend Wendungen und Kniffe erforderlich. 3 Sodann bringt der Kläger den größten Teil seines Anklagestoffes schon wohldurchdacht von Hause mit, der Verteidiger jedoch stößt häufig auf Unerwartetes. Der Ankläger stellt einen Zeugen, der Verteidiger

[106] wohl dem in der vorigen Anm. genannten Werk.

⟨re⟩[c] refellit. accusator criminum[d] invidia, etsi falsa sit, materiam dicendi trahit, de parricidio, sacrilegio, maiestate: quae patrono tantum neganda sunt. ideoque accusationibus etiam mediocres in dicendo suffecerunt, bonus defensor nemo nisi qui eloquentissimus fuit. nam ut, quod sentio, semel finiam, tanto est accusare quam defendere, quanto facere quam sanare vulnera facilius.

4 Plurimum autem refert, et quid protulerit adversarius et quo modo. primum igitur intuendum est id, cui responsuri sumus, proprium sit eius iudicii an ad causam extra arcessitum. nam si est proprium, aut negandum aut defendendum aut transferendum: extra haec in iudiciis fere nihil est. 5 deprecatio quidem, quae est sine ulla specie defensionis, rara admodum et apud eos solos iudices, qui nulla certa pronuntiandi forma tenentur. quamquam illae quoque apud C. Caesarem et triumviros pro diversarum partium hominibus actiones etiam si precibus utuntur, adhibent tamen[e] patrocinia, nisi hoc non fortissime defendentis est, dicere: 'quid aliud egimus, Tubero, nisi ut, quod hic potest, nos possemus?' 6 quod si quando apud principem aliumve, cui utrum velit liceat, dicendum erit, dignum quidem morte eum, pro quo loquemur, clementi tamen servandum esse vel talem: primum omnium non erit res nobis cum adversario, sed cum iudice, deinde forma deliberativae magis materiae quam iudicialis utemur. suadebimus enim, ut laudem humanitatis potius quam voluptatem ultionis concupiscat. 7 apud iudices quidem secundum legem dicturos sententiam de confessis praecipere ridiculum est. ergo quae neque negari neque transferri possunt, utique defendenda sunt, qualiacumque

c) *Halm:* re ipsa **P**^{2}**ab** ipsa **ABP**^{1}

d) a criminum *Gesner*

e) tamen et *Halm:* tamen **APN** tament **Bn** tamen ***Bg**

widerlegt aus der Sache selbst. Der Ankläger zieht Stoff für seine Rede aus der Entrüstung, die Anschuldigungen auch dann auslösen, wenn sie falsch sind, aus Vatermord, Heiligtumsschändung, Majestätsvergehen. Der Verteidiger kann sie nur abstreiten. Und deshalb haben für die Anklage auch mittelmäßige Redner genügt, ein guter Verteidiger mußte immer ein Meister der Beredsamkeit sein. Denn, um es mit einem Wort auszudrücken, wie ich hierüber denke: in dem Maße, wie es leichter ist, Wunden zu schlagen als zu heilen, ist auch anzuklagen leichter als zu verteidigen.

4 Sehr viel aber kommt es darauf an, was der Gegner vorgebracht hat, und in welcher Weise. Zunächst ist also ins Auge zu fassen, ob das, worauf wir antworten sollen, dem Fall, über den das Urteil gefällt werden soll, eigentümlich oder ob es von außen in den Rechtsfall hineingezogen worden ist. Wenn es ihm nämlich eigentümlich ist, muß es geleugnet, verteidigt oder abgewälzt werden. Außer diesen Möglichkeiten gibt es in Prozessen gewöhnlich nichts weiter. 5 Die Abbitte freilich, die gar keine Spur einer Verteidigung enthält, findet sich ziemlich selten und nur vor solchen Einzelrichtern, die an keine feste Form der Urteilssprechung gebunden sind. Gleichwohl werden auch in den Verhandlungen vor C. Caesar und vor den Triumvirn für Anhänger der Gegenpartei, obwohl sie in der Form von Bitten bestehen, Anwälte in Anspruch genommen – es sei denn, man hielte es nicht für die Art einer sehr energischen Verteidigung, zu sagen[107]: 'Was haben wir denn sonst getan, Tubero, als daß wir das, was dieser hier (nämlich Caesar) vermag, nicht vermochten?' 6 Wenn wir aber einmal vor einen Fürsten oder einem anderen Mächtigen, der tun kann, was er will, sprechen müssen, der Mensch, für den wir sprechen, verdiene zwar den Tod, dennoch müsse ein milde Denkender auch einem mit solcher Schuld Beladenen das Leben erhalten, so wird es sich zuallererst nicht um eine Sache handeln, die wir mit einem Gegner, sondern mit dem Richter abzumachen haben, sodann werden wir eher die Form einer Beratungs- als einer Gerichtsrede verwenden. Denn wir wollen ja den Rat geben, er solle lieber nach dem Lob seiner Menschlichkeit als der Lust seiner Rache verlangen. 7 Vor Richtern freilich, die nach dem Gesetz ihren Urteilsspruch über geständige Verbrecher verkünden, noch Vorschriften der Redekunst zu geben, ist lächerlich. Was also weder geleugnet noch abgewälzt werden kann, muß man verteidigen, sei es, was es wolle, oder man muß den Fall aufgeben.

[107] p. Lig. 4, 10.

sunt, aut causa cedendum. negandi duplicem ostendimus formam, aut non esse factum aut non hoc esse, quod factum sit. quae neque defendi neque transferri possunt, utique neganda, nec solum si finitio potest esse pro nobis, sed etiam si nuda infitiatio superest. 8 testes erunt: multa in eos dicere licet; chirographum: de similitudine litterarum disserendum. utique nihil erit peius quam confessio. ultima est actionis controversia, cum defendendi negandive non est locus [id est relatio][f]. 9 atqui quaedam sunt, quae neque negari neque defendi neque transferri possunt[g]. 'adulterii rea est, quae cum anno vidua fuisset, enixa est': lis non erit. quare illud stultissime praecipitur, quod defendi non possit, silentio dissimulandum, si quidem est id, de quo iudex pronuntiaturus est. 10 at si extra causam sit adductum et tantum coniunctum, malim quidem dicere, nihil id ad quaestionem nec esse in iis morandum et minus esse quam adversarius dicat. tamen huic velut simulationi oblivionis ignoscam; debet enim bonus advocatus pro rei salute brevem neglegentiae reprensionem non pertimescere.

11 Videndum etiam, simul nobis plura adgredienda sint an amolienda singula. plura simul invadimus, si aut tam infirma sunt, ut pariter inpelli possint, aut tam molesta, ut pedem conferre cum singulis non expediat: tum enim toto corpore obnitendum et, ut sic dixerim, derecta fronte pugnandum est. 12 interim, si resolvere ex parte diversa dicta difficilius erit, nostra argumenta cum adversariorum argumentis conferemus, si modo haec ut valentiora videantur effici poterit. quae vero turba valebunt, diducenda erunt, ut, quod paulo ante dixi: 'heres eras et pauper et magna pecunia appellabaris a creditoribus et offenderas et mutaturum tabulas testamenti

f) *del. Spalding*
g) possint **A**

Für das Leugnen haben wir zwei Formen dargelegt, entweder, es sei nicht getan worden, oder es sei nicht das getan worden, was geschehen sein soll. Was weder verteidigt noch abgewälzt werden kann, muß man unbedingt leugnen, nicht nur, wenn eine Begriffsbestimmung der Tat zu unseren Gunsten erfolgen kann, sondern sogar, wenn nichts übrigbleibt als die nackte Abstreitung. 8 Zeugen werden auftreten. Gegen sie läßt sich viel sagen. Ein Handschreiben: man muß über die Ähnlichkeit von Handschriften reden. Jedenfalls ist nichts schlechter als ein Geständnis. Das Letzte ist der Streit über die Verhandlungsform, wenn sich für Verteidigung oder Leugnung kein Platz mehr findet (die sogenannte relatio). 9 Und doch gibt es Fälle, die weder geleugnet noch verteidigt noch abgewälzt werden können. 'Wegen Ehebruchs ist eine Frau angeklagt, die, als sie ein Jahr Witwe war, ein Kind geboren hat': Da wird es keinen Rechtsstreit geben. Deshalb ist die Vorschrift äußerst töricht, was man nicht verteidigen könne, müsse man mit Schweigen überdecken: wenn es freilich gerade das ist, worüber der Richter sein Urteil sprechen wird! 10 Doch wenn es von außerhalb des Rechtsfalles angeführt und nur mit ihm verbunden ist, möchte ich zwar lieber sagen, es habe für die Untersuchung keine Bedeutung, man dürfe sich dabei nicht aufhalten, und es habe weniger zu bedeuten, als der Gegner behaupte. Jedoch möchte ich der ja nur vorgeblichen Vergeßlichkeit hier Nachsicht gönnen; denn ein guter Anwalt darf zum Heil des Angeklagten auch einen leichten Verweis wegen seiner Nachlässigkeit nicht scheuen.

11 Es gilt auch zu schauen, ob wir zugleich gegen mehrere Beweise vorgehen oder sie einzeln beseitigen sollen. Mehrere greifen wir gleichzeitig an, wenn sie entweder so schwach sind, daß sie in gleicher Weise erschüttert werden können, oder so lästig, daß es nicht ratsam ist, gegen sie einzeln anzutreten; denn dann heißt es vielmehr, gleichsam den ganzen Körper entgegenzustemmen und, sozusagen, in einem Frontalangriff zu kämpfen. 12 Zuweilen, wenn es sich als zu schwierig erweist, Behauptungen der Gegenseite zu entkräften, können wir unser Beweismaterial mit dem des Gegners vergleichen, falls dadurch der Eindruck entstehen kann, es sei stärker. Was jedoch nur in der Menge Zugkraft hat, müssen wir zerlegen, wie ich es kurz vorher[108] gesagt habe: 'Erbe warst du und arm, wurdest von den Gläubigern um eine große Summe gemahnt, hattest Anstoß erregt und wußtest, daß er die

[108] Kap. 12, 5 s. o.

sciebas'. 13 urgent universa: at si singula quaeque dissolveris, iam illa flamma, quae magna congerie convaluerat, diductis quibus alebatur concidet, ut, si vel maxima flumina in rivos diducantur, qualibet transitum praebent. itaque propositio quoque secundum hanc utilitatem accommodabitur, ut ea nunc singula ostendamus, nunc complectamur universa. 14 nam interim quod pluribus conlegit adversarius, sat est semel proponere: ut, si multas causas faciendi, quod arguit, reo dicet accusator fuisse, nos, non enumeratis singulis, semel hoc in totum negemus, quia non, quisquis causam faciendi sceleris habuit, et fecerit. 15 saepius tamen accusatori congerere argumenta, reo dissolvere expediet.

Id autem quod erit ab adversario dictum, quo modo refutari debeat, intuendum[h] est. nam si erit palam falsum, negare satis est, ut pro Cluentio Cicero eum, quem dixerat accusator epoto poculo concidisse, negat eodem die mortuum. 16 palam etiam contraria et supervacua et stulta reprendere nullius est artis, ideoque nec rationem eorum nec exempla tradere necesse est. id quoque (obscurum vocant), quod secreto et sine teste aut argumento dicitur factum, satis natura sua infirmum est (sufficit enim, quod adversarius non probat), item si ad causam non pertinet. 17 sed tamen interim oratoris est efficere, ut quid aut contrarium esse aut a causa diversum aut incredibile aut supervacuum aut nostrae potius causae videatur esse coniunctum. obicitur Oppio, quod de militum cibariis detraxerit: asperum crimen, sed id contrarium ostendit Cicero, quia iidem accusatores obiecerint Oppio, quod is voluerit exercitum largiendo corrumpere. 18 testes in Cornelium accusator lecti a

h) in totum *Becher* in universum *Halm:* intuendum

Testamentsurkunde ändern wollte.' 13 Das insgesamt macht Eindruck, aber wenn man es Stück für Stück entkräftet, wird die große Flamme, die ihre Kraft aus dem großen Holzstoß erhalten hatte, wenn man die Einzelstücke, die ihr Nahrung gaben, zerstreut, zusammensinken, so wie wir selbst die größten Ströme, wenn sie in Bäche abgeleitet werden, an jeder Stelle überschreiten können. Deshalb muß sich auch die Ankündigung des Beweisziels dem jeweiligen Vorteil anpassen, so daß wir nämlich bald einzelne Punkte darlegen, bald das Ganze insgesamt in den Griff nehmen. 14 Denn bisweilen genügt es, was der Gegner aus mehreren Punkten gesammelt hat, nur einmal in die Ankündigung der Widerlegung zu bringen, z. B. wenn der Kläger sagt, der Angeklagte habe viele Gründe gehabt, zu tun, was er ihm vorwirft, bestreiten wir dies, ohne einzelnes aufzuzählen, im ganzen, weil ja nicht jeder, der einen Grund gehabt habe, ein Verbrechen zu begehen, es auch begangen habe. 15 Häufiger indessen empfiehlt es sich für den Ankläger, die Beweise zu häufen, für den Angeklagten, sie zu zerpflücken.

Darauf aber ist nun das Augenmerk zu richten, wie man das zurückweisen muß, was der Gegner behauptet hat. Denn wenn es sich ganz offen als falsch ergibt, ist es genug, es zu leugnen, z. B. in der Rede für Cluentius[109] leugnet Cicero, daß am selben Tag der Mann gestorben sei, von dem der Ankläger behauptet hatte, er sei, nachdem er den Becher geleert hatte, zusammengebrochen. 16 Ganz offensichtlich Widerspruchsvolles, Überflüssiges und Törichtes zu tadeln ist keine Kunst, und deshalb braucht man hierfür auch keine Anleitung oder Beispiele zu geben. Auch das, was im Geheimen, ohne Zeugen und Beweisstück geschehen sein soll – man nennt es das Dunkle –, ist schon seinem Wesen nach hinreichend schwach; genügt es doch, daß der Gegner es nicht beweist; ebenso, wenn es nicht zur Sache gehört. 17 Und doch ist es zuweilen Aufgabe des Redners, zu erreichen, daß etwas so aussieht, als wäre es widersprechend, nicht zur Sache gehörig, unglaubhaft, überflüssig oder eher mit unserer Sache verbunden. Dem Oppius[110] wird vorgeworfen, er habe den Soldaten Proviant entzogen, ein harter Vorwurf, doch Cicero legt dar, daß er widersprüchlich sei, weil die gleichen Ankläger dem Oppius vorgeworfen hätten, er habe das Heer durch Sonderzuteilungen bestechen wollen. 18 Zeugen gegen Cornelius[111] verspricht der Ankläger zum Beweis, daß der

[109] p. Cluent. 60, 168. [110] fr. A 3, 7 M. [111] s. o. 4, 3, 13.

tribuno codicis pollicetur: facit hoc Cicero supervacuum, quia ipse fateatur. petit accusationem in Verrem Q. Caecilius, quod fuerat quaestor eius: ipsum Cicero ut pro se videretur effecit. 19 cetera, quae proponuntur, communis locus habet. aut enim coniectura excutiuntur, an vera sint, aut finitione, an propria, aut qualitate, an inhonesta, iniqua, inproba, inhumana, crudelia et cetera, quae ei generi accidunt. 20 eaque non modo in propositionibus aut rationibus, sed in toto genere actionis intuenda: an sit crudelis, ut Labieni in Rabirium lege perduellionis, inhumana, ut Tuberonis Ligarium exulem accusantis atque id agentis, ne ei Caesar ignoscat, superba, ut in Oppium ex epistula Cottae reum factum: perinde[i] praecipites, insidiosae, inpotentes deprehenduntur. 21 ex quibus tamen fortissime invaseris, quod est aut omnibus periculosum, ut dicit Cicero pro Tullio: 'quis hoc statuit umquam aut cui concedi sine summo omnium periculo potest, ut eum iure potuerit occidere, a quo metuisse se dicat, ne ipse posterius occideretur?' aut ipsis iudicibus, ut pro Oppio monet pluribus, ne illud actionis genus in equestrem ordinem admittant. 22 nonnumquam tamen quaedam bene et contemnuntur vel tamquam levia vel tamquam ad causam nihil pertinentia. multis hoc locis facit Cicero. et haec simulatio interim huc usque procedit, ut, quae dicendo refutare non possumus, quasi fastidiendo calcemus.

23 Quoniam vero maxima pars eorum similibus constat, riman-

i) perinde *Gesner:* proinde

Tribun den Gesetzestext verlesen habe; das macht Cicero überflüssig, weil er es selbst zugibt. Gegen Verres bewirbt sich Q. Caecilius um die Anklage, weil er sein Quaestor gewesen war. Cicero[112] erreichte, daß gerade dieser Umstand für seine eigene Bewerbung zu sprechen schien. 19 Was sonst als Beweisziel angegeben wird, ist Fundstelle für beide Seiten. Entweder nämlich wird durch Vermutungsfrage ermittelt, ob es wahr sei, oder durch Definitionsfrage, ob es die Eigenart treffe, oder durch Beschaffenheitsfrage, ob es unehrenhaft, unbillig, unanständig, unmenschlich, grausam usw. sei, was alles zu dieser Art der Fragestellung paßt. 20 Diese Punkte sind auch nicht nur bei Ankündigungen des Beweiszieles oder bei Begründungen, sondern bei der ganzen Art der Verhandlung im Auge zu behalten: ob die Klage grausam sei, z. B. die des Labienus gegen Rabirius in dessen Hochverratsprozeß[113]; unmenschlich z. B. die des Tubero, der den verbannten Ligarius anklagt und es darauf absieht, daß Caesar ihm nicht verzeihe; überheblich z. B. gegen Oppius[114], der nach einem Schreiben des Cotta angeklagt worden ist; ebenso kann man überstürzte, heimtückische und unbeherrschte Anklagen anprangern. 21 Bei diesen Punkten indessen kann man am stärksten angehen gegen solches, was entweder eine Gefahr für alle darstellt, wie Cicero für Tullius[115] sagt: 'Wer hat je so etwas festgesetzt, oder wem kann man es ohne die größte Gefährdung aller zugestehen, er könne zu Recht einen Menschen töten, von dem er sagt, befürchtet zu haben, er könne ihn selbst später erschlagen?' Oder eine Gefahr für die Richter selbst, wie Cicero in der Rede für Oppius ausführlich mahnt, sie sollten eine solche Prozeßart gegen den Ritterstand nicht zulassen. 22 Manchmal jedoch tut man gut daran, etwas geringschätzig zu behandeln, als sei es ohne Gewicht oder als habe es zu dem Fall gar keine Beziehung. Cicero tut das an vielen Stellen. Und diese Verstellung geht zuweilen so weit, daß wir, was wir mit Reden nicht widerlegen können, gleichsam mit einem verächtlichen Tritt aus unserem Wege stoßen.

23 Da indessen nun der größte Teil der Dinge aus ähnlichen

[112] div. in Caecil. Der Quästor steht zu seinem Praetor in einem Pietätsverhältnis.

[113] Der Tod des Saturninus, der dem Rabirius zur Last gelegt wurde, war 40 Jahre zuvor erfolgt.

[114] fr. A 3, 7 M. Die verlorene Rede wurde 69 gehalten.

[115] 24, 56.

dum erit diligentissime, quid sit in quoque, quod adsumitur, dissimile. in iure facile deprenditur: est enim scriptum de rebus utique diversis, tantoque magis ipsarum rerum differentia potest esse manifesta. illas vero similitudines, quae ducuntur ex mutis animalibus aut inanimis, facile est eludere. 24 exempla rerum varie tractanda sunt, si nocebunt: quae si vetera erunt, fabulosa dicere licebit, si indubia, maxime quidem dissimilia; neque enim fieri potest ut paria sint per omnia[j], ut, si Nasica post occisum Ti[k]. Gracchum defendatur exemplo Ahalae, a quo Maelius est interfectus, Maelium regni adfectatorem fuisse, a Graccho leges modo latas esse popularis, Ahalam magistrum equitum fuisse, Nasicam privatum esse dicatur. si defecerint omnia, tum videndum erit, an optineri possit, ne illud quidem recte factum. quod de[l] exemplis, idem etiam de iudicatis observandum.

25 Quod autem posui, referre, quo quidque accusator modo dixerit, huc pertinet, ut, si est minus efficaciter elocutus, ipsa eius verba ponantur: si acri et vehementi fuerit usus oratione, eandem rem nostris verbis mitioribus proferamus, ut Cicero de Cornelio 26 'codicem attigit' et protinus cum quadam defensione ,ut, si pro luxurioso dicendum sit: 'obiecta est paulo liberalior vita'. sic et pro sordido parcum, pro maledico liberum dicere licebit. 27 utique numquam committendum est, ut adversariorum dicta cum sua confirmatione referamus, aut etiam loci alicuius exsecutione adiuvemus[m], nisi cum eludenda erunt: 'apud exercitum mihi fueris', inquit, 'tot annis forum non attigeris, afueris tam diu, et, cum tam

j) per omnia *Spalding:* optima **B** omnia **AP**
k) Ti. *Halm:* T. **A** *om. rell.*
l) de *om.* **AB**
m) adiuvemus *ed. Gryph.:* adiuves

Erscheinungen besteht, gilt es aufs sorgfältigste danach zu suchen, was bei jedem Beweismittel, das in Anspruch genommen wird, an Unähnlichkeit vorliegt. In der Rechtsnorm läßt sich das leicht fassen; denn sie ist jedenfalls für Dinge schriftlich festgelegt, die von unserem Einzelfall verschieden sind, und um so deutlicher kann der Unterschied der Tatsachen selbst zum Vorschein kommen. Mit den Ähnlichkeiten indessen, die von stummen Lebewesen oder leblosen hergeleitet werden, hat man leichtes Spiel. 24 Beispiele für Vorgänge müssen verschiedenartig behandelt werden, wenn sie schaden können: sind sie alt, kann man sagen, es seien sagenhafte Dinge; sind sie nicht zu bezweifeln, so sind sie freilich besonders unähnlich; denn es kann ja nicht vorkommen, daß sie in allem gleich sind: Wenn man Nasica nach der Tötung des Tiberius Gracchus mit dem Beispiel des Ahala verteidigen sollte, von dem Maelius getötet worden ist, kann man sagen, Maelius sei ein Versessener auf die Tyrannei gewesen, Gracchus habe nur Gesetze für die breite Menge des Volkes eingebracht, Ahala sei als Gehilfe des Diktators im Amt gewesen, Nasica ein Privatmann. Sollte es an allem fehlen, so muß man sehen, ob es sich vertreten läßt, daß auch nicht einmal die Tat des Ahala zu Recht geschehen sei. Was bei den Beispielen zu beachten ist, gilt ebenso von früheren Gerichtsentscheidungen.

25 Wenn ich aber angegeben habe, es sei wichtig, auf welche Weise der Ankläger jeweils seine Behauptungen gemacht habe, so bezieht sich das darauf, daß man, wenn er weniger wirkungsvoll gesprochen hat, seine eigenen Worte bringen soll; wenn er sich aber einer scharfen, heftigen Rede bedient hat, wir dasselbe mit eigenen Worten in gemilderter Form vortragen sollen, wie Cicero von Cornelius[116] sagt: 26 'Er hat den Gesetzestext angerührt' und auch sonst in einer entlastenden Form, z. B. wenn man für einen Genußsüchtigen sprechen muß: 'Man hat ihm seine etwas großzügigere Lebensführung zum Vorwurf gemacht'; so wird man auch für 'schäbig' sparsam, für 'schmähsüchtig' freimütig sagen können. 27 Unter keinen Umständen darf es geschehen, daß wir Behauptungen der Gegner mit deren eigenen Bekräftigungen wiederholen oder ihnen dadurch helfen, daß wir eine Stelle, die beiden zugute kommt, weiter ausführen, es sei denn, wir könnten sie verspotten[117]: 'Beim Heer bist du mir also gewesen, hat er gesagt, so viele Jahre hast du das Forum nicht betreten, weg gewesen bist du so lang, und da du

[116] fr. A 7, 28 M.
[117] p. Mur. 9, 21.

longo intervallo veneris, cum his, qui in foro habitarunt, de dignitate contendas?' 28 praeterea in contradictionibus interim totum crimen exponitur, ut Cicero pro Scauro circa Bostarem facit veluti orationem diversae partis imitatus, aut pluribus propositionibus iunctis, ut pro Vareno: 'cum iter per agros et loca sola faceret cum Pompuleno, in familiam Ancharianam incidisse dixerunt, deinde Pompulenum occisum esse, ilico Varenum vinctum adservatum, dum hic ostenderet, quid de eo fieri vellet.' quod prodest[n] utique, si erit incredibilis rei ordo et ipsa expositione fidem perditurus. interim per partes dissolvitur, quod contextu nocet, et plerumque id est tutius. quaedam contradictiones natura sunt singulae: id exemplis non eget.

29 Communia bene adprenduntur non tantum, quia utriusque sunt partis, sed quia plus prosunt respondenti. neque enim pigebit, quod saepe monui, referre: commune qui prior dicit, contrarium facit. 30 est enim contrarium, quo adversarius bene uti potest: 'at enim non veri simile est, tantum scelus M. Cottam esse commentum. quid? hoc veri simile est, tantum scelus Oppium esse conatum?' artificis autem est invenire in actione adversarii, quae inter semet ipsa pugnent aut pugnare videantur, quae aliquando ex rebus ipsis manifesta sunt, ut in causa Caeliana Clodia aurum se Caelio commodasse dicit, quod signum magnae familiaritatis est, venenum sibi paratum, quod summi odii argumentum est. 31 Tubero Ligarium accusat, quod is in Africa fuerit, et queritur, quod ab eo ipse in Africam non sit admissus. aliquando vero praebet eius rei occasio-

n) prodest *Becher* est utile *Badius:* est

nach so langer Zeit zurückgekommen bist, willst du diesen Männern hier, die auf dem Forum zu Hause sind, den Rang streitig machen?' 28 Außerdem wird bei Gegenbehauptungen zuweilen die ganze Anschuldigung dargelegt, wie es Cicero für Scaurus[118] in der Stelle über Bostar macht, als ob er die Rede der Gegenseite nachmachte; oder, indem er mehrere Punkte der gegnerischen Darstellung verbindet, z. B. für Varenus[119]: 'Als er durch Felder und Ödland reiste mit Pompulenus, haben sie gesagt, sei er auf die Leute des Ancharius getroffen, dann sei Pompulenus erschlagen worden, und gleich sei dann Varenus so lang in Fesseln festgehalten worden, bis unser Kläger Anweisung gab, was mit ihm geschehen sollte.' Das ist jedenfalls nützlich, wenn die Abfolge des Vorgangs unglaubhaft ist und schon durch die Darlegung das Vertrauen einbüßt. Zuweilen läßt sich in einzelnen Teilen entkräften, was im Zusammenhang ungünstig ist, und meistens ist das der sicherere Weg. Manche Gegenbehauptungen sind nach der Natur der Sache ohne Verbindung mit anderen. Das bedarf keiner Beispiele.

29 Gemeinsam gültige Beweise sind gut aufzugreifen, nicht nur, weil sie beiden Seiten gehören, sondern weil sie bei der Antwort mehr nützen. Denn es soll mich nicht verdrießen, zu wiederholen, woran ich oft erinnert habe: wer etwas, was für beide gilt, zuerst bringt, macht es zu einem Gegenargument. 30 Denn das ist ein Gegenargument, das der Gegner gut gebrauchen kann[120]: 'Aber es ist doch unwahrscheinlich, daß ein M. Cotta ein solches Verbrechen ausgedacht hat. Wie? Ist das denn wahrscheinlich, daß Oppius ein solches Verbrechen versucht hat?' Ein Meister aber gehört dazu, in der Rede des Gegners das herauszufinden, was miteinander in Widerspruch steht oder zu stehen scheint. Zuweilen läßt es sich in den Vorgängen selbst fassen, wie z. B. in dem Caeliusprozeß[121] Clodia sagt, sie habe dem Caelius zu Gold verholfen, was ein Zeichen großer Vertrautheit ist, aber auch, er habe sie vergiften wollen, was ein Beweis größten Hasses ist. 31 Tubero klagt Ligarius[122] an, daß er in Afrika gewesen sei, und beschwert sich, daß er nicht ihn selbst nach Afrika habe kommen lassen. Zuweilen jedoch bietet auch die etwas unüberlegte Rede des Vertreters der Gegenseite

[118] s. o. 4, 1, 69.
[119] Varenus fr. A 2, 5 M.
[120] p. fr. A 3, B M. (p. Oppio).
[121] p. Cael. c. 13.
[122] p. Lig. c. 3.

nem minus considerata ex adverso dicentis oratio: quod accidit praecipue cupidis sententiarum, ut ducti occasione dicendi non respiciant, quid dixerint, dum locum praesentem, non totam causam intuentur. 32 quid tam videri potest contra Cluentium quam censoria nota? quid tam contra eundem, quam filium ab Egnatio corrupti iudicii, quo Cluentius Oppianicum circumvenisset, crimine exheredatum? 33 at haec Cicero pugnare invicem ostendit: ‘sed tu, Atti, consideres, censeo, diligenter, utrum censorium iudicium grave velis esse an Egnati. si Egnati, leve est, quod censores de ceteris subscripserunt; ipsum enim Gnaeum[o] Egnatium, quem tu gravem esse vis, ex senatu eiecerunt. sin autem censorum, hunc Egnatium, quem pater censoria subscriptione exheredavit, censores in senatu, cum patrem eiecissent, retinuerunt’. 34 illa magis vitiose dicuntur quam acute reprenduntur, argumentum dubium pro necessario, controversum pro confesso, commune pluribus pro proprio, vulgare, supervacuum, constitutum[p] contra fidem. nam et illa accidunt parum cautis, ut crimen augeant, quod probandum est, de facto disputent, cum de auctore quaeratur, inpossibilia adgrediantur, pro effectis relinquant vixdum incohata, de homine dicere quam de causa malint, 35 hominum vitia[q] rebus adsignent, ut si quis decemviratum accuset, non Appium, manifestis repugnent, dicant quod aliter accipi possit, summam quaestionis non intueantur, non ad proposita respondeant: quod unum aliquando recipi potest, cum mala causa adhibitis extrinsecus remediis tuenda est, ut cum peculatus reus Verres fortiter et industrie tuitus contra piratas Siciliam dicitur.

36 Eadem adversus contradictiones nobis oppositas praecepta sunt, hoc tamen amplius, quod circa eas multi duobus vitiis diversis

o) Gnaeum *Baiter:* genus **A** *om.* **BP**
p) structum *Vollmer:* constitutum **B** servum **Ab** serius constitutum **PT**^{2}
q) vitia *Obrecht:* vita **A** vitam **BP**

hierfür Gelegenheit. Das tritt besonders ein bei solchen, die auf Sentenzen aus sind, so daß sie, von der Gelegenheit zu reden verführt, nicht zurückschauen, was sie vorher gesagt haben, da sie nur die gegenwärtige Stelle, nicht den ganzen Fall vor Augen haben. 32 Was kann so gegen Cluentius zu sprechen scheinen wie die zensorische Rüge? Was ebenfalls so gegen ihn wie die Tatsache, daß Egnatius seinen Sohn enterbt wegen der Anschuldigung, er habe sich in dem Prozeß, womit Cluentius dem Oppianicus eine Schlinge gelegt habe, als Richter bestechen lassen? 33 Cicero aber weiß es klarzumachen[123], daß hier ein Widerspruch liegt: 'Jedoch du, Attius, mögest, so meine ich, sorgfältig bedenken, ob du wünscht, das Urteil der Zensoren solle Gewicht haben oder das des Egnatius. Wenn das des Egnatius, dann wiegt es leicht, was die Zensoren in anderen Fällen mit ihrer Unterschrift bestätigt haben; denn den Cn. Egnatius, dem du soviel Gewicht beimissest, haben sie aus dem Senat gestoßen. Wenn aber das der Zensoren, so haben diese den Egnatius hier, den sein Vater mit Unterschrift des Zensors enterbt hat, im Senat belassen, während sie den Vater ausgestoßen hatten.' 34 Die folgenden Fehler sind mehr eine Schande für den Redner, als daß ihre Enthüllung viel Scharfsinn verlangte, wenn man einen zweifelhaften Beweis verwendet statt eines zwingenden, etwas Umstrittenes statt etwas allgemein Anerkanntem, was für mehrere gilt, statt des Besonderen sowie Gewöhnliches, Überflüssiges und gegen die Glaubwürdigkeit Angegebenes. Denn es findet sich ja auch bei allzu Unvorsichtigen, daß sie eine Anschuldigung steigern, statt sie zu beweisen, über die Tat reden, wenn nach dem Urheber gefragt wird, Unmögliches in Angriff nehmen, statt Ergebnisse kaum Begonnenes hinterlassen, lieber über den Menschen reden wollen statt über die Sache, Fehler von Menschen den Dingen zuschreiben, 35 wenn etwa jemand den Dezemvirat anklagt, nicht den Appius Claudius; gegen Handgreifliches ankämpfen, sagen, was auch anders aufgefaßt werden kann, auf den Kernpunkt einer Frage nicht achten, nicht auf die Ankündigung des Gegners antworten: was man nur dann einmal gelten lassen kann, wenn man eine schlechte Sache durch äußere Hilfe verteidigen muß, wenn z. B. von dem wegen Veruntreuung angeklagten Verres gesagt wird, er habe Sizilien tapfer und gewissenhaft gegen die Piraten geschützt.

36 Dieselben Regeln gelten auch gegen die Einwände, die uns gemacht werden, sie haben nur dadurch noch mehr zu bedeuten,

[123] p. Cluent. 48, 135.

laborant. nam quidam etiam ⟨in⟩[r] foro tamquam rem molestam et odiosam praetereunt (eis enim plerumque, quae composita domo attulerunt, contenti sine adversario dicunt), et scilicet multo magis in scholis, in quibus non solum contradictiones omittuntur, verum etiam materiae ipsae sic plerumque finguntur, ut nihil dici pro parte altera possit. 37 alii diligentia lapsi verbis etiam vel sententiolis omnibus respondendum putant, quod est et infinitum et supervacuum; non enim causa reprehenditur, sed actor, quem ego semper videri malim disertum, ut, si dixerit quod rei prosit, ingenii credatur laus esse, non causae, si forte [non][s] laedat, causae, non ingenii culpa. 38 itaque illae reprensiones, ut obscuritatis, qualis in Rullum est, infantiae in dicendo, qualis in Pisonem, inscitiae rerum, verborumque et insulsitatis etiam, qualis in Antonium est, animo dantur et iustis odiis, suntque utiles ad conciliandum iis, quos invisos facere volueris, odium. 39 alia respondendi patronis ratio est[t]: aliquando tamen eorum non oratio modo, sed vita etiam, vultus denique, incessus, habitus recte incusari solet, ut adversus Quintium Cicero non haec solum, sed ipsam etiam praetextam demissam ad talos insectatus est; presserat enim turbulentis contionibus Cluentium Quintius. 40 nonnumquam elevandae invidiae gratia quae asperius dicta sunt eluduntur, ut a Cicerone Triarius. nam cum Scauri columnas per urbem plaustris vectas esse dixit[u]: 'ego porro', inquit, 'qui Albanas habeo columnas, clitellis eas adportavi'. et magis hoc in accusatores concessum est, quibus conviciari aliquando patrocinii

r) *add. Regius*
s) *del. Becher*
t) est *Halm:* et
u) dixisset *Pithoeus*

daß ihnen gegenüber viele an zwei entgegengesetzten Fehlern leiden; denn manche übergehen sie auch auf dem Forum wie etwas Lästiges und Verhaßtes – meistens geben sie sich nämlich mit dem zufrieden, was sie schon ausgearbeitet von Hause mitgebracht haben und sprechen ohne Gegner – und selbstverständlich erst recht bei den Schulübungen, in denen nicht nur die Einwände ausgelassen werden, sondern sogar die Themen selbst meist schon so gestellt werden, daß für die andere Seite nichts gesagt werden kann. 37 Andere werden das Opfer ihrer Gewissenhaftigkeit und glauben, man müßte auf all die Worte oder Sätzchen entgegnen, was ebenso endlos wie überflüssig ist. Denn so wird nicht die Sache widerlegt, sondern ihr Vertreter, von dem ich lieber möchte, daß er beredt erscheine, damit man, wenn er etwas gesagt, was der Sache nützt, glauben kann, der Beifall gelte seinem Talent, nicht dem Fall, wenn er aber etwa Schwierigkeiten hat, die Schuld treffe den Fall, nicht sein Talent. 38 Deshalb mag man die tadelnden Bemerkungen, etwa über die Dunkelheit, wie sie in der Rede gegen Rullus[124] gerügt wird, über das 'Reden wie ein kleines Kind', die gegen Piso[125] gerichtet ist, über die Unkenntnis der Dinge und Worte und auch über die Abgeschmacktheit in den Reden gegen Antonius[126] der Stimmung zurechnen und den berechtigten Haßgefühlen, und sie sind auch nützlich, um denen, die man verhaßt machen will, Haß zuzuziehen. 39 Anders ist die Überlegung, wenn man Anwälten antwortet. Zuweilen jedoch pflegt man auch bei diesen nicht nur ihre Rede, sondern auch ihre Lebensführung, ja ihr Mienenspiel, Schreiten und ihre Haltung mit Recht anzugreifen, wie Cicero gegen Quintius nicht nur dies, sondern sogar die bis zu den Knöcheln reichende Purpurtoga angegriffen hat[127]; denn Quintius hatte in wilden Volksreden Cluentius unter Druck gesetzt. 40 Manchmal verspottet man auch, um die Entrüstung zu mildern, was zu rauh ausgedrückt worden ist, z. B. Cicero den Triarius[128]. Denn als er gesagt hatte, die Säulen des Scaurus seien auf Lastwagen durch die Stadt gefahren worden, sagte er: 'Ich sogar, der ich albanische Säulen habe, habe sie auf Packsätteln herbeigeschafft.' Und noch eher ist dies gegen die Ankläger gestattet, mit denen zu zanken bisweilen

[124] de lege agr. 2, 5, 13.
[125] Pis. 1, 30ff.
[126] Phil. 2, 4; 3, 4; 13, 19 u. ö.
[127] p. Cluent. 40, 111.
[128] p. Scaur. 22, 46.

fides cogit. 41 illa vero adversus omnes et recepta et non inhumana conquestio, si callide quid tacuisse, breviasse, odscurasse, distulisse dicuntur. 42 defensionis quoque permutatio reprenditur saepe, ut Attius adversus Cluentium, Aeschines adversus Ctesiphontem facit, cum ille Ciceronem lege usurum modo, hic minime de lege dicturum Demosthenen queritur.

Declamatores vero inprimis sunt admonendi, ne contradictiones eas ponant, quibus facillime responderi possit, neu sibi stultum adversarium fingant. facimus autem quod maxime uberes loci popularesque sententiae nascuntur materiam dicendi nobis, quod volumus, ducentibus, ut non sit ille inutilis versus: 'non male respondit, male enim prior ille rogarat'. 43 fallet haec nos in foro consuetudo, ubi adversario[v], non ipsi nobis respondebimus. aiunt Accium interrogatum, cur causas non ageret, cum apud eum in tragoediis tanta vis esset optime respondendi[w], hanc reddidisse rationem, quod illic ea dicerentur, quae ipse vellet, in foro dicturi adversarii essent, quae minime vellet. 44 ridiculum est ergo in exercitationibus, quae foro praeparant, prius cogitare, quid responderi, quam quid ex diverso dici possit. et bonus praeceptor non minus laudare discipulum debet, si quid pro diversa quam si quid pro sua parte acriter excogitavit. 45 rursus est aliud in scholis permittendum semper, in foro rarum. nam loco a petitore primo contradictione uti qui possumus, ubi vera res agitur, cum adversarius adhuc nihil dixerit? 46 incidunt tamen plerique in hoc vitium vel consuetudine declamatoria vel etiam cupiditate dicendi, dantque de se respondentibus venustissimos lusus, cum modo 'se vero nihil dixisse neque tam stulte dicturos', modo 'bene admonitos ab adversario et agere gratias, quod adiuti sint' iocantur, frequentissime vero, id quod

v) adversarii (*sc.* nobis respondebunt) *Radermacher*
w) optime respondendi *om.* **BP**[1] *del. Radermacher*

die Anwaltspflicht nötigt. 41 Die Beschwerde aber ist gegen alle gebräuchlich und nicht unfein, daß man nämlich sagt, der Gegner habe etwas schlau verschwiegen, abgekürzt, verdunkelt oder hinausgeschoben. 42 Auch die Verschiebung der Verteidigung wird oft getadelt, wie Attius gegen Cluentius[129], Aeschines gegen Ctesiphon[130] es macht, indem der eine sich beklagt, Cicero wolle sich nur an das Gesetz halten, der andere, Demosthenes wolle kaum über das Gesetz sprechen.

Vor allem aber muß man die Deklamatoren ermahnen, nicht solche Einwände zu geben, auf die am leichtesten geantwortet werden könne, und sich keinen so törichten Gegner zu erfinden. Wir tun es aber – weil die üppigsten Gemeinplätze und auf Beifall des Volkes berechneten Sentenzen entstehen, wenn wir alles, was wir wollen, für Redestoff halten –, so daß der Vers ganz nützlich sein kann: 'Nicht schlecht war seine Antwort; denn schlecht war zuvor die Frage.'[131] 43 Auf dem Forum wird uns diese Gewohnheit irreführen, wo wir dem Gegner, nicht uns selbst antworten. Man sagt, Accius habe auf die Frage, warum er nicht vor Gericht auftrete, obwohl bei ihm in den Tragödien solche Redekraft sich in den treffendsten Antworten zeige, folgenden Grund angegeben: auf der Bühne werde gesprochen, was er wolle, auf dem Forum sagten die Gegner gerade, was er am wenigsten wolle. 44 Lächerlich ist es also, in den Übungen, die für das Forum vorbereiten, eher zu überdenken, was man antworten, als was von der Gegenseite gesagt werden könnte. Und ein guter Lehrer muß einen Schüler nicht weniger loben, wenn er ein treffendes Argument für die Gegenseite, als wenn er es für die eigene Seite ausgedacht hat. 45 Hingegen ist das etwas anderes, was in Schulübungen immer zu gestatten ist, auf dem Forum aber selten. Denn wie können wir, wo es sich um einen wirklichen Fall handelt, als Kläger an erster Stelle Einwände machen, da der Gegner noch gar nichts gesagt hat? 46 Und doch verfallen die meisten auf diesen Fehler, teils aus Schulgewohnheit, teils auch aus Lust, sich reden zu hören, und bieten damit denen, die zu antworten haben, die schönsten Gelegenheiten zu Späßen, indem sie bald im Spaß sagen, 'sie hätten doch nichts gesagt und würden auch nichts so Törichtes sagen'; bald, 'der Gegner habe sie sehr recht erinnert, und sie dankten schön für die Hilfe'; am häufig-

[129] p. Cluent. c. 52.
[130] in Ctesiph. § 206 vgl. o. 3, 6, 3.
[131] Ursprung unbekannt.

firmissimum est, 'numquam iis responsurum adversarium fuisse, quae proposita non essent, nisi illa sciret vera esse et ad fatendum conscientia esset inpulsus', 47 ut pro Cluentio Cicero: 'nam hoc persaepe dixti, tibi sic renuntiari, me habere in animo causam hanc praesidio legis defendere. itane est? ab amicis inprudentes videlicet prodimur? et est nescio quis de iis, quos amicos nobis arbitramur, qui nostra consilia ad adversarium deferat? quisnam hoc tibi renuntiavit? quis tam inprobus fuit? cui ego autem narravi? nemo, ut opinor, in culpa est: nimirum tibi istud lex ipsa renuntiavit'. 48 at quidam contradictione non contenti totos etiam locos explicant: scire se hoc dicturos adversarios et ita persecuturos. quod factum venuste nostris temporibus elusit Vibius Crispus, vir ingenii iucundi et elegantis: 'ego vero, inquit, 'ista non dico; 49 quid enim attinet illa bis dici?' nonnumquam tamen aliquid simile contradictioni poni potest, si quid ab adversario testationibus conprensum in advocationibus iactatum ⟨est⟩[x] (respondebimus enim rei ab illis dictae, non a nobis excogitatae) aut, si id genus erit causae, ut proponere possimus certa, extra quae dici nihil possit, ut, cum res furtiva in domo deprensa sit, dicat necesse est reus, aut se ignorante inlatam aut depositam apud se aut donatam sibi: quibus omnibus, etiam si proposita non sunt, responderi potest. 50 at in scholis recte et ⟨propositionibus⟩[y] et contradictionibus occurremus, ut in utrumque locum, id est primum et secundum simul exerceamus. quod nisi fecerimus, numquam utemur contradictione; non enim erit, cui respondeamus.

51 Est et illud vitium nimium solliciti[z] et circa omnia momenta luctantis; suspectam enim facit iudici causam, et frequenter, quae

x) *add. Halm* 'sit' *Butler fort. scr.* 'erit'
y) *add. Badius:* et * et **Bn** ** et **N** et et **Bg** et plenaribus **P** enaribus **A**
z) sollicitae **A** sollicite **b**

sten jedoch das, was am meisten feststeht, 'der Gegner würde ihnen nie geantwortet haben auf Dinge, die nicht angekündigt worden seien, wenn er nicht wisse, daß es wahr sei und er durch sein Gewissen zum Geständnis getrieben worden sei'. 47 Wie Cicero für Cluentius[132]: 'Denn das hast du sehr oft gesagt, es werde dir berichtet, ich habe die Absicht, diesen Fall mit Hilfe des Gesetzes zu verteidigen. Ist das so? Offenbar werden wir, ohne es zu wissen, von unseren Freunden verraten, und gibt es unter denen, die wir für unsere Freunde hielten, einen, der unsere Absichten dem Gegner hinterbringt. Wer hat es dir denn berichtet? Wer war so unanständig? Wem habe ich es denn erzählt? Niemanden, denke ich, trifft die Schuld! Denn natürlich hat das Gesetz selbst es dir berichtet.' 48 Jedoch mit den Einwänden noch nicht zufrieden, erklären manche sogar ganze Stellen: sie wüßten, der Gegner werde folgendes sagen und es so ausführen. Diese Manier hat zu meiner Zeit Vibius Crispus, dessen Stärke sein Witz und Geschmack waren, einmal ganz reizend verspottet: 'Ich aber', sagte er, 'stelle diese Behauptungen nicht auf; denn wozu soll man sie denn zweimal aufstellen?' 49 Manchmal indessen kann man etwas solchen Einwänden Ähnliches in der Rede bringen, wenn nämlich etwas, was der Gegner aus seinem Zeugenapparat entnimmt, bei den Verhandlungen der Anwälte beider Parteien zur Sprache gekommen ist – denn dann werden wir ja auf etwas antworten, was von der Gegenseite gesagt, nicht von uns ausgedacht ist –, oder wenn die Art des Falles so ist, daß wir bestimmte Dinge mit Gewißheit ankündigen können, weil außer ihnen nichts in Frage kommt. So muß ja, wenn gestohlenes Gut in einem Hause gefunden worden ist, der Angeklagte sagen, es sei entweder ohne sein Wissen hineingebracht, bei ihm untergestellt oder ihm geschenkt worden. Auf all das kann man schon antworten, auch wenn es nicht angekündigt worden ist. 50 Dagegen werden wir in den Schulübungen die Auseinandersetzung mit den angekündigten Behauptungen wie auch mit den Einwänden ganz mit Recht zugleich betreiben, um uns für beide Plätze, das heißt für das Reden an erster und zweiter Stelle zugleich zu üben. Wenn wir das nicht so machen, werden wir ja Einwände nie behandeln können; denn es gibt ja da niemanden, dem wir antworten könnten.

51 Ein anderer Fehler ist es, allzu besorgt um jeden Punkt zu ringen; denn das macht dem Richter den Fall verdächtig, und häufig

[132] p. Cluent. 52, 143.

statim dicta omnem dubitationem sustulissent, dilata ipsis praeparationibus fidem perdunt, quia patronus et aliis crediderit opus fuisse. fiduciam igitur orator prae se ferat semperque ita dicat, tamquam de causa optime sentiat, quod sicut omnia in Cicerone praecipuum est. 52 nam illa summa cura securitatis est similis, tantaque in oratione auctoritas, ut probationis locum optineat dubitare nobis non audentibus. porro, qui scierit, quid pars adversa, quid nostra habeat valentissimum, facile iudicabit, quibus maxime rebus vel occurrendum sit vel instandum.

53 Ordo quidem in parte nulla minus adfert laboris. nam si agimus, nostra confirmanda sunt primum, tum quae nostris opponuntur, refutanda: si respondemus, prius incipiendum a refutatione. 54 nascuntur autem ex iis, quae contradictioni opposuimus, aliae contradictiones, euntque interim longius: ut gladiatorum manus, quae secundae vocantur, fiunt et tertiae, si prima ad evocandum[a] adversarii ictum prolata erat, et quartae, si geminata captatio est, ut bis cavere, bis repetere oportuerit. quae ratio et ultra ducit. 55 sed illam etiam, quam supra ostendi, simplicem ex adfectibus atque ex adfirmatione sola probationem recipit refutatio, qualis est illa Scauri, de qua supra dixi, quin nescio an etiam frequentior, ubi quid negatur. videndum praecipue utrique parti, ubi sit rei summa; nam fere accidit, ut in causis multa dicantur, de paucis iudicetur.

56 In his probandi refutandique ratio est, sed adiuvanda viribus dicentis et adornanda. quamlibet enim sint ad dicendum[b], quod volumus, accommodata, ieiuna[c] tamen erunt et infirma, nisi maiore

a) evocandum *Regius:* vocandum
b) docendum *Regius*
c) ieiuna *Bonnell:* pecunia **A** *om.* **BP**

verliert, was, wenn es gleich gesagt worden wäre, jeden Zweifel behoben hätte, wenn es zurückgehalten wird, gerade durch die umständlichen Zurüstungen an Glaubwürdigkeit, weil ja der Anwalt selbst noch andere Tatsachen für wichtig gehalten habe. Selbstvertrauen muß also der Redner ausstrahlen und immer so sprechen, als hätte er von seiner Sache den besten Eindruck. Auch hierin ist Cicero wie in allem Meister. 52 Denn so groß die Sorgfalt ist, die er aufwendet, sie wirkt wie unbekümmerte Sicherheit und gibt seiner Rede ein solches Gewicht seiner persönlichen Wirkung, daß es die Stelle einer Beweisführung einnimmt, da wir zu zweifeln gar nicht wagen. Wer ja doch weiß, was auf der Gegenseite und was auf der unseren der stärkste Punkt ist, der wird schon leicht beurteilen, welchen Dingen er vor allem entgegentreten oder standhalten muß.

53 Die Anordnung macht bei keinem Abschnitt der Rede weniger Mühe. Denn wenn wir die Prozeßverhandlung beginnen, müssen wir erst unsere Beweise bringen, dann die des Gegners widerlegen. Wenn wir auf die Anklage zu antworten haben, müssen wir zuerst mit der Widerlegung beginnen. 54 Es entstehen aber aus dem, was wir einem Einwand entgegengestellt haben, neue Einwände, und zuweilen geht es noch weiter: wie die sogenannte 'zweite Hand' der Gladiatoren auch zur dritten wird, wenn die erste ausgelegt hatte, um den Gegner zum Schlag herauszufordern, und zur vierten, wenn das Auffangen zum zweitenmal geschieht, so daß man zweimal parieren und zweimal ausfallen muß[133]. Auf diesem Weg geht es auch noch weiter. 55 Jedoch gibt es – wie in dem Falle des Scaurus – auch bei der Widerlegung die einfache Beweisform, von der ich oben schon gesprochen habe[134], die ihre Überzeugungskraft aus der Gefühlswirkung und der einfachen Versicherung gewinnt; ja, vielleicht liegt sie sogar häufiger da vor, wo etwas verneint wird. Vor allen Dingen müssen beide Seiten darauf achten, wo der Kernpunkt des Ganzen liegt; denn gewöhnlich ist es ja so, daß in Rechtsfällen viel geredet, aber nur über weniges entschieden wird.

56 Hierin also besteht die Lehre von der Beweisführung und Widerlegung, jedoch muß auch die Kraft des Redners dazu beitragen, daß sie wirkungsvoll und schön zur Geltung kommt. Denn mag es auch noch so passend sein, das auszudrücken, was wir sagen wollen, so wird es doch nüchtern wirken und matt, wenn es nicht noch mit einer Art höherer Begeisterung des Redners erfüllt ist.

[133] Die Stelle ist nicht völlig zu klären, da ein Sachwissen vorausgesetzt wird, das uns fehlt. [134] s. o. 5, 12, 12.

quodam oratoris spiritu implentur. 57 quare et illi communes loci de testibus, de tabulis, de argumentis aliisque similibus magnam vim animis iudicum adferunt, et hi proprii, quibus factum quodque[d] laudamus aut contra iustum vel iniustum docemus, maius aut minus, asperius aut mitius. ex his autem ad comparationem singulorum argumentorum faciunt, alii ad plurium, alii ad totius causae inclinationem. 58 ex quibus sunt qui praeparent animum iudicis, sunt qui confirment. sed praeparatio quoque aut confirmatio aliquando[e] totius causae est, aliquando partium, et proinde, ut cuique conveniunt, subicienda. 59 ideoque miror inter duos diversarum sectarum velut duces non mediocri contentione quaesitum singulisne quaestionibus subiciendi essent loci, ut Theodoro placet, an prius docendus iudex quam movendus, ut praecipit Apollodorus, tamquam perierit haec ratio media et nihil cum ipsius causae utilitate sit deliberandum. haec praecipiunt qui ipsi non dicunt in foro, ut artes a securis otiosisque conpositae ipsa pugnae necessitate turbentur. 60 namque omnes fere, qui legem dicendi quasi quaedam mysteria tradiderunt, certis non inveniendorum modo argumentorum locis, sed concludendorum quoque nos praeceptis alligaverunt: de quibus brevissime praelocutus, quid ipse sentiam, id est quid clarissimos oratores fecisse videam, non tacebo.

XIV.

1 Igitur enthymema et argumentum ipsum, id est rem, quae probationi alterius adhibetur, appellant et argumenti elocutionem,

d) quodque *Regius:* quoque **P** aliisque his **A**[2] e) aliquando *om.* **Ab**

57 Deshalb üben ja auch die 'allgemeinen Stellen' über Zeugen, über Urkunden, über Beweismittel und dergleichen eine so große Kraft aus auf die Herzen der Richter, und nicht weniger die besonderen, in denen wir eine jede Tat loben oder das Gegenteil tun, sie als gerecht oder ungerecht erweisen, sie wichtiger oder unwichtiger, schlimmer oder harmloser machen. Manche solcher Stellen aber wirken zur Vergleichung einzelner Beweise, andere zu der ganzen Beweisgruppe, wieder andere zu einer Beeinflussung in dem ganzen Fall. 58 Manche gibt es, die die Stimmung des Richters vorbereiten, andere, die sie festigen. Jedoch auch Vorbereitung oder Bestärkung gilt zuweilen für die ganze Rede, zuweilen nur für einzelne Abschnitte, und so, wie es in jedem Fall paßt, sind sie auch anzubringen. 59 Ich wundere mich deshalb darüber, daß zwischen den zwei Männern, die gewissermaßen die 'Rufer im Streit' ihrer Parteien sind, mit äußerst bemerkenswertem Kraftaufwand die Frage umkämpft wird, ob solche 'Stellen für den Redner' an die einzelnen Fragen anzufügen sind, wie Theodorus will, oder ob der Richter erst unterrichtet und dann auf seine Gefühle eingewirkt werden soll, wie Apollodorus lehrt – als sei unser Mittelweg ganz ungangbar und dürfe nichts zum Nutzen des Falles entschieden werden. Solche Lehren stammen von Leuten, die selbst nicht auf dem Forum reden, wo dann die Regeln der Kunst, die ihre Verfasser in aller Gemütsruhe abgefaßt haben, schon durch die Härte des wirklichen Kampfes durcheinandergeworfen werden. 60 Denn fast alle diese Gelehrten, die die Satzung der Redekunst wie eine Art Geheimlehre überliefert haben, haben uns ja nicht nur an feste Fundstellen für die Beweisführung, sondern auch an Vorschriften gebunden, sie in Schlüssen zu verwenden. Ich werde nach einer ganz kurzen Vorbemerkung nicht verschweigen, was ich selbst hierüber denke, das heißt, wie es nach meiner Beobachtung die berühmtesten Redner damit gehalten haben.

VIERZEHNTES KAPITEL

Das Epicheirem und seine Widerlegung

1 Nun nennen sie Enthymen einmal den Beweis selbst, das heißt die Tatsache, die zum Erweis für eine andere in Anspruch genommen wird, sodann auch die sprachliche Gestaltung eines Beweises, diese aber, wie schon gesagt, in zwiefacher Form: aus der Abfolge: dann

eam vero, ut dixi, duplicem: ex consequentibus, quod habet propositionem coniunctamque ei protinus probationem, quale est pro Ligario: 'causa tum dubia, quod erat aliquid in utraque parte, quod probari posset; nunc melior ea iudicanda est, quam etiam di adiuverunt.' habet enim rationem et propositionem[f], non habet conclusionem: ita est ille inperfectus syllogismus. 2 ex pugnantibus vero, quod etiam solum enthymema quidam vocant, fortior multo probatio est. tale est Ciceronis pro Milone: 'eius igitur mortis sedetis ultores, cuius vitam si putetis per vos restitui posse, nolitis'. 3 quod quidem etiam aliquando multiplicari solet, ut est ab eodem et pro eodem reo factum: 'quem igitur cum aliqua[g] gratia noluit, hunc voluit cum aliquorum querella? quem iure, quem loco, quem tempore, ⟨quem impune⟩[h] non est ausus, hunc iniuria, iniquo loco, alieno tempore, cum periculo capitis non dubitavit occidere'? 4 optimum autem videtur enthymematis genus, cum proposito dissimili vel contrario ratio subiungitur, quale est Demosthenis: 'non enim, si quid umquam contra leges actum est idque tu es imitatus, idcirco te convenit poena liberari, quin[i] e contrario damnari multo magis. nam ut, si quis eorum damnatus esset, tu haec non scripsisses, ita, damnatus tu si fueris, non scribet alius'.

5 Epichirematos et quattuor et quinque et sex etiam factae sunt partes a quibusdam. Cicero maxime quinque defendit, ut sit propositio, deinde ratio eius, tum adsumptio et eius probatio, quinta conplexio: quia ⟨vero⟩[j] interim et propositio non egeat rationis et adsumptio probationis, nonnumquam etiam complexione[k] opus non sit, et quadripertitam et tripertitam et bipertitam quoque fieri posse

f) propositionem et rationem *malim:* rationem et *om.* **B**
g) omnium *Cicero*
h) quem impune *add. ed. Gryph.*
i) quin *Regius:* quod
j) *add. Regius*
k) complexione *Regius:* cumplane **BP** complexio **a**

besitzt es eine Feststellung und gleich mit ihr verbunden eine Begründung, so etwa in der Rede für Ligarius[135]: 'Die Sache war damals zweifelhaft, weil es für beide Seiten etwas gab, was anerkannt werden konnte; jetzt muß man die für die bessere erklären, die auch die Götter unterstützt haben.' Dieses Beispiel hat nämlich Behauptung und Begründung, hat aber keine Schlußfolgerung: so bildet es also den unvollständigen Syllogismus. 2 Die Form aus dem Gegensatz aber, die manche auch allein Enthymem nennen, ist eine viel energischere Beweisführung. So zeigt es Cicero in der Rede gegen Milo[136]: 'Für den Tod dessen also sitzt ihr als Rächer, dessen Leben ihr, wenn ihr glaubtet, es könne durch euch wiedergegeben werden, nicht wiedergeben wolltet.' 3 Diese Form wird freilich gelegentlich auch gern vielfältiger gestaltet, so ebenfalls von Cicero in derselben Rede[137]: 'Ihn, den er also nicht manchen zuliebe hat töten wollen, den hat er manchen zum Leide töten wollen? Ihn, den er zu Recht, den er an günstiger Stelle, den er zu gelegener Zeit, den er ungestraft zu töten nicht gewagt hat, den hat er zu Unrecht, an ungünstiger Stelle, zu ungelegener Zeit mit Gefahr für den eigenen Kopf zu töten keine Bedenken getragen?' 4 Am besten aber erscheint mir die Art des Enthymems, bei der einer Behauptung, die etwas Ähnliches oder Entgegengesetztes enthält, eine Begründung hinzugefügt wird, wie bei Demosthenes[138]: 'Wenn je etwas gegen die Gesetzte geschehen ist und du es nachgemacht hast, sollst du deswegen nicht von der Strafe befreit, nein im Gegenteil noch viel schwerer bestraft werden; denn wie du, wenn einer von ihnen verurteilt worden wäre, dies nicht geschrieben hättest, so wird es nach deiner Bestrafung, wenn sie erst erfolgt ist, kein anderer mehr schreiben . . .'

5 Für das Epicheirem haben manche vier, fünf und gar sechs Teile angenommen. Cicero[139] verteidigt vor allem die fünf Teile, nämlich Behauptung, sodann deren Begründung, darauf die Stützung und deren Beglaubigung, fünftens schließlich die verknüpfende Folgerung: Weil jedoch zuweilen die Behauptung keiner Begründung und die Stütze keines Beweises bedarf, gelegentlich sogar auch keine Folgerung nötig ist, kann der Schluß vierteilig, dreiteilig und auch

[135] p. Lig. 6, 19.
[136] p. Mil. 29, 79.
[137] p. Mil. 16, 41.
[138] in Androt. 7.
[139] de inv. 1, 37, 67.

ratiocinationem. 6 mihi et pluribus nihilominus auctoribus tres summum videntur. nam ita se habet ipsa natura, ut sit de quo quaeratur et per quod probetur: tertium adici potest velut ex consensu duorum antecedentium. ita erit prima intentio, secunda adsumptio, tertia conexio. nam confirmatio primae ac secundae partis ⟨et⟩[l] exornatio eisdem cedere possunt, quibus subiciuntur. 7 sumamus enim ex Cicerone quinque partium exemplum: ‘melius adcurantur[m] ea, quae consilio reguntur, quam quae sine consilio administrantur. hanc primam partem numerant, eam deinceps rationibus variis et quam copiosissimis verbis adprobari putant oportere’. hoc ego totum cum sua ratione unum puto: alioqui si ratio pars est, est autem varia ratio, plures partes esse dicantur. 8 adsumptionem deinde ponit: ‘nihil autem omnium rerum melius quam omnis mundus administratur huius adsumptionis quarto in loco aliam porro inducunt adprobationem’: de quo idem quod supra dico. 9 ‘quinto inducunt loco conplexionem, quae aut id infert solum, quod ex omnibus partibus cogitur, hoc modo: consilio igitur mundus administratur, aut, unum in locum cum conduxit breviter propositionem et adsumptionem, adiungit, quid ex his conficiatur, ad hunc modum: quod si melius geruntur quae consilio quam quae sine consilio administrantur, nihil autem omnium rerum melius quam omnis mundus administratur, consilio igitur mundus administratur’. cui parti consentio.

10 In tribus autem, quas fecimus, partibus non est forma semper eadem, sed una, in qua idem concluditur, quod intenditur: ‘anima inmortalis est, nam quidquid ex se ipso movetur, inmortale est, anima autem ex se ipsa movetur, inmortalis igitur est anima’. hoc fit non solum in singulis argumentis, sed in totis causis, quae sunt simplices, et in quaestionibus. 11 nam et hae primam habent

l) *add. Capperonnier*

m) adcurantur *Cic.:* adgubernantur **A** gubernantur **BP**

zweiteilig werden. 6 Mir und der größeren Anzahl der Sachkenner erscheinen nichtsdestoweniger drei Teile das Höchste zu sein. Denn so ergibt es sich ja ganz natürlich, daß es etwas gibt, worauf die Frage geht, und etwas, wodurch diese begründet wird. Ein Drittes kann gleichsam als Ergebnis des Übereinkommens der beiden vorausgehenden Teile hinzugefügt werden. So ergibt sich als erster Teil der Ansatz (intentio), als zweiter die stützende Annahme (adsumptio), als dritter die Verknüpfung (conexio). Denn die Bekräftigung des ersten und zweiten Teiles und die Ausschmückung können den Teilen Platz machen, zu denen sie hinzugefügt werden. 7 Nehmen wir uns doch das Beispiel für die Fünfteiligkeit aus Cicero[140] vor: 'Besser wird besorgt, was mit Überlegung gelenkt wird, als das, was ohne Überlegung verwaltet wird. Dies zählt man als ersten Teil und glaubt, er müsse darauf mit verschiedenen Überlegungen und einer reichen Wortfülle glaubhaft gemacht werden.' Dies Ganze rechne ich mitsamt der Begründung als eines. Sonst könnten nämlich, wenn die Begründung ein Teil ist, aber mannigfache Begründung erfolgt, diese als mehrere Teile bezeichnet werden. 8 Die stützende Annahme stellt er anschließend auf: 'Nichts aber von allem wird besser verwaltet als das Weltganze; eine Annahme, für die man an vierter Stelle weiter noch eine andere Beglaubigung einführt': hierüber gilt das, was ich schon oben bemerkt habe. 9 'An fünfter Stelle führt man die verknüpfende Folgerung ein, die entweder nur das hineinbringt, was aus allen Teilen sich zwingend ergibt, in der Weise: Mit Überlegung also wird die Welt verwaltet, oder, nachdem sie kurz die Behauptung und die stützende Annahme an einem Platz vereinigt hat, hinzufügt, was hierdurch erreicht wird, etwa so: Wenn aber besser vor sich geht, was mit Überlegung als was ohne Überlegung verwaltet wird, nichts von allem aber besser verwaltet wird als das Weltganze, so wird also mit Überlegung die Welt verwaltet.' Diesem Teil stimme ich zu.

10 In den drei Teilen, die wir angenommen haben, ist die Form nicht immer gleich, sondern es gibt eine, in der dasselbe im Schluß erscheint wie in dem Ansatz: 'Die Seele ist unsterblich; denn alles, was sich aus sich selbst bewegt, ist unsterblich, die Seele aber bewegt sich aus sich selbst, also ist die Seele unsterblich.' Dies geschieht nicht nur in einzelnen Beweisen, sondern in ganzen Reden, die im Thema einfach sind, und in den zur Beurteilung stehenden Fragen. 11 Denn auch diese haben als erstes eine Behauptung: 'Tempelschän-

[140] inv. 1, 34, 58ff.

propositionem: 'sacrilegium commisisti' 'non quisquis hominem occidit, caedis tenetur', deinde rationem (sed haec est in causis et quaestione longior quam in singulis argumentis), et plerumque summa complexione vel per enumerationem vel per brevem conclusionem testantur, quid effecerint. in hoc genere propositio dubia est, de hac enim quaeritur. 12 altera est complexio non par intentioni, sed vim habens parem: 'mors nihil ad nos, nam quod est dissolutum, sensu caret, quod autem sensu caret, nihil ad nos'. in alio genere non eadem propositio est quae conexio: 'omnia animalia meliora sunt quam inanima, nihil autem melius est mundo, mundus igitur animal'. hic potest videri deesse[n] intentio[o]; potuit enim sic constitui ratiocinatio: 'animal est mundus, omnia enim animalia meliora sunt quam inanima' et cetera. 13 haec propositio aut confessa est ut proxima, aut probanda, ut: 'qui beatam vitam vivere[p] volet, philosophetur oportet', non enim conceditur; cetera sequi nisi confirmata prima parte non possunt. item adsumptio interim confessa est, ut 'omnes autem volunt beatam vitam vivere'[q], interim probanda ut illa 'quod est dissolutum, sensu caret', cum, soluta corpore anima an sit immortalis vel ad tempus certe[r] maneat, sit in dubio. quod adsumptionem alii, rationem alii vocant.

14 Epichirema autem nullo differt a syllogismis, nisi quod illi et plures habent species et vera colligunt veris, epichirematis frequentior circa credibilia est usus. nam si contingeret semper controversa confessis probare, vix esset in hoc genere usus oratoris. 15 nam quo ingenio est opus, ut dicas: 'bona ad me pertinent, solus enim sum filius defuncti', vel 'solus heres, cum iure bonorum possessio testati[s] secundum tabulas testamenti detur, ad me igitur pertinet'. 16 sed cum ipsa ratio in quaestionem venit, efficiendum est certum

n) deesse *Madvig:* de re
o) intentio *Spalding:* contentio
p) vivere **A**: videre
q) vivere *Paris. 7727:* videre
r) certe *Butler:* certa *ll. om. Jul. Vict. del. Radermacher*
s) testati *Regius:* intestatis

dung hast du begangen'; 'nicht jeder, der einen Menschen erschlägt, begeht einen Mord'; sodann eine Begründung – doch diese ist in den Reden und bei der Einzelfrage länger als bei den einzelnen Beweisen – und stellen meist in einer abschließenden Zusammenfassung, teils in Form einer Aufzählung, teils in der einer kurzen Folgerung, fest, was sie erreicht haben. Bei dieser Art ist die Behauptung zweifelhaft; denn ihr gilt die Frage. 12 In der zweiten Form ist die verknüpfende Zusammenfassung nicht dem Ansatz gleich, hat jedoch den gleichen Sinn: 'Der Tod ist nichts, was uns betrifft; denn was aufgelöst ist, hat keine Empfindung: was aber keine Empfindung hat, ist nichts, was uns betrifft.' In einer anderen Form ist die Behauptung nicht gleich mit der Verknüpfung: 'Alle Lebewesen sind besser als leblose, nichts aber ist besser als die Welt, also ist die Welt ein Lebewesen.' Hier kann es scheinen, als fehle der Ansatz; denn man kann folgenden Schluß daraus bilden: 'Die Welt ist ein Lebewesen; denn alle Lebewesen sind besser als die leblosen' usw. 13 Diese Behauptung ist entweder allgemein zugestanden, wie in dem letzten Beispiel, oder erst noch zu beweisen, z. B.: 'Wer ein glückseliges Leben führen will, muß philosophieren'; denn das wird nicht allgemein zugestanden; das Restliche kann nicht folgen, wenn der erste Teil nicht bewiesen ist. Ebenso ist die stützende Annahme zuweilen zugestanden, z. B.: 'Alle aber wollen ein glückseliges Leben führen', zuweilen noch zu beweisen, wie in dem obigen Beispiel: 'Was aufgelöst ist, hat keine Empfindung', da es im Zweifel bleibt, ob die Seele, vom Körper gelöst, unsterblich ist oder nur für eine bestimmte Zeit bestehen bleibt. Dies nennen die einen eine stützende Annahme, andere eine Begründung.

14 Das Epicheirem unterscheidet sich durch weiter nichts vom Syllogismus als dadurch, daß der Syllogismus zum ersten mehrere Erscheinungsformen besitzt und zweitens Wahres durch Wahres erschließt, während die Verwendung des Epicheirems häufiger bei nur Glaubhaftem sich findet. Denn wenn es immer glückte, Strittiges durch allgemein Zugestandenes zu beweisen, bedürfte es bei dieser Art des Beweisens kaum eines Redners. 15 Denn welche Begabung braucht man, um zu sagen: 'Das Vermögen fällt mir zu: denn ich bin der einzige Sohn des Verstorbenen', oder: 'Ich bin Alleinerbe, da nach dem Güterrecht der Besitz eines Menschen, der ein Testament gemacht hat, gemäß der Testamentsurkunde vergeben wird: also fällt es mir zu.' 16 Sooft jedoch die Begründung selbst in Frage gestellt wird, muß das erste zur Gewißheit gebracht werden, wodurch wir das, was ungewiß ist, beweisen wollen, wenn

id, quo[t] probaturi sumus quod incertum est, ut, si ipsa forte intentione dicatur aut 'filius non es' aut 'non es legitimus' aut 'non es solus', itemque aut 'non heres es' aut 'non iustum testamentum est' aut 'capere non potes' aut 'habes coheredes', efficiendum est iustum[u], propter quod nobis adiudicari bona debeant. 17 sed tum est necessaria illa summa conexio, cum intervenit ratio longior, alioqui sufficiunt intentio ac ratio: 'silent enim leges inter arma nec se expectari iubent, cum ei, qui expectare velit, ante iniusta poena luenda sit quam iusta repetenda'. ideoque id enthymema, quod est ex consequentibus, rationi simile dixerunt. sed et singula quaeque interim[v] recte ponuntur, ut ipsum illud silent leges inter arma, et a ratione incipere fas est, deinde concludere, ut ibidem: 18 'quod si duodecim tabulae nocturnum furem quoquo modo, diurnum autem, si se telo defenderet, interfici inpune voluerunt, quis est qui, quoquo modo quis interfectus sit, poeniendum putet?' variavit hic adhuc et rursus rationem tertio loco posuit: 'cum videat aliquando gladium nobis ab ipsis porrigi legibus'. 19 per constantem[w] partis duxit ordinem: 'insidiatori vero et latroni quae potest inferri iniusta nex?' (hoc intentio); 'quid comitatus nostri, quid gladii volunt?' (hoc ratio); 'quos habere certe non liceret, si uti illis nullo pacto liceret': hoc ex ratione et intentione conexio.

20 Huic generi probationis tribus occurritur modis, id est per omnis partis. aut enim expugnatur intentio aut adsumptio aut conclusio, nonnumquam omnia. [sed omnia haec tria sunt.][x] intentio expugnatur: 'iure occidi eum, qui insidiatus sit'; nam prima statim

t) quo *Capperonnier:* quod
u) istud *Gesner* id certum *Halm*
v) quaeque interim *Badius:* interimque
w) per constantem *Radermacher:* prioris autem
x) *del. Gesner*

etwa schon in dem Ansatz der Gegenseite behauptet wird: 'Du bist nicht der Sohn' oder 'Du bist nicht der legitime Sohn' oder 'Du bist nicht der einzige Sohn' und ebenso 'Du bist nicht Erbe' oder 'Das Testament ist nicht gültig' oder 'Du bist nicht erbfähig' oder 'Du hast Miterben'; dann muß nachgewiesen werden, weshalb uns die Güter zugesprochen werden müssen. 17 Nur dann jedoch ist die abschließende Verknüpfung notwendig, wenn eine längere Begründung den Mittelteil bildet; sonst genügen Ansatz und Begründung[141]: 'Es schweigen nämlich die Gesetze während des Waffenlärmes und lassen es auch nicht zu, da ja, wer so lange warten wollte, eher ungerechter Bestrafung zum Opfer fiele, ehe er gerechte erwirken kann.' Und deshalb hat man gesagt, das Enthymem aus Abfolgendem sei einer Begründung ähnlich. Doch werden auch die Einzelsätze gelegentlich zu Recht gebraucht, z. B. das eben erwähnte 'die Gesetze schweigen während des Waffenlärmes'; auch ist es statthaft, mit der Begründung zu beginnen und die Schlußfolgerung anzuschließen, z. B. an der gleichen Stelle[142]: 18 'Wenn es aber die zwölf Tafeln gewollt haben, daß ein Dieb in der Nacht auf jede Weise, einer bei Tage aber dann, wenn er sich mit der Waffe zur Wehr setzt, ungestraft getötet werde, wer in aller Welt könnte dann der Auffassung sein, es müsse bestraft werden, gleich, auf welche Weise einer getötet worden sei?' Unser Redner hat noch eine weitere Variation verwendet und auch wieder die Begründung an die dritte Stelle gesetzt: 'Da er sieht, daß zuweilen das Schwert uns von den Gesetzen selbst dargereicht wird.' 19 In der festen Abfolge hat er die Teile so folgen lassen[143]: 'An einem Attentäter aber und Wegelagerer – welcher ungerechtfertigte Totschlag kann denn da verübt werden?' – dies der Ansatz –; was sollen denn unsere Begleitmannschaften, was die Schwerter? – dies die Begründung –; 'die man doch gewiß nicht haben dürfte, wenn man sie auf keinen Fall gebrauchen dürfte' – dies die verknüpfende Folgerung aus Begründung und Ansatz.

20 Dieser Beweisform tritt man auf dreierlei Weise entgegen, das heißt in allen drei Teilen. Entweder nämlich wird der Ansatz widerlegt oder die stützende Annahme oder die Schlußfolgerung, zuweilen auch alles – doch alles das sind diese drei. Der Ansatz wird widerlegt: 'Zu Recht habe ich den getötet, der einen Anschlag aufs

[141] p. Mil. 4, 10.
[142] ebd. 3, 9.
[143] p. Mil. 4, 10.

quaestio pro Milone est: 'an ei fas sit lucem intueri, qui a se hominem necatum esse fateatur'. 21 expugnatur adsumptio omnibus iis, quae de refutatione diximus. et ratio quidem numquam[y] est vera, nisi et[z] propositio vera sit; interim verae propositionis falsa ratio est, ut 'virtus bonum est' verum est: si quis rationem subiciat, 'quod ea locupletes faciat', verae intentionis falsa sit ratio. 22 conexio autem aut vera negatur, cum aliud colligit quam id, quod ex prioribus efficitur, aut nihil ad quaestionem dicitur pertinere. non est vera sicut haec[a]: 'insidiator iure occiditur; nam cum vitae[b] vim adferat ut hostis, debet etiam repelli ut hostis: recte igitur Clodius ut hostis occisus est'; non utique, nondum enim Clodium insidiatorem ostendimus. sed fit vera conexio: 'recte igitur insidiator ut hostis occiditur'; nihil ad nos, nondum enim Clodius insidiator apparet. 23 sed ut potest vera esse intentio et ratio et tamen falsa conexio, ita, si illa falsa sunt, numquam est vera conexio.

24 Enthymema ab aliis oratorius syllogismus, ab aliis pars dicitur syllogismi, propterea quod syllogismus utique conclusionem et propositionem habet et per omnes partes efficit quod proposuit, enthymema tantum intellegi contentum sit. 25 syllogismus talis: 'solum bonum virtus, nam id demum bonum est, quo nemo male uti potest: virtute nemo male uti potest, bonum est ergo virtus'. enthymema ex consequentibus: 'bonum est virtus, qua nemo male uti potest'. et contra: 'non est bonum pecunia; non enim bonum est, quo quis[c] male uti potest: pecunia potest quis male uti, non igitur

y) numquam *Jul. Vict.:* non numquam
z) nisi et *Jul. Vict.:* nis cum eius ut **G** ***t **A** eis cum eis ut **M** cum et **PV**
a) sicut haec *Jul. Vict.:* sic
b) cum vitae *Jul. Vict.:* curavit ne **A** qui curavit ut ne **GM** qui curavit ut **PV**
c) quo quis *Jul. Vict.:* quo quisque (quisquam **P**)

Leben verübt hat'; denn gleich die erste Frage in der Rede für Milo lautet: 'Oder könnte es recht und fromm für jemanden sein, noch das Licht der Sonne zu schauen, der gestehen muß, von seiner Hand sei ein Mensch getötet worden?' 21 Die stützende Annahme wird mit allen den Mitteln widerlegt, über die wir bei dem Widerlegungsteil der Gerichtsrede gesprochen haben[144]. Die Begründung nun zwar ist niemals wahr, wenn nicht auch die Behauptung wahr ist; doch ist zuweilen für eine wahre Behauptung die Begründung falsch, z. B. ist 'die Tugend ist ein Gut' wahr. Wenn aber jemand die Begründung hinzusetzt 'weil sie reich macht', ist das ja wohl für die wahre Behauptung eine falsche Begründung. 22 Die folgende Verknüpfung wird entweder als nicht wahr bezeichnet, wenn man etwas anderes folgert als das, was aus den vorhergehenden Teilen sich ergibt, oder man sagt, sie bedeute nichts für die Frage. Nicht wahr ist sie etwa in folgendem Beispiel: 'Der Attentäter wird zu Recht erschlagen; denn da er dem Leben Gewalt antut wie ein Feind, muß er auch wie ein Feind zurückgeschlagen werden: zu Recht ist also Clodius wie ein Feind getötet worden.' Nicht unbedingt: denn noch nicht haben wir das Attentat des Clodius dargetan. Doch wird die Folgerung wahr: 'Zu Recht also wird der Attentäter wie ein Feind getötet.' Sie bedeutet aber nichts für uns; denn es ist noch nicht offenbar, daß Clodius ein Attentäter ist. 23 Doch mögen der Ansatz und die Begründung wahr sein und dennoch die Verknüpfung falsch, so ist, wenn jene falsch sind, die folgende Verknüpfung niemals wahr.

24 Das Enthymem wird von den einen als rednerischer Syllogismis, von anderen als Teil eines Syllogismus bezeichnet, weil ein Syllogismus unbedingt Schlußfolgerung und Behauptung hat und mittels aller Teile erreicht, was er behauptet hat, das Enthymem aber sich begnügt, nur verstanden zu werden. 25 Ein Syllogismus ist von solcher Art: 'Das einzige Gut ist die Tugend; denn das nur ist ein Gut, wovon niemand schlechten Gebrauch machen kann. Von der Tugend kann niemand schlechten Gebrauch machen: ein Gut ist also die Tugend.' Ein Enthymem aus Nachfolgendem: 'Ein Gut ist die Tugend, von der niemand schlechten Gebrauch machen kann.' Und umgekehrt: 'Kein Gut ist das Geld; denn das ist kein Gut, wovon jemand schlechten Gebrauch machen kann. Vom Geld kann jemand schlechten Gebrauch machen, nicht also ist Geld ein

[144] s. o. Kap. 13.

bonum est pecunia'. enthymema ex pugnantibus: 'an bonum est pecunia, qua quis[d] male uti potest?' 26 'si pecunia, quae est in argento signato, argentum est, qui argentum omne legavit, et pecuniam, quae est in argento signato, legavit: argentum autem omne legavit, igitur et pecuniam, quae est in argento, legavit' habet formam syllogismi. oratori satis est dicere: 'cum argentum legaverit omne, pecuniam quoque legavit, quae est in argento'.

27 Peregisse mihi videor sacra tradentium partes[e], sed consilio locus superest. namque ego, ut in oratione syllogismo quidem aliquando uti esse fas[f] duco, ita constare totam aut certe confertam esse adgressionum et enthymematum stipatione minime velim. dialogis enim et dialecticis disputationibus erit similior quam nostri operis actionibus, quae quidem inter se plurimum differunt. 28 namque ⟨in⟩[g] illis homines docti et inter doctos verum quaerentes minutius et scrupulosius scrutantur omnia et ad liquidum confessumque perducunt, ut qui sibi et inveniendi et iudicandi vindicent partis, quarum alteram τοπικήν, alteram κριτικήν vocant. 29 nobis ad aliorum iudicia componenda est oratio, et saepius apud omnino imperitos atque illarum certe ignaros litterarum loquendum est, quos nisi et delectatione adlicimus et viribus[h] trahimus et nonnumquam turbamus adfectibus, ipsa, quae iusta ac vera sunt, tenere non possumus. 30 locuples et speciosa et imperiosa vult esse eloquentia: quorum nihil consequetur, si conclusionibus certis et crebris[i] et in unam prope formam cadentibus concisa et contemptum ex humilitate et odium ex quadam severitate[j] et ex copia satietatem et ex similitudine[k] fastidium tulerit. 31 feratur ergo non semitis, sed campis, non uti fontes angustis fistulis colliguntur, sed ut beatissimi amnes totis vallibus fluunt[l], ac sibi viam, si quando non acceperit, faciat. nam quid illa miserius lege velut praeformatas

d) quis *Halm:* quisque (quisquam **P**)
e) partes *Gertz:* artes
f) esse fas *Halm:* nefas
g) *add. Halm:* illis **AGM** illi **PV**
h) vicibus *Meister*
i) *add. e Buchheiti suppl. ed. Radermacherianae*
j) *edd.:* servitute
k) similitudine *Jul. Vict.:* amplitudine
l) fluunt a pluant **AG** fluat **PV** fluant **M**

Gut.' Ein Enthymem aus Entgegengesetztem: 'Kann denn Geld ein Gut sein, wovon jemand doch schlechten Gebrauch machen kann?' 26 'Wenn Geld, das aus geprägtem Silber besteht, Silber ist, hat jemand, der alles Silber vermacht hat, auch das Geld, das aus geprägtem Silber besteht, vermacht: er hat aber alles Silber vermacht, also hat er auch das Geld, das aus geprägtem Silber besteht, vermacht.' Dem Redner genügt es, zu sagen: 'Da er alles Silber vermacht hat, hat er auch das Geld vermacht, das aus Silber besteht.'

27 Damit habe ich, glaube ich, die Rolle derer, die diese Mysterienweisheit überliefern, zu Ende gespielt, doch ist noch Platz für einen Rat. Denn wenn ich es auch für recht und gut halte, zuweilen in der Rede den Syllogismus zu verwenden, so möchte ich doch keineswegs, daß die ganze Rede daraus bestehe oder doch vollgepfropft sei mit einem Gefolge von Epicheiremen und Enthymemen. Denn dann wird sie Dialogen und dialektischen Untersuchungen ähnlicher sein als den Prozeßreden, die unsere Aufgaben sind, während doch zwischen beidem ein gewaltiger Unterschied besteht. 28 Denn in den philosophischen Untersuchungen suchen gebildete Menschen mit Gebildeten nach der Wahrheit, durchforschen alles nur zu peinlich und genau und führen bis dahin, wo alles klar und anerkannt ist, wie sie sich ja auch selbst sowohl die Rolle des Erfinders (der Beweisführung) als auch der Richter hierüber zulegen, wovon sie die eine Aufgabe als τοπική, die andere als κριτική bezeichnen. 29 Wir müssen unsere Rede nach dem Urteil anderer einrichten, ja wir müssen dabei öfters vor ganz Ungebildeten und jedenfalls mit dieser Art von Wissenschaft Unbekannten reden. Wenn wir solche Menschen nicht mit Unterhaltsamem anlocken, mit Macht mitreißen und zuweilen mit Gefühlswirkungen in Verwirrung versetzen, können wir auch das, was gerecht und wahr ist, nicht festhalten. 30 Reich, stattlich und gebieterisch will die Redekunst sein; hiervon kann sie nichts erreichen, wenn sie mit sicheren, zahlreichen und fast nur in einer Form verlaufenden Beweisen in zerhackten Redestücken mit niedriger Sprache Verachtung, mit einer strengen Haltung Haß, mit der Fülle Übersättigung und mit der Einförmigkeit Überdruß erweckt. 31 Sie stürme dahin nicht auf schmalen Pfaden, sondern auf freiem Feld, nicht wie Quellen in engen Rohren gesammelt werden, sondern wie die reichsten Ströme in ganzen Stromtälern dahinfließen, so fließe sie, und wenn sie einmal keinen Weg vorfindet, so bahne sie ihn sich selbst. Denn was ist denn armseliger als dieses Regelwerk der Beweisführung, wenn man ihm folgt wie die Kinder den Buchstaben, die man ihnen schon vorgeschrieben hat, und,

infantibus litteras persequentium et, ut Graeci dicere solent, quem mater amictum dedit, sollicite custodientium: propositio ac conclusio ex consequentibus, repugnantibus? 32 non inspiret? non augeat? non mille figuris variet ac verset? ut ea nasci et ipsa provenire natura, non manu facta et arte suspecta magistrum fateri ubique videantur. quis umquam sic vicit[m] orator? nonne apud ipsum Demosthenen paucissima huius generis[n] reperiuntur? quae adprensa Graeci magis (nam hoc solum peius nobis faciunt) in catenas ligant et inexplicabili serie conectunt et indubitata colligunt et probant confessa et se antiquis per hoc similes vocant, deinde interrogati numquam respondebunt, quem imitentur. sed de figuris alio loco.

33 Nunc illud adiciendum, ne eis quidem consentire me, qui semper argumenta sermone puro et dilucido et distincto, ceterum minime elato[o] ornatoque putant esse dicenda. namque ea distincta quidem ac perspicua debere esse confiteor, in rebus vero minoribus etiam sermone ac verbis quam maxime propriis et ex usu: 34 at si maior erit materia, nullum iis ornatum, qui modo non obscuret, subtrahendum puto. nam et saepe plurimum lucis adfert ipsa translatio, cum etiam iuris consulti, quorum summus circa verborum proprietatem labor est, 'litus' esse audeant dicere, 'qua fluctus eludit'. 35 quoque quid est natura magis asperum, hoc pluribus condiendum est voluptatibus: et minus suspecta argumentatio dissimulatione, et multum ad fidem adiuvat audientis voluptas. nisi forte existimamus Ciceronem haec ipsa male ⟨in⟩[p] argumentatione dixisse, 'silere leges inter arma', et 'gladium nobis interim ab ipsis porrigi legibus'. his tamen habendus est is[q] modus, ut sint ornamento, non inpedimento.

m) vicit *Radermacher* dixit *Regius:* vixit
n) generis *Zumpt:* veris **A** iuris vel artis **P** veris vel artis **G**
o) elato *Jul. Vict.:* lato
p) *add. Regius*
q) est is *Radermacher* iustus *Burman:* istis **AGVM**

[145] s. o. B. 9, 1–3.
[146] p. Mil. 4, 10.

wie die Griechen zu sagen pflegen, ängstlich am Rockzipfel hängt, den die Mutter geboten hat: Behauptung und Schlußfolgerung aus der Abfolge und dem Gegensätzlichen? 32 Soll denn der Redner nicht begeistern, nicht steigern, nicht seine Rede mit tausend künstlichen Redewendungen abwechslungsreich und wechselvoll machen? So daß das, was er sagt, gerade zu entstehen und aus eigener Natur hervorzukommen, nicht handgearbeitet und durch seine Künstlichkeit verdächtig überall den Lehrer zu verraten scheine. Welcher Redner hat so je den Sieg errungen? Findet sich nicht bei Demosthenes selbst nur ganz weniges dieser Art? Daran klammern sich die Griechen – denn hierin allein ist ihre Leistung schlechter als die unsere –, knüpfen es zu Fesseln und reihen es in unentwirrbarer Kette aneinander, erschließen Dinge, die niemand bezweifelt hat, beweisen, was allgemein zugestanden ist, und nennen sich hierbei den Alten ähnlich. Fragt man sie dann, so werden sie nie antworten, wen sie eigentlich nachahmen. Jedoch über die Redefiguren an anderer Stelle[145].

33 Hier habe ich im Augenblick nur hinzuzufügen, daß ich selbst denen nicht zustimmen kann, die der Auffassung sind, die Beweise müßten immer in reiner, klarer und deutlich gegliederter, im übrigen aber am wenigsten gehobener und geschmückter Sprache vorgebracht werden. Denn daß sie deutlich gegliedert und durchsichtig sein müssen, gebe ich zu, ja auch, daß bei unbedeutenderen Angelegenheiten Sprache und Wortwahl möglichst aus den eigentlichen und gebräuchlichen Wendungen bestehen sollen. 34 Handelt es sich dagegen um einen bedeutenderen Stoff, so bin ich der Ansicht, man dürfe ihm keinen Schmuck entziehen, falls er nur keine Dunkelheit hineinbringe. Denn oft bringt ein übertragener Ausdruck gerade das anschaulichste Licht hinein, da ja sogar die Juristen, deren höchste Anstrengung den Worten gilt, die die Eigentümlichkeit der Sache treffen, es wagen zu sagen, ein Gestade sei da, 'wo die Flut spielt'. 35 Und je spröder nun etwas von Natur ist, mit um so reichlicheren Mitteln, die Genuß bereiten, muß man es würzen; einerseits wirkt die Beweisführung weniger verdächtig, wenn sie überdeckt wird, und andererseits trägt das Vergnügen des Zuhörers viel zur Glaubwürdigkeit der Sache bei, es sei denn, wir wären der Meinung, Cicero habe die folgenden Wendungen[146] mitten in einer Beweisführung schlecht gebracht: 'Es schwiegen die Gesetze während des Waffenlärmes', und 'Das Schwert werde uns zuweilen von den Gesetzen selbst dargereicht'. Indessen muß man hierbei maßhalten, damit es ein Schmuck sei und nicht ein Hindernis.

LIBER SEXTUS

Prooemium

1 Haec, Marcelle Vitori[a], ex tua voluntate maxime ingressus, tum si qua ex nobis ad iuvenes bonos pervenire posset utilitas, novissime paene etiam necessitate quadam officii delegati mihi sedulo laborabam, respiciens tamen illam curam meae voluptatis, quod filio, cuius eminens ingenium sollicitam quoque parentis diligentiam merebatur, hanc optimam partem relicturus hereditatis videbar, ut, si me, quod aequum et optabile fuit, fata intercepissent, praeceptore tamen patre uteretur. 2 at me fortuna id agentem diebus ac noctibus festinantemque metu meae mortalitatis ita subito prostravit, ut laboris mei fructus ad neminem minus quam ad me pertineret. illum enim, de quo summa conceperam et in quo spem unicam senectutis reponebam, repetito vulnere orbitatis amisi. 3 quid nunc agam? aut quem ultra esse usum mei dis repugnantibus credam? nam ita forte accidit, ut eum quoque librum, quem de causis corruptae eloquentiae emisi, iam scribere adgressus ictu simili ferirer. unum[b] igitur optimum fuit, infaustum opus et quidquid hoc est in me infelicium litterarum super immaturum funus consumturis viscera mea flammis inicere neque hanc impiam vivacitatem novis insuper curis fatigare. 4 quis enim mihi bonus parens ignoscat, si studere amplius possum, ac non oderit hanc animi mei firmitatem, si quis in me alius usus vocis, quam ut incusem deos superstes omnium meorum? nullam in terras despicere providentiam tester? si non meo casu, cui tamen nihil obici, quam quod vivam, potest, at illorum certe, quos utique inmeritos mors acerba damnavit, erepta prius mihi

a) Vitori *Mommsen:* Victori
b) unum *Radermacher* tunc *Regius* nonne *Halm:* nunm (nunc **Q**)

SECHSTES BUCH

Vorrede

1 Mein Werk, Marcellus Vitorius, das ich vor allem nach deinem Wunsch begonnen hatte, schrieb ich – zunächst in der Absicht, es könne vielleicht unserer Jugend irgend von Nutzen sein, neuerdings auch geradezu unter der Verpflichtung des mir übertragenen Lehrauftrages – mit allem Fleiß, wobei ich freilich auch mir selbst eine Freude zu machen gedachte; glaubte ich doch, ich könnte es einem Sohn, dessen hervorragende Begabung auch vom Vater die regeste Pflege verdiente, als besten Teil seines Erbes hinterlassen, so daß, wenn mich nach Wunsch und Billigkeit die Schicksalsmächte hinweggerafft, er dennoch weiter seinen Vater zum Lehrer hätte. 2 Doch hat mich, während ich Tag und Nacht in diesem Sinne mich mühte und beeilte aus Furcht vor dem Nahen meines eigenen Todes, das Schicksal so plötzlich niedergeworfen, daß die Frucht meiner Arbeit nun niemandem weniger zuteil wird als mir selbst. Denn ihn, mit dem ich die höchsten Pläne hatte und auf den ich die einzige Hoffnung meines Alters setzte, habe ich verloren, und wieder habe ich den Schmerz, verwaist und verlassen zu sein. 3 Was soll ich jetzt noch tun? Soll ich es noch glauben, zu etwas nütze zu sein, da die Götter gegen mich sind? Denn so geschah es ja auch damals, als ich mein Buch über die Gründe des Verfalls der Redekunst herausbrachte: auch damals, als ich schon am Schreiben war, wurde ich von einem ähnlichen Schicksalsschlag getroffen. Ja, so wäre es das beste, das Unglückswerk und alles, was mir noch von meinen unseligen literarischen Arbeiten geblieben ist, oben auf den Scheiterhaufen zu werfen, dessen Flammen mir zu früh mein Herzensblut verzehren, statt dieses gottlose Weiterleben noch mit neuen Aufgaben zu belasten. 4 Denn welcher gute Vater könnte es verstehen, wenn ich noch weiter meine Studien betreibe? Und wird er nicht diese Härte und Festigkeit meines Geistes hassen, wenn ich meine Stimme zu etwas anderem gebrauche, als sie gegen die Götter zu erheben, ich, der Letzte aller Meinen? Soll ich Zeugnis geben dafür, daß es keine Vorsehung gibt, die auf die Erde herabschaut – wenn schon nicht durch mein eigenes Unglück, dem freilich nichts

matre eorundem, quae nondum expleto aetatis undevicesimo anno duos enixa filios, quamvis acerbissimis rapta fatis, ⟨non⟩[c] infelix decessit. 5 ego vel hoc uno malo sic eram adflictus, ut me iam nulla fortuna posset efficere felicem. nam cum omni virtute, quae in feminas cadit, functa insanabilem attulit marito dolorem, tum aetate tam puellari, praesertim meae comparata, potest et ipsa numerari inter vulnera orbitatis. 6 liberis tamen superstitibus et, quod nefas erat, sed optabat ipsa, me salvo maximos cruciatus praecipiti via effugit. mihi filius minor quintum egressus annum prior alterum ex duobus eruit lumen. 7 non sum ambitiosus in malis nec augere lacrimarum causas volo, utinamque esset ratio minuendi: sed dissimulare qui possum, quid ille gratiae in vultu, quid iucunditatis in sermone, quos ingenii igniculos, quam substantiam placidae et, quamquam[d] scio vix posse credi, iam tum[e] altae mentis ostenderit: qualis amorem quicumque alienus infans mereretur. 8 illud vero insidiantis, quo me validius cruciaret, fortunae fuit, ut ille mihi blandissimus me suis nutricibus, me aviae educanti, me omnibus, qui sollicitare illas aetates solent, anteferret. 9 quapropter illi dolori, quem ex matre optima atque omnem laudem supergressa paucos ante menses ceperam, gratulor. minus enim est, quod flendum meo nomine quam quod illius gaudendum est. una post haec Quintiliani mei spe ac voluptate nitebar, et poterat sufficere solacio. 10 non enim flosculos, sicut prior, sed iam decimum aetatis ingressus annum certos ac deformatos fructus ostenderat. iuro per mala

c) *add. Halm*
d) quamquam *Madvig:* quem **PVM** quod **AG**
e) iam tum *Burman:* tantum

vorzuwerfen ist als die Tatsache, daß ich noch lebe, so doch gewiß durch das Unglück jener, die die harte Todesstrafe jedenfalls unverdient getroffen hat: war mir doch schon vorher ihre Mutter entrissen worden, sie, für die es, nachdem sie noch vor Vollendung ihres neunzehnten Lebensjahres zwei Söhne geboren hatte, so hart die Schicksalsmächte zupackten, die sie hinwegrafften, ein Glück war, hinzuscheiden. 5 Ich war auch schon durch dies eine Unglück so mitgenommen, daß mich kein Schicksal mehr hätte glücklich machen können. War sie doch mit aller Tugend ausgestattet, wie sie Frauen ziemt, und bereitete so durch ihr Hinscheiden ihrem Gatten unstillbaren Schmerz. Sie stand zudem noch in der vollen Jugendblüte – zumal gemessen an meinem Lebensalter –, so daß ich auch sie zu denen zählen kann, die mir den Schmerz zugefügt haben, verwaist zu sein. 6 Immerhin waren die Kinder noch da, an denen ich meine Freude hatte. Und war es auch unrecht, daß ich noch gesund war, während sie vor mir sterben mußte – mochte sie es selbst auch immer so wünschen! –, den schlimmsten Martern ist sie doch durch ihr jähes Hinscheiden entronnen: mir entriß mein jüngerer Sohn, gerade fünf Jahre alt, zunächst das eine meiner Lebenslichter. 7 Ich bin nicht ehrgeizig im Unglück und will die Gründe für meine Tränen nicht übertreiben: hätte ich doch ein Mittel, sie zu verhindern! Doch wie könnte ich leugnen, welch liebliches Gesichtchen, welch reizendes Geplauder, welche Geistesfunken, welch ruhige und – was man in dem Ausmaß, wie ich weiß, kaum glauben kann – dabei gründliche Wesensart er erkennen ließ? Auch jedes fremde Kind von solcher Art würde man liebhaben müssen! 8 Darin aber bestand die Tücke des Schicksals, um mich noch stärker zu quälen, daß er zu mir am liebsten war, mich lieber hatte als seine Kinderfrauen, seine Großmutter, die ihn erzog, als alle, mit denen Kinder in solchem Alter sich zu beschäftigen pflegen. 9 Deshalb bin ich dem Schmerz, den ich durch ihre gute, über jedes Lob erhabene Mutter wenige Monate zuvor empfangen hatte, dankbar. Denn geringer wiegen die Tränen, die ich im eigenen Namen vergoß, als die Freude, die ich in ihrem Namen empfinden durfte (darüber, daß sie diesen Kummer nicht durchzumachen brauchte)! Meine einzige Hoffnung und Freude, an der ich mich danach noch aufrichten konnte, war mein Quintilian. Und er konnte genügen zum Troste; 10 denn nicht Knospen, wie der Jüngere, hatte er gezeigt, sondern, als er ins zehnte Jahr kam, schon richtige, deutlich erkennbare Früchte (seines Talents). Ich schwöre bei meinem Elend, bei dem Bewußtsein des Unsegens, der an mir

mea, per infelicem conscientiam, per illos manes, numina mei doloris, has me in illo vidisse virtutes ingenii non modo ad percipiendas disciplinas, quo nihil praestantius cognovi plurima expertus, studiique iam tum non coacti (sciunt praeceptores), sed probitatis, pietatis, humanitatis, liberalitatis, ut prorsus posset[f] hinc[g] esse tanti fulminis metus, quod observatum fere est celerius occidere festinatam maturitatem et esse nescio quam, quae spes tantas decerpat, invidiam, ne videlicet ultra, quam homini datum est, nostra provehantur. 11 etiam illa fortuita aderant omnia, vocis iucunditas claritasque, oris suavitas et in utraque[h] lingua, tamquam ad eam demum natus esset, expressa proprietas omnium litterarum, sed hae spes adhuc: illa maiora, constantia, gravitas, contra dolores etiam ac metus robur. nam quo ille animo, qua medicorum admiratione mensum octo valetudinem tulit! ut me in supremis consolatus est! quam etiam deficiens iamque non noster ipsum illum alienatae mentis errorem circa scholas, litteras[i] habuit! 12 tuosne ego, o meae spes inanes, labentis oculos, tuum fugientem spiritum vidi? tuum corpus frigidum, exsangue complexus animam recipere auramque communem haurire amplius potui, dignus his cruciatibus, quos fero, dignus his cogitationibus? 13 tene consulari nuper adoptione ad omnium spes honorum propius[j] admotum, te avunculo

f) posset *Gesner:* possit
g) hinc *Regius:* hic
h) utraque *Bonnell:* utracumque
i) ac litteras *Meiser:* litteras
j) propius *Buecheler Meiser:* prius

haftet, bei den Manen meiner Toten, deren göttlichem Walten mein Schmerz dient, in ihm solche geistigen Anlagen erkannt zu haben, nicht nur beim Erfassen der einzelnen Fächer, wobei ich in meiner vieljährigen Erfahrung nicht Hervorragenderes kennengelernt habe, und beim Studium, zu dem es bei ihm schon damals, wie seine Lehrer wissen, keines Zwanges bedurfte, sondern auch die höchste Bravheit, Frömmigkeit, Gesittung und edle Denkart, so daß man schon daher gleich einen solchen Blitzschlag hätte fürchten können; denn die Beobachtung hat man ja schon oft genug gemacht, daß die Frühreife auch schneller dahingeht und es eine Art Neid gibt, der die großen Hoffnungen zerpflückt, damit unser Glück nicht über das hinauswächst, was dem Menschen beschieden ist. 11 Auch alle die Glücksgaben besaß er ja, eine angenehme helle Stimme, ein freundliches Gesicht und in jeder der beiden Sprachen[1] eine so treffende Wiedergabe aller Laute, als wäre er gerade für sie geboren. Doch das waren noch Zukunftshoffnungen. Voll ausgeprägt zeigte er schon einen starken Willen, Lebensernst und Kraft, die er den Schmerzen und ängstlichen Regungen entgegensetzte. Denn mit welchem Mut, zur Verwunderung der Ärzte, ertrug er die acht Monate seiner Krankheit! Wie hat er mich noch getröstet, als es zu Ende ging! Wie hatte er noch mit letzter Kraft, uns schon fast entrückt, als sein Geist schon in die Ferne schweifte, seine Gedanken nur noch bei seinen Studien! 12 Ich habe gesehen, wie deine Augen brachen – o meine eitlen Hoffnungen! –, wie dein Atem aushauchte! Habe ich es vermocht, deinen kalten, bleichen Leib zu umfassen, deinen letzten Hauch in mich aufzunehmen und doch weiter aus dem vollen Strom der Lebensluft zu schöpfen? Würdig dieser Martern, die ich durchmache, würdig auch dieser Gedanken! 13 (Ist's denn wahr) habe ich dich verloren, dem durch die kürzlich erfolgte Adoption alle Aussichten

[1] Wir erinnern uns der Vorschriften für die sprachliche Erziehung in den Anfangskapiteln des Werkes (besonders hier 1, 2, 12). In dem Kind, dem das Griechische wie das Lateinische so zum natürlichen Ausdrucksmittel wird, daß man nicht mehr unterscheiden kann, in welcher Sprache es beheimatet ist, verkörpert sich die Verschmelzung der Bildungskräfte des Griechischen und des Römischen zum Bildungsbegriff der 'Antike' als der geistigen Heimat. Der Sohn wird dem Erzieher Quintilian zum Exempel für den echten Weg zur Menschenbildung, den der Vater zeigt, und das Exempel ist um so wirkungsvoller, weil es so leibhaftig und so rührend vor Augen steht. Das Persönliche dient dem Werk, nicht der Biographie, dem Dauernden, nicht dem Vergänglichen.

praetori generum destinatum, te [omnium spes][k] avitae[l] eloquentiae candidatum superstes parens tantum † poenas[m] et, si non cupido lucis, certe patientia vindicet te reliqua mea aetate; nam frustra mala omnia ad crimen fortunae relegamus. nemo nisi sua culpa diu dolet. 14 sed vivimus et aliqua vivendi ratio quaerenda est, credendumque doctissimis hominibus, qui unicum adversorum solacium litteras putaverunt. si quando tamen ita resederit praesens impetus, ut aliqua tot luctibus alia cogitatio inseri possit, non iniuste petierim morae veniam. quis enim dilata studia miretur, quae potius non abrupta esse mirandum est? 15 tum si qua fuerint minus effecta eis, quae levius adhuc adflicti coeperamus, imperitanti[n] fortunae remittantur, quae, si quid mediocrium alioqui in nostro ingenio virium fuit, ut non extinxerit, debilitavit tamen. sed vel propter hoc nos contumacius erigamus, quod illam ut perferre nobis difficile est, ita facile contemnere. nihil enim sibi adversus me reliquit et infelicem quidem, sed certissimam tamen attulit mihi ex his malis securitatem. 16 boni autem consulere nostrum laborem vel propter hoc aequum[o] est, quod in nullum iam proprium usum perseveramus, sed omnis haec cura alienas utilitates[p], si modo quid utile scribi, spectat. nos miseri sicut facultates patrimonii nostri, ita hoc opus aliis praeparabamus[q], aliis relinquemus.

k) *del. Spalding*
l) avitae *Erasmus:* acutae **QM** acutis **AGV**
m) ad poenas *Valla*
n) imperitanti *Lochmann:* imperi aut **Ag** imperitie aut **PV**
o) aequum *Muretus:* caecum (cecum)
p) cura alienas utilitates *Guilielmus:* curas (curas ut **V**) alienas (alienis **MV**) utiles **AGMV**
q) parabamus *Burman*

[2] Text unsicher. Ich folge dem Erasmus.
[3] Wenn Quint. mit seiner Vorrede zum 4. B. als 'Höfling' im 19. Jh. peinlich und befremdend gewirkt hat, so hat er durch diese Vorrede auch die Herzen der gleichen Leser erobert. Hier hatte man einmal, in dem impulsiven Schmerzensausbruch des um sein persönliches Lebensglück betrogenen alten Lehrers, ein wirkliches Bild aus dem Leben, einen Zugang zum Herzen, Persönliches, Intimes. Demgegenüber ist, wenn man die Eigenart der 'rhetorischen Kultur', die das Werk des Quint. repräsentiert, nicht im Grunde mißverstehen will, nachdrücklich daran zu erinnern, daß dieses Gefühl des Persönlichen und Intimen das Ergebnis bewußter Kunst ist, stilisierte Selbstdarstellung für Mit- und Nachwelt, in der das Persönliche zum Exemplarischen wird. Wie Cicero

auf den konsularischen Rang des Vaters offenstanden, der einem Oheim im Range eines Praetors zum Schwiegersohn bestimmt war, dich, den Anwärter für den Rednerglanz, den schon dein Großvater besessen[2], ich dein Erzeuger, der nur noch lebt, um zu büßen. Und wenn auch nicht meine Lust am Leben, so doch meine Geduld, es zu ertragen, soll das Opfer sein, das ich mit dem darbringe, was mir noch an Jahren bleibt. Denn vergebens schieben wir die Schuld für all unser Unglück auf das Schicksal. Nur eigene Schuld ist's, wenn der Schmerz lange währt. 14 Doch wir leben, und einen Grund zu leben gilt es zu suchen. Und so muß man den großen Geistern Glauben schenken, die in der Beschäftigung mit geistiger Arbeit den einzigen Trost im Unglück sahen. Wenn sich erst einmal der Sturm, der mich bedrängt, in mir so weit beruhigt hat, daß sich in all der Trauer wieder ein anderer Gedanke fassen läßt, wird es mein gutes Recht sein, für die Versäumnisse um Nachsicht zu bitten. Denn wer wird sich da über einen Aufschub der Arbeit verwundern, wo viel mehr zu verwundern ist, daß sie nicht abgebrochen wird? 15 Wenn dann etwas weniger gelungen erscheint als das, was wir noch unter weniger schwerer seelischer Bedrückung begonnen hatten, so mag man es dem wiederholten Eingriff des Schicksals anrechnen, der, was wir noch irgend an bescheidener Begabung besaßen, wenn nicht erstickt, so doch geschwächt hat. Doch auch deshalb wollen wir uns nur trotziger aufrichten; denn so schwer es uns fällt, das Schicksal zu ertragen, so leicht nun, es zu verachten; denn nichts hat es sich noch gegen mich aufgespart und hat mir durch mein Elend eine zwar unselige, dafür aber um so größere Sicherheit beschert. 16 Daß aber unsere Arbeit freundliche Aufnahme findet, ist auch schon deshalb billig, weil wir sie nunmehr völlig ohne eigenen Nutzen fortsetzen, vielmehr all unser Mühen dem Nutzen anderer gilt – wenn denn überhaupt ein Nutzen ist in dem, was wir schreiben! Wir haben leider, wie die Nutzung unseres väterlichen Gutes, so auch dieses Werk anderen zugedacht, anderen aber werden wir es nun hinterlassen[3].

im Schmerz um seine geliebte Tochter Tullia nach Mitteln sucht, ihr ein würdiges Denkmal zu setzen, so gestaltet hier Quint. den Seinen ein Familiendenkmal, den Familienbildern auf den Grabdenkmälern vergleichbar, so nah und zugleich so fern vom Intim-Vergänglichen wie die attischen Grabstelen, auch dies ein Ausdruck der Prägekraft des attischen Menschenbildes im 'Attizismus'. Auch dieses Denkmal steht nicht außerhalb des Werkes. Wir dürfen ja nicht vergessen, daß die Vorrede das Buch einleitet, das von der rhetorischen Kunst der Gefühlswirkungen handelt.

I.

1 Peroratio sequebatur, quam cumulum quidam, conclusionem alii vocant. eius duplex ratio est, posita aut in rebus aut in adfectibus. rerum repetitio et congregatio, quae Graece dicitur ἀνακεφαλαίωσις, a quibusdam Latinorum enumeratio, et memoriam iudicis reficit et totam simul causam ponit ante oculos, et, etiam si per singula minus moverat, turba valet. 2 in hac quae repetemus quam brevissime dicenda sunt, et, quod Graeco verbo patet, decurrendum per capita. nam si morabimur, non iam enumeratio, sed quasi altera fiet oratio. quae autem enumeranda videntur, cum pondere aliquo dicenda sunt et aptis excitanda sententiis et figuris utique varianda: alioqui nihil est odiosius recta illa repetitione velut memoriae iudicum diffidenti[r]. 3 sunt autem innumerabiles ⟨species⟩[s], optimeque in Verrem Cicero: 'si pater ipse iudicaret, quid diceret, cum haec probarentur?' et deinde subiecit enumerationem; aut cum idem et in eundem per invocationem deorum spoliata a praetore templa dinumerat. licet et dubitare, num quid nos fugerit, et quid responsuri sint adversarii his et his, aut quam spem accusator habeat omnibus ita defensis. 4 illa vero iucundissima, si contingat aliquod ex adversario ducere argumentum, ut si dicas: 'reliquit hanc partem causae', aut 'invidia

r) diffidenti *Regius:* diffidentis
s) *add. Halm*

ERSTES KAPITEL

Der Schlußteil der Rede

1 Nach unserer Einteilung[4] folgt nun der Schlußteil der Rede, der bei manchen Redelehrern 'Krönung', bei anderen 'Abschluß' heißt. Die zwei Gesichtspunkte, die seiner Gestaltung zugrunde liegen, sind teils die Tatsachen selbst, teils die Gefühlswirkungen. Die Wiederholung und Zusammendrängung der Tatsachen, griechisch als ἀνακεφαλαίωσις, lateinisch manchmal als 'Aufzählung' bezeichnet, frischt das Gedächtnis des Richters auf, stellt ferner den ganzen Fall in einem Gesamtbild anschaulich vor Augen und zeigt seine Stärke, auch wenn er bei der Behandlung der einzelnen Punkte weniger Eindruck gemacht haben sollte, in der gedrängten Übersicht. 2 In ihr gilt es, was wir wiederholen, so knapp wie möglich zu bringen und, wie ihr griechischer Name besagt, die 'Hauptsachen' schnell durchzugehen. Denn falls wir uns dabei aufhalten, ergibt es nicht mehr eine Aufzählung, sondern gleichsam eine neue Rede. Was aber der Aufzählung wert scheint, muß man mit besonderem Nachdruck vorbringen, die Gedanken in treffenden Sentenzen zuspitzen und jedenfalls in der Wahl der Kunstmittel der Darstellung abwechseln; nichts ist sonst so anstößig wie die Art direkter Wiederholung, als hätte man zum Gedächtnis der Richter kein Zutrauen. 3 Die Formen aber, in denen die Rekapitulation erscheinen kann, sind unzählig, und am besten hat sie Cicero gegen Verres[5] gemeistert: 'Falls dein Vater selbst zu Gericht säße, was könnte er sagen, wenn all dies durch die Beweisführung feststände?' und dann die Aufzählung angeschlossen; oder wenn dieser ebenfalls gegen Verres[6] die Götter namentlich anruft und dann ihre Tempel aufzählt, die er als Praetor beraubt hat. Man kann auch die Form wählen, als wären wir im Zweifel, ob wir etwas ausgelassen hätten und was der Gegner auf diesen und jenen Beweis wohl antworten würde oder welche Hoffnung der Kläger nun noch hegen könnte, nachdem man die Anklage so widerlegt habe. 4 Am gelungensten aber ist es, wenn es glückt, ein Beweisstück vom Gegner herzunehmen, wenn man etwa sagt: 'Gar nicht berührt hat er die folgende Seite des Falles . . .' oder 'Lieber hat er gegen uns gehetzt,

[4] s. o. B. 3, 9, 1.

[5] Verr. 5, 52, 136.

[6] ebd. c. 72.

premere maluit', aut 'ad preces confugit merito, cum sciret haec et haec'. 5 sed non sunt singulae species persequendae, ne sola videantur, quae forte nunc dixero, cum occasiones[t] et ex causis et ex dictis adversariorum et ex quibusdam fortuitis quoque oriantur. nec referenda modo nostra, sed postulandum etiam ab adversariis, ut ad quaedam respondeant. 6 id autem, si et actioni[u] supererit locus et ea proposuerimus, quae refelli non possint; nam provocare quae inde sint fortia, non arguentis est, sed monentis. 7 id unum epilogi genus visum est plerisque Atticorum et philosophis fere omnibus, qui de arte oratoria scriptum aliquid reliquerunt. id sensisse Atticos credo, quia Athenis adfectus movere etiam per praeconem prohibebatur orator. philosophos minus miror, apud quos vitii loco est adfici, nec boni moris videtur[v], sic a vero iudicem averti, nec convenire bono viro vitiis uti. necessarios tamen adfectus fatebuntur, si aliter obtineri vera et iusta et in commune profutura non possint. 8 ceterum illud constitit inter omnes, etiam in aliis partibus actionis, si multiplex causa sit et pluribus argumentis defensa, utiliter ἀνακεφαλαίωσις fieri solere, sicut nemo dubitaverit multas esse causas, in quibus nullo loco sit necessaria, si breves et simplices fuerint. haec pars perorationis accusatori patronoque ex aequo communis est.

9 Adfectibus quoque isdem fere utuntur, sed aliis hic, aliis[w] ille saepius ac magis; nam huic concitare iudices, illi flectere convenit. verum et accusator habet interim lacrimas ex miseratione eius[x], quem ulciscitur, et reus de indignitate calumniae conspirationisve[y] vehementius interim queritur. dividere igitur haec officia

t) occasiones *ed. Camp.:* accusationes
u) et actioni *Radermacher:* et actionis
v) moris videtur *Meister:* mores videntur
w) aliis hic aliis *Spalding:* aliis hic aut **V** aliis sic aut **AGM** varius hic **P**
x) eius *Regius:* eius rei
y) conspirationisve *Gertz:* conspirationis. aut conspirationis *Burman Rollin*

um uns unter Druck zu setzen . . .' oder 'Ganz mit Recht hat er seine Zuflucht zu Bitten genommen, da er ja wußte, daß es so und so stand'. 5 Doch wir wollen die einzelnen Formen nicht weiterverfolgen, damit es nicht so aussieht, als gäbe es nur das, was ich gerade genannt habe, während doch die Gelegenheiten zum Wiederholen teils aus den Fällen, teils aus den Worten des Gegners, teils aber auch aus zufälligen Umständen sich ergeben. Auch dürfen wir nicht nur unsere eigenen Hauptpunkte wiederholen, sondern müssen auch von der Gegenseite verlangen, auf bestimmte Fragen einzugehen – 6 dies aber nur, falls noch eine Rede aussteht und falls unsere vorgebrachten Beweisziele nicht erschüttert werden können; denn da herauszufordern, wo die starke Seite des Gegners liegt, heißt nicht mit Beweisen kämpfen, sondern dem Gegner Gedächtnishilfe leisten. 7 Nur diese eine Art des Redeschlusses ließen die meisten Attiker und wohl alle Philosophen, die über die Redekunst eine Schrift hinterlassen haben, gelten. Die Attiker waren, glaube ich, dieser Überzeugung, weil in Athen schon durch die Verlautbarung des Amtsboten der Redner daran gehindert wurde, auf das Gefühl zu wirken. Bei den Philosophen wundere ich mich weniger darüber, bei denen es ja als Laster gilt, sich durch Gefühle rühren zu lassen, und es weder der guten Sitte zu entsprechen scheint, daß man so den Richter vom Wege der Wahrheit abbringt, noch einem guten Menschen angemessen, lasterhafte Mittel zu verwenden. Sie werden jedoch zugeben, daß Gefühlswirkungen notwendig sind, falls auf anderem Wege wahre, gerechte und gemeinnützige Ziele sich nicht erreichen lassen. 8 Im übrigen herrscht unter allen Übereinstimmung darüber, daß auch in anderen Teilen der Prozeßrede, wenn es sich um einen mehrteiligen Rechtsfall handelt und mehrere Beweisgänge zur Verteidigung nötig sind, mit Nutzen gewöhnlich eine ἀνακεφαλαίωσις stattfindet, wie ja auch niemand bezweifeln dürfte, daß es viele Fälle gibt, in denen sie an keiner Stelle unentbehrlich wäre, wenn es sich um kurze, einfache Fälle handelt. Diesen zusammenfassenden Schlußteil der Rede haben Kläger und Verteidiger in gleichem Umfang gemeinsam.

9 Auch die Gefühlswirkungen, deren sie sich bedienen, sind in der Regel gleich, jedoch verwendet bald der eine, bald der andere die eine oder andere Art öfter oder stärker; denn der eine hat ja die Richter in Erregung zu versetzen, der andere, die Erregung abzulenken. Indessen besitzt auch der Kläger zuweilen die Quelle für Tränenströme in dem Mitgefühl, das der Vorgang weckt, für den er als Rächer auftritt; und andererseits klagt der Angeklagte zuweilen mit

commodissimum, quae plerumque sunt, ut dixi, prooemio similia, sed liberiora plenioraque. 10 inclinatio enim iudicum ad nos petitur initio parcius, cum admitti satis est et oratio tota superest: in epilogo vero est, qualem animum iudex in consilium ferat, et iam[z] nihil amplius dicturi sumus, nec restat quo reservemus. 11 est igitur utrisque commune, conciliare sibi, avertere ab adversario iudicem, concitare adfectus et componere. et brevissimum quidem hoc praeceptum dari utrique parti potest, ut totas causae suae vires orator ponat ante oculos, et cum viderit, quid invidiosum, favorabile, invisum, miserabile aut sit in rebus aut videri possit, ea dicat, quibus, si iudex esset, ipse maxime moveretur. sed certius est ire per singula.

12 Et quae concilient quidem accusatorem, in praeceptis exordii iam diximus. quaedam tamen, quae illic ostendere sat est, in peroratione implenda sunt magis, si contra inpotentem, invisum, perniciosum suscepta causa est, si iudicibus ipsis aut gloriae damnatio rei aut deformitati futura absolutio. 13 nam egregie in Vatinium Calvus, 'factum', inquit, 'ambitum scitis omnes, et hoc vos scire omnes sciunt'. Cicero quidem in Verrem etiam emendari posse infamiam iudiciorum damnato reo dicit, quod est unum ex supra dictis. metus etiam, si est adhibendus, ut faciat idem, hunc habet locum fortiorem quam in prooemio. 14 qua de re quid sentirem, alio iam libro exposui. concitare quoque invidiam, odium, iram,

z) nam *Halm:* et iam

größerer Heftigkeit über das Unwürdige einer Verleumdung oder Intrige. Es ist also am besten angebracht, die Aufgaben der beiden Parteien hier gesondert zu betrachten, die ja, wie schon bemerkt[7], größtenteils den Aufgaben im Prooemium ähnlich sind, jedoch hier freier und voller zur Entfaltung kommen. 10 Denn die Hinneigung der Richter auf unsere Seite wird zu Beginn mit größerer Zurückhaltung gesucht, wenn es hinreicht, Zugang zu finden, und die ganze Rede noch vor uns liegt. Im Epilog aber kommt es darauf an, welche Gesinnung der Richter zur Beratung mitnimmt, und nun werden wir nichts weiter sagen können, und es bleibt keine Stelle mehr, für die wir etwas aufheben könnten. 11 Beiden Seiten ist also das Bestreben gemeinsam, den Richter für sich zu gewinnen und ihn dem Gegner abwendig zu machen, Gemütserregungen zu steigern und zu dämpfen. Am kürzesten kann man ja nun beiden Parteien folgende Regel geben: der Redner möge sich alles, was an dem Fall Zugkraft hat, vor Augen stellen; und wenn er sieht, was in dem Sachverhalt Neid, Gunst, Abscheu und Mitleid erweckend ist oder scheinen kann, soll er das sagen, wodurch er selbst, wenn er Richter wäre, am stärksten erregt würde. Doch ist es sicherer, die Einzelheiten durchzusprechen.

12 Nun haben wir, was für den Kläger gewinnen kann, schon in den Vorschriften für das Prooemium[8] erwähnt. Manche Züge jedoch, die anzudeuten im Prooemium genügt, muß man am Schluß der Rede voller ausführen, falls etwa gegen einen unbeherrschten, verhaßten oder gemeingefährlichen Mann der Prozeß unternommen worden ist oder falls etwa für die Richter selbst die Verurteilung des Angeklagten Ruhm oder der Freispruch einen kläglichen Eindruck ergeben wird. 13 Denn vortrefflich sagt Calvus in der Rede gegen Vatinius: ‘Daß die Amtserschleichung geschehen ist, wißt ihr alle, und daß ihr das wißt, wissen alle.’ Cicero freilich in seinen Reden gegen Verres[9] sagt sogar, durch die Verurteilung des Angeklagten könnten die Richter den schlechten Ruf, in dem die Gerichtshöfe ständen, verbessern, ein Beispiel der oben erwähnten Art (die Richter zu gewinnen). Auch wenn Furcht erregt werden soll, hat sie, um ihren Zweck zu erreichen, hier eine wirkungsvollere Stelle als im Prooemium. Wie ich über dieses Mittel denke, habe ich schon in einem anderen Buch[10] dargelegt. 14 Auch Neid, Haß und Zorn zu entfachen, bietet der Schlußteil freieren Spielraum. Hierbei

[7] s. o. 4, 1, 27f.
[8] s. o. 4, 1, 5f.
[9] Verr. 1, 15, 43.
[10] s. o. 4, 1, 20f.

liberius in peroratione contingit: quorum invidiam gratia, odium turpitudo, iram offensio iudici facit, si contumax, arrogans, securus sit, quae non ex facto modo dictove aliquo, sed vultu, habitu, aspectu moveri solet, egregieque nobis adulescentibus dixisse accusator Cossutiani Capitonis videbatur, Graece quidem, sed in hunc sensum: 'erubescis Caesarem timere'. 15 summa tamen concitandi adfectus accusatori in hoc est, ut id, quod obiecit, aut quam atrocissimum aut etiam, si fieri potest, quam maxime miserabile esse videatur. atrocitas crescit ex his: quid factum sit, a quo, in quem, quo animo, quo tempore, quo loco, quo modo; quae omnia infinitos tractatus habent. 16 pulsatum querimur: de re primum ipsa dicendum, tum si senex, si puer, si magistratus, si probus, si bene de re publica meritus, etiam si percussus sit a vili aliquo contemptoque vel ex contrario a potente nimium vel ab eo, quo minime oportuit, et si die forte sollemni aut iis temporibus, cum iudicia eius rei maxime exercerentur, aut in sollicito civitatis statu; item ⟨si⟩[a] in theatro, in templo, in contione, crescit invidia; 17 et si non errore nec ira vel etiam, si forte ira, sed iniqua, quod patri adfuisset, quod respondisset, quod honores contra peteret, et si plus etiam videri potest voluisse quam fecit; plurimum tamen adfert atrocitatis modus, si graviter, si contumeliose, ut Demosthenes ex parte percussi

a) *add. Halm*

erweckt beim Richter eine einflußreiche Stellung Neid, schimpfliches Verhalten Haß, anstößiges Betragen Zorn, wenn der Angeklagte schmähsüchtig, anmaßend und betont gleichgültig auftritt, was gewöhnlich nicht nur durch eine bestimmte Handlung oder Bemerkung, sondern durch die ganze Miene, Haltung und Erscheinung Anstoß bietet. Vorzüglich kam das in meiner Jugend in einem Satz der Anklage gegen Cossutianus Capito[11] zum Ausdruck, zwar griechisch gesprochen, doch dem Sinn nach so: 'Selbst der Gedanke, Caesar zu fürchten, macht dich rot vor Scham.' 15 Das Hauptziel jedoch, worauf es dem Ankläger bei der Erregung des Gefühls ankommt, liegt darin, die Anklage, die er vorgebracht hat, so schrecklich wie möglich oder auch, falls es die Umstände erlauben, möglichst mitleiderregend erscheinen zu lassen. Der Eindruck des Schrecklichen läßt sich durch folgende Fragen steigern: Was ist getan worden?, von wem?, gegen wen?, in welcher Gesinnung?, zu welcher Zeit?, an welchem Ort?, auf welche Weise? Alle diese Fragen bieten unendlich viele Möglichkeiten der Behandlung. 16 Wir führen (z. B.) Beschwerde, weil jemand durch Schläge mißhandelt worden ist: zuerst muß die Tatsache selbst gebracht werden, dann die Frage, ob der Betroffene ein Greis, ein Knabe, ein Amtsträger, ein rechtschaffener Mann, jemand, der sich Verdienste um den Staat erworben hat, war; ferner auch, ob er den Schlag von einem gemeinen und niederen Menschen oder im Gegenteil von einem allzu mächtigen Herrn oder auch von jemandem, von dem es am wenigsten hätte geschehen dürfen, erhalten hat; ferner auch, ob gerade an einem Festtage oder in Zeitläuften, da die Gerichte sich mit solchen Vergehen ganz besonders beschäftigten, oder in einer Staatskrise. Ebenso steigert sich die Entrüstung bei einem Gewaltakt im Theater, in einem Tempel, in öffentlicher Versammlung; 17 ferner auch, falls es sich nicht um eine irrtümliche oder eine Zorneshandlung dreht, oder auch im Falle eines Zornesausbruchs, so doch um einen ungerechtfertigten, weil der Betreffende seinem Vater geholfen, weil er nur Antwort gegeben hat oder als Mitbewerber um ein Amt auftrat; ferner auch, falls es den Anschein haben kann, als hätte der Täter noch Schlimmeres beabsichtigt, als er ausgeführt hat. Am meisten jedoch trägt zum Eindruck des Schrecklichen die Art der Tat bei, wenn der Schlag mit voller Schwere oder in beleidigender Absicht erfolgte, wie etwa Demosthenes[12] durch den Hinweis

[11] vgl. Tac. Ann. 13, 33. [12] in Mid. 72.

corporis, ex vultu ferientis, ex habitu invidiam Midiae quaerit. 18 occisus est[b]: utrum ferro an igni an veneno, uno vulnere an pluribus, subito an expectatione tortus, ad hanc partem maxime pertinet. utitur frequenter accusator et miseratione, cum aut eius casum, quem ulciscitur, aut liberorum ac parentium solitudinem conqueritur. 19 etiam futuri temporis imagine iudices movet, quae maneant eos, qui de vi et iniuria questi sunt, nisi vindicentur: fugiendum de civitate, cedendum bonis aut omnia, quaecumque inimicus fecerit, perferenda. 20 sed saepius id est accusatoris, avertere iudicem a miseratione, qua reus sit usurus, atque ad fortiter iudicandum concitare. cuius loci est etiam occupare quae dicturum facturumve adversarium putes. nam et cautiores ad custodiam suae religionis iudices facit et gratiam responsuris aufert, cum ea, quae dicta[c] sunt ab accusatore, iam, si pro reo repetentur[d], non sint nova, ut Servium Sulpicium ⟨Messalla⟩[e] contra Aufidiam, ne signatorum, ne ipsius discrimen obiciatur sibi, praemonet. nec non ab Aeschine, quali sit usurus Demosthenes actione, praedictum est. docendi quoque interim iudices, quid rogantibus respondere debeant, quod est unum repetitionis genus.

21 Periclitantem vero commendat dignitas et studia fortia et susceptae bello cicatrices et nobilitas et merita maiorum. hoc, quod proxime dixi, Cicero atque Asinius certatim sunt usi, pro Scauro patre hic, ille pro filio. 22 commendat et causa periculi, si suscepisse inimicitias ob aliquod factum honestum videtur, praecipue bonitas, humanitas, misericordia; iustius enim petere ea quisque

b) occisus est **P**: occisus
c) quae dicta *Spalding:* praedicta
d) repetentur *Spalding:* petentur
e) Servium Sulpicium Messalla *Schoell:* Servius Sulpicius

auf den getroffenen Körperteil, den Gesichtsausdruck des Schlagenden und seine Haltung Entrüstung gegen Midias hervorzurufen sucht. 18 Geht es um die Tötung eines Menschen, so gehört vor allem die Frage, ob mit dem Stahl, Feuer oder Gift, mit einer Wunde oder mehreren, ob plötzlich oder unter der Folter der Todeserwartung, hierher. Häufig verwendet der Ankläger auch das Mitleiden, indem er entweder das Schicksal des Opfers, als dessen Rächer er auftritt, oder die Verlassenheit der Kinder und Eltern beklagt. 19 Auch mit einem Bild des künftigen Loses, das diejenigen erwartet, die über Gewalt und Unrecht Klage geführt haben, falls nicht gerächt wird, was man ihnen angetan, rührt er die Richter: fliehen müssen sie aus der Heimat, Hab und Gut verlassen oder alles ertragen, was ihr Feind ihnen antun kann. 20 Doch häufiger liegt die Aufgabe des Anklägers darin, den Richter von dem Mitgefühl abwendig zu machen, das der Angeklagte für sich in Anspruch nehmen wird, und ihn zu einem energischen Urteilsspruch anzufeuern. Hier ist es auch am Platz, vorwegzunehmen, was der Gegner vermutlich sagen oder tun wird. Denn das macht einerseits die Richter vorsichtiger in der Wahrung ihrer Eidespflicht, zum anderen nimmt es der Antwort des Gegners ihre gewinnende Wirkung, wenn das, was der Kläger schon ausgesprochen hat, nun, wenn es vom Angeklagten wiederholt wird, nicht mehr neu ist: wie etwa Messala den Servius Sulpicius[13] in der Rede gegen Aufidia vorher warnt, ihm keinen Vorwurf aus der Gefahr zu machen, in der sich die Unterzeichner und die Beschuldigte selbst befänden. Auch Aeschines[14] hat genau vorausgesagt, welcher Art die Rede sein werde, die Demosthenes wählt. Bisweilen sollte man auch die Richter unterrichten, was sie auf Fragen der Gegenseite antworten müssen. Auch das ist eine Form der Schlußzusammenfassung.

21 Den durch eine Klage Bedrohten nun empfehlen sein Rang, seine tüchtigen Leistungen, im Kriege empfangene Wunden, Adel und Verdienste seiner Ahnen. 22 Das Letztgenannte haben Cicero und Asinius um die Wette angewendet, der eine für den Vater Scaurus, der andere für den Sohn. Empfehlend wirkt auch der Grund des Prozesses, falls der Angeklagte sich die Feindschaft offenbar infolge einer ehrenhaften Handlung zugezogen hat, vor allem aber empfiehlt edles Wesen, Menschlichkeit und Barmherzigkeit; denn mit größerem Recht kann doch wohl jeder von einem Richter ver-

[13] s. o. zu 4, 2, 106. Wir folgen der Verbesserung von Schöll.

[14] in Ctesiphont. 207 ff.

videtur a iudice, quae aliis ipse praestiterit. referenda pars haec quoque ad utilitatem rei publicae, ad iudicum gloriam, ad exemplum, ad memoriam posteritatis. 23 plurimum tamen valet miseratio, quae iudicem non flecti tantum cogit, sed motum quoque animi sui lacrimis confiteri. haec petetur[f] aut ex iis, quae passus est reus, aut iis, quae cum maxime patitur, aut iis, quae damnatum manent: quae et ipsa duplicantur, cum dicimus, ex qua illi fortuna et in quam recidendum sit. 24 adfert in his momentum et aetas et sexus et pignora, liberi, dico, et parentes et propinqui. quae omnia tractari varie solent. nonnumquam etiam ipse patronus has partes subit, ut Cicero pro Milone: 'o me miserum! o te[g] infelicem! revocare me tu in patriam, Milo, potuisti per hos, ego te in patria per eosdem retinere non potero?' maximeque, si, ut tum accidit, non conveniunt ei qui accusatur preces; 25 nam quis ferret Milonem pro capite suo supplicantem, qui a se virum nobilem interfectum, quia id fieri oportuisset, fateretur? ergo et illi captavit ex ipsa praestantia animi favorem et in locum lacrimarum eius ipse successit.

His praecipue locis utiles sunt prosopopoeiae, id est fictae alienarum personarum orationes, † quales litigatore dicit patronum[h], nudae tantum res movent: at cum ipsos loqui fingimus, ex personis quoque trahitur adfectus. 26 non enim audire iudex videtur aliena mala deflentis, sed sensum ac vocem auribus accipere miserorum, quorum etiam mutus aspectus lacrimas movet: quantoque essent miserabiliora, si ea dicerent ipsi, tanto sunt quadam portione ad afficiendum[i] potentiora, cum velut ipsorum ore dicuntur, ut scaeni-

f) petetur *Gesner:* petentur

g) me *Cic. cf. 11, 3, 172*

h) **AG** litigatorem decet patronum **aPVM** quales liti illigare decet patronum *Gemoll*

i) afficiendum *Regius:* efficiendum

langen, was er selbst anderen dargeboten hat. Auch hier ist es ratsam, auf den Nutzen für den Staat, den Ruhm des Richters, die beispielgebende Rolle und die Erinnerung bei der Nachwelt Bezug zu nehmen. 23 Die stärkste Kraft jedoch liegt in der Erregung des Mitleids, die den Richter nicht nur zwingt, weich zu werden, sondern auch seine Gemütsbewegung durch Tränen offen zuzugeben. Die Mittel hierfür nimmt man entweder von dem, was der Angeklagte durchgemacht hat, oder von dem, was er vor allem durchmacht, oder von dem, was ihn im Falle der Verurteilung erwartet – letzteres wieder in doppelter Ausführung, indem wir sagen, welches Los es war, aus dem er heraus-, und welches, in das er hineingestoßen werden muß. 24 Hierbei tragen zur Wirkung auch Alter, Geschlecht und die teuersten Unterpfänder – ich meine Kinder, Eltern und Verwandte – bei. All das wird gewöhnlich sehr abwechslungsreich behandelt. Zuweilen übernimmt der Anwalt selbst diese Rolle, z. B. Cicero für Milo[15]: 'Ach ich Armer! Ach du Unglücklicher! Mich hast du, Milo, zurückrufen müssen ins Vaterland mit Hilfe dieser Männer hier, werde ich nicht dich festhalten können im Vaterland mit ebendieser Männer Hilfe?' Zumal wenn, wie es damals der Fall war, Bitten für die Person des Angeklagten sich nicht schicken; 25 denn wer könnte einen Milo um seinen Kopf flehen sehen, der geständig war, einen Mann von Adel getötet zu haben, weil es habe sein müssen? So gewann für ihn Cicero gerade aus dieser seiner vortrefflichen Geisteshaltung eine günstige Wirkung und nahm selbst für ihn die Stelle ein, die seinen Tränen vorbehalten war.

Für solche Stellen sind die Prosopopoiien besonders nützlich, das heißt erfundene Reden fremder Personen, wie sie der Anwalt den Prozessierenden in den Mund legt. Schon die nackten Tatsachen vermögen zu rühren. Wenn wir aber die beteiligten Personen selbst reden lassen, wird auch aus den Personen noch eine Gefühlswirkung gewonnen. 26 Denn der Richter hat nicht den Eindruck, Menschen über fremdes Unglück weinen zu hören, sondern Empfindung und Stimme der Armen selbst in sein Ohr aufzunehmen, deren stummer Anblick schon zu Tränen rührt; und wie es noch mitleiderregender wäre, wenn sie selbst es vortrügen, so ist es doch schon um einen gewissen Grad mächtiger in seiner rührenden Wirkung, wenn es gleichsam aus ihrem eigenen Mund kommt – wie ja auch bei den Schauspielern auf der Bühne dasselbe Wort und

[15] p. Mil. 37, 102.

cis actoribus eadem vox eademque pronuntiatio plus ad movendos adfectus sub persona valet. 27 itaque idem Cicero, quamquam preces non dat Miloni eumque potius animi praestantia commendat, accommodavit tamen ei verba, convenientis etiam forti viro conquestiones: 'frustra'[j], inquit, 'mei suscepti labores! o spes fallaces! o cogitationes inanes meas!'

Numquam tamen debet longa esse miseratio. nec sine causa dictum est nihil facilius quam lacrimas inarescere. 28 nam cum etiam veros dolores mitiget tempus, citius evanescat necesse est illa, quam dicendo effinximus, imago: in qua si moramur, fatigatur lacrimis auditor et requiescit et ab illo, quem ceperat, impetu ad rationem redit. 29 non patiamur igitur frigescere hoc opus, et adfectum, cum ad summum perduxerimus, relinquamus, nec speremus fore ut aliena mala quisquam diu ploret, ideoque cum in aliis, tum in hac maxime parte crescere debet oratio, quia quidquid non adicit prioribus etiam detrahere videtur, et facile deficit adfectus qui descendit.

30 Non solum autem dicendo, sed etiam faciendo quaedam lacrimas movemus, unde et producere ipsos, qui periclitentur, squalidos atque deformes et liberos eorum ac parentis institutum, et ab accusatoribus cruentum gladium ostendi et lecta e funeribus[k] ossa et vestes sanguine perfusas videmus, et vulnera resolvi, verberata corpora nudari. 31 quarum rerum ingens plerumque vis est velut in rem praesentem animos hominum ducentium, ut populum Romanum egit in furorem praetexta C. Caesaris praelata in funere cruenta. sciebat vi[l] interfectum eum, corpus denique ipsum inpositum lecto erat, vestis tamen illa sanguine madens ita repraesentavit imaginem sceleris, ut non occisus esse Caesar, sed tum maxime

j) o frustra *Cic. codd.*
k) funeribus *Burman:* vulneribus
l) sciebat vi: sciebatur

derselbe Vortrag, unter der Maske gesprochen, mehr Kraft zur Erregung der Gefühle entfaltet. 27 Deshalb hat ebenfalls Cicero[16], obwohl er dem Milo keine Bitten in den Mund legt und ihn lieber durch seine vortreffliche Haltung empfiehlt, dennoch ihm Worte geliehen, wie sie als Klagen auch einem tapferen Mann schicklich sind: 'Vergeblich', sagt er, 'die Mühen, die ich auf mich genommen! O wie trügerisch mein Hoffen! O wie nichtig all mein Sinnen!'

Jedoch darf die Einwirkung auf das Mitleid niemals lange währen. Hat man doch nicht ohne Grund gesagt, nichts trockne leichter als Tränen[17]. 28 Denn wenn selbst echten Schmerz die Zeit lindert, muß ein solches Bild, dem wir nur durch unsere Darstellung leibhaftige Wirkung gegeben haben, noch schneller verblassen. Verweilen wir bei ihm, so wird der Hörer der Tränen müde, er beruhigt sich wieder und kommt von dem Gefühlsausbruch, dem er sich überlassen hatte, wieder zur Vernunft. 29 Wir wollen also unser Werk nicht erst abkühlen lassen und die Erregung des Gefühls, wenn wir sie auf die Spitze getrieben haben, wieder verlassen; auch wollen wir nicht erwarten, es könne so sein, daß jemand fremdes Unglück lange beklagt, und deshalb muß, wie in den anderen Teilen der Rede so in diesem besonders, die Rede sich steigern, weil alles, was zum Vorausgehenden nichts hinzufügt, so wirkt, als nähme es ihm gar etwas von seiner Kraft, und weil eine Gefühlswirkung leicht ganz versagt, wenn sie im Abnehmen ist.

30 Nicht allein durch Reden aber, sondern auch durch bestimmte Handlungen rühren wir zu Tränen; daher der Brauch, die durch den Prozeß Bedrohten in ungepflegter und jämmerlicher Aufmachung persönlich vorzuführen sowie auch ihre Kinder und Eltern. Auch können wir es erleben, daß die Ankläger ein blutiges Schwert, Knochensplitter, die aus den Wunden stammen, und mit Blut überströmte Kleidungsstücke vorzeigen und daß man Wunden enthüllt oder durch Schläge mißhandelte Leiber entblößt. 31 All das macht meistens gewaltigen Eindruck; denn es führt ja den Menschen die Tat gleichsam leibhaftig vor Augen. Hat doch z. B. C. Caesars Purpurtoga, die dem Leichenzug vorangetragen wurde, das römische Volk zum Rasen gebracht. Es wußte, daß Caesar erschlagen war, wußte, daß es sein Leichnam selbst war, den man auf der Bahre trug – und doch machte das bluttriefende Gewand das Bild der Bluttat so gegenwärtig, daß es so war, als sei Caesar nicht

[16] p. Mil. 34, 94.

[17] vgl. Cic., de inv. 1, 56, 109 und ad Her. 2, 31, 50.

occidi videretur. 32 sed non ideo probaverim, quod factum et lego et ipse aliquando vidi, depictam in tabula sipariove[m] imaginem rei, cuius atrocitate iudex erat commovendus: quae enim est actoris infantia, qui mutam illam effigiem magis quam orationem pro se putet locuturam? 33 at sordes et squalorem et propinquorum quoque similem habitum scio profuisse, et magnum ad salutem momentum preces attulisse. quare et obsecratio illa iudicum per carissima pignora, utique si et reo sint liberi, coniux, parentes, utilis erit; 34 et deorum etiam invocatio velut ex bona conscientia profecta videri solet, stratum denique iacere et genua complecti, nisi si tamen persona nos et ante acta vita et rei condicio prohibebit; quaedam enim tam fortiter tuenda quam facta sunt. verum sic habenda est auctoritatis ratio, ne sit invisa securitas. 35 fuit quondam inter haec omnia potentissimum, quo L. Murenam Cicero accusantibus clarissimis viris eripuisse praecipue videtur persuasitque, nihil esse ad praesentem rerum statum utilius duos Kalendis Ianuariis[n] ingredi consulatum. quod genus nostris temporibus totum paene sublatum est, cum omnia curae tutelaeque unius innixa periclitari nullo iudicii exitu possint.

36 De accusatoribus et reis sum locutus, quia in periculis maxime versatur adfectus. sed privatae quoque causae utrumque habent perorationis genus, et illud, quod est ex enumeratione probationum, et hoc, quod ex lacrimis, si aut statu periclitari aut opinione litigator videtur. nam in parvis quidem litibus has tragoedias movere tale est, quasi si personam Herculis et cothurnos aptare infantibus velis.

37 Ne illud[o] quidem indignum est admonitione, ingens in

m) in tabula sipariove *F. C. Conrad:* tabulam supra iovem
n) duos Kal. Ian. *Stroux:* quam pridie Kalendas Ianuarias
o) ne illud *Spalding:* illud ne

[18] also termingerecht. p. Mur. 37, 79.

erschlagen worden, sondern als geschehe es gerade eben erst. 32 Aber deshalb kann ich doch nicht billigen, daß man, wie ich gelesen und auch einmal miterlebt habe, ein Bild der Tat auf Holz oder Leinwand darstellt, durch dessen Schrecklichkeit der Richter in Erregung gebracht werden soll; denn wie schwach muß es mit der Redegabe eines Prozeßredners bestellt sein, wenn er glaubt, so ein stummes Bild werde beredter für ihn sprechen als seine eigene Rede? 33 Dagegen hat sich, wie ich weiß, die vernachlässigte und jämmerliche Aufmachung und ein entsprechendes Auftreten der Verwandten nützlich erwiesen, und die Bitten vor den Richtern haben zu dem rettenden Freispruch viel beigetragen. Deshalb wird es auch angebracht sein, die Beschwörung der Richter bei den teuersten Unterpfändern anzuwenden – jedenfalls dann, wenn auch der Angeklagte Kinder, Gattin und Eltern besitzt. 34 Auch die Anrufung der Götter kann als Ausdruck eines guten Gewissens gedeutet werden. Schließlich bleibt noch das Sich-zu-Boden-Werfen und Umschlingen der Knie – falls allerdings nicht unsere persönliche Stellung, unser Vorleben und die Art des Falles dies verbieten; denn manche Taten muß man so tapfer verteidigen, wie man sie vollbracht hat. Doch muß auch die Rücksicht auf die eigene gesellschaftliche Stellung so mit Maßen behandelt werden, daß die Selbstsicherheit nicht abstoßend wirkt. 35 Früher war das Mittel das durchschlagendste von allen dieser Art, womit Cicero den L. Murena den hochangesehenen Männern, die ihn anklagten, offenbar vor allem entrissen hat, und zwar überzeugte er sie, daß es in der gegenwärtigen Lage des Staates nichts Nützlicheres gäbe, als daß der Angeklagte zum 1. Januar[18] sein Konsulat anträte. Diese Art der Verteidigung ist heutzutage fast völlig undenkbar, da alles auf die Sorge und Hut eines einzigen Mannes gegründet ist, so daß der Ausgang eines Gerichtsurteils keine Gefahr für das Ganze bedeuten kann.

36 Von Anklage und Verteidigung in öffentlichen Prozessen habe ich gesprochen, weil in ihren Gefahren vor allem die Gefühlswirkung eine Rolle spielt. Jedoch auch die Privatprozesse besitzen beide Arten des Schlußteiles, die Aufzählung der Beweispunkte wie auch die Wirkung durch Tränen, falls bei dem Rechtsstreit die wirtschaftliche Existenz oder der Ruf auf dem Spiele steht. Denn freilich in kleinen Streitigkeiten solche Trauerszenen aufführen hieße kleinen Kindern die Maske und Bühnenstiefel eines Herkules anziehen.

37 Es ist auch der Erwähnung nicht unwert, daß nach meiner

epilogis meo iudicio verti discrimen, quo modo se dicenti qui excitatur accommodet. nam et inperitia et rusticitas et rigor et deformitas adferunt interim frigus, diligenterque sunt haec actori providenda. 38 equidem repugnantis patrono et nihil vultu commotos et intempestive renidentis[p] et facto aliquo vel ipso vultu risum etiam moventis saepe vidi, praecipue vero, cum aliqua velut scaenice fiunt[q]. 39 transtulit aliquando patronus puellam, quae soror esse adversarii dicebatur (nam de hoc lis erat), in adversa subsellia, tamquam in gremio fratris relicturus, at is a nobis praemonitus discesserat. tum ille, alioqui vir facundus, inopinatae rei casu obmutuit et infantem suam frigidissime reportavit. 40 alius imaginem mariti pro rea proferre magni putavit, at ea risum saepius fecit. nam et ii, quorum officii erat ut traderent eam, ignari, qui esset epilogus, quotiens respexisset patronus, offerebant palam, et prolata novissime deformitate ipsa (nam senis cadaveri cera erat infusa[r]) praeteritam quoque orationis gratiam perdidit. 41 nec ignotum, quid Glyconi, cui Spiridion fuit cognomen, acciderit. huic puer, quem is productum quid fleret interrogabat, a paedagogo se vellicari respondit. sed nihil illa circa Caepasios Ciceronis fabula efficacius ad pericula epilogorum. 42 omnia tamen haec tolera-

p) renidentis *Radermacher:* residentes (-tis **A**) **aGMV** ridentes **P**

q) *post* fiunt: alia (aliam **AG** alias **P**^{1}) cadunt. al' *variam lectionem* (cadunt *pro* fiunt) *adnotare explicat Becherum secutus Radermacher*

r) *Halm:* senis caduca (-cum) veri infusa **A** (-sam) **GMV** ceris cadaver infusum **P**^{1}

Erfahrung im Schlußteil es einen gewaltigen Unterschied für den Erfolg macht, wie sich die Person, die aufgerufen wird, ihrem Redner anpaßt. Denn gibt sie sich ungeschickt, bäurisch, steif und ungeschlacht, so führt das zuweilen zur Abkühlung des Mitgefühls; so hat der Prozeßredner hier sorgfältige Vorsorge zu treffen. 38 Habe ich es doch oft erlebt, wie sie ihrem Verteidiger entgegenarbeiteten, im Gesichtsausdruck unbewegt blieben, an unpassender Stelle strahlend lächelten und durch eine Handlung oder schon durch ihre Miene sogar Gelächter hervorriefen, besonders aber dann, wenn es sich um eine Art Bühneneffekt handelt. 39 Einmal trug ein Anwalt ein Mädchen, das angeblich die Schwester des Gegners war – um diesen Punkt ging der Prozeß –, zu den Bänken der Gegenseite, als wollte er es auf den Schoß des Bruders in Obhut geben. Doch dieser hatte vorher von uns einen Wink bekommen und sich deshalb entfernt. Da blieb dem Anwalt, sonst einem beredten Mann, infolge der unerwarteten Wendung die Sprache weg, und er trug das Kind in der peinlichsten Weise auf seinen Platz zurück. 40 Ein anderer Verteidiger versprach sich viel von dem Einfall, Teilnahme für die Angeklagte dadurch zu gewinnen, daß er das Bild ihres Gatten vorführte – und erzielte damit mehrfach Heiterkeit. Denn die Leute, die den Auftrag hatten, ihm das Bild zu überreichen, hielten es, da sie nicht wußten, was der Schlußteil der Rede war, in aller Öffentlichkeit hoch, sooft der Anwalt zurückschaute, und als es schließlich nach vorn gebracht wurde, verdarb es durch seine abstoßende Form – es war nämlich die Wachsmaske des Greises, die von der Leiche genommen worden war – auch noch den günstigen Eindruck, den die Rede vorher gemacht hatte. 41 Auch ist es ja wohlbekannt, was dem Glyco, der den Beinamen Spiridion[19] hat, passiert ist. Als dieser einen Knaben, der vorgeführt worden war, fragte, warum er weine, gab dieser zur Antwort: weil er von seinem Pädagogen gekniffen werde. Doch nichts zeigt wirkungsvoller, wie gefährlich Redeschlüsse sein können, als Ciceros Erzählung von den beiden Caepasiern[20]. 42 Indes-

[19] Der maliziös hinzugefügte Spitzname (wohl auf den römischen Klienten anspielend, der in Körbchen [sportula] aus dem Hause des Patronus heimträgt, was er an Gaben erbeuten konnte) läßt ein Schlaglicht fallen auf die Rivalität mit den wendigen 'Griechlein', den Graeculi im julisch-klaudischen Rom. In solchen 'Künstleranekdoten' spüren wir die Atmosphäre, die in den 'Erinnerungen eines alten Redelehrers', des Vaters Seneca, herrscht.

[20] p. Cluent. 21, 57 s. u. 6, 3, 40.

bilia iis, quibus actionem mutare facile est: at qui a stilo non recedunt, aut conticescunt ad hos casus aut frequentissime falsa dicunt. inde est enim 'tendit ad genua vestra supplices manus', et 'haeret in complexu liberorum miser', et 'revocat ecce me', etiam si nihil horum is, de quo dicitur, faciat. 43 ex scholis haec vitia, in quibus omnia libere fingimus et impune, quia pro facto est quidquid voluimus: non admittit hoc idem veritas, egregieque Cassius dicenti adulescentulo: 'quid me torvo vultu intueris, Severe?' 'non mehercule' inquit[s] 'faciebam, sed sic scripsisti: ecce!' et quam potuit truculentissime eum aspexit. 44 illud praecipue monendum, ne qui nisi summis ingenii viribus ad movendas lacrimas adgredi audeat; nam ut est longe vehementissimus hic, cum invaluit, adfectus, ita, si nihil efficit, tepet, quem melius infirmus actor tacitis iudicum cogitationibus reliquisset. 45 nam et vultus et vox et ipsa illa excitati rei facies ludibrio etiam plerumque sunt hominibus, quos non permoverunt. quare metiatur ac diligenter aestimet vires suas actor et, quantum onus subiturus sit, intellegat: nihil habet ista res medium, sed aut lacrimas meretur aut risum.

46 Non autem commovere tantum miserationem, sed etiam discutere epilogi est proprium cum oratione continua, quae motos lacrimis iudices ad iustitiam reducat, tum etiam quibusdam urbane dictis, quale est 'date puero panem, ne ploret', et corpulento litigatori, cuius adversarius, item puer, circa iudices erat ab advocato latus: 'quid faciam? ego te baiulare non possum'. 47 sed haec tamen non debent esse mimica. ita neque illum probaverim, quamquam inter clarissimos sui temporis oratores fuit, qui pueris in

s) inquit *ed. Camp.*: quid in **A** quiin **M** quidni **GPV**

sen ist all das für Redner noch erträglich, denen es leichtfällt, ihre Prozeßrede abzuändern. Die aber, die von ihrem ausgearbeiteten Vortrag nicht loskommen, verstummen entweder ganz bei solchen Zwischenfällen oder sagen in den meisten Fällen Dinge, die gar nicht stimmen. Denn dann kommen solche Sätze wie: 'Flehend streckt er seine Hände zu euren Knien aus', 'So halten den Unglücklichen seine Kinder noch immer in ihrer Umarmung fest' und 'Siehe, da ruft er mich zurück', auch wenn der Betreffende, von dem es gesagt wird, nichts dergleichen tut. 43 Aus den Schuldeklamationen stammen diese Fehler, in denen wir alles frei und ungestraft erfinden können, weil alles, was wir wollen, als Tatsache gilt. Die Wirklichkeit erlaubt so etwas nicht, und ganz trefflich entgegnete Cassius einem sehr jungen Mann, der sagte: 'Warum blickst du mit so grimmiger Miene zu mir, Severus?': 'Ich habe es zwar, beim Herkules, nicht getan, jedoch hast du es so aufgeschrieben. Schau also!' Und damit blickte er ihn so düster wie nur möglich an. 44 Besonders ist daran zu erinnern, daß nur ein Redner von höchster Kraft und Begabung sich daran wagen darf, zu Tränen zu rühren; denn wie diese Gefühlsregung bei weitem die heftigste ist, wenn sie ihre Kraft hat entfalten können, so wirkt sie, wenn sie nichts erreicht, so lau, daß ein schwacher Prozeßredner sie besser dem schweigenden Mitdenken der Richter überlassen hätte. 45 Denn sowohl die Miene wie auch die Stimme und die ganze Erscheinung des aufgerufenen Angeklagten fordern meist gar die Menschen zum Spott heraus, wenn sie sie nicht haben rühren können. Deshalb möge der Prozeßredner seine Kräfte ermessen und sie sorgsam abschätzen und sich darüber im klaren sein, welche Last er auf sich laden will: diese Aufgabe kennt kein Mittleres, sondern entweder erzielt sie die Tränen oder – Gelächter.

46 Jedoch nicht nur Mitgefühl zu erwecken, sondern es auch abzutöten ist eine Aufgabe, die zum Schlußteil gehört – und zwar einesteils in zusammenhängender Rede, die die zu Tränen gerührten Richter zur Gerechtigkeit zurücklenkt, sodann aber besonders auch in bestimmten witzigen Bemerkungen etwa von folgender Art: 'Gebt doch dem Knaben Brot, damit er nicht mehr weint' oder auch, was ein Anwalt seinem beleibten Mandanten zurief, dessen Gegner, wieder ein Knabe, von dessen Anwalt im Gerichtshof umhergetragen worden war: 'Was mache ich nur? Dich herumzuschleppen vermag ich ja nicht.' 47 Doch darf so etwas nicht possenhaft werden. So möchte ich den Redner, obwohl er zu den berühmtesten seiner Zeit gehörte, nicht gut heißen, der, als die

epilogum productis talos iecit in medium, quos illi diripere coeperunt, namque haec ipsa discriminis sui ignorantia potuit esse miserabilis: 48 neque illum, qui, cum esset cruentus gladius ab accusatore prolatus, quo is hominem probabat occisum, subito ex subselliis ut territus fugit et capite ex parte velato, cum ad agendum[t] ex turba prospexisset, interrogavit, an iam ille cum gladio recessisset? fecit enim risum, sed ridiculus fuit. 49 discutiendae tamen oratione eius modi scaenae, egregieque Cicero, qui contra imaginem Saturnini pro Rabirio graviter et contra iuvenem, cuius subinde vulnus in iudicio resolvebatur, pro Vareno multa dixit urbane.

50 Sunt et illi leniores epilogi, quibus adversario satisfacimus, si forte sit eius persona talis, ut illi debeatur reverentia, aut cum amice aliquid commonemus et ad concordiam hortamur. quod est genus egregie tractatum a Passieno, cum ⟨in⟩[u] Domitiae uxoris suae pecuniaria lite adversus fratrem eius Aenobarbum ageret; nam cum de necessitudine multa dixisset, de fortuna quoque, qua uterque abundabat, adiecit: 'nihil vobis minus deest, quam de quo contenditis'.

51 Omnis autem hos adfectus, etiam si quibusdam videntur in prooemio atque in epilogo sedem habere, in quibus sane sint frequentissimi, tamen aliae quoque partes recipiunt, sed breviores, ut cum ex iis plurima sint reservanda[v]. at hic, si usquam, totos eloquentiae aperire fontes licet. 52 nam et, si bene diximus reliqua, possidebimus iam iudicum animos, et e confragosis atque asperis evecti tota pandere possumus vela, et, cum sit maxima pars epilogi amplificatio, verbis atque sententiis uti licet magnificis et ornatis.

t) vocatus *add. C. Schenkl*
u) in *add. Regius*
v) sint reservanda *edd. vett.:* sit res eruenda

Knaben zum Schluß vorgeführt wurden, Würfel unter sie warf, um die sie sich zu balgen anfingen; denn gerade diese Ahnungslosigkeit angesichts der Gefahr, in der sie sich befanden, konnte ja mitleiderregend wirken; 48 ebenso wenig einen anderen, der, als der Ankläger das blutige Schwert emporhielt, mit dem, wie er zu beweisen suchte, der Mann erschlagen worden war, plötzlich, als hätte er sich erschreckt, von seiner Bank flüchtete, dann mit halb verhülltem Haupt, um zu seinem Plaidoyer zu kommen, aus der Menge hervorlugte und fragte, ob denn der andere mit dem Schwert schon abgetreten sei. Denn er erzielte zwar Gelächter, machte sich aber selbst lächerlich. 49 Indessen gilt es, rührende Szenen solcher Art durch seine Rede zunichte zu machen, und vortrefflich war auch darin Cicero, der in der Rede für Rabirius[21] gegen das Bildnis des Saturninus in gewichtigen Worten und in der Rede für Varenus gegen den jungen Mann, von dessen Wunde gerade vor Gericht der Verband gelöst wurde, mit viel Geist und Witz gesprochen hat.

50 Es gibt auch ruhigere Formen der Schlußworte, in denen wir dem Gegner Gerechtigkeit widerfahren lassen, wenn es sich etwa um eine Persönlichkeit handelt, der man Achtung schuldet, oder indem wir in freundlichen Worten auf etwas hinweisen und zur Aussöhnung mahnen. Diese Form hat Passienus vorzüglich behandelt, als er in dem Vermögensstreit seiner Frau Domitia gegen ihren Bruder Aenobarbus auftrat; denn nachdem er ausführlich über ihre Verwandtschaft gesprochen hatte, fügte er auch über ihr Vermögen, das beide reichlich besaßen, die Bemerkung hinzu: 'Nichts fehlt euch ja weniger als das, worüber ihr den Streit führt.'

51 Auch wenn es manchen Lehrern so scheint, als hätten diese Gefühlswirkungen im Prooemium und Epilog ihren festen Platz, wo sie freilich am häufigsten auftreten, so werden sie dennoch alle auch in den anderen Teilen der Rede zugelassen, jedoch für kürzere Zeit, so daß möglichst viel von ihrer Wirkung noch aufgespart werden muß. Hier dagegen kann man, wenn überhaupt irgendwo, alle Schleusen der Beredsamkeit öffnen. 52 Denn einerseits werden wir nun, wenn wir im übrigen gut gesprochen haben, das Herz der Richter besitzen, und andererseits können wir nun, nachdem unser Schiff das gefährliche Klippengebiet verlassen hat, volle Segel setzen, und da der größte Teil des Epilogs in der Steigerung besteht, dürfen wir unsere Worte und Gedanken in all ihrem Glanze und Schmuck zur Geltung bringen. Dann gilt es, das Publikum mitzu-

[21] p. Rab. perd. 9, 24.

tunc est commovendum theatrum, cum ventum est ad ipsum illud, quo veteres tragoediae comoediaeque cluduntur, 'plodite'.

53 In aliis autem partibus tractandus erit adfectus, ut quisque nascetur; nam neque exponi sine hoc res atroces et miserabiles debent, ⟨et⟩[w] cum de qualitate alicuius rei quaestio est, probationibus unius cuiusque rei recte subiungitur. 54 ubi vero coniunctam ex pluribus causam agimus, etiam necesse erit uti pluribus quasi epilogis, ut in Verrem Cicero fecit; nam et Philodamo et nauarchis et cruci civis[x] Romani et aliis plurimis suas lacrimas dedit. 55 sunt qui hos μερικοὺς ἐπιλόγους vocent, quo partitam perorationem significant. mihi non tam partes eius quam species videntur, si quidem et epilogi et perorationis nomina ipsa aperte satis ostendunt, hanc esse consummationem orationis.

II.

1 Quamvis autem pars haec iudicialium causarum summa[y] praecipueque constet adfectibus et aliqua de iis necessario dixerim, non tamen potui ac ne debui quidem istum locum in unam speciem concludere. quare adhuc opus superest cum ad obtinenda quae volumus potentissimum, tum supra dictis multo difficilius, movendi iudicum animos atque in eum quem volumus habitum formandi et velut transfigurandi. 2 qua de re pauca, quae postulabat materia, sic attigi, ut magis, quid oporteret fieri, quam quo id modo consequi possemus, ostenderem. nunc altius omnis rei repetenda ratio est.

w) et *add. Spalding*
x) cruci civis *Spalding:* eruci ***A** crucitius **G** erucis **M**
y) summa *Radermacher* in summa *Halm:* summe **M** sit summa **P**

reißen, wenn der Punkt erreicht ist, an dem die alten Tragödien und Komödien schließen mit ihrem 'Nun klatscht!'.

53 In den anderen Teilen der Rede aber wird man die Gefühlswirkung so zu behandeln haben, wie sie sich natürlicherweise ergibt; denn einerseits darf man nicht ohne sie schreckliche und mitleiderregende Vorgänge darlegen, andererseits fügt man sie, wenn die Untersuchung einer Bewertung gilt, an die Beweisführung für jeden Punkt an. 54 Wo wir aber einen Fall behandeln, der aus mehreren Fragen zusammengesetzt ist, wird es auch nötig sein, gleichsam mehrere Schlußteile zu verwenden, wie es Cicero in den Reden gegen Verres[22] gemacht hat; denn dem Philodamus wie auch den Kapitänen, der Kreuzigung des römischen Bürgers und zahlreichen anderen Vorgängen hat er jeweils die Tränen gewidmet, die ihnen gebühren. 55 Es gibt Redelehrer, die solche Schlußteile μερικοὶ ἐπίλογοι nennen, womit sie einen aufgeteilten Schluß bezeichnen. Mir scheint es sich nicht so sehr um Teile als vielmehr Sonderarten zu handeln – wie ja doch schon die Namen 'Epilog' und 'peroratio' selbst hinreichend deutlich zeigen, daß es sich hierbei um den krönenden Abschluß der Rede handelt.

ZWEITES KAPITEL

Einteilung und Erregung der Gefühlswirkungen

1 Nun ist zwar dieser Teil der Gerichtsreden der wichtigste und beruht hauptsächlich auf den Gefühlswirkungen, so daß ich zwangsläufig schon einiges über diese gebracht habe; jedoch war es mir weder möglich noch auch überhaupt statthaft, das Kapitel von den Gefühlswirkungen nur auf diese eine Erscheinungsform zu beschränken. Deshalb bleibt uns noch die Aufgabe, die von ausschlaggebender Bedeutung ist, wenn wir unser Ziel erreichen wollen, und zudem viel schwieriger ist als das, was oben behandelt wurde, nämlich das Gefühl der Richter zu beeinflussen, es so zu gestalten, wie wir es wünschen und es gleichsam umzuformen. 2 Hiervon habe ich einiges, wie es der Stoff verlangt, schon berührt, doch so, daß ich mehr zu zeigen suchte, was geschehen müßte, als wie wir dies erreichen könnten. Jetzt nun müssen wir bei der Behandlung dieser Lehre weiter ausholen.

[22] Verr. 1, 30, 75f. 5, 45, 53ff.

Nam et per totam, ut diximus, causam locus est adfectibus, et eorum non simplex natura nec in transitu tractanda, quoniam[z] nihil adferre maius vis orandi potest. 3 nam cetera forsitan tenuis quoque et angusta ingenii vena, si modo vel doctrina vel usu sit adiuta, generare atque ad frugem aliquam perducere queat: certe sunt semperque fuerunt non parum multi, qui satis perite, quae essent probationibus utilia, reperirent. quos equidem non contemno, sed hactenus utiles credo, ne quid per eos iudici sit ignotum, atque (ut dicam quod sentio) dignos a quibus causam diserti docerentur: qui vero iudicem rapere et in quem vellet habitum animi posset perducere, quo dicente[a] flendum[b] irascendum esset, rarus fuit. 4 atqui hoc est, quod dominatur[c] in iudiciis: haec eloquentia regnat[d]. namque argumenta plerumque nascuntur ex causa, et pro meliore parte plura sunt semper, ut, qui per haec vicit, tantum non defuisse sibi advocatum sciat: 5 ubi vero animis iudicum vis adferenda est et ab ipsa veri contemplatione abducenda mens, ibi proprium oratoris opus est. hoc non docet litigator, hoc causarum libellis non continetur. probationes enim efficiant sane, ut causam nostram meliorem esse iudices putent, adfectus praestant, ut etiam velint; sed id, quod volunt, credunt quoque. 6 nam cum irasci, favere, odisse, misereri coeperunt, agi iam rem suam existimant, et, sicut amantes de forma iudicare non possunt, quia sensum oculorum praecipit animus, ita omnem veritatis inquirendae rationem iudex omittit occupatus adfectibus: aestu fertur et velut rapido flumini obsequitur. 7 ita argumenta ac testes quid egerint pronuntiatio ostendit, commotus autem ab oratore iudex quid sentiat sedens

z) quoniam *Spalding:* quo
a) dicente *Spalding:* dicto
b) *post* flendum *add.* gaudendum *Radermacher coll. laude Pis. 47 sq*
c) dominatur *Regius:* dominetur
d) haec (hic) eloquentia regnat *Halm:* haec eloquentiam regunt

Denn einmal ist ja, wie schon gesagt[23], die ganze Rede hindurch Raum für Gefühlswirkungen; sodann sind diese ihrem Wesen nach nicht nur einer Art und lassen sich nicht nur im Vorbeigehen behandeln, weil nichts der Rede mehr Durchschlagskraft geben kann. 3 Denn die anderen Aufgaben könnte vielleicht auch ein nur schwach und in engen Grenzen für die Redekunst begabter Mensch, wenn ihm nur Lehre oder praktische Erfahrung zustatten gekommen sind, entwickeln und auch zu einem gewissen Erfolg durchführen: Jedenfalls gibt es und gab es zu jeder Zeit nicht gerade wenige, die sich hinreichend darauf verstanden, herauszufinden, was für die Beweisführung dienlich war. Ich will diese gewiß nicht geringschätzen, sondern halte sie insoweit für nützlich, dem Richter alles recht klarzumachen, und – um es so zu sagen, wie ich es denke – für wert, begabte Redner mit einem Fall vertraut zu machen. Ein Mann aber, der den Richter mitreißen und in jede gewünschte Stimmung zu versetzen vermag, so daß dieser unter der Macht seiner Rede weinen oder in Zorn geraten muß, ist immer eine Seltenheit gewesen. 4 Und doch ist es diese Gabe, die vor Gericht das Szepter schwingt; sie macht die Beredsamkeit zur Königin[24]. Denn die Beweisgründe ergeben sich meist aus der Natur des Falles, und für die bessere Sache sind sie immer in größerer Zahl vorhanden, so daß, wer durch sie zum Sieg gelangt ist, nur weiß, daß sein Anwalt nicht versagt hat. 5 Wo es aber gilt, dem Gefühl der Richter Gewalt anzutun und den Geist selbst von dem Blick auf die Wahrheit abzubringen, da liegt die eigentliche Aufgabe des Redners. Das lehrt ihn keine Prozeßpartei, das steht nicht in den Prozeßakten. Denn Beweise bringen es ja freilich zustande, daß die Richter unsere Sache für die bessere halten, die Gefühlswirkungen leisten es, daß sie das auch wollen; doch das, was sie wollen, glauben sie auch. 6 Denn wenn sie Zorn, Vorliebe, Haß und Mitleid zu spüren begonnen haben, sehen sie die Dinge schon so, als ginge es um ihre eigene Sache, und wie Liebende über die Schönheit kein Urteil zu fällen vermögen, weil ihr Herz ihnen vorschreibt, was die Augen sehen sollen, so verliert der Richter allen Sinn für die Ermittlung der Wahrheit, wenn er von Gefühlen eingenommen ist. Die Flut packt ihn, und er überläßt sich gleichsam einem reißenden Strom. 7 So zeigt, was Beweisgründe und Zeugen geleistet haben, erst der Urteilsspruch, was aber der vom Redner gerührte Richter empfindet,

[23] s. o. 6, 1, 51.
[24] s. o. 1, 12, 18.

adhuc atque audiens confitetur. an cum ille, qui plerisque perorationibus petitur, fletus erumpit, non palam dicta sententia est? huc igitur incumbat orator, hoc opus eius, hic labor est, sine quo cetera nuda, ieiuna, infirma, ingrata sunt: adeo velut spiritus operis huius atque animus est in adfectibus.

8 Horum autem, sicut antiquitus traditum accepimus, duae sunt species: alteram Graeci πάθος vocant, quod nos vertentes recte ac proprie adfectum dicimus, alteram ἦθος, cuius nomine, ut ego quidem sentio, caret sermo Romanus: mores appellantur, atque inde pars quoque illa philosophiae ἠθική moralis est dicta. 9 sed ipsam rei naturam spectanti mihi non tam mores significari videntur quam morum quaedam proprietas; nam ipsis quidem omnis habitus mentis continetur. cautiores voluntatem complecti quam nomina interpretari maluerunt. adfectus igitur πάθος concitatos, ἦθος[e] mites atque compositos esse dixerunt: in altero vehementes motus[f], in altero lenes, denique hos imperare, illos persuadere, hos ad perturbationem[g], illos ad benevolentiam praevalere. 10 adiciunt quidam ἦθος perpetuum[h], πάθος temporale esse. quod ut accidere frequentius fateor, ita nonnullas credo esse materias, quae continuum desiderent adfectum. nec tamen minus artis aut usus hi leniores[i] habent, virium atque impetus non tantundem exigunt. in causis vero etiam pluribus versantur, immo secundum quendam intellectum in omnibus. 11 nam cum ex illo ethico[j] loco nihil non ab oratore tractetur, quidquid de honestis et utilibus, denique faciendis ac non faciendis dicitur, ἦθος[k] vocari potest. quidam commendationem atque excusationem propria huius officii putaverunt, nec abnuo esse ista in hac parte, sed non concedo ut sola sint.

e) ἦθος *exc. Cassiod.:* illos
f) motus *exc. Cassiod.:* commotos (commotus **A**)
g) perturbationem *exc. Cassiod.:* perlationem
h) ἦθος perpetuum *exc. Cassiod.:* hoc (aut) pertuum **AG** peritorum **PVM**
i) leniores *Regius:* leviores
j) ethico *Halm:* et hoc
k) ἦθος *Daniel:* hoc

bekennt er schon, während er noch dasitzt und zuhört. Ist denn nicht, wenn ein solcher Mann, der mit so vielen Schlußreden umworben wird, in Schluchzen ausbricht, schon in aller Öffentlichkeit das Urteil gesprochen? Darauf aber muß der Redner hinarbeiten; 'hier liegt seine Aufgabe und Anstrengung'[25], ohne die alles andere nackt, nüchtern, schwach und verlorene Liebesmühe ist: so sehr liegt gleichsam Geist und Lebensatem seiner Aufgabe in den Gefühlswirkungen.

8 Solcher Gefühlsregungen aber gibt es, wie wir seit alters gelernt haben, zwei Arten: die eine nennen die Griechen πάθος, was wir im Lateinischen richtig und im eigentlichen Sinn mit Affekt (adfectus) wiedergeben, die andere ἦθος, wofür wenigstens nach meinem Empfinden die lateinische Sprache kein Wort hat: 'mores' nennt man es, und daher heißt auch die philosophische ἠθική (Ethik) Moral. 9 Doch wenn ich das Wesen der Sache selbst betrachte, so scheint es mir, als seien mit dieser Bezeichnung nicht so sehr die Sitten überhaupt gemeint als vielmehr etwas, was ihnen besonders eigentümlich ist. Vorsichtigere haben deshalb lieber den Sinn des Wortes umschrieben als die Benennung übersetzt. Sie haben also gesagt, πάθος seien erregte Gefühle, ἦθος sanfte und ruhige; im ersteren erschienen ungestüme Bewegungen des Gefühls, im letzteren gezügelte, gleichmäßige; schließlich wirkten die einen gebieterisch, die anderen überzeugend, die einen hätten ihre Hauptkraft im Verwirren, die anderen im Gewinnen von Wohlwollen. 10 Manche Lehrer fügen hinzu, ἦθος sei dauernd, πάθος nur zeitweilig. Sosehr ich nun zugebe, daß dies häufiger der Fall ist, so glaube ich doch, daß es eine Anzahl Stoffe gibt, die eine durchgehende Gefühlssteigerung verlangen. Dabei sind die ruhigeren Gefühle ja auch keineswegs geringer in ihren Ansprüchen an Kunst oder Redeerfahrung, sie erfordern nur nicht soviel Kraft und Ungestüm. Sie kommen ja zudem in der Mehrzahl der Prozeßreden vor – ja in gewissem Sinne sogar in allen. 11 Denn wenn es nichts im Bereich der philosophischen Ethik gibt, das nicht von dem Redner behandelt wird, so kann man alles, was in der Rede vom Ehrenhaften und Nützlichen, ja alles, was von dem, was man tun und nicht tun darf, handelt, ἦθος nennen. Manche Lehrer haben in Empfehlung und Entschuldigung die eigentümlichen Kennzeichen für die Aufgabe dieser (ethischen) Gefühlswirkung gesehen, und ich will nicht leugnen, daß beides in dieses Gebiet gehört, kann aber nicht

[25] Verg. Aen. 6, 128.

12 quin illud adhuc adicio, πάθος atque ἦθος esse interim ex eadem natura, ita ut illud maius sit, hoc minus, ut amor πάθος, caritas ἦθος, interdum diversa inter se, sicut in epilogis; nam quae πάθος concitavit, ἦθος solet mitigare. proprie tamen mihi huius nominis exprimenda natura est, quatenus appellatione ipsa non satis significari videtur. 13 ἦθος, quod intellegimus quodque a dicentibus desideramus, id erit, quod ante omnia bonitate commendabitur, non solum mite ac placidum, sed plerumque blandum et humanum et audientibus amabile atque iucundum, in quo exprimendo summa virtus ea est, ut fluere omnia ex natura rerum hominumque videantur utque[l] mores dicentis ex oratione perluceant et quodam modo agnoscantur. 14 quod est sine dubio inter coniunctas maxime personas, quotiens ferimus, ignoscimus, satisfacimus, monemus, procul ab ira, procul ab odio. sed tamen alia patris adversus filium, tutoris adversus pupillum, mariti adversus uxorem moderatio est (hi enim praeferunt eorum ipsorum, a quibus laeduntur, caritatem, neque alio modo invisos eos faciunt, quam quod amare ipsi videntur), alia, cum senex adulescentis alieni convicium, honestus inferioris fert; hic enim tantum concitari, ille[m] etiam adfici debet. 15 sunt et illa ex eadem natura, sed motus adhuc minoris, veniam petere adulescentiae, defendere amores. nonnumquam etiam lenis caloris alieni derisus ex hac forma venit, sed his non ex locis[n] tantum. verum aliquanto magis propria sunt virtute simulationes, satisfaciendi rogandi εἰρωνεία, quae diversum ei, quod dicit, intellectum petit. 16 hinc etiam ille maior ad concitandum odium nasci adfectus solet, cum hoc ipso, quod nos adversariis summittimus,

l) utque *Halm:* que **A** quae **G** quo **aPV** *om.* **M**
m) ille *Spalding:* illic
n) **AG**: non his e. l. **P** his e. l. n. **V** n. e. h. l. **M**: is n. ex iocis *Halm*

zugeben, daß sie die einzigen Kennzeichen hierfür sind. 12 Ich füge hier gleich an, daß πάθος und ἦθος bisweilen ihrem Wesen nach gleich sind, und zwar so, daß das eine nur den stärkeren Grad bezeichnet, das andere den schwächeren, z. B. Liebe ein πάθος, Wertschätzen ein ἦθος, zuweilen aber auch einander entgegengesetzt, z. B. im Schlußteil der Rede; denn die Erregung, die das πάθος verursacht hat, pflegt das ἦθος wieder zu besänftigen. Indessen muß ich noch zum Ausdruck bringen, was eigentlich das Wesen dieser Bezeichnung ausmacht, insoweit die Benennung selbst nicht hinreichend kennzeichnend erscheint. 13 Das ἦθος, das wir meinen und in der Rede verlangen, ist ein Gefühl, das sich vor allem durch seine Lauterkeit und Güte empfiehlt, nicht nur sanftes und gefälliges, sondern meist auch liebenswürdiges und recht menschliches Wesen, das auch für die Zuhörer einnehmend und angenehm wirkt und dessen Hauptvorzug, den es auszudrücken gilt, darin besteht, daß es so wirkt, als ströme alles unmittelbar aus dem natürlichen Wesen der Dinge und Menschen; die sittliche Haltung des Redners soll durch seine Worte hindurchleuchten und sich so bemerkbar machen. 14 Solch ein Gefühl wirkt zweifellos am stärksten bei Personen, die uns nahestehen, wenn wir hinnehmen, verzeihen, Genugtuung geben und mahnend in Erinnerung rufen, weit entfernt von Zorn, fern auch von Haß. Und doch ist dies Gefühl der Mäßigung anders beim Vater gegen den Sohn, beim Vormund gegen sein Mündel und beim Gatten gegen seine Frau – denn diese stellen ihre Liebe zu gerade denen, die ihnen Kränkung zufügen, in den Vordergrund und erregen die Entrüstung gegen diese nur dadurch, daß sie ihre eigene Liebe zum Vorschein bringen –, anders wieder, wenn ein alter Mann die Vorwürfe eines fremden jungen, ein angesehener die eines niedriger stehenden Mannes hinnimmt: im einen Fall darf man sich nur aufregen, im anderen aber in richtige Erregung kommen. 15 In derselben Art, nur mit noch geringerer Gemütserregung, kommt das Gefühl zum Vorschein, wenn man wegen der Jugend des Delinquenten um Nachsicht bittet oder Liebschaften in Schutz nimmt. Zuweilen gibt auch ein leichter Spott über das erhitzte Gemüt eines anderen einen solchen Unterton, doch darf er nicht nur stellenweise auftreten. Indessen gehört es weit mehr hierhin, wenn eine gute Haltung in der Form der Verstellung erscheint, Genugtuung oder Bitte als εἰρωνεία, Ironie, die als das Gegenteil von dem, was ausgesprochen wird, verstanden werden will. 16 Hier entspringt gewöhnlich auch die Gefühlswirkung, die den Haß stärker schürt, wenn gerade in dem, worin wir uns der

intellegitur tacita inpotentiae exprobratio. namque eos gravis et intolerabiles id ipsum demonstrat, quod cedimus, et ignorant cupidi maledicendi aut adfectatores libertatis, plus invidiam quam convicium posse; nam invidia adversarios, convicium nos invisos facit. 17 ille iam paene medius adfectus est ex amoribus et[o] desideriis amicorum et necessariorum; nam et hoc maior est et illo minor. non parum significanter etiam illa in scholis ἤθη dixerimus, quibus plerumque rusticos, superstitiosos, avaros, timidos secundum condicionem positionum[p] effingimus; nam si ἤθη mores sunt, cum hos imitamur, ex his ducimus orationem.

18 Denique ἦθος[q] omne bonum et comem virum poscit. quas virtutes cum etiam in litigatore debeat orator, si fieri potest, adprobare, utique ipse aut habeat aut habere credatur. sic proderit plurimum causis, quibus ex sua bonitate faciet fidem. nam qui, dum dicit, malus videtur, utique male dicit non enim videtur iusta dicere, alioqui ἦθος videretur[r]. 19 quare ipsum etiam dicendi genus in hoc placidum debet esse ac mite, nihil superbum, nihil elatum saltem ac sublime desiderat[s]: proprie, iucunde, credibiliter dicere sat est, ideoque ⟨ei⟩[t] et medius ille orationis modus maxime convenit.

20 Diversum est huic, quod πάθος dicitur, quodque nos adfectum proprie vocamus, et, ut proxime utriusque differentiam signem, illud comoediae, hoc tragoediae magis simile. haec pars circa iram, odium, metum, invidiam, miserationem fere tota versatur, quae quibus ex locis ducenda sint, et manifestum omnibus et a nobis in

o) et *Halm:* et ex (ex)
p) positionum **A** propositionum (propositorum *Regius*)
q) ἦθος *Meister:* hoc
r) *del. Raderm.:* (non – videretur)
s) desiderat *Rollin:* desideret *ll.* ⟨ut⟩ nihil desideret *Vollmer*
t) *add. Meister*

Gegenseite beugen, der stillschweigende Vorwurf gegen ihre Maßlosigkeit kenntlich wird. Denn wie schwierig und unerträglich das Gebaren der Gegenseite ist, beweist gerade die Tatsache, daß wir nachgeben, und Redner, die auf Schmähungen versessen sind oder sich gefallen, alles frank und frei herauszusagen, wissen nicht, daß die Entrüstung, die wir erzielen, mehr vermag als Schelten; denn die Entrüstung macht die Gegenseite, das Schelten uns selbst unbeliebt. 17 Schon eine Art Mittelstellung zwischen Ethos und eigentlicher Leidenschaft stellt das Gefühl der Liebe und Sehnsucht zwischen Freunden und Verwandten dar; denn es ist stärker als das erstere, schwächer als das letztere. Es ist wohl auch gar nicht so unpassend, daß wir in den Schulübungen von ἤϑη (Charakterbildern) sprechen, wobei wir gewöhnlich Bilder von bäurischen, abergläubischen, habgierigen und ängstlichen Menschen entwerfen, wie es das Thema der Aufgabe verlangt. Denn wenn ἤϑη die sittlichen Verhaltensweisen darstellen, gewinnen wir, indem wir solche nachbilden wollen, in ihnen einen Ansatz für unsere Rede.

18 Schließlich verlangt jede Art ἦϑος einen rechtschaffenen, freundlichen Mann. Nun soll der Redner wenn möglich diese Tugenden zwar auch an seinem Mandanten lobend zur Geltung bringen, unter allen Umständen aber muß er selbst sie besitzen oder in diesem Rufe stehen. Dadurch wird er vor allem seinen Prozeßreden dienlich sein, für die er durch seinen guten Namen Vertrauen gewinnt. Denn wer, während er redet, als ein schlechter Mensch erscheint, der redet ganz gewiß schlecht. Denn er wirkt ja nicht, als wäre das recht, was er sagt, sonst müßte ja das ἦϑος zum Vorschein kommen[26]. 19 So muß auch die ganze Art zu reden bei ihm sanft und milde wirken, so daß sie keinen Bedarf hat für stolzes Wesen, keinen zumindest für erhabenen und gehobenen Ton: treffend, gefällig, glaubwürdig zu sprechen, genügt, und deshalb schickt sich hier am besten die als mittlere Stilart bekannte Redeweise.

20 Verschieden hiervon ist das sogenannte πάϑος, das wir im eigentlichen Sinn als Affekt bezeichnen, und zwar — um den Unterschied zwischen beiden durch einen besonders naheliegenden Vergleich zu bezeichnen — ist das erstere mehr der Komödie dienlich, das zweite der Tragödie: um Zorn, Haß, Furcht, Abscheu und Mitleid geht es auf diesem Gebiet fast durchweg. Die Fundstellen für diese Leidenschaften sind allgemein geläufig und zudem von uns bei der Darstellung der Lehre vom Prooemium und Epilog

[26] 'Denn ... kommen': Glosse?

ratione prooemii atque epilogi dictum est. 21 et metum tamen duplicem intellegi volo, quem patimur et quem facimus, et invidiam: namque altera invidum, altera invidiosum facit. hoc autem hominis, illud rei est, in quo et plus habet operis oratio. nam quaedam videntur gravia per se, parricidium, caedes, veneficium, quaedam efficienda sunt. 22 id autem contingit, cum magnis alioqui malis gravius esse id, quod passi sumus, ostenditur, quale est apud Vergilium: 'o felix una ante alias Priameia virgo, / hostilem ad tumulum Troiae sub moenibus altis / iussa mori' – quam miser enim casus Andromachae, si comparata ei felix Polyxena: 23 aut cum ita exaggeramus iniuriam nostram, ut etiam quae multo minora sunt intoleranda dicamus: 'si pulsasses, defendi non poteras: vulnerasti'. sed haec diligentius, cum de amplificatione[u] dicemus. interim notasse contentus sum, non id solum agere adfectus, ut, quae sunt, ostendantur acerba ac luctuosa, sed etiam ut, quae toleranda haberi solent, gravia videantur, ut cum in maledicto plus iniuriae quam in manu, in infamia plus poenae dicimus quam in morte. 24 namque in hoc eloquentiae vis est, ut iudicem non in id tantum compellat, in quod ipsa rei natura ducetur, sed aut qui non est, aut maiorem quam est faciat adfectum. haec est illa, quae δείνωσις vocatur, rebus indignis, asperis, invidiosis addens vim oratio, qua virtute praeter alias plurimum Demosthenes valuit.

25 Quod si tradita mihi sequi praecepta sufficeret, satisfeceram huic parti, nihil eorum, quae legi vel didici, quod modo probabile

u) de amplificatione *Halm:* ad eam amplificationem

behandelt worden[27]. 21 Jedoch möchte ich unter Furcht zweierlei verstanden wissen, Furcht, die wir empfinden, und solche, die wir verursachen, und entsprechend auch unter Abscheu; denn 'invidia' macht einen Menschen in der einen Form sowohl 'invidus' (Unwillen empfindend) wie auch in der anderen 'invidiosus' (Unwillen erregend). Das erstere gilt von Menschen, das andere von Tatsachen – und in den Tatsachen hat die Rede ein noch größeres Wirkungsfeld; denn manche scheinen schon an sich schlimm: Verwandtenmord, Totschlag, Giftmord; manche müssen erst schlimm gemacht werden. 22 Das aber gelingt, wenn man zeigen kann, daß das, was wir erlitten haben, schlimmer ist als an sich auch schon schlimmes Unglück. So findet es sich bei Vergil[28]: 'Einzig Glückliche du vor des Priamus anderen Töchtern, / die du den Todesbefehl gleich unter Trojas Mauern / bei dem Grabmal des Feindes erhieltst . . .'. Denn wie elend ist Andromaches Schicksal, wenn mit ihm verglichen Polyxena glücklich ist! 23 Oder wenn wir das Unrecht, das uns widerfuhr, dadurch aufbauschen, daß wir schon viel Geringeres als unerträglich bezeichnen: 'Hättest du ihn nur geschlagen, gäbe es schon keine Verteidigung für dich; verwundet aber hast du ihn.' Doch darüber Genaueres, wenn wir von der Steigerung handeln[29]. Einstweilen begnüge ich mich mit dem Hinweis, daß es nicht allein zu leidenschaftlicher Erregung treibt, zu zeigen, daß, was vorliegt, bitter und traurig sei, sondern auch, Dinge, die gewöhnlich als erträglich gelten, als schwerwiegend erscheinen zu lassen; wenn wir etwa sagen, in einem Schmähwort liege ein schlimmeres Unrecht als in einer Handgreiflichkeit, im Verlust der bürgerlichen Ehre eine schlimmere Strafe als im Tod. 24 Denn darin liegt die Kraft der Beredsamkeit, den Richter nicht nur zu dem zu treiben, wohin ihn auch die Natur des Vorgangs von selbst führen wird, sondern Erregung der Leidenschaft, die noch nicht vorhanden ist, zu schaffen oder sie über das Vorhandene hinaus zu steigern. Das ist die berühmte δείνωσις genannte Form der Rede: unwürdige, schwierige, Unwillen erregende Vorgänge zu gewaltiger Wirkung zu bringen; in dieser Leistung lag unbeschadet seiner sonstigen Vorzüge die besondere Stärke des Demosthenes.

25 Wenn ich mich nun damit begnügen wollte, den Vorschriften zu folgen, wie ich sie aus der Lehrtradition übernommen habe,

[27] s. o. B. 4, 1 u. B. 6, 1.
[28] Aen. 3, 321.
[29] s. u. 8, 4, 9.

fuit, omittendo: sed promere[v] in animo est quae latent et penitus ipsa huius loci aperire penetralia, quae quidem non aliquo tradente, sed experimento meo ac natura ipsa duce accepi. 26 summa enim, quantum ego quidem sentio, circa movendos adfectus in hoc posita est, ut moveamur ipsi. nam et luctus et irae et indignationis aliquando etiam ridicula fuerit imitatio, si verba vultumque tantum, non etiam animum accommodarimus. quid enim aliud est causae, ut lugentes utique in recenti dolore disertissime quaedam exclamare videantur et ira nonnumquam indoctis quoque eloquentiam faciat, quam quod illis inest vis mentis et veritas ipsa morum[w]? 27 quare in his, quae esse veri similia volemus, simus ipsi similes eorum, qui vere patiuntur, adfectibus, et a tali animo proficiscatur oratio, qualem facere iudici volet. an ille dolebit, qui audiet me, qui in hoc dicam, non dolentem? irascetur, si nihil ipse, qui in iram concitat, ei[x] quod exigit simile patietur? siccis agentis oculis lacrimas dabit? fieri non potest. 28 nec incendit nisi ignis nec madescimus nisi umore nec res ulla dat alteri colorem, quem non ipsa habet, primum est igitur, ut apud nos valeant ea, quae valere apud iudicem volumus, adficiamurque antequam adficere conemur. 29 at quo modo fiet, ut adficiamur? neque enim sunt motus in nostra potestate. temptabo etiam de hoc dicere. quas φαντασίας Graeci vocant (nos sane visiones appellemus), per quas imagines rerum absentium ita repraesentantur animo, ut eas cernere oculis ac praesentes habere

v) promere *Meister:* more **A** vere **gM** mihi **PV**
w) motuum *Spalding*
x) concitat ei *Roth:* concitasse id **AG** concitat se id **aMV** concitat id **P**

so hätte ich schon dadurch diesem Abschnitt meiner Aufgabe Genüge getan, daß ich nichts von alldem, was ich gelesen oder im Unterricht gelernt habe, sofern es nur etwas Brauchbares enthielt, außer acht gelassen habe; jedoch ist es mein Wunsch, ans Licht zu bringen, was sonst verborgen bleibt, und es, bis in die geheimsten Bezirke dieses Gebietes eindringend, zu enthüllen – wozu mich freilich nicht fremde Lehre, sondern meine eigene Erfahrung und die Natur selbst geführt hat. 26 Das Geheimnis der Kunst, Gefühlswirkungen zu erregen, liegt nämlich, wenigstens nach meinem Empfinden, darin, sich selbst der Erregung hinzugeben. Denn es kann doch zuweilen sogar lächerlich wirken, Trauer, Zorn, Empörung wiederzugeben, wenn wir nur unsere Worte und Miene, nicht aber auch unser Inneres darauf einstellten. Denn woran liegt es denn sonst, daß das, was Trauernde im ersten Schmerz ausrufen, durchweg am allerberedtsten wirkt, und daß der Zorn zuweilen auch Menschen ohne jede kunstgerechte Schulbildung Redegabe verleiht, als daran, daß aus ihnen die Kraft ihres eigenen Denkens und Fühlens und die Echtheit ihrer ganzen Wesensart spricht? 27 Deshalb sollten wir bei dem, was der Wahrheit gleichen soll, auch selbst in unseren Leidenschaften denen gleichen, die wirkliche Leidenschaften durchmachen, und unsere Rede sollte aus einer Gemütsstimmung hervorgehen, wie wir sie auch bei dem Richter zu erzeugen wünschen. Oder wird etwa der Richter Schmerz empfinden, der mir, während ich zu diesem Zweck rede, keinen Schmerz anhört? Wird er in Zorn geraten, wenn der Redner selbst, der ihn zum Zorn anstachelt, nichts bieten will, was dem entspricht, was er fordert? Seine Tränen einem Mann verschenken, der trocknen Auges seinen Fall vorträgt? Ganz unmöglich! 28 Nur Feuer kann einen Brand entfachen, nur Feuchtigkeit uns durchnässen, und nichts kann auf anderes abfärben, wenn es selbst die betreffende Farbe nicht hat. Das erste ist es also, daß bei uns selbst die Regungen stark sind, die bei dem Richter stark sein sollen, und wir uns selbst ergreifen lassen, ehe wir Ergriffenheit zu erregen versuchen. 29 Aber wie ist es möglich, sich ergreifen zu lassen? Die Gemütsbewegungen stehen doch nicht in unserer Gewalt! Auch hiervon will ich zu sprechen versuchen. Jeder, der das, was die Griechen φαντασίαι nennen – wir könnten 'visiones' (Phantasiebilder) dafür sagen –, wodurch die Bilder abwesender Dinge so im Geiste vergegenwärtigt werden, daß wir sie scheinbar vor Augen sehen und sie wie leibhaftig vor uns haben: jeder also, der diese Erscheinung gut erfaßt hat, wird in den Gefühlswirkungen am stärksten

videamur; 30 has quisquis bene conceperit, is erit in adfectibus potentissimus. quidam[y] dicunt εὐφαντασίωτον, qui sibi res, voces, actus secundum verum optime finget: quod quidem nobis volentibus facile continget. nisi vero[z] inter otia animorum et spes inanes et velut somnia quaedam vigilantium ita nos hae, de quibus loquor, imagines prosequuntur, ut peregrinari, navigare, proeliari, populos adloqui, divitiarum, quas non habemus, usum videamur disponere, nec cogitare, sed facere: hoc animi vitium ad utilitatem non transferemus? 31 hominem[a] occisum queror: non omnia, quae in re praesenti accidisse credibile est, in oculis habebo? non percussor ille subitus erumpet? non expavescet circumventus? exclamabit vel rogabit vel fugiet? non ferientem, non concidentem videbo? non animo sanguis et pallor et gemitus, extremus denique expirantis hiatus insidet?

32 Insequitur ἐνάργεια, quae a Cicerone inlustratio et evidentia nominatur, quae non tam dicere videtur quam ostendere, et adfectus non aliter, quam si rebus ipsis intersimus, sequentur. an non ex his visionibus illa sunt: 'excussi manibus radii revolutaque pensa – levique patens in pectore vulnus' – 33 equus[b] ille in funere Pallantis positis insignibus? quid? non idem poeta penitus ultimi fati concepit[c] imaginem, ut diceret: 'et dulcis moriens reminiscitur Argos'? 34 ubi vero miseratione opus erit, nobis ea, de quibus queremur, accidisse credamus atque id animo[d] nostro persuadeamus. nos illi simus, quos gravia, indigna, tristia passos quere-

y) quidam *Halm:* has quidem **PVG** has quidam **a** is quidem **A**
z) nisi vero *Toernebladh:* nihil (nil **V**) **AGMV** nam ut **P**
a) hominem *Spalding:* ad hom. **AG** at hom. (ut hom. **P**) **aVM**
b) equus *Spalding:* et quos **AGM** et quo **V** et equus **P**
c) concepit *Regius:* cepit
d) id animo *Regius:* in animo

sein. 30 Manche nennen den εὐφαντασίωτος (phantasievoll), der sich Dinge, Stimmen und Vorgänge am wirklichkeitsgetreuesten vorstellen kann, und das kann uns, wenn wir wollen, leicht gelingen. Umgeben uns doch schon in Zeiten der Muße, wenn wir unerfüllten Hoffnungen nachhängen und gleichsam am hellen Tage träumen, solche Phantasiebilder so lebhaft, als ob wir auf Reisen wären, zu Schiffe führen, in der Schlacht ständen, zum Volke redeten oder über Reichtümer, die wir nicht besitzen, verfügten, und das alles nicht nur in Gedanken, sondern wirklich täten. Sollen wir aus dieser Schwäche nicht einen geistigen Gewinn machen? 31 Ich habe Klage zu führen, ein Mann sei erschlagen. Kann ich da nicht all das, was dabei, als es wirklich geschah, vermutlich vorgefallen ist, vor Augen haben? Wird nicht plötzlich der Mörder hervorbrechen? Nicht das Opfer voll Angst aufschrecken? Wird es schreien, bitten oder fliehen? Werde ich nicht den Schlag fallen, das Opfer zusammenbrechen sehen? Wird sich nicht sein Blut, seine Blässe, sein Stöhnen und schließlich sein letzter Todesseufzer meinem Herzen tief einprägen?

32 Daraus ergibt sich die ἐνάργεια (Verdeutlichung), die Cicero[30] 'illustratio' (Ins-Licht-Rücken) und 'evidentia' (Anschaulichkeit) nennt, die nicht mehr in erster Linie zu reden, sondern vielmehr das Geschehen anschaulich vorzuführen scheint, und ihr folgen die Gefühlswirkungen so, als wären wir bei den Vorgängen selbst zugegen. Haben wir nicht das Gefühl solcher Phantasiebilder, wenn wir die Verse hören: 'Ihren Händen entglitt das Webschiff, die Wolle am Boden'[31] oder 'Tief in der glänzenden Brust die klaffende Wunde'[32] oder das Pferd bei der Bestattung des Pallas[33] 'ohne sein Zaumzeug'. 33 Ja, hat der gleiche Dichter nicht zutiefst das Bild der letzten Stunde in sich aufgenommen, so daß er sagen konnte: 'Und im Tod tritt süß sein Argos ihm vor die Augen'[34]. 34 Wo aber Mitleid zu erwecken am Platz ist, sollten wir glauben, das, worüber wir zu klagen haben, sei uns selbst widerfahren und uns im eigenen Innern zu dieser Überzeugung bringen. *Wir selbst*

[30] part. 6, 20.

[31] Verg. Aen. 9, 474.

[32] ebd. 11, 40.

[33] ebd. 11, 89.

[34] ebd. 10, 782. Die Vers-Andeutungen genügen – das ist das beste Zeugnis, das Vergil als römischen Homer legitimiert –, um die ganze poetisch gestaltete Situation jeweils dem Hörer vor Augen zu stellen.

mur, nec agamus rem quasi alienam, sed adsumamus parumper illum dolorem. ita dicemus, quae in nostro simili casu dicturi essemus. 35 vidi ego saepe histriones atque comoedos, cum ex aliquo graviore actu personam deposuissent, flentes adhuc egredi. quod si in alienis scriptis sola pronuntiatio ita falsis accendit adfectibus, quid nos faciemus, qui illa cogitare debemus, ut moveri periclitantium vice possimus? 36 sed in schola quoque rebus ipsis adfici convenit easque veras sibi fingere, hoc magis quod illic ut litigatores loquimur frequentius quam ut advocati: orbum agimus et naufragum et periclitantem, quorum induere personas quid attinet, nisi adfectus adsumimus?

Haec dissimulanda mihi non fuerunt, quibus ipse, quantuscumque sum aut fui, pervenisse me ad aliquod nomen ingenii credo: frequenter motus sum, ut me non lacrimae solum deprenderent, sed pallor et veri similis dolor.

sollten die Menschen sein, von denen wir zu klagen haben, wie schlimm, empörend für unser Rechtsgefühl und wie traurig es ihnen ergangen sei, und wir dürfen den Vorgang nicht in der Verhandlung vortragen, als sei er einem anderen widerfahren, sondern müssen den Schmerz für eine Weile zum unseren machen. So werden wir sagen, was wir sagen würden, wenn uns das gleiche begegnet wäre. 35 Oft habe ich es erlebt, daß Schauspieler und Komödianten, nachdem sie nach einem ernsteren Auftritt die Maske abgelegt hatten, noch weinten, wenn sie heraustraten. Wenn aber bei Stücken, die andere geschrieben haben, allein schon das Vortragen nur durch erdichtete Gefühle eine solche Bewegung mit sich bringt, was werden wir erst tun, die wir darauf sinnen müssen, wie wir uns in den Stand setzen, so gerührt zu werden, als wären wir die vom Prozeß Bedrohten selbst? 36 Doch auch bei Schulübungen ist es angemessen, sich von den Vorgängen selbst ergreifen zu lassen und sie sich als wirklich vorzustellen, und dies um so eher, weil wir dabei häufiger in der Rolle der Prozeßpartei auftreten als in der von Anwälten: sprechen wir als verwaist, schiffbrüchig oder von schlimmer Gefahr bedroht, so hat es wenig Sinn, solche Rollen zu übernehmen, wenn wir nicht auch die Gemütsverfassung mit übernehmen.

Diese Dinge, durch die ich selbst glaube, mir einen gewissen Namen mit meinem Talent gemacht zu haben, soviel oder sowenig es auch ist oder gewesen ist, habe ich zu verhehlen nicht für recht befunden[35]. Häufig habe ich mich so ergriffen gefühlt, daß es nicht nur Tränen bekundeten, die mich überkamen, sondern sogar Erblassen und ein solcher Schmerz, als wäre er echt.

[35] Mit diesem persönlichen Berufsgeheimnis, das ihm die Lehrbücher nicht verraten konnten (s. o. § 25) und das er ganz als seine eigene Erfahrung empfindet, befindet sich Quint. in der besonderen Nähe des Künstlers Cicero: der ciceronische Antonius im 2. B. des Dialogs über den echten Redner (46, 189f.) bekennt von sich aus seiner persönlichen Erfahrung: 'Ich weiß nicht, Crassus, wie es dir und allen anderen dabei ergeht; ich für meine Person sehe keinen Grund, warum ich hier im vertrauten Kreis der besten Sachkenner lügen soll: wahrhaftig nie habe ich bei den Richtern Schmerz, Mitleid, Erbitterung oder Haß durch meine Worte entfachen wollen, ohne mich selbst bei meiner Einwirkung auf die Gefühle der Richter von denselben Empfindungen ergreifen zu lassen, in die ich sie versetzen wollte' usw. Auch dem Künstler Horaz ist ja dieses Geheimnis der Kunstwirkung bewußt (a. p. 102: 'si vis me flere, dolendum est.') Es ist bezeichnend, daß bei Quint. die Identifizierung mit der ciceronischen Kunst so weit geht, daß er den Hinweis auf Cicero, sooft er ihn sonst auch als Kronzeugen zitiert, hier unterläßt! Vgl. u. Kap. 3, 3.

III.

1 Huic diversa virtus, quae risum iudicis movendo et illos tristes solvit adfectus et animum ab intentione rerum frequenter avertit et aliquando etiam reficit et a satietate vel a fatigatione renovat. quanta sit autem in ea difficultas, vel duo maximi oratores, alter Graecae, alter Latinae eloquentiae princeps, docent: 2 nam plerique Demostheni facultatem defuisse huic rei credunt, Ciceroni modum. nec videri potest noluisse Demosthenes, cuius pauca admodum dicta nec sane ceteris eius virtutibus respondentia palam ostendunt non displicuisse illi iocos, sed non contigisse. 3 noster vero non solum extra iudicia, sed in ipsis etiam orationibus habitus est nimius risus adfectator. mihi quidem, sive id recte iudico sive amore inmodico praecipui in eloquentia viri labor, mira quaedam in eo videtur fuisse urbanitas. 4 nam et in sermone cottidiano multa et in altercationibus et interrogandis testibus plura quam quisquam dixit facete, et illa ipsa, quae sunt in Verrem dicta frigidius, aliis adsignavit et testimonii loco posuit, ut, quo sunt magis vulgaria, eo sit credibilius, illa non ab oratore ficta, sed passim esse iactata. 5 utinamque libertus eius Tiro aut alius, quisquis fuit, qui tris hac de re libros edidit, parcius dictorum numero indulsissent et plus iudicii in eligendis quam in congerendis studii adhibuissent: minus obiectus calumniantibus foret, qui tamen nunc quoque, ut in omni

DRITTES KAPITEL

Das Lachen

1 Unterschiedlich hierzu wirkt sich eine andere Leistung des Redners auf dem Gebiet der Gefühlswirkungen aus; sie besteht darin, dadurch, daß man den Richter zum Lachen bringt, ihn zunächst zu befreien von der Bedrückung durch die traurigen Gefühle; häufig gelingt es ihr dadurch auch, die Aufmerksamkeit des Richters vom Sachlichen abzulenken, zuweilen auch, sein Interesse neu zu beleben und Übersättigung oder Ermüdung zu überwinden. Welche Schwierigkeit aber diese Aufgabe bietet, lehren sogar die beiden größten Redner, der Fürst der griechischen und der Fürst der römischen Beredsamkeit: 2 denn die meisten Sachkenner sind der Ansicht, dem Demosthenes habe es hierin an Begabung gefehlt, dem Cicero am rechten Maß. Es läßt sich nämlich nicht so ansehen, als habe Demosthenes diese Gefühlswirkung verschmäht. Seine nicht gerade zahlreichen Witzworte, die freilich nicht auf der Höhe seiner übrigen Vorzüge stehen, zeigen es in aller Offenheit, daß es ihm bei seinen Witzen nicht am guten Willen gefehlt hat, sondern an der glücklichen Hand. 3 Unser Landsmann aber stand in dem Ruf, nicht nur außerhalb der Gerichtsschranken, sondern sogar auch in seinen Reden selbst allzusehr auf Lacheffekte aus zu sein. Mir persönlich freilich scheint es – mag ich nun mit diesem Urteil recht haben oder fehlgreifen, weil ich in meiner Liebe zu diesem unvergleichlichen Meister der Redekunst nicht maßhalten kann –, als sei gerade auch die feine Art der Hauptstadt, mit der er den Ton der Gesellschaft beherrscht hat, etwas ganz Erstaunliches. 4 Denn er hat schon in der Unterhaltung des Alltages viele, in seinen Rededuellen und bei Zeugenbefragungen aber mehr geistreiche und witzige Bemerkungen gemacht als jeder andere, und selbst die Bemerkungen in den Reden gegen Verres, die etwas frostig klingen, hat er anderen in den Mund gelegt und als Zeugenaussagen gebracht, so daß es, je gewöhnlicher sie klingen, desto glaublicher ist, daß sie nicht von dem Redner selbst erfunden sind, sondern allenthalben umliefen. 5 Hätte doch sein Freigelassener Tiro oder wer sonst seine Witzworte in drei Büchern herausgebracht hat, weniger Wert auf die Anzahl solcher Bemerkungen gelegt und mehr Kritik bei ihrer Auswahl als Eifer beim Zusammentragen aufgewendet! Weniger wäre er dann den Verleumdungen von Leuten ausgesetzt, die jedoch selbst heutzutage noch auch hier, wie bei allen Seiten

eius ingenio, facilius quod reici quam quod[e] adici possit invenient. 6 adfert autem summam rei difficultatem primum, quod ridiculum dictum plerumque falsum est (hoc semper humile)[f], saepe ex industria depravatum, praeterea numquam honorificum: tum varia hominum iudicia in eo, quod non ratione aliqua, sed motu animi quodam nescio an enarrabili iudicatur. 7 neque enim ab ullo satis explicari puto, licet multi temptaverint, unde risus, qui non solum facto aliquo dictove, sed interdum quodam etiam corporis tractu[g] lacessitur. praeterea non una ratione moveri solet: neque enim acute tantum ac venuste, sed stulte, iracunde, timide dicta ac facta ridentur, ideoque anceps eius rei ratio est, quod a derisu non procul abest risus. 8 'habet' enim, ut Cicero dicit, 'sedem in deformitate aliqua et turpitudine', quae cum in aliis demonstrantur, urbanitas, cum in ipsos dicentis recidunt, stultitia vocatur.

Cum videatur autem res levis et quae ab scurris, mimis, insipientibus denique saepe moveatur, tamen habet vim nescio an imperiosissimam et cui repugnari minime potest. 9 erumpit etiam invitis[h] saepe, nec vultus modo ac vocis exprimit confessionem, sed totum corpus vi sua concutit. rerum autem saepe, ut dixi, maximarum momenta vertit, ut cum odium iramque frequentissime frangat. 10 documento sunt iuvenes Tarentini, qui multa de rege Pyrrho sequius inter cenam locuti, cum rationem facti reposcerentur et neque negari res neque defendi posset, risu sunt et opportuno ioco elapsi. namque unus ex iis 'immo', inquit, 'nisi lagona defecisset, occidissemus te', eaque urbanitate tota est invidia criminis dissoluta.

11 Verum hoc, quidquid est, ut non ausim dicere carere omnino

e) quod *ed. Camp.*: quid
f) *del. Vollmer*
g) tractu **PVM**: tactu **AG**
h) invitis *Regius*: invitus

seines Talentes, leichter ausfindig machen können, was man verwerfen als was man ergänzen könnte. 6 Eine besondere Schwierigkeit für die Beurteilung der ganzen Erscheinung liegt erstens darin, daß eine Bemerkung, die lächerlich wirkt, zumeist sachlich unwahr ist, oft absichtlich entstellt und außerdem niemals ehrenvoll ist. Ferner sind die Urteile der Menschen sehr schwankend bei einem Gegenstand, dessen Beurteilung nicht in Verstandesgründen, sondern in einer überhaupt wohl kaum erklärbaren Gemütsbewegung liegt. 7 Denn ich glaube nicht, daß jemand befriedigend erklären könnte – so viele es auch versucht haben mögen –, woher der Lachreiz kommt, den nicht allein eine Handlung oder Bemerkung, sondern zuweilen auch eine Körperbewegung auslöst. Außerdem hat das, was zum Lachen bringt, keinen einheitlichen Grund; denn man lacht nicht nur über treffende und amüsante, sondern auch über törichte, zornige und ängstliche Bemerkungen und Handlungen, und deshalb läßt sich kein klarer Grund angeben, weil es vom Lachen zum Auslachen nicht weit ist. 8 'Es hat nämlich seinen Sitz in etwas Ungestaltem und Häßlichem', wie Cicero[36] sagt, das, wenn es an anderen gezeigt wird, Urbanität heißt, kehrt es sich aber gegen die Redenden selbst, Torheit.

Obwohl es aber so wenig zu bedeuten scheint, zum Lachen zu bringen, daß es Spaßmacher, Volksschauspieler und Narren gar oft zustande bringen, besitzt es doch die vielleicht gebieterischste und unwiderstehlichste Gewalt. 9 Denn oft platzt es heraus, sowenig wir es wollen, und erzwingt sich seine Anerkennung nicht nur aus unserer Miene und Stimme, sondern schüttelt mit aller Kraft den ganzen Körper. In den wichtigsten Vorgängen bringt es oft, wie schon gesagt[37], die entscheidende Wende, wenn es z. B. so häufig die Mauer von Haß und Zorn zerbricht. 10 Das können die Jünglinge aus Tarent bezeugen, die bei ihrem Mahl über König Pyrrhus viel Nachteiliges gesagt hatten, zur Rechenschaft gezogen, die Tatsache weder leugnen noch entschuldigen konnten und nur durch das Lachen und einen Scherz zu rechter Zeit davonkamen. Denn einer von ihnen sagte: 'Nein, vielmehr hätten wir dich auch noch erschlagen, wäre die Flasche nicht schon zu Ende gewesen' – und mit dieser spaßigen Bemerkung war die ganze Entrüstung über das Verbrechen dahin.

11 Nun beruht dieses gewisse Etwas (das zum Lachen bringt),

[36] de orat. 2, 58, 236.

[37] wohl dem Sinn nach in den vorausgehenden Paragraphen.

arte, quia nonnullam observationem habet suntque ad id pertinentia et a Graecis et a Latinis composita praecepta, ita plane adfirmo, praecipue positum esse in natura et in occasione. 12 porro natura non tantum in hoc valet, ut acutior quis atque habilior sit ad inveniendum (nam id sane doctrina possit augeri), sed inest proprius quibusdam decor in habitu ac vultu, ut eadem illa minus alio dicente urbana esse videantur. 13 occasio vero et in rebus est, ⟨cuius est⟩[i] tanta vis, ut saepe adiuti ea non indocti modo, sed etiam rustici salse dicant, et in eo, quid aliquis dixerit prior; sunt enim longe venustiora omnia in respondendo quam in provocando. 14 accedit difficultati, quod eius rei nulla exercitatio est, nulli praeceptores. itaque in conviviis et sermonibus multi dicaces, quia in hoc usu cottidiano proficimus: oratoria urbanitas rara, nec ex arte propria, sed ad hanc consuetudinem commodata. 15 nihil autem vetabat et componi materias in hoc idoneas, ut controversiae permixtis salibus fingerentur, vel res proponi singulas ad iuvenum talem exercitationem. 16 quin ipsae illae†(dicae[j] sunt ac vocantur), quas certis diebus festae licentiae dicere solebamus, si paulum adhibita ratione fingerentur aut aliquid in his serium quoque esset admixtum, plurimum poterant utilitatis adferre: quae nunc iuvenum vel sibi ludentium exercitatio est.

i) *add. Halm*
j) dc̄e **P** (*in marg* dicte sive dicterie) dictae **G** dicta *rell.*

sowenig ich wagen möchte zu sagen, es gebe überhaupt keine künstlichen Mittel, es zu behandeln, da man ja auf einiges zu achten gelernt hat und diesbezügliche Vorschriften sowohl von griechischen wie auch von römischen Autoren[38] abgefaßt worden sind, doch hauptsächlich auf der natürlichen Veranlagung und der jeweiligen Gelegenheit. Das kann ich rundheraus sagen. 12 Die natürliche Veranlagung kommt nun weiter nicht nur darin zur Geltung, daß jemand Spürsinn und Geschick besitzt, Passendes ausfindig zu machen – denn das allerdings könnte sich durch Unterricht steigern lassen –, sondern manche Menschen besitzen einen eigentümlichen Reiz in ihrer Haltung und Miene, so daß die gleichen Bemerkungen, wenn sie ein anderer machte, weniger witzig und fein wirkten. 13 Die Gelegenheit nun beruht teils auf den Gegebenheiten und hat dabei eine solche Wirkung, daß mit Hilfe günstiger Umstände nicht nur ungeschulte, sondern sogar ganz ungehobelte Menschen witzig sprechen, teils beruht es auch auf dem, was der andere zuvor gesagt hat; denn alles kommt weit amüsanter heraus, wenn man antwortet, als wenn man die Antwort herausfordert. 14 Zur Schwierigkeit der Aufgabe kommt noch der Umstand, daß es hierfür keine Übung, keine Lehrer gibt. Deshalb trifft man bei Gastmählern und in Unterhaltungen viele schlagfertige Leute, weil wir durch den täglichen Umgang hierbei Fortschritte machen – im Beruf des Redners aber ist die feine witzige Art selten, und sie stammt nicht aus der eigentlichen Kunstlehre, sondern wird aus dem Bereich genommen, wo sie uns schon vertraut ist. 15 Es stände aber nichts im Wege, auch hierzu geeignete Stoffe für die Schule auszuarbeiten, so daß man Streitfälle annehmen könnte, in denen auch witzige Stellen vorkämen, oder auch den jungen Leuten zu Übungen solcher Art einzelne Aufgaben als Thema zu stellen. 16 Ja selbst die Prozeßspiele – sie sind und heißen 'dica'[39] –, die wir gewöhnlich an bestimmten Tagen festlicher Ausgelassenheit vortrugen, könnten, wenn man auf ihre Erfindung etwas mehr geistige Arbeit verwendete oder ihnen auch ein wenig Ernst beimischte, großen Nutzen stiften; ist es doch schon jetzt, auch wenn es die jungen Leute nur für sich selbst spielen, eine Übung.

[38] Zur Quellenanalyse des Kap. jetzt Friedmar Kühnert Philol. 106 (1962) 290ff.

[39] so mit Radermacher 'δίκη'. Jedoch läßt sich aus Quint.s Andeutungen kein klares Bild von der Veranstaltung gewinnen. Vielleicht ist doch 'dicta' zu lesen und an eine Art Schlagfertigkeits-Wettkämpfe zu denken.

17 Pluribus autem nominibus in eadem re vulgo utimur: quae tamen si diducas, suam quandam propriam vim ostendent. nam et urbanitas dicitur, qua quidem significari video sermonem praeferentem in verbis et sono et usu proprium quendam gustum urbis et sumptam ex conversatione doctorum tacitam eruditionem, denique cui contraria sit rusticitas. 18 venustum esse, quod cum gratia quadam et venere dicatur, apparet. salsum in consuetudine pro ridiculo tantum accipimus: natura non utique hoc est, quamquam et ridicula esse oporteat salsa. nam et Cicero omne, quod salsum sit, ait esse Atticorum, non quia sunt maxime ad risum compositi, et Catullus, cum dicit: 'nulla est in corpore mica salis', non hoc dicit, nihil in corpore eius esse ridiculum. 19 salsum igitur erit, quod non erit insulsum, velut quoddam simplex orationis condimentum, quod sentitur latente iudicio velut palato, excitatque et a taedio defendit orationem. sales enim[k] ut ille in cibis paulo liberalius adspersus, si tamen non sit inmodicus, adfert aliquid propriae voluptatis, ita hi quoque in dicendo habent quiddam, quod nobis faciat audiendi sitim. 20 facetum quoque non tantum circa ridicula opinor consistere; neque enim diceret Horatius, facetum carminis[l] genus natura concessum esse Vergilio. decoris hanc magis et excultae cuiusdam elegantiae appellationem puto. ideoque in epistulis Cicero haec Bruti refert verba: 'ne illi sunt pedes faceti ac

k) sales enim *Spalding:* sane tamen

l) carminis *Ald.:* cateminis **A** catominus **GM** catoni **VQ** catōnis **P²**

[40] orat. 26, 90.

[41] 86, 4.

[42] sat. 1, 10, 44.

[43] fr. E 18, 2 M. Wohl auch (und im beliebten Spiel mit der Grundbedeutung) wie das Horazzitat auf Vers*füße* zu beziehen. Ob 'illi' ein Gedicht oder eine Person bezeichnet und ob das in den älteren Hdschr. überlieferte 'ingredienti' vorzuziehen ist (die gesuchtere Wortstellung wäre dann 'neoteri-

17 Gewöhnlich nun verwenden wir für den gleichen Vorgang (daß wir nämlich lachen müssen) ohne Unterschied mehrere Namen; untersucht man diese jedoch einzeln, so läßt sich aus ihnen ihre jeweilige eigentliche Bedeutung gut ablesen. Denn teils heißt das Witzige 'urbanitas', und in dieser Bezeichnung kann ich eine Redeweise erkennen, die in ihren Worten, ihrem Klang und ihrem Gebrauch so etwas wie den eigentümlichen Geschmack unserer Hauptstadt zur Schau trägt, sowie auch, was als stillschweigende Bildungskraft aus der Unterhaltungsform Gebildeter stammt, und schließlich das Gegenteil von bäurischem Benehmen. 18 Daß 'venustum' (liebenswürdig) das ist, was mit einer gewissen Anmut und mit Liebreiz gesprochen wird, ist klar. Unter 'salsum' (Gesalzenem) verstehen wir in unserem Sprachgebrauch nur das Lächerliche; seiner natürlichen Bedeutung nach heißt es das nicht unbedingt, wenn auch Lächerliches zugleich 'gesalzen' sein muß. Denn Cicero[40] behauptet, alles, was gesalzen sei, sei attischer Art – doch nicht, weil die Attiker vor allem zum Lachen neigten, und auch wenn Catull[41] sagt: 'Kein Salzkorn steckt in ihrem Leib', sagt er damit doch nicht, es sei nichts Lächerliches in ihrem Körper. 19 Unter 'salsum' wird man also zu verstehen haben, was nicht 'ungesalzen' (insulsum) ist, gleichsam eine Art einfacher Würze der Rede, die man, auch ohne daß dabei ein Geschmacksurteil bewußt wird, gleichsam mit dem Gaumen empfindet, eine Würze, die die Rede anregend macht und vor Ekel und Langeweile bewahrt. Denn wie das Salz, das wir etwas reichlicher auf die Speisen streuen, wenn es freilich nicht unmäßig geschieht, einen eigentümlichen Wohlgeschmack verleiht, so besitzen auch in der Rede die Salzkörner etwas, was uns den Durst erregt, zuzuhören. 20 Auch das 'facetum' (das Elegante) gehört meiner Meinung nach nicht nur in den Bereich des Lächerlichen; denn dann könnte Horaz[42] nicht sagen, die Natur habe dem Vergil ein 'facetum carminis genus' (eine feine Art von Versen) verliehen. Schönheit und eine gewisse gepflegte Eleganz meint also wohl diese Benennung eher. Und entsprechend gibt Cicero in seinen Briefen die folgenden Worte des Brutus wieder: 'Ja, anmutig sind seine Füße und weich in dem Genuß, mit dem sie einhergehen'[43],

sche' Pointe), muß dunkel bleiben. Was wüßten wir von der Satire des Horaz, wenn wir nur auf die vier Worte angewiesen wären, mit denen Quint. in seinem folgenden Zitat auf den Zusammenhang hindeutet? Siehe folgende Anmerkung.

deliciis ingrediendi molles'. quod convenit cum illo Horatiano: 'molle atque facetum Vergilio' – 21 iocum vero[m] id accipimus, quod est contrarium serio[n]: nam et fingere et terrere et promittere interim iocus est. dicacitas sine dubio a dicendo, quod est omni generi commune, ducta est, proprie tamen significat sermonem cum risu aliquos incessentem. ideo Demosthenen urbanum fuisse dicunt, dicacem necant.

22 Proprium autem materiae, de qua nunc loquimur, est ridiculum, ideoque haec tota disputatio a Graecis περὶ γελοίου inscribitur. eius prima divisio traditur eadem, quae est omnis orationis, ut sit positum in rebus ac verbis. usus autem maxime triplex[o]: 23 aut enim ex aliis risum petimus aut ex nobis aut ex rebus mediis. aliena aut reprendimus aut refutamus aut elevamus aut repercutimus aut eludimus. nostra ridicule[p] indicamus et, ut verbo Ciceronis utar, dicimus aliqua subabsurda. namque eadem, quae, si imprudentibus excidant, stulta sunt, si simulamus, venusta creduntur. 24 tertium est genus, ut idem dicit, in decipiendis expectationibus, dictis aliter accipiendis ceterisque, quae neutram personam contingunt ideoque a me media dicuntur. 25 item ridicula aut facimus aut dicimus. facto risus conciliatur interim admixta gravitate, ut M. Caelius praetor, cum sellam eius curulem consul Isauricus fregisset, alteram posuit loris intentam, dicebatur autem consul a patre flagris aliquando caesus: interim sine respectu pudoris, ut in illa puxide Caeliana, quod neque oratori neque ulli viro gravi conveniat.

m) fere *Halm* vulgo *Spalding*
n) *lac. stat. Halm e. g. supplens* ⟨sed hoc nimis angustum⟩
o) triplex *ed. Colon:* simplex
p) ridicule *Regius:* ridicula

was sich mit dem schon erwähnten Horazwort deckt: 'Weich und anmutig dem Vergil ...'[44] 21 Unter 'iocus' (Scherz) aber verstehen wir das, was dem Ernstgemeinten entgegengesetzt ist; also auch Täuschen, Erschrecken und Versprechen; denn auch das ist zuweilen nicht ernst gemeint (und deshalb iocus). 'Dicacitas' kommt zweifellos von 'dicere', was also zur ganzen Gattung gehört; im eigentlichen Sinn aber bezeichnet es die Art, unter Lachen andere herauszufordern. Deshalb sagt man, feinen Witz habe Demosthenes besessen, treffenden nicht.

22 Eigentümlich aber ist das Merkmal dem ganzen Stoffgebiet, das wir jetzt behandeln, das Lächerliche, und deshalb trägt die ganze Erörterung im Griechischen den Titel ›περὶ γελοίου‹. Als erste Einteilung findet sich die gleiche wie bei der Rede überhaupt, daß sie nämlich auf Sachen und Worten beruhe (also Sachwitz und Wortwitz). 23 Die Anwendung aber, die wir vom Lächerlichen machen, geschieht vor allem in drei Formen: entweder nämlich suchen wir das Lächerliche bei anderen oder bei uns selbst oder bei Dingen, die in der Mitte liegen. Bei anderen geschieht es, indem wir tadeln, widerlegen, durch Verkleinern entlasten, zurückschlagen oder verspotten. Bei uns selbst geschieht es so, daß wir uns in ein lächerliches Licht setzen und, mit Cicero[45] zu reden, manche halbtörichte Dinge sagen. Denn manches, was, wenn es uns unabsichtlich entfällt, töricht ist, wirkt, wenn wir es zum Schein tun, amüsant. 24 Die dritte Art besteht, wie ebenfalls Cicero sagt, darin, daß wir Erwartungen täuschen, Worte in anderem Sinn verstanden wissen wollen, sowie in anderem, was keine der beiden Seiten berührt und deshalb von mir Mittleres genannt wird. 25 Weiter also besteht das Lächerliche entweder darin, daß wir es tun oder sagen. Bei einer Handlung läßt sich das, was zum Lachen bringt, bisweilen mit Ernst vermischen, z. B. stellte M. Caelius als Praetor, als der Konsul Isauricus seinen Amtssessel zerbrochen hatte, einen anderen hin, der mit Riemen bespannt war. Man wußte aber zu erzählen, der Konsul sei einmal von seinem Vater mit der Peitsche geschlagen worden. Zuweilen geschieht eine solche Handlung auch ohne Rücksicht auf das Schamgefühl, z. B. in der Szene mit der Büchse in der Caeliusrede[46], was keinem Redner und

[44] nämlich: haben die Musen, des ländlichen Lebens froh (in den Hirtengedichten), Gewähr gewinkt.

[45] de orat. 2, 71, 289.

[46] p. Cael. 29, 69 vgl. Austin in seinem Kommentar (1956) S. 132.

26 idem autem de[q] vultu gestuque ridiculo dictum sit: in quibus est quidem gratia, sed maior, cum captare risum non videntur; nihil enim est his, quae † dicenti salsa dicuntur[r], insulsius. quamquam autem gratiae plurimum dicentis severitas adfert, fitque ridiculum id ipsum, quod qui dicit illa, non ridet, est tamen interim et aspectus et habitus oris et gestus non inurbanus, cum iis modus contingit. 27 id porro, quod dicitur, aut est lascivum et hilare, qualia Gabbae[s] pleraque, aut contumeliosum, qualia nuper Iuni Bassi, aut asperum, qualia Cassi Severi, aut lene, qualia Domiti Afri. 28 refert, his ubi quis utatur. nam in convictibus et cottidiano sermone lasciva humilibus, hilaria omnibus convenient. laedere[t] numquam velimus, longeque absit illud propositum, potius amicum quam dictum perdendi[u]. in hac quidem pugna forensi[v] malim mihi lenibus uti licere. nonnumquam et contumeliose et aspere dicere in adversarios permissum est, cum accusare etiam palam et caput alterius [iuste][w] petere concessum sit. sed hic quoque tamen inhumana videri solet fortunae insectatio, vel quod culpa caret vel quod recidere[x] etiam in ipsos, qui obiecerunt, potest. primum itaque considerandum est, et quis et in qua causa et apud quem et in quem et quid dicat. 29 oratori minime convenit distortus vultus gestusque, quae in mimis rideri solent. dicacitas etiam scurrilis et scaenica huic personae alienissima est: obscaenitas vero non a verbis tantum abesse debet, sed etiam a significatione. nam si quando obici potest, non in ioco exprobranda est. 30 oratorem praeterea ut dicere urbane volo, ita videri adfectare id plane nolo. quapropter ne dicet quidem salse, quotiens poterit, et dictum potius aliquando perdet quam minuet

q) de *ed. Camp.:* sed **AGVM** si **P**

r) dicenti falsa dicuntur **A** dicunt salsa (? **GM**): indecentius salsa indicantur temptat *Radermacher* quae sicut (*Gesner*) salsa dicuntur *Halm*

s) Gabbae *Buecheler:* galbe **PV** agalbae **AMG**

t) laedere *Rollin:* ludere

u) perdendi *Muretus:* perdidi

v) forensi *Regius:* forensium

w) *del. Spalding*

x) recidere *Regius:* redire

überhaupt keinem Mann von Ansehen statthaft sein dürfte. 26 Das gleiche soll auch von lächerlichem Mienen- und Gebärdenspiel gelten. Auch das macht zwar gewaltigen Eindruck, aber größer ist dieser, wenn man nicht nach Lacheffekt zu haschen scheint; denn es gibt nichts Abgeschmackteres als das, was schon so vorgetragen wird, als wäre es voll witzigen Salzes. Obwohl aber den größten Eindruck die ernste Haltung des Sprechenden macht und gerade das zum Lachen bringt, daß er über das, was er sagt, nicht lacht, so wirkt dennoch zuweilen auch der Anblick, Gesichtsausdruck und Gebärdenspiel äußerst erheiternd und elegant, wenn es gelingt, darin maßzuhalten. 27 Nun ist weiter das, was man sagt, entweder ausgelassen und heiter, wie das meiste von Gabba, oder kränkend, wie in neuerer Zeit bei Iunius Bassus, rauh, wie bei Cassius Severus, oder sanft, wie bei Domitius Afer. 28 Es kommt eben darauf an, wo man davon Gebrauch macht. Denn im Zusammenleben und in täglicher Unterhaltung wird sich das Ausgelassene für die niederen Kreise, das Heitere für alle schicken. Verletzen sollten wir niemals, und fern sei der berüchtigte Grundsatz: lieber einen Freund verlieren als einen treffenden Witz! In unserem Kampf auf dem Forum möchte ich am liebsten, ich könnte mich der sanften Mittel bedienen. Zuweilen ist es auch gestattet, kränkend und rauh mit dem Gegner zu verfahren, da es ja auch erlaubt ist, öffentlich anzuklagen und zu Recht dem anderen nach dem Leben zu trachten. Doch auch hier wirkt es gewöhnlich unmenschlich, das Unglück zu verhöhnen, sei es nun deshalb, weil den Unglücklichen keine Schuld trifft, sei es auch, weil die Vorwürfe auf diejenigen zurückfallen können, die sie erhoben haben. Deshalb ist zuerst zu überlegen, wer spricht, in welchem Fall, vor wem, gegen wen und schließlich, was er spricht. 29 Am allerwenigsten schickt es sich für den Redner, Miene und Gebärden zu verzerren, worüber man gewöhnlich bei den Volksschauspielern (Mimen) lacht. Auch Possenreißer- und Komödiantenwitzelei verträgt sich mit seiner Rolle gar nicht. Unanständigkeiten müssen nicht nur im Wortschatz vermieden werden, sondern sogar in Andeutungen. Denn wenn einmal etwas Derartiges als Vorwurf verwandt werden kann, so darf man es doch nicht im Scherz vorwerfen. 30 Sosehr ich ferner wünsche, daß der Redner im scherzhaften Ton der feinen Gesellschaft (urban) spricht, sowenig wünsche ich, daß es so scheint, als sei er darauf aus. Deshalb wird er, selbst wenn es möglich ist, nicht jede Gelegenheit ausnützen, mit Witz zu würzen, sondern wird lieber einmal ein Witzwort umkommen lassen als sein Ansehen mindern.

auctoritatem. 31 nec accusatorem autem atroci in causa nec patronum in miserabili iocantem feret quisquam. sunt etiam iudices quidam tristiores quam ut risum libenter patiantur. 32 solet interim accidere ut id, quod in adversarium dicimus, aut in iudicem conveniat aut in nostrum quoque litigatorem, quamquam aliqui reperiuntur, qui ne id quidem, quod in ipsos recidere possit, evitent. quod fecit Longus Sulpicius, qui, cum ipse foedissimus esset, ait eum, contra quem iudicio liberali aderat, ne faciem quidem habere liberi hominis: cui respondens Domitius Afer 'ex tui', inquit, 'animi sententia, Longe, qui malam faciem habet, liber non est?' 33 vitandum etiam, ne petulans, ne superbum, ne loco, ne tempore alienum, ne praeparatum et domo adlatum videatur quod dicimus: nam adversus miseros, sicut supra dixeram, inhumanus est iocus. sed quidam ita sunt receptae auctoritatis ac notae verecundiae, ut nocitura sit in eos dicendi petulantia; nam de amicis iam praeceptum est. 34 illud non ad oratoris[y] consilium, sed ad hominis pertinet: lacessat hoc modo quem laedere sit periculosum, ne aut inimicitiae graves insequantur aut turpis satisfactio. male etiam dicitur, quod in pluris convenit, si aut nationes totae incessantur aut ordines aut condicio aut studia multorum. 35 ea, quae dicet vir bonus, omnia salva dignitate ac verecundia dicet[z] nimium enim risus pretium est, si probitatis impendio constat.

Unde autem concilietur risus et quibus ex locis peti soleat, difficillimum dicere. nam si species omnes persequi velimus, nec modum reperiemus et frustra laborabimus. 36 neque enim minus numerosi sunt loci, ex quibus haec dicta, quam illi, ex quibus eae[a], quas sententias vocamus, ducuntur, neque alii. nam hic quoque est inventio et

y) oratoris *Harster:* orat fori *A orā fori **Ga** ora * ferre **P** orandi fere **V** oram fere **M**

z) dicet *edd. vett.:* decet **AGM** decent **PV**

a) eae *Regius:* eas **AGVM** ea * **P**

31 Auch würde es niemand ertragen, wenn ein Ankläger in seinem schrecklichen oder ein Verteidiger in einem mitleiderregenden Fall scherzhaft redete. Es gibt ferner auch unter den Richtern so ernste Naturen, daß sie es nicht gern haben, wenn gelacht wird. 32 Zuweilen kommt es vor, daß das, was wir gegen den Gegner richten, um ihn lächerlich zu machen, entweder auch auf den Richter paßt oder gar auf unseren eigenen Mandanten. Freilich gibt es Redner, die selbst solchen Witzen, die auf sie selbst zurückfallen, nicht aus dem Wege gehen – so Longus Sulpicius, der, obwohl äußerst häßlich, sagte, der Mann, gegen den er einen Fall vor dem Freilassungsgericht vertreten hatte, habe nicht einmal ein Gesicht wie ein freier Mensch. Darauf gab Domitius Afer zur Antwort: 'Ist das deine ehrliche Überzeugung, Longus, daß ein Mensch, dessen Gesicht übel aussieht, kein Freier ist?' 33 Es ist ferner zu vermeiden, daß das, was wir sagen, aufdringlich, hochmütig, nicht passend zu dem Ort oder der Zeit der Verhandlung, daß es auch nicht vorbereitet und vom Schreibtisch mitgebracht wirke. Denn daß gegen Unglückliche Scherz unmenschlich ist, hatte ich ja schon oben bemerkt. Es gibt aber auch manchmal Persönlichkeiten von so allgemeinem Ansehen und anerkannt achtunggebietendem Wesen, daß es schändlich wäre, dreist gegen sie aufzutreten. Wie man sich bei Freunden damit zu verhalten habe, ist ja schon gezeigt worden. 34 Die folgende Vorschrift wendet sich nicht eigentlich an den Redner, sondern an den gesunden Menschenverstand: einen Mann, den zu verletzen gefährlich ist, soll man nur so herausfordern, daß es nicht zu schlimmer Feindschaft führt oder schmählicher Genugtuung. Übel ist es auch, etwas zu bringen, was gegen ganze Gruppen paßt, wenn man also ganze Völker angreift oder Stände oder Lebensverhältnisse und Bestrebungen, die vielen Menschen eigen sind. 35 All das, was ein Ehrenmann zu sagen hat, wird er so sagen, daß sein Rang und die Achtung vor ihm nicht notleidet. Denn ein zu teurer Preis ist das Lachen, wenn es auf Kosten unserer Ehrbarkeit erzielt wird.

Woher man aber den Stoff zum Lachen nimmt und wie man gewöhnlich an die Fundstellen hierfür kommt, ist sehr schwer zu sagen; denn wollten wir alle seine Erscheinungsformen durchgehen, so fände sich weder Maß noch Ziel, und die ganze Mühe wäre vergebens. 36 Denn die Fundstellen für solche Witzworte sind nicht weniger zahlreich als die, aus denen man die sogenannten 'sententiae' (geistreiche Wendungen) gewinnt, und auch von derselben Art. Denn auch hier gibt es 'Ausfindigmachen' und 'Darstellen' und

elocutio, atque ipsius elocutionis vis alia in verbis, alia in figuris. 37 risus igitur oriuntur aut ex corpore eius, in quem dicimus, aut ex animo, qui factis ab eo dictisque colligitur, aut ex iis, quae sunt extra posita; intra haec enim est omnis vituperatio: quae si gravius posita sit, severa est, si levius, ridicula. haec aut ostenduntur aut narrantur aut dicto notantur. 38 rarum est, ut oculis subicere contingat, ut fecit C. Iulius: qui cum Helvio Manciae saepius obstrepenti sibi diceret 'iam[b] ostendam qualis sis', isque plane instaret interrogatione, qualem tandem se ostensurus esset, digito demonstravit imaginem Galli in scuto Cimbrico pictam, cui Mancia[c] tum simillimus est visus. tabernae autem erant circa forum ac scutum illud signi gratia positum. 39 narrare, quae salsa sint, in primis est subtile et oratorium, ut Cicero pro Cluentio narrat de Caepasio atque Fabricio aut M. Caelius de illa D. Laeli collegaeque eius in provinciam festinantium contentione. sed in his omnibus cum elegans et venusta exigitur tota expositio, tum id festivissimum est, quod adicit orator. nam et a Cicerone sic est Fabrici fuga illa condita: 40 'itaque cum callidissime se putaret dicere et cum illa verba gravissima ex intimo artificio deprompsisset, respicite, iudices, hominum fortunas, respicite C. Fabrici senectutem, cum hoc 'respicite' ornandae orationis causa saepe dixisset, respexit ipse: at Fabricius a subselliis demisso capite discesserat', et cetera, quae adiecit (nam est notus locus), cum in re hoc solum esset, Fabricium a iudicio recessisse. 41 et Caelius cum omnia venustissime finxit, tum illud

b) diceret iam *Regius:* dicere etiam **A** diceret **M**

c) Mancia *Pighius:* manceps

innerhalb des Darstellens wieder die Darstellungsmöglichkeit durch Worte und die durch Wortgruppen. 37 Anlässe zum Lachen kommen also entweder vom Körper des Gegners oder von seinem Inneren, das sich aus Dingen, die er getan oder gesagt hat, erschließen läßt, oder sie kommen von Dingen, die außerhalb liegen. Denn innerhalb dieser drei Möglichkeiten geht alles Tadeln vor sich. Hat der Tadel stärkeres Gewicht, so wirkt er ernst, hat er geringeres, lächerlich. Die lächerliche Wirkung nun kann durch einen bloßen Hinweis oder in Form der Erzählung erfolgen oder durch ein Witzwort zum Vorschein kommen. 38 Selten nur glückt es, sie unmittelbar vor Augen zu führen, wie es bei C. Iulius geschah[47]: dieser sagte zu Helvius Mancia, der ihn immer wieder übertönte: 'Gleich zeige ich, was du bist!' Und als dieser mit der Frage parierte, er solle doch nur zeigen, was er denn sei, wies er nur mit seinem Finger auf die Abbildung eines Galliers auf einem Kimbernschild, dem Mancia damals sehr ähnlich sah. Um das Forum herum lagen ja Läden, und der Schild war da als Ladenschild angebracht. 39 Witzige Dinge in der Erzählung zu bringen, ist eine besonders feine und der Kunst des Redners würdige Aufgabe, wenn etwa Cicero in der Rede für Cluentius[48] von Caepasius und Fabricius erzählt oder M. Caelius von dem Wettrennen des D. Laelius und seines Amtsgenossen, als sie in ihre Provinz eilten. Jedoch erfordert hierbei immer schon der ganze Rahmen eine gewählte und reizvolle Darstellungsweise, indem dann das die größte Heiterkeit erregt, was der Redner in ihn einfügt. Denn so hat Cicero seine Erzählung von der Flucht des Fabricius[49] mit folgender Zutat gewürzt: 40 'Während er so glaubte, mit aller Schlauheit zu reden und gerade aus dem tiefsten Geheimfach seiner Kunst die so ergreifenden Worte zutage förderte: 'So blickt doch nur hin, ihr Richter auf das menschliche Glück, blickt doch nur hin auf des Fabricius greises Haupt!', und während er noch des öfteren mit diesem 'blickt doch nur hin!' seine Rede zierte, blickte er selbst hin: Da hatte Fabricius sich schon gesenkten Hauptes von seiner Bank davongemacht', und das Weitere, was Cicero noch hinzugefügt hat – die Stelle ist ja bekannt –, während der Vorgang selbst doch nur darin bestand, daß Fabricius die Verhandlung verlassen hatte. 41 So hat auch Caelius alles höchst amüsant

[47] Cic., de orat. 2, 66, 266.
[48] p. Cluent. c. 21.
[49] p. Cluent. 21, 58.

ultimum: 'hic subsecutus quo modo transierit, utrum rati an piscatorio navigio, nemo sciebat: Siculi quidem, ut sunt lascivi et dicaces, aiebant in delphino sedisse et sic tamquam Ariona transvectum'. 42 in narrando autem Cicero consistere facetias putat, dicacitatem in iaciendo[d]. mire fuit in hoc genere venustus Afer Domitius, cuius orationibus complures huius modi narrationes insertae reperiuntur, sed dictorum quoque ab eodem urbane sunt editi libri. 43 illud quoque genus est positum non in hac veluti iaculatione dictorum et inclusa breviter urbanitate, sed in quodam longiore actu, quod de L. Crasso contra Brutum Cicero in secundo de Oratore libro et aliis quibusdam locis narrat. 44 nam cum Brutus in accusatione Cn. Planci excitatis[e] duobus lectoribus ostendisset, contraria L. Crassum patronum eius in oratione, quam de colonia Narbonensi habuerat, suasisse iis, quae de lege Servilia dixerit[f], tris excitavit et ipse lectores, iisque patris eius dialogos dedit legendos: quorum cum in Privernati unus, alter in Albano, tertius in Tiburti sermonem habitum complecteretur, requirebat, ubi essent eae possessiones? omnis autem illas Brutus vendiderat, et tum paterna emancupare praedia turpius habebatur. similis in apologis quoque et quibusdam interim etiam historiis exponendi gratia consequi solet.

45 Sed acutior est illa atque velocior in urbanitate brevitas. cuius quidem duplex forma est dicendi ac respondendi, sed ratio communis in parte; nihil enim, quod in lacessendo dici potest, non etiam in repercutiendo: 46 at quaedam propria sunt respon-

d) iaciendo *Regius:* faciendo
e) excitatis *Pithoeus:* ex
f) dixerat *Regius*

ausgestaltet und dann die folgende Pointe gebracht: 'Wie er nun hinter ihm her die Überfahrt fertiggebracht hat, ob auf einem Floß oder einem Fischerkahn, das wußte kein Mensch zu sagen. Die Sizilier freilich, lose und witzig, wie sie sind, behaupteten, auf einem Delphin habe er Platz genommen und sei so, wie Arion, übergesetzt.' 42 In der Erzählung nun liegt, wie Cicero[50] annimmt, die Eigenart der scherzhaften Rede, während im Auftrumpfen der treffende Witz besteht. In der ersteren Art zeigte Domitius Afer erstaunlich Reizvolles; in seinen Reden findet sich noch eine Reihe solcher witziger Erzählungen; jedoch hat man in einer Ausgabe auch seine witzigen Aussprüche gesammelt. 43 Auch diese zweite Art besteht nicht immer darin, daß man die witzigen Aussprüche gleichsam nur so herausschleudert und das Witzige auf ein kurzes Stück der Rede begrenzt, sondern auch einmal in einem längeren Handlungsablauf. So hat sie, wie Cicero[51] im zweiten Buch von ›De Oratore‹ und noch an anderen Stellen erzählt, L. Crassus gegen Brutus angewendet. 44 Da nämlich Brutus in seiner Anklage gegen Cn. Plancus zwei Vorleser aufgeboten hatte, um zu zeigen, daß L. Crassus als dessen Anwalt in seiner Rede ›Über die Kolonie Narbo‹ Dinge angeraten hatte, die in Widerspruch zu denen standen, die er in seiner Rede über die ›Lex Servilia‹[52] gesagt hatte, bot er auch seinerseits drei Vorleser auf und gab ihnen die Dialoge, die Brutus' Vater verfaßt hatte, zum Vorlesen; da nun der erste dieser Dialoge ein Gespräch enthielt, das in Privernum spielte, der zweite eins in Alba, der dritte eins in Tibur, so fragte er nur, wo diese Besitzungen jetzt seien. Brutus aber hatte sie alle verkauft, und damals galt es noch als eine größere Schande, die väterlichen Güter aus der Hand zu geben. Ähnlich reizvolle Wirkung der Darstellung läßt sich gewöhnlich auch durch erfundene und manchmal auch durch geschichtliche Erzählungen erzielen.

45 Aber treffender und rascher wirkt beim urbanen Witz die Kürze. Sie erscheint wieder in zweifacher Form, als Behauptung und als Antwort, jedoch gelten für ihre Behandlung zum Teil gemeinsame Regeln; denn es läßt sich beim Herausfordern nichts sagen, was nicht auch beim Zurückschlagen gesagt werden könnte; 46 jedoch gelten für die antwortenden einige Besonderheiten:

[50] de orat. 26, 87.

[51] 2, 55, 223.

[52] die die Untersuchungsgerichtshöfe wieder in die Hand des Senats brachte (wenn auch nur für kurze Zeit).

dentium: illa etiam atque etiam cogitata[g] adferri solent, haec plerumque in altercatione aut in rogandis testibus reperiuntur[h]. cum sint autem loci plures, ex quibus dicta ridicula ducantur, repetendum est mihi, non omnis eos oratoribus convenire; 47 in primis ex amphibolia, neque illa obscaena[i], quae Atellani[j] e more captant, nec, qualia vulgo iactantur vilissimo cuique[k], conversa in maledictum fere ambiguitate: ne illa quidem, quae Ciceroni aliquando, sed non in agendo exciderunt, ut dixit, cum is candidatus, qui coqui filius habebatur, coram eo suffragium ab alio[l] peteret: 'ego quoque tibi favebo'; 48 non quia excludenda sint omnino verba duos sensus significantia, sed quia raro belle respondeant, nisi cum prorsus rebus ipsis adiuvantur. quare [non hoc modo][m] paene et ipsum scurrile Ciceronis est in eundem, de quo supra dixi, Isauricum: 'miror quid sit, quod pater tuus, homo constantissimus, te nobis varium reliquit'. 49 sed illud ex eodem genere praeclarum: cum obiceret Miloni accusator in argumentum factarum Clodio insidiarum, quod Bovillas ante horam nonam devertisset, ut expectaret, dum Clodius a villa sua exiret, et identidem interrogaret, quo tempore Clodius occisus esset, respondit 'sero', quod vel solum sufficit, ut hoc genus non totum repudietur. 50 nec plura modo significari solent, sed etiam diversa, ut Nero de servo pessimo dixit: 'nulli plus apud se fidei haberi, nihil ei nec clusum neque signatum esse'. 51 pervenit res usque ad aenigma, quale est Ciceronis in Plaetorium Fontei accusatorem, cuius matrem dixit, dum vixisset, ludum, postquam

g) cogitata *Becher:* concitati
h) reperiuntur *Spalding:* requiruntur
i) obscena *Teuffel:* obscura
j) Atellani e *Spalding:* Atellanie (-e, -io)
k) cuique *add.* **P²**: quoque
l) alio *Regius:* eo
m) *del. Halm*

die herausfordernden Bemerkungen werden gewöhnlich, wieder und wieder durchdacht, zur Verhandlung mitgebracht, witzige Antworten aber finden sich meist erst im Wortwechsel oder beim Zeugenverhör. Da aber die Zahl der Fundstellen, aus denen sich Bemerkungen zum Lachen gewinnen lassen, noch größer ist, muß ich wiederholen, daß sie sich nicht alle für den Redner schicken: 47 vor allem, wenn sie aus einer Zweideutigkeit gewonnen werden, weder also solche Unanständigkeiten, wie sie die Atellanendichter nach ihrer Art suchen, noch solche, wie sie im Volke gerade die gewöhnlichsten Menschen im Munde führen, wobei dann in der Regel die Zweideutigkeit sich in ein Schmähwort verwandelt, nicht einmal Zweideutigkeiten der Art, wie sie Cicero, freilich nicht in Gerichtsverhandlungen, entfielen, wenn er etwa zu einem Wahlkandidaten, der angeblich einen Koch zum Vater hatte und in Ciceros Gegenwart einen anderen um seine Stimme bat, sagte: 'Auch ich (quoque = coque) werde für dich sein' – 48 nicht, weil ich überhaupt Wörter mit zweifachem Sinn ausschließen möchte, sondern weil die beiden Bedeutungen sich selten wirklich schön entsprechen, es sei denn, die Umstände selbst kommen ihnen zu Hilfe. Deshalb ist es sogar schon fast possenhaft, wenn Cicero zu dem schon erwähnten Isauricus[53] sagte: 'Merkwürdig, woran mag es nur liegen, daß dein Vater, ein so fester Charakter, dich uns so 'weich' [a) geprügelt; b) in deinen Grundsätzen] hinterlassen hat?' 49 Jedoch ist folgendes Beispiel für die gleiche Art von Doppelsinn vortrefflich: als der Ankläger dem Milo als Beweis dafür, daß er dem Clodius aufgelauert habe, die Tatsache vorhielt, daß er schon vor der neunten Stunde in Bovillae Rast gemacht habe, um abzuwarten, bis Clodius sein Landhaus verließe, und immer wieder fragte, zu welcher Zeit Clodius erschlagen worden sei, antwortete Cicero: 'Spät' (spät am Tag und zu spät am Tag), ein Doppelsinn, der allein schon genügt, solche Doppeldeutigkeiten vor generellem Verdammungsurteil zu bewahren. 50 Nicht nur mehrere Bedeutungen finden sich gern in einem Ausdruck, sondern auch entgegengesetzte, wenn etwa Nero[54] von einem ganz schlechten Sklaven sagte, 'keiner habe bei ihm mehr Vertrauen genossen, für diesen Sklaven gebe es kein Schloß und kein Siegel'. 51 So führt der Doppelsinn weiter bis zum Rätsel. Von solcher Art ist etwa, was Cicero gegen Plaetorius, den Ankläger des Fonteius, richtete: seine Mutter, sagte

[53] s. o. § 25.

[54] C. Claudius Nero (ca. 207 v. Chr.) vgl. Cic. de orat. 2, 61, 248.

mortua esset, magistros habuisse. dicebantur autem, dum vixit, infames feminae convenire ad eam solitae, post mortem bona eius venierant, quamquam hic 'ludus' per translationem dictum est, 'magistri' per ambiguitatem. 52 in metalempsin quoque cadit eadem ratio dictorum, ut Fabius Maximus, incusans Augusti[n] congiariorum, quae amicis dabantur, exiguitatem, heminaria[o] esse dixit (nam congiarium commune liberalitatis atque mensurae) a mensura ducta inminutione rerum. 53 haec tam frigida, quam est nominum fictio adiectis, detractis, mutatis litteris, ut Acisculum, quia esset pactus, 'Pacisculum', et Placidum nomine, quod is acerbus natura esset, 'Acidum', et Tullium, cum fur esset, 'Tollium' dictos invenio. 54 sed haec eadem genera commodius in rebus quam in nominibus respondent. Afer enim venuste Manlium Suram, multum in agendo discursantem, salientem, manus iactantem, togam deicientem et reponentem, non agere dixit, sed satagere. est enim dictum per se urbanum 'satagere', etiam si nulla subsit alterius verbi similitudo. 55 fiunt et adiecta et detracta adspiratione et divisis coniunctisve[p] verbis similiter saepius frigida, aliquando

n) Augusti *Regius:* auguste **M** anguste (A-ae) **VGP**
o) heminaria *Regius:* heminariam
p) coniunctisve *Halm:* coniunctis (-tisque **a**)

er, habe, solange sie lebte, eine 'Schule' besessen, dann, nachdem sie gestorben sei, die 'Lehrer'. Es hieß aber, solange sie lebte, hätten sie gewöhnlich in ihrem Haus Frauen von schlechtem Ruf besucht, nach ihrem Tod aber seien ihr Haus und ihre Habe durch die Pfandleiher 'geleert' und verkauft worden – wobei freilich hier 'ludus' als Metapher (= Schule) gebraucht ist, 'magistri' aber zweideutig[55]. 52 Auch in den Bereich der sogenannten Metalepsis[56] fallen zweideutige Witzworte der gleichen Art, wenn z. B. Fabius Maximus, um die Kleinheit der Spenden, die Augustus seinen Freunden zu geben pflegte, vorwurfsvoll zum Ausdruck zu bringen, sagte, es seien statt 'congiaria' 'heminaria', wobei er, da 'congiarium' gleichzeitig ein Ausdruck der Großzügigkeit und eine Maßeinheit ist, die eingetretene Verringerung des Sachwertes durch die Ableitung von der Maßeinheit ausdrückte. 53 Das ist so frostig wie das Bilden von Namen, indem man Buchstaben hinzufügt, wegläßt oder vertauscht, wie ich denn finde, ein Acisculus sei, weil er einen Pakt geschlossen, 'Pacisculus', ein Mann mit Namen Placidus, da er von herbem Wesen gewesen, 'Acidus' und ein Tullius, als er gestohlen, 'Tollius' genannt worden[57]. 54 Doch lassen sich die gleichen Arten witziger Entsprechungen noch leichter im Sachbereich finden als bei Eigennamen. Ein schönes Beispiel liefert Afer, wenn er von Manlius Sura, der bei seinem Vortrag oft hin und her lief, sprang, mit den Händen gestikulierte, seine Toga bald herabgleiten ließ und bald wieder ordnete, sagte, er trage nicht vor (agere), sondern auf (satagere, Wortspiel unübersetzbar); denn 'satagere: ('seine liebe Not haben') ist auch so schon ein witziges Wort, auch ohne daß noch die Ähnlichkeit mit dem andern Wort (agere) hinzukommt. 55 In den meisten Fällen kommen auch dadurch, daß man die Aspiration hinzufügt oder wegläßt und

[55] Quint. findet solche Beispiele schon in seinen Quellen, die den Gründen des Lächerlichen systematisch analysierend beizukommen suchen. So möchte ich auch in dieser feineren Unterscheidung, daß Schul- und Pfand-'meister' keine Metaphern sind, der Rätselcharakter also durch das Schwanken zwischen Grundbedeutungen entsteht, eher die stilistisch nicht ganz ausgewogene Auseinandersetzung mit der Forschung sehen als eine fremde Hand. Radermacher folgt Vollmers Tilgung. Zur Metapher und Amphibolie bei 'magistri' paßt das folgende Beispiel für Metalepse jedenfalls gut.

[56] über diese Form der 'Bedeutungsübernahme' s. u. 8, 6, 37.

[57] Die Namen-Wortspiele: 'pax' (der Frieden) führt zu 'Friedmann', das Saure (acidum) seines Wesens macht aus dem Eigennamen, der sanft bedeutet, den 'Sauermann'; tollere (hier 'mitgehen heißen') führt zu Tollius.

tamen recipienda. eademque condicio est in iis, quae a nominibus trahuntur. multa ex hoc ⟨genere⟩[q] Cicero in Verrem, sed ut ab aliis dicta: modo 'futurum ut omnia verreret', [cum diceretur Verres,][r] modo Herculi, quem expilaverat, 'molestiorem quam aprum Erymanthium[s] fuisse', modo 'malum sacerdotem, qui tam nequam verrem reliquisset', quia Sacerdoti Verres[t] successerat. 56 praebet tamen aliquando occasionem quaedam felicitas hoc quoque bene utendi, ut pro Caecina Cicero in testem Sex. Clodium Phormionem: 'nec minus niger', inquit, 'nec minus confidens quam est ille Terentianus Phormio'.

57 Acriora igitur sunt et elegantiora quae trahuntur ex vi rerum. in iis maxime valet similitudo, si tamen ad aliquid inferius leviusque referatur: qualia[u] veteres illi iocabantur, qui Lentulum 'Spintherem' et Scipionem 'Serapionem'[v] esse dixerunt. sed ea non ab hominibus modo petitur, verum etiam ab animalibus, ut nobis pueris Iunius Bassus, homo in primis dicax, 'asinus albus' vocabatur; 58 et Sarmentus * * *[w] sicut P. Blaesius Iulium, hominem nigrum et macrum et pandum, 'fibulam ferream' dixit. quod nunc risus petendi genus frequentissimum est. 59 adhibetur autem similitudo interim palam, interim inseri[x] solet parabolae: cuius est generis illud[y] Augusti, qui militi libellum timide porrigenti: 'noli', inquit, 'tamquam assem elephanto des'. 60 sunt quaedam † vi[z] similia, unde

q) *add. Spalding*
r) *del. Gesner*
s) quam aprum Er. *Halm:* quam apro e. **AGP** apro e. **V**
t) Sacerdoti *Verres Ald.:* sacerdo ** verris **A**
u) qualia *Spald.* qua *Regius:* quae iam (qua iam **P**²)
v) Serapionem *Valla:* serationem **A** syricionem **V**
w) *lac. statuit suppletque Radermacher:* ⟨Messium Cicirrum equo fero comparavit. ducitur et ab inanimis⟩
x) interim inseri *Regius:* interim serio (inserio)
y) illud *Halm:* id **PV** *om.* **AGM**
z) vi **AGM** veri **PV** vix *Radermacher (dubitanter)*

Tätigkeitswörter zerlegt oder verbindet, frostige Witze zustande, doch manchmal kann man etwas davon verwenden. Ebenso liegen die Dinge bei solchen Witzen, die von Namen abgeleitet werden. Viel hiervon bringt Cicero gegen Verres, jedoch so, als sei es von anderen gesagt, bald so[58]: 'es werde so kommen, daß er alles wegkehre' (verreret; da er Verres heiße), oder[59]: dem Herkules, den er ausgeplündert hatte, 'sei er lästiger gewesen als der erymanthische Eber', oder wieder[60]: 'das sei ein schlechter Priester (sacerdos), der einen so nichtsnutzigen Eber (verres) zurückgelassen habe', weil dem Sacerdos Verres im Amt gefolgt war. 56 Manchmal bietet aber ein glücklicher Zufall eine Gelegenheit, davon guten Gebrauch zu machen, wie etwa Cicero in der Rede für Caecina[61] gegen den Zeugen Sextus Clodius Phormio sagt: 'Weder weniger schwarz ist er noch weniger selbstbewußt als der Phormio bei Terenz.'

57 Treffender also und auch geschmackvoller ist das, was seine lächerliche Wirkung aus sachlichen Gegebenheiten bezieht. Hierbei gibt die Ähnlichkeit der Sachbeziehung den Ausschlag, falls sie nur irgendwie auf etwas Niedrigeres oder Unbedeutenderes geht. So hatten schon damals die Alten ihren Spaß, als sie sagten, Lentulus sei ein 'Spinther' (ein Schauspieler der damaligen Zeit) und Scipio ein 'Serapio' (ein Opferdiener). Jedoch nimmt man nicht nur Menschen zum Vergleich, sondern auch Tiere, wie etwa in unserer Jugend Iunius Bassus, ein Mann mit einer sehr witzigen Zunge, den Spitznamen 'weißer Esel' hatte. Auch Sarmentus[62] hat Messius Cicirrus mit einem wilden Roß verglichen. 58 Es findet sich auch eine Ableitung aus Unbelebtem, wie etwa P. Blaesius einen schwarzen, mageren Menschen von krummer Haltung namens Julius 'die eiserne Spange' nannte. Auch heutzutage ist diese Art, Lacher zu gewinnen, am häufigsten. 59 Dabei wird die Ähnlichkeit, die zum Lachen bringt, manchmal offen gezeigt, manchmal auch gern in ein Gleichnis eingekleidet. Von solcher Art ist es, wenn Augustus zu einem Soldaten, der zaghaft eine Bittschrift überreichte, sagte: 'Tu doch nicht, als gäbst du einem Elefanten einen Groschen (ein As).' 60 Manchmal liegt die Ähnlichkeit in

[58] z. B. auch Verr. 2, 21, 52.
[59] Verr. 4, 43, 95.
[60] 1, 46, 121.
[61] p. Caecin. 10, 27.
[62] Hor. sat. 1, 5, 56.

Vatinius dixit hoc dictum, cum reus agente in eum Calvo frontem candido sudario tergeret idque ipsum accusator in invidiam vocaret: 'quamvis reus sum', inquit, 'et panem item[a] candidum edo'. 61 adhuc est subtilior illa ex simili translatio, cum, quod in alia re fieri solet, in aliam mutuamur. ea dicatur sane fictio, ut Chrysippus, cum in triumpho Caesaris eborea oppida essent translata et post dies paucos Fabi Maximi lignea, 'thecas esse oppidorum Caesaris' dixit. et Pedo de myrmillone, qui retiarium consequebatur nec feriebat: 'vivum', inquit, 'capere vult'. 62 iungitur amphiboliae similitudo, ut a Gabba[b], qui pilam neglegenter petenti: 'sic', inquit, 'petis, tamquam Caesaris candidatus'. nam illud 'petis' ambiguum est, securitas similis. quod hactenus ostendisse satis est. 63 ceterum frequentissima aliorum generum cum aliis mixtura est, eaque optima, quae ex pluribus constat. eadem dissimilium ratio est. hinc eques Romanus, ad quem in spectaculis bibentem cum misisset Augustus, qui ei diceret 'ego si prandere volo, domum eo': 'tu enim', inquit, 'non times ne locum perdas'. ex contrario non una species. 64 neque enim eodem modo dixit Augustus praefecto, quem ⟨cum⟩[c] ignominia mittebat, subinde interponenti precibus 'quid respondebo patri meo?' 'dic me tibi displicuisse', quo Gabba paenulam roganti 'non possum commodare, domi maneo', cum cenaculum eius

a) panem item *Haupt:* panem **P** parentem **AGMV**
b) a Gabba *Buecheler:* a galba (bam – ba)
c) *add. Burman*

der Analogie. Daher nahm Vatinius folgendes Witzwort: Als er in dem Prozeß, in dem Calvus die Anklage gegen ihn führte, sich die Stirn mit einem weißen Taschentuch abtrocknete und der Ankläger sogar dies ausnutzte, um Stimmung gegen ihn zu machen, sagt er: 'Auch wenn ich ein Angeklagter bin, so esse ich doch genauso mein Weißbrot.'[63] 61 Noch feiner ist die Übertragung der Ähnlichkeit, wenn wir das, was gewöhnlich bei einer Sache geschieht, für eine andere entlehnen. Dabei kann freilich Erfundenes gesagt werden, etwa wenn Chrysippus sagte, als im Triumph Caesars Städte aus Elfenbein vorbeigetragen wurden und wenige Tage später die des Fabius Maximus aus Holz, 'diese seien die Gehäuse für Caesars Städte'. Auch Pedo[64] sagte so von einem Fechter (Mirmillo), der an einen Netzkämpfer herankam, ohne zuzuschlagen, 'er will ihn lebendig fangen'. 62 Die Ähnlichkeit verbindet sich auch mit der Doppeldeutigkeit, z. B. bei Gabba[65], der zu einem Ballspieler, der sich wenig Mühe gab, an den Ball zu kommen, sagte: 'Du kommst daran wie ein Kandidat Caesars.' Denn das 'petis' ist doppeldeutig, in der geringen Mühe liegt die Ähnlichkeit. Soweit nur die Hinweise, die hinreichen werden. 63 Im übrigen ist die Mischung verschiedener Arten sehr häufig, und die Art ist am besten, die aus mehreren Arten besteht. Das gleiche gilt auch bei der Behandlung von Unähnlichem. Aus dieser Fundstelle stammt, was ein römischer Ritter zu Augustus sagte. Dieser hatte ihm, während er bei der Schauspielaufführung seinen Wein trank, durch einen Boten bestellen lassen: 'Wenn ich Mahlzeit halten will, gehe ich nach Hause.' Der Ritter antwortete: 'Du brauchst ja auch keine Angst zu haben, deinen Sitzplatz zu verlieren!' 64 Die Verwendung des Gegenteils erscheint in mehreren Formen; denn sie ist anders, wenn Augustus einem Präfekten, dem er in Ungnade den Abschied gab und der in seine entschuldigenden Bitten wiederholt die Frage einschob: 'Was soll ich nur meinem Vater sagen, wenn er fragt?', die Antwort gab: 'Sag, ich hätte dir nicht gefallen!'; anders wenn Gabba einem Mann, der um einen Regenmantel bat, sagte: 'Ich kann ihn dir nicht

[63] Schwarz ist die Farbe der Trauer.

[64] wohl der Freund des Horaz, Pedo Albinovanus. Der mirmillo (in voller Rüstung kämpfender Gladiator) und der bewegliche retiarius, der den Gegner in sein Netz zu verstricken hat, sind typische Gestalten der Arena. Das Witzwort interpretiert also den Fehl-Schlag als freiwilligen Rollentausch.

[65] dem Spaßmacher des Augustus, der sich also über die Protektion unter dem Schein republikanischer Amtsbewerbung lustig macht.

perplueret. tertium adhuc illud, nisi quod, ut ne auctorem ponam, verecundia ipsius facit: 'libidinosior es quam ullus spado', quo sine dubio et opinio decipitur, sed ex contrario. et hoc ex eodem loco est, sed nulli priorum simile, quod dixit M. Vestinus, cum ei nuntiatum esset * * ⟨necatum esse⟩[d], 'aliquando desinet putere'. 65 onerabo librum exemplis similemque iis, qui risus gratia componuntur, efficiam, si persequi voluero singula veterum.

Ex omnibus argumentorum locis eadem occasio est. nam et finitione usus est Augustus de pantomimis duobus, qui alternis gestibus contendebant, cum eorum alterum saltorem dixit, alterum interpellatorem, 66 et partitione Gabba, cum paenulam roganti respondit: 'non pluit, non opus est tibi: si pluet[e], ipse utar'. proinde genere, specie, propriis, differentibus, iugatis, adiunctis, consequentibus, antecedentibus, repugnantibus, causis effectis, comparatione parium, maiorum, minorum similis materia praebetur, sicut in tropos quoque omnis cadit. 67 an non plurima dicuntur ⟨per hyperbolen ridicula? ut⟩[f] quod refert Cicero de homine praelongo, 'caput eum ad fornicem Fabium offendisse', et quod P. Oppius dixit de genere Lentulorum, cum assidue minores parentibus liberi essent, 'nascendo interiturum'[g]. 68 quid ironia? nonne etiam quae severissime[h] fit, ioci prope genus est? qua urbane usus est Afer, cum Didio Gallo, qui provinciam ambitiosissime petierat, deinde, impetrata ea, tamquam coactus querebatur: 'age', inquit, 'aliquid et rei publicae causa'. metaphora quoque Cicero lusit, cum Vatini

d) *add. Spalding*
e) pluet *Valla:* pluit
f) *suppl. Raderm.*
g) interiturum *Gesner:* interiturumque
h) severissime *Spalding:* siverissime fit **A** sit verissime fit

zur Verfügung stellen, ich bleibe zu Hause' – es regnete nämlich in seinem Speisezimmer durch; und eine dritte Form wieder ist folgende, bei der mich die Achtung vor der Persönlichkeit, die es gesprochen hat, hindert, den Namen anzugeben: 'Du bist geiler als jeder Eunuch.' Die Wirkung besteht zweifellos auch darin, daß unsere Erwartung getäuscht wird, die Überraschung erfolgt aber durch das Gegenteil. Auch folgendes gehört zur selben Gruppe, ist aber doch wieder ganz verschieden von den vorigen Beispielen: was M. Vestinus entgegnete, als ihm gemeldet wurde, jemand sei gestorben: 'So wird er endlich einmal aufhören zu stinken.' 65 Das Buch wird mit Beispielen überladen und so ähnlich wie die Witzsammlungen, die man zur Unterhaltung zusammenstellt, wenn ich alles einzeln durchgehen wollte, was die Alten an Witzen geboten haben.

Alle Fundstellen für Beweise bieten ja auch für Witze Gelegenheit. Denn es handelt sich um die Form der Definition, wenn Augustus von zwei Pantomimen, die abwechselnd um die Wette ihre Gebärden zeigten, den einen als den Tänzer bezeichnete, den andern als den Störenfried; 66 ferner um die Form der Einteilung, wenn Gabba dem Mann, der um einen Regenmantel bat, antwortete: 'Regnet es nicht, so brauchst du ihn nicht; regnet es, muß ich ihn selber haben.' Weiter liefern auch Gattung, Art, Eigentümlichkeit, Unterschied, Verbundenes, Zusammengefügtes, Folgendes, Vorausgehendes, Widersprüchliches, Grund, Wirkung und die Vergleichung mit Gleichem, Größerem und Kleinerem ähnlichen Stoff – wie es auch für sämtliche Tropen[66] gilt. 67 Wie oft findet sich nicht im Witz die Form der Hyperbel! Wenn etwa Cicero von einem übergroßen Mann sagt, 'er sei mit dem Kopf an den Fabiusbogen gestoßen'; oder was P. Oppius von der Familie der Lentuler gesagt hat, da die Kinder immer kleiner waren als ihre Eltern, 'das Geschlecht werde noch an seinen Geburten untergehen'. 68 Ferner die Ironie: Ist sie nicht selbst in ihrer ernstesten Form geradezu eine Gattung des Scherzes? So hat sie Afer geistreich angewendet, als er zu Didius Gallus, der sich erst äußerst ehrgeizig um eine Provinz bemühte und dann, als er sie bekommen hatte, sich beschwerte, als hätte man ihn dazu gezwungen, sagte: 'Nun, so tu etwas auch dem Staat zuliebe!' Auch mit einer Metapher trieb Cicero sein Spiel, als er auf die Kunde vom Tode des Vatinius, die aber noch nicht

[66] Formen des uneigentlichen Ausdrucks, so die gleich folgende Form der Übertreibung.

morte nuntiata, cuius parum certus dicebatur auctor: 'interim', inquit, 'usura fruar'. 69 idem per allegoriam M. Caelium, melius obicientem crimina quam defendentem, bonam dextram, malam sinistram habere dicebat. emphasi A. Villius dixit, ferrum in Tuccium incidisse. 70 figuras quoque mentis, quae σχήματα διανοίας dicuntur, res eadem recipit omnis, in quas nonnulli diviserunt species dictorum. nam et interrogamus et dubitamus et adfirmamus et minamur et optamus; quaedam ut miserantes, quaedam ut irascentes dicimus. ridiculum est autem omne, quod aperte fingitur. 71 stulta reprehendere facillimum est, nam per se sunt ridicula, sed rem urbanam facit aliqua ex nobis adiectio. stulte interrogaverat exeuntem de theatro Campatium Titius Maximus, an spectasset? fecit[i] Campatius dubitationem eius stultiorem dicendo: '⟨non⟩[j], sed in orchestra pila lusi'.

72 Refutatio cum sit in negando, redarguendo, defendendo, elevando, ridicule negavit Manius Curius; nam cum eius accusator in sipario omnibus locis aut nudum eum in nervo aut ab amicis redemptum ex alea pinxisset: 'ergo ego', inquit, 'numquam vici'. 73 redarguimus interim aperte, ut Cicero Vibium Curium multum de annis aetatis suae mentientem: 'tum ergo, cum una declamabamus, non eras natus', interim et[k] simulata adsensione, ut idem Fabia Dolabellae dicente[l] triginta se annos habere: 'verum est', inquit, 'nam hoc illam iam viginti annis audio'. 74 belle interim subicitur pro eo, quod neges, aliud mordacius, ut Iunius Bassus, querente Domitia Passieni, quod incusans eius sordes calceos eam veteres diceret vendere solere: 'non mehercules', inquit, 'hoc umquam dixi, sed dixi emere te solere'. defensionem imitatus est eques Romanus, qui obicienti Augusto, quod patrimonium comedisset:

i) fecit *Badius:* facit
j) *add. Regius*
k) et *Regius:* ut
l) dicente *Spalding:* dicenti

sicher verbürgt war, sagte: 'Nun, so will ich einstweilen von den Zinsen dieser Kunde leben.' 69 In der Form der Allegorie sagte ebenfalls Cicero, M. Caelius, der in Kriminalfällen besser anzugreifen als zu verteidigen verstand, besitze eine gute Rechte, aber eine schlechte Linke. In der Form der Emphase sagte Aulus Villius, das Schwert sei in den Tuccius gestürzt. 70 Auch die Gedankenfiguren, die sogenannten σχήματα διανοίας, nimmt das Witzwort sämtlich an, so daß manche Schriftsteller danach die Formen der Witzworte eingeteilt haben. Denn wir fragen, zweifeln, versichern, drohen und wünschen in ihnen; manches sprechen wir, als hätten wir Mitleid, manches, als hätten wir Zorn. Lächerlich aber ist alles, was deutlich als Verstellung wirkt. 71 Törichtes zu tadeln, ist leicht genug; denn es ist schon an sich lächerlich; jedoch zu einer feinen witzigen Wirkung bringen wir es erst, wenn wir noch etwas hinzufügen. Töricht hatte Titius Maximus den Campatius, als er das Theater verließ, gefragt, ob er zugeschaut habe. Campatius machte durch seine Antwort das Törichte, das in der zweifelnden Frage lag, noch törichter: 'Nein, vielmehr habe ich auf der Orchestra Ball gespielt!'

72 Da nun die Widerlegung innerhalb der Beweisführung im Leugnen, Anführen von Gegenbeweisen, Rechtfertigen und Anführen von entlastenden Umständen besteht, so hat (um mit dem Leugnen zu beginnen) Manius Curius dabei das Lächerliche in folgendem Beispiel angebracht: als ihn nämlich sein Ankläger auf einer Leinwand in allen Lebenslagen, entweder nackt in Fesseln oder von Freundeshand aus seinen Spielschulden befreit, hatte darstellen lassen, sagte er: 'So habe ich also niemals gewonnen.' 73 Die Gegenbeweise führen wir zuweilen direkt, wie etwa Cicero, als er zu Vibius Curius, der über sein Lebensalter gewaltig schwindelte, sagte: 'Du warst also damals, als wir zusammen in der Schule deklamierten, noch gar nicht auf der Welt.' Oder indem wir scheinbar zustimmen, wie ebenfalls Cicero, als Fabia, die Frau des Dolabella, behauptete, dreißig Jahre alt zu sein: 'Das stimmt, denn ich höre das von dir schon seit dreißig Jahren.' 74 Hübsch macht es sich manchmal, statt dessen, was man leugnet, etwas noch Bissigeres zu sagen, wie Iunius Bassus, als Domitia, die Frau des Passienus, sich beschwerte, er behaupte, um ihren schmutzigen Geiz bloßzustellen, sie pflege ihre alten Schuhe zu verkaufen: 'Nein, beim Herkules, das habe ich nie behauptet; ich habe vielmehr behauptet, du pflegtest dir welche zu kaufen!' Die Form der Rechtfertigung bildete der römische Ritter nach, der dem Augustus auf

'meum', inquit, 'putavi'. 75 elevandi ratio est duplex, ut nimiam quis[m] iactantiam minuat (quem ad modum C. Caesar Pomponio ostendenti vulnus ore exceptum in seditione Sulpiciana, quod is se passum pro Caesare pugnantem gloriabatur: 'numquam fugiens respexeris?' inquit) aut crimen obiectum, ut Cicero obiurgantibus, quod sexagenarius Publiliam[n] virginem duxisset: 'cras mulier erit', inquit. 76 hoc genus dicti consequens vocant quidam, estque[o] illi simile, quod Cicero Curionem, semper ab excusatione aetatis incipientem, facilius cottidie prooemium habere dixit, quia ista natura sequi et cohaerere videantur. 77 sed elevandi genus est etiam causarum relatio, qua Cicero est usus in Vatinium. qui pedibus aeger cum vellet videri commodioris valetudinis factus et diceret, se iam bina milia passuum ambulare: 'dies enim', inquit, 'longiores sunt'. et Augustus nuntiantibus Terraconensibus, palmam in ara eius enatam: 'apparet', inquit, 'quam saepe accendatis'. transtulit crimen Cassius Severus; 78 nam cum obiurgaretur a praetore, quod advocati eius L. Varo Epicurio, Caesaris amico, convicium fecissent: 'nescio', inquit, 'qui conviciati sint, et puto Stoicos fuisse'.

Repercutiendi multa sunt genera, venustissimum, quod etiam similitudine aliqua verbi adiuvatur, ut Trachalus[p] dicenti Suelio 'si hoc ita est, is in exilium', 'si non est ita, redis' inquit. 79 elusit Cassius Severus obiciente quodam, quod ei domo sua Proculeius interdixisset, respondendo 'numquid ergo illuc accedo?' sed[q] eluditur et ridiculum ridiculo (ut divus Augustus, cum ei Galli torquem aureum centum pondo dedissent, et Dolabella per iocum, temptans tamen ioci sui eventum, dixisset, 'imperator, torque me dona': 80 'malo', inquit, 'te civica donare'), mendacium quoque

m) nimiam quis *Deffner:* veniam quis
n) Publiliam *ed. Camp.:* publicam (popiliam)
o) estque *Raderm.:* atque
p) Trachalus *Burman.:* trachallatus
q) sed *Spalding:* sic

den Vorwurf, er habe sein väterliches Vermögen aufgezehrt, erwiderte: 'Ich habe gedacht, das gehört mir.' 75 Für die Entlastung gibt es zwei Gesichtspunkte, entweder zu verkleinern, was allzu dick aufgetragen ist, wie etwa C. Caesar zu Pomponius, der auf seine Verwundung im Gesicht hinwies, die er bei dem Aufstand des Sulpicius und – wie er sich rühmte – im Kampf für Caesar davongetragen habe, sagte: 'Solltest du denn im Fliehen niemals zurückgeschaut haben?'; oder das Vergehen selbst zu verkleinern, wie etwa Cicero auf den Vorwurf, er habe mit seinen sechzig Jahren noch die Jungfrau Publilia geheiratet, entgegnete: 'Morgen ist sie schon eine Frau.' 76 Manche rechnen Witzworte dieser Art zur Beweisform aus der Folge, und es handelt sich ja auch um ähnliches, wie in Ciceros Bemerkung über Curio, der seine Rede immer damit begann, um Nachsicht für sein Alter zu bitten, Curio habe jeden Tag ein bequemeres Prooemium; in beiden Beispielen liegt nämlich offenbar eine Folge eines natürlichen Zusammenhanges zugrunde. 77 Jedoch gehört zur Entlastungsform auch die Angabe von Gründen, wie sie Cicero gegen Vatinius verwendet. Als dieser bei seinem Fußleiden zeigen wollte, wie sehr sich sein Zustand gebessert habe, und sagte, er gehe schon zwei Meilen spazieren, sagte Cicero: 'Die Tage sind jetzt nämlich schon länger.' So sagte auch Augustus, als man ihm aus Tarraco meldete, aus seinem Altar sei eine Palme entsprossen, zu den Abgesandten: 'Da sieht man, wie häufig ihr ihn anzündet.' 78 Die Form, den Vorwurf abzuwälzen, hat Cassius Severus verwendet. Als ihm nämlich vom Praetor vorgeworfen wurde, seine Anwälte hätten gegen den Epikureer L. Varus, einen Freund Caesars, beschimpfende Äußerungen getan, sagte er: 'Ich weiß nicht, wer geschimpft hat. Vermutlich sind es Stoiker gewesen.'

Zurückzuschlagen gibt es viele Arten; am amüsantesten ist es, wenn auch noch eine Wortähnlichkeit zu Hilfe kommt, wie etwa Trachalus dem Suelius, als dieser sagte: 'Wenn es so ist, wanderst du in die Verbannung', entgegnete: 'Wenn es nicht so ist, wanderst du wieder hin!' 79 Die Verspottung hat Cassius Severus verwendet, indem er, als jemand ihm vorwarf, Proculeius habe ihm sein Haus verboten, antwortete: 'Verkehre ich denn etwa dort!' Jedoch läßt sich auch Lächerliches durch Lächerliches verspotten – so antwortete der vergöttlichte Augustus, als ihm die Gallier eine Goldkette von hundert Pfund verliehen hatten und Dolabella im Spaß, aber doch um zu versuchen, ob dabei etwas herausspringe, sagte: 'Feldherr, verleihe mir die Kette': 80 'Lieber will ich dir

mendacio, ut Gabba, dicente quodam, victoriato se uno in Sicilia quinque pedes longam murenam emisse: 'nihil', inquit, 'mirum; nam ibi tam longae nascuntur, ut iis piscatores pro restibus cingantur'. 81 contraria est neganti confessionis simulatio, sed ipsa quoque multum habet urbanitatis. sic Afer, cum ageret contra libertum Claudi Caesaris et ex diverso quidam condicionis eiusdem, cuius erat litigator, exclamasset: 'praeterea tu semper in libertos Caesaris dicis': 'nec mehercule', inquit, 'quidquam proficio'. cui vicinum est non negare quod obicitur, cum et [id][r] palam falsum est et inde materia bene respondendi datur, ut Catulus dicenti Philippo 'quid latras?' 'furem video', inquit. 82 in se dicere non fere est nisi scurrarum et in oratore utique minime probabile, quod fieri totidem modis quot in alios potest: ideoque hoc, quamvis frequens sit, transeo. 83 illud vero, etiam si ridiculum est, indignum tamen est homine tolerabili[s], quod aut turpiter aut potenter dicitur: quod fecisse quendam scio, qui humiliori libere adversus se loquenti: 'colaphon', inquit, 'tibi ducam et formulam scribes, quod caput durum habeas'. hic enim dubium est, utrum ridere audientes an indignari debuerint.

84 Superest genus decipiendi opinionem[t] aut dicta aliter intellegendi, quae sunt in omni hac materia vel venustissima. inopinatum et a lacessente poni solet, quale est, quod refert Cicero: 'quid huic abest nisi res et virtus?' aut illud Afri: 'homo in agendis causis optime vestitus': et in occurrendo, ut Cicero audita falsa Vatini morte, cum obvium libertum eius interrogasset 'rectene

r) *del. Spalding*

s) liberali *edd. vett.*

t) opinionem *Burman:* opinione

den Kranz für Verdienste um die Mitbürger verleihen' – und Lüge durch Lügen, wie Gabba, als jemand behauptete, er habe in Sizilien für einen Victorianer (= Halbdenar) eine fünf Fuß lange Murene gekauft, sagte: 'Kein Wunder; denn dort sind sie ja schon bei der Geburt so lang, daß sie die Fischer statt Stricken als Gürtel gebrauchen.' 81 Das Gegenteil zum Abstreiten ist es, wenn man so tut, als gäbe man es zu, doch kann auch ein solches Geständnis sehr witzig sein. So entgegnete Afer, als er gegen einen Freigelassenen des Claudius auftrat und jemand von der Gegenseite, der zum gleichen Stande gehörte wie der gegnerische Mandant selbst, schrie: 'Außerdem ist es immer so, daß du gegen die Freigelassenen des Caesar sprichst': 'Aber ich komme doch dabei, beim Herkules, auch zu nichts!' Verwandt hiermit ist es, den Vorwurf nicht abzulehnen, wenn er offensichtlich unzutreffend ist und den Ansatz zu einer guten Antwort bietet, wie z. B. Catulus[67], als Philippus sagte: 'Was bellst du denn?' erwiderte: 'Ich sehe einen Dieb.' 82 Witze über sich selbst zu machen, ist wohl nur bei Possenreißern üblich und jedenfalls bei einem Redner am allerwenigsten zu billigen. Es kann auf ebenso viele Weisen vor sich gehen wie das Witzemachen über andere, und deshalb übergehe ich diese Fundstelle des Lächerlichen hier, mag sie auch noch so ergiebig sein. 83 Ist ja doch alles, was in der Rede entweder häßlich oder 'herrschaftlich' wirkt, mag es auch lächerlich sein, eines Mannes unwürdig, den wir uns als Redner gefallen lassen. Ich kenne einen Fall, in dem ein Mann von Stande zu einem aus dem Volke, der frank und frei wider ihn sprach, sagte: 'Ich werde dir eine Ohrfeige verabreichen, und du wirst dann beim Praetor einen Prozeß führen können, weil du so einen Dickschädel (Holzkopf) hast.' Hier fragt man sich doch, ob die Zuhörer lachen oder sich entrüsten sollten.

84 Es bleibt noch übrig, die Art des Witzes zu betrachten, die darin besteht, die Erwartung irrezuführen oder Äußerungen mißzuverstehen. Sie ist vielleicht das Amüsanteste, was sich zu unserem Thema findet. Überraschendes wird gern vom Herausfordernden angebracht, etwa in dem Beispiel, das Cicero anführt[68]: 'Was fehlt diesem Mann denn außer Vermögen und Tüchtigkeit?', oder das Witzwort des Afer: 'Ein Mann, im Führen von Prozessen vorzüglich gewandet', findet sich aber auch beim Entgegnen, wie z. B. Cicero, als Vatinius fälschlich totgesagt war, einen von dessen

[67] de orat. 2, 54, 220.
[68] de orat. 2, 70, 281.

omnia?' dicenti 'recte' 'mortuus est!' inquit. 85 plurimus autem circa simulationem ⟨et dissimulationem⟩[u] risus est, quae sunt vicina et prope eadem, sed simulatio est certam opinionem animi sui imitantis, dissimulatio aliena se parum intellegere fingentis. simulavit Afer, cum in causa subinde dicentibus, Celsinam de re cognovisse, quae erat potens femina: 'quis est', inquit, 'iste?' Celsinam enim videri sibi virum finxit. 86 dissimulavit Cicero, cum Sex. Annalis testis reum laesisset, et instaret identidem accusator ei 'dic, M. Tulli, si quid[v] potes de Sexto Annali'; versus enim dicere coepit de libro Enni annali sexto 'quis potis ingentis causas evolvere belli?' 87 cui sine dubio frequentissimam dat occasionem ambiguitas, ut Cascellio, qui consultatori dicenti 'navem dividere volo': perdes', inquit. sed averti intellectus et aliter solet, cum ab asperioribus ad leniora deflectitur: ut qui interrogatus, quid sentiret de eo, qui in adulterio deprehensus esset, tardum fuisse respondit. 88 ei[w] confine est, quod dicitur per suspicionem, quale illud apud Ciceronem querenti, quod uxor sua ex fico se suspendisset: 'rogo des mihi surculum ex illa abore, ut inseram'; intellegitur enim quod non dicitur. 89 et hercule omnis salse dicendi ratio in eo est, ut aliter, quam est rectum verumque dicatur: quod fit totum fingendis aut nostris aut alienis persuasionibus aut dicendo, quod fieri non potest. 90 alienam finxit Iuba, qui querenti, quod ab equo sputo esset adspersus, 'quid? tu',

u) *add. Regius*
v) Tulli si quid *Halm:* Tullius inquid (-quit)
w) ei *Regius:* et

Freigelassenen auf der Straße fragte: 'Ist alles in Ordnung bei euch?' auf dessen Antwort: 'In Ordnung' entgegnete: 'Tot ist er also.' 85 Das meiste Gelächter aber gibt es beim Sich-Stellen und -Verstellen, was ja nah verwandt und fast gleich ist; liegt doch der Unterschied nur darin, daß man im einen Fall sich stellt, als sei einem eine bestimmte Auffassung wirklich zu eigen, im andern Fall vorgibt, man habe keine klare Vorstellung von dem, was der andere meint. So verstellte sich Afer, als in einem Prozeß wiederholt die Rede davon war, Celsina, die damals eine einflußreiche Dame war, sei davon unterrichtet, indem er sagte: 'Was ist denn das für ein Mann?' Er tat also so, als hielte er Celsina für einen Männernamen. 86 Der Verstellung bediente sich Cicero, als Sextus Annalis als Zeuge einen Angeklagten beleidigt hatte und der Ankläger Cicero wiederholt drängte: 'Sprich, M. Tullius, wenn du etwas über Sextus Annalis (de Sexto Annali) aussagen kannst.' Er begann nämlich die Verse aus dem sechsten Annalenbuch des Ennius[69] aufzusagen: 'Wer vermag zu enthüllen des Kriegs gewaltige Gründe?' 87 Für solche Verstellung bietet zweifellos die Doppeldeutigkeit die häufigste Gelegenheit. So bot sie sich dem Cascellius, als er einem Manne, der ihn geschäftlich um Rat fragte und dabei sagte: 'Ich will das Schiff teilen', zur Antwort gab: 'Dann ist es hin!' Doch läßt sich der Sinn auch gern anders lenken, wenn man von Schlimmerem auf Harmloseres abbiegt, wenn etwa jemand auf die Frage[70], was er von einem Manne, der beim Ehebruch ertappt worden war, für eine Meinung habe, die Antwort bereit hatte: daß er zu langsam gewesen sei. 88 Nahe steht diesem der Fall, daß der Ausspruch Spielraum für eine Vermutung freiläßt, z. B. bei Cicero[71] die Antwort auf die Klage eines Ehemannes, daß seine Frau sich an einem Feigenbaume erhängt habe: 'Gib mir doch bitte ein Reis von diesem Baum zum Pfropfen!' Denn man versteht auch das, was nicht ausgesprochen wird. 89 Überhaupt besteht ja doch wirklich die ganze Kunst, mit gesalzenem Witz zu sprechen, darin, anders, als es richtig und wirklich ist, zu sprechen, und das läßt sich gut dadurch machen, daß wir entweder eine eigene Überzeugung erfinden oder die eines anderen, oder etwas sagen, was nicht geschehen kann. 90 Die Überzeugung eines anderen erfand Iuba, wenn er auf die Beschwerde eines Mannes,

[69] v. 174 Vahl.

[70] de orat. 2, 68, 275.

[71] de orat. 2, 69, 278.

inquit, 'me Hippocentaurum putas?' suam[x] C. Cassius, qui militi sine gladio decurrenti: 'heus, commilito, pugno bene uteris', inquit. et Gabba de piscibus, qui cum pridie ex parte adesi et versati postera die adpositi essent: 'festinemus, alii subcenant', inquit. tertium illud Cicero, ut dixi, adversus Curium; fieri enim certe non poterat, ut declamaret et natus non esset. 91 est et illa ex ironia fictio, qua usus est C. Caesar. nam cum testis diceret, a reo femina sua ferro petita, et esset facilis reprehensio, cur illam potissimum partem corporis vulnerare voluisset: 'quid enim faceret', inquit, 'cum tu galeam et loricam haberes?' 92 vel optima est simulatio contra simulantem, qualis illa Domitii Afri fuit. vetus habebat testamentum, et unus ex amicis recentioribus, sperans aliquid ex mutatione tabularum, falsam fabulam intulerat consulens eum, an primipilari seni iam testato rursus suaderet[y] ordinare suprema iudicia: 'noli', inquit, 'facere; offendis illum'.

93 Iucundissima sunt autem ex his omnibus lenia et, ut sic dixerim, boni stomachi: ut Afer idem ingrato[z] litigatori conspectum eius in foro vitanti per nomenclatorem missum ad eum: 'amas me', inquit, 'quod te non vidi?' et dispensatori, qui cum reliqua non reponeret[a], dicebat subinde 'non comedi; pane et aqua vivo[b]: 'passer redde quod debes'. quae † ὑπὸ τὸ ἦθος vocant. 94 est

x) suam *Halm:* sua
y) *em. Spalding:* primipilaris enim intestator (ei testator) suaderet
z) *em. Spalding:* aper iadem (iamole) igrato
a) reponeret *Seeck:* responeret **A**[1] responderet (-nt)
b) *em. Haupt:* aqua bibo **A** aquam bibo *rell.*

[72] s. o. 6, 3, 73.

[73] Was dieser Fachausdruck (der sich nur hier findet und deshalb sehr wohl, wie Radermacher annimmt, entstellt oder verstümmelt überliefert sein kann) bedeutet, können wir nur aus der Stelle raten: in beiden Beispielen versetzt sich der freundliche Domitius Afer, der Lehrer des Quint., in einer unbetont überlegenen Form scheinbar in die Art des anderen und bringt ihn gerade dadurch in Verlegenheit: gewiß, ich habe dich nicht gesehen (wie du es mich

Iubas Pferd habe ihn mit Geifer bespritzt, zur Antwort gab: 'Wie? hältst du mich für einen Zentauren!' Seine eigene Überzeugung unterschob C. Cassius, der einem Soldaten, der ohne sein Schwert loslief, zurief: 'He, Kamerad, du wirst deine Faust tüchtig brauchen!' Auch Gabba täuschte eine eigene Überzeugung vor, als er bei einer Mahlzeit, bei der die Fische vom Vortag, die auf der einen Seite schon angegessen und dann nur umgedreht worden waren, wieder aufgetragen wurden, sagte: 'Jetzt aber los, von unten essen auch noch Leute mit!' Die dritte Form (das Unmögliche) findet sich in der schon besprochenen Bemerkung Ciceros[72] gegenüber Curius: denn das war ja gewiß nicht möglich, schon zu deklamieren, ohne geboren zu sein. 91 Um eine ironische Erfindung handelt es sich auch bei der folgenden Bemerkung C. Caesars; als nämlich ein Zeuge aussagte, der Angeklagte habe mit seiner Waffe auf den Oberschenkel des Zeugen eingeschlagen, und damit der Vorwurf nahelag, warum er gerade diesen Körperteil habe verwunden wollen, sagte C. Caesar: 'Was blieb ihm denn anders übrig, da du Helm und Panzer trugst?' 92 Die beste Form ist es doch wohl, sich gegen einen zu verstellen, der sich selbst verstellt, wie es Domitius Afer in folgendem Fall tat. Er hatte ein altes Testament. Nun hatte einer seiner Freunde aus neuerer Zeit, der sich etwas von der Änderung der Urkunde versprach, ihm eine erfundene Erzählung zugetragen, indem er ihn um Rat fragte, ob er einem ergrauten Primipilarius (dem rangältesten Centurio), der schon sein Testament gemacht habe, raten solle, seine letztwilligen Verfügungen noch einmal neu zu fassen: 'Tu das nur nicht', sagte Afer, 'du kränkst ihn damit!'

93 Am erfreulichsten aber von all diesen Witzen sind die harmlosen und, ich möchte sagen, wohlbekömmlichen – wenn etwa der gerade genannte Afer einem undankbaren Klienten, der auf dem Forum seinem Anblick aus dem Wege ging, durch seinen Hofmeister (Nomenclator) sagen ließ: 'Du bist mir doch gewiß dankbar dafür, daß ich dich nicht gesehen habe!' Und wiederum Afer zu einem Verwalter, der, als er eine Restsumme nicht erstatten konnte, immer wieder sagte: 'Ich habe das Geld doch nicht aufgegessen; ich lebe von Wasser und Brot': 'Sperling, gib, was du schuldig bist!', eine Form, die man ὑπὸ τὸ ἦθος nennt[73]. 94 Freundlicher

glauben machen willst); gewiß, du lebst wie ein Sperling (wie du es mich glauben machen willst). Dieses ironische scheinbare Eingehen auf die Wesensart könnte in dem 'unter dem Wesen' stecken. Vgl. auch die folgende Antwort des Afer.

gratus iocus[c]. qui minus exprobrat quam potest, ut idem dicenti candidato 'semper domum tuam colui', cum posset palam negare: 'credo', inquit, [et][d] 'verum est'. interim de se dicere ridiculum est: et, quod in alium si absentem diceretur[e], urbanum non erat, quoniam ipsi palam exprobratur, movet risum; 95 quale Augusti est, cum ab eo miles nescio quid inprobe peteret ⟨et⟩[f] veniret contra Marcianus, quem suspicabatur et ipsum aliquid iniuste rogaturum: 'non magis', inquit, 'faciam, commilito, quod petis, quam quod Marcianus a me petiturus est'.

96 Adiuvant urbanitatem et versus commode positi, seu toti[g] ut sunt (quod adeo facile est, ut Ovidius ex tetrastichon Macri carmine librum in malos poetas composuerit), quod fit gratius, si qua etiam ambiguitate conditur, ut Cicero in Lartium[h], hominem callidum et versutum, cum is in quadam causa suspectus esset: 'nisi si qua Ulixes lintre evasit[i] Lartius': 97 seu verbis ex parte mutatis, ut in eum, qui cum antea stultissimus esset habitus, post acceptam hereditatem primus sententiam rogabatur: 'hereditas est, quam vocant sapientiam' pro illo 'felicitas est': seu ficti notis versibus similes, quae παρῳδία dicitur: 98 et proverbia opportune aptata, ut homini nequam lapso et ut adlevaretur roganti 'tollat te qui non novit'. ex historia etiam ducere urbanitatem eruditum est, ut Cicero fecit, cum ei testem in iudicio Verris roganti dixisset Hortensius 'non intellego haec aenigmata': 'atqui debes', inquit, 'cum Sphingem domi habeas'; acceperat autem ille a Verre Sphingem aeneam magnae pecuniae.

c) iocus *Valla:* locus
d) *delet Becher*
e) diceretur *Obrecht:* diceret
f) *add. Spalding*
g) toti *Regius:* tot
h) Lartium *Bonnell:* lertium, artium, martium
i) lintre evasit *Spalding:* intervasit **AgM** rate evasit **PV**

Scherz ist es, wenn man weniger vorwurfsvoll auftritt, als man es kann; wie wiederum Afer einem Kandidaten, der versicherte: 'Immer habe ich mich um dein Haus bemüht', obwohl der so Angeredete es rundheraus hätte bestreiten können, nur zur Antwort gab: 'Ich glaube, es ist wahr.' Zuweilen ist es ein Lacherfolg, über sich selbst etwas zu sagen; auch was einem anderen gegenüber, wenn es in seiner Abwesenheit gesagt würde, nicht witzig wäre, bringt zum Lachen, wenn es ihm selbst in aller Öffentlichkeit gesagt wird: 95 Von solcher Art ist die Antwort des Augustus, als ihn ein Soldat mit irgendeiner unbescheidenen Bitte behelligte und ihm gerade Marcianus in die Quere kam, von dem Augustus vermutete, er würde ebenfalls eine ungerechtfertigte Bitte anbringen: 'Ich werde so wenig erfüllen, Kamerad', sagte er, 'worum du bittest, wie das, worum mich Marcianus bitten will.'

96 Auch geschickt angebrachte Verse unterstützen den witzigen Ton, ob sie nun ganz so, wie sie sind, verwendet werden – was so leicht fällt, daß Ovid aus einem Gedicht des Macer in Vierzeilern sein Buch gegen die Afterpoeten verfaßt hat; wörtliche Zitate wirken noch besser, wenn sie ihre Würze noch in einer Doppeldeutigkeit haben, wie etwa Cicero gegen einen schlauen und gewandten Mann namens Lartius, als dieser ihm in einem Rechtsfall verdächtig war, den Vers zitierte: 'Falls nicht in einem Kahn Ulixes Lartius entrann[74]', 97 oder in teilweise verändertem Wortlaut, wie etwa, als man gegenüber einem Mann, der stets als großer Tor galt, aber, nachdem er eine Erbschaft gemacht, plötzlich zuerst im Senat zur Äußerung aufgerufen wurde, zitierte[75]: 'Erbschaft nur ist es, was man Weisheit nennt', statt des Wortlautes 'Glück ist's nur . . .', oder ob es bekannten Versen ähnlich nachgebildete sind, die sogenannte παρῳδία. 98 Ebenso auch passend angebrachte Sprichwörter, z. B. das auf einen Taugenichts, der ausgeglitten war und bat, man möge ihm aufhelfen, angewandte: 'Es hebe dich auf, wer dich nicht kennt!' Auch aus der Geschichte läßt sich eine Form feinen Witzes gewinnen, wie Cicero es tat, als zu ihm, während er im Prozeß gegen Verres einen Zeugen verhörte, Hortensius sagte: 'Ich verstehe diese Rätsel nicht': 'Doch müßtest du es', versetzte Cicero, 'da du die Sphinx zu Hause hast.' Er hatte nämlich von Verres eine sehr teure eherne Sphinx erhalten.

[74] Trag. incert. fr. 47 p. 286 Ribb. Den Lartius erinnert Cicero an den Sohn des Laertes, den schlauen Odysseus Laertios: er hat seine List durchschaut.

[75] Com. fr. incert. 35 p. 140 Ribb.

99 Subabsurda illa constant stulti simulatione[j]: quae nisi fingantur, stulta sunt, ut, qui mirantibus, quod humili candelabrum emisset: 'pransorium erit', inquit. sed illa similia absurdis sunt acria, quae tamquam sine ratione dicta feruntur, ut servus Dolabellae, cum interrogaretur, an dominus eius auctionem proposuisset: 'domum', inquit, 'vendidit'. 100 deprensi interim pudorem suum ridiculo aliquo explicant, ut, qui testem dicentem se a reo vulneratum interrogaverat, an cicatricem haberet, cum ille ingentem in femine ostendisset: 'latus', inquit, 'oportuit'[k], contumeliis quoque uti belle datur: ut Hispo obicienti accusatori crimina[l] 'men ⟨ex te⟩ metiris?'[m] inquit. et Fulvius Propinquus legato interroganti, an in tabulis, quas proferebat, chirographus esset: 'et verus', inquit, 'domine'.

101 Has aut accepi species aut inveni frequentissimas, ex quibus ridicula ducerentur; sed repetam necesse est infinitas esse tam salse dicendi quam severe, quas praestat persona, locus, tempus, casus denique, qui est maxime varius. 102 itaque haec, ne omisisse viderer, attigi: illa autem, quae de usu ipso et modo iocandi complexus sum, audeo confirmare esse[n] plane necessaria.

His adicit Domitius Marsus, qui de urbanitate diligentissime scripsit, quaedam non ridicula, sed cuilibet severissimae orationi convenientia eleganter dicta et proprio quodam lepore iucunda: quae sunt quidem urbana, sed risum tamen non habent. 103 neque enim ei de risu, sed de urbanitate est opus institutum, quam propriam esse nostrae civitatis et sero sic intellegi coeptam, postquam urbis

j) stulti simulatione: quae *Spalding:* stultissimi imitatione et quae

k) oportuit contumeliis *Badius:* op. umis (is). oportunius is

l) obicienti (atrociora) crimina accusatori *Halm – Raderm. ex coniectura* incerti auctoris: obicientibus arbore crimina accusatori

m) men ex te metiris *Raderm.* me e. t. m. *Buttmann:* mentiris **PV** mentis **AGM**

n) audeo confirmare esse *Raderm. Madvigium secutus:* adeo infirma sed **PVM** adeo infirmare **A** adeo infirmarem **G**

99 Das sogenannte Halbtörichte besteht in scheinbarer Torheit; würden solche Bemerkungen nicht absichtlich erfunden, so wären sie wirklich töricht, wie etwa die Antwort, als jemand auf die erstaunte Frage, warum er einen so niedrigen Leuchter gekauft habe, entgegnete: 'Der soll ja nur zum Mittagsimbiß leuchten.' Jedoch haben solche scheinbar törichten Bemerkungen, die wie sinnlos hingesagt klingen, ihre treffende Pointe, wenn etwa ein Sklave des Dolabella auf die Frage, ob sein Herr eine Versteigerung vorhabe, entgegnete: 'Sein Haus hat er verkauft.' 100 Zuweilen gibt man auch, durch Tatsachen überführt, in einer lächerlichen Wendung zu erkennen, wie man in Verlegenheit ist, wenn etwa ein Verteidiger, als ein Zeuge, der behauptete, von dem Angeklagten verwundet worden zu sein, auf die Frage, ob er eine Narbe habe, auf seinem Oberschenkel eine ganz gewaltige vorwies, versetzte: 'Die Brust hätte es sein müssen!' Auch Schmähungen lassen sich ganz hübsch verwerten. So sagte Hispo auf die Anwürfe, die ein Ankläger gegen ihn richtete: 'Missest du mich denn nach dir?'[76] So entgegnete auch Fulvius Propinquus einem Legaten, der ihn fragte, ob die Urkunde, die er vorlegte, die Originalhandschrift sei: 'Und zwar die echte, Herr!'

101 Das sind die häufigsten Formen, um lächerliche Wirkungen zu gewinnen, die ich teils übernommen, teils selbst herausgefunden habe; jedoch möchte ich wiederholen, daß es ebenso für die witzige wie für die ernste Rede zwangsläufig eine endlose Zahl von Möglichkeiten gibt, wie sie uns Person, Ort, Zeit und schließlich die zufälligen Umstände, die hier ganz besonders mannigfaltig sind, darbieten. 102 Deshalb habe ich dies Gebiet nur berührt, damit es nicht so scheine, als hätte ich die Theorie unberücksichtigt gelassen. Das aber, was ich in meiner Übersicht über den unmittelbaren Nutzen und die Rolle der witzigen Rede in der Praxis des Redners dargelegt habe, ist, wie ich mich erdreiste zu behaupten, völlig unentbehrlich.

Domitius Marsus, der über die Urbanitas eine äußerst sorgfältige Schrift verfaßt hat, schließt hier noch bestimmte Wendungen an, die nicht lächerlich, vielmehr auch in jeder noch so ernsten Rede passend durch ihre gewählte Form und eine besondere Anmut reizvoll wirken. Hier handelt es sich zwar um 'Urbanes', indessen besitzt es doch nichts, was zum Lachen reizt. 103 Sein Werk gilt ja nicht dem Lächerlichen, sondern der Urbanität in dem Sinn, wie man sie als eine Eigentümlichkeit unserer Bürgergemeinschaft,

[76] Text unsicher.

appellatione, etiam si nomen proprium non adiceretur, Romam tamen accipi sit receptum. 104 eamque sic finit: 'urbanitas est virtus quaedam in breve dictum coacta et apta ad delectandos movendosque homines in omnem adfectum animi, maxime idonea ad resistendum vel lacessendum, prout quaeque res ac persona desiderat'. cui si brevitatis exceptionem detraxeris, omnis orationis virtutes complexa sit. nam si constat rebus et personis, quod in utrisque oporteat dicere, perfectae eloquentiae est. 105 cur autem brevem esse eam voluerit, nescio, cum idem atque in eodem libro dicat fuisse et[o] in multis narrandi urbanitatem. paulo post ita finit, Catonis, ut ait, opinionem secutus: 'urbanus homo ⟨nobis⟩ erit[p], cuius multa bene dicta responsaque erunt, et qui in sermonibus, circulis, conviviis, item in contionibus, omni denique loco ridicule commodeque dicet. risus erunt, quicumque haec faciet orator'. 106 quas si recipimus finitiones, quidquid bene dicetur, et urbane dicti nomen accipiat. ceterum illi, qui hoc proposuerat, consentanea fuit illa divisio, ut dictorum urbanorum alia seria, alia iocosa, alia media faceret: nam est eadem omnium bene dictorum. verum mihi etiam iocosa quaedam videntur posse ⟨in⟩[q] non satis urbana referri. 107 nam meo quidem iudicio illa est urbanitas, in qua nihil absonum, nihil agreste, nihil inconditum, nihil peregrinum neque sensu neque verbis neque ore gestuve possit deprendi, ut non tam sit in singulis dictis quam in toto colore dicendi, qualis apud Graecos ἀττικισμός ille reddens[r] Athenarum proprium saporem. 108 ne tamen iudicium Marsi, hominis eruditissimi, subtraham, seria partitur in tria genera, honorificum, contumeliosum, medium. et honorifici ponit

o) et *del. Spalding*
p) nobis erit *Vollmer:* erit **PV** non erit **AGM**, **V** *in marg.*
q) *add. Meinel*
r) redolens *Regius*

[77] Die ganze Auseinandersetzung mit Domitius Marsus ist ein schönes Beispiel dafür, wie wenig es Quint. trotz seiner Haltung kritischer Distanz über sich gewinnen kann, etwas von seinen Vorgängern, von deren Wissensstoff er in stärkstem Maße zehrt, einfach abzustoßen.

und zwar erst zu einem späteren Zeitpunkt zu verstehen begonnen habe, als es sich allgemein eingebürgert hatte, unter der Bezeichnung 'urbs', auch wenn der Eigenname nicht hinzugesetzt wurde, doch Rom zu verstehen. 104 Er definiert sie so: 'Urbanitas ist die besondere (sprachliche) Leistung, die in einer kurzen sprachlichen Äußerung in gedrängter Form besteht und dazu geeignet ist, die Menschen zu erfreuen und in jede Gemütsbewegung zu versetzen, vor allem aber versteht, sich zu behaupten oder herauszufordern, wie es jeweils die Sache und Person verlangen.' Wenn man aus dieser Definition nur die Hervorhebung der Kürze herausnähme, so dürfte sie wohl sämtliche Vorzüge der Rede umfassen. Denn wenn sie Sachen und Personen enthält, so ist es die Aufgabe der vollkommenen Beredsamkeit, was zu beiden Bereichen gehört, in angemessener Form darzustellen. 105 Warum er aber gewünscht hat, sie solle kurz sein, weiß ich nicht, da er ja selbst, und zwar in demselben Buch, sagt, bei vielen habe es auch eine urbane Erzählweise gegeben. Kurz danach gibt er folgende Definition, in der er, wie er behauptet, dem Cato folgt: 'Urban ist für uns ein Mensch dann, wenn er viele treffende Bemerkungen und Antworten liefert und wenn er in Unterhaltungen, Gesellschaften und festlichen Gelagen, ebenso in öffentlichen Versammlungen, kurz an jedem Platz Lachen erregen und gefällig reden kann. Lachen erntet jeder Redner, der so verfährt.' 106 Machen wir uns diese Definition zu eigen, so dürfte alles, was gut gesprochen wird, Anspruch auf den Namen 'urbane Redeweise' haben. Im übrigen hat ja auch Marsus, der diese Definition vorgeschlagen hatte, ganz in diesem Sinne auch seine Einteilung getroffen, nach der er die urbanen Wendungen in ernste, scherzhafte und in der Mitte zwischen beiden liegende zerlegte. Denn so läßt sich alles einteilen, was gut gesagt ist. Jedoch scheint es mir, als ließen sich selbst gewisse Scherze nicht als hinreichend urban betrachten. 107 Denn – wenigstens meiner Meinung nach – handelt es sich da um Urbanitas, wo nichts Mißtönendes, nichts Bäurisches, nichts Unordentliches, nichts Fremdklingendes sich im Sinn, in den Worten oder in Aussprache oder Gebärde fassen läßt, so daß sie nicht so sehr in einzelnen Bemerkungen liegt als vielmehr in der ganzen Färbung der Rede, wie bei den Griechen ihr ἀττικισμός, der den Geschmack auf der Zunge hinterläßt, der nur Athen eigen ist. 108 Um jedoch das Urteil eines so gebildeten Mannes wie Marsus nicht vorzuenthalten[77]: er zerlegt das Ernste in drei Arten, das, was Ehre macht, das, was Schande macht, und das, was zwischen beiden in der Mitte liegt.

exemplum Ciceronis pro Q. Ligario apud Caesarem: 'qui nihil soles oblivisci nisi iniurias'; 109 et contumeliosi, quod Attico scripsit de Pompeio et Caesare: 'habeo quem fugiam, quem sequar non habeo', et medii, quod ἀποφθεγματικόν vocat et est ita cum dixerit[s]: 'neque gravem mortem accidere viro forti posse nec inmaturam consulari neque miseram sapienti'. quae omnia sunt optime dicta, sed cur proprie nomen urbanitatis accipiant non video. 110 quod si non totius, ut mihi videtur, orationis color meretur, sed etiam singulis dictis tribuendum est, illa potius urbana ex serio dixerim, quae sunt generis eiusdem, ⟨ex⟩[t] quo ridicula ducuntur et tamen ridicula non sunt, ⟨ut⟩[u] de Pollione Asinio seriis iocisque pariter accommodato dictum est, esse eum omnium horarum; 111 et de actore facile dicente ex tempore, ingenium eum in numerato habere: etiam Pompei, quod refert Marsus, in Ciceronem diffidentem partibus 'transi ad Caesarem, me timebis'. erat enim, si de re minore aut alio animo aut denique non ab ipso dictum fuisset, quod posset inter ridicula numerari. 112 etiam illud, quod Cicero Caerelliae scripsit reddens rationem, cur illa C. Caesaris tempora tam patienter toleraret: 'haec aut animo Catonis ferenda sunt aut Ciceronis stomacho'; stomachus enim ille habet aliquid ioco simile. haec, quae monebam[v], dissimulanda mihi non fuerunt: in quibus

s) dixerit *Regius:* dixit
t) *add. Spalding*
u) *add. Regius*
v) monebam *Halm:* me movebant *Spalding:* movebant

Als Beispiel für das, was Ehre macht, bringt er die Stelle aus Ciceros Rede vor Caesar für Ligarius[78]: 'Der du nichts zu vergessen pflegst außer dem Unrecht, das man dir getan', 109 für das, was Schande bringt, was Cicero an Atticus über Pompeius und Caesar schrieb[79]: 'So habe ich einen Menschen, vor dem ich fliehen will, einen Menschen, dem ich folgen will, habe ich nicht', und für das in der Mitte Liegende, das er ἀποφθεγματικόν (gnomisch) nennt, ebenfalls eine Cicerostelle, und zwar ist es die Stelle, wo Cicero[80] gesagt hat: 'Nicht schlimm kann der Tod sein, wenn er einen tapferen Mann trifft, nicht zur Unzeit, wenn er einen Mann trifft, der Konsul war, nicht elend, wenn er einen Weisen trifft.' All das sind meisterhafte Sätze, aber warum sie als besonders bezeichnend den Namen 'Urbanitas' erhalten, vermag ich nicht zu sehen. 110 Wenn aber nicht die Färbung der ganzen Rede, wie es mir erscheint, diesen Namen verdient, sondern er auch einzelnen Äußerungen zugebilligt werden soll, so würde ich lieber im Ernst solche Äußerungen als urban bezeichnen, die zur selben Art gehören, aus der sich lachenerregende Äußerungen gewinnen lassen und die dennoch nicht lachenerregend sind; wie man von Pollio, dem Ernsthaftes und Scherzhaftes gleicherweise lag, gesagt hat, er sei ein Mann für alle Stunden, so wie von einem Anwalt, der leicht aus dem Stegreif sprach, er habe sein Talent in abgezählter Münze bar bei sich. 111 Ebenso auch das gegen den in seiner Parteinahme schwankenden Cicero gerichtete Wort des Pompeius, das Marsus anführt: 'Geh nur zu Caesar über, so wirst du mich fürchten!' Es wäre nämlich, wenn es über einen weniger bedeutenden Vorgang oder in einer anderen Stimmung oder schließlich nicht von ihm (Pompeius) selbst gesprochen wäre, eine Äußerung, die man unter die lachenerregenden zählen könnte. 112 Ferner auch der Satz, den Cicero an Caerellia geschrieben hat, indem er Rechenschaft gibt, warum er die Zeitverhältnisse unter C. Caesar so geduldig ertrage: 'Diese Zeitläufte heißt es entweder mit dem Geist Catos ertragen oder mit Ciceros Magen'; denn dieses 'Magen' enthält schon etwas, was dem Witz ähnlich ist. – Diese meine Bedenken habe ich nicht verheimlichen dürfen: Sollte ich hierin im Irrtum sein, so habe ich doch meine

[78] p. Lig. 12, 35.
[79] ad Attic. 8, 7, 2.
[80] in Catil. 4, 2, 3.

ut erraverim, legentis tamen non decepi, indicata et diversa opinione, quam sequi magis probantibus liberum est.

IV.

1 Altercationis praecepta poterant videri tunc incohanda, cum omnia, quae ad continuam orationem pertinent, peregissem; nam est usus eius ordine ultimus: sed cum sit posita in sola inventione neque habere dispositionem possit nec elocutionis ornamenta magnopere desideret aut circa memoriam et pronuntiationem laboret, prius quam secundam quinque partium, hanc, quae tota ex prima pendet, tractaturus non alieno loco videor: quam scriptores alii fortasse ideo reliquerunt, quia satis ceteris praeceptis in hanc quoque videbatur esse prospectum. 2 constat enim aut intentione aut depulsione, de quibus satis traditum est, quia quidquid in actione perpetua circa probationes utile est, idem in hac brevi atque concisa prosit necesse est. neque alia dicuntur in altercatione, sed aliter, aut interrogando aut respondendo. cuius rei fere omnis observatio in illo testium loco excussa nobis est. 3 tamen quia latius hoc opus adgressi sumus neque perfectus orator sine hac virtute dici potest, paululum inpendamus huic quoque peculiaris operae, quae quidem in quibusdam causis ad victoriam vel plurimum valet. 4 nam ut in qualitate generali, in qua rectene factum quid an contra sit quaeritur, perpetua dominatur oratio, et quaestionem finitionis

Leser nicht getäuscht, indem ich auch die entgegengesetzte Meinung zu Worte kommen ließ, der sich anzuschließen jedem freisteht, dem sie eher einleuchtet.

VIERTES KAPITEL

Der Wortwechsel

1 Es könnte scheinen, daß ich mit den Vorschriften für den Wortwechsel erst beginnen sollte, wenn ich alles, was zur zusammenhängenden Rede gehört, abgehandelt hätte. Denn in der Reihenfolge der Verhandlung kommt er ja zuletzt zur Verwendung. Da er jedoch ganz auf der Auffindung des Redestoffes beruht. keine Anordnung des Stoffes besitzen kann und weder großen sprachlichen Aufputz verlangt noch an das Gedächtnis und den Vortrag besondere Anforderungen stellt, scheint es mir nicht fehl am Platz, dieses Kapitel, das so völlig von der ersten Aufgabe des Redners (d. h. der Erfindung) abhängt, noch vor der zweiten der fünf Aufgaben[81] zu behandeln. Haben es doch die anderen Schriftsteller unseres Faches vielleicht deshalb nicht bearbeitet, weil man glaubte, durch die übrigen Vorschriften sei auch für dieses Kapitel hinreichend gesorgt. 2 Denn der Wortwechsel besteht ja aus Angriff und Abwehr, worüber alles Nötige gesagt ist, weil ja alles, was sich in der zusammenhängenden Gerichtsrede für die Formen der Beweisführung als nützlich erweist, zwangsläufig auch seinen Nutzen in der kurzen, zerstückelten Form des Wortwechsels bewährt. Auch wird ja im Wortwechsel nichts Neues vorgebracht, sondern nur in neuer Form, als Frage oder als Antwort. Hierüber haben wir wohl alles, was zu beachten ist, im Kapitel über die Zeugenbefragung[82] durchgesprochen. 3 Dennoch wollen wir, weil wir unser Werk breiter angelegt haben und man niemanden einen vollkommenen Redner nennen kann, der nicht auch hierin Meister ist, auch dieser Aufgabe für ein Weilchen unsere besondere Aufmerksamkeit widmen; trägt sie doch in manchen Rechtsfällen zum Sieg sogar entscheidend bei. 4 Denn zwar bei Rechtsfällen, in denen es allgemein um die Frage geht, ob die Handlung zu Recht geschah oder nicht, herrscht die zusammenhängende Rede; auch entwickeln Gerichtsvorträge meistens hinreichend alles, was bei der Definition

[81] s. o. B. 5 Prooem. 5.
[82] s. o. B. 5 Kap. 7.

necessarium est omnium personarum, instrumentorum, temporum, locorum habere notitiam: alioqui et tacendum erit[z] saepe et aliis subicientibus (plerumque autem studio loquendi ⟨fit⟩[a] fatue modo) accedendum: quo nonnumquam accidit, ut nostra credulitate aliena stultitia erubescamus. 9 neque iam cum[b] his ipsis monitoribus clam res fit: quidam faciunt ⟨ut⟩[c] aperte quoque[d]. rixentur[e]. videas enim plerosque ira percitos exclamantis, ut iudex audiat contrarium id esse, quod admoneantur[f], sciatque ille, qui pronentiaturus est in causa, malum quod tacetur. 10 quare bonus altercator vitio iracundiae careat; nullus enim rationi magis obstat adfectus et fert extra causam[g] plerumque et deformia convicia facere ac mereri cogit et in ipsos nonnumquam iudices incitat. melior moderatio ac nonnumquam etiam patientia; neque enim refutanda tantum, quae ex contrario dicuntur, sed contemnenda, elevanda, ridenda sunt, nec usquam plus loci recipit urbanitas. hoc, dum[h] ordo est et pudor: contra turbantis audendum et inpudentiae fortiter resistendum. 11 sunt enim quidam praeduri in hoc oris, ut obstrepant ingenti clamore et medios sermones intercipiant et omnia tumultu confundant, quos ut non imitari, sic acriter propulsare oportebit, et ipsorum inprobitatem retundendo, et iudices vel praesidentis magistratus appellando frequentius, ut loquendi vices serventur. non est res animi iacentis et mollis supra modum frontis, fallitque plerumque, quod probitas vocatur, quae est inbecillitas. 12 valet autem in altercatione plurimum acumen, quod sine dubio ex arte non venit (natura enim non docetur), arte tamen adiuvatur. 13 in qua praecipuum est semper id in oculis habere, de quo quaeritur et quod volumus efficere: quod propositum tenentes nec in

z) erit *Ald.:* ergo
a) *add. Schenkl.*
b) iam cum *Spalding:* tam cum **AGM** tantum **PV**
c) *add. Madvig*
d) quoque *Madvig:* quod **PV** quae **AGM**
e) rixentur *Madvig:* rixemur
f) admoneantur *Zumpt:* admoneatur **PVM** admoneat **AG**
g) causam *exc. Cassiod.:* causam et
h) hoc dum *Spalding:* hoc dium **AG** odium **PVM**

aller Personen, Hilfsmittel, Zeitumstände und Örtlichkeiten im Kopf zu haben – andernfalls wird man oft schweigen und dem beistimmen müssen, was andere zur Stütze einwerfen – töricht genug meistens, wenn es im Redeeifer geschieht. Dadurch kann es zuweilen vorkommen, daß wir erröten müssen durch unsere eigene Leichtgläubigkeit für die Torheit der anderen. 9 Denn ein solcher Vorgang spielt sich ja nicht heimlich nur mit den Ratgebern selbst ab. Manche bringen es fertig, daß es ganz offen zum Streit kommt. Denn man kann es erleben, daß sie in vielen Fällen im Zorn so laut, daß es der Richter hört, schreien, das sei schlecht, wozu man ihnen riete, so daß der, der in der Sache das Urteil sprechen soll, den wunden Punkt, der verschwiegen wird, schon kennt. 10 Deshalb soll ein guter Streiter im Wortwechsel vom Fehler des Jähzorns frei sein; denn keine Gefühlsregung steht der vernünftigen Überlegung mehr im Weg. Sie reißt meist zur Unsachlichkeit hin, treibt dazu, häßliches Geschimpfe loszulassen und einstecken zu müssen, und bringt zuweilen selbst die Richter gegen uns auf. Besser ist Mäßigung und zuweilen sogar Geduld; denn es gilt ja nicht nur zurückzuweisen, was die Gegenseite behauptet, sondern diese Behauptungen in den Augen der anderen herabzusetzen, zu entwerten und lächerlich zu machen, und nirgends nimmt unser witziger Großstadtton mehr Raum ein. Dies, solange Ordnung und Anstand herrscht. Gegen Unruhestifter jedoch muß man mutig auftreten und sich gegen Unverschämtheit tapfer zur Wehr setzen. 11 Hierbei gibt es nämlich Leute, die gegen Schamröte so gefeit sind, daß sie mit gewaltigem Geschrei einem entgegenbrüllen, einem mitten in die Rede fallen und mit mächtigem Wirbel alles durcheinanderbringen. Dieses Benehmen darf man solchen Leuten zwar nicht nachmachen, muß es sich aber energisch verbitten, teils, indem man das schlechte Benehmen selbst schärfstens rügt, teils, indem man sich immer wieder an die Richter oder die Beamten, die den Vorsitz haben, mit der Bitte wendet, für die Einhaltung der Redeordnung zu sorgen. Das ist keine Sache für ein zaghaftes Gemüt und überempfindliches Auftreten, und so oft täuscht es, daß man Bravheit nennt, was Schwäche ist. 12 Am meisten aber macht beim Wortwechsel der Scharfblick aus, der zweifellos nicht aus dem Studium stammt – denn die Natur läßt sich nicht lehren –, wohl aber durch das Studium gefördert werden kann. 13 Dabei ist es die Hauptsache, immer vor Augen zu haben, worum es geht und was wir erreichen wollen. Mit diesem Ziel vor Augen werden wir uns nicht auf Streitigkeiten einlassen noch unsere Verhandlungs-

rixam ibimus nec causae debita tempora conviciando conteremus gaudebimusque, si hoc adversarius facit.

14 Omnia tempore praeparanda[i] sunt meditatis diligenter, quae aut ex adverso dici aut responderi a nobis possunt. nonnumquam tamen solet hoc quoque esse artis genus, ut quaedam in actione dissimulata subito in altercando proferantur: est inopinatis eruptionibus aut ex insidiis[j] incursioni factae simillimum. id autem tum faciendum est, cum est aliquid, cui responderi non statim possit, potuerit autem, si tempus ad disponendum fuisset. nam quod fideliter firmum est, a primis statim actionibus arripere optimum est, quo saepius diutiusque dicatur. 15 illud vix saltem praecipiendum videtur, ne turbidus et clamosus tantum sit altercator, et quales facti † [k] sunt, qui litteras nesciunt. nam inprobitas, licet adversario molesta sit, iudici invisa est. nocet etiam diu pugnare[l] in iis, quae optinere non possis. 16 nam ubi vinci necesse est, expedit cedere, quia, sive plura sunt, de quibus quaeritur, facilior erit in ceteris fides, sive unum, mitior solet poena inrogari verecundiae. nam culpam, praesertim deprensam, pertinaciter tueri culpa altera est.

17 Dum stat acies, multi res[m] consilii atque artis est, ut errantem adversarium trahas et ire quam longissime cogas, ut vana interim spe exsultet. ideo quaedam bene dissimulantur instrumenta; instant enim et saepe discrimen omne committunt, quod deesse nobis putant, et faciunt probationibus nostris auctoritatem postulando. 18 expedit etiam dare aliquid adversario, quod pro se putet, quod adprehendens maius aliquid cogatur dimittere: duas interim res proponere, quarum utramlibet male sit electurus, quod in altercatione fit potentius quam in actione, quia in illa nobis ipsi respondemus, in hac adversarium quasi confessum tenemus. 19 est in primis acuti videre, quo iudex dicto moveatur, quid respuat: quod

i) praeparanda *Raderm.:* fere parata **PV**¹ ferre p. **AMV**² parata **G**

j) aut ex insidiis incursioni factae *Raderm. Gernhardum secutus:* aut incisio ex insidiis * factae **A** aut in insidiis * facte **G** aut ex insidiis oincisio facte **g** nam in inexsidiis incisio facte **M** aut ex insidiis citissimo facto **PV**

k) fere *edd.* fatui *Badius* facile *Zumpt. crucem apposui*

l) pugnare *Badius:* pugna

m) res *Spalding:* in re (rem **PV**)

zeit mit Gezänke vergeuden, vielmehr mit Vergnügen feststellen, daß der Gegner es tut.

14 Alles muß rechtzeitig vorbereitet sein, wobei man sorgfältig zu überdenken hat, was vom Gegner gesagt und was von uns geantwortet werden kann. Zuweilen jedoch ist es auch eine gern geübte Art Kunstkniff, bestimmte Dinge in der Verhandlungsrede zu verheimlichen und sie plötzlich im Wortwechsel zum Vorschein zu bringen: das ist ganz wie bei unvermuteten Ausfällen oder einem Überfall aus dem Hinterhalt. Man muß diese Taktik dann anwenden, wenn es einen Punkt gibt, auf den zu antworten nicht sogleich möglich ist, wohl aber möglich wäre, wenn Zeit gewesen wäre, sich darauf einzurichten. Denn was ganz zuverlässig feststeht, bringt man am besten gleich vom Beginn der Verhandlungen an vor, damit es um so häufiger und ausführlicher vorgetragen werden kann. 15 Es muß wohl kaum eingeschärft werden, daß der Redner beim Wortwechsel sich nicht nur in Ungestüm und Geschrei ergehen und sich nicht gehen lassen darf wie Leute ohne Schulbildung. Denn unartiges Benehmen, mag es auch dem Gegner zu schaffen machen, ist dem Richter zuwider. Auch ist es schädlich, lange um Punkte zu kämpfen, die man nicht aufrechterhalten kann. 16 Denn wo man unterliegen muß, gibt man besser nach, weil, wenn mehrere Punkte in Frage stehen, bei den anderen dann die Glaubwürdigkeit wächst, wenn aber nur der eine, bei schüchternem Betragen gewöhnlich die Strafe milder ausfällt. Denn eine Schuld, zumal wenn sie erwiesen ist, beharrlich zu verteidigen, ist noch eine neue Schuld.

17 Solange die Front noch steht, erfordert es alle Klugkeit und Kunst, den Gegner auf einem Irrweg festzuhalten und zu zwingen, so weit zu gehen, daß er zuweilen schon in eitler Hoffnung frohlockt. Deshalb hält man besser bestimmte Beweismittel verborgen; denn die Gegner drängen dann, lassen alles drauf ankommen, weil sie glauben, die Beweise fehlten uns, und geben unseren Beweisen dadurch Gewicht, daß sie sie fordern. 18 Es ist auch günstig, dem Gegner etwas zuzugeben, was er für sich gebrauchen kann, und ihn so zu zwingen, dadurch, daß er danach greift, etwas Wichtigeres aufzugeben; zuweilen auch, ihm zwei Dinge zur Wahl zu stellen, wobei jede der beiden Möglichkeiten, die er wählt, ihm schaden kann. Dies ist im Wortwechsel wirkungsvoller als in der Rede, weil wir in der Rede uns selbst die Antwort geben, hier aber den Gegner selbst festhalten, als habe er schon gestanden. 19 Einen scharfen Blick verlangt es vor allem, zu sehen, durch welche Bemerkung der Richter gerührt wird, was er verabscheut: dies läßt sich

et vultu saepissime et aliquando etiam dicto aliquo factove eius deprenditur. et instare proficientibus et ab iis, quae non adiuvent, quam mollissime pedem oportet referre. faciunt hoc medici quoque, ut remedia proinde perseverent adhibere vel desinant, ut illa recipi vel respui vident. 20 nonnumquam, si rem evolvere propositam facile non sit, inferenda est alia quaestio, atque in eam iudex, si fieri potest, avocandus. quid enim, cum respondere non possis, agendum est, nisi ut aliud invenias, cui adversarius respondere non possit? 21 in plerisque idem est[n], ut dixi, qui circa testes locus, et personis modo distat, quod hic patronorum inter se certamen, illic pugna inter testem et patronum.

Exercitatio vero huius rei longe facilior. nam est utilissimum frequenter cum aliquo, qui sit studiorum eorundem, sumere materiam vel verae vel etiam fictae controversiae et diversas partes altercationis modo tueri: quod idem etiam in simplici genere quaestionum fieri potest. 22 ne illud quidem ignorare advocatum volo, quo quaeque ordine probatio sit apud iudicem proferenda, cuius rei eadem quae in argumentis ratio est, ut potentissima prima aut summa ponantur; illa enim ad credendum praeparant iudicem, haec ad pronuntiandum.

V.

1 His pro nostra facultate tractatis non dubitassem transire protinus ad dispositionem, quae ordine ipso sequitur, nisi vererer ne, quoniam fuerunt, qui iudicium inventioni subiungerent, prae-

n) idem est *Spalding:* iudex est **AG** i. e. advocandus **PVM**

sehr oft an seiner Miene, manchmal auch aus einer Bemerkung oder einer Handlung ablesen. Dann muß man in dem, was Eindruck macht, weiterdrängen, von dem aber, was nicht hilft, so sachte wie möglich den Fuß zurückziehen. So machen es ja auch die Ärzte, wenn sie ihre Mittel entweder in verstärkter Dosis weiter geben oder damit aufhören, je nachdem sie sehen, daß die Mittel Anklang oder Abscheu erwecken. 20 Gelegentlich muß man, falls es nicht leichtfällt, das gesteckte Ziel zu erreichen, eine andere Frage anschneiden und den Richter, wenn möglich, auf sie ablenken. Denn was soll man denn, wenn man nicht antworten kann, anderes tun als etwas anderes ausfindig machen, worauf der Gegner nicht antworten kann? 21 Im großen ganzen steht es hiermit – wie gesagt –[84] genauso wie bei der Lehre von der Zeugenvernehmung[85], und der Unterschied liegt nur in den Personen; denn in unserem Fall findet der Redewettstreit zwischen den Anwälten statt, im anderen zwischen dem Zeugen und dem Anwalt.

Sich hierfür zu üben aber ist weit leichter. Denn es ist am nützlichsten, regelmäßig mit jemandem, der das gleiche Studium betreibt, den Stoff einer wirklichen oder auch einer erfundenen Kontroversrede vorzunehmen und die beiden Seiten im Wortwechsel zu vertreten. Ebenso kann man es auch in der einfachen Art von Fragen (wohl in den θέσεις[86]) machen. 22 Auch darüber schließlich soll der Anwalt sich nicht im unklaren sein, daß der Gesichtspunkt, nach dem sich die Reihenfolge ergibt, in der jeder Punkt der Beweisführung dem Richter vorzutragen ist, der gleiche ist wie bei der Anordnung der Beweisstücke: die stärksten sollen am Anfang und am Ende stehen; denn an der ersten Stelle schaffen sie in dem Richter die Bereitschaft zu glauben, an der letzten Stelle die, das Urteil zu sprechen.

FÜNFTES KAPITEL

Urteil und Überlegung

1 Nachdem ich dies nach meinen Kräften behandelt habe, hätte ich keine Bedenken, gleich zur Lehre von der Anordnung des Stoffes überzugehen, die jetzt an der Reihe ist, müßte ich nicht fürchten,

[84] s. o. § 2.
[85] s. o. B. 5, 7.
[86] s. o. 2, 1, 9.

terisse hunc locum quibusdam viderer, qui mea quidem opinione adeo partibus operis huius omnibus conexus ac mixtus est, ut ne a sententiis quidem aut verbis saltem singulis possit separari, nec magis arte traditur quam gustus aut odor. 2 ideoque nos, quid in quaque re sequendum cavendumque sit, docemus ac deinceps docebimus, ut ad ea iudicium derigatur[o]. praecipiam igitur, ne quod effici non potest adgrediamur, ut contraria vitemus et communia, ne quid in eloquendo corruptum, obscurum sit? referatur oportet ad sensus, qui non docentur.

3 Nec multum a iudicio credo distare consilium, nisi quod illud ostendentibus ⟨se⟩[p] rebus adhibetur, hoc latentibus et aut omnino nondum repertis aut dubiis. et iudicium frequentissime certum est, consilium vero ratio est quaedam alte petita et plerumque plura perpendens et comparans habensque in se et inventionem et iudicationem. 4 sed ne de hoc quidem praecepta in universum expectanda sunt. nam ex re sumitur, cuius locus ante actionem est frequenter (nam Cicero summo consilio videtur in Verrem vel contrahere tempora dicendi maluisse quam in eum annum, quo erat Q. Hortensius consul futurus, incidere), 5 et in ipsis actionibus primum ac potentissimum obtinet locum; nam quid dicendum, quid tacendum, quid differendum sit, exigere consilii est: negare sit satius an defendere, ubi prooemio utendum et quali, narrandumne et quo modo, iure prius pugnandum an aequo, qui sit ordo utilissimus, tum omnes colores, aspere an leniter an etiam summisse loqui expediat. 6 sed

o) derigatur *Meiser:* dirigatur
p) *add. Valla*

in den Augen mancher Leser ein Kapitel übersprungen zu haben; es hat nämlich Gelehrte gegeben[87], die der Lehre von der Auffindung des Stoffes die Lehre vom Urteilsvermögen unterordneten, die allerdings meiner Ansicht nach so sehr mit allen Bereichen unserer Aufgabe verbunden und verschmolzen ist, daß sie sich selbst von Sätzen oder auch nur Einzelwörtern nicht trennen läßt, und sich sowenig in einer Kunstlehre vermitteln läßt wie der Geschmack oder Geruch. 2 Deshalb lehren wir, was bei jeder Aufgabe zu befolgen und zu vermeiden ist, und werden so auch der Reihe nach lehren, wie sich unser Urteil danach einrichten kann. Sollte ich also die Vorschrift geben, wir sollten nichts anpacken, was wir nicht leisten können, wir sollten, was gegen uns spricht und was auch für die Gegenseite gilt, meiden oder in unserer Darstellung dürfe es nichts mit verdorbenem Geschmack oder dunkel Ausgedrücktes geben? Ich müßte ja doch auf Gefühlsentscheidungen unserer Sinne verweisen, die sich nicht lehren lassen.

3 Zwischen Urteil und Überlegung ist, glaube ich, kein großer Unterschied. Er liegt nur darin, daß das Urteil stattfindet über Dinge, die schon offenbar sind, die Überlegung aber über solche, die verborgen, und zwar entweder überhaupt noch nicht gefunden oder noch zweifelhaft sind. Auch steht das Urteil in den häufigsten Fällen fest, während die Überlegung eine weitausholende Form der Begründung ist, die meistens mehrere Möglichkeiten abwägt und vergleicht und Erfindungs- und Urteilskraft in sich vereint. 4 Doch sind selbst hierbei keine allgemeingültigen Vorschriften zu erwarten. Denn die Überlegung ergibt sich aus der Sachlage, wo ihr Platz häufig schon vor der Gerichtsrede ist – denn offenbar hat Cicero mit gründlichster Überlegung gegen Verres sogar lieber die Termine für seine Rede verkürzt als mit der Verhandlung in das Jahr kommen wollen, in dem mit dem Konsulat des Hortensius zu rechnen war; 5 weiter nimmt sie dann in den Verhandlungsreden selbst die erste und wichtigste Rolle ein; denn zu bestimmen, was man sagen, was verschweigen, was man hinausschieben muß, ist Sache der Überlegung: ob es besser ist, zu leugnen oder zu rechtfertigen, wo man ein Prooemium verwenden soll und welcher Art, ob man eine Erzählung bringen soll und wie, ob man den Kampf eher um das Recht führen soll oder um Billigkeit, welche Anordnung die nützlichste ist, sodann alle die Färbungen, ob es sich empfiehlt, schroff oder sanft oder gar untertänig in seiner Rede aufzutreten.

[87] s. o. 3, 3, 5f.

haec quoque, ut quisque passus est locus, monuimus idemque in reliqua parte faciemus, pauca tamen exempli gratia ponam, quibus manifestius appareat, quid sit, quod demonstrari posse praeceptis non arbitror. 7 laudatur consilium Demosthenis, quod, cum suaderet bellum Atheniensibus parum id prospere expertis, nihil adhuc factum esse ratione monstrat, poterat enim emendari neglegentia: at si nihil esset erratum, melioris in posterum spei non erat ratio. 8 idem cum offensam vereretur, si obiurgaret populi segnitiam in adserenda libertate rei publicae, maiorum laude uti maluit, qui rem publicam fortissime administrassent; nam et faciles habuit aures et natura sequebatur, ut meliora probantis peiorum paeniteret. 9 Ciceronis quidem vel una pro Cluentio quamlibet multis exemplis sufficiet oratio. nam quod in eo consilium maxime mirer? primamne expositionem, qua matri, cuius filium premebat auctoritas, abstulit fidem? an, quod iudicii corrupti crimen transferre in adversarium maluit quam negare propter inveteratam, ut ipse dicit, infamiam? an, quod in re invidiosa legis auxilio novissime est usus? quo genere defensionis etiam offendisset nondum praemollitas iudicum mentes. an, quod se ipsum invito Cluentio facere testatus est? 10 quid pro Milone? quod non ante narravit, quam praeiudiciis omnibus reum liberaret? quod insidiarum invi-

6 Jedoch auch daran haben wir schon erinnert, wie es jeweils die betreffende Stelle erlaubte, und werden es auch weiterhin so halten. Ich will indessen ein paar Beispiele hierhersetzen, die das verdeutlichen sollen, was sich, wie ich glaube, in Vorschriften nicht darlegen läßt. 7 Man lobt die Überlegung des Demosthenes[88], die ihn leitet, als er den Athenern, die bisher wenig Kriegsglück kennengelernt hatten, zum Krieg raten wollte, darzulegen, bisher sei noch nichts in vernünftiger Form unternommen worden; denn Nachlässigkeit ließe sich beheben. Wäre aber kein Fehler gemacht worden, so bestände kein Grund dafür, in Zukunft mit besseren Leistungen zu rechnen. 8 Als ferner Demosthenes[89] fürchtete, Anstoß zu erregen, wenn er dem Volk die Trägheit vorhielte, mit der es sich für die Freiheit des Staates bemüht hätte, wählte er lieber die Form, die Vorfahren zu loben, die ihren Staat so tapfer geleitet hätten; denn so fand er leicht Gehör, und es ergab sich ja natürlicherweise, daß die, die dem Besseren Beifall spendeten, das Schlechtere in ihrer eigenen Haltung bereuten. 9 Von Cicero wird schon die eine Rede für Cluentius beliebig viele Beispiele bieten können. Denn welcher seiner Überlegungen, die der Plan dieser Rede zeigt, sollte ich meine allerhöchste Bewunderung zollen? Gleich der ersten Darlegung des Falles[90], in der er der Mutter, deren Autorität eine Belastung für den Sohn darstellte, die Glaubwürdigkeit genommen hat? Oder daß er den Vorwurf, die Richter bestochen zu haben, lieber auf den Gegner hat abschieben wollen als ihn abzustreiten, weil, wie er selbst sagt[91], dieser Schandfleck schon so lange festsaß? Oder daß er in einem so abstoßenden Fall die Hilfe des Gesetzes erst zuletzt in Anspruch nahm[92], weil er mit dieser Art der Verteidigung selbst Anstoß erregt hätte, solange die Richter noch nicht weicher gestimmt worden waren? Oder daß er versichert hat[93], er tue dies gegen den Willen des Cluentius? 10 Was erst in der Rede für Milo? Daß er die Erzählung nicht eher gebracht hat, bevor er nicht den Angeklagten von allen Vorurteilen befreit hatte[94]? Daß er die Entrüstung über den Überfall aus dem Hinter-

[88] Phil. 1, 2.
[89] Ol. 3, 21.
[90] p. Cluent. 6, 17.
[91] ebd. 4, 27.
[92] ebd. 53, 143f.
[93] ebd. 52, 144, 148f.
[94] s. o. 3, 6, 93.

diam in Clodium vertit, quamquam re vera fuerat pugna fortuita? quod factum et laudavit et tamen voluntate Milonis removit? quod illi preces non dedit et in earum locum ipse successit? infinitum est enumerare, ut Cottae detraxerit auctoritatem, ut pro Ligario se opposuerit, Cornelium ipsa confessionis fiducia eripuerit. 11 illud dicere satis habeo, nihil esse non modo in orando, sed in omni vita prius consilio, frustraque sine eo tradi ceteras artis, plusque vel sine doctrina prudentiam quam sine prudentia facere doctrinam. aptare etiam orationem locis, temporibus, personis est eiusdem virtutis. sed hic quia latius fusus est locus mixtusque cum elocutione, tractabitur, cum praecipere de apte dicendo coeperimus.

halt gegen Clodius kehrte, obwohl in Wirklichkeit der Kampf sich zufällig abgespielt hatte? Daß er die Tat lobte und dennoch zugleich den Gedanken an eine Absicht des Milo fernhielt? Daß er ihn keine Bitte um Gnade hat tun lassen und selbst hierbei an seine Stelle getreten ist? Es wäre endlos, aufzuzählen, wie er der Person des Cotta Gewicht genommen[95], für Ligarius mit seiner eigenen Person sich vor den Angeklagten gestellt, Cornelius durch das Vertrauen, das sein Geständnis erweckte, gerettet hat[96]. 11 Ich begnüge mich, zu sagen, daß nicht nur beim Reden, sondern überhaupt im Leben nichts den Vorrang hat vor der Überlegung und daß ohne sie die anderen Kunstmittel vergebens gelehrt werden und selbst ohne wissenschaftliche Ausbildung Klugheit mehr ausmacht als ohne Klugheit die Lehre der Wissenschaft. Auch die Rede den örtlichen, zeitlichen und persönlichen Verhältnissen entsprechend einzurichten, gehört zur Leistung der Überlegung. Da aber dieser Punkt in weitere Gebiete führt und mit der Lehre von der Darstellung verschmilzt, wird er zur Sprache kommen, wenn wir mit den Vorschriften für die passende Darstellung beginnen[97].

[95] s. o. 5, 13, 30.
[96] s. o. 5, 10, 93.
[97] s. u. B. 11 Kap. 1.

ERGÄNZUNGEN UND NACHTRÄGE ZUM ERSTEN TEIL

S. 195, § 13 Z. 5: *Ergänze nach* verlangt wird.: Denn was bezwecken wir denn sonst mit unserer Unterweisung, als daß sie nicht immer Unterweisung brauchen?

210, 5 Z. 1: *Ergänze nach* magos et: pestilentiam et responsa et saeviores tragicis novercas aliaque

429, 63 Z. 4: *Lies nach* Prooemium: und haben freilich einigen Grund für diese Auffassung. Denn man wird gern zugeben, . . .

582, Apparat Anm. s: *Sie ist neu zu fassen*: *lacunam post* potest *suppl. Radermacher ex. gr.*: quid urbs universa?: *Halm dubitanter*: quidni agenda est navalium . . .

583, 89 Z. 7/8: *Die Übersetzung folgt der sinngemäßen Ergänzung der verderbten Stelle durch Radermacher*: si domus . . . non potest, quid urbs universa?

610, 33 Z. 1–3: *Vielleicht zu tilgen. Vgl. Bennett J. Price, Herm. 105 (1977) 126f.*

626, 1 Z. 2: *Streiche die ganze Zeile* accusatori . . . patronus

703, 15 Z. 6–9: *Die Textgrundlage nach Radermacher. Der Wortlaut bleibt schwierig:* sunt virtutis simulationibus PV fuit virtutis simulationi A *Cousin liest*: fuerit, virtutis simulatio satisfaciendi, rogandi et εἰρωνεία . .

CORRIGENDA ZUM ERSTEN TEIL

24, 28 Z. 3: *Statt* protectus: profectus
46, 3 Z. 3: *Statt* indicium: iudicium
118, 6 Z. 1: *Statt* alunt er: alunt et
124, 1 Z. 1: *Statt* protessio: professio
130, 7 Z. 4: *Statt* praestentius: praestantius
140, 37 Z. 4: *Statt* quaestionem: quaestionum
140, 37 Z. 4: *Statt* syllogismus: syllogismis
204, 8 Z. 3: *Statt* ertiam: etiam
208, 3 Z. 4: *Statt* frusta: frustra
210, 5 Z. 2: *Statt* frusta: frustra
266, 3 Z. 1: *Statt* ματαιοτεχνίαν: ματαιοτεχνία
318, 28 Z. 4: *Statt* qua: quae
348, 4 Z. 1: *Statt* certiminis: certaminis
380, 54 Z. 1: *Statt* illi: ille
392, 6 Z. 4: *Statt* alterum: alteram
417, 32 Z. 5: *Statt* also so: als so
422, 43 Z. 1: *Statt* eum: cum
439, 5 Z. 6: *Statt* dem Alter der: dem Alter oder der
443, 17 Z. 4: *Statt* G. Domitius: L Domitius

460, 62 Z. 3: *Statt* alienda: aliena
462, 65 Z. 2: *Statt* qua: quae
490, 8 Z. 2: *Statt* er: et
530, 18 Z. 7: *Statt* repugnate: repugnare
535, 29 Z. 2: *Statt* etwa: etwas
589, 104 Z. 8; 105 Z. 1; 591, 110 Z. 5; 593, 118 Z. 9: *Statt* Kontroverse: Kontroversie
606, 22 Z. 1: *Statt* praeciqueque: praecipueque
617, 2 Z. 3: *Statt* indessen muß man: indessen muß
623, 16 Z. 5: *Statt* Kontroversen: Kontroversien
626, 2 Z. 5: *Statt* patronis: patronus
629, 5 Z. 8: *Tilge das letzte* wir
629, 5 Z. 9: *Statt* nicht vermochten: auch wir vermochten
644, 41 Z. 2: *Statt* odscurasse: obscurasse
722, 21 Z. 6: *Statt* necant: negant
743, 73 Z. 7: *Statt* seit dreißig: seit zwanzig
762, 7 Z. 3: *Statt* hac: hoc
764, 9 Z. 4: *Statt* pronentiaturus: pronuntiaturus